LÉON ET MARIE ESCUDIER

DICTIONNAIRE
DE MUSIQUE

THÉORIQUE ET HISTORIQUE

CINQUIÈME ÉDITION

PARIS

E. DENTU, LIBRAIRE-ÉDITEUR

Palais-Royal, 17 et 19, galerie d'Orléans

Tous droits réservés.

hommage à Mme v. Sand

Escudier

DICTIONNAIRE

DE MUSIQUE

DICTIONNAIRE
DE MUSIQUE

THÉORIQUE ET HISTORIQUE

PAR

LÉON ET MARIE ESCUDIER

AVEC UNE PRÉFACE

DE M. F. HALÉVY

CINQUIÈME ÉDITION

REVUE, CORRIGÉE, CONSIDÉRABLEMENT AUGMENTÉE.

PARIS

E. DENTU
Éditeur,
Palais-Royal, 17 et 19.

LÉON ESCUDIER
Éditeur,
21, rue Choiseul.

1872

Tous droits réservés.

INTRODUCTION.

AU LECTEUR.

Chaque jour le goût de la musique se répand et se popularise ; cet art est devenu une des plus vives jouissances des nations civilisées ; dans les deux mondes, toutes les classes de la société subissent son influence. Chez divers peuples, la musique fait déjà partie intégrante de l'éducation publique ; et, le jour arrivera bientôt peut être, où, plus puissante que la diplomatie, elle trouvera le secret de les concilier, de les unir.

Aussi, depuis plusieurs années surtout, cet art a été l'objet des travaux et des recherches de beaucoup d'écrivains, et a fait éclore un assez grand nombre de traités spéciaux, de recueils biographiques, d'histoires générales et particulières. Mais ce qui manquait encore, croyons-nous, c'était un dictionnaire de musique bien conçu, bien exécuté, précis et pourtant complet ; en un mot, une encyclopédie musicale qui résumât toutes les connaissances acquises, tous les faits importants, et qui fut au niveau des progrès de l'époque.

Cependant des hommes d'un grand mérite se sont occupés successivement de travaux de ce genre, et, bien qu'ils ne soient pas arrivés à des résultats tout à fait satisfaisants, leurs tentatives ne méritent pas moins d'être signalées avec éloges. Le Flamand Jean Tinctor a publié le premier dictionnaire de musique qui ait vu le jour depuis l'invention de l'imprimerie. Cet ouvrage, qui parut en 1470, à l'époque de la renaissance des lettres, sous le titre *Terminorum musicæ definitorium*, a joui pendant longtemps d'une grande estime dans le monde musical ; mais il est aujourd'hui sans valeur, sans intérêt. Ainsi que son titre l'indique, c'est tout simplement une série de définitions : on y chercherait vainement une critique élevée, des détails intéressants, des faits historiques de quelque importance : au reste, il n'en pouvait être autrement à l'époque où Tinctor écrivait ; les communications intellectuelles entre les divers peuples étaient encore trop rares pour qu'il pût réunir tous les éléments nécessaires à la construction d'un vaste monument.

Dans le siècle dernier, un de nos écrivains les plus célèbres, Jean-Jacques Rousseau, a interrompu ses méditations sociales et ses études littéraires pour nous donner un dictionnaire de musique : mais cet excursion dans le domaine de l'esthétique musicale n'a pas été heureuse ; son œuvre fourmille de fautes et d'erreurs ; et ceci n'est pas seulement notre opinion personnelle, c'est aussi celle des critiques les plus éclairés et des juges les plus compétents.

D'autres productions du même genre ont été publiées depuis avec plus de succès ; quelques-unes même, et à leur tête il faut placer le *Dictionnaire de musique* par Castil-Blaze, sont dues à des esprits éminents : mais on ne saurait nier que nos connaissances musicales ont singulièrement progressé depuis leur apparition ; aussi sont-elles devenues incomplètes, surtout sous le rapport historique.

L'ouvrage qui laisse peut-être le moins à désirer est le *Dictionnaire de Lichtenthal.* Aidé des travaux les plus récents de l'Italie et de l'Allemagne, des ouvrages des Kock, des Marpurg, des Forkel, des Martini, le docteur Lichtenthal a donné la meilleur encyclopédie musicale qui ait encore paru. Riche de documents précieux, vivifié par des recherches immenses, son livre offre à la fois un vif intérêt aux artistes et aux amateurs ; cependant, il faut le dire, le *Dictionnaire de Lichtenthal* présente de notables imperfections : son style laisse parfois à désirer sous le rapport de l'élégance ; les diverses parties de son ouvrage manquent de proportion, et par une contradiction étrange, on y voit traités avec beaucoup d'étendue des sujets d'un intérêt médiocre, tandis que des matières plus importantes y sont à peine effleurées ; enfin, l'auteur a négligé une foule de documents, de découvertes modernes, dont l'exhibition aurait donné plus de prix à son travail. Il y a donc à prendre et à laisser dans le *Dictionnaire de Lichtenthal*: c'est un excellent guide que l'on peut suivre souvent; mais à la condition de modifier ce qui est diffus, et de développer ce qui est incomplet.

Après avoir fait la critique des productions de nos devanciers, nous allons dire en peu de mots comment nous avons entendu notre publication.

Les articles purement didactiques sont traités d'une manière claire, succincte et concise. On conçoit, en effet, que dans les limites où nous avons dû nous renfermer, nous n'ayons pu donner, sur chaque matière, un traité *ex professo*. D'ailleurs, il ne faut pas oublier que ce dictionnaire n'est pas fait uniquement pour les artistes, pour les véritables connaisseurs; mais qu'il est aussi destiné aux gens du monde : en un mot, nous avons voulu le rendre accessible à toutes les intelligences; pour atteindre ce but, nous avons dû nous borner à des notions élémentaires. Ceux des lecteurs qui voudraient approfondir les sujets que nous n'avons fait qu'esquisser ici pourront recourir aux ouvrages spéciaux.

Quant aux articles historiques, nous nous sommes livrés à de longues et nombreuses recherches pour donner tout l'intérêt possible à cette partie de notre travail, et la mettre en harmonie avec les découvertes de ce siècle.

Ainsi on y trouvera la désignation de tous les instruments, tant anciens que modernes, avec le nom de leur inventeur, la date de leur construction, toutes les fois que ces dates ont été conservées.

On y rencontrera également le nom des anciens luthiers, l'école d'où ils sortent, le lieu de leur naissance, et l'indication du pays et de l'époque où ils travaillaient.

Les savants ouvrages que possèdent l'Italie et l'Allemagne nous ont été d'une grande utilité sous ce double rapport; mais ces productions étrangères ne sont pas les seules que nous ayons consultées avec fruit : les écrits si solides et si ingénieux de M. Castil-Blaze, et notamment son *Histoire de l'Opéra ;* l'*Histoire de la musique en Italie,* par le comte Orloff ; les *Esquisses sur la musique,* par Laborde ; le *Dictionnaire des musiciens,* par Choron et Fayolle.

Les travaux érudits de M. Fétis, *Biographie des musiciens* et *Histoire de la musique ;* l'*Organographie,* de M. le marquis de Pontécoulant ; les ouvrages didactiques ou historiques de M. Berton, Baillot, Clément, Berlioz, Halévy, Gewaert, Gustave Chouquet : tous ces écrits, et bien d'autres encore, nous ont fourni de précieux matériaux.

Nous avons aussi compulsé avec soin les journaux spéciaux de musique, qui se publient en France, en Italie, en Espagne, en Allemagne, en Angleterre. Les livres de voyages les plus récents ont été également, de notre part, l'objet d'un sérieux examen pour tout ce qui se rattache à notre spécialité.

Escudier frères.

PRÉFACE.

Un Dictionnaire de musique se compose d'éléments divers, chaque époque, chaque transformation de l'art ayant nécessairement laissé dans la nomenclature des traces profondes des idées qui servaient de base aux théories, des principes qui en découlaient, des formes qu'adoptaient le génie ou le caprice des compositeurs, des instruments qui étaient leurs interprètes.

On trouve, dès l'abord, dans l'histoire de la musique, en écartant les temps bibliques et les monuments des anciennes civilisations orientales qui ne nous ont laissé que des documents en petit nombre, obscurs et incertains, on trouve les trois grandes divisions qui partagent aussi l'histoire de tous nos arts, de presque toutes nos connaissances : l'antiquité, le moyen-âge, les temps modernes ; et chacune de ces époques apporte son contingent au dictionnaire.

Les Grecs se sont beaucoup occupés de musique. Tout le monde sait, et il est presque superflu de le répéter, que la musique faisait partie de l'éducation des jeunes citoyens. Tout le monde sait quelle place occupaient les chants, les chœurs, la lyre ou la cythare, la flûte, dans les temples, dans les fêtes, au théâtre, dans les festins, les concours publics, dans ces jeux si fameux qui passionnaient la Grèce entière. On connaît aussi le respect qu'ils conservaient pour leurs vieilles coutumes musicales. Pendant longtemps, les Grecs ont veillé sur le maintien des anciennes lois de la musique, avec cette ardeur qu'apportent au maintien de l'*habeas corpus*, les membres d'un parlement anglais. La moindre tentative de changement était sévèrement réprimée. Terpandre, un peu à l'étroit sur sa lyre à quatre cordes, se présente aux jeux pythiques, une lyre nouvelle à la main, riche d'une corde de plus ! A l'aspect de cette corde, les partis s'agitent ; mais les conservateurs l'emportent ; Terpandre est condamné à l'amende, et sa lyre, honteusement chassée, subit l'opprobre d'une exposition permanente, comme pour avertir et préserver les téméraires qui seraient tentés de le suivre dans cette voie subversive de l'ordre public. Que les mœurs sont changées ! et combien nos célèbres facteurs de piano, aujourd'hui honorablement et légitimement récompensés, doivent rendre de grâces au Ciel de n'avoir pas vécu dans ces temps antiques ! Entraînés par leur génie, quelle concurrence ils eussent faite à Terpandre, et quelles amendes ils auraient payées !

Cependant, malgré cette grande part faite à la musique dans la vie publique comme dans la vie privée des Grecs, malgré cette grande consommation de chœurs de toutes sortes, d'odes, de chansons ; il ne nous est rien parvenu de leurs compositions. Tout a péri. Trois fragments seulement de musique notée sont arrivés jusqu'à nous. Cette pénurie, cette absence presque totale de documents notés, s'explique d'ailleurs par leur musique même, fondée sur un système qui n'admettait pas l'harmonie, qui la repoussait en quelque sorte. Ils ne pouvaient, par conséquent, avoir ce que nous nommons des *partitions,* assemblage qui devient tous les jours plus volumineux, des parties différentes qui, dans notre musique moderne, forment l'ensemble d'une composition. Ils n'avaient pas, d'ailleurs, à proprement parler, de musique notée séparément, et ne connaissaient pas ce que nous appelons *parties* d'orchestre ou de chœurs ; les signes qui leur servaient à écrire la musique, tous tirés de l'alphabet, étaient tracés au-dessus du texte, dans le manuscrit même qui contenait la poésie ; les mélodies s'apprenaient par cœur avec les paroles. Peut-être le coryphée, le batteur de mesure avait-il seul, sous les yeux, le texte ainsi accompagné des signes nécessaires pour la direction de l'ouvrage qu'on exécutait ou qu'on représentait. Il n'existait donc vraisemblablement, et si je ne me trompe, que peu de musique écrite. Beaucoup de chants, d'ailleurs, étaient traditionnels, c'étaient des *nomes* consacrés pour les diverses solennités, et que chacun savait et chantait de mémoire, comme aujourd'hui encore dans les églises, dans les temples réformés, dans les temples israélites, l'assistance chante certains versets, certains plains-chants, certaines mélodies consacrées, pendant le service religieux. Il est à jamais regrettable, pour les poëtes comme pour les musiciens, que quelques-uns, qu'un seul du moins des ouvrages des grands tragiques grecs, n'ait pu venir jusqu'à nous, avec son cortége de signes musicaux, pour nous apprendre comment Eschyle, comment Sophocle faisaient réciter leurs vers, faisaient chanter leurs chœurs. Quelle étude curieuse ! Que d'énigmes à deviner ! Peut-on conserver encore l'espoir que quelques manuscrits ainsi annotés, aient, jusqu'à ce jour, échappé aux recherches des savants ? Qui sait si les couvents du mont Athos n'en recèlent pas quelques-uns ? Qui sait si la fameuse bibliothèque d'Alexandrie n'était pas dépositaire de tant de mélopées à jamais perdues ? Le farouche Omar n'avait aucune raison d'épargner ces chants qui n'étaient pas dans le Coran. Que de regrets il a préparés aux savants, aux Académies, aux Conservatoires du monde entier ! Mais ne nous attendrissons pas outre mesure sur cette perte douteuse, et ne versons pas trop de larmes sur ce désastre imaginaire.

Si notre civilisation devait périr un jour dans un naufrage général, il se passerait peut-être quelque chose d'analogue, mais seulement pour tout ce qui est romance, chanson ou morceau détaché de peu d'étendue. Quoique nous soyons incomparablement plus riches que les Grecs en musique écrite (nous pouvons même nous dire d'une richesse incommensurable), et que nous puissions laisser à nos successeurs cent mille fois plus de romances que les Grecs ne nous ont laissé de statues, il est probable que tous les morceaux détachés périraient : on en a la preuve par la rapidité avec laquelle disparaissent les romances qui ont seulement quelques années de date. Mais les partitions, les partitions modernes surtout, échapperaient peut-être à la destruction par leur solidité ; et leur volume respectable les empêchant d'être aussi facilement dispersées par la tempête, elles resteraient comme des monuments d'un art perdu, comme des pyramides chargées d'hiéroglyphes et attendant un nouveau Champollion.

Mais si nous sommes ainsi déshérités des œuvres des musiciens de l'antiquité, la théorie a été moins avare, parce que beaucoup des principes qui chez eux constituaient l'art ont été recueillis dans des livres. Les Grecs nous ont donc légué, et certes ce n'est pas une compensation qui puisse satisfaire l'artiste ou l'érudit, presque tous les mots qui entraient dans l'exposé de leur système musical. Ils fournissent ainsi au vocabulaire un assez grand nombre de mots, lesquels, en général, trouvent parfaitement leur place dans ce que nous savons de leur théories. Beaucoup de ces mots figurent encore aujourd'hui dans la langue usuelle des musiciens de tous les pays, comme *diapason, coryphée, mélodie, harmonie,* quoique ce dernier mot chez les anciens fût loin de signifier ce qu'il signifie pour nous. On puise donc dans l'antiquité une partie notable des mots qui entrent dans le dictionnaire.

Avec le paganisme et la civilisation des anciens, s'éteignit et mourut aussi la musique des Grecs. Les Romains qui avaient pris chez leurs devanciers les arts tout faits, et qui n'avaient eu que la peine de les transporter chez eux, n'ont laissé à la musique rien qui leur appartienne en propre.

Pour la musique, le moyen-âge commence vers la fin du sixième siècle avec le pape Grégoire le Grand. Deux cents ans avant lui, l'évêque de Milan, saint Ambroise, avait déjà tenté de fonder sur les ruines de la musique des Grecs la musique que réclamaient les temples chrétiens ; mais Grégoire le Grand jeta les bases d'une théorie, et, ce qui importe surtout pour l'histoire des dictionnaires, il donna des noms aux modes grecs qu'il reconstituait sous une forme nouvelle pour le service de la liturgie ; ces noms se sont maintenus jusqu'à nos jours, ce sont encore ceux que portent aujourd'hui les tons de l'église. Cette période ne se termine qu'à la fin du seizième siècle, embrassant ainsi dans son cours l'espace de dix siècles complets, depuis Grégoire qui monta sur le trône papal en 590, jusqu'en 1594, époque de la mort de l'homme en qui se résument et semblent se personnifier les travaux, la patience, les recherches des maîtres qui avaient traversé cette longue étape, et qui avaient creusé leur sillon plus ou moins profond, plus ou moins fertile. On comprend que nous voulons parler de Palestrina, homme d'un génie simple et modeste, humble chapelain du Vatican, et qui certes ne savait pas, en écrivant les messes et les motets que lui commandaient ses fonctions, qu'il scellait de sa main obscure le couronnement d'un édifice dont un pape illustre avait posé la première pierre, sans qu'il ait été donné non plus probablement à celui-ci de prévoir combien de matériaux, combien de siècles seraient nécessaires à l'achèvement du monument qu'il commençait. Ces tétracordes que Grégoire empruntait aux païens, pour en former ses gammes chrétiennes, ces modes nouveaux auxquels il donnait des noms antiques, tout pleins des souvenirs de la Grèce, et qui, sans cesser d'être phrygiens, doriens, ou lydiens, formaient les chants qui remplissaient l'enceinte des basiliques, allaient devenir pendant mille ans le point de départ de travaux immenses, auxquels concourraient les musiciens de toute l'Europe, pour que les derniers débris de cette musique grecque, où l'harmonie ne pouvait se faire jour, pussent enfin naître et se développer désormais toutes les richesses de l'harmonie, de cet art inconnu aux anciens, de faire entendre à la fois plusieurs voix exécutant des chants différents, et se combinant sans se confondre.

De même que, dans les écoles, l'élève s'exerce d'abord à composer sur des chants qu'il reçoit de son maître, et que pour cette raison on nomme *chants donnés*, de même, il semble que les plains-chants grégoriens aient servi de *chants donnés* aux compositeurs de ces temps. C'est sur ces plains-chants grégoriens qu'ils faisaient leur éducation, en même temps que celle de la génération qui devait leur succéder, jusqu'à ce qu'ils aient enfin dégagé l'harmonie, art grave et pur, brillant d'un éclat doux et qui n'a rien de mondain ; c'est ainsi que du minerai rempli d'impuretés sort le métal sans taches qui doit parer l'autel. Mais il fallut mille ans à cette pénible et glorieuse transformation.

Pendant que la musique religieuse s'était ainsi formée, pendant que les accords, nés de cet art nouveau, s'épanouissaient à l'ombre du sanctuaire, la musique profane ne perdait pas son temps, les trouvères allaient leur chemin, et composaient leurs gaies chansons ; tendres, amoureux, moqueurs, naïfs, et toujours bien venus dans les nobles manoirs comme dans les chaumières, ils se souciaient fort peu des règles inventées par les clercs, et marchaient joyeusement, au grand mépris des canons et des fugues. Ils avaient bien raison. Ils tenaient la musique en équilibre. La musique est comme la justice. Elle a deux plateaux. Les maîtres de la gaie science faisaient contrepoids aux maîtres de la science sérieuse, et tout le monde chantait. La musique facile et légère forçait la main aux chapelains et entrait dans l'église, bras dessus bras dessous avec le *contrepoint* qui la couvrait et la déguisait sans la masquer. L'homme pieux gémissait de ces scandaleuses alliances, l'homme de goût se bouchait quelquefois les oreilles, le docte écoutait le contrepoint et s'y délectait à sa façon, tandis que le bourgeois, le paysan, et le seigneur aussi, tout ce qui est peuple en musique, écoutaient avec recueillement la chanson mondaine et quelquefois grivoise, et n'entendaient qu'elle. Car remarquez que, pour beaucoup de gens, il n'y a pas deux musiques ; ces gens-là ne distinguent point en musique sacrée, en musique profane.

Il n'y a pour eux qu'une musique, celle qu'ils savent, c'est-à-dire celle qu'ils ont entendue autour d'un berceau, à l'école, à la danse, dans le village, dans la plaine, sur la montagne ; elle leur est bonne partout, et se trouve sacrée ou profane suivant l'occasion et le besoin. On sait bien d'ailleurs que le peuple se plaît volontiers au gros vin du cabaret.

Il faut rentrer dans les bornes que nous nous sommes prescrites, et que nous n'avons déjà que trop franchies. Loin de nous la pensée de tracer ici une esquisse, même légère, de l'histoire de la musique. Hâtons-nous donc de dire que cette période, qui commence à la réforme des chants de l'Église par le pape Grégoire le Grand, réforme à laquelle il a laissé son nom, et qui se résume dans le beau style qui a conservé aussi le nom de Palestrina, période complète, dont on embrasse d'un coup-d'œil la portée, et bien encadrée entre ces deux noms qui en marquent le début et la fin, apporte au dictionnaire tout le vocabulaire des anciennes notations, de l'ancienne solmisation, du plain-chant, de l'harmonie, de la composition à plusieurs parties, des artifices de tout genre qu'elle comporte, et des règles auxquelles elle a donné lieu.

Peut-être, si Grégoire, au lieu de rattacher la musique religieuse au système des Grecs eût laissé plus de liberté à cet instinct mélodique que les peuples ont toujours conservé à des degrés différents, les études des maîtres et des chercheurs eussent-elles pris une autre direction. Certes, il avait raison de mettre, dès le début, une barrière entre la musique consacrée au service de Dieu, et la musique qui sert aux usages habituels de la vie; mais tout en traçant et en maintenant d'une main forte et sévère cette limite désirable, et en y installant, pour ainsi dire, une forte garde, il eût moins enchaîné l'inspiration, s'il n'avait cru devoir lier aussi étroitement la musique renaissante au cadavre de la musique antique. Peut-être la musique purement expressive serait-elle née plus tôt, si les hommes éminents qui ont illustré et dirigé la marche de la musique pendant ces dix siècles, avaient été, au départ, plus maîtres de choisir leur chemin, et avaient pu s'orienter à leur gré. Qui sait si cette marche n'eût été plus libre et plus hardie ? Josquin des Prés, tant d'autres, et Palestrina, obéissant à leur voix intérieure, guidés par ce génie qui les éclairait, mais chargés de moins d'entraves, et éprouvant moins de résistance, n'auraient-ils pas porté plus haut leur essor, et, dans ce vol plus rapide et plus élevé, n'auraient-ils pas vu l'horizon s'agrandir autour d'eux ? Devançant et rapprochant l'avenir, ils auraient jeté une lumière plus vive sur la route que suivaient leurs contemporains, et sur les sentiers battus par les musiciens vulgaires. Car il ne suffit pas que le peuple chante, il faut que des hommes habiles et doués de Dieu se mettent à la tête de l'art et lui impriment une direction vigoureuse pour qu'il s'écartent à temps des ornières banales où le chant populaire s'embourbe volontiers. Sans quoi la musique reste en l'état où nous la voyons encore aujourd'hui dans certains pays, éloignés des grands centres de civilisation ; elle y demeure stationnaire. Renfermée dans un cercle étroit qu'elle ne peut plus franchir, confondue avec les vieux usages et les vieilles traditions, elle n'est plus elle-même qu'une de ces vieilles coutumes de la contrée transmises de père en fils, et mérite à peine de porter le nom d'art, quel que puisse être d'ailleurs le charme de certaines mélodies, pleines de coloris, qui souvent reflètent avec une grâce inexprimable les lieux, les mœurs du pays qui les a vues naître, mais qui ne changent jamais, et vieillissent, sans mourir, dans une originalité stérile et improductive. C'est une question qu'on ne peut résoudre aujourd'hui que par des hypothèses, dont il vaut mieux au reste ne pas chercher la solution, et que je n'ai abordée que comme malgré moi et en hésitant, que de savoir si Grégoire le Grand, en indiquant d'une manière aussi absolue le chemin que devaient suivre les musiciens, n'a pas, et pour un long espace de temps, détourné l'art de sa véritable route. Au reste, il faut reconnaître que les travaux de ces musiciens étaient conformes à l'esprit général du temps.

Dès que Palestrina et ses contemporains eurent atteint le but où tendaient les travaux qui avaient rempli ces dix siècles écoulés, tout semble rajeunir autour de la musique. Elle sort de l'église, et quittant peu à peu ses vêtements modestes, elle prend le goût des ornements et des riches atours. Un instinct secret venait de révéler aux jeunes musiciens de ce temps, que la science religieuse avait dit son dernier mot, qu'il n'y avait rien à ajourner au style pur, modéré, contenu qu'on admirait dans la chapelle Sixtine. Pour bien marquer que tout était épuisé de ce côté-là, ils élèvent une barrière que le temps n'a pas déplacée, qu'il affermit au contraire chaque jour davantage, et pleins d'un zèle ardent, ils s'engagent sans hésiter dans une voie nouvelle. Ils ferment derrière eux les portes du sanctuaire, et s'élançant dans le monde avec la musique qui désormais leur appartient, ils lui demandent des chants pour toutes les passions humaines.

C'est alors que commencèrent les premiers essais de la musique unie au drame dans une étreinte intime, lui consacrant toutes ses forces, l'animant de sa chaleur, lui apportant une expression plus profonde, une accentuation plus persuasive ; mais il faut remarquer que ce furent encore les souvenirs de la Grèce qui inspirèrent ces études nouvelles, comme si tout ce qui tenait à la musique dût nous venir de l'antiquité. L'avenir interrogea encore une fois le passé, et toutes les espérances se tournèrent vers ces monuments, vers ces statues que la Grèce avait légués à l'Italie, modèles impérissables, que les architectes et les sculpteurs, plus heureux que les musiciens, s'empressaient d'étudier dans leur ensemble comme dans leurs détails ; on eût dit qu'un voile venait de tomber, et avait découvert toutes les richesses qui jusque-là n'avaient frappé que des yeux sans regards. Un jeune génie, le génie de la Renaissance, éclairant de son flambeau ces merveilles de l'art, et d'un souffle puissant dissipant tant de ténèbres, rendait tout leur éclat à ces beautés cachées sous la poussière des siècles. Alors aussi put jaillir librement l'étincelle que de froides études avaient glacée dans les cœurs, et la flamme put s'allumer dans les esprits que Dieu avait choisis.

C'est la tragédie d'Eschyle, de Sophocle, d'Euripide,

qui passionnait les novateurs, hommes jeunes, lettrés, élégants dans leur amour de l'antiquité, dont ils évoquaient ainsi tous les arts oubliés. De même que des tétracordes et des modes des Grecs était née la musique chrétienne, de la mélopée, du chœur antique, devait naître la tragédie lyrique moderne. Rome, la métropole des papes, avait été le berceau de la première transformation. Des patriciens de Florence furent, dix siècles plus tard, les ouvriers de la seconde, si différente de la première dans sa tendance, dans ses effets, dans sa poésie. C'est à Florence, en effet, que brilla d'abord le signal de cette renaissance, à laquelle s'attachait aussi un nom déjà illustre, et qui devait bientôt briller d'un éclat plus vif encore : Vincenzo Galilei, père de Galileo-Galilei, était un des chefs de cette école nouvelle.

A compter de ces premiers essais, qui eurent lieu vers le milieu du seizième siècle, commença la marche incessante de l'art musical vers l'expression dramatique. Cette troisième époque, liée à nos jours par une chaîne de travaux non interrompus, apporte donc au Dictionnaire tous les mots qui composent le vocabulaire de la musique destinée au théâtre, lequel comprend principalement : le récitatif; les coupes différentes des morceaux qui se sont successivement accrus dans leurs proportions diverses, depuis l'air à voix seule, jusqu'aux compositions les plus riches et les plus compliquées, jusqu'aux *finales*, merveilleux assemblage des personnages du drame et du chœur, tous animés de passions diverses; les mesures nouvelles; les mouvements, qui indiquent l'allure de la mesure; les nuances, qui ajoutent à l'expression; l'instrumentation, qui étendait toujours son domaine, et s'introduisait peu à peu jusque dans la musique d'église ; et enfin la musique purement instrumentale, née tout entière à dater de ce temps, depuis les courtes ritournelles des premiers essais d'opéra, jusqu'à la symphonie, dernière création des temps modernes.

Il faut parler maintenant des mots qui n'appartiennent à aucune des trois grandes divisions que l'on vient de tracer, ou plutôt qui se tracent d'elles-mêmes, pour ainsi dire, dans l'histoire de la langue du musicien.

On sait peu de chose de la musique des Hébreux, et cependant la musique remplissait une place importante dans leurs cérémonies religieuses. Elle était une des magnificences du temple de Salomon, où un chœur nombreux de lévites, accompagné de harpes, chantait les louanges du Seigneur. Ce n'est pas ici le lieu de traiter cette matière, ni de parler des chants employés aujourd'hui dans les temples des Israélites, où toutes les prières se font encore en musique, de la récitation qui leur est particulière, de leurs accents vocaux. Disons seulement que les mots que l'on trouve dans les livres saints sont pour la plupart des noms d'instruments de musique, sur la signification desquels on n'est pas toujours d'accord.

Il faut mentionner aussi les mots qui appartiennent à diverses civilisations plus ou moins effacées, et qui servent à désigner différentes mélodies qui ont conservé à la fois, et leur individualité et leur nom primitif ; comme les airs venus des pays du Nord, de l'Irlande, de l'Écosse, de l'ancienne Angleterre, de l'Allemagne, de la Hongrie, de certaines parties de l'Italie, de l'Espagne, de la France ; comme les chants nés dans les montagnes, qui ont un parfum plein d'une âpre suavité et qui leur est particulier. Ces airs sont tantôt des airs de danse, tantôt des chants consacrés à certaines cérémonies, à certains usages du pays ; d'autres sont des chants patriotiques, devenus comme des symboles vivaces d'une nationalité éteinte ou florissante encore ; ou bien ce sont des chants inspirés par l'amour, ce mobile éternel des inspirations des poëtes et des musiciens. Ce sont là ces mélodies traditionnelles dont nous avons parlé, fleurs sauvages de la musique, que l'art n'a pas fécondées, mais que les compositeurs les plus renommés ne dédaignent pas de ramasser lorsqu'il les rencontrent sur leur chemin.

Quant aux différentes musiques qui ont aujourd'hui le privilége de charmer les peuples de l'Orient, Turcs, Maures, Arabes, Indous, Chinois, elles apportent aussi leur tribut au Dictionnaire. Il se compose de mots peut-être clairs pour les musiciens de ces contrées, mais que pour la plupart nous ne comprenons pas plus que nous ne comprenons leur musique elle-même, musique dont nous avons eu quelques échantillons apportés en Europe par des artistes de toutes couleurs, lesquels, à la vérité, n'étaient probablement ni les Paganini, ni les Rossini, ni les Mozart de leur pays. Ces mots s'appliquent à des *modes* que nous connaissons peu, à des instruments d'une forme, toute primitive, et d'une sonorité tantôt douteuse et tantôt trop bruyante. Le gong ou tamtam, les cymbales, le triangle, les grelots, les sonnettes, les clochettes, le pavillon chinois, la grosse caisse, les timbales, les tambours sont les seuls emprunts que nous ayons faits aux orchestres de l'Orient, et combien de fois, et avec quelle amertume, n'a-t-on pas reproché ces emprunts aux compositeurs de nos jours ! Ils n'ont cependant fait que céder au désir bien légitime d'augmenter les jouissances d'un public trop ingrat, et ce n'est pas leur faute si dans ces bazars si renommés, ils n'ont pas trouvé un bagage moins retentissant. On prend ce qu'on peut ; le musicien a l'esprit envahisseur :

> Il a du chamelier emporté les sonnettes
> Plutôt que de sortir du bazar les mains nettes.

Ces musiques, au reste, sont destinées à disparaître devant l'art européen, déjà entré sur leur territoire, en allié ou en conquérant, soit à la tête des régiments, soit avec ces théâtres que de hardis navigateurs ne craignent pas de transporter à travers l'Océan, et qu'il élèvent comme des temples nomades, au milieu de ces peuples qu'il faut convertir à la vraie musique.

Le premier Dictionnaire de musique qui ait paru en France, est dû à un prêtre, Sébastien de Brossard, grand chapelain et maître de musique de la cathédrale de Meaux. Ce sont les titres qu'il prend au bas de la dédicace de la première édition qui a paru à Paris, en 1703, et cette dédicace est adressée à l'évêque de Meaux, à Bossuet. Bossuet, alors âgé de soixante-quinze ans, un an seulement avant sa mort, ne dédaigna pas d'accepter l'hommage du principal maître de musique du diocèse qu'il gouvernait depuis vingt-deux ans. « Cette sainte ardeur, » lui dit Brossard dans son épître dédicatoire, « qui vous anime à remplir, dans
« toute leur étendue, les devoirs sacrés de l'épiscopat,
« n'éclate pas seulement dans les fonctions les plus

« éminentes ; elles se plaît encore à descendre aux
« emplois les plus simples, et ne trouve rien que de
« Grand et d'Auguste dans les moindres parties du
« culte de Dieu. La musique est une de ces parties, on
« n'en peut disconvenir. Ses premiers sons ont été
« consacrez à chanter les loüanges du Seigneur ; et si
« la corruption des hommes a entrepris de la détourner
« de sa source, pour l'appliquer à des objets profanes,
« elle n'en est ny moins pure, ny moins édifiante, pour
« les cœurs que l'Esprit saint a préservez de la conta-
« gion. »

Le Dictionnaire de Brossard est le premier qui ait paru en langage moderne. « Il est vrai, dit M. Fétis,
« que dès le quinzième siècle, Tinctor avait composé
« un recueil de définitions des termes de musique en
« usage de son temps ; il est vrai encore que le bohème
« Janowka avait publié à Prague un lexique de musique
« en latin, deux ans avant que Brossard donnât son
« dictionnaire : mais le *Definitorium* de Tinctor, manus-
« crit inédit, était d'une excessive rareté, et n'était pas
« plus parvenu jusqu'à Brossard que le lexique de
« Janowka, ainsi qu'on peut le voir dans le catalogue
des livres qu'il avait lus. » Car Brossard a joint à son Dictionnaire, un *catalogue de plus de neuf cents auteurs qui ont écrit sur la musique, en toutes sortes de temps, de pays et de langues.*

Brossard n'avait pas pensé d'abord à faire un Dictionnaire. Il avait composé et publié plusieurs livres de motets ; dans ces compositions, toutes les indications de mouvements et de nuances étaient en italien, comme on fait encore aujourd'hui. Car si le français est la langue cosmopolite, la langue de la conversation, l'italien, langue des musiciens, en vertu d'une convention excellente, a fourni une espèce de seconde notation, à l'aide de laquelle tous les pianistes, tous les violonistes, tous les instrumentistes, tous les compositeurs, répandus sur la surface du globe, se comprennent et échappent aux embarras d'une seconde tour de Babel. Un musicien allemand, ou slave, ou anglais, ou caffre, ou hottentot, n'est pas tenu de savoir ce que signifient les mots français ; *lentement, gaiement, vite;* un Français n'est pas tenu de comprendre ces mêmes mots dans les langues qu'il ne sait pas, mais tous les musiciens de tous les pays doivent entendre, et entendent les mots *adagio, allégro,* et *presto,* et *crescendo* et *smorzando,* et tant d'autres qui ont cessé d'être italiens pour devenir techniques, et ont sacrifié leur nationalité pour se faire naturaliser musiciens. Beaucoup d'artistes n'en savent pas plus long, et se contentent de ce léger bagage ; mais cet accord tacite, ce traité d'alliance passé entre toutes les nations, et sanctionné par un long et constant usage, n'en est pas moins un véritable hommage rendu à la terre natale des arts.

Toutes les indications nécessaires étaient donc en italien dans les motets de Brossard, qui, lui, savait parfaitement l'italien. Mais le prudent abbé, se défiant de l'intelligence ou de l'érudition de ses lecteurs et de ses chanteurs, prit la précaution de faire précéder ses motets d'un vocabulaire expliquant en français le sens de tous les mots italiens nécessaires à la *bonne exécution de la musique,* comme il le dit lui-même en justifiant timidement son innovation un peu injurieuse pour les musiciens de son temps. Son essai réussit, et c'est ce petit catalogue qu'il compléta depuis, et qu'il publia séparément sous le titre de *Dictionnaire de musique, contenant une explication des termes grecs, latins et français les plus usitez dans la musique.* Certaines parties de ce travail sont excellentes et peuvent être encore consultées avec fruit, surtout pour ce qui touche le *système* grec, c'est-à-dire l'ensemble des modes et des tétracordes de différents genres, et les anciennes notations, que Brossard connaissait bien. Ses définitions sont en général concises et parfaitement claires, et il y a dans tout son livre un caractère de simplicité et de bonne foi qui séduit. Il ne se compromet pas, ne s'aventure pas, et, lorsqu'il doute, il s'abstient, principalement quand il s'agit de noms propres, et lorsqu'il faudrait prendre un parti à propos de certaines inventions attribuées quelquefois à plusieurs musiciens différents. Ainsi, après avoir parlé du tétracorde ou système de Mercure, « auquel on en attribue communément l'invention vers l'an du monde 2000, » et de Pythagore, « qui, selon la plus commune opinion, avait établi des règles pour trouver les proportions des sons, » il ajoute : « Mais comme on vit que ces huit sons ne suffisaient pas, divers particuliers ajoutèrent peu à peu d'autres chordes, etc. » C'est un moyen naïf de se tirer d'embarras et d'éviter les discussions.

Ce n'était pas tout que d'avoir expliqué, traduit, commenté tous les mots italiens employés en musique. L'abbé Brossard n'était pas satisfait, il voulut encore qu'on sût les lire harmonieusement, qu'on les prononçât dans toute leur pureté, en véritable Toscan, en académicien de la Crusca ; il aurait volontiers fait couler l'Arno dans la Seine. Il mit donc à la suite de son Dictionnaire un *Traité de la manière de bien prononcer les mots italiens.* Quelques-unes des explications de l'abbé semblent empruntées à M. Jourdain. Ainsi il dit que la lette A doit se prononcer *la bouche bien ouverte,* les

lèvres bien séparées, et, surtout, *les dents bien desserrées*, c'est-à-dire « qu'il faut que la mâchoire d'en bas soit
» tellement baissée ou séparée de celle d'en haut, que
» du moins la langue puisse passer librement entre les
» dents. Je dis *du moins*, car si on peut la séparer da-
» vantage, ce ne sera que tant mieux. » L'ouvrage est terminé par la liste des neuf cents auteurs dont nous avons parlé, après quoi l'auteur, par une prière touchante, adjure les détenteurs de livres ou de manuscrits qu'il ne connaîtrait pas, et avec les précautions et les instructions les plus minutieuses, « de les lui *vendre*,
» ou de les lui *trocquer*, ou de les lui *prêter* sous pro-
» messes et telles assurances qu'on souhaitera. »

Le dictionnaire de J.-J. Rousseau ne vint que cinquante-cinq ans plus tard. La première édition parut en 1758 ; c'était en grande partie le travail qu'il avait fait pour l'Encyclopédie, qu'il avait revu et qu'il aurait voulu refondre en entier. Dans la préface de la seconde édition, datée de Motiers-Travers, le 20 décembre 1764 (il y aura bientôt un siècle, et la musique a bien changé depuis ce temps), il fait bon marché de son œuvre, et regrette de ne pas avoir eu le loisir d'en faire un ouvrage traité avec plus de soin. Il avertit ceux qui ne veulent souffrir que des livres bien faits de ne pas entreprendre la lecture de celui-là. Il pense cependant que ceux que le mal ne détourne pas du bien, y trouveront peut-être assez de bons articles pour tolérer les mauvais, et dans les mauvais mêmes, assez d'observations neuves et vraies pour valoir la peine d'être triées et choisies parmi le reste. « Les musiciens lisent peu, dit-il, et cependant, je connais peu d'arts où la lecture et la réflexion soient plus nécessaires. » « Les meilleurs livres, dit-il plus loin, sont ceux que le vulgaire décrie, et dont les gens à talent profitent sans en parler. » Il faut tout pardonner à un homme tel que Rousseau, ses omissions, ses erreurs, ses obscurités, tout jusqu'à son dédain, on peut dire sa haine pour Rameau et ses ouvrages ; il faut avoir son livre, le lire, non le consulter.

Il y a eu deux Dictionnaires publiés en France depuis celui de Rousseau. Le *Dictionnaire de musique moderne*, de M. Castil-Blaze, qui a eu deux éditions, dont la dernière a été publiée en 1825, et celui du docteur Lichtenthal, traduit en 1839, de l'italien, par M. Dominique Mondo. A cette liste, il faut ajouter celui de MM. Escudier, qui ont voulu faire un manuel commode, utile à tous, où l'artiste puisse se renseigner, et l'amateur s'éclairer et trouver l'explication des mots qu'emploie aujourd'hui si fréquemment la critique musicale.

En résumé, les mots qui entrent dans un Dictionnaire de musique, ont donc pour origines diverses, et en suivant l'ordre des temps, la Bible et l'ancien Orient, l'antiquité païenne, le moyen-âge, la renaissance, les temps modernes.

S'il était possible de ranger ces mots par ordre chronologique et de les classer par époque, au lieu de suivre l'ordre alphabétique que commande d'une manière absolue l'usage auquel un Dictionnaire est destiné, on aurait pour ainsi dire, sous les yeux une image des révolutions que la musique a subies. De même que l'œil du géologue interroge la terre, et suit le travail des siècles dans le dépôt des terrains de formations diverses, de même, à l'artiste, au poëte, au philosophe qui voudrait connaître l'état de l'art dans chacune de ses phases, ces mots ainsi disposés par couches successives, témoins parlants de l'histoire de la musique aux différents âges, montreraient chaque époque dans son ensemble, et diraient combien la musique, à mesure qu'elle s'éloignait de son origine, prenait de force et de consistance. Mesurant d'un regard la richesse de ces débris précieux, traversant par la pensée les époques dont ils sont souvent les seuls vestiges, fouillant dans le sein de ce sol toujours fertile, et comparant entre elles les productions variées qu'il n'a cessé de fournir, l'observateur aurait d'abord à percer les ténèbres qui enveloppent les premiers âges, puis remontant par degrés au jour qui nous éclaire, il rencontrerait à la fin le terrain sur lequel nous marchons aujourd'hui ; terrain puissant et fécond, riche de ce qu'il a donné comme de ce qu'il promet encore, sur lequel reposent les théories modernes, et que couvrent tant de beaux monuments élevés par nos maîtres et par le génie de nos contemporains. Si quelques-uns de ces monuments chancellent déjà, d'autres sont fermes encore, et seront justement admirés, jusqu'au jour où succombant eux-mêmes sous le poids du temps, et couchés dans la poussière, ils confondront leur souvenir avec le souvenir effacé des races éteintes et des édifices écroulés ; ils céderont alors leur place aux travaux d'une école dont l'avenir seul a le secret, travaux qui deviendront à leur tour le symbole d'une halte de plus dans le chemin que l'humanité ne cesse de parcourir ; transformation nouvelle, ajoutée à tant d'autres, de cet art toujours le même et pourtant toujours jeune, renaissant de lui-même à l'intant qu'il vieillit, qui descend jusqu'au peuple en restant un mystère, semblable à ces fleuves bienfaisants qui coulent à pleins bords, et dont on ignore les sources cachées, de cet art qui éveille au fond de l'âme la prière pour la porter au ciel, et qui est pour ceux qui le cultivent, un bonheur de plus dans les jours heureux, une consolation suprême dans la douleur.

F. HALÉVY.

FIN DE LA PRÉFACE.

DICTIONNAIRE
DE MUSIQUE.

A

A. Cette lettre désigne dans la musique moderne, et notamment dans la musique allemande, le sixième degré de la gamme diatonique et naturelle, ou la dixième corde de la gamme diatonico-chromatique, appelée dans l'ancien solfége *a la mi ré, a mi la,* ou *la*. — Dans la musique allemande, *A* majuscule désigne le *la* de la première octave, *a* minuscule indique celui de la seconde octave, *a* marqué avec un petit trait horizontal, celui de la troisième octave, et *a* avec deux petits traits horizontaux, celui de la quatrième octave. — A majuscule écrit sur une partition, indique l'alto. — Dans l'ancienne gamme française, qui commence par *f*, la lettre A était nommée *mi*, quinte de *la*, quand on chantait au naturel, et *la*, quinte de *ré*, quand on solfiait par bémols. A n'était dans cette gamme que tantôt *mi* et tantôt *la*; c'est pourquoi on l'appelait A *mi la*. Par la même raison, les mêmes dénominations s'appliquaient à toutes les lettres représentant les notes de la gamme, et l'on disait : B *la si,* C *sol ut,* D *la ré,* E *si mi,* F *ut fa,* G *ré sol*. — Ces dénominations ont été réformées depuis que l'invention du *si* a mis un terme aux difficultés dont était hérissé l'ancien solfége. On dit maintenant : une symphonie en *do*, une sonate en *sol*, etc. ; et même, pour faire connaître les tons dans lesquels doivent jouer différents instruments à vent, plusieurs musiciens se servent de simples lettres, comme cors en A, clarinettes en B, trompettes en C. — La lettre A indique également la première note du tétracorde hyperbolien répondant à la sixième corde de la gamme de *la*. — Placé en tête d'un morceau, A marque la partie de la haute-contre, *alto*. — Dans les antiphonaires, A désigne les endroits où il faut élever la voix.

ABAT-VOIX. Espèce de construction établie au-dessus de la scène pour rejeter la voix et les sons des instruments vers les auditeurs.

A, B, C, MUSICAL. Petite méthode de solmisation ou solfége élémentaire à l'usage des enfants, comprenant un abrégé des principes et une série d'exercices vocaux préparatoires.

ABRÉGÉ. Terme de facture d'orgue; c'est un mécanisme qui, par l'assemblage des rouleaux, transporte aux soupapes des sommiers respectifs le mouvement des touches du clavier.

ABREGE PNEUMATIQUE. Système de mécanisme d'orgue imaginé en 1850, par *Moitessier*, de Montpellier.

ABRÉVIATION. Nous avons en musique un grand nombre d'abréviations. On les figure avec des barres placées au-dessous d'une ronde, à la queue d'une blanche ou d'une noire, ou seules à chaque temps, ou au milieu de la mesure. Dans le premier cas, la barre signifie que la note ronde, blanche ou noire, doit être divisée en autant de croches que sa valeur en contient, et en doubles et triples croches, si la barre est double ou triple. La barre seule, après un groupe de notes, signifie que l'on doit répéter ce même groupe autant de fois qu'il y a de barres.

— L'abréviation diminue le travail du copiste. Placée avec intelligence dans les parties séparées et les partitions, elle fait connaître d'avance que le trait à redire est exactement le même que celui que l'on vient d'exécuter, et qu'il ne faut, par conséquent, pas changer d'intonation ni de position.

ABUB. Instrument de musique en forme de flûte en usage dans le temple de Salomon; le sanctuaire de ce saint lieu possédait un *abub* mince, uni, fait de roseau et garni d'or.

ABYSSINIE (musique de l'). L'antiquité de cette partie de l'Afrique égale presque celle de l'Egypte. Bruce, qui avait entendu deux filles de cette nation chanter alternativement des strophes, en se répondant l'une à l'autre d'une manière très-mélodieuse, s'attendait à trouver la musique portée à un haut point de perfection dans ce royaume; mais il ne tarda point à reconnaître son erreur.

Les Abyssins ont six instruments de musique ; le sistre, la lyre, le tambourin, qu'ils assurent avoir reçu de l'Egypte ou de l'Ethiopie, la flûte, les timbales et la trompette qui furent apportés chez eux de la Palestine, par Menelek, fils de la reine de Saba. La flûte, le tambourin, les timbales et la trompette servent à la guerre ; le sistre est consacré au service religieux, et la lyre est réservée pour les fêtes et les réjouissances. La flûte des Abyssins se joue comme notre clarinette.

La trompette est faite d'un morceau de roseau de cinq pieds de long, avec une ouverture large d'environ trois centimètres ; à ce long bâton se trouve fixé le cou d'une courge, qui a précisément la forme du pavillon de notre trompette ; cette partie est ornée de petites coquilles blanches, et la totalité de l'instrument est revêtue de parchemin ; cette trompette ne donne qu'une seule note, *mi*, dont le son est rauque et très-fort.

La lyre des Abyssins a cinq, six, et quelquefois sept cordes. La guitare se trouve aussi dans les mains des Mahométants de l'Abyssinie, mais elle leur a été apportée de l'Arabie.

Il est à regretter que le voyageur Bruce ne nous ait point initié aux éléments et aux effets de la musique des Abyssins. La description de leurs instruments nous donne à penser qu'elle était un peu barbare, du moins dans les temps reculés.

Académie. Nom générique donné à chacune des cinq classes de l'*Institut de France*. L'Académie des Beaux-Arts comprend la peinture, la sculpture, l'architecture, la gravure et la musique. Cette dernière y est représentée par six membres, choisis parmi les plus célèbres compositeurs français. L'Académie des Beaux-Arts est chargée de préparer et de juger les concours annuels pour les grands prix de Rome, de faire des rapports sur les ouvrages présentés à son examen, et de rechercher avec soin tout ce qui peut contribuer au progrès de l'art en France. (Voyez Institut.)

Académie de Musique, maintenant Académie nationale. L'origine de cette institution musicale remonte au poëte Baïf, contemporain de Ronsard et de Malherbe, qui établit dans sa maison, rue des Fossés-Saint-Victor, de concert avec son associé Thibaut de Courville, une académie de musique autorisée par Charles IX, en 1571. On y exécutait des ballets et des mascarades. Depuis la mort de Baïf, cette institution tomba dans une complète décadence. En 1645, le cardinal Mazarin ayant fait venir des acteurs italiens, les établit dans la rue du Petit-Bourbon, près de la partie du Louvre où fut depuis bâtie la colonnade. Ils y jouèrent et chantèrent une pastorale en 5 actes, *Achille à Scyros*, de Jules Strozzi. Cet opéra, le premier qui ait été donné en France, fut suivi en 1647, d'un second, *Orphéo et Eurydice*. *Andromède*, tragédie à machines du grand Corneille, jouée en 1650, était un véritable mélodrame, puisque la musique n'y était qu'accessoire. Les ballets que Benserade commença à faire représenter en 1651, au nombre de vingt et un, et dans lesquels Louis XIV et sa cour ne dédaignèrent pas de danser, n'étaient que des intermèdes adaptés à d'autres pièces. Il est certain que l'abbé Perrin, de Lyon, doit être regardé comme le créateur de notre Académie nationale de musique. Il donna à l'opéra une forme plus régulière, et en fournit le premier modèle. Conjointement avec le musicien Cambert, il fit jouer, pour essai, en 1659, une pastorale dont on ignore le titre. Le succès qu'elle obtint engagea les auteurs à en composer deux autres, dont la mort du cardinal Mazarin interrompit les répétitions. Dans ce même temps, un marquis de Sourdiac, opulent amateur, perfectionnait les machines propres à l'opéra, et faisait jouer dans son château la *Toison d'Or*, de Corneille. Associés avec lui, Perrin et Cambert obtinrent par lettres-patentes, en 1659, le privilége pour douze ans d'une Académie de musique où l'on *chanterait au public des pièces de théâtre*. Elle fut établie dans la rue Guénégaud. On y joua *Pomone*, en 1671, et les *Peines et les Plaisirs de l'Amour*, en 1672. Mais la discorde ayant désuni les associés, Lulli, plus habile qu'eux, les supplanta. — Surintendant de la musique du roi, Lulli obtint facilement de nouvelles lettres patentes qui lui concédèrent le privilége retiré à Perrin. Associé avec Vigaroni, machiniste du roi, il disposa une salle de jeu de paume, rue de Vaugirard, près du Luxembourg, et y fit représenter les *Fêtes de l'Amour et de Bacchus*, dont les paroles étaient de Quinault. Après la mort de Molière, en 1673, son théâtre, fondé au Palais-Royal par le cardinal de Richelieu, fut donné à Lulli, qui y poursuivit sa carrière avec autant de gloire que de bonheur, et la termina, en 1686, par *Armide*, qui fut regardé comme le meilleur de ses opéras. — Une innovation importante eut lieu sous l'administration de Lulli. Des danseuses parurent sur le théâtre. Les rôles de femmes, dans le ballet, étaient remplis auparavant par des hommes travestis. — C'est dans la salle du Palais-Royal que, durant près d'un siècle, ont été données toutes les tragédies lyriques, tous les ballets héroïques de Quinault, Campistron, Fontenelle, Lamotte, Fuselier, Cahuzac, mis en musique par Lulli, Destouches, Campra, Labarre, Rameau, Mondonville. Là chantèrent pendant quarante ans Chassé, Jélyotte, et à diverses reprises la célèbre Lemaure. Là dansèrent Marcelle, qui *voyait tant de choses dans un menuet*, la Camargo et la Sallé, immortalisées par Voltaire. Là enfin débuta le grand Vestris, le *dieu de la danse*. C'est là aussi que la révolution musicale fut commencée par des chanteurs italiens venus en 1752, et par le *Devin du village* de Jean-Jacques Rousseau. Un incendie ayant consumé cette salle, le 6 avril 1763, l'Opéra fut transporté l'année suivante aux Tuileries. Il retourna au Palais-Royal dans une salle qui ouvrit en 1770, et qui fut encore détruite par le feu en 1781. — Cette période est remarquable sous plusieurs rapports. Les ballets acquirent, sous Noverre, plus de mouvement, de grâce, d'expression et de naturel. L'arrivée à Paris de Gluck, de Piccinni et d'une troupe de bouffes italiens acheva la réforme musicale. Gluck ne se borna pas à enrichir notre scène lyrique d'une foule de chefs-d'œuvre, *Iphigénie en Tauride*, *Orphée*, *Alceste*; il donna à l'orchestre plus de vigueur, d'énergie et de précision; il apprit aux acteurs à chanter en mesure, à déclamer le récitatif d'une manière moins traînante et plus animée. Piccinni fit entendre la plus touchante et la plus suave mélodie dans *Atys*, *Roland*, *Didon*. — Les Bouffes, dont les représentations alternaient trois fois la semaine avec celles de l'Opéra français, firent goûter aux dilettanti parisiens les chefs-d'œuvre des Sarti, des Anfossi, des Paisiello. Les *Ramistes*, ou partisans de Rameau, qui avaient triomphé des *Lullistes*, furent vaincus à leur tour, et le dernier coup fut porté à la vieille et lamentable musique française. Mais en même temps se formèrent les factions non moins opiniâtres et irascibles des *Gluckistes* et des *Piccinnistes*.

Heureux temps où des légions d'amateurs et d'enthousiastes prenaient l'Opéra pour un champ de bataille, et s'y défiant courageusement, attaquaient un duo, sapaient les fondements d'un chœur, renversaient l'édifice du finale le plus formidable ! L'histoire nous a transmis les noms de ces braves, qui tour à tour impétueux ou calmes, lançaient une grêle de traits hardis ou recevaient avec un flegme stoïque le feu roulant des quolibets et des calembours. On raconte à ce sujet une anecdote assez piquante. Mlle Levasseur, jouant le rôle d'Alceste, chantait le bel air qui finit par ce vers :

Il me déchire et m'arrache le cœur.

Un piccinniste s'écria : « Ah ! mademoiselle, vous m'arrachez les oreilles. — Quelle fortune, si c'est pour vous en donner d'autres ! » répliqua son voisin.

A l'époque dont nous parlons, on applaudissait des chanteurs et des cantatrices d'un très-grand-mérite, Sophie Arnoult, Rosalie, Levasseur, Larivière, Legros. C'est encore pendant cette période que l'Académie royale de musique qui, dès son origine, avait langui sous le despotisme des gentilshommes de la Chambre, passa momentanément sous la direction de la ville de Paris, qui en confia la gestion, de 1778 à 1780, aux soins éclairés et actifs de Visceney de Volgay. Le théâtre de la Porte-Saint-Martin ayant été bâti en moins d'un an, on en fit l'ouverture par une représentation *gratis*, afin d'essayer sur le peuple si les gens comme il faut pouvaient y assister sans danger. Cette époque est une des plus brillantes qu'offrent les annales de l'Académie royale de musique. On y réforma les costumes ridicules des acteurs : on y entendit la *Caravane* et *Panurge*, de Grétry ; *Renaud, Dardanus, Œdipe à Colone*, de Sacchini ; les *Danaïdes* et *Tarare*, de Salieri ; les *Noces de Figaro*, de Mozart. Ces remarquables compositions, soutenues par les meilleurs ouvrages du dernier répertoire et par les charmants ballets de Gardel, *Télémaque, Psyché, Pâris,* ont formé pendant trente ans un fonds aussi agréable et varié pour le public, que peu dispendieux pour l'administration.

On applaudissait alors comme acteurs et comme chanteurs Lainé, Lays, Chardini, Rousseau, Chéron et sa femme, la célèbre madame de Saint-Hubert, mademoiselle Maillard, qui la remplaça, sans la faire oublier ; dans la danse, Vestris et Didelot, Laborie, Milon, mesdames Guimard, Rose Chaviguy, Saulnier. L'orchestre offrait aussi des artistes du premier mérite. — En 1790, l'administration retourna sous la direction de la municipalité de Paris; et en 1793 les acteurs s'en chargèrent comme sociétaires. Depuis la révolution, l'Académie royale de musique avait successivement pris le nom d'*Opéra National* et de *Théâtre de la République et des Arts*. On y sacrifia au goût du temps; mais du moins les ouvrages de circonstance qu'on y représenta ne manquaient pas d'une certaine dignité, et quelques beautés dans la musique y rachetaient les défauts et l'absurdité des paroles. — En 1795, le gouvernement acheta, sans le payer, le *Théâtre National*, qu'on avait permis à la Montansier, deux ans auparavant, de bâtir en face de la Bibliothèque de la rue Richelieu; et malgré le danger d'un tel voisinage pour cet immense et précieux dépôt littéraire, la ci-devant Académie royale de musique fut établie dans la nouvelle salle. On remit alors ce spectacle en direction. Deux hommes de lettres, Lachabaussière et Parny, l'ancien acteur Caillot, et un quatrième personnage, formant le comité d'administration, s'acquittèrent assez mal de leurs fonctions. Une seconde administration n'ayant pas mieux réussi, Devismes fut nommé en 1799. Mais on lui donna pour collègue un ex-législateur avec lequel il ne put s'entendre, et lui céda la place en 1800. — L'époque du Consulat et de l'Empire ne fut pas très-féconde en ouvrages saillants. Les seuls qui obtinrent un succès soutenu sont les suivants : *Anacréon chez Polycrate*, de Grétry; la *Création du monde*, de Haydn; les *Mystères d'Isis*, de Mozart; *Ossian* ou les *Bardes*, de Lesueur; la *Vestale* et *Fernand Cortez*, de Spontini; la *Jérusalem délivrée*, de Persuis. Les recrues en talents furent peu nombreuses aussi pendant cette longue période; elles se bornèrent, pour le chant, à Nourrit père, Dérivis, Lavigne, mademoiselle Armand et madame Branchu; et pour la danse, à Ferdinand, Albert, Montjoie, mesdames Fanny Bies et Gosselin. — Redevenu Académie royale de musique en 1814, l'Opéra, avec la Restauration, retomba sous l'influence de la Maison du roi et de l'intendant des Menus-Plaisirs. Les mutations dans l'administration y devinrent fréquentes et onéreuses. Après avoir été tenu tour à tour par Persuis, Viotti, M. Habeneck et M. Duplantis, le sceptre de l'Académie royale de musique tomba entre les mains d'un noble vicomte, qui, avec d'excellentes intentions, se donna néanmoins des ridicules en s'occupant de règlements de morale pour les coulisses. — Nommé directeur de l'Opéra en 1827, M. Lubbert, ancien élève de M. Fetis, homme d'esprit et passionné pour les arts, immola à grands frais l'Ecole française à l'Ecole italienne. Le théâtre devint le patrimoine du génie ultramontain. L'immortel Rossini, y fit jouer *Moïse*, le *Siége de Corinthe*, le *Comte Ory*, *Guillaume Tell*. A peine la *Muette de Portici*, d'Auber, put-elle y trouver place. Indépendamment de ces ouvrages, plusieurs ballets, *Mars et Vénus*, de Blache ; le *Page inconstant*, de Dauberval ; la *Somnambule*, la *Belle au Bois dormant*, auraient suffi pour donner de l'éclat à l'administration de M. Lubbert. — Sous la restauration, la direction de l'Opéra fit de nombreuses et importantes acquisitions ; pour le chant, Adolphe Nourrit, bien supérieur à son père, Dabadie, Dupont, mesdames Cinti Damoreau, Grassari, Javareck ; et pour la danse, l'aérien Paul, Perrot, mesdames Montessu, Marie Taglioni. — Depuis 1830, le sceptre de l'Académie royale de musique passa tour à tour entre les mains de M. Véron, de M. Duponchel, de M. Monnais, de M. Léon Pillet, et plus tard, de MM. Duponchel et Nestor Roqueplan associés. Enfin, M. Duponchel, resta unique directeur jusqu'au mois de septembre 1853, époque à laquelle il s'adjoignit comme associé M. Aigoin. Puis reparut, M. Nestor Roqueplan auquel succéda M. Alphonse Royer ; et ce dernier céda sa place à M. Emile Perrin qui conserva avec éclat la direction de l'Opéra jusqu'en 1871. Pendant les tristes jours de la Commune M. Eugène Garnier fut implanté à l'opéra, et enfin après la défaite des communeux, la direction de notre première scène lyrique fut confiée à M. Halanzier. Cette période a été signalée par des ouvrages importants, tels que *Robert le Diable*, les *Huguenots*, le *Prophète*, l'*Africaine*, de Meyerbeer ; la *Juive*, la *Reine de Chypre*, *Charles VI*, d'Halévy ; la *Favorite*, de Donizetti, *Jérusalem*, les *Vêpres Siciliennes*, le *Trouvère*, *Don Carlos*, de Verdi ; *Herculanum*, de F. David, *Faust*, de Gounod ; *Hamlet*, d'Amb. Thomas ; et quelques jolis ballets, la *Sylphide*, le *Diable Boiteux*, *Giselle*, la *Jolie fille de Gand*, la *Péri*, le *Violon du Diable*, la *Vivandière*, *Jovita*, le *Diable à*

Quatre, la Maschera, la Source, Coppelia, etc. Les principaux artistes qui ont créé des rôles importants dans ces divers ouvrages, sont pour le chant : Mesdames Falcon, Dorus-Gras, Nau, Stoltz, Alboni, Tedesco, Bosio, Pauline Viardot-Garcia, Gueymard-Lauters, Sasse, Cruvelli, Nilsson ; Messieurs Nourrit, Levasseur, Alizard, Duprez, Lafont, Alexis Dupont, Morelli, Gueymard, Roger, Derivis, Depassio, Belval, Obin, Barroilhet, Faure. Pour la danse : Mesdames Taglioni, Fanny et Thérèse Essler, Carlotta Grisi, Cerrito, Fitz-James, Boschetti, Dumilatre, Plunkett, Priola, Guy-Stephan, Zina Mérante, Rosati, Fonta, Ferraris, Emma Livry, Granzow, Murawieff, Bozzacchi ; Messieurs Perrot, Petit-Pas, Saint-Léon, Mazillier.

ACADÉMIES DE MUSIQUE. On donne ce nom à plusieurs sortes d'institutions relatives à la musique. Appartiennent aux plus remarquables académies musicales :

La Société philharmonique de Vérone, qui florissait déjà dans le seizième siècle ;

L'Académie philharmonique de Rome ;

L'Académie philharmonique de Bologne, fondée en 1666 ;

Le Conservatoire royal et l'Académie royale de musique de Paris ;

L'ancienne Société de musique, fondée à Londres en 1710 ;

L'Académie impériale de Saint-Pétersbourg ;

L'Académie royale de Stockholm ;

L'Académie de chant, fondée à Berlin en 1789 ;

La Société philharmonique de l'empire d'Autriche, fondée à Vienne en 1812.

ACADÉMICIEN PHILHARMONIQUE. Titre que portent les membres des Sociétés philharmoniques de Bologne et de Vérone.

A CAPELLA — DE CHAPELLE. Ce terme, en usage dans la musique d'église, signifie que les instruments marchent à l'unisson ou à l'octave avec les parties chantantes, comme dans la fugue. Ce qu'on appelle *tempo a capella* est indiqué par un 2 ou par un C barré. (Voy. *Temps*.) On dit aussi *stile a capella* (style de chapelle), et l'on entend par là un style grave, posé, sans instruments, et qui autrefois était souvent appuyé et formé sur le plain-chant. (Voy. *Alla Palestrina*.)

A CAPRICIO, signifie *à la volonté* de l'exécutant. (Voy. *Ad libitum*.)

Accélérer. Presser le mouvement, ce qui arrive dans les morceaux passionnés et pleins de vigueur.

Accent. Appliqué à la déclamation, et spécialement au chant et à la musique, ce mot exprime les diverses modifications qu'éprouve le son de voix sous l'impression d'un sentiment, d'une passion quelconque.

Voici les nuances le plus en usage de l'*accent* musical :

Piano-pianissimo (PPP), le plus faiblement possible ;
Pianissimo (PP), très-faiblement ;
Piano (P), faiblement ;
Mezzo piano (MP), faiblement, d'une manière modérée ;
Poco forte (poco F), un peu fort ;
Mezzo forte (MF), modérément fort ;
Forte (F), fort ;
Fortissimo (FF), très-fort ;
Forte fortissimo (FFF), le plus fort possible : on dit aussi *Tutta forza*.

Voici les termes qu'on emploie pour indiquer la modification successive des nuances :

Crescendo..... cres. ou cr....., en augmentant de force par degré ;
Rinforzando..... rinf. ou rfz....., en renfonçant ;
Decrescendo.... décres....., avec une force décroissante ;
Diminuendo..... dimin, ou dim....., en diminuant ;
Calando.... cal....., en décroissant ;
Mancando..... mancand....., en s'éteignant.
Morendo..... mor....., en mourant ;
Perdendosi..... perdend....., en laissant mourir le son.

On emploie encore les mots :

Vibrato, qui signifie qu'il faut faire vibrer le son ;
Sforzando, qui signifie qu'il faut tout d'un coup donner plus de force ;
Legato, qui signifie qu'il faut lier et couler les notes ;
Et *staccato*, qu'il faut les détacher.

On emploie d'autres mots encore pour indiquer toutes les nuances de l'accent ; ils sont moins importants ; on les trouvera à leur place.

L'art d'accentuer convenablement constitue en grande partie le talent du comédien, du chanteur ; c'est par le juste caractère de l'accent que se manifestent l'intelligence et la sensibilité. — Il faut éviter de trop multiplier les accents. A force de prodiguer les effets, on finirait par les éteindre, de même qu'on éblouit les yeux en prodiguant les lumières.

ACCENTS D'ÉGLISE. On appelait ainsi ces formules mélodieuses que dans l'ancienne Église on devait savoir par cœur, selon la ponctuation, à l'époque où l'on chantait les leçons évangéliques ou épistolaires ; ces formules étaient au nombre de sept : 1° l'*accent immuable*, quand la dernière syllabe d'un mot n'était ni élevée ni abaissée ; 2° l'*accent moyen*, quand on chantait la dernière syllabe d'une tierce plus bas ; 3° l'*accent grave*, en la chantant d'une quarte plus grave ; 4° l'*accent aigu*, lorsqu'on chantait quelques syllabes avant la dernière, d'une tierce plus grave, et la dernière sur l'intonation précédente ; 5° l'*accent modéré*, chantant quelques syllabes avant la dernière, d'une seconde plus aiguë, et la dernière sur l'intonation précédente ; 6° l'*accent interrogatif*, lorsqu'on chantait la dernière syllabe d'une interrogation d'une seconde plus aiguë ; 7° l'*accent final*, quand les dernières syllabes descendaient par degrés vers la quarte sur laquelle devait tomber la syllabe finale.

ACCENTUER. Exprimer dans l'exécution, avec exactitude, les accents musicaux conformes aux indications du compositeur, à l'accent des mots et au bon goût ; marquer exactement les accents musicaux, les *forte* et les *piano*.

ACCESSOIRES. Dans les œuvres de l'art et spécialement dans les compositions musicales, on appelle parties accessoires celles qui, sans être inséparables du sujet traité par l'artiste, servent à le relever, à le mettre dans tout son jour, à y rattacher certaines idées secondaires relatives à ce sujet, en général à l'embellir et à le développer davantage. L'accessoire doit d'ailleurs être lié au sujet principal de manière à en paraître presque inséparable. (Voir COMPOSITION.) — Au théâtre on nomme *accessoires* certains objets portatifs qui peuvent être nécessaire à la représentation, comme les meubles, les corbeilles, etc. — Ce mot désigne également les petits rôles d'une pièce, indépendants du sujet. On dit d'un acteur, il joue les *accessoires*. — En lutherie on nomme accessoires d'un violon, la *barre*, l'*âme* et le *chevalet*.

ACCIACATURA. Terme italien de musique, signifiant une espèce d'agrément d'exécution, sur laquelle cependant ou n'est pas généralement d'accord. Selon les uns, elle consiste à frapper rapidement et d'une manière successive toutes les notes d'un accord, pour leur donner une plus grande résonnance; elle se marque en écrivant en petites notes et dans leur ordre successif toutes les notes de l'accord, et ensuite l'accord lui-même, ou en faisant précéder l'accord par une espèce de zig-zag perpendiculaire. Selon d'autres, elle consiste à frapper dans un accord une ou plusieurs notes qui ne lui appartiennent pas; elle se marque par une petite ligne transversale, traversant l'accord, là où la note étrangère à l'accord doit être frappée. Selon d'autres, enfin, c'est une appogiature, mais que l'on frappe presque simultanément avec la note principale. Pour exprimer cette nuance, quelques compositeurs coupent la petite note par un trait.

Accident. En musique les accidents sont des signes, appelés *dièses, bémols, bécarres, doubles dièses, doubles bémols,* qui viennent altérer accidentellement les sons naturels de la gamme, pendant la durée de la mesure où ils sont placés.

Accidentel. Dièses ou bémols accidentels, lignes accidentelles ou supplémentaires, c'est-à-dire celles qu'on ajoute en dessus ou en dessous de la portée, lorsque l'étendue des voix ou des instruments l'exige.

Accidentia notarum. Expression employée dans la musique ancienne pour indiquer qu'on devait rendre d'une moindre valeur une note placée entre deux notes d'une plus grande valeur, équivalente à la note précédente ou à la suivante; ou qu'une note d'une plus grande valeur devait perdre la troisième partie de cette même valeur. Ce moyen n'a été pratiqué que dans les *temps pairs.*

Acclamateur. Celui qui applaudit, qui concourt aux acclamations.

Acclamations. A Rome les acclamations étaient fort usitées au théâtre, et particulièrement dans les représentations lyriques. Ce ne furent d'abord que des cris et des applaudissements confus; mais dès le règne d'Auguste on en fit un concert étudié : un musicien donnait le ton, et le peuple, formant deux chœurs, répétait alternativement la formule d'acclamations. Le dernier acteur qui occupait la scène donnait le signal des acclamations par ces mots : « *Vadete et applaudite.* » Lorsque Néron jouait de la lyre sur le théâtre, Sénèque et Burrhus étaient alors les coryphées ou premiers acclamateurs; de jeunes chevaliers se plaçaient en différents endroits du théâtre pour répéter les acclamations, et des soldats, gagés à cet effet, se mêlaient parmi le peuple afin que le prince entendit un concert unanime d'applaudissements. Ces acclamations chantées ou plutôt accentuées, durèrent jusqu'au règne de Théodoric. — Chez les Hébreux le *Hosanna*, chez les Grecs l'αγαδη τύχη, chez les Modernes le *Vivat* et les *Hourra*, sont des termes d'acclamation.

Accolade. Nom du signe ou du trait de plume qui unit deux ou plusieurs portées.

Accompagnateur. Celui qui aide, soutient et relève à l'aide de la voix ou de l'instrument la partie principale d'un morceau de musique exécuté soit par la voix soit par un instrument.

Accompagnement. On entend par ce mot tantôt l'aide ou le soutien harmonique d'un chant ou d'une voix principale, au moyen d'un ou plusieurs instruments, tantôt la science des accords appliquée à l'exécution de la basse continue et des partitions. Le mot accompagnement, pris dans ce dernier sens, signifie à peu près la même chose qu'harmonie. Ainsi, apprendre l'accompagnement équivaut à ces mots : apprendre l'harmonie.

Le chant, placé en première ligne dans une composition, reçoit diverses parties qui le suivent, le soutiennent, lui donnent plus d'expression et de vigueur, et font éclater simultanément l'harmonie dont la phrase principale a déterminé l'ordre et le dessin. L'union de ces parties diversement arrangées s'appelle accompagnement.

Avant qu'on eût pris l'habitude d'arranger les partitions d'orchestre pour le piano, l'accompagnement sur la partition même était assez en usage. Le pianiste devait déchiffrer et analyser à première vue une partition d'opéra, de symphonie, etc., malgré le grand nombre des portées et la différence des clefs; choisir avec tact, dans toute la partition, les traits mélodiques et les combinaisons harmoniques qui rendaient le mieux la pensée du compositeur, et improviser un résumé complet de tout cela qui fût exécutable sur le piano. Cette espèce d'accompagnement était fort difficile, exigeait une très-grande habitude et demandait une connaissance parfaite de la musique.

Aujourd'hui presque toutes les partitions remarquables d'opéras ou de symphonies sont arrangées pour le piano par les pianistes, et ne sont pas d'une exécution plus difficile que celle de toute autre musique de piano.

L'accompagnement étant toujours subordonné au chant, quelques personnes l'ont considéré comme un accessoire de peu d'importance, et l'ont comparé mal à propos au cadre d'un tableau, au piédestal d'une statue. Cette comparaison, bien qu'elle ait une apparence de justesse, ne mérite même pas d'être combattue.

Les instruments à vent, qui sont d'un si grand secours à l'accompagnement, furent pendant longtemps négligés. On trouve bien quelques soli de ces instruments dans les anciennes partitions; mais l'art de grouper dans les masses harmoniques les flûtes, les bassons, les cors, les hautbois, était autrefois inconnu. Gluck fut le premier qui fit entendre des accompagnements pompeux et dramatiques; ceux de Piccinni et de Sacchini sont d'une grande pureté; mais Mozart est celui qui a porté l'art magique de l'orchestre à son plus haut degré. Depuis cette époque, les beaux modèles se sont multipliés. Les grands maîtres unissent aujourd'hui, par un heureux accord, les grâces de la mélodie à la richesse de l'harmonie et des accompagnements.

Il y a mille manières de conduire un accompagnement, mais il n'existe aucune règle précise qui détermine le dessin, le mouvement et le rhythme de cette importante partie des compositions musicales. Le sens des paroles, les situations dramatiques, la disposition de la scène et le goût sont les seuls guides du compositeur, et les belles partitions des grands maîtres sont ses modèles. La palette présente toutes les couleurs au peintre; l'orchestre offre tous les sons au compositeur: il s'agit de choisir. De même que le premier, en formant ses teintes, néglige ou rejette à présent la nuance qu'il emploiera dans une autre occasion et pour un autre effet; ainsi le compositeur, suivant le caractère de la scène qu'il doit traiter, emploie les instruments à cordes ou les instruments à vent, les notes appuyées ou les notes tenues, l'unisson ou des groupes d'accords.

Nous ne saurions trop insister sur l'accompagnement de la partition. Il faut d'abord remarquer que son exécution demande, outre une étude préalable des accords, une prompte lecture de toutes les clefs, l'habitude de passer à chaque instant, non seulement des sons graves aux sons aigus, mais encore d'un ton dans un autre, une main accoutumée aux difficultés, et une parfaite connaissance des effets qui résultent de l'orchestre.

L'accompagnement d'un instrument par un autre instrument, comme, par exemple, le piano par le violon, la flûte, etc., demande de la part de l'accompagnateur une lecture exacte de la musique, une oreille très-délicate pour l'intonation, et un grand soin de s'abstenir de tout ce qui pourrait nuire à la partie principale, comme les ornements inutiles; au contraire, si l'accompagnateur s'aperçoit que la partie principale s'écarte un peu de l'intonation ou de la mesure, il doit aussitôt la ramener dans le véritable sentiment du temps, en pressant ou ralentissant le mouvement, afin de rétablir l'équilibre dans l'ensemble. Dans les moments où la partie principale se repose, il est permis à l'accompagnateur de faire briller son instrument par tous les moyens que lui suggère le bon goût.

L'origine de l'accompagnement ne remonte qu'au commencement du XVIIe siècle. On en attribue l'invention à *Louis Viadama* né à Lodi en 1580. Depuis lors, le système des accompagnements s'est successivement développé, sous le nom de *basse continue*.

On nomme *accompagnement plaqué* celui qui se réduit en une suite d'accords harmoniques; il fut longtemps usité en France.

L'*accompagnement figuré* à la fois harmonique et mélodique est en grande vogue en Italie et en Allemagne.

L'*accompagnement traduit* est le plus complet des accompagnements mais aussi le plus difficile, c'est l'accompagnement de la partition en usage partout.

On nomme *accompagnement de quatuor* celui qui est exécuté par les instruments à cordes et à archets : violon, alto, violoncelle et contrebasse.

L'*accompagnement d'harmonie* n'est composé que des instruments à vent.

Et l'*accompagnement à grand orchestre* se dit de celui auquel concourent tous les instruments de l'orchestre.

Accord. On appelle *accord* l'union simultanée de plusieurs sons produisant à l'oreille un effet agréable.

La classification des accords employés dans l'harmonie a subi des variations infinies depuis Rameau jusqu'à nos jours. Nous les ferons connaître en parlant des théories harmoniques.

En réalité, il n'y a que deux accords : l'accord parfait sur la tonique, et l'accord de dominante.

L'accord parfait sur la tonique est composé de la tonique, de sa tierce majeure ou mineure, de sa quinte, et, si l'on veut, de son octave ; par exemple, *ut, mi, sol, ut*, dans le ton d'*ut* majeur, et *ut, mi* bémol, *sol, ut*, dans le ton d'*ut* mineur.

L'accord de dominante est le même dans les deux modes. Il est composé de la dominante, de sa tierce, de sa quinte, de sa septième, et si l'on veut de son octave ; par exemple, *sol, si, ré, fa, sol*, dans le ton d'*ut*.

L'harmonie entière, dans un ton donné, se réduit à l'emploi successif de ces deux accords. (Voyez le mot HARMONIE.)

On peut employer les accords dans leur état naturel et tels que nous venons de les écrire ; on peut aussi *doubler* ou *retrancher* quelques-unes de leurs notes, et les *disposer* de plusieurs manières. On peut les modifier par le *renversement*, les *altérations*, le *retard*, l'*anticipation*, la *substitution*, les *appogiatures*, les *notes de passage*, les *pédales* et les *progressions*. (Voyez ces mots. Voyez aussi RÉSOLUTION des accords et MARCHE des parties harmoniques.)

L'étude des accords et des lois qui les régissent constitue l'*harmonie théorique*; leur emploi, leur enchaînement plus ou moins heureux dans une pièce de musique, constitue l'*harmonie pratique*. (Voyez le mot HARMONIE et tous les mots ACCORDS.)

ACCORDS CONSONNANTS. Les accords consonnants sont ceux qui ne se composent que des intervalles agréables appelés consonnances, et qui peuvent toujours être attaqués sans préparation. (Voyez INTERVALLE, CONSONNANCES, PRÉPARATION.)

ACCORDS DÉRIVÉS. Accords tirés des fondamentaux et dans lesquels on ne dispose pas les sons dans l'ordre le plus direct.

ACCORDS DISSONANTS. Les accords dissonants sont ceux qui procurent à l'oreille une sensation moins satisfaisante que les accords consonnants, qui se composent de *dissonances* (voyez ce mot), et qui, le plus souvent, ne peuvent s'attaquer sans préparation.

ACCORDS FONDAMENTAUX. Les accords fondamentaux sont ceux dans lesquels on dispose les sons dans l'ordre le plus simple, c'est-à-dire à la tierce l'un de l'autre.

(Voyez Tierce.) Il n'y en a que deux dans un ton donné : l'*accord parfait* sur la tonique et l'*accord de dominante.*

Accord parfait. Il est composé de la tonique, de la tierce majeure ou mineure et de sa quinte. C'est le plus doux à l'oreille, et le seul qui donne le sentiment d'une conclusion harmonique.

Accord de dominante. Il est composé de la dominante, de sa tierce, de sa quinte et de sa septième. La dissonance et les attractions multipliées qu'il renferme lui donnent l'expression du mouvement. (Voyez le mot Harmonie.)

Accorder les instruments. C'est tendre ou lâcher les cordes, allonger ou racourcir les tuyaux de l'orgue, de la flûte, du cor, tendre ou lâcher les peaux des timbales ; en un mot, c'est augmenter ou diminuer la tension des corps sonores, jusqu'à ce que toutes les parties de l'instrument soient au ton qu'elles doivent avoir.

Le parfait accord de tous les instruments est une des principales qualités pour une bonne exécution d'ensemble. C'est pourquoi l'on a l'habitude, quelque temps avant de commencer à jouer, non-seulement d'accorder les instruments à cordes d'après le diapason, mais encore d'essayer tous les instruments à vent, pour voir s'ils sont d'accord entre eux. Au théâtre, ces préparatifs doivent se faire avant de descendre à l'orchestre.

Accords. (Positions des). (Voyez le mot Positions.)

Accords (Enchaînement des). L'harmonie entière se réduit à l'emploi alternatif de deux accords. (Voyez le mot Harmonie). Il faut donc apprendre à les enchaîner l'un à l'autre avec régularité.

En général, l'accord parfait et l'accord de dominante se succèdent avec régularité, lorsqu'ils le font d'une manière simple, naturelle, sans contorsion et, pour ainsi dire, de plain pied.

L'accord de dominante doit toujours être suivi de l'accord parfait du ton dans lequel on est. Cette règle ne souffre qu'une exception dont nous parlerons dans l'article spécial du changement de ton. (Voyez Modulation.)

Lorsqu'on passe de l'accord de dominante à l'accord parfait, la sensible doit monter à la tonique, et le quatrième degré descendre sur le troisième. Ce sont précisément les tendances de la sensible vers la tonique, et du quatrième degré vers le troisième, qui caractérisent l'accord de dominante, en font un accord de mouvement, et le rendent propre à effectuer le *mouvement* au *passage* d'un ton à un autre ton. Ce n'est que dans les parties intermédiaires, et en secret pour ainsi dire, qu'il est permis de les négliger. Encore les bons auteurs ont-ils évité cette licence.

Les autres notes de l'accord de dominante peuvent marcher au gré du compositeur. Le deuxième degré monte ou descend de manière à compléter l'accord parfait autant qu'il est possible. La basse monte ou descend presque toujours sur la tonique, à moins que l'on n'aime mieux un accord renversé.

Dans les mélodies et dans les parties harmoniques chantantes, il n'est pas nécessaire que le quatrième degré descende immédiatement sur le troisième, ni que la sensible monte immédiatement à la tonique : il suffit que cela ait enfin lieu. Souvent même on évite cette terminaison, en offrant à l'oreille une autre tendance qui fait oublier la première. Ainsi, par exemple, la tendance de la sensible vers la tonique peut faire oublier celle du quatrième degré vers le troisième, et réciproquement. Quelquefois aussi on les néglige tout à fait. Le goût et l'étude des maîtres enseigneront bien vite le reste.

Lorsque l'accord de dominante est trop éloigné de sa forme naturelle par *la substitution, le retard, les altérations,* ou quelque autre modification en usage, on le ramène ordinairement à cette forme naturelle ou à quelqu'un de ses renversements, avant de le terminer. On peut, à son gré, l'y ramener immédiatement, ou se servir un instant de l'accord parfait, si on trouve cette voie plus simple et plus facile.

L'accord parfait et l'accord de dominante peuvent se prolonger aussi longtemps qu'on le désire, avant de les faire succéder l'un à l'autre.

Accordeurs. On nomme accordeurs d'orgue ou de piano ceux qui vont dans les églises ou dans les maisons accorder ces instruments. Quand les accordeurs raccommodent aussi ces instruments, ils prennent le nom de facteurs. (Voyez Facteurs.)

On nomme également accordeur, un petit instrument composé de douze diapasons en acier disposés sur une planchette sonore et donnant avec justesse les douze demi-tons de la gamme par tempérament égal.

Accordéon. L'accordéon est un instrument à anche,

renfermé dans une petite caisse qui se dilate et se resserre à volonté, et produit ainsi les tons au moyen du mécanisme d'un doigté à touches.—Son étendue est diatoniquement du *sol*, clef de violon, au-dessous des lignes, au *do*, même clef, au-dessus de la portée, excepté le *la*, au-dessous et le *si* au-dessus des lignes de la même clef du violon. Il y a cependant des accordéons qui peuvent donner dans cette étendue les tons dièses et bémolisés. — On peut s'en servir pour jouer de petits airs simples, et même pour donner quelques accords.

Cet instrument fut inventé en Allemagne en 1832 par un aubergiste des environs de Vienne, qui, le premier, imagina un *harmonica de bouche*, composé de petites lames de métal perpendiculaires, au moyen desquelles on obtenait quelques accords en soufflant et en aspirant; plus tard, on renferma ces lames ou anches libres dans une petite caisse. On y adapta une soufflerie pour agiter les lames et un clavier pour laisser l'air s'introduire sous telle ou telle lame, et donner la note voulue. — Les premiers accordéons étaient privés de demi-tons. Ce fut à Reisner, de Breslau, que cet instrument dut ce perfectionnement.

Accordéon a piston ou système de registre permettant de faire parler une ou plusieurs notes à volonté, à l'aide de la même touche.

Accordéon-Piano, construit en 1852, par Boulon, à Paris. Cet instrument offrait la réunion de l'accordéon et du piano.

Accordo, lyre barberienne. C'était une espèce de basse italienne, à quinze cordes, qui servait anciennement pour jouer la basse de l'harmonie.

Accordoir, outil de facteur servant à accorder les pianos.

Accords. (Modification des). L'harmonie est à la fois une science et un langage. Comme science, elle doit former *un* corps de doctrine, *un* ensemble, *un* tout : elle fait par la tonalité, son principe unique et générateur. Comme langage, elle doit être variée, afin d'exprimer les sentiments variés du compositeur : elle l'est par les modifications qu'on peut faire subir aux accords, par le changement de ton.

Ainsi l'harmonie est à la fois *une* et *variée* : elle est *une* par son essence et *variée* par ses formes.

Les modifications harmoniques sont nombreuses; les

voici : changement de mode, doublement des notes, retranchement de quelques notes, disposition variée des notes, renversement, notes de passages et appogiatures, substitution, altérations diverses, prolongation et retard, pédale, progression ou marche de basse. Nous parlerons enfin de la modulation. (Voyez HARMONIE et chacun de ces mots.)

Les modifications harmoniques ne changent absolument rien à la nature de l'accord parfait et de l'accord de dominante; mais elles en changent la physionomie et l'expression.

ACCOUPLEMENT. Se dit de la réunion de plusieurs jeux de l'orgue, réunis aux pressions d'un même clavier.

ACETABULUM. Instrument ancien appelé en italien *crepitacolo*. Les acetabulums étaient des instruments de bronze ou d'argent qui faisaient un grand bruit, et on les frappait comme les sistres.

ACHÉENS. Les Achéens chantaient en l'honneur d'Apollon des hymnes et des poëmes dont plusieurs portaient le nom de *péan*, pour obtenir la faveur de cette divinité.

A CHULA, A FOFA. Danses portugaises qui ressemblent au fandango. A défaut de castagnettes, on bat la mesure avec les doigts.

A CINQ PARTIES. Se dit d'un morceau à cinq voix ou à cinq instruments, qui, par d'heureuses combinaisons de chants et d'accords, concourent à former un ensemble harmonieux. S'il n'y a qu'une seule voix à chaque partie, c'est un *quintette* (voyez ce mot); s'il y a plusieurs voix à chaque partie, c'est un *chœur* (voyez ce mot).

ACOUMÈTRE, instrument servant à mesurer l'étendue des sons de l'ouïe chez l'homme.

ACOUSTIQUE. Tel est le nom que l'on donne à la science des sons, à l'étude de leurs mesures, des moyens de les produire.

La vue et le toucher permettent de constater que le *son* qui frappe l'oreille a pour cause le mouvement vibratoire d'un corps solide, liquide ou gazeux. Le son pour être perçu, a besoin d'un intermédiaire, ainsi dans le vide le son n'arrive pas à notre oreille; l'air sert le plus généralement de véhicule au son pour sa transmission. Cette transmission n'est pas instantanée, et on s'aperçoit facilement de ce fait en remarquant la distance qui existe, quand on tire le canon, entre l'explosion lumineuse et la perception du son. Des expériences ont fait reconnaître que le son parcourt 333 mètres par seconde, à la température de 0°, et pour une température plus élevée, l'élasticité de l'air étant augmentée, la vitesse de son augmente également : ainsi on a reconnu qu'à une température de 6°, la vitesse de son était de 337 mètres par seconde, et il est à peu près prouvé que les sons se propagent également vite, quels que soient leur intensité, leur diapason et leur timbre. L'harmonie d'un concert n'est pas troublée à quelque distance qu'on se place pour l'entendre ; l'intensité générale seule diminue par l'éloignement, mais la mesure et la simultanéité des sons différents qui concourent à former les accords restent inaltérées.

L'air n'est pas le seul véhicule du son. *Colardon et Sturm* ont déterminé la vitesse du son dans l'eau calme, par une série d'expériences faites sur le lac de Genève, et la vitesse de la propagation du son était de 1,435 mètres par seconde.

La mesure des sons et les moyens de les produire ont donné naissance à un art, celui de la construction des instruments et des appareils musicaux (Voir FACTURE INSTRUMENTALE).

Le mouvement des vibrations qu'éprouve un corps se propage dans l'air par une transmission de proche en proche, que l'on peut comparer aux ondes successives auxquelles donnent naissance un caillou jeté dans une pièce d'eau tranquille.

Lorsqu'une lame, tenue fixement par une de ses extrémités, est mise en mouvement à son extrémité libre, elle comprime les molécules de l'air qu'elle rencontre, exerce une certaine pression qui va croissant avec la vitesse de la lame ; puis, décroissant, et enfin devenant nulle quand celle-ci rentre en repos. Un effet inverse se produit par le mouvement d'avant en arrière de la lame.

On appelle onde sonore l'ensemble des couches d'air à diverses pressions croissantes et décroissantes pour une vibration. Par suite de la grande élasticité des gaz, ces couches d'air communiquent leur vitesse aux couches suivantes, puis rentrent en repos. Les molécules d'air ne parcourent donc que des distances peu étendues, tandis que le son se propage comme les ondes liquides à la surface de l'eau.

De la vitesse des vibrations, ou du nombre de ces vibrations, dans un temps donné, dépend le plus ou moins de hauteur du son, qui sera d'autant plus élevé que les vibrations seront plus rapides, et d'autant plus bas que ces vibrations seront plus lentes. Mais notre oreille n'est pas susceptible de percevoir le son à tous les degrés ; il y a des limites à cette perception. En général, les sons cessent d'être perceptibles quand le nombre des vibrations dépasse environ 10,000 vibrations par seconde, ou reste inférieur à 30. Pour évaluer ces vibrations, beaucoup trop rapides pour être comptées directement, on a imaginé divers instruments. (Voir Sirène), qui indiquent d'une manière assez précise le nombre de vibrations dans un temps donné.

Il existe un phénomène d'acoustique que l'évaluation numérique des vibrations a servi à expliquer : c'est celui des *battements*. Quand deux instruments de même nature, ou deux cordes, ou deux tuyaux rendent des sons prolongés, on entend en sus une sorte de roulement dont les battements élémentaires sont d'autant plus rapprochés que l'intervalle des deux sons est plus grand. Quand les deux instruments, les deux cordes ou les deux tuyaux sont à l'unisson, tout battement cesse. Quand, au contraire, les sons sont très-distants l'un de l'autre, le roulement peut devenir assez précipité pour engendrer un troisième son. Ce phénomène est dû à la coïncidence des vibrations de deux corps sonores, qui se reproduit périodiquement et détermine, chaque fois, un renforcement dans le son.

Le son se produit de différentes manières : les frottements et les chocs excitent une quantité de sons en déterminant dans les molécules des corps des agitations et des mouvements plus ou moins réguliers.

Nous ne nous occuperons dans cet ouvrage, consacré spécialement à la musique, que des circonstances dans lesquelles peuvent prendre naissance les *sons musicaux*. Les moyens de production du son dans les instruments de musique sont de trois sortes. — 1° Les *cordes sonores* (*voir ces mots*) ; les expériences ont établi que les nombres de vibrations des cordes sont proportionnées aux racines carrées des poids qui les tendent, mais ils sont en raison inverse des longueurs des cordes, de leur épaisseur et des racines carrées de leurs densités ; 2° La *vibration des tiges*. Quand une tige ou une lame est pincée par une de ses extrémités dans un étau, si on fait un effort pour la courber et qu'on l'abandonne à elle-même, on la voit, comme une corde pincée, décrire des oscillations dont le nombre est lié à la longueur de la partie vibrante d'une manière assez simple. Ce nombre est en raison inverse de la racine carrée de la longueur, comptée à partir de l'extrémité libre jusqu'au point ou la tige s'engage entre les dents de l'étau ; 3° *Vibration de l'air dans les tuyaux.* L'air dans bien des cas, est lui-même le corps dont les vibrations excitent le son. On en voit de nombreux exemples dans les instruments à vent, qui, en général, isolent une colonne d'air, dont les dimensions influent sur la hauteur du son. Le procédé usité pour mettre cette colonne d'air en vibration, varie d'un instrument à l'autre, mais toujours on peut le considérer comme fondé sur l'emploi de *l'anche* (voir ce mot) ou *du bec de flûte.*

Le son éprouve quelquefois certains obstacles à sa propagation, et alors il se réfléchit. Les conditions de ce mouvement rétrograde sans différer sensiblement de celles qui déterminent la propagation directe, donnent naissance à ces phénomènes qui ont reçu le nom d'*écho*. (voir son.)

Acoucryptophone. Instrument sans corde et sans clavier, imaginé en Angleterre, en 1822, par Wheatstone, ayant la forme d'une lyre antique suspendue au plafond par un cordon de soie, il n'était pourvu d'aucune corde, mais pour le faire vibrer on appliquait une clef à une petite ouverture pratiquée dans le corps de l'instrument, comme on monte le ressort d'une montre. Aussitôt l'harmonie se faisait entendre, et semblait provenir de la lyre. Peu à peu les sons semblaient s'unir à ceux d'un piano de forme conique, ainsi qu'à ceux d'un tympanon placés dans l'appartement.

Acresciuto (augmenté). Quelques auteurs, dans les intervalles augmentés de demi-tons, adoptent ce terme, qui est opposé à *diminué*, au lieu d'employer les mots *excédant, altéré, superflu.* Ils repoussent surtout les deux dernières expressions comme des mots d'une signification équivoque.

Acte. En musique et en poésie ce mot signifie une division du drame, qui sert à reposer l'attention du spectateur. — L'intervalle entre deux actes s'appelle entr'acte. (Voyez le mot Opera.)

Acte de cadence. Nom de la cadence qui consiste

en un mouvement dans une des parties et sur tout dans la basse, qui force toutes les autres parties de concourir à former une cadence ou à l'éviter.

ACTEUR. C'est le nom général donné par le public aux personnes qui paraissent sur le théâtre, depuis les premiers sujets de la tragédie, de la danse et du chant, jusqu'aux plus modestes comparses. Chez les nations grecques, douées d'une intelligence vive et d'une exquise sensibilité, la profession d'acteur, exercée par des citoyens dans les réunions solennelles et aux fêtes olympiques, dut nécessairement être honorable et honorée. — Il n'en fut pas de même chez les Romains, peuple de mœurs énergiques, mais grossières, plus fait pour la guerre que pour les jeux de l'esprit. Là, les premiers acteurs, sortis de la classe des esclaves, ou tout au moins des affranchis, ou venus des provinces conquises, se trouvèrent en concurrence avec les gladiateurs et des entrepreneurs de combats d'animaux. L'infériorité de position de ceux qui exercèrent, les premiers, la profession d'artiste dramatique, et notamment celle de chanteur, influa puissamment sur le degré d'estime que le sénat crut devoir accorder à leurs successeurs. Tacite nous apprend que, d'après des ordonnances spéciales, un sénateur ne pouvait les visiter chez eux, ni un chevalier romain les accompagner dans la rue. Il fallut les réclamations d'un tribun du peuple et le bon sens de Tibère pour maintenir une ordonnance d'Auguste, qui les proclamait exempts du fouet, et empêcher le sénat de livrer leurs épaules à l'arbitraire d'un préteur. — Un des reproches que les historiens ont faits à Néron, c'est d'avoir chanté sur le théâtre. Cependant les acteurs n'étaient pas tous méprisés des Romains ; la jeunesse romaine elle-même imita, dans les fêtes solennelles, et surtout dans celle des moissons, les acteurs toscans qui, les premiers, avaient importé à Rome les jeux scéniques de l'Étrurie.

Plus tard, à ce qu'il paraît, ce fut encore la jeunesse romaine qui joua les compositions dramatiques appelées *satires*. Le savant Alexandre Adam ne laisse aucun doute à cet égard, dans les *Antiquités romaines*.

Les poètes dramatiques étaient presque tous acteurs dans leurs ouvrages, comme Molière dans les siens ; c'était l'usage alors. Or, parmi les Nævius, les Ennius, les Plaute, les Cæcilius, les Térence, les Afranius, les

Pacuvius, les Accius et les autres poètes dramatiques romains, il y eut des hommes très-honorables et très-recherchés.

Lorsque le jeu dramatique devint un art, la jeunesse romaine abandonna la représentation des pièces régulières aux acteurs de profession, mais elle joua les compositions bouffonnes, ou farces entremêlées de beaucoup de facéties, par lesquelles on terminait ordinairement le spectacle, et que l'on nommait *Exodies* ou *pièces atellanes*.

Les acteurs de ces farces conservaient tous leurs droits de citoyens et pouvaient servir dans les armées.

Le grand Cicéron était l'admirateur et l'ami du célèbre tragédien Esope et du célèbre comédien Roscius. Celui-ci était aussi l'ami de Pison et de Sylla : c'est pour lui que Cicéron fit son beau discours *Pro Roscio*.

Les mimes Labérius et Publius Syrus étaient fort renommés à Rome, sous Jules César. Auguste causait avec Pylade, et Bathylle était le favori de Mécènes.

En France, placés entre la noblesse, qui les nourrissait sur le pied de domesticité, et la bourgeoisie qui, ne les rencontrant dans aucune ville en corporation de quelque importance, oublia de les admettre à cette confraternité d'estime que les arts et métiers s'accordaient mutuellement, la condition des artistes dramatiques devint fort précaire. Elle fut empirée encore par les anathèmes que les ecclésiastiques français fulminèrent contre elle. Il le faut avouer, cependant, ils en avaient le droit. Le gouvernement civil peut refuser son concours, ses honneurs, ses récompenses, ses croix, ses pensions à ceux qui ne les ont point mérités : de même, le gouvernement ecclésiastique peut refuser ses sacrements, ses prières, ce qu'il appelle ses grâces et ses honneurs spirituels à quiconque ne lui en paraît pas digne. Il a pu abuser de son droit; mais enfin c'était son droit.

Au reste, les anathèmes dont nous parlons, n'ont existé qu'en France et seulement dans quelques diocèses, et celà, grâce aux Jansénistes. Partout ailleurs, en Espagne et en Italie, il n'existe rien de semblable; et même, lorsque les pièces de théâtre ne sont pas immorales, il est parfaitement loisible aux ecclésiastiques d'assister à leur représentation.

Le diocèse de Paris se montra sévère entre tous, à l'égard des théâtres et des acteurs : on sait ce qui fut fait à Molière. Cela n'empêcha pas la cour et la ville de les fréquenter et même de les honorer. Molière était reçu à la cour puritaine et démesurément aristocratique de Louis XIV. Le comédien Baron forma à la déclamation dramatique une ou deux altesses royales de la famille de Louis XV. Au reste, Louis XIV et sa famille toute entière, la Pompadour, Marie-Antoinette, les ducs de Provence et d'Artois se firent acteurs.

Aujourd'hui qu'on exerce l'art théâtral sans en être moins garde national, électeur, juré et éligible, la femme du monde reçoit dans son salon le comédien, le chanteur ou la cantatrice célèbres. Le bourgeois ne refuse pas à un artiste dramatique sa table et même sa fille, s'il gagne de bons appointements et mène une vie rangée, et le prolétaire professe presque du respect pour tout acteur.

ACTION. Expression des mouvements de l'âme par les mouvements et l'attitude du corps. On se sert particulièrement de ce terme pour la pantomime et l'art du chanteur et du comédien. — Le pantomime ne parle qu'aux yeux, tandis que le comédien y joint la déclamation ou le chant. L'action du chanteur déterminée par la musique, diffère de l'action du comédien qui déclame. — L'action embrasse 1° le maintien, la pose du corps, en un mot, l'attitude; 2° les mouvements des différentes parties du corps, telles que la tête, les mains, les pieds. Les plus expressives de ces parties sont les yeux et les muscles du visage, les mains et les doigts. Les mouvements des pieds sont du domaine de la danse.

ACUITÉ. C'est cette modification du son qui fait qu'on le considère comme *aigu* ou *élevé* par rapport à d'autres sons qu'on appelle *graves* ou *bas*. L'acuité du son dépend du nombre de vibrations que le corps sonore exécute dans un temps donné; plus ce nombre est grand, plus le son est *aigu* ou *élevé*.

On a cru longtemps qu'il y avait une limite au-delà de laquelle les sons étaient trop graves ou trop aigus pour être entendus. On avait fixé la limite de ces derniers à 12,000 ou 15,000 oscillations par seconde. M. Savart à prouvé que l'affaiblissement des sons extrêmes était la principale cause, sinon la cause unique, qui avait empêché de percevoir les sons placés en dehors de ces limites, et qu'en augmentant leur intensité on percevait très-bien les sons aigus correspondants à 48,000 oscillations ou 24,000 vibrations par seconde.

Acuto-aigu. Qualité du son qui résulte des vibrations rapides de l'air. (Voyez son.)

Acutæ claves, Acutæ-voces. Expressions qui indiquent l'étendue des sons, du *la*, cinquième ligne de la basse, au sol, deuxième ligne du violon.

Adagio. (posément). *L'adagio* est un mouvement un peu moins lent que le *larghetto*. (Voyez le mot mouvement.)

Le mot adagio se prend quelquefois substantivement et s'applique par mataphore aux morceaux de musique dont il détermine le mouvement; ainsi l'on dira : un *adagio de Boccherini, Baillot exécutait très-bien l'adagio*, etc. C'est à Corelli, célèbre violoncelliste italien du xviie siècle, que l'art musical doit la création de *l'adagio*.

Le mot *adagio* se prend quelquefois substantivement et s'applique alors à certains morceaux de musique; ainsi on dit : l'*adagio* de Tartini, l'*andante* de San Martino et l'*allegro* de Locatelli.

L'exécution de *l'adagio* exige la plus scrupuleuse observation des signes et des accents musicaux et repousse les ornements qui dénaturent la mélodie et détruisent l'idée du compositeur.

Adagio assai. C'est un mouvement plus lent que l'adagio.

Additato. Terme italien qui correspond au mot français *doigté*. Un morceau de musique est bien doigté, quand le compositeur, en écrivant, a facilité la position des doigts sur l'instrument qui doit servir à son exécution.

Addition des rapports, des intervalles. Calcul qui est souvent nécessaire dans le canon (voyez ce mot), pour apprendre à trouver le rapport qui est égal au produit de l'addition des rapports.

Additional keys. Terme anglais qui se trouve quelquefois dans les sonates et concertos de piano gravés en Angleterre, et qui signifie *touches ajoutées*, c'est-à-dire les touches qui succèdent à l'aigu, à la cinquième octave du clavier.

A deux. On dit : une sonate à deux pianos, à deux violoncelles, etc. — Cette expression signifie souvent qu'on marche à l'unisson comme dans les parties de basson ; quelquefois même on rencontre ce terme dans un chœur ou ripiène : c'est quand le compositeur y entremêle de petits duos, en les marquant avec les mots *à deux*, indiquant par là que ces passages doivent être chantés à deux voix seules.

Adiaphonon. Instrument à anches libres, construit en 1819, à Vienne, par Schuster, horloger à Vienne.

Ad libitum (à volonté). Cette expression est ordinairement employée dans les parties et dans les passages où le mouvement de la mesure est interrompu par un point d'orgue. Alors le compositeur laisse à l'exécutant la liberté de lier la note du point d'orgue à la note qui la suit avec des broderies ou des modulations à volonté.

Adonidion. Espèce de poëme chanté en l'honneur d'Adonis.

Adonion. Chant exécuté par les Spartiates au moment d'attaquer l'ennemi. On avait l'habitude d'accompagner ce chant par des flûtes appelées *tibiæ ambulatoriæ*.

A dorio ad phrygium. Proverbe ancien dérivé des modes dorien et phrygien, qui signifiait sauter, dans le discours, d'un objet à un autre, sans aucune transition.

Adrianali (adriniens). Jeux fondés par l'empereur Adrien.

Adufe. Espèce de tambour de basque dont on se sert en Espagne.

Aegual. Ce terme désigne un registre d'orgues à huit pieds.

Æoline. Instrument à anches libres et à soufflet, construit en 1816 par Schlembach, facteur à Ohrdouff.

Æoline. Instrument inventé et amélioré dans ces dernières années par Eschembach, Bavarois, mais dont on n'a pas encore une description bien exacte. Le son de cet instrument est produit par l'air, qui agit sur des baguettes en acier de différentes grandeurs. — Dans quelques églises de l'Allemagne on s'en sert pour accompagner le chant, et il a été introduit avec succès dans les orgues en forme de registre.

Æolodicon. Instrument construit par Voit de Schwemfurt, dans le même système que l'æoline avec cette différence que la soufflerie était à vent contenu.

Æolo-melodikon. Instrument à anches libres, inventé en 1818, à Varsovie, par Bruner.

Æolo-pentalon. Instrument construit en 1824, par Dagosi, de Varsovie, qui tenait du physharmonica et du piano.

Æolos-clavier. Instrument inventé par Schortmann de Buttelstardt en 1820, dont le son était produit par un courant d'air agissant sur des languettes de métal.

Ærephone. Espèce de physharmonica imaginée par Dietz, en 1828, ayant une table d'harmonie voûtée dans laquelle il plaçait les lames vibrantes.

Æroctavicorde. Instrument que l'on fit entendre à Paris en 1778, dont les cordes de métal résonnaient par le moyen d'un courant ou filets d'air auxquels on donnait une vive impulsion au moyen du soufflet.

Affections. La musique vit surtout d'affections et de sentiments. Le compositeur a principalement pour mission de traduire, en notes tour à tour vives, joyeuses, passionnées, plaintives et mélancoliques, les affections diverses qui agitent le cœur humain. — Bien qu'il n'ait pas la précision du langage ordinaire, le langage musical offre pourtant des ressources infinies. Ecoutez une des belles compositions de Gluck, de Weber, de Rossini, quelle variété d'impressions fait naître en vous l'œuvre de ces grands artistes ! Avec quel art merveilleux ils savent exprimer tous les sentiments, l'amour, la haine, l'ironie, la colère. — La vive expression des affections de l'âme est le plus beau privilége du génie musical; elle est la source des grands succès dramatiques. On ne saurait donc trop recommander aux compositeurs l'étude de la nature et du cœur humain. La science du contrepoint a son utilité sans doute, mais elle ne saurait produire que des résultats médiocres sans la connaissance des affections et des sentiments.

Affetto ou Affettuoso. Ce mot est le signe d'une expression douce et tendre; il indique un mouvement moins lent que l'adagio et plus posé que l'andante. Ainsi que la plupart des mots usités dans la musique, ce mot est tiré de l'italien, et se prend aussi substantivement.

Affinité des tons. C'est le rapport le plus rapproché qu'a tel ou tel ton avec un ton principal, la quinte par exemple, aura un rapport plus rapproché avec le ton principal que la quarte; car la quinte se trouve avec le ton principal dans le rapport de 2 à 3, et la quarte dans celui de 3 à 4.

AGADA. Instrument à vent des Egyptiens et des Abyssins, qui a la forme d'une flûte, et dont on joue avec une anche semblable à celle de la clarinette.

AGALI KEMAN. Instrument à archet des Turcs, qui a une espèce de jambe, et dont on joue comme de notre violoncelle.

AGILITÉ DES VOIX. Exécution rapide de toute mélodie par le moyen des paroles ou de la simple vocalisation.

AGITATO. Ce mot, écrit au commencement d'un morceau de musique, indique un caractère d'expression qui rend le sentiment vague du trouble et de l'agitation. Comme l'agitation ne saurait exister sans la vitesse, le mot *allegro* le précède ordinairement. S'il y a seulement *agitato*, on sous-entend *allegro*. La symphonie en *sol mineur* de Mozart, le duo de violon en *fa mineur* de Viotti, renferment chacun un bel *agitato*.

AGNUS DEI. On appelle ainsi une prière de la liturgie catholique romaine qui commence par ces mots, et que l'on chante ordinairement avant la communion. Suivant une bulle du pape Sergius 1er, de 688, elle doit terminer la messe.

AGOGE. Mot grec qui indiquait chez les anciens la forme mélodieuse dans la marche successive des sons, soit en montant, soit en descendant.

AGOGE RHYTHMIQUE. Cette expression, chez les anciens Grecs, avait la même signification que notre mot *mesure*.

AGONS MUSICAUX. Luttes musicales, ou concours entre plusieurs instrumentistes ou chanteurs, pour un prix proposé, ainsi que cela se pratiquait dans les anciens jeux des Grecs, et se pratique encore aujourd'hui pour avoir une place vacante dans une chapelle ou dans un orchestre.

AGRÉABLE. Un morceau de musique d'un caractère agréable, est celui qui a un mouvement *moderato* : sa mélodie marche par gradation, évite les sauts, n'admet ni de nombreuses dissonances, ni de modulations éloignées.

AGRÉMENTS. Les agréments sont des sons ou des groupes de sons ajoutés par l'exécutant à ceux qui sont notés pour amener les intonations, lier les sons en remplissant les intervalles qui les séparent et donner ainsi plus de variété, d'effet et d'expression aux compositions.

Les principaux agréments sont : le port de voix, la roulade, le trille, le groupe, la mise des voix, l'appogiature, le mordant ; ils sont employés de la même manière par les chanteurs et les instrumentistes. Les clavecinistes du siècle dernier employaient aussi des agréments qui s'appelaient *pincé, tremblement, arpègement*, etc.

AIGRE. Signifie rude, raboteux en parlant de la mauvaise qualité des sons, soit de la voix, soit des instruments.

AIGU. Opposé au grave, mais il faut toujours une comparaison entre ces deux tons pour donner une idée juste du *grave* et de l'*aigu*, car un son grave par rapport à l'aigu peut devenir lui-même l'aigu par rapport à un son plus grave. Enfin, pour donner une définition juste, il faut dire que dans deux sons composés, plus les vibrations du corps sonore sont fréquentes, plus le son est aigu.

AIR. Cette dénomination se donne en musique à un morceau dont le sens peut être compris étant exécuté par une seule voix ou un seul instrument, et lorsque ce morceau a toute l'étendue désirable pour constituer, d'après les règles de l'art, une pièce de musique bien complète. — Un bon air, pour mériter cette qualification, doit être un petit poëme musical, et on en compte un très-petit nombre. Il doit avoir son exposition, son nœud et son dénouement, et surtout cette unité si précieuse dans les beaux-arts, lorsque l'on veut plaire ou charmer. — Voyez les mots ARIETTE, RONDEAU, BARCAROLLE, NOCTURNE, ROMANCE, VAUDEVILLE, pour connaître leurs liens de parenté avec l'air dont ils sont issus, et savoir à quel degré de filiation les placent leurs titres.

ALBANI, Paul et Mathieu, luthiers de Palerme, imitateurs d'Amati qui vécurent en 1633 et en 1650.

ALBANI, (Mathieu), luthier, né à Bolzano en 1621, porta son industrie dans le Tyrol en 1660. Il était de l'école de Stainer. Il travailla jusqu'en 1672.

ALBANI, (Mathieu), fils du précédent, travailla longtemps à Crémone ; c'est un des bons imitateurs d'Amati. On a des instruments de ce luthier qui portent la date de 1708 et 1709.

ALBOGUET. Instrument de cuivre, composé de deux parties qu'on frappe l'une sur l'autre à la manière des cymbales.

Aliquotes. En musique l'on entend par parties aliquotes les sons secondaires qu'un corps sonore mis en vibration fait entendre en même temps que le son principal. Quand on frappe ou pince un corps sonore, si l'on y prête attention, on entend vibrer plusieurs sons : mais celui qui frappe le plus l'oreille après le son principal, c'est le douzième, et ensuite le dix-septième. Ces deux sons rapprochés de la tonique, ou son principal, donnent la quinte ou la tierce : en résumé, on appelle parties aliquotes les sons concomitants qu'une corde fait entendre simultanément avec le son principal.

Alla breve, Alla capella. Indication d'une mesure à quatre temps, que l'on ne bat que par deux, à cause de sa vitesse. Les notes se frappent également en matière de chant d'église. Dans les compositions musicales cette manière de mesure s'annonce par un C barré. Quoiqu'elle se trouve dans la musique profane, on ne s'en sert guère que dans la musique d'église, *di capella*, d'où vient l'indication *alla capella*.

Alla palestrina. C'est ainsi qu'on nomme quelquefois le contrepoint fugué, parce que le fameux Palestrina l'a porté à son plus haut degré de perfection. Ce contrepoint consiste à prendre un sujet, un trait de plain-chant, tiré de la pièce de plain-chant que portent les paroles, et à le développer en manière de fugue.

Alla zoppa *(à la boiteuse)*, c'est une suite de figures dans lesquelles, entre deux notes d'une égale valeur, se trouve une note de la valeur des deux autres réunies.

Allegretto. Diminutif d'*allegro*, indique un mouvement gracieux et léger, qui tient le milieu entre l'*allegro*, et l'*andantino*.

Allegro. Quoique ce mot signifie gai, il ne faut pas croire que le mouvement qu'il indique ne soit propre qu'à des sujets joyeux. C'est son degré de vitesse qu'il faut considérer, puisque ce mouvement s'applique parfois à des morceaux qui respirent l'emportement et le désespoir.

L'*allegro* est le mouvement le plus vif après le *presto;* mais il reçoit tant de modifications selon la mesure et les passions des divers morceaux de musique, et même selon la nature des compositions, que l'on pourrait parcourir les deux tiers du métronome sans sortir du domaine de l'*allegro*.

Le mot *allegro*, écrit en tête d'un concerto, d'un air de bravoure, d'une polonaise, marque un mouvement modéré. Le même mot commande une grande vitesse, s'il s'agit d'un menuet de symphonie, ou d'une ouverture d'opéra.

ALLEGRO. Se dit de l'air même dont le mouvement est vif et animé.

ALLELUIA. Mot hébreu qui signifie *louez le Seigneur*,

Saint Jérôme est le premier qui ait introduit le mot alleluia dans le service de l'Eglise. Pendant longtemps, on ne l'employait qu'une seule fois l'année dans l'Eglise latine, savoir le jour de Pâques. Mais il était plus en usage dans l'Eglise grecque, où on le chantait dans la pompe funèbre des saints. Cette coutume s'est conservée dans cette Eglise, où l'on chante même l'*alleluia* pendant le carême. Saint Grégoire le Grand ordonna qu'on le chanterait aussi toute l'année dans l'Eglise latine ; ce qui donna lieu à quelques personnes de lui reprocher une prédilection marquée pour le rite des Grecs. Dans la suite, l'Eglise romaine supprima le chant *alleluia* dans l'office de la messe des morts, aussi bien que depuis la Septuagésime, jusqu'au graduel de la messe du samedi saint, et elle y substitua ces paroles : *Laus tibi, Domine, rex æternæ gloriæ*, comme on le pratique encore aujourd'hui. Haendel a composé sur ce thème un morceau de musique devenu célèbre.

ALLEMAGNE. A l'époque de la renaissance des lettres et des arts, tandis qu'en Italie la musique prenait un brillant essor, elle restait à peu près stationnaire dans les autres contrées de l'Europe. — L'Espagne, toute préoccupée de ses gigantesques projets d'ambition et de sa conquête du Nouveau-Monde, n'attachait qu'une faible importance à la culture des arts. — Les Pays-Bas, où Jean Tinctor avait porté les premiers éléments de l'harmonie, n'avaient encore produit aucun homme de génie qui sût développer et faire éclore ces germes précieux. — L'Angleterre, uniquement absorbée par une pensée fixe, incessante, le désir d'entendre et de consolider sa puissance industrielle et maritime, dédaignait le culte de l'art musical. — La France n'avait encore que des essais informes, des œuvres sans portée, et l'Allemagne ne possédait que les chants populaires de ses *minnesingers*, dont le plus souvent l'harmonie était défectueuse et les paroles totalement dénuées d'euphonie.

Mais à la fin du dix-septième siècle, l'Allemagne subit tout à coup une brillante métamorphose. Le génie de la Germanie, qui s'était longtemps consumé en ébauches grossières, entre dans une voie de régénération et verse sur l'Europe des flots de poésie. On voit à cette époque se produire dans le domaine de l'art musical des chefs-d'œuvres et des grands maîtres, qui rivalisèrent avec les plus célèbres artistes de l'Italie, tout en conservant un caractère individuel, et en imprimant à leurs compositions ce cachet de grandeur, d'élévation, de mélancolie, de rêverie mystique, qui fait le charme de la poésie allemande.

Charles-Henri Graun est, dans l'ordre chronologique, un des premiers maîtres qui aient illustré l'école allemande. Graun a également brillé comme chanteur et comme compositeur. Lorsque Frédéric II monta sur le trône il le nomma son maître de chapelle. Ce prince, excellent virtuose sur la flûte, se connaissait en musiciens. Le talent principal de Graun, comme chanteur, était l'*adagio* et il faisait ce qu'on appelle les *traits* avec autant de facilité que de goût. Comme compositeur, la pure et belle expression de ses ouvrages, le charme de la mélodie et son harmonie savante l'ont justement placé au rang des classiques. Des cantates, des motets où respire un profond sentiment religieux, des compositions dramatiques pleine de chaleur et de verve, des compositions plus légères où son talent a déployé beaucoup de grâce et de souplesse, tels sont les titres de Charles Graun aux suffrages du monde musical. A côté du compositeur dont nous venons de parler, Philippe-Emmanuel Bach figure avec éclat dans les fastes de l'harmonie allemande. Sébastien Bach eut son père pour maître et ses frères pour rivaux. Il naquit à Weimar en 1714, acheva ses études à Leipsick, fonda à Francfort sur l'Oder une académie dont, jeune encore, il eut la direction, et plus tard fut nommé musicien de la chambre à la cour de Berlin, où il accompagna dans un solo de flûte le grand Frédéric à son avénement au trône. Une grande richesse d'érudition, une étonnante profondeur et une piquante originalité d'aperçus, telles sont les principales qualités des ouvrages didactiques de Bach. Par la lucidité de l'exposition, par l'excellence de la méthode, son *Essai sur le clavecin* rivalise avec les écrits théoriques les plus remarquables et les plus complets que possède l'Allemagne musicale. Ses compositions dramatiques et religieuses portent toutes le cachet d'une individualité puissante, et plus d'un artiste a puisé dans l'étude de ses ouvrages de sérieuses et fécondes inspirations. Un nom qui brille d'un vif éclat dans les fastes de l'art germanique, c'est celui de Haydn, surnommé le *cygne de l'Allemagne*. A dix ans, Haydn s'essayait déjà avec succès dans la composition de morceaux à seize parties. A quinze ans, il fit son premier quatuor, qui, malgré les clameurs de l'envie, obtint un grand et légitime succès. A dix-huit, il composa pour un chanoine de Cadix son célèbre oratorio des *Sept paroles de Jésus-Christ*, destiné à être exécuté dans la cathédrale de cette ville pendant la semaine sainte. Plus tard, l'illustre maître se retira dans une petite maison d'un des faubourgs de Vienne. C'est là qu'il composa les oratorios de la *Création* et des *Saisons*. Ces œuvres si puisantes, si grandioses, d'une conception si belle, d'un style si élevé, sont la production d'un âge avancé, et cependant on trouve dans toutes les parties de ces vastes compositions tant de sève, tant de verdeur d'imagination, qu'on les croirait écloses dans toute la vigueur de la jeunesse. — Tout près de Haydn vient se placer naturellement le profond et brillant Mozart. Wolfgang Mozart, né à Saltzbourg, en 1756, n'avait que trois ans, lorsque, écoutant son père qui donnait des leçons de clavecin à sa sœur, il manifesta dès cet âge de merveilleuses dispositions pour la musique. A quatre ans, il jouait des menuets ; à cinq, il composait de petits morceaux de musique, que son père écrivait. A la fin de sa septième année, il vint à Paris où il composa et publia ses deux premières œuvres. En Angleterre, où il passa bientôt après, il joua à la première vue, avec toute la justesse et la précision désirables, les morceaux les plus difficiles de Bach et Haendel. Il composa à cette époque six sonates qu'il fit graver à Londres. Après cette excursion dans la capitale de l'empire britannique, il vint se réchauffer ou soleil de l'Italie. A Florence, à Rome, il excita le plus vif enthousiasme. A Milan, il composa l'Opéra de *Mithridate*, qui eut vingt représentations de suite. Trois ans après, celui de *Lucio Sylla* en eut vingt-trois ; et successivement l'Europe vit paraitre cette série de créations magnifiques du musicien le plus étonnant peut-être qu'ait produit l'Allemagne.

A ces grands compositeurs, ajoutons Reynard Keyser, surnommé le *père de la mélodie allemande* ; Amédée Naumann, qui, d'une obscure école de village, s'élançant dans une sphère éclatante, enrichit successivement l'Italie, le Danemarck, la Suède, de belles productions dramatiques et religieuses; Joachim Quantz, qui fut à la fois un compositeur distingué et un admirable violoniste; Frédéric Haendel, dont le génie profond et vigoureux a exercé sur l'Europe entière une magique influence et commencé l'importante révolution que devait plus tard achever le puissant Gluck. A vingt ans, Haendel donna à Hambourg son premier opéra allemand, intitulé *Almira*. Bientôt il vint en Italie, et fit jouer à Florence son premier opéra italien, intitulé *Rodrigo*. A Venise il fit représenter celui d'*Agripine* ; à Rome, *il triomfo del Tempo*, et à Naples, *Alcide e Galatea*. Plus tard il passa en Angleterre, où l'appelait également la gloire et la fortune. L'opéra de *Rinaldo*, qui fut son début sur la scène britannique, devint la pièce favorite des Anglais et jeta les bases de la collossale réputation qu'il acquit chez cette nation opulente. Il se fixa dès ce moment en Angleterre. Non content de l'inhumer dans la sépulture de leurs rois, les Anglais lui ont voté une fête funèbre qui se célèbre tous les ans à l'époque de sa mort. — La révolution musicale commencée par Haendel fut achevée par Gluck. Christophe Gluck naquit dans le Haut-Palatinat, en 1714. C'est à Prague qu'il puisa les premières notions de l'art musical, et s'y fit d'abord remarquer comme excellent violoniste. L'Italie jouit de ses premiers travaux. C'est là qu'il apprit la composition et qu'il fit jouer son premier opéra. A Venise il donna celui de *Demetrius*, qu'accueillirent de chaudes sympathies. Il passa ensuite en Angleterre, et fit représenter sur la scène britannique la *Chûte des Géants*, sujet grandiose et digne d'un génie aussi élevé. A partir de cette époque, il se fit un système où tout est lié, combiné, senti. Sur cette forte base, il se mit à construire, pierre à pierre, son grand et majestueux édifice dramatique. Fort de ces nouveaux principes, il débuta au théâtre de Vienne par les opéras d'*Hélène et Pâris*, d'*Alceste* et d'*Orphée*. A Paris, le succès d'*Iphigénie en Aulide* mit le sceau à sa réputation.

Nous compléterons cette brillante galerie de l'école musicale allemande par les noms de Weber, ce grand musicien, ce grand poète, qui a déployé dans son *Freischutz* tant d'originalité, tant d'inspiration ; de Beethowen, dont l'imagination active et féconde produisit en peu d'années une foule de chefs-d'œuvre, et notamment *Fidelio, le Christ au jardin des Oliviers*, ses concertos de violon, ses trios, ses quatuors, son grand septuor et surtout ses symphonies ; de Schubert, de Meyerbeer, de Lachner, de Mendelssohn, de Spohr, qui a fait *Jessonda, Faust* ; de Schneider, l'auteur du *Déluge* ; de Schumann ; de Richard Wagner, l'auteur du *Tannhauser*, etc.

En Allemagne, l'exécution vocale est loin d'être arrivée à d'aussi beaux résultats que la composition. Comme l'Espagne, l'Angleterre et le Portugal, elle a été longtemps sous ce rapport tributaire de l'Italie. Cependant depuis quelques années, un grand mouvement artiste s'est opéré en Allemagne et s'est manifesté par la création de nombreuses et remarquables sociétés chorales. On distingue entre toutes, celles de Cologne et de Mayence.

Un des titres les plus éclatants de l'école allemande à l'estime du monde musical, c'est la supériorité de ses instrumentistes. — L'esthétique et la littérature musicales constituent aussi un des plus riches trésors de l'école allemande. La Bohême, la Saxe, l'Autriche possèdent une foule d'établissements, d'écoles élémentaires dans les villes et jusque dans les campagnes. Quant aux traités, aux ouvrages didactiques, les œuvres de Fuchs, de Mathisson, de Marpurg et de Kock, pleines de pensées neuves et profondes, d'aperçus intéressants, égalent et surpassent mêmes les productions des écrivains didactiques les plus distingués de la France et de l'Italie.

ALLEMANDE. Danse originaire de l'Allemagne. Cette figure chorégraphique, composée de passes tout à fait pittoresques, et dans laquelle un cavalier semble coqueter entre deux dames, s'exécute sur un air très-gai dont la mesure se bat à deux temps. On l'a dansée autrefois en France. Elle est maintenant exilée de nos salons.

ALPHABET MUSICAL. L'alphabet musical n'est composé que de sept mots. Les voici : *A, la, ré, mi (la), B, mi (si), C, sol, fa, ut (do). D, la, sol (ré), E, la, mi (mi), F, la, ut (fa), G, sol, ré, ut (sol)*. Ces termes servent à désigner les différents sons de la musique, qui, dans l'ordre naturel, ne sont qu'au nombre de sept, ainsi que les degrés contenus dans l'octave.

Dans l'article *solmisation*, nous ferons connaître l'origine de cet alphabet et ses différentes compositions. Aujourd'hui on a abandonné ces anciennes dénominations, et le solfége moderne a adopté les syllables *ut, ré, mi, fa, sol, la, si*.

ALTÉRATION. En musique élémentaire, ce mot désigne le changement que l'on fait subir aux notes naturelles ou diatoniques par le moyen de certains signes nommés *dièses, bémols* ou *bécarres*.

Le dièse élève d'un demi-ton la note devant laquelle il est placé, le bémol l'abaisse d'un demi-ton, et le bécarre la remet dans son état naturel, en détruisant l'effet du dièse ou du bémol.

Le demi-ton d'élévation que le dièse produit et le demi-ton d'abaissement produit par le bémol ne coïncident pas tout à fait au même point. Ainsi *ut* dièse et *ré* bémol ne donnent pas tout à fait le même son; *ut* dièse est un peu plus élevé que *ré* bémol, et réciproquement *ré* bémol est un peu plus bas que *ut* dièse; de sorte qu'en montant d'*ut* à *ré*, on a *ut, ré* bémol, *ut* dièse, *ré*. C'est pour cela que *ut* dièse tend à monter vers *ré*, et *ré* bémol, au contraire, à descendre vers *ut*.

En pratique, *ré* bémol et *ut* dièse sont considérés comme donnant le même son. Dans les instruments à sons fixes, comme le piano, l'orgue, etc., on élève un peu le bémol et on abaisse un peu le dièse pour les faire coïncider parfaitement au même point. C'est ce qu'on appelle *tempérament*. (Voyez ce mot).

ALTÉRATION. — Dans la science harmonique, on appelle accord *altéré* celui dont une ou plusieurs notes sont accompagnées d'un signe altérateur qui les élève ou les abaisse d'un demi-ton, sans que cet accord perde pour cela son individualité. Ainsi, l'accord de dominante *sol, si, ré* bémol, *fa*, ou *sol, si, ré* dièse, *fa* au lieu de *sol, si, ré, fa*, est un accord *altéré*.

Outre la multiplicité d'accents expressifs que les altérations introduisent dans l'harmonie, elles mettent en rapport, les uns avec les autres, les tons les plus divers, et procurent le moyen d'opérer les modulations les plus inattendues. Ainsi, par exemple, le *ré* bémol ou le *ré* dièse de l'accord altéré cité plus haut ne change rien à la nature de cet accord, il y introduit cependant l'attraction puissante de *ré* bémol vers *ut* ou de *ré* dièse vers *mi*. Or, cette attraction puissante donne la faculté de moduler dans plusieurs tons fort différents et fort éloignés d'*ut* naturel. Nous en parlerons en détail à l'article Modulation. (Voyez aussi le mot Prolongation des notes altérées.)

Alto. Voix de femme au-dessous du soprano et au-dessus du contre-alto (Voyez l'article Voix.)

Alto ou alto-viola. On appelle ainsi un instrument à quatre cordes, connu sous le nom de *violle*, d'une dimension un peu plus grande que celle du violon, et qui tient, dans un orchestre, le milieu entre cet instrument et le violoncelle ou la basse. Comme le violon, il est composé de deux tables collées sur des éclisses qui forment le tour de l'instrument, et d'un manche dont le sommier est traversé par des chevilles qui servent à tendre les cordes retenues à l'autre bout par une seconde pièce de bois noirci que l'on appelle la queue. Le manche est également couvert par une seconde pièce de bois dur et noirci qu'on nomme la touche, et sur laquelle posent les cordes légèrement inclinées par le chevalet placé entre lui et la queue. — L'alto n'a que quatre cordes comme le violon, et se joue de même, avec un archet qui lui fait rendre un son plus grave, mais doux et mélancolique. — L'alto nous vient des Italiens, qui excellaient dans la fabrication de cet instrument. Le nom du célèbre Amati donne, de nos jours, un prix très-élevé à ses productions, devenues très-rares. — Le timbre de l'*alto* possède des qualités expressives si saillantes, que dans les occasions où les anciens compositeurs l'ont mis en évidence, il n'a jamais manqué de répondre à leur attente. On sait l'impression profonde qu'il produit toujours dans ce morceau d'*Iphégénie en Tauride*, où Oreste, accablé de fatigue, haletant, respirant à peine, s'assoupit en répétant : *Le calme rentre dans mon cœur !* pendant que l'orchestre, sourdement agité, fait entendre des sanglots, des plaintes convulsives, dominés incessamment par l'affreux et obstiné grondement des altos.

Quelquefois on donne aux altos la partie grave de l'harmonie. Gluck l'a fait pour rendre plus terrible l'attaque des basses, au *forte*, et Sacchini, dans l'air d'Œdipe : *Votre cour devient mon asile*, pour donner à l'instrumentation une fraîcheur et un calme délicieux.

Autrefois, on appelait alto-basso, un instrument de percussion à cordes que le musicien frappait avec un petit bâton, tandis que de l'autre il jouait sur la flûte un air qui s'unissait aux sons de l'alto-basso accordé à l'octave, à la quinte ou à la quarte. De nos jours, il n'est plus d'usage parmi les musiciens, qui en conservent à peine le souvenir.

Amateur. On nomme ainsi celui qui, sans être musicien de profession, fait sa partie dans un concert pour son plaisir et par amour pour la musique. — On appelle encore amateurs ceux qui, sans savoir la musique, ou du moins sans l'exercer s'y connaissent et fréquentent les concerts et les théâtres lyriques. — Ce mot est traduit de l'italien *dilettante*. (Voyez Mélomanie.)

Amati. Famille d'illustres luthiers de Crémone composée d'Amati (André) qui travailla de 1560 à 1600, d'Amati (Jérôme) et Amati (Antoine) ses fils de 1596 à 1620 et d'Amati (Nicolas) fils de Jérôme de 1662 à 1692.

Ambroisien. (chant et rit). Lorsque saint Ambroise monta sur le siége épiscopal de Milan, en 374, il y avait incontestablement dans cette Eglise un *ordre* provenant d'un de ses prédécesseurs pour célébrer les saints mystères. Mais les cérémonies en étaient simples, sans fixité, conformes, en un mot, à l'état d'humilité des chrétiens, et à l'esprit qui les animait. Quelques-unes des parties de la liturgie n'étaient peut-être pas encore écrites, et certainement elles n'étaient pas toutes recueillies. Saint Ambroise leur donna la forme et la splendeur qui leur convenaient. Il organisa la liturgie dans le diocèse de Milan, et en fit un tout complet. Il composa des messes pour chaque circonstance, un grand nombre de préfaces où l'on voit en peu de mots les sujets des mystères et les actions des saints, beaucoup d'hymnes et d'autres prières.

Quant à la psalmodie, il est constant qu'il établit, en 386, le chant alternatif des psaumes à l'imitation des Eglises orientales, et que, de Milan, il passa dans tout l'Occident, dont quelques contrées le possédaient encore dans le xiie siècle, comme saint Ambroise l'avait noté. C'est ce saint prélat qui nous apprend lui-même cette institution dans sa lettre à sa sœur Marceline.

Ame. Petit cylindre de bois qu'on place debout entre la table et le fond d'un instrument à cordes pour maintenir toujours les parties dans le même degré d'élévation et communiquer leurs vibrations. La manière dont est placé le cylindre contribue beaucoup à la beauté des sons de l'instrument.

Amen. Ce terme hébraïque, qui signifie *ainsi soit-il*,

a été adopté par les chrétiens dans plusieurs cérémonies religieuses. Quand le prêtre a terminé une prière, le peuple, en signe d'approbation, répond *Amen*. Ce mot est employé aussi pour désigner le dernier verset de plusieurs textes ecclésiastiques, tels que les psaumes, les hymnes, les motets, qui se terminent par le mot *amen*.

A-MI-LA. Mot que l'on employait autrefois pour désigner le ton de *la*.

AMOROSO. (tendrement). Ce mot indique l'expression tendre et touchante d'un morceau de musique. Il accompagne souvent les mots *andante* et *andantino*, et demande une exécution semblable à celle de l'*affettuoso*.

AMPHICORDUM. Nom donné à la *lyre barbarina* construite en 1673 par Donis, praticien Florentin, elle avait la forme d'une basse de violon, mais avec douze ou quinze cordes.

ANABASIS. Ce terme indiquait chez les anciens Grecs une mélodie ascendante.

ANACAMPTOS. Expression grecque qui signifiait le contraire de la précédente, c'est-à-dire une progression de l'aigu ou grave.

ANACATA. Sorte de tambour en usage dans la cavalerie orientale.

ANCHE. Deux languettes de roseau fort minces dans leur extrémité, placées horizontalement l'une sur l'autre et assujetties sur un petit tuyau de métal, forment l'anche du hautbois. Celles du cor anglais et du basson, faites de la même manière, ont des proportions plus grandes. — L'anche de la clarinette n'a qu'une seule languette de roseau, qui produit les vibrations en frémissant contre le bec de cet instrument où elle est fixée.

ANCHE LIBRE. Est une languette fixée par une de ses extrémités au devant d'une ouverture pratiquée dans une paroi solide. Cette languette est construite de manière à se cambrer dans l'état de repos et à dégager l'ouverture. Mais si on établit d'une manière quelconque un courant d'air qui tend à s'échapper par l'ouverture, dans le sens nécessaire à la vibration, on voit la languette ou *anche* entraînée s'appliquer d'abord sur la paroi et suspendre momentanément l'écoulement, puis son élasticité la ramène à sa position première, après quoi elle est de nouveau entraînée et ainsi de suite, tant que l'air fait effort pour s'écouler par l'ouverture, dans beaucoup d'instruments à vent le son se produit par l'intervention d'une anche : la clarinette, le hautbois, certains orgues. Le cor de chasse et la flûte semblent dépourvus d'anches, mais les lèvres en tiennent lieu. La voix humaine elle même se produit dans le larynx par le passage plus ou moins rapide de l'air expiré entre les replis nombreux appelés *cordes vocales* qui jouent à peu près le rôle d'anche.

Ancher. Garnir un instrument de son anche, *ancher* un basson, *ancher* un jeu d'orgue.

Anches (jeu d'). Registre d'orgue composé d'une série de tuyaux à anches et donnant un son éclatant et incisif.

Anches libres. Lames métalliques fixées sur autant d'ouvertures percées sur une plaque et qui vibrent aisément par le moyen de la soufflerie, seulement aujourd'hui on se sert, pour attaquer la lame, de la percussion, et la vibration est contenue par la soufflerie.

Anciens. (Musique des). Lorsque les savants modernes lisent dans les ouvrages de l'antiquité les éloges pompeux qu'on y fait de la musique, et les merveilles qu'on lui attribue, ils ne peuvent les concevoir ; et comme ils ne voient rien dans l'étude et dans la pratique d'un art assez frivole qui justifie ces éloges ou qui confirme ces miracles, ils traitent les auteurs de visionnaires et les accusent d'impostures, sans réfléchir que ces écrivains qu'ils osent ainsi calomnier sont les hommes les plus judicieux, les plus sages, les plus instruits et les plus vertueux de leur siècle. Les musiciens eux-mêmes, fort embarrassés d'expliquer au moyen de la musique moderne les effets surprenants attribués à l'ancienne, prennent le parti de rejeter ces effets tantôt sur la nouveauté de l'art, tantôt sur le pouvoir de la poésie qui y était unie, tantôt sur la prétendue grossièreté des peuples. Burette, le moins excusable de tous, puisque ses connaissances devaient le rendre plus juste, prétend que les merveilles qu'on raconte de la musique des anciens ne prouvent en aucune manière sa supériorité sur la nôtre, et qu'Orphée, Demodocus, Terpandre, n'opéraient rien de plus que ne pussent opérer les plus mauvais râcleurs de village, s'ils trouvaient de semblables auditeurs. Cet écrivain, qui croit pouvoir assimiler ainsi les peuples de l'antiquité aux hordes sauvages de l'Amérique, oublie sans doute que ces peuples étaient, de tous ceux qui ont paru sur la terre, les plus sensibles aux beautés des arts ; il ne pense pas que c'est peu de temps après l'apparition d'Orphée que viennent Hésiode et Homère, les plus savants des poètes. Lycurgue et Zaleucus, les plus rigides des législateurs. Il ne veut pas voir que Tyrthée et Terpandre étaient presque contemparains de Sapho et d'Ésope, de Solon et de Pindare. Nous ne savons pas comment il aurait arrangé des choses aussi contradictoires s'il avait voulu y réfléchir un moment, ni de quelle manière il nous aurait prouvé que ceux qui avaient des poésies comme celles d'Homère et de Sapho, des lois comme celles de Lycurgue et de Solon, des statues comme celles de Phidias, se seraient extasiés en écoutant l'harmonie d'un de nos ménétriers ; car nous, dont la musique est si parfaite à son avis, qui possédons des opéras si magnifiques, nous sommes encore bien loin d'avoir rien de comparable à l'*Iliade* et à l'*Odyssée*, rien qui approche de l'Apollon du Belvédère et de Vénus pudique, quoique nos poëtes et nos statuaires copient et recopient sans cesse ces admirables modèles. Il fallait que le brillant auteur d'*Anacharsis* eût sur les yeux un bandeau bien épais, pour avoir adopté sans examen l'opinion de Burette ; il semble qu'il aurait dû lui préférer celle de Platon, celle d'Aristote, celle de Plutarque.

Ces opinions valaient pourtant la peine d'être discutées. L'historien Polybe, dont on connaît l'exatitude, raconte que de tous les peuples d'Arcadie, les Cynèthes étaient les plus féroces, et il attribue hardiment leur férocité à l'éloignement qu'ils avaient pour l'art musical. Il s'élève avec force contre un certain Ephore qui avait osé dire que la musique ne s'était introduite parmi les hommes que pour les séduire et les égarer par une sorte d'enchantement, et lui oppose l'exemple des autres Arcadiens qui, ayant reçu de leur législateur des règlements propres à leur inspirer le goût de la musique, s'étaient distingués par leurs mœurs douces et leur respect pour la Divinité. Il fait le tableau le plus flatteur des fêtes où la jeunesse arcadienne s'accoutumait, dès l'enfance, à chanter des hymnes religieux en l'honneur des dieux et des héros du pays.

Ainsi, Polybe attachait à la musique le pouvoir d'adoucir les mœurs. Longtemps auparavant, Platon avait reconnu dans cet art une influence irrésistible sur la forme du gouvernement ; il n'avait pas craint de dire qu'on ne pouvait faire aucun changement dans la musique sans en effectuer un correspondant dans la constitution de l'Etat. Cette idée, suivant ce philosophe, appartenait à Damon, qui avait donné des leçons d'harmonie à Socrate. Mais après l'avoir reçue de Socrate, il l'avait fort développée par ses études et ses méditations. Jamais il ne perd dans ses ouvrages l'occasion de parler de la musique et de démontrer ses effets : il assure dès le commencement de son livre des *Lois*, que dans la musique sont renfermées toutes les parties de l'éducation. — L'homme de bien, avait-il dit ailleurs, est le seul excellent musicien, parce qu'il rend une harmonie parfaite, non pas avec sa lyre ou tout autre instrument, mais avec le total de sa vie. Ce philosophe se garde bien, comme le vulgaire commençait à le faire de son temps, de placer la perfection de la musique dans la faculté qu'elle a d'affecter agréablement l'oreille. Il assure, au contraire, que rien n'est plus éloigné de la droite raison et de la vérité. La beauté de la musique consiste, selon lui, dans la beauté de la vertu qu'elle inspire; il pense qu'on peut connaître les inclinations des hommes par l'espèce de musique qu'ils aiment ou qu'ils louent, et veut qu'on forme de bonne heure leur goût sur cette science en la faisant rentrer dans l'éducation des jeunes gens, d'après un système fixe et bien arrêté.

Le système musical que Platon avait en vue dans ce passage était originaire d'Egypte. Porté d'abord en Grèce par Orphée, quant à la partie poétique, il fut ensuite développé par Pythagore, qui en expliqua la partie théorique assez exactement, cachant seulement le principe fondamental de la science, dont il réserve la connaissance aux seuls initiés, ainsi qu'il en avait pris l'engagement dans les sanctuaires; car les prêtres égyptiens ne communiquaient les principes des sciences, en général, qu'après les plus terribles épreuves, et les serments les plus solennels de les taire ou de ne les livrer qu'à des hommes dignes de les posséder. Voilà la cause de ce long silence que Pythagore exigeait de ses disciples, et l'origine de ces voiles mystérieux dont il les obligeait à son tour de couvrir ses enseignements.

Le système musical que nous possédons aujourd'hui nous étant venu des anciens, est, quant à son principe constitutif, le même que le leur; il n'a varié que dans les formes poétiques. C'est ce même système que Timée de Locres regardait comme institué par les dieux pour le perfectionnement de l'âme, et dans lequel il voyait cette musique céleste qui, dirigée par la philosophie, peut facilement forcer la partie sensible de l'âme d'obéir à l'intellectuelle, adoucir sa partie irascible, et les empêcher de se mouvoir contre la raison, ou de rester oisives quand la raison les appelle.

Les poëtes anciens avaient tracé des modèles de mélodie et d'harmonie, et les avaient fait graver sur des tables exposées aux yeux du peuple dans les temples : il n'était permis à personne de rien changer à ces modèles; en sorte que les mêmes lois règlent tout ce qui concerne la musique, la peinture et la sculpture. On voyait des ouvrages de ces deux derniers arts qui dataient de mille ans, on entendait des chants qui remontaient à la même époque.

L'antiquité de ce système musical en laisse inférer l'universalité ; aussi le trouve-t-on, avec des modifications diverses, dans tous les lieux de la terre qu'ont habités les anciens.

Nous nous sommes bornés, dans cet article, à des idées générales sur la musique des anciens; nous développerons ce sujet d'une manière plus étendue aux articles *Egypte, Grèce, Rome*, etc.

ANDAMENTO. Ce mot italien désigne, relativemnt à la composition de la fugue, une période, une composition, une espèce de sujet un peu long, qui parcourt toutes les phases du ton, y mêle parfois d'autres sujets, et contient deux ou plusieurs membres.

L'expression *andamento* se prend aussi pour *mouvement*, et l'on dit un andamento, juste, vif, rapide ; quelquefois pour *caractère*, en disant : Cette composition a une marche *andamento* (régulière et calme).

ANDANTE. Placé en tête d'une œuvre musicale, ce mot *andante* commanderait à l'exécution la grâce, le laisser-aller *(andare)*, si la conduite d'un orchestre et le génie d'une œuvre pouvaient dépendre d'un mot, d'un titre. Ici, comme dans tous les cas d'indications italiennes, il faut bien se rappeler que le sens des mots subit la loi des temps, des lieux et des mœurs.

ANDANTINO, diminutif d'andante, imprime à la mesure une certaine régularité qui tient de la raideur plutôt que de la gravité. On aurait tort toutefois de prendre cette définition à la lettre, car *andantino* se trouve dans les mêmes opéras en tête de vingt morceaux d'un genre tout différent. C'est du reste le destin de toutes les indications italiennes. L'andantino doit être exécuté de la même manière que l'andante, mais avec un mouvement un peu plus vif.

ANÉMOCORDE. Instrument à clavier construit à Paris en 1784, par un nommé *Schnell*. Les cordes étaient mises en vibration par un courant d'air.

ANGÉLICA-VOX. Voix angélique. Registres d'orgues à forme cylindrique et à anches.

ANGÉLIQUE. Instrument ancien de la famille des luths, inventé dans le XVIIe siècle par Rotz, facteur d'orgues à Mulhouse.

ANGLETERRE. Dans le moyen-âge, la musique eut en Angleterre la même existence qu'en France et en Italie; elle fut divisée en musique religieuse et en musique séculière. La première était consacrée au plain-chant ou *canto fermo;* la seconde, aux fêtes de la ville et de la cour. Dès le règne de Henri VIII, les ménétriers et les troubadours, ces rustiques Orphées des temps barbares, disparurent; et ce prince offrit aux Anglais le même phénomène qui avait frappé les Romains sous l'empire de Néron, le spectacle d'un tyran sanguinaire aimant et cultivant lui-même la musique, celui de tous les arts le mieux fait pour adoucir le cœur humain.

Dans ce temps, Londres comptait un grand nombre d'amateurs, et le goût de l'art musical était tellement répandu, que son enseignement faisait déjà partie intégrante de l'éducation des personnes nées dans l'opulence. Ce goût général étendit son influence sur le règne suivant, et l'on vit la reine Elisabeth protéger la musique et la cultiver elle-même, comme l'avait cultivée son père. Le poëte Shakespeare connaissait cet art ravissant et lui adressa d'éclatants hommages dans plusieurs de ses drames. Ce furent les premier vers que les Anglais entendirent chanter sur leurs théâtres, et l'on peut dire que de là date l'origine de leur opéra.

Parmi les meilleurs compositeurs de ce temps pour la musique d'église et la musique séculière, citons d'abord Thomas Tallis. Tallis fut le plus grand musicien, dit Burney dans son *Histoire de la Musique*, non-seulement de l'Angleterre, mais de l'Europe, pendant le seizième siècle. Ses compositions portent l'empreinte de la plus riche et de la plus pure harmonie. — Guillaume Bird et Thomas Morley furent les dignes disciples de Tallis.

Morley était attaché à la chapelle de la reine Elisabeth. Excellent théoricien dans l'art musical, il fut aussi un praticien très-habile. Les ouvrages de ce compositeur sont des chansons, des madrigaux et des cantates.

En Angleterre, la musique vocale séculière fut inférieure à celle de l'église, particulièrement sous le règne d'Elisabeth. Les chants à trois et à six voix, composés par Witame, sont, les uns trop longs, les autres trop courts. Quant au dessin musical et à la forme, tous portent l'empreinte encore rude des temps où ils ont été composés. Les paroles de ceux de ces chants faits avant l'apparition de Bird sont extrêmement barbares. Cependant les fréquents voyages que les Anglais opulents commencèrent à faire dès cette époque en Italie, leur firent apprécier la douceur et le charme de sa musique. Des madrigaux italiens furent adaptés à des vers anglais. Palestrina, Luca Marenzio et d'autres compositeurs italiens furent les Orphées de l'Angleterre.

Les premiers madrigaux anglais furent ceux de John Wilbie, qu'on chantait solennellement chaque année dans les colléges. — Bientôt parurent les madrigaux à trois, quatre, cinq et six voix, dont Thomas Wilkes fît les accompagnements et Shakespeare les paroles. Ces compositions sont placées avec raison parmi les meilleurs ouvrages du temps.

Nos lecteurs verront avec plaisir sans doute que, parmi les compositeurs anglais de cette époque, figure aussi le père de Milton. Divers historiens ont parlé avec de grands éloges de son talent musical. Il fit dit-on, jusqu'aux carillons qu'on sonne dans les campagnes, en Angleterre, et les chants que murmurent les nourrices en berçant leurs enfants. Il composa *In nomine Patris* sur quarante tons.

Les airs ou ariettes que Férabosca composa dans le même temps portent tous l'empreinte profonde de la mélodie italienne. Ils firent faire à celle de l'Angleterre des pas aussi grands que rapides.

En même temps, la musique d'église, les madrigaux et les chants appelés *en parties* se perfectionnèrent. Le goût, le rhythme, la grâce et l'accent brillèrent également dans ces divers genres de compositions, qui n'étaient point inférieures à celles du continent.

Sous le règne de Charles Ier, la musique continuant ses progrès, Thomas Tomkins, élève de Bird, composa

un nombre considérable d'ouvrages d'église justement admirés. Elway Bevia, élève de Tallis, déploya un tel talent dans les siens, que, perdus en partie depuis, ils ont laissé de justes regrets aux amis de l'harmonie.
— Mais le plus grand des maîtres de ce temps fut Edwar Gibbons. La mélodie de ce profond compositeur est pleine d'expression et de douceur; son harmonie est claire, facile et pure. Il composa, comme les Tallis et les Bird, ses maîtres, *alla pallestrina*. Ses airs sont majestueux et solennels, ses fugues sont riches.

C'est également sous le règne de Jacques Ier que fut jouée la première comédie écrite en anglais, où l'on introduisit de la musique pendant les entr'actes.

La tragi-comédie intitulée *Cambyse*, où il y eut un banquet sur le théâtre, pendant lequel une musique instrumentale se fit entendre, et les masques, dont l'usage se répandit à la cour comme à la ville, furent des amusements qui devaient amener nécessairement l'invention de l'opéra.

Sous le règne de Charles Ier, la musique dut suivre le sort de l'Etat lui-même; elle marcha rapidement vers sa décadence. L'anarchie ne conserve et ne respecte rien. La destruction est son génie.

La restauration anglaise, consommée par le retour de Charles II, en ramenant la paix et les plaisirs dans Londres, y ramena aussi la musique. Smith et Harris, grands compositeurs et grands organistes, vinrent, l'un d'Allemagne, l'autre de France, pour ranimer l'harmonie expirante. L'entrée de Charles II et son couronnement donnèrent à la musique, interprète de l'allégresse publique, l'occasion de signaler ses progrès. Mais, soit que l'émigration eût influé sur elle, soit que l'interrègne lui eût porté des coups mortels, elle parut à cette époque plus française qu'anglaise. Blow, compositeur, dont plusieurs ouvrages sont admirables, se signala pendant ce règne; Michel Wise, Thomas Tudway, suivirent ses traces. Mais tous furent effacés par Henri Purcell. Son génie embrassa tous les genres de composition. Profond et souvent sublime dans la musique d'église, il fut agréable et plein d'expression dans la musique séculière. Le premier il reconnut le charme et la puissance de la voix, et en respecta les accords. Grâce à lui, la musique dramatique, jusqu'alors informe, subit de notables perfectionnements. Il surpassa tellement ses devanciers dans la musique de chambre, que la plupart de leurs compositions tombèrent dans l'oubli à partir de l'époque où les siennes parurent. Comme musique instrumentale, les airs qu'il a mis à des odes, à des ballets, à des madrigaux, sont des morceaux ravissants.

Sous le règne de Jacques II, et généralement pendant une moitié du dix-septième siècle, la musique anglaise fut atteinte d'un principe de décadence, comme elle l'avait été pendant l'interrègne et le protectorat. Jacques II s'occupa exclusivement d'abstractions et de controverses religieuses, sans encourager les arts et les sciences. Cependant, vers la fin de ce siècle, les progrès de la musique instrumentale furent sensibles, surtout dans le violon, et Nicolas Matheïs et Lestronge n'ont été surpassés dans ce temps que par le tendre et mélodieux instrument de Corelli.

Après la mort de Purcell, Clarke, Holder, Griggton, Tucker, Boyce et plusieurs autres brillèrent encore dans le musique d'église. Mais aucun ne donna mieux que lui de l'expression, du charme, de l'harmonie à la langue anglaise. Il sut la rendre musicale malgré sa rudesse, et euphonique malgré son antiphonie naturelle.

L'*Oratorio*, cette sorte de composition mixte, moitié religieuse et moitié dramatique, conduisit à l'invention et à l'usage du drame lyrique en Angleterre. Comme nous l'avons déjà dit, ce furent plusieurs pièces de Shakespeare, dans lesquelles on introduisit de la musique, qui formant déjà une espèce d'opéra, préludèrent à la découverte de ce genre de spectacle, si naturel à l'Italie. Et Lulli, du sein de la France où il dirigeait le théâtre lyrique de cette nation, voyait, ses ouvrages influer puissamment sur l'art dramatique dans la Grande-Bretagne. Les Anglais, mettant l'amour-propre national de côté, sentirent que la musique italienne était préférable à la leur. Dès ce moment, les premiers compositeurs et les chanteurs les plus habiles de l'Italie s'empressèrent de descendre dans cette île, et ce fut elle qui, devançant plusieurs autres nations dans l'adoption du grand opéra, eut de bonne heure un tel spectacle. Le premier qui fut donné sur le théâtre de Londres avait pour titre : *Arsinoé, reine de Chypre*. Il fut représenté sous le règne de Marie, et un anglais, Thomas Clayton, en fit la musique. Mais il n'avait que la manière italienne; tandis que l'opéra intitulé *Pyrrhus et Démétrius*, dont le célèbre Alexandre Scarlati fit la musique, et Adrien Morselli fes paroles, fut joué moitié en italien, moitié en Anglais. — En 1710, l'opéra d'*Almaïde* fut exécuté en entier par des chanteuses et des chanteurs italiens. — Bientôt parut Haendel, suivi de l'élite des artistes ultramontains, et l'opéra sérieux italien ne fut pas moins nationalisé en Angleterre que l'opéra comique.

Aujourd'hui, la musique italienne et française a acquis définitivement droit de cité au delà de la Manche. L'Angleterre possède peu de compositeurs indigènes. En revanche, elle possède une foule d'écoles et d'institutions musicales, appropriées au goût et à l'intelligence des diverses classes de la société. Londres fourmille d'établissements spécialement consacrés à la propagation des chefs-d'œuvre de la musique ancienne et moderne. De nombreux amateurs se forment dans leur sein ; et, grâce à cette diffusion de connaissances, l'Angleterre comptera peut-être à son tour quelques talents originaux.

ANTHOLOGIUM. Nom d'un livre où se trouvent recueillis les offices sacrés.

ANTHROPOPHAGES (Musique des). Un voyageur qui a parcouru, il y a quelques années, les îles de Sainte-Christine, raconte les faits suivants : « Bien que le chant de ces sauvages ne soit autre chose qu'une espèce de murmure, l'observateur éclairé distingue facilement dans leurs chansons le mode mineur, commun à tous les peuples sauvages, et même aux nations les moins civilisées de l'Europe. Il est très-singulier de voir que ces anthropophages, qui ne doivent pas avoir l'oreille fort délicate, aiment beaucoup la tierce mineure marquée dans leurs chansons par cette ligne \. »

Le narrateur termine son récit de la manière suivante : « Il y a dans l'expression des chants de ces sauvages quelque chose d'effrayant qui vous pousse tellement au désespoir, qu'il vous semble entendre le chant funèbre de votre convoi. J'ai passé dans cettre angoisse une nuit entière que les habitants de Sainte-Christine ont bien voulu employer en mon honneur, afin que j'eusse une idée de ce que je viens de vous communiquer. »

ANTICIPATION. L'anticipation est la contre-partie du *retard*. Il n'y a retard dans quelques parties que parce que les autres anticipent, (Voyez le mot RETARD.)

ANTIENNE. Chant d'église, que dans l'origine on chantait à deux chœurs qui se répondaient alternativement ;

on comprenait sous ce titre les hymnes et les psaumes que l'on chantait dans l'église à deux chœurs. — Aujourd'hui, la signification de ce terme est restreinte à certains passages courts tirés de l'Ecriture, qui conviennent au mystère, à la vie ou à la dignité du saint dont on célèbre la fête, et qui, soit dans le chant, soit dans la récitation de l'office, précèdent ou suivent les psaumes et les cantiques.

ANTI-MUSICAL. Contraire à la musique.

ANTIPHONAIRE OU ANTIPHONIER. — Livre où les antiennes et autres parties de l'office divin, surtout l'*introït*, le *graduel*, le *trait*, l'*alleluia*, l'*offertoire* et la *communion*, sont notés sur une portée de quatre lignes et avec les caractères propres au plain-chant.

ANTIPHONEL. Appareil inauguré en 1846 par Debain qui consiste en une série de leviers en acier, posés horizontalement à bascule dans une boîte ayant une longueur moins étendue que celle d'un clavier d'orgue. Cette boîte contient des pelotes correspondant à chacun des leviers et reposant par l'autre extrémité sur les touches. Une série de planchettes, notées musicalement avec des pointes de fer se place sur la boîte et se trouve entraînée par la pression d'un rouleau. Les pointes rencontrant les leviers en acier les forcent d'appuyer sur les pelotes et ceux-ci sur les touches.

ANTISTROPHE. On nommait ainsi, chez les Grecs, la seconde stance d'un chant lyrique semblable en tout à la première, la seule différence venait de ce que celle-ci se chantait en tournant à droite autour de l'autel et celle-là en tournant à gauche.

ANTITHÈSE. Opposition qui arrive souvent en musique comme un passage cantabile avec un accompagnement bruyant, etc.

ANTKEMPS. Nom anglais d'un morceau de musique d'église, composé très-souvent sur des sentences tirées de la Bible.

AOUD ou *oude* instrument arabe c'est un luth à quatre cordes ; les Arabes attribuent à chacune de ces quatre cordes un effet particulier, on croit que c'est à Aoud que notre luth fait remonter son origine.

APLOMB. On dit qu'un danseur a un bel aplomb quand, après avoir fait un saut, il descend directement. Ce terme métaphorique passa de la danse à la musique, où il indique la précision dans la mesure, soit pour la voix, soit pour les instruments.

APOBATERION. Nom grec d'une chanson de congé.

A POCO A POCO (Peu à peu). — Cet adverbe se trouve ordinairement joint aux mots *crescendo* et *decrescendo*, et il indique qu'on doit successivement renforcer ou diminuer la mélodie.

APODIPNA. Expression grecque qui signifie chants qu'on exécute après souper.

APOLLO-LYRA. Instrument en bois et à vent imaginé en 1832 par *Schmids*. Cet instrument imitait les sons de cor et de la clarinette. Son étendue était de quatre octaves.

APOLLON. Dieu des arts, des lettres et de la médecine, le plus beau, le plus aimable des dieux. On le peint souvent sur le Parnasse, aux milieu de neuf Muses, avec sa lyre en main et une couronne de laurier sur la tête.

Malgré ses qualités remarquables, Apollon eut des rivaux. Pan, qui se croyait un admirable joueur de flûte, le défia ; mais Imole, roi de Lydie, choisi pour juge, déclara Apollon vainqueur. Midas, roi de Phrygie, témoin de ce combat musical, récusa le jugement d'Imole, et Apollon, pour laisser un monument de la stupidité de Midas, lui fit venir des oreilles d'âne. La défaite de Pan ne découragea pas Marsyas, habile joueur de flûte, qui osa provoquer Apollon. Les Muses étaient ses juges ; elles décidèrent en faveur du dieu. Le vaincu fut écorché pour sa punition, et perdit la vie.

APOLLON. C'est le nom d'un instrument en guise de luth à vingt cordes, inventé à Paris, en 1678, par un artiste nommé Promt.

APOLLONICON. Instrument construit en 1835 par High ou Robson, de Londres ; il avait cinq claviers et marchait si on le désirait à l'aide d'un cylindre, il avait quelque rapport avec l'orchestrion de Mælzel.

APOLLONION. Instrument à touches, inventé par jean Voller, de Darmstadt, à la fin du siècle dernier, et qui n'est autre chose qu'un piano à deux claviers avec un jeu de tuyau à bouche de huit, quatre et deux pieds, et avec automate de la grandeur d'un enfant de huit ans, qui joue différents concertos de flûte.

APOSIOPESIS. Dans la musique grecque ancienne, ce mot signifie pause générale.

APOTOME. Terme grec qui signifie la division intégrale

du ton entier, ou le demi-ton majeur dans le rapport de 2048/2187.

Appel. C'est le nom de certains airs de chasse que l'on sonne sur la trompe pour appeler les chasseurs ou les chiens. — On se sert aussi de ce terme pour désigner dans la symphonie et la musique dramatique un trait de cors qui offre quelque ressemblance avec les appels de chasse.

Appel. (Harmonie) de l'ordre des appels naissent, selon Diderot, la diversité des mesures, la place et la durée des sons appelés. Les appels ont différentes énergies ; ce sont eux qui déterminent et la chaîne des sons naturels et le choix des basses. — Les appels s'ordonnent dans la phrase harmonique selon leur énergie.

Appogiature. Terme de musique emprunté à la langue italienne (*appogiatura*) ; signifie un agrément qui se fait dans le chant, en appuyant la voix sur la note qui précède en dessus de l'harmonie. C'est ce qu'anciennement on appelait *petites notes, notes perlées, ports de voix,* avec cette différence cependant que ces derniers se faisaient presque toujours en dessous.

C'est aussi un terme de la science harmonique. On trouve souvent, dans un morceau d'harmonie, des notes plus ou moins nombreuses qui n'appartiennent point à l'harmonie. Celles de ces notes qui se trouvent aux temps forts de la mesure ou aux parties fortes des temps, sont nommés *appogiatures*.

Les appogiatures sont d'un fréquent usage, et leur emploi est laissé entièrement à la volonté du compositeur. Cependant comme elles produisent toujours une assez forte dissonnance, elles demandent de la discrétion et du goût.

Appréciable. Les sons appréciables sont ceux dont on peut trouver ou sentir l'unisson et calculer les intervalles. On compte huit octaves et demi, depuis le tuyau de trente-deux pieds du grand orgue jusqu'au son le plus aigu du même instrument, appréciables à notre oreille. Il y a aussi un degré de force au delà duquel le son ne peut plus s'apprécier. On ne saurait apprécier le son d'une grosse cloche dans le clocher même. Il faut en diminuer la force en s'éloignant pour le distinguer. De même, les sons d'une voix qui crie cessent d'être appréciables. C'est pourquoi ceux qui chantent fort sont sujets à chanter faux.

Arabebbah. C'est un instrument dont on se sert sur les côtes de la Barbarie, et qui consiste dans une vessie dominée par une corde.

Arabo-persane (musique). Les anciens Perses n'aimaient pas la musique ; ils la considéraient comme un art dangereux. Ce n'est que dans quelques rares occasions qu'ils chantaient des hymnes solennels dans les temples de leurs dieux et dans les palais des rois.

L'aurore de la civilisation, ayant pour cortége les arts, passa de la Médie en Perse. Les Persans n'étaient encore que de grossiers pasteurs qui habitaient des montagnes inaccessibles, lorsque déjà la Médie était occupée par un peuple civilisé, qui connaissait tous les arts qu'inventa le luxe. Les Mèdes furent subjugués par les Persans ; mais ils communiquèrent à la nation victorieuse leurs arts, leurs lois, leurs mœurs et leur langage. Les Persans apprirent donc de leurs maîtres en civilisation, la musique et les autres arts analogues. Les plaisirs de la table s'accrurent du charme de la musique. Les monarques eux-mêmes voulurent prendre part à ces jouissances et à toutes celles qui pouvaient animer les festins, la danse particulièrement.

Dans la période dont nous parlons, on trouve déjà des *intermèdes,* des *fantaisies* et des *préludes* qui partageaient avec le chant l'attention des auditeurs. Les Perses possédaient déjà beaucoup d'instruments de différents genres.

L'introduction de la musique des Grecs en Perse sous Alexandre et ses successeurs aurait pu exercer une salutaire influence, si on eût cherché à en appliquer les règles aux chants nationaux. Au lieu de cela, les Persans, égarés dans les disputes d'école des harmonistes grecs, préféraient l'étude de l'acoustique aux charmes de la modulation, et traitaient la musique, comme une science spéculative. — On ne sait pas d'une manière certaine si le système musical des Indiens était à cette époque connu des Persans, ou s'il ne le fut que plus tard. On peut conjecturer cependant, d'après les recherches historiques faites récemment par la Société littéraire de Calcutta, qu'il existait bien anciennement des relations entre les deux peuples.

Une nouvelle époque pour la musique commença en Perse avec les Arabes. Lorsque le calife Omar détruisit ce royaume et planta sur ses ruines la bannière de l'islamisme, la lutte fut terrible. Les premières années qui suivirent cette révolution furent pleines de meurtres et de désolation, mais la Perse y gagna sous quelques rapports. Le peuple vainqueur était doué d'une organisation plus délicate. Ce mélange d'esprits différents produisit un effet salutaire aux deux nations. La langue arabe, en s'unissant à la langue persane, la rendit plus douce et plus sonore. La musique et la poésie des Persans devinrent les filles chéries de celles des Arabes.

Dès les temps les plus reculés, la musique et la poésie étaient fort estimées chez les Arabes, bien que leurs modulations et leurs instruments de musique fussent extrêmement simples. Dans le principe, leur musique et leur chant n'étaient pas autre chose que les cris avec lesquels ils excitaient leurs chameaux, et l'art de leurs chanteurs, qu'ils appelaient *hadis*, c'est-à-dire piqueurs, consistait en accents sauvages qui pouvaient servir à exprimer les passions brutales de ces conducteurs de troupeaux.

A l'apparition de Mahomet, les mœurs des Bédouins s'adoucirent, et, lorsqu'ils furent devenus les heureux possesseurs des trésors de la Grèce et de la Perse, ils conçurent du goût pour les plaisirs de la vie. Comme on l'a dit plus haut, ils reçurent à leur service des musiciens grecs et persans qui les initièrent aux secrets du plus beau des arts. Bientôt on vit briller les Arabes dans l'art du chant, qui atteignit peu à peu le degré de perfection dont leur système était susceptible. Sous les Abbassides, Bagdad était à cette époque le centre de la bonne musique.

Le kalife Haroun-al-Raschid, qui régna de 786 à 809, était grand amateur de musique; il avait pour ami et confident un célèbre joueur de flûte nommé Ishac. Les airs composés par Abou-Giafar, de la race des Abbassides, font encore les délices des Arabes, et l'on attribue des effets merveilleux à la musique du kalife Abou-Nasar-Mahomet-al-Farabi, qui était appelé l'*Orphée arabe*.

Voici en abrégé les éléments du système musical arabe :

La musique est divisée en deux parties : le *telif* (composition), ou la musique considérée relativement à la mélodie ; et l'*ikâa*, (cadence), qui est la terminaison mesurée d'un chant, et qui regarde seulement la musique instrumentale.

Les modes principaux sont : 1° le *rast*: ou mode droit;

2° l'*irack* ou mode des Chaldéens ; 3° le *zirafkend*, et 4° l'*isfehan*, ou mode de la capitale de la Perse. Chacun de ces modes a une propriété différente. Ainsi, par exemple, l'*irak* agite l'âme, le *zirafkend* fait naître l'amour, etc. Les dérivés de ces modes, appelés *furoû* (rameaux), sont au nombre de huit. Leurs noms sont presque tous empruntés à quelque ville, à quelque prince, ou à quelque grand homme. Après les huit modes nommés *furoû*, viennent les six modes appelés *evazat*, ou composés et dérivés ; puis sept autres modes nommés *bohar* (mer), qui sont autant de phrases musicales commençant chacune par un des sept intervalles qui forment la gamme arabe.

Malgré l'origine persane de leur musique, les Arabes employaient quelquefois, pour indiquer les intervalles, les lettres de leur alphabet au lieu des noms de nombre persans. Les lettres dont ils se servaient sont : *alif, be, gim, dal, he, waw, zain*, qui correspondent à nos notes : *la, si, do, ré, mi, fa, sol*.

Les Arabes appellent la musique science des cordes, parce qu'ils placent dans un cercle le carré de leurs modes. Cette méthode convient très-bien à une musique aussi simple et aussi limitée que celle de ces peuples.

Les Arabes et les Orientaux, ne passent jamais d'un intervalle à un autre, soit en montant, soit en descendant, sans parcourir et faire sentir tous les intervalles intermédiaires. Cette manière de faire glisser la voix, qui nous semble insupportable, constitue, suivant eux, l'agrément de la musique. Les Arabes ne connaissent pas l'harmonie, et, dans leurs concerts, toutes les parties chantent à l'unisson ou à l'octave.

Le nombre de leurs instruments est considérable ; voici les plus connus :

Le *Rebab*, le *Tambour*, le *Duf*, le *Fang*, le *Kancon*, le *Mai*, l'*Aoud*. (Voir ces mots.)

Le prince de la Moskowa nous donna, il y a quelques années, un spécimen de la musique arabe à notre époque : c'est presque la mélodie caractéristique de nos montagnes ; mais on voit que l'Europe a passé par là. Le type de leur musique ancienne s'est considérablement altéré.

ARAINE, sorte de trompettes en usage dans le moyen-âge.

ARCATA, COUP D'ARCHET. Le coup d'archet est sans

contredit la qualité la plus importante pour celui qui joue d'un instrument à archet. La manière de tenir et de gouverner l'archet appartient à l'école de l'art. Qu'il suffise ici de faire observer qu'en général on divise le coup d'archet : 1° en *staccato* (détaché articulé), quand on emploie une petite partie de l'archet pour piquer plusieurs notes du même coup d'archet et avec un certain degré de rapidité ; 2° en *tirato* (détaché) quand on conduit l'archet tout entier ou sa plus grande partie sur les cordes ; 3° en *legato* (lié), quand on prend quatre, huit, seize notes différentes, et plus encore d'un seul coup d'archet. — Chacune de ces trois espèces, qui peut avoir lieu tant en poussant qu'en tirant, est soumise aussi à différentes modifications qu'on doit appliquer selon le mouvement et le caractère de la composition musicale.

Archet. L'archet se compose d'une baguette de bois dur et d'un faisceau de crins de cheval assujettis à ses deux bouts et tendus au moyen d'une vis de rappel. C'est en frottant l'archet sur les cordes qu'on obtient un frémissement qui agite l'air et le fait vibrer dans la table d'harmonie des violons, des violes et des basses. Pour donner plus de force à l'action de l'archet sur les cordes, on enduit l'archet de colophane.

C'est Tartini qui a appris aux violonistes à se servir de l'archet et leur en a révélé la magie. C'est de la manière de le tenir et de le gouverner que dépendent la la force, la douceur, l'intensité des sons.

Archeggiare (manier l'archet). Se servir de l'archet sur les instruments à cordes.

Archicembalo. Ce clavecin, qui avait des cordes et des touches particulières pour les sons enharmoniques, fut inventé en 1557, par Nicolas Vicentino, de Vicence.

Archichantre. Dignité ecclésiastique, directeur des chantres.

Archiluth. Était une variété de l'instrument, nommé Théorbe dont la caisse était un peu plus allongée et un peu moins arrondie.

Archimime. Chef des acteurs qui jouaient la pantomime à Rome.

Archiparaphoniste. C'est le nom que l'on donnait anciennement à l'archichantre qui devait chanter l'introduction de la messe et présenter l'eau au prêtre.

Archives musicales. Lieu où l'on garde toute espèce

de compositions musicales nécessaires au service des chapelles, des académies, des cours, des théâtres, des maisons particulières. — Les archives musicales de la chapelle pontificale dans le palais Quirinal sont les plus riches et les plus importantes de l'Europe : on y compte 350,400 volumes, qui contiennent les compositions musicales des écoles romaine, vénitienne et napolitaine, et 300 volumes renfermant un choix précieux de documents de littérature musicale.

ARCHI-VIOLE. Ancien instrument de musique composé d'une espèce de clavecin auquel était adapté le mécanisme d'une viole, et qu'on faisait marcher à l'aide d'une manivelle.

ARCHI-VIOLE DE LYRE. Instrument à cordes dont on se servit longtemps en Italie, et qui avait de la similitude avec la lyre et la guitare. Il avait un manche très-large, sur lequel on montait douze à seize cordes.

ARDITO. Ce mot écrit en tête d'un morceau de musique demande que l'on fasse ressortir avec éclat les principales notes de la mélodie, et que l'on mette une certaine énergie dans l'exécution des accents grammaticaux et oratoires.

ARIETTE. Diminutif d'air, dérivé, selon Saumaise, du latin *œra*. On appelle ariette un chant formé d'une suite de phrases mélodiques, rhythmées et coupées par des repos qu'on nomme *cadences*. Ce chant est ordinairement fait pour être exécuté par un instrument quelconque, ou adapté à certaines poésies faites pour être chantées. — Chaque sorte d'ariette porte un nom particulier, selon le caractère qui lui est propre. Autrefois le nombre en était considérable ; ainsi, l'on avait les *villanelles*, les *ariettes* de *bravoure*, les *bourrées*, les *gigues*, les *cavatines*, les *barcarolles*, les *gavottes*, les *passe-pieds*, les *musettes*. — De toutes ces ariettes peu sont encore en usage aujourd'hui, et à l'exception de l'*air déclamé*, du *grand air*, de la *cavatine*, du *rondeau*, de la *barcarolle*, de la *romance*, et de quelques autres, les compositeurs modernes ne s'assujettissent plus guère à telle ou telle forme pour le caractère et la coupe de leurs airs. — L'ariette est, en général, un petit air détaché, léger et gracieux, qui tient le milieu entre la romance et la chanson. Les ariettes étaient fort en usage vers le milieu et la fin du dix-huitième siècle ; elles sont maintenant presque entièrement passées de mode. — On appelait autrefois *ariette de bravoure*, ce que nous désignons aujourd'hui sous le nom d'*air à roulades*. Les ariettes composées avant le quinzième siècle portaient presque toutes le nom de chanson.

ARIGOT. petite flûte ou octavin, fort en usage dans l'ancienne armée suisse. Il était percé de quatre trous en dessus et de deux en dessous.

ARIOSO. Ce mot italien, placé à la tête d'un morceau de musique, indique une manière de chant expressive et soutenue.

ARISTOXÉNIENS. Disciple d'Aristoxène, maître de musique grec, et inventeur d'un système opposé à celui de Pythagore, puisqu'il se basait sur le jugement de l'oreille, tandis que ce dernier était appuyé sur le calcul.

ARMARIUS. Archichantre dans les couvents, et même le gardien des livres d'église.

ARMATURE. Réunion des signes qui se trouvent à la clef d'un morceau de musique.

ARMER LA CLEF. C'est mettre auprès d'elle les accidents convenables au ton dans lequel on veut écrire la musique.

ARPANETA. Espèce de petite harpe triangulaire qui était composée d'un fond plein, d'une caisse sonore percée d'ouies et montée avec des cordes de métal.

ARPÉGE. De l'italien *arpegio* et *arpa*, harpe. — Manière de faire entendre successivement tous les sons qui entrent dans la composition d'un accord, au lieu de les frapper simultanément. Le piano et la harpe ne pouvant rendre que des sons qui ne durent pas, on est quelquefois obligé, pour soutenir l'harmonie, de frapper plusieurs fois et l'une après l'autre les touches ou les cordes de ces instruments. Ce qu'on fait par nécessité, on le fait aussi par goût; il y a des instruments qui ne peuvent faire entendre que deux sons à la fois, comme le violon, le violoncelle et la viole, et d'autres qui n'en peuvent rendre qu'un seul, comme tous les instruments à vent. Si donc, l'on veut faire entendre sur ces instruments une harmonie pleine, on est obligé de jouer alternativement sur chacune des notes qui composent les accords dont on fait usage. C'est ce qu'on appelle *arpéger* ou faire des *arpéges*. — Les arpéges se font plus souvent sur le violon, le violoncelle, le piano et la harpe, en allant du grave à l'aigu, et revenant sur les mêmes notes de l'aigu au grave. — Les arpéges ne peuvent être exécutés avec la même facilité par les instruments à vent que par les instruments à archet. Aussi ne leur en fait-on faire que très-rarement et avec des modifications qui les simplifient. La flûte et la clarinette sont presque les seuls instruments à vent qui puissent arpéger convenablement.

Arpone. Cet instrument, inventé par Michel Barbici, de Palerme, ressemble à un piano vertical, monté de cordes de boyau qu'on fait raisonner en les pinçant avec les doigts. Les sons qu'on en obtient sont doux et flatteurs, surtout dans l'adagio.

Arranger. C'est mettre à la portée d'un ou de plusieurs instruments ce qui a été composé pour un ou plusieurs instruments d'une nature différente. Il signifie encore resserrer le dessin harmonique dans ses formes et ses moyens, pour que les exécutants puissent rendre en sextuor, en quatuor, ou simplement sur le piano, la harpe et même la guitare, une symphonie ou un accompagnement destiné pour le grand orchestre.

L'arrangement peut avoir son utilité ; mais, en général et au point de vue de l'art, il est presque toujours une insigne trahison à l'égard du compositeur. Comment pourra-t-on conserver sa pensée ? Les éléments sonores qu'il avait choisis, leur disposition, leur combinaison, leur opposition ou leur harmonie, leur ensemble, en un mot, était précisément, à ses yeux, le moyen nécessaire et choisi entre mille d'exprimer sa pensée : si tout cela disparaît, que devient-elle ? Et si la pensée disparaît, qu'a-t-on conservé de l'auteur primitif ?

Beaucoup de virtuoses, dit un critique célèbre, grands et petits, chanteurs ou instrumentistes, ont l'insupportable tendance à mettre toujours en première ligne ce qu'ils croient l'intérêt de leur personnalité. Ils tiennent peu compte du respect inaltérable que tout exécutant doit à tout compositeur, et de l'engagement tacite, mais réel, que le premier prend envers l'auditeur, de lui transmettre intacte la pensée du second, soit qu'il honore un auteur médiocre en lui servant d'interprète, soit qu'il ait l'honneur de rendre la pensée d'un homme de génie. Et, dans l'un et l'autre cas, l'exécutant qui se permet ainsi, obéissant à son caprice du moment, d'aller à l'encontre des intentions du compositeur, devrait bien penser que l'auteur de l'œuvre telle quelle qu'il exécute, a probablement mis cent fois plus d'attention à déterminer la place et la durée de certains effets, à indiquer tel ou tel mouvement, à dessiner, comme il l'a fait, sa mélodie et son rhythme, à choisir ses accords et ses instruments, qu'il n'en met lui, l'exécutant, à faire le contraire. On ne saurait trop se récrier, en toute occasion, contre cette insensée prérogative qui s'arrogent trop souvent *les arrangeurs*, les instrumentistes, les chanteurs et les chefs d'orchestre.

ARSIS. En levant, ou la partie non-accentuée de la mesure. — *Per arsin* signifie spécialement un chant ou contre-point dans lequel les notes descendent de l'aigu au grave.

ART. Ensemble et disposition des moyens et des principes pratiques par lesquels l'homme fait un ouvrage, exécute un objet, exprime ses sentiments, sa pensée par voie d'imitation ou de sympathie.

Les *arts mécaniques* ou métiers demandent de préférence des forces physiques, les *arts libéraux* exigent particulièrement des forces intellectuelles.

Autrefois les Grecs placèrent au rang des arts libéraux la poésie, la musique, le dessin, la géométrie, la philosophie; et comme la nation grecque était divisée en deux classes d'hommes, en hommes libres et en esclaves, il n'était permis qu'au Grec libre d'apprendre et d'exercer les arts libéraux.

Les termes *arts et sciences* ne sont pas du tout synonymes. L'art est la réunion des préceptes dont la connaissance est nécessaire ou simplement utile pour faire une chose, Ainsi, par exemple, on dit : l'art de jouer du violon, de chanter. L'art n'a pas de rapport nécessaire avec l'explication rationnelle ou scientifique des choses dont il s'occupe. La *science*, au contraire, est précisément la connaissance raisonnée, philosophique ou scientifique, des choses dont l'art s'occupe et des préceptes qu'il donne.

Toutefois ces deux mots sont employés souvent l'un pour l'autre, ainsi qu'on le verra à l'article ARTISTE.

ART DE L'ARCHET. Maniement de l'archet, dans lequel on doit considérer : 1° la force ; 2° le prolongement du son ; 3° la juste mesure ; 4° le jeu ; 5° la reprise.

On peut compter cinq différentes manières de jeu d'archet : le détaché (*sciolto*), le lié (*legato*) le porté (*portato*), le piqué (*pichettatto*), le mixte (*misto*). Dans le détaché, on fait la première note en tirant et la seconde en poussant. Ce jeu, on peut l'appeler maniement de l'archet *droit et régulier*; mais si l'on détache la première note en poussant et la seconde en tirant, alors on l'appelle *contre-archet*.

Fiorello, Kreutzer, Rode, Baillot, Paganini, ont écrit des ouvrages sur *l'art de l'archet*.

Articulation. L'articulation est aujourd'hui comptée pour peu de chose chez la plupart des musiciens. Il ne suffit pas de prononcer correctement, c'est-à-dire de donner aux lettres et aux syllabes les sons qu'elle doivent avoir dans l'idiome dont on se sert, il faut, de plus, faire entendre ce qu'on prononce d'une manière nette et distincte, de telle sorte qu'il soit impossible de perdre une syllabe des paroles ou une note de la musique. Il faut, en somme, bien articuler. Bien articuler, c'est faire ressortir les diverses syllabes d'un mot en attaquant les voyelles qui forment ce mot, au moyen des consonnes qui entrent dans sa composition.

Articuler. Ce mot désigne en musique une manière d'exécuter nette et distincte qui ne laisse pas perdre une syllabe des paroles ni une note de la musique.

Artiste. Le musicien artiste qui s'étudie à perfectionner son art, doit le rendre non-seulement l'objet d'une pratique mécanique, mais encore l'objet de la réflexion et d'une étude scientifique. Les anciens artistes en musique étaient aussi poètes, philosophes et orateurs du premier ordre. Boèce n'appelle pas artiste celui qui pratique seulement la musique avec le servile secours des doigts et de la voix, mais celui qui possède la science du raisonnement et de la méditation. On ne saurait douter aussi que pour s'élever aux grandes expressions de la musique dramatique il ne faille avoir fait une étude particulière des passions humaines et du langage de la nature.

Ascarum. Nom d'un instrument appartenant aux peuples de la Libye. Il était muni de petits canons de plumes qui, pendant qu'on tournait l'instrument, produisaient des sons.

Ascendere (monter). C'est faire succéder les sons de bas en haut, c'est-à-dire du grave à l'aigu.

Asor. Instrument de musique des anciens Hébreux ; il avait la forme d'un carré oblong, et il était monté de dix cordes que l'on faisait résonner avec une plume.

Asosta. Espèce de trompette des anciens Hébreux.

Aspiration, Aspirer. Dans le langage ordinaire l'*Aspiration* indique l'action par laquelle l'homme et les animaux forcent l'air à s'introduire dans leurs poumons pour l'en chasser ensuite, ce qui constitue la respiration dans la langue musicale, défaut du chanteur qui consiste à mettre un *h* devant les voyelles, et quelquefois même devant les consonnes. Ce mot se prend aussi dans un bon sens : c'est lorsque le chanteur emploie une espèce de soupir à peine marqué pour orner son chant avec l'aspiration ; ou lorsqu'un chanteur, par ce moyen et sans qu'on s'en aperçoive, sait prendre la respiration, et peut ensuite prolonger insensiblement, au grand plaisir et au grand étonnement de l'auditeur, la tenue et la progression de la voix.

Assalone. Gaspard luthier romain est le premier qui introduisit dans sa patrie les principes de l'école de Crémone.

Assaluzzo (Cappa). Luthier à Crémone, élève de Nicolas Amati travaillait en 1640.

Assyriens. Musique des Assyriens, des Babyloniens, des Mèdes, des Perses, etc.,

Nous n'avons point de documents assez précis pour parler en détail et avec connaissance de cause de la musique de chacun de ces peuples en particulier. Ce qui nous intéresse avant tout, c'est de savoir qu'ils l'ont aimée et pratiquée.

Il n'est pas étonnant, dit Rollin, que, dans un pays comme l'Asie, livré au plaisir, aux délices et à la bonne chère, la musique, qui en faisait le principal assaisonnement, y ait été en honneur et cultivée avec un grand soin. Le seul nom des principaux modes de l'ancienne musique, et que la moderne a conservé, le *Dorien, le Phrygien, le Lydien, l'Ionien, l'Eolien*, marque quel a été le lieu de sa naissance ou du moins celui où elle s'est accrue et perfectionnée.

L'écriture Sainte nous apprend que, du temps de Laban, la musique et les instruments étaient fort en usage dans le pays qu'il habitait, c'est-à-dire dans la Mésopotamie, puisque entre autres reproches qu'il fait à Jacob, son gendre, il se plaint que par sa fuite précipitée il ne lui ait pas laissé l'occasion de le reconduire, lui et sa famille, *avec des chants de joie, au bruit des tambours et au son des harpes.*

Dans le butin que Cyrus fit mettre à part pour Cyaxare, son oncle, il est fait mention de deux musiciennes très-habiles qui accompagnaient une dame de Suse et qu'on avait fait prisonnières avec elle...

Il est à remarquer que, dans les livres de plain-chant moderne, et à la fin des bréviaires, on a rapporté aux différents modes précipités les différents tons qui sont en usage dans les chants de l'Eglise. Le 1er et le 2e ton appartiennent au mode dorien, le 3e et le 4e au mode phrygien ; les autres aux modes lydien et mixolydien.

Astabolo. Instrument de musique des Maures, qui ressemble au tambour.

Athena. Espèce de flûte des anciens Grecs. On croit que Nicophèle a été le premier à s'en servir dans les hymnes à Minerve. Il y avait aussi une espèce de trompette appelée *athena*.

A trois, quatre, cinq parties. Composition musicale dans laquelle trois, quatre, cinq voix sont unies harmoniquement, de manière à ce que chacune d'elles exécute une mélodie différente de l'autre.

Atropus. Ancien instrument dont parlent les historiens mais dont la forme est restée inconnue.

Attabale. Instrument de musique mauresque semblable aux tymballes de la cavalerie.

Attaca. Ce mot, quand il précède un morceau de musique, signifie que ce morceau suit immédiatement le précédent sans aucun repos.

Attaquer. C'est l'action du chanteur ou de l'instrumentiste qui commence un morceau de musique, ou le continue après un silence. On prend aussi ce mot dans le sens d'*entonner, émettre la voix*, et pour indiquer l'entrée immédiate d'une partie quelconque dans l'exécution d'un morceau de musique vocale ou instrumentale. On attaque le son avec grâce, force, netteté.

Aubade. Musique qu'on exécute à l'aube du jour sous les fenêtres de quelqu'un.

Ce genre de musique était connu des Grecs et se nommait νομος ορθριος. On lit dans un commentateur érudit : *Quid sit nonus in musice notissimum est* νομος ὅρθριος *erat canticum quod sub deliculum pro foribus accinebatur. Hodie apud nos dicitur :* Aubade *quod sub album, id est auroram, id soleat.*

Augmenté. L'intervalle naturel qui sépare deux notes étant altéré par un dièse ou un bémol, on dit qu'il est *augmenté* quand le signe qui l'altère augmente cet intervalle naturel.

Les harmonistes français du 18me siècle appelaient *superflus* les intervalles *augmentés*. Cette expression n'est pas rationnelle : il n'y a rien de superflu dans les éléments constitutifs d'un art.

AULEMATA. Sonate de flûte et de fifre.

AULÈTE. Joueur de flûte.

AULÉTIQUE. Art de jouer de la flûte.

AULETRIDE. Nom que les Grecs donnent à des femmes qui formaient avec les joueurs de cithares et les danseuses une classe de courtisanes qui amusaient les convives pendant les repas, ou assistaient aux fêtes et aux cérémonies.

AULOS, mot grec, qui se rend ordinairement par *flûte*.

AURA (guimbarde.) Nom particulier de l'instrument appelé en italien *spassa pensieri*.

Dans les dernières années qui viennent de s'écouler, on a perfectionné cet instrument, en réunissant six, dix guimbardes en une seule, et plus encore. La *Gazette musicale de Leipsick* de l'année 1816 contient, dans son numéro 30, une description détaillée de la guimbarde, avec plusieurs morceaux de musique que l'on peut exécuter sur cet instrument.

L'Aura de *Scheibler* en 1824 était une réunion de vingt deux guimbardes régulièrement accordées réunies sur deux barres d'acier dont un mécanisme fort simple facilitait l'usage.

AUTEURS DRAMATIQUES. Dans le siècle de Louis XIV et même dans le dernier siècle, les ouvrages dramatiques étaient d'un faible rapport. Corneille mourut pauvre. Racine, quoique historiographe et pensionné, n'avait que de l'aisance. Nous n'avons vu nulle part que Molière ait acheté des terres, et si Regnard en eut une, ce fut comme trésorier de France, et non comme poëte dramatique. — Les auteurs de ballets, de libretti ou de poëmes lyriques ne furent pas plus heureux. Quinault et Benserade, ces habiles collaborateurs de Lulli, n'amassèrent point de rentes avec leurs ouvrages, et vécurent des faveurs de la cour.

L'auteur de *Figaro*, homme d'esprit et de talent, qui savait compter aussi bien qu'écrire, mérita la reconnaissance de ses confrères en réclamant et obtenant pour tous des rétributions qui rendirent leurs travaux plus fructueux. Ainsi le produit très-considérable alors, de la location des loges à l'année, fut ajouté à la recette journalière sur laquelle se prélevaient leurs droits. On raya aussi du règlement de l'Opéra et de la Comédie-Française l'article abusif par lequel une grande pièce devenait la propriété du théâtre, à partir du jour où elle n'avait pas produit une somme déterminée. Un grand abus existait encore. Les théâtres de province pouvaient s'emparer de tous les ouvrages représentés à Paris, sans rien payer aux auteurs et aux compositeurs. La révolution de 89 détruisit cet abus. Ce fut encore Beaumarchais qui, secondé par Mercier et plusieurs gens de lettres, obtint de l'Assemblée constituante la liberté des théâtres et l'obligation pour tous, sans exception, de traiter de gré à gré avec les auteurs, avant de pouvoir représenter leurs ouvrages. Ces améliorations ont été complétées depuis que les auteurs et compositeurs dramatiques, sentant aussi la nécessité d'avoir leur assemblée représentative, ont formé une commission chargée, entre autres attributions, de défendre et de protéger leurs intérêts.

AUTHENTIQUE (mode.) Mode ou ton dont la dominante est la quinte de la finale. On regarde aussi comme *authentique*, tous les tons, pourvu que la modulation soit régulière, parce qu'on ne reconnaît jamais pour finale que la note qui a pour dominante la quinte à l'aigu ou la quarte au grave. L'Église possède encore aujourd'hui quatre tons *authentiques*. — Le mot *authentique* renferme ici le sens d'*approuver*, parce que ce furent les quatre tons admis et choisis par Saint-Ambroise.

AUTOMATES MUSICIENS. On a avancé à ce sujet un grand nombre de faits plus ou moins fabuleux, plus ou moins invraisemblables, qu'il serait trop long de reproduire ici ; en 1738 Vaucanson fit une figure de cinq pieds qui exécutait sur la flûte douze airs différents. — Le plus célèbre des automates musiciens est celui que l'abbé Mical construisit vers la fin du siècle dernier. Il fit un groupe de figures qui jouaient de différents instruments et formaient un concert. En 1780 et 1783 il présenta à l'Académie des sciences deux têtes humaines qui avaient, dit-on, la faculté d'articuler des sons. Suivant Vicq d'Azyr, qui fit un rapport sur ces machines, Mical avait atteint en partie le but qu'il s'était proposé. Mais il avouait que les sons rendus par ces têtes n'étaient que des imitations *très-imparfaites* de la voix humaine. — Voici le mécanisme de ces automates : les têtes posaient sur des boîtes dans l'intérieur desquelles on avait disposé des glottes artificielles qui rendaient des sons plus ou moins graves. On faisait parler ces glottes au moyen d'un clavier. Le joueur de flûte et le joueur de tambourin de Vaucauson sont beaucoup plus célèbres et beaucoup plus parfaits. Les Autrichiens nous les ont volés en 1815.

B

B représente la septième note de la gamme que nous appelons *si*. Cette lettre placée à la tête d'une partie, marquait, dans la musique ancienne, la basse chantante, pour la distinguer de la basse continue marquée par BC. — B ou COL B écrit sur une partition, à la partie de l'alto, signifie que cette partie doit marcher à l'unisson avec la basse. Parfois aussi on écrit cette lettre sur la partie du violoncelle, ce qui est ordinairement indiqué par la clef de basse. — B indique aussi le signe accidentel qui abaisse le son naturel d'un demi-ton. — Dans le XIe siècle le B correspondait à la septième note de la gamme diatonique de *si*. Dans la gamme des anglais, le B correspond au *ré* des français.

BAAZAS. Guitare à quatre cordes en usage chez quelques nations de l'Amérique.

B CANCELLATUM. N'est autre chose que le dièse ordinaire.

BABYLONIEN. Nom d'un des modes arabes, exprimant la joie, qu'on ajoutait au mode guerrier, lorsque le vainqueur revenait du combat porté en triomphe. (Voyez le mot ASSYRIENS.)

BACCHANALES. Fêtes des anciens Grecs et Romains célébrées en l'honneur de Bacchus, et accompagnées de musique. On donnait aussi ce nom à certaines compositions vocales, ordinairement sans instruments, écrites sur des poésies burlesques et populaires, qui ressemblaient aux chants du carnaval, jadis en usage à Florence, surtout au temps des Médicis. — On nomme aussi *Bacchanale* une certaine danse bruyante et tumultueuse introduite dans un ballet.

Bacchia. Danse à la manière des ours, en usage parmi les Kamtschadales, qui, en murmurant une mélodie mesurée à 2|4, et d'un mouvement vif, poussent par intervalles de forts gémissements et marquent les temps de la mesure en frappant avec force la terre de leurs pieds.

Bacciocolo. Instrument dont on se sert dans quelques parties de la Toscane. Il consiste en un vase qui a la forme d'une écuelle. On le tient de la main gauche, et de la main droite on le frappe avec un pilon de la longueur de quatre pouces environ, et assez semblable à ceux qu'on emploie pour les mortiers en bronze. Les sons qu'on tire de cet instrument ne sont pas harmonieux, mais ils plaisent aux paysans.

Bachique. Se dit des airs et des chansons à boire.

Badiani, (Jayetta), luthier, élève de Stradivarius à Brescia, en 1580.

Baglatea. Instrument de musique des arabes consistant en trois cordes tendues sur une planchette et mises en vibration avec une plume.

Baguette. Se dit des deux morceaux de bois qui servent à battre le tambour.

Bal. Assemblée de personnes qui se sont réunies pour danser aux sons des instruments.

Baladin. Nom donné anciennement aux danseurs de théâtres, et réservé aujourd'hui pour désigner les danseurs grotesques, farceurs ou saltimbanques.

Baladoire. Danse que l'on exécutait jadis avec des gestes lascifs et des postures équivoques, le 1er janvier et le 1er mai. Elle fut abolie par diverses ordonnances des rois et plusieurs bulles papales.

Balafo. Espèce d'épinette en usage parmi les nègres de la Côte-d'Or. — Garni de calebasses et ayant de la similitude avec nos anciens *claquebois*.

Balaleiga. Guitare à trois cordes en usage chez les Russes.

Balance pneumatique. Instrument à l'aide duquel

on mesure le degré de force et de compression de l'air dans les orgues.

BALBATRIE. (Claude), célèbre organiste du XVIIIe siècle, son jeu attirait tant de monde pour l'entendre, que l'archevêque de Paris fut obligé de lui défendre de jouer les jours de grandes fêtes.

BALESTIERI, (Thomas), luthier, élève de Stradivarius, travailla à Mantoue de 1720 à 1750.

BALLADE. Chanson ou espèce d'ode à plusieurs couplets ou strophes, que l'on chante ordinairement, mais qui sert aussi quelquefois d'air de danse, comme les vaudevilles. Il y a des ballades très-anciennes, qui sont fameuses et méritent de l'être par leur simplicité, la naïveté et le pittoresque des pensées. Telle est la ballade des *deux enfants dans les bois.* — On sait quel succès a obtenu en Allemagne, la ravissante ballade *Léonore*, par Burger.

BALLET. On entend généralement par ballet un spectacle composé de pantomime et de danses exécutées par plusieurs personnages et accompagnées par la musique.

La musique des ballets doit être fortement rhythmée et s'identifier en quelque sorte avec le caractère des danses, la physionomie des personnages qui sont sur la scène et les diverses situations du drame.

Les ballets sont réglés par les danseurs qui portent le nom de chorégraphes. Un des meilleurs ouvrages à consulter est celui de M. Saint-Léon, intitulé : la STÉNOCHORÉGRAPHIE, dans lequel on trouve d'excellentes biographies des plus célèbres maîtres de ballets, anciens et modernes.

La danse est un des premiers besoins, des premières expériences, des premières joies de l'homme ; quelquefois aussi les temps antiques la jetaient comme une guirlande funèbre autour des tombeaux. La danse est la véritable forme poétique des premiers âges. David, dont la loi est placée comme une borne lumineuse entre l'Orient primordial et l'Occident moderne, rendait grâce au Seigneur par le geste et par la voix : il dansait devant l'arche, et chantait ses psaumes dans le temple.

Le ballet qui est un drame dansé, un dialogue de gestes, fut pratiqué par les Egyptiens dans leurs cérémonies sacrées. Il était composé alors sur des dessins hiéroglyphiques. Il exprimait la doctrine sacerdotale et le mouvement des astres. La théocratie égyptienne enseignait l'astronomie à ses fidèles, en leur apprenant à danser.

Les Grecs dansaient beaucoup. Socrate, déjà vieux, termina son cours d'études en prenant des leçons d'Aspasie, danseuse très-renommée.

On dansait dans l'aréopage, et les membres de cette docte assemblée s'avançaient en cadence pour venir déposer leur boule ou leur coquille dans l'urne.

Pylade et Bathyle, fameux pantomimes, se partagèrent les faveurs du public de Rome sous le règne d'Auguste. Le premier inventa le ballet noble, tendre et pathétique. Les compositions de Bathyle étaient vives, légères et pleines de gaieté. Réunis d'abord, ils construisirent un théâtre à leurs frais, et représentèrent ensemble des tragédies et des comédies, sans autre secours que ceux de la pantomime, de la danse et de la symphonie. Cette heureuse association de deux talents, à la fois si divers et si originaux, fut pour le public romain une source de vives jouissances. Pylade et Bathyle jouirent pendant quelque temps en commun de leur fortune et de leur célébrité. La jalousie altéra leur amitié et rompit leur union ; ils se séparèrent.

Les divisions des Pyladiens et des Bathyliens ensanglantèrent souvent la scène. A la fin du spectacle, ces acteurs, enorgueillis ou bien irrités de la diversité de leur succès, se battaient, s'égorgeaient derrière le théâtre.

Tibère chassa de Rome les pantomimes ; Caligula, Néron les rappelèrent et rétablirent les spectacles publics.

Les pantomimes employaient quelquefois des moyens violents pour représenter, au naturel, la mort l'assassinat, ou le supplice d'un personnage. Un criminel, la figure couverte du masque de l'acteur qu'il remplaçait au dénoûment, était réellement empoisonné, torturé, poignardé, livré aux flammes, etc...

Les historiens de la musique sautent à pieds joints plusieurs siècles, et d'une seule enjambée passent du règne de Constantin à celui des Médicis. L'art dramatique s'était perdu ; la pantomime et le ballet théâtral étaient déchus de leurs prestiges, au milieu des ténèbres dont le moyen-âge avait enveloppé l'Europe. Le premier ballet régulier et somptueux qui fut exécuté lors de la renaissance des lettres, n'eut d'autre objet que d'offrir à une société d'illustres amateurs de quoi satisfaire l'appétit de leurs estomacs. Toutes les notabilités de la fable et de l'histoire furent évoquées pour servir un repas splendide. Bergonzo di Botta, de Tortone, dont les annales de la gastronomie et de la danse ont conservé le nom, signala doublement son goût dans la fête par lui donnée en 1489 à Galéas, duc de Milan, qui venait d'épouser Isabelle d'Aragon. — Les grands ballets parurent bientôt après. On les réserva d'abord pour célébrer, dans les cours, les mariages des rois, la naissance des princes, et tous les événements heureux qui intéressaient les nations. Ils formèrent seuls un spectacle d'une dépense vraiment royale.

Les ballets poétiques, tels que *la Nuit, les Saisons, les Ages;* les ballets allégoriques et moraux, tels que *les Plaisirs troublés, la Curiosité,* leur succédèrent. La division de toutes ces compositions chorégraphiques étaient en cinq actes; chacun présentait trois, six, neuf et même douze entrées.

Catherine de Médicis introduisit les ballets poétiques à la cour de France. Baltasarini apporta le premier une certaine régularité dans ce genre de spectacle. Ce fut lui qui, en 1581, composa le fameux *Ballet comique de la reine,* pour les noces du duc de Joyeuse. Ce ballet n'était qu'un intermède destiné à l'embellissement de ces fêtes nuptiales.

La danse était un des amusements favoris d'Henri IV. Sully, le grave Sully, préparait les fêtes, faisait construire les salles, était l'ordonnateur suprême des ballets. Il y figurait comme danseur, en exécutant les pas que la sœur du roi lui montrait. Plus de quatre-vingts grands ballets contribuèrent aux divertissements de la cour d'Henri IV, sans compter des bals magnifiques et une infinité de mascarades singulières.

Au commencement du dix-septième siècle, les ballets devinrent un travestissement agréable des passions et des secrets de la cour. Benserade mettait dans les siens, qui jouissaient d'une vogue immense, des rondeaux où se peignaient adroitement les dames et les seigneurs qui les chantaient.

Quinault accomplit une révolution dans le ballet. Déjà Pierre Corneille avait écrit des pièces comme *Andromède,* où la danse et le chant sont subordonnés au récit dramatique. C'est un retour vers les traditions grecques et romaines, entièrement conforme au mouvement des arts à cette époque. Quinault fit ses opéras où la danse n'est qu'un divertissement accessoire; il escamota le ballet au profit du chant. Du reste, Quinault n'était préoccupé que d'une certaine manie du merveilleux, du besoin de féerie et de grandeur. Il était en cela l'écho des désirs souverains de Louis XIV.

L'art s'étiola dans l'atmosphère du dix-huitième siècle, et le mauvais goût qui régnait alors exerça sa funeste influence sur les ballets. — Noverre parut : il retrouva l'art de la pantomime, et donna les premiers modèles du ballet d'action, tel que nous le possédons. Le 13 juin 1763, on représenta *Ismène et Isménias*, dans lequel plusieurs scène de *Médée et Jason*, ballet-pantomime, sont intercalées. On ne goûta les œuvres de Noverre que quand il vint en France pour y faire exécuter ses ouvrages.

La famille Vestris, originaire de Florence, a régné plus d'un siècle sur notre empire dansant. Gaëtan Vestris parut en 1748 à l'Opéra, qu'il n'a quitté qu'en 1800. Il avait quatre frères qui suivirent la même carrière. Son fils Auguste, virtuose de grand talent, se fit admirer dans la pantomime et l'exécution des pas.

Le ballet résista à l'action destructive du torrent révolutionnaire. On dansait encore au milieu des sanglantes orgies de 93. Les danseurs de l'Opéra figurèrent à la fête que Robespierre dédia à l'Etre-Suprême ; et plusieurs pièces révolutionnaires, telles que *l'offrande à la liberté*, ballet, la *Réunion du 10 août*, opéra en cinq actes, furent représentées du temps de la république.

La restauration vit s'accomplir une importante révolution dans le ballet. — Mademoiselle Taglioni débuta à l'Opéra, le 23 juillet 1827, dans le *Sicilien*, avec un succès prodigieux. Sa grâce naïve, ses poses décentes et voluptueuses, sa légèreté extrême, la nouveauté de sa danse, dont les effets paraissaient plutôt appartenir aux inspirations de la nature qu'aux combinaisons de l'art, excitèrent une admiration générale. Elles furent le signal du progrès qui s'est accompli.

BAMBOULA. Espèce de flûte faite d'une tige de bambou en usage chez les nègres pour accompagner une certaine danse qui, par la suite a pris le nom de l'instrument.

BANDE. (Compagnie). Ce moi signifie un corps de

musiciens jouant de toutes sortes d'instruments à vent et de percussion. En Italie, on donne habituellement le nom de *banda* à quelques instruments de percussion, comme les cymbales, les pavillons chinois, le triangle, qui, réunis dans les orchestres des grands théâtres servent à renforcer au besoin les *forte* dans les différents morceaux de l'opéra et du ballet.

Le mot *Bande* s'applique principalement aux musiques militaires, composées d'instruments à vent ; ainsi l'on dit : la bande de tel régiment. La musique militaire de la cavalerie ne se compose que d'instruments de cuivre. On nommait la *grande Bande* les vingt-quatre violons attachés à la musique de la chambre sous Louis XIV et son successeur.

BANDORE. Espèce de mandoline en usage chez les peuples du Nord c'est le même instrument que les Espagnols nommaient *Bandola*.

BANQUE. Vieux mot français qui signifie théâtre, il est aujourd'hui pris en mauvaise part.

BANZA. Sorte de guitare en usage parmi les nègres de la côte d'Afrique.

BANCLOCHE. Nom que l'on donnait à la cloche du beffroi ou à la cloche d'appel.

BARBITON. C'est le nom d'un instrument à cordes des anciens Grces, dont on ne sait pas préciser positivement l'espèce. Les uns attribuent l'invention de cet instrument à Alcée, les autres à Anacréon.

BARCAROLLE. Sorte de chanson en langue vénitienne, que chantent les gondoliers à Venise. Quoique les airs de barcarolles soient faits pour le peuple, et souvent composés par les gondoliers eux-mêmes, ils ont tant de mélodie et un accent si agréable, qu'il y a peu de musiciens dans toute l'italie qni ne se piquent d'en savoir et d'en chanter. L'entrée facile qu'ont les gondoliers à tous les théâtres, les met à même de se former sans frais l'oreille et le goût ; de sorte qu'ils composent et chantent leurs airs en amateurs qui, sans ignorer la finesse de la musique, ne veulent point altérer le genre simple et naturel de leurs barcarolles. Les paroles de ces chansons sont communément sans prétention, sans apprêts, comme les conversations de ceux qui les chantent. Mais ceux à qui les peintures fidèles des mœurs du peuple peuvent plaire, et qui aiment d'ailleurs le dialecte vénitien, se passionnent facilement pour ces chants, séduits qu'ils sont par la beauté des airs.

La barcarolle est presque toujours écrite en 6|8 quelques fois cependant, mais très-rarement en 2|4. Le mouvement est modéré et onduleux.

N'oublions pas de remarquer, à la gloire du Tasse, que la plupart des gondoliers savent par cœur une grande partie de son poème de la *Jérusalem délivrée*, et qu'ils passent les nuits d'été sur leurs barques à le chanter alternativement d'une gondole à l'autre.

Les chansons des gondoliers vénitiens ont tant d'agrément, que les compositeurs ont imaginé d'en placer dans leurs opéras, en leur donnant cependant un cadre plus étendu. *A Venise, jeune Fillette*, de (*Michel-Ange*) *Blondinette*, *joliette* (d'*Aline*,) sont des barcarolles; celle du *Roi Théodore*, à plusieurs voix, est d'un effet charmant.

BARDES. Hommes très-respectés chez les Germains, les Gaulois, les Anglais et les Irlandais. Ils étaient à la fois poètes, musiciens et guerriers. Fingal et son fils Ossian sont regardés comme les plus fameux; ils vivaient vers 260. Fergus, barde contemporain de Fingal et d'Ossian, fut aussi grand poète qu'eux. C'est surtout dans les combats que son génie brillait de tout son éclat, et qu'il exerçait son empire. A la bataille de Fiatri, Ossian ayant engagé un combat singulier, commençait à plier, Fergus l'aperçut, et des hauteurs où il était placé, il lui adressa des chants qu'Ossian entendit, et qui lui rendirent le courage et la victoire.

BARDIT. On appelait ainsi le chant guerrier des anciens Germains.

BARIPYENI. On appelait ainsi dans la musique ancienne, cinq des huit sons, ou cordes stables du diagramme ou système musical des anciens.

BAROQUE. Une musique baroque est celle dont l'harmonie est confuse, chargée de modulations et de dissonances, le chant dur et peu naturel, l'intonation difficile, et le mouvement contraint. — Ce terme vient du mot grec *baros*, chose désagréable.

BAROXITON. Instrument à vent, sorte de contrebasse d'harmonie construite en 1853 par Cerveny's.

BARRES. Traits tirés perpendiculairement à la fin de chaque mesure pour les séparer; il n'y a pas encore deux siècles que l'usage des barres a été introduit dans la musique.

Baryton. C'est la seconde espèce de voix d'homme en comptant du grave à l'aigu. Par goût ou par nécessité, les Français ont toujours préféré la voix de baryton à celle de basse. — Cette voix tient le milieu entre la voix de basse, qui est la plus grave, et le ténor, qui lui succède immédiatement, à l'aigu.

On l'appelle aussi troisième ténor ou basse-taille. (Voy. l'article Voix.)

Baryton. Cet instrument à cordes et à archet était une espèce de viole montée sur le manche de sept cordes de boyau, et sous le manche se trouvaient tendues plusieurs cordes de métal, ordinairement au nombre de seize, que l'on touchait à vide avec le pouce de la main gauche, tandis que les autres doigts se posaient sur les cordes en boyaux que l'archet faisait raisonner. — En 1855, on présenta un autre genre de baryton, c'était un gros violon, ou une petite viole, s'accordant à l'octave inférieure du violon, et se jouant comme l'*alto*.

Bas. Signifie en musique un son grave opposé à haut ou aigu.

Bas-dessus. Se dit dans la subdivision des dessus, de celui des trois qui est le plus bas. (Voy. l'article Voix.)

Base. C'est la même chose que tonique, son fondamental.

Bassanelli. Instrument de la famille des hautbois et imaginé par Giov. Bassano, compositeur venitien du xviie siècle.

Basse. Celle des quatre parties de la musique qui est au-dessous des autres, la plus basse de toutes, d'où lui vient le nom de *basse*.

La basse est la plus importante des parties. C'est sur elle que s'établit le corps de l'harmonie.

Il y a plusieurs sortes de basses. — La basse fondamentale est celle qui n'est formée que de sons fondamentaux de l'harmonie, de sorte qu'au-dessous de chaque accord elle fait entendre le vrai son fondamental, qui est le plus grave, l'accord est divisé par tierces. — Basse continue, ainsi appelée parce qu'elle dure pendant toute la pièce. — Basse contrainte, dont le sujet ou le chant, borné à un petit nombre de mesures, recommence sans cesse, tandis que les parties supérieures poursuivent leur chant et leur harmonie en les variant.

Basse (voix de). C'est la voix d'homme la plus basse. Son diapason commence au second *fa* grave du piano, et s'élève jusqu'au *ré* hors des lignes. Cette voix n'a qu'un seul registre, celui de poitrine. C'est en lisant les partitions allemandes et italiennes qu'on pourra se faire une idée des effets ravissants qu'obtient un compositeur de mérite en employant avec art cette voix de basse, la plus riche de toutes.

BASSE, instrument. (Voy. VIOLONCELLE.)

BASSE CHANTANTE. Espèce de voix qui chante la partie de la basse.

BASSE-CONTRE. Sorte de voix qui a le même timbre que la basse-taille, seulement elle a moins d'étendue à l'aigu et plus au grave.

BASSE-COR. Espèce de Serpent imaginé en 1806 par Frichot.

BASSE DE FLANDRE. Sorte de trompette marine composée d'un simple bâton sur lequel on tendait une ou deux cordes. Sous ces cordes on plaçait une vessie de cochon pour faire le bourdon.

BASSE DE VIOLE A CLAVIER. Inventée et construite par *Risch*, du grand duché de Weimar, en 1710. Cet instrument était monté de cordes de boyau mises en vibration par de petites roues enduites de colophane qu'une roue plus grande placée sous la caisse mettait en mouvement.

BASSE DE VIOLON. Instrument qui servait anciennement à accompagner les voix et qui se nommait aussi *viole d'épaule* parce qu'on la suspendait à l'épaule droite à l'aide d'un large ruban.

BASSE D'HARMONIE. Nom donné à *l'Ophicléide*. (Voir ce mot).

BASSE-FIGURÉE. Est celle qui se place sous une note longue comme la ronde, par exemple, divise les temps de la mesure en plaçant sous chacun d'eux une des notes formant l'accord plaqué de la mélodie qu'elle acccompagne.

BASSE-HORN. Construit en 1820 par Stratwolf, de Goëttingue, espèce de trompette chromatique ayant trois trous pour les doigts et neuf clefs.

BASSE (Marche de). (Voy. le mot PROGRESSION.)

BASSE-ORGUE. Etait un instrument du même genre construit en 1813 par Sautermeister, dont l'étendue était de trois octaves pleines et quelques notes.

BASSE-TAILLE. Voix d'homme qui est immédiatement au-dessus de la basse. On l'appelle aussi baryton et quelque fois troisième ténor. Voix de Ténor s'appelait jadis *Taille* en France. (Voy. l'article Voix.)

Bien des personnes confondent la basse-taille avec la basse. Cette erreur vient en général de ce que les rôles écrits pour ces deux sortes de voix sont chantés en France par les mêmes acteurs. Comme nous avons très-peu de rôles de basse dans nos opéras, les chanteurs dont les moyens seraient disposés par la nature et l'art à remplir convenablement cette partie, sont forcés d'avoir recours à ceux écrits pour des voix plus aiguës, et forcent leur organe pour atteindre aux tons élevés de la basse-taille. Ils ne donnent par conséquent que le rebut de leur voix, et négligent sa quinte grave, dont on aurait pu tirer un grand parti.

Basse-tuba. C'est une espèce de bombardon perfectionné par M. Wibrecht, chef des musiques militaires du roi de Prusse. Son étendue est de quatre octaves, depuis le *la, deux octaves* au-dessous des lignes, clef de *fa*, jusqu'au *la* du ténor, une octave au-dessus des lignes de la même clef.

Basson. Instrument de musique à vent et à anche, inventé par Afranio, chanoine, de Pavie, en 1539, et perfectionné en 1578, par Sigismond Scheltzer. Il tient, dans la famille du haut-bois, le même rang que le violoncelle dans celle du violon. Le diapason du basson est de trois octaves à partir du premier *si B* grave du piano. Il commence par conséquent un ton plus bas que celui du violoncelle. — Le basson joue dans tous les tons; ses tons favoris sont : *ut, fa, si B, mi B,* et leurs relatifs mineurs.

Le caractère du basson est en général tendre et mélancolique ; cependant ses accents, pleins de vigueur et de sentiment, servent parfois à exprimer les grandes passions dans l'*agitato*, invitent au recueillement, et inspirent une douce piété quand ils accompagnent des chants religieux. Si le basson ne peut être très-brillant, il s'unit du moins parfaitement aux instruments qui ont cette qualité; et lorsque les violons suspendent leur discours pour laisser le champ libre aux flûtes, aux clarinettes, aux cors, c'est lui qui sert de base à leur harmonie éclatante.

Le basson fit sa première entrée dans l'orchestre, en 1659, dans la pastorale intitulée Pomone, musique de Canbert, il n'avait alors que trois clefs.

Les notes hautes du basson ont quelque chose de pénible et de souffrant dont on peut tirer d'excellents effets. Tels sont les soupirs étranges et étouffés qu'on entend dans la symphonie en *ut* mineur de Beethoven, à la fin du decrescendo. Les sons du médium ont quelque chose de flasque; c'est là que M. Meyerbeer a trouvé la sonorité froide, décolorée, cadavéreuse dont il avait besoin dans la scène de la *Résurrection des Nones*.

Les traits rapides en notes liées peuvent être employés avec succès dans les tons favoris de l'instrument. M. Meyerbeer en a obtenu d'excellents effets dans la scène des *Baigneuses*, au deuxième acte des *Huguenots*, dans l'accompagnement du chœur : *Jeunes beautés, sous ce feuillage,* etc.

Il existe un nouveau basson inventé par Ad. Sax en 1849, entièrement construit en cuivre. Les trous à boucher par l'extrémité des doigts y sont supprimés et se bouchent au moyen de clefs.

BASSON A FUSÉE. Espèce de basson inventé vers l'an 1680 par *Deuner*, de Leipsig. Le tube fait neuf tours.

BASSON (jeu de basson). Est un jeu d'anches qui, dans l'orgue. complète le jeu du hautbois et lui sert de basse. Le jeu de basson a une étendue de deux octaves.

BASSON-QUINTE. — C'est un diminutif du précédent, qui possède la même étendue, s'écrit également sur deux clefs, la clef de *fa* et la quatrième clef d'*ut* mais dont le diapason est plus élevé d'une quinte.

Le basson-quinte s'écrit une quinte au-dessous des sons réels qu'on veut obtenir : ainsi on écrit en *sol* pour jouer en *ré*, etc.

Le cor anglais remplace avantageusement le basson-quinte pour les deux octaves supérieures de ce dernier. Cependant le timbre du basson quinte a plus de force, et, réuni aux bassons ordinaires, il serait d'un excellent effet dans la musique militaire dont il adoucirait l'éclatante et quelque peu âpre sonorité.

BASSON RUSSE. Imaginé par *Rigibo* en 1780, pour améliorer le serpent, transporté ensuite en Russie, d'où il nous est revenu comme nouveauté, environ trente ans après.

BATAILLE. On donne ce nom à une sorte de composition musicale dans laquelle on cherche à imiter avec les sons les bruits de la guerre et les divers résultats d'une bataille.

Batiphone. Espèce de clarinette basse, construite en Allemagne.

Baton. Sorte de barre qui traverse perpendiculairement une ou plusieurs lignes de la portée, et qui, selon le nombre des lignes qu'elle embrasse, exprime une plus grande ou moindre quantité de mesures qu'il faut passer en silence. — Les bâtons ne sont plus en usage, et l'on marque le nombre des pauses avec des chiffres placés au-dessus de la portée.

Baton de mesure. C'est un bâton fort court, ou même un rouleau de papier, dont les chefs d'orchestres se servent pour marquer la mesure.

Battement. Espèce de *mordante*, ou selon quelques-uns, de trille, qui, au lieu de commencer par une note plus élevée, commence par la note plus basse que la note principale.

Batteur de mesure. Le batteur de mesure était appelé chez les anciens Grecs coryphée, parce qu'il était placé au milieu de l'orchestre dans une situation élevée, pour être plus facilement vu et entendu de tout l'orchestre. Les Romains les appelaient *pedarii*. Pour rendre la percussion rhythmique plus éclatante, ils garnissaient leurs pieds de certaines chaussures ou sandales de fer.

Quelques nations ont des manières particulières pour battre la mesure. Les Chinois se servent de tambours; les Hongrois, dans leurs danses nationales, marquent la mesure en dansant, avec les éperons de leurs bottes, qu'ils frappent l'un contre l'autre; les Portugais, dans leurs danses, la battent en faisant claquer leurs doigts, et les Espagnols avec les castagnettes.

Battochio. C'est le nom d'un instrument auxiliaire qui donne l'intonation à plusieurs autres instruments.

Battre la mesure. C'est en marquer les temps par des mouvements de la main ou du pied qui en règlent la durée, et par lesquels toutes les mesures semblables sont rendues parfaitement égales, en valeur chronique, dans l'exécution.

Bayadère. Ce mot vient du portugais *bailodera*, femme qui danse, danseuse. Les Bayadères forment dans l'Inde une partie du personnel attaché aux pagodes, où l'on entretient une troupe de huit, de douze et même seize femmes. Chaque jour, matin et soir, elles dansent dans le temple et chantent des pièces de vers libres, dont le sujet est tiré de la mythologie indienne; elles reçoivent pour ces fonctions des apointements fixes prélevés sur le trésor de la pagode.

Les bayadères paraissent dans toutes les solennités publiques, et accompagnent les personnes qui rendent des visites d'apparat. On les appelle aussi aux fêtes de famille, et dans ces occasions elles exécutent des danses plus ou moins libres, selon le goût des spectateurs. — L'orchestre qui accompagne la danse des bayadères est ordinairement fort simple, et se compose de *tala*, espèces de petits cylindres qui rendent un son argentin très-aigu, et d'un *dolh*, petit tambour dont la caisse est de terre cuite, et que l'on frappe des deux côtés. Cette musique, et peut-être aussi les applaudissements qu'on leur prodigue, animent tellement les bayadères, que l'on fait venir quelquefois successivement dans une même nuit jusqu'à quatre et cinq bandes de ces danseuses, qui se retirent épuisées de fatigue.

Les indiens ne regardent pas le métier des bayadères comme infamant, et même dans les castes les plus élevées il se trouve des parents qui font vœu, s'ils ont une fille, de la consacrer de cette manière à la divinité pour laquelle ils ont le plus de respect. Les petites filles destinées au métier de bayadère apprennent de très-bonne heure à lire, à chanter et à danser, et on ne leur laisse ignorer aucun des arts, aucune des manœuvres qui peuvent les rendre par la suite plus séduisantes et plus dangereuses.

Bec. Partie de la clarinette que l'on place dans la bouche lorsqu'on veut jouer de cet instrument.

Bécarre. Ce mot signifie *b carré*, et se compose à peu près de deux 7 placés, l'un dans la position naturelle et l'autre dans une position inverse.

L'un des trois signes accidentels qui se placent, soit à la clef d'un morceau de musique, soit dans le courant d'une section de phrase musicale. Le bécarre détruit l'effet du bémol et du dièse. Le bécarre n'a de valeur que pendant toute la durée de la mesure dans laquelle il est employé. — Ce serait commettre un non-sens musical que de poser des bécarres à la clef de début d'un morceau de musique, puisque le ton d'*ut* naturel comporte implicitement autant de bécarres que ce même ton a de notes pour former sa gamme. Mais il arrive souvent que pour passer d'un ton mineur à son majeur synonyme, on arme la clef d'autant de bécarres qu'il y est nécessaire d'avoir de notes remises naturelles ou dans l'état de gamme normale.

Autrefois que la figure de dièse (voyez ce mot) était inconnue, on remplaçait ce signe par celui du bécarre. l'antipode du bémol (voyez ce mot), on l'appelait aussi quelquefois *b dure* Le bécarre participe du dièse et du bémol tout à la fois ; du dièze, lorsqu'on le place devant une note bémolisée, et du bémol, lorsqu'on le place devant une note diésée.

BEDON DE BISCAYE. C'est une espèce de petit tambour de basque, dont le cercle est garnie de castagnettes. En le faisant résonner avec les doigts, les castagnettes frappent les unes contre les autres.

BEFFROI OU TAMTAM. Instrument de percussion en usage chez les Orientaux, et admis dans notre musique militaire et nos orchestres. C'est dans sa forme une espèce de tambour de basque, tout entier d'un métal composé, qui a une vibration extraordinaire quand on le frappe avec un marteau.

Le beffroi s'emploie avec succès dans les marches lugubres et funèbres, dans les chœurs qui expriment des passions violentes et dont l'effet doit être terrible, tel que celui qui termine le deuxième acte de *la Vestale*.

BEFFROI. Tour d'où l'on fait le guet et où il y a une cloche pour sonner le tocsin d'alarme. On donne aussi ce nom à la cloche même qui est dans la tour.

On connaît l'expression terrible, sinistre, effrayante du tocsin dans les jours de troubles politiques.

Le tocsin produit des effets qui ont peu de rapports avec la musique : cependant on l'emploie quelquefois dans la musique dramatique. Nous en parlerons à l'article CLOCHE.

BELLONEON. Cet instrument construit à Dresde en 1804, par Kaufmann, était un physarmonica qui exécutait des fanfares et imitait seul le son de vingt trompettes avec tambours et timballes.

BÉMOL. Nom du second signe altératif qui, avec le dièse et le bécarre, se place devant une note pour abaisser, hausser ou remettre naturelle l'intonation. Le bémol, qui se figure par un B, était, dans le système ancien de Guido d'Arezzo, le contraire du B dur, ou bécarre des modernes, parce que ce signe n'était employé, à cette époque reculée, que pour atténuer l'effet assez dissonant produit par la succession des sons naturels *fa, sol, la, si* de la gamme ascendante. On écrivait donc cette gamme en *bémolisant* ou adoucissant la note *si* (septième degré de la gamme moderne).

Depuis que la découverte de la dissonance harmonique a été faite par Monteverde, au commencement du dix-septième siècle, le bémol ne figure plus qu'accidentellement dans la gamme naturelle d'*ut* majeur. Mais alors ce n'est plus pour adoucir l'avant dernier son de l'échelle, mais bien pour déterminer une modulation relative dans le ton majeur du quatrième degré, ou dans celui du relatif mineur de ce même ton.

Lorsque la modulation l'exige on emploie un signe appelé double bémol (BB). Il possède, devant une note naturelle, la double faculté du bémol simple, c'est-à-dire que si ce dernier baisse la note d'un demi-ton mineur le double bémol la baisse de deux demi-tons. Lorsque la note est déjà simplement bémolisée, le double bémol ne la baisse que d'un seul demi-ton mineur. Enfin, les bémols posés à la clef d'un morceau conservent pendant toute sa durée leur qualité diminutive des sons naturels; tandis que, posés seulement devant une note, et par accident, ils n'ont de valeur que pendant toute la durée de la mesure dans laquelle ils sont employés.

Les tons bémolisés ont une sonorité bien moins brillante, surtout dans les instruments à archet, que les tons naturels et diésés. Aussi les compositeurs les emploient-ils de préférence dans certains morceaux d'une expression calme et religieuse. Cependant la musique militaire, si éclatante et d'un effet souvent électrique, s'écrit presque toujours et brille davantage dans les tons bémolisés.

BÉMOLISER. Placer des bémols à la clef pour changer l'ordre et la place des demi-tons, ou marquer une note d'un bémol accidentel.

BENTE (Matheo), luthier, élève de Stradivarius, travaillait à Brescia en 1580.

BERCEUSE. Nom donné à un genre de chanson faite pour endormir les enfants.

BERGAMASQUE. C'était une espèce de danse et air de danse en usage dans le siècle dernier. On trouve des bergamasques dans plusieurs recueils de sonates pour violon et pour luth.

BERGONZI (François), luthier de Crémone, imitateur de Stradivarius, travaillait en 1687 et 1720.

BERGONZI (Charles), frère du précédent, fut un des

meilleurs élèves de Stradivarius. Ses violons ont un mérite incontestable, il florissait de 1724 à 1750.

B FA. C'est le nom que l'on donnait à la quarte naturelle de *fa*, appelée aujourd'hui *si bémol*.

BIBLIOGRAPHIE MUSICALE. Livre qui contient dans un ordre systématique, chronologique, et de la manière la plus parfaite, la description complète de tous les titres originaux des œuvres musicales, théoriques et pratiques, historiques et philosophiques, imprimées ou manuscrites, de tous les temps, de toutes les nations, avec les noms de l'auteur et de l'éditeur; plus le format du livre, le nombre des volumes et des éditions.

BIBLIOTHÈQUE MUSICALE. Collection ou recueil d'œuvres musicales. — Les plus fameuses bibliothèques de musique sont : celle de la cour de Vienne, que l'on croit la plus considérable de toutes celles qui existent en Europe, attendu qu'elle a été formée par une série d'empereurs qui étaient tous des musiciens distingués : celle de Munich, en Bavière; celle du Conservatoire de Paris; celle du Lycée musical de Bologne, formée par les recherches de l'infatigable Martini, celle de Saint-Marc, à Venise, et celle du Conservatoire de Naples, qui renferme un grand nombre de partitions manuscrites de l'école napolitaine.

BICORDATURA. Nom de la double gamme sur les instruments à archet.

BIGNOU. Instrument fort en usage dans les campagnes de la Bretagne; c'est une espèce de cornemuse. Ce nom est d'origine celtique et dérive de *Bigna* (le renfler beaucoup.)

BINAIRE. Qui est composé de deux unités. On donne le nom de binaire à la mesure à deux temps, attendu qu'elle se partage en deux temps égaux. Elle est opposée à la triple, ou mesure ternaire.

BIOGRAPHIE MUSICALE. Livre qui contient des renseignements sur la vie, les œuvres et les écrits des auteurs, compositeurs de musique, chanteurs, instrumentistes, amateurs célèbres, fabricants d'instruments, éditeurs de musique de toutes les nations. Le travail le plus complet que nous possédions en ce genre, est celui qu'a publié M. Fétis, sous ce titre : *Biographie générale des Musiciens*.

BIS. Mot latin qui signifie deux fois, et dont on se sert en musique, soit pour faire recommencer un air quand il est fini, en disant *bis* à celui qui l'a chanté, soit pour marquer dans une même pièce de musique, qu'un même trait de chant doit être exécuté deux fois de suite.

Bischero. (cheville). Dans les instruments à cordes, on appelle chevilles les petites pièces de fer ou de bois sur lesquelles on roule les cordes, et qui servent ainsi à leur donner plus ou moins de tension pour les accorder.

Biscome. Mot italien qui signifie double-croche.

Bissex. Espèce de guitare montée de douze cordes, inventée en 1770, par un chanteur parisien, nommé Van-Hecke. L'étendue de cet instrument était de trois octaves et demie.

Blanche. C'est le nom d'une note qui vaut deux noires, ou la moitié d'une ronde. Autrefois on l'appelait minime.

B mi. C'est le nom que l'on donnait à la septième majeure de *do*, aujourd'hui appelée *si*.

Bocal. Petit hémisphère concave de métal, d'ivoire ou de bois dur, percé par le milieu, et qui forme l'extrémité inférieure du cor, du trombone, du serpent, etc., etc.

Bohême (Notice historique sur la musique en). La Bohême a produit un nombre prodigieux de compositeurs et d'exécutants d'un grand mérite. — Dès les xv⁰ et xvi⁰ siècles on vit se former dans la majeure partie des villes de la Bohême plusieurs congrégations, dont le noble but était d'augmenter la splendeur du culte divin au moyen du chant. Rodolphe II, dont le règne fut la plus brillante époque pour la littérature et les arts en Bohême, monta à ses frais une magnifique chapelle composée d'artistes italiens et bohémiens. Mais l'époque qu'on peut appeler à juste titre le plus beau temps de la musique en Bohême, commence à l'expulsion des protestants, sous Ferdinand II et Ferdinand III. — Dans chaque couvent, dans chaque paroisse, il existait des possessions dont le produit était affecté à l'entretien de la musique du chœur. Dans les colléges et les séminaires, la musique formait la partie principale des plaisirs et des récréations. — Les moyens d'apprendre cet art ne manquaient dans aucune partie de la Bohême. Il y avait jusque dans le plus petit bourg un maître d'école chargé d'apprendre la musique. — Il ne faut donc pas s'étonner si la Bohême compte parmi ses enfants, Gossmann,

Gluck, les deux Benda, Stamitz, Weber, et si l'un des plus beaux Conservatoires de l'Europe se trouve à Prague, en Bohême.

Boiteux. Se disait anciennement d'un contre-point chargé de syncopes, de contre-temps sur lesquels la voix semblait sautiller.

Bolero. Sorte d'air de chant et de danse en usage en Espagne. Le bolero est presque toujours accompagné par une guitare, par des castagnettes, ou par un violon. — Le bolero est souvent écrit en mode mineur et dans la mesure à trois temps.

Bombarde. C'est, dans l'orgue, un registre de tuyaux à anche, ouvert de seize et même de trente-deux pieds, imité d'après l'instrument dont ils est question dans l'article suivant.

Bombarde. Instrument à vent en bois dont on faisait un grand usage dans les siècles passés. Cet instrument était de l'espèce du hautbois, avait six trous pour les doigts, différentes clefs, et se jouait avec une anche.

Bombardon. C'est un instrument grave, sans clefs, et à trois cylindres, dont le ton diffère un peu de celui de l'ophicléide. Son étendue va du *fa*, une octave au-dessous de la ligne clef de *fa*, jusqu'au *ré* au-dessus des lignes.

Cet instrument, dont le son est très-fort, ne peut exécuter que les successions d'un mouvement modéré. Il produit un bon effet dans les grands orchestres où les instruments à vents dominent.

Bombix. Nom grec de l'ancien chalumeau.

Bombo. Anciennement on appelait ainsi la répétition d'une note sur le même degré.

Bomby kas. Nom grec des clefs des instruments à vent.

Bouche. On donne ce nom à l'ouverture horizontale pratiquée au bas d'un tuyau d'orgue pour laisser échapper l'air qu'il contient.

Bouffon, opéra bouffe. C'est le titre que l'on donne à un certain genre de drame lyrique en opposition avec le genre sérieux. Cette dénomination est particulièrement en usage en Italie, ou affectée aux ouvrages italiens. En Italie, chaque ville, pour ainsi dire, a son *bouffon* particulier, national, parlant exclusivement le dialecte populaire. Milan a son *Jirolama ;* Venise a le *Pantalon*, le *Scaramouche*, le *Brighella ;* Florence a la *Fiorentino ;*

Rome a la *Bergamasque*, l'*Eminente*, bouffon femelle ; Naples en a deux, l'un pour l'opéra, le *Lazzaroni*, l'autre pour la comédie et le mélodrame, *Pulchinella*. Les comédiens chantants ne sont fixés en aucun lieu en Italie ; les engagements ne se font que pour une saison, et rarement on voit les mêmes chanteurs une année entière dans la même ville.

Les drames français, dans le genre bouffe, s'appellent plus ordinairement opéras-comiques. (Voyez Théatre Italien et Opéra-Comique.)

Boulina-ha-ha. Chant des matelots français pendant qu'ils hâlaient sur les quatre principales boulines (cordes servant à la manœuvre des voiles,) ce chant est aujourd'hui remplacé par les coups de sifflet.

Bouquin. Sorte de corne recourbée, servant de trompe d'appel.

Bourdon. C'est le nom par lequel on désigne ordinairement les tuyaux ou cordes d'instruments qui donnent toujours le même son dans le grave, comme dans les musettes, les vielles. — Bourdon est également le nom de certaines grandes cloches.

Bourrée. Sorte d'air à deux temps, propre à une danse qui est en usage en Auvergne.

Boutade. Nom ancien d'un petit ballet impromptu.

Brabançonne. Nom d'une chanson patriotique Belge dont la musique fut composée en 1830 par Compenhout.

Brailler. Excéder en chantant le volume de la voix.

Branle. Sorte de danse fort gaie, qui se danse en rond, sur un air court et en rondeau, c'est-à-dire avec un même refrain à la fin de chaque couplet.

Bravo. Exclamation que nous avons empruntée aux Italiens, et qui nous sert aujourd'hui, comme à eux, à exprimer l'admiration due à un artiste qui excelle dans son art.

Les Italiens ont l'habitude, flatteuse pour le compositeur, de crier au théâtre, pendant un morceau de musique où l'orchestre domine : *Brava la viola ! bravo il fagotto !* Si c'est un chant mélodieux et pathétique qui les flatte, ils ont aussi la coutume de crier tour à tour : *Bravo, Sacchini ! bravo, Cimarosa ! bravo, Rossini ! bravo, Ricci ! bravo, Donizetti ! bravo, Verdi !*

Bravoure. (Air de). Air dans lequel se trouvent plusieurs passages d'une certaine étendue, que la voix exécute avec tout le *brio*, toute la désinvolture imaginables, et destinée ordinairement à faire briller l'habileté du chanteur.

Bravoure. On dit *air de bravoure, genre de bravoure*, qui est opposé au genre simple et *cantabile*.

Brève. Ce mot signifiait autrefois une figure de note qui avait la valeur de deux rondes. — Aujourd'hui on appelle *brèves* les notes dont la valeur est moindre que les précédentes, et spécialement celles qui suivent immédiatement les notes pointées : ainsi, une noire prend le nom de *brève*, lorsqu'elle est après une blanche pointée, la croche après une noire pointée.

Brillant. Ce mot indique une modification de caractère. On dit : *musique brillante ; exécution brillante*.

Brioso (vif). Ce mot joint à *l'allégro* le rend plus vif, plus résolu et plus brillant.

Brochette. Echelle comparative, ou gamme d'un carillon.

Broderie se dit en musique de plusieurs notes que le musicien ajoute à sa partie dans l'exécution, pour varier un chant souvent répété, pour orner des passages trop simples, et pour faire briller la légèreté de son gosier ou de ses doigts. Rien ne montre mieux le bon ou le mauvais goût d'un musicien, que le choix ou l'usage qu'il fait de ces ornements.

Bruit. C'est en général toute émotion de l'air qui se rend sensible à l'organe auditif. Mais en musique, le mot bruit est opposé au mot son, et s'entend de toute sensation de l'ouïe qui n'est pas sonore et appréciable. — On donne par mépris le nom de bruit à une musique étourdissante et confuse, où l'on entend plus de fracas que d'harmonie. *Ce n'est que du bruit ; cet opéra fait beaucoup de bruit et peu d'effet.*

buccin. Espèce de trombone que l'on a adopté pour la musique militaire. Il ne diffère du trombone ordinaire que par son pavillon taillé en gueule de serpent. Le son du buccin est plus sourd, plus sec, que celui du trombone.

Buccine. Se disait autrefois pour la trompette.

Buche. Espèce d'instrument de musique qui consiste dans une caisse longue et assez semblable à une buche ; il est composé de trois ou quatre cordes de laiton que l'on fait résonner fort, soit avec un bâton soit avec le pouce.

Budani (Juvietta). Célèbre luthier qui exerçait son art à Brescia, en 1580.

Buffet. Se dit de toute la menuiserie ou se trouvent renfermés les jeux d'un orgue.

Buffo. Chanteur qui joue un rôle plaisant dans l'opéra comique. On le divise, en Italie, en *buffo primo* (premier), *buffo secondo e terzo* (second et troisième), *buffo nobile* (noble), *di mezzo carattere* (mixte), *caricato* (exagéré), *buffo cantante e comico* (chantant, comique.

Bugle. Espèce de trompette dont le tube est percé de différents trous et armé de clefs. Il fut imaginé par Weidinger.

Bulaffo. Instrument de musique en usage sur les côtes de Guinée. C'est la réunion de plusieurs tuyaux de bois attachés les uns aux autres avec des bandes de cuir. Les nègres frappent ces tuyaux avec de petites baguettes.

Buonacordo. C'était un clavecin dans lequel l'espace des octaves pouvait s'adapter aux petits doigts des enfants.

Burletta, Burlette. Nom que l'on donne à un petit opéra comique, à une petite farce en musique.

Busca tibia. Instrument à vent de l'antiquité la plus reculée, qui avait la forme de notre cornet et qui était fait d'ossements d'animaux.

Busseto (Giov. Mar.) luthier de Brescia qui avait adopté les formes de Gaspard di Salo. Il exerçait de 1550 à 1580.

C

C. Cette lettre sert à marquer la mesure à quatre temps. Elle devient le signe de celle à deux temps, si on la traverse d'une ligne perpendiculaire. C'est ce qu'on appelle C barré.

Lorsqu'à la clef d'un canon fermé à deux parties, on trouve un C simple et un C barré l'un sur l'autre, c'est une marque qu'une des parties exécute le chant tel qu'il est noté, et que l'autre donne à toutes les notes, pauses, silences, le double de leur valeur. La partie dont la marque est en haut commence la première.

Le C placé hors des lignes, signifie CANTO; s'il est placé hors des lignes et accompagné d'un B, il signifie COL BASSO.

C SOL UT, ou simplement C, caractère ou terme de musique qui indique la première note de la gamme, que nous appelons UT.

C SOL FA UT. On appelait ainsi dans l'ancien solfége le *do*, clef du violon au-dessous des lignes, attendu qu'on y chantait tantôt la syllabe *sol*, tantôt la syllabe *fa*, tantôt la syllabe *ut*.

C était anciennement le signe de la prolation mineure imparfaite.

C traversé d'une barre indique la mesure à deux temps.

C sur les lignes de la portée marque la mesure à quatre temps.

C indique la clef de *fa*.

CABALETTE. Pensée légère et mélodieuse, ou cantilène pleine d'une simplicité qui flatte, dont le rhythme bien marqué se grave facilement dans l'âme de l'auditeur, et qui a tant de naturel, qu'à peine entendue, elle est répétée par ceux qui savent la musique et par ceux même qui la sentent sans le savoir.

CACHET. Manière de faire, caractère particulier qui distingue les ouvrages d'un compositeur.

CACHOUCHA. Nom d'une danse espagnole exécutée par un homme et une femme sur un air vif et passionné.

CACOPHONIE. Union discordante de plusieurs sons mal choisis ou mal accordés. Ce mot vient du grec *cacos* mauvais, et *phone*, son.

CADENCE. La cadence est la terminaison d'une phrase musicale sur un repos.

On peut briser, suspendre ou détourner cette terminaison; de là, plusieurs sortes de cadences : — La cadence parfaite, la cadence à la dominante ou demi cadence, la cadence imparfaite, la cadence rompue, la cadence évitée et la cadence plagale.

La cadence est parfaite, quand, à l'accord de dominante succède l'accord parfait sans renversement.

La cadence à la dominante ou demi-cadence est un repos momentané sur l'accord de dominante.

La cadence imparfaite ou suspendue est la résolution de l'accord de dominante sur l'accord parfait renversé. Comme celui-ci n'exprime qu'un repos imparfait, la cadence est nommée imparfaite.

Quelquefois on retarde la réalisation de la cadence parfaite en reproduisant plusieurs fois la cadence à la dominante ou la cadence imparfaite.

La cadence est rompue lorsqu'on résout l'accord de dominante, non point dans l'accord parfait naturel ou renversé du ton dans lequel on est, mais en prenant l'accord parfait du ton relatif. Cet artifice harmonique est très-fréquemment employé.

La cadence est évitée quand, au lieu de la résoudre, on passe dans un autre ton.

Nous parlerons ailleurs de la cadence *plagale*. (Voyez ce dernier mot.)

Cadence. C'est le battement du gosier qui se fait quelquefois sur ta pénultième note d'une phrase musicale. Le mot de cadence, pris dans ce sens, n'est plus en usage parmi les musiciens; on l'a remplacé par celui de trille. (Voyez ce mot.)

Cadence (la) est une qualité de la bonne musique, qui donne à ceux qui l'exécutent ou qui l'écoutent un sentiment vif de la mesure, en sorte qu'ils l'a marquent et la sentent tomber à propos, sans qu'ils y pensent et comme par instinct : cette qualité est surtout requise dans les airs de danse.

Cadence signifie encore la conformité des pas du danseur avec la mesure marquée par l'instrument.

Cadence. Une musique bien cadencée est celle ou la mesure est sensible, ou le rhythme et l'harmonie concourent le plus parfaitement qu'il est possible à faire sentir le mouvement.

Caesta. Luthier dont les violons ont une certaine réputation, natif de Crémone, imitateur du Stradivarius, travaillait en 1677.

Caisse (Grosse). (Voyez le mot Tambour.)

Calachon. Petit instrument qui avait la forme d'un luth à long manche avec une touche et deux cordes, et que l'on faisait vibrer avec les doigts ou un petit morceau de bois.

CALAMEL. Nom donné par les anciens écrivains au *chalumeau*. (Voir ce mot).

CALARE. Baisser, par opposition à *ascendere*.

CALATHISME. Danse anciennement en usage chez les Grecs lors des fêtes annuelles en l'honneur de Cérès.

CALCUL, On se sert de ce mot pour désigner la partie purement scientifique de l'art musical, ou pour indiquer un genre de musique qui manque de chaleur et d'invention, et dans laquelle on sent trop le mécanisme de l'art.

CALIBRE. Plaque triangulaire servant au facteur d'orgues pour former les bouches des tuyaux d'orgues.

CALICHON. Ancien instrument de la forme d'un luth, monté de cinq cordes accordées au sol de la basse, quatrième espace *do* au-dessous des lignes en clef de violon, et *fa*, *la*, *ré*, même clef, premier et second espace et quatrième ligne.

CALINDA. Danse des nègres créoles en Amérique, qu'ils exécutent rangés sur deux lignes en face les uns des autres, avançant et reculant en cadence et faisant des contorsions et des gestes lascifs.

CALLINIQUE. Chanson de danse des anciens Grecs, exécutée en l'honneur d'Hercule.

CAMILLUS de CAMILLE. Luthier, né à Mentana, imitateur de Stradivarius. On a des violons qui portent ce nom, datés de 1715.

CAMPAGNE. Un des noms de la flûte de Pan.

CANARIE. Ancienne espèce de gigue, en mesure à 6|16, et exécutée avec un peu plus de mouvement.

CANCAN. Danse indécente interdite par la police.

CAMPANA. Grande cloche qui était suivant Strabon, plus volumineuse que celle qui servait ordinairement à donner des signaux.

CANARDER. C'est, en jouant du hautbois, tirer un son nasillard et rauque, approchant du cri du canard ; ce qui arrive aux commençants, et surtout dans le bas, pour ne pas serrer assez l'anche avec les lèvres.

CANEVAS. C'est ainsi qu'on appelait les paroles ajustées par le musicien aux notes d'un air à parodier. Ces paroles, insignifiantes, servaient de guide au poète en lui marquant le mètre et la coupe des vers, et l'ordre à suivre pour les rimes.

Canna d'organo, Tuyaux d'orgue. Tubes ou canaux de bois, d'étain, ou d'un mélange métallique appelé étoffé, de forme carrée, cylindrique ou conique, dans lesquels ont fait entrer le vent qui produit le son de l'orgue.

Canna, Roseau. Plante qui croît dans les pays chauds et les contrées méridionales de l'Europe. Les paysans se servent encore de ces tiges creuses pour faire des flageolets, des fifres, etc.

Canon. Ancienne règle ou méthode de déterminer les intervalles des sons.

Canon. C'est une sorte de fugue qu'on appelle perpétuelle, parce que les parties, partant l'une après l'autre, répètent sans cesse le même chant. Il y a plusieurs espèces de canons; pour les connaître toutes, il faut avoir égard :

1° Au nombre des parties : le canon peut être à deux, trois, quatre parties, ou davantage ;

2° Au nombre des solutions : il y a des canons qui n'admettent qu'une solution, il y en a qui en admettent un plus grand nombre ;

3° Au nombre des voix principales : un canon d'une seule voix principale s'appelle canon simple ; un canon composé de plusieurs voix principales s'appelle canon double, triple, etc., selon le nombre de ses voix.

4° Aux intervalles par lesquels se fait la reprise ; il y a des canons à l'unisson, à la seconde supérieure ou inférieure, à la tierce supérieure ou inférieure et de même à la quarte, à la quinte à la sixte ;

5° A la durée de l'imitation : tout canon se compose de façon, ou que la voix suivante répète le chant de la première en entier, et que pendant que l'une des parties finit, l'autre puisse recommencer le chant de nouveau ; ou il ne se compose pas de cette façon, la voix suivante ne répétant le chant de la précédente que jusqu'à une certaine distance marquée, et la pièce finissant par là. Un canon de la première espèce se nomme canon perpétuel ou obligé ; le second s'appelle canon libre. Quand le canon perpétuel est composé de telle sorte qu'à chaque reprise on change de ton, et qu'il faut faire par conséquent le tour des douze modes, on l'appelle *canon circulaire*.

6° A la figure des notes : quand l'imitation des parties se fait par augmentation ou par diminution : il en résuite un canon par augmentation ou diminution; et cette augmentation ou diminution peut être double, triple, et davantage;

7° Au mouvement : il y a des canons par mouvement contraire, par mouvement rétrograde, et par mouvement rétrograde et contraire;

8° A la qualité des parties : on fait des canons sur un *canto fermo*, on en fait d'autres avec des parties accessoires à la tierce, ou avec une partie qui sert d'accompagnement.

9° Aux temps de la mesure : on fait des canons à contre-temps, dans la classe desquels on peut aussi ranger ceux par imitation interrompue;

10° A la manière d'écrire le canon : on les écrit de deux manières : 1° l'on ne met par écrit que la voix principale du canon, pour en faire deviner les autres au lecteur, ce qui s'appelle canon fermé; 2° on y joint toutes les voix consécutives à la voix principale en les mettant en partition, ce qui s'appelle canon ouvert.

Canon. Espèce de monocorde servant anciennement de diapason, pour l'enseignement de la musique vocale dans les écoles.

Canon (demi). Sorte de petite flûte en usage en 1349.

Cantabile. Adjectif italien qui signifie *chantable*, *chantant*, ce qui est fait pour être chanté, c'est-à-dire le morceau où l'on doit réunir tous les moyens, tous les pouvoirs, tous les ornements du chant.

Un morceau de musique tel que le *cantabile* est le plus difficile qu'on puisse exécuter : aussi il n'appartient qu'aux grands talents de le bien chanter, car il exige les qualités de la voix les plus parfaites, et l'emploi le plus sévère de la méthode de chant. Les qualités requises pour bien chanter le cantabile sont : 1° de posséder parfaitement l'art de filer les sons; 2° d'exécuter les phrases de chant, les agréments et les traits, avec expression; 3° enfin, de mettre beaucoup de moelleux et d'onction dans le port de la voix.

Le *cantabile* est au chanteur ce que l'*adagio* est à l'instrumentiste.

Cantate. Sorte de petit poème lyrique qui se chante avec des accompagnements, et qui, bien que fait pour les salons, doit recevoir, du musicien, la chaleur de la musique imitative et théâtrale.

Les airs, les scènes, les chœurs d'opéras que l'on exécute dans les concerts et les réunions musicales, ont fait perdre l'usage de la cantate. On en compose cependant encore de temps en temps pour certaines fêtes solennelles.

Cantatile. Petite cantate fort courte.

Cantatrice. On désigne ainsi les femmes qui après avoir reçu de la nature un organe sonore, ont su le rendre propre au chant, en se livrant de bonne heure et avec assiduité à l'étude de la musique et à la pratique des exercices de la bonne école de chant. (Voyez les articles Opéra, Académie de musique.)

Cantilena. Nom que les italiens donnaient autrefois à la musique mondaine pour la distinguer de la musique sacrée, que l'on appelait *motets*.

Cantique. Hymne que l'on chante en l'honneur de la Divinité. Les premiers et les plus anciens cantiques furent composés à l'occasion de quelque évènement mémorable, et doivent être comptés parmi les plus anciens monuments historiques. Ces cantiques étaient chantés par des chœurs en musique, et souvent accompagnés de danses, comme nous le voyons dans l'Ecriture, la pièce la plus importante qu'elle nous offre en ce genre est le *cantique des cantiques*, ouvrage attribué à Salomon.

Dans un sens plus moderne et plus en usage, on appelle cantique un hymne en langue vulgaire, dans lequel on célèbre Dieu, les anges, les saints ou quelque vérité de la religion, et composé expressément pour l'édification des fidèles.

Il doit être religieux, puisqu'il doit exprimer des idées religieuses ; noble, puisque toutes les idées religieuses le sont; varié comme elles, et toujours simple, parce qu'il doit être autant que possible accessible à la multitude.

Cantomane. Celui ou celle qui a la manie de chanter.

Cappa (Geofred), luthier de Crémone, élève d'Amati, naquit en 1590, il quitta son pays en 1640 et fut fonder à Saluzzio une école célèbre de lutherie.

Cantoria (tribune). Espèce de galerie stable, ou momentanément élevée dans les églises pour les artistes qui exécutent la musique vocale ou instrumentale.

Caprice. Sorte de pièce de musique, libre, fantasque ou bizarre, dans laquelle l'auteur, sans s'assujétir à aucun sujet, donne carrière à son génie, et se livre à tout le feu de la composition. Les caprices de Locatelli ont joui d'une grande célébrité.

CARACTÈRE. Pour qu'une musique ait du caractère, il ne suffit pas qu'elle exprime les paroles auxquelles elle est appliquée, ni même la situation dramatique, car une symphonie exécutée dans un concert et dénuée de paroles, peut aussi avoir cette qualité ; il faut que cette expression ait quelque chose de particulier qui saisisse l'oreille et l'âme de l'auditeur. Le caractère est donc une certaine originalité qui se sent tout de suite, qui distingue un morceau de la foule, qui l'élève au-dessus de beaucoup d'autres, peut-être mieux faits, plus remplis de mérite, mais auxquels manque cette originalité qui sauve les œuvres d'art de l'oubli.

CARACTÈRES. Indépendamment des qualités qui appartiennent au style considéré comme art d'écrire, il en est d'autres qui, tenant de plus près l'expression, donnent à la composition une teinte générale et servent encore à déterminer les styles ; c'est ce qu'on nomme *caractères*.

De ces caractères les uns sont généraux, étant relatifs 1° à nos affections ; 2° au degré dans lequel nous les ressentons ; 3° au ton sur lequel nous les exprimons. Le premier donne le caractère gai ou triste ; le second la vivacité ou la douceur ; le troisième la sublimité ou la simplicité. Chacun de ces trois états a un caractère moyen : en les combinant, on aura un grand nombre de caractères mixtes, dont voici les principaux ;

1° Le caractère ou style tragique, qui réunit la tristesse à la force et à la sublimité ; 2° le bouffon, qui joint la gaieté à la vivacité ; 3° enfin le *demi-caractère*, qui réunit les situations moyennes.

Les autres caractères sont particuliers ; ils se rapportent à diverses circonstances, telles que les habitudes d'un peuple ou d'une classe d'hommes ; ainsi on a le style religieux, le style militaire, le style pastoral.

CARACTÈRES DE MUSIQUE. Ce sont les divers signes qu'on emploie pour représenter tous les sons de la mélodie et toutes les valeurs des temps et de la mesure, en sorte qu'à l'aide de ces caractères on peut lire et exécuter la musique exactement comme elle a été composée : cette manière d'écrire s'appelle noter. (Voyez NOTES).

CARILLON. Les grands carillons ne peuvent être placés que dans les clochers. Presque toutes les églises de Hollande en ont ; ceux d'Amsterdam sont les plus fameux.

L'église paroissiale de Berlin en possède aussi un, et celui de la *Samaritaine*, à Paris, était mis en jeu par des cylindres qui marchaient au moyen de roues hydrauliques.

CARILLON. Réunion de cloches accordées de manière à former une échelle chromatique.

Le premier carillon fut exécuté à Alost, en Flandre, en 1487.

CARNÉES. Nom de certaines fêtes des Spartiates, qui duraient neuf jours, pendant lesquels avaient lieu des concours publics de musique.

CARNIX. C'est le nom d'une trompette en usage chez les anciens Grecs ; elle avait un son aigu et très doux.

CARTA DI MUSICA, PAPIER RÉGLÉ. On appelle ainsi le papier préparé avec les portées toutes tracées pour y noter la musique.

CARTELLO (Théâtres di). On désigne ainsi en Italie les théâtres de premier ordre, tel que *la Scala* de Milan, *San Carlo* de Naples, *la Pergola* de Florence, *la Fénice* de Venise, *Regio* de Turin, *Apollo* de Rome, *Carlo Alberto* de Gênes, etc , etc. Il y a aussi dans de très-petites ville, à l'occasion des foires, des saisons de théâtres *di cartello*. La saison *di Fiera* de Bergame, est une des plus renommées. Les artistes *di cartello* sont, en général, les plus célèbres, et par conséquent les mieux payés.

CARTILLES. Grandes feuilles de peau ou de toile, préparées et vernies, sur lesquelles on marque des portées pour pouvoir y noter tout ce qu'on veut en composant, et l'effacer ensuite avec une éponge.

CASINO. Mot italien. Se dit d'un lieu où l'on se rassemble pour se livrer au plaisir de la musique, de la danse et du jeu.

CASSI-FLUTE. Instrument du genre de l'orgue, inventé à Paris en 1857 par Cassi-Méloni.

CASTAGNETTES. Instrument de percussion composé de deux petites pièces de bois concaves faites en forme de noix. On fait résonner ces concavités en les appliquant l'une contre l'autre. On tient une castagnette en deux pièces de chaque main, en passant les doigts dans les cordons qui les réunissent. Cet instrument est fort en usage chez les Espagnols, qui s'en servent pour marquer la mesure en dansant le *fandango*, le *bolero* la *seguidilla*.

CASTORIUM MELOS. Certain air guerrier qui faisait allusion aux exploits de Castor et Pollux et qui imitait leurs batailles.

CASTRAT. Chanteur de soprano ou de contralto qu'on a privé dès son enfance des organes de la génération pour lui conserver une voie aiguë, comme celle d'un enfant. Les voix de castrats, dans la musique sacrée, produisaient un effet si merveilleux, qu'on ne tarda pas à les employer dans les théâtres lyriques. Peu à peu le nombre des castrats devint très considérable, et les plus célèbres d'entre eux firent d'immenses fortunes. Cet exemple poussa à la spéculation, et il se trouva des parents dénaturés qui cherchèrent à s'enrichir par ce moyen odieux. Aujourd'hui cet usage barbare a complétement disparu.

Les castrats les plus célèbres des temps passés sont Farinelli, élève de Porpora, au dix-huitième siècle, le plus admirable chanteur qu'on ait jamais entendu : Bernacchi, qui s'est fait à la même époque, une grande réputation comme chanteur et comme professeur ; Pasi, Minelli, Conti, surnommé Giziello, du nom de son maître Gizzy ; Paul Nicollini et une foule d'autres. Napoléon possédait à sa cour le fameux sopraniste Crescentini, une des dernières et des plus brillantes étoiles de cette pléiade de grands chanteurs.

CATABASIS. Ce mot, chez les anciens Grecs, signifiait une progression de son descendante.

CATACHOREUSIS. Cinquième et dernière partie du nome pythien exécuté par les concurrents dans les jeux pythiques.

CATACHRÈSE. Les musiciens pythagoriens expliquaient, au moyen de la catachrèse, une suite de sixtes entre trois parties, c'est-à-dire d'accords de sixtes.

CATACOUSTIQUE. Science des échos ou sons réfléchis, d'où dépend celle des salles de spectacle.

CATAPHONIQUE. Science des sons réfléchis, qu'on appelle aussi catacoustique.

CATAPLÉON. Nom d'une certaine danse pyrrhique des Grecs.

CATCH. Nom anglais d'une certaine espèce de petits canons ou fugues, que l'on chante dans les sociétés, comme simple divertissement.

CATENA, BARRE. Petite lame de bois que l'on colle au

dedans des instruments à archet dans la longueur de la table d'harmonie.

CAVARRE IL SUONO, TIRER DU SON. Manière de faire sortir le son de quelque instrument : de là les différentes qualités ou modifications du son. On dit : *tirer des sons doux et âpres*.

CAVATINE. Sorte d'air, pour l'ordinaire assez court, qui n'a ni reprise ni seconde partie, et qui se trouve souvent dans des récitatifs obligés. Ce changement subit du récitatif au chant mesuré, et le retour inattendu du chant mesuré au récitatif, produisent un effet admirable dans les grandes expressions.

CÉCILE (STE.) Romaine qui souffrit le martyre en Sicile, sous l'empereur Marc Aurèle. Les musiciens l'ont prise pour patronne parce que en chantant les louanges de Dieu elle s'accompagnait souvent avec un instrument.

CÉLESTE (musique). Se dit de certains registres d'orgue qui produisent des sons doux et voilés. — On dit également *jeux célestes, pédales célestes*.

CÉLESTINO. Sorte de clavecin à archet inventé en Allemagne par le mécanicien Walker, en 1784.

CEMBALO. (Voyez CLAVECIN).

CENTRE PHONIQUE. On nomme ainsi le lieu où se tient celui qui parle dans un écho et *centre phonocamptique* l'endroit qui renvoie le son.

CENTON, en italien *centone*. On appelle ainsi un oratorio, un opéra composé d'airs de plusieurs maîtres. On lui donne aussi le nom de *pasticcio*, pastiche, composition dans laquelle il entre des morceaux de divers auteurs. Ce mot dérive du grec *centon*, habit de plusieurs morceaux.

On nomme également *Centon* des fragments de traits recueillis et arrangés pour la mélodie qu'on a en vue.

CERATAULE. Musicien qui sonnait une espèce de trompe faite avec une corne d'animal.

CERCEAU. Sorte d'instrument de musique en bronze dont les Grecs et les Romains faisaient usage dans leurs jeux, en l'agitant en l'air et en le frappant avec une baguette de fer.

CERVELAS. Diminutif de basson. Son nom indique la forme de cet instrument qui n'avait ordinairement que cinq pouces de long.

CHACONE. Air de danse très-étendu, qui servait de finale à un ballet ou à un opéra. *La chacone* n'est plus en usage sur aucun théâtre. Elle s'écrivait à deux ou à trois temps et quelquefois à quatre.

Chahut. Nom d'une danse indécente usitée dans certains bals publics.

Chalumeau. Instrument à vent fort ancien, et le premier peut-être qui ait été inventé. Cet instrument pastoral n'était dans l'origine qu'un roseau percé de plusieurs trous. Le chalumeau moderne était une espèce de petit hautbois, que l'on a abandonné à cause de la mauvaise qualité de ses sons. L'embouchure se composait d'un morceau de roseau taillé d'une seule pièce ou divisé en deux parties ou languettes très-minces et très-rapprochées. Le tube inférieur s'élargissait en forme de pavillon.

Changuion. Instrument à anches libres, sorte de phylharmonica inventé à Paris en 1846.

Chanson (la). L'homme ému d'un sentiment gai, tendre, ardent ou belliqueux qui prolonge ses accents, les module et varie les tons de sa voix en mêlant des paroles à cette expression naturelle, fait une chanson. Le guerrier scalde, qui s'écriait sur le champ de bataille : « corbeaux, voici votre pâture ; nos ennemis sont morts, remerciez-moi ; venez, voici votre pâture, » et qui accompagnait ces mots d'inflexions diverses, faisait une chanson militaire.

Cette origine est commune à toutes les espèces de chansons. Les règles sont nées ensuite du nombre même des exemples, et ont été soumises à cette manière d'exprimer son émotion par une alliance intime du chant et du langage.

Nous ne nous arrêtons pas, ainsi que l'a fait Rousseau, sur l'origine plus ou moins ancienne de ce petit poème, et nous avons de bonnes raisons pour nous en tenir à l'opinion d'Aristote, qui prétend que les *lois* elles-mêmes étaient des chansons. Chez les Grecs, les unes et les autres empruntaient le secours de la mélodie.

La chanson, parmi nous, est un petit poème marqué d'un rhythme populaire et facile ; passant de bouche en bouche, et rapide comme la renommée, il devient l'expression de tout un peuple, qui répète ses refrains joyeux ou passionnés. Comme la chanson se prête à tous les sentiments, elle emprunte aussi tous les tons ;

gaie, tendre, satirique, philosophique, jamais fée n'eut dans ses mains un prisme plus variable : la seule teinte qu'elle rejette est celle du pédantisme.

Si nous cherchons à établir une espèce d'ordre dans un sujet qui en comporte si peu, nous trouvons d'abord la chanson religieuse, la chanson politique et patriotique, la chanson guerrière, la chanson philosophique, la chanson satirique ou vaudeville, dans laquelle les Français ont surtout excellé ; la chanson grivoise, qui est l'abus et l'excès de ce dernier genre ; enfin la chanson burlesque, ou parodie, qui tient de la chanson grivoise et de la chanson satirique. Au reste, il est inutile de dire que tous ces genres rentrent souvent l'un dans l'autre, et qu'il est par conséquent impossible d'en déterminer exactement les limites.

De la chanson religieuse. De tout temps l'exaltation religieuse a produit des chants, et les hymnes se sont élevés vers le ciel avec la fumée des anciens sacrifices. Sans parler des hymnes d'Orphée, des *pœans* ou cantiques sacrés des Grecs, de ceux des adorateurs du soleil, dont on retrouve quelques vestiges dans les fragments du Zendavesta, sans nous occuper de ces chants hébraïques connus sous le nom de *psaumes*, passons à cet usage populaire des chants inspirés par la religion chrétienne.

Ces chansons, appelées cantiques ou *noëls*, sont curieuses comme monuments de l'esprit humain. La plus connue, comme la plus burlesque de nos chansons religieuses, est celle que le peuple adressait à l'âne, que l'on fêtait jadis comme l'animal choisi par Dieu même pour porter son fils à Jérusalem.

Plus tard, la malignité satirique s'emparant du rhythme des anciens cantiques, transforma en épigrammes licencieuses les naïvetés des vieux noëls.

La *chanson politique* ou *patriotique*. L'antiquité nous a laissé quelque chefs-d'œuvre dans ce genre. Le plus célèbre, c'est le chant d'Harmonius et Aristogiton ;

« Mon épée est entourée de myrte ; elle me rappelle le souvenir de nos frères qui ont rétabli l'égalité des lois. Harmodius et Aristogiton frappèrent d'un glaive orné de ces feuilles verdoyantes le tyran qui opprimait la République. Mon épée, sois entourée de myrte ; je te consacre à leur mémoire.

« Ombres saintes, vous n'avez pas cessé de vivre invisibles ; vous présidez encore à nos destinées. Vous êtes au milieu de nous, et vous souriez à vos amis, alors qu'en votre honneur ils couronnent leur coupe et leur glaive de myrte vert.

« Mon épée, sois entourée de myrte, et rappelle-moi sans cesse le souvenir des deux frères immortels qui, dans Athènes, ont rétabli l'égalité des lois. »

Cette sensibilité vive, qui faisait dire à Duclos que les Français étaient les *enfants de l'Europe*, s'est de tout temps exhalée en chansons. On chantait quand les Anglais démembraient le royaume ; on chantait pendant la guerre civile des Armagnacs; on chantait pendant la Ligue, pendant la Fronde, sous la Régence, et c'est au bruit des chansons de Rivarol et de Champcenetz que la monarchie s'est écroulée à la fin du dix-huitième siècle.

Cette révolution de 89, qu'avait prédite en chansons le chevalier Delisle, en 1784, embrâsa tous les cœurs de l'amour de la liberté, et des chants vraiment nationaux la célébrèrent : mais bientôt la plus belle des passions s'exalta jusqu'à la frénésie, et les fureurs populaires déshonorèrent une cause si belle : des refrains de sauvages poussèrent au pillage et au meurtre une population en délire.

La République périt au milieu de ses triomphes et de ses succès. L'ascendant d'un seul homme remplaça l'énergie de la nation, et la servitude glorieuse qu'il imposa au peuple français fit succéder des chants de victoire aux hymnes de la liberté.

La muse patriotique se réveille au bruit de la chute du conquérant. Un poète, doué de la grâce et de la finesse d'Horace, d'un esprit à la fois philosophique et satirique, d'une âme vive et tendre, d'un caractère qui sympathisait avec toutes les gloires de la patrie, Béranger, la lyre en main, s'assied sur le tombeau des braves. Par un talent qu'il a seul possédé, il a su rassembler, dans des poèmes lyriques de la plus petite proportion, la grâce antique et la saillie moderne, la pensée philosophique et le trait de l'épigramme, la gaieté le plus vive et la sensibilité la plus profonde ; en un mot tout ce que l'art a de plus raffiné et la nature de plus aimable.

Chanson guerrière. Il y a, dit Montaigne, une harmonie courageuse qui échauffe en même temps le cœur et les oreilles. Les chansons militaires ont partout animé les hommes au combat, et les vers de Tyrtée, répétés par les Athéniens au son des lyres, ne contribuèrent pas moins à la bataille de Marathon, que la valeur et les talents de Miltiade.

Au moyen âge, quelques trouvères, et notamment le célèbre Bertrand de Born, qui florissait au xiiº siècle, nous ont laissé des chants guerriers pleins d'entraînement et d'enthousiasme. Tout le monde sait l'influence électrique qu'exerça sous la République l'hymne marseillais. A ces accents belliqueux des millions de combattants jaillirent tout à coup sur le sol français, et leurs phalanges victorieuses repoussèrent l'Europe coalisée contre nous.

Chanson philosophique. Quelques-unes des plus belles odes d'Horace ne sont évidemment que des chansons, et bien avant lui, les Grecs qui mêlaient à tout des idées de liberté et de philosophie, animaient leurs repas par des chansons de ce genre. Athénée en rapporte plusieurs. Aristote, après la mort de son ami Hermias, a composé sur ce sujet la plus belle chanson philosophique qui nous soit parvenue. Cette espèce de chanson a dû prendre parmi nous une teinte moins sévère ; elle se confond le plus souvent avec le genre érotique. Panard, Béranger, Pierre Dupont et Nadaud offrent de beaux modèles de la chanson philosophique.

Chanson satirique ou *vaudeville.* De tout temps, les poëtes français ont excellé dans ce genre éminemment national. Sous le rapport de l'étendue, le vaudeville est le poëme épique du genre : comme il ne prescrit point de marche régulière, et qu'il va lançant au hasard l'épigramme et la saillie, il ne s'arrête que lorsque l'auteur a épuisé sa verve satirique.

Panard est le roi de l'ancien vaudeville ; il y atteint parfois à la naïveté de La Fontaine et à la gaieté de Piron. Aucun chansonnier avant lui n'avait su rendre la morale plus gaiement populaire. Collé, Jean Monet, Favart, Désaugiers, ont laissé quelques vaudevilles qui méritent de trouver place dans les recueils, mais qui ne leur assignent dans ce genre qu'un rang très-inférieur à Panard et à plusieurs de nos contemporains, notamment Scribe, Théaulon, Bayard, Duvert, Mélesville.

Chanson bachique. Les premières chansons de table furent répétées en chœur, et l'on avait soin de n'y introduire que les louanges des dieux. Mais la chanson de table quitta bientôt ce ton sévère ; on célébra le pouvoir du vin et de l'amour. Chacun des chanteurs prit pour sceptre une branche de myrte qu'il passait à son voisin, après avoir achevé sa chanson et vidé son verre. Quand le voisin ne savait pas chanter, il se contentait de garder la branche entre ses mains, tandis qu'un autre chantait pour lui. De là cette expression populaire : *Chanter au myrte.*

Anacréon n'a guère fait que des chansons de table. La meilleure est celle où il fonda sur la certitude de la mort la nécessité de boire. Il y a de la grâce et de l'abandon dans les raisonnements qu'il oppose à la Parque fatale. Tous les chansonniers, depuis, ont adopté sa logique.

Les chansons bachiques d'Horace ont plus de charme, plus de philosophie. Les guirlandes enlacées par une jeune esclave, le doux murmure des baisers timides, le Falerne pétillant dans l'amphore, la brièveté de nos jours, la folie de l'ambition qui tourmente une vie si courte et la nécessité d'en jouir, la combinaison de ces idées riantes et mélancoliques, animent les chansons d'Horace. C'est de lui que Montaigne a dit : *il berce la sagesse sur le giron de la volupté.*

Nos chansons de table ont été longtemps des orgies grossières ; celles de Maître-Adam ne manquaient pas de verve. Chaulieu et Lafare donnèrent à ce genre de chanson une forme de bonne compagnie. Les *faridondaines*, les *tourlouribo*, régnèrent jusqu'au siècle de Louis XV. Dufrény, Panard et Collé peuvent être regardés comme les restaurateurs de la chanson bachique, où ils ont été surpassés de nos jours par Désaugiers et Béranger.

Chanson érotique. Dans l'ordre naturel, cette espèce de chanson doit avoir précédé toutes les autres. Quoi qu'en disent Hobbes et Machiavel, les hommes ont fait l'amour avant de faire la guerre. Bornons-nous à rappeler ici que plusieurs odes de Catulle et d'Horace sont les premiers modèles de la chanson érotique, et qu'elles seraient encore sans rivales, si de nos jours Béranger en France, et Thomas Moore en Angleterre, n'eussent porté ce genre au plus haut degré de perfection. Quelques chansons érotiques de Boufflers, de Ségur, de Parny et de Longchamps, peuvent être mises au nombre des chefs-d'œuvre du genre érotique.

CHANSONNETTE. C'est ainsi qu'on appelle aujourd'hui

une petite poésie lyrique qui n'a rien de recherché ni dans le sujet, ni dans l'exécution.

Chant. Sorte de modification de la voix humaine, par laquelle on forme des sons variés et appréciables ; observons que pour donner à cette définition toute l'universalité qu'elle peut avoir, il ne faut pas seulement entendre par sons appréciables ceux qu'on peut désigner par les notes de notre musique et rendre par les touches de notre clavier, mais tous ceux dont on peut trouver ou sentir l'unisson, et calculer les intervalles, de quelque manière que ce soit.

Chant, appliqué, plus particulièrement à notre musique, en est la partie mélodieuse, celle qui résulte de la durée et de la succession des sons, celle d'où dépend en grande partie l'expression, et à laquelle tout le reste est subordonné. Les chants agréables frappent d'abord, ils se gravent facilement dans la mémoire ; mais ils sont souvent l'écueil des compositeurs, parce qu'il ne faut que du savoir pour entasser des accords, et qu'il faut du talent pour imaginer des chants gracieux ; inventer des chants nouveaux appartient à l'homme de génie, trouver de beaux chants appartient à l'homme de goût.

Dans le sens le plus resserré, chant se dit seulement de la musique vocale, et dans celle qui est mêlée de symphonie on appelle parties de chant celles qui sont exécutées par les voix.

Chant (l'art du) a pour objet l'exécution de la musique vocale.

La voix, dans son principe absolu, doit être considérée comme un moyen naturel d'exprimer nos sentiments. Appliquée au chant, c'est une force expansive, qui nous porte à produire au dehors nos sensations agréables ou désagréables, surtout quand nous sommes sous l'influence d'une émotion puissante. Il semble que la nature ait établi entre le cœur et l'âme une liaison merveilleuse, tant l'effet d'un air a sur nous de spontanéité. Aussi peut-on dire que la source du chant est en nous, et que la voix nous a été donnée pour nous élever par des accents harmonieux à une nature supérieure. (Voyez l'article Voix.)

Chant alternatif. Manière de chanter les psaumes dans les premiers temps de l'Eglise, et qui est employée encore aujourd'hui.

Chant du carnaval. Chansons de carnaval qu'on

exécutait dans les anciennes mascarades de Florence. Il existe encore de ces chansons à trois voix composées par Henri Isaak.

CHANT DU CYGNE. Le cygne ne chante pas ; mais on croyait autrefois qu'il exhalait un chant suave lorsqu'il était sur le point de mourir. C'est par suite de cette tradition qu'on a appelé *Chant du cygne* le dernier ouvrage d'un artiste ou d'un compositeur, lorsque cet ouvrage est vraiment digne de son génie. Ainsi le *Requiem* de Mozart a été pour lui le chant du cygne.

CHANT DU LIGO. Chant populaire dans les environs de Riga en Russie, exécuté dans la campagne par un chœur de jeunes filles et de garçons, pendant le solstice d'été.

CHANT DUR. Nom ancien d'une mélodie qui modulait dans l'exacorde du *sol*.

CHANT ECCLÉSIASTIQUE. Comme nous l'avons déjà dit, les véritables fondateurs de la musique d'église furent saint Ambroise et saint Grégoire. Dans le siècle qui suivit le règne de ce dernier pontife, le pape Vitellien introduisit dans l'Eglise romaine le chant qu'on appelle *consonnance* ou *à plusieurs voix*. Il voulut que l'orgue, alors à peine connu en Italie, accompagnât les chanteurs.

Tout attestait, malgré la présence des barbares, que l'art musical, et spécialement le chant d'église, luttait avec avantage contre le génie de la destruction. L'école fondée à Rome par saint Grégoire était dans l'état le plus florissant, et le chant, ouvrage de ce pontife et la gloire de son règne, fut adopté par toutes les églises qui suivaient le rite latin.

En 754, Charlemagne demanda au Pape Etienne des chanteurs tirés de cette école pour enseigner la musique ecclésiastique dans toute la France. Plus tard, il pria le pape Adrien de lui envoyer les deux plus célèbres artistes que possédait Rome, Benoit et Théodore, dont l'un fut destiné pour la ville de Metz, et l'autre pour la ville de Soissons, chargés tous deux d'y fonder des écoles de musique.

Déjà saint Grégoire avait envoyé saint Augustin en Angleterre et saint Boniface en Allemagne. Plus tard, le pape Agathon l'avait imité ; mais leurs efforts, sans être infructueux, n'eurent point le succès de ceux d'Adrien, dont les envoyés propagèrent rapidement les principes de la musique d'église dans toutes les parties de la France.

Au IX⁰ siècle, les signes tracés au-dessus des lettres employées dans la musique écrite, furent inventés pour indiquer la manière de porter la voix dans le chant. Ces signes prirent le nom de neumes, et firent faire un pas immense à l'art.

Dans le siècle suivant, de nombreuses tentatives furent faites pour hâter le progrès du chant ecclésiastique et de la musique religieuse. La ville de Milan voit Rémi, abbé profondément versé dans cet art, et jouissant d'une grande faveur auprès de l'empereur Othon II, ne se servir de son crédit auprès de ce prince que pour répandre le chant ecclésiastique et le faire fleurir ; saint Robert, évêque de Chartres, s'efforce d'apporter des perfectionnements à la manière de chanter en France. Dunstan, évêque de Cantorbéry, introduit en Angleterre la méthode de chant à plusieurs voix, inventée par le pape Vitellien. Théodulphe, évêque d'Orléans, fut, sous Louis le Débonnaire, condamné à une prison perpétuelle ; il y composa le cantique *Gloria, laus et honor tibi, Christe Redemptor*, et le chanta le dimanche des Rameaux au moment où le prince passait processionnellement. Le chant inattendu d'une belle voix, une mélodie pure et simple, et surtout les saintes paroles du cantique émurent le cœur du monarque. Il pardonna à Théodulphe : ses fers furent brisés.

Malgré les tentatives que nous venons de mentionner, le chant ecclésiastique avait encore toutes les imperfections de l'enfance. Il était aride, monotone, et dénué également d'harmonie et de mélodie. Le besoin de règles plus sûres, plus positives, se faisait partout sentir. Il était nécessaire qu'un esprit supérieur vînt imprimer à la musique religieuse une impulsion féconde. Guido d'Arezzo parut.

Quand nous traiterons l'article *Histoire de la Musique*, nous donnerons une analyse détaillée du système de Guido. Bornons-nous à dire ici qu'il introduisit d'importantes modifications dans le chant d'église. Quelques écrivains font même à ce moine laborieux et célèbre l'honneur de l'invention du contre-point ou de l'art de composer à plusieurs voix.

Après Guido parurent plusieurs musiciens qui concoururent aussi à hâter les progrès du chant ecclésiastique. Un des plus célèbres fut Franco, qui appartenait à l'ordre de Saint-Benoit.

Malgré ces heureuses tentatives, on voit la musique religieuse perdre de nouveau sa noble simplicité au douzième siècle. Le mauvais goût l'envahit alors de toutes parts, et la pureté du chant grégorien fut altéré par des cantilènes chantées en langue barbare. L'harmonie fut pendant plus d'un siècle encore faible et languissante. Mais, au treizième siècle, une foule d'écrivains et d'auteurs didactiques lui impriment une vive impulsion. Walter Bington écrit, en Angleterre, l'ouvrage *de Speculatione musicæ*, renfermant un commentaire de la doctrine de Franco, et Marchetti, de Padoue, son *Lucidarium de Arte musicali*, qu'il dédia au roi de Naples, Robert, de la maison d'Aujou. Enfin Jean de Muris paraît, et grâce à ses découvertes ingénieuses, l'harmonie fait un pas immense.

Mais de tous les musiciens qui parurent à cette époque, Jean Tinctor est sans contredit celui qui, par ses ouvrages didactiques, exerça sur les progrès de l'art l'influence la plus féconde.

Vers la fin du douzième siècle, pendant le treizième et une partie du quatorzième, on imagina d'accoupler le chant ecclésiastique avec des mélodies de chansons profanes ou même obcènes. Dans les compositions de cette époque, la voix qui avait le chant principal, s'appelait *tenor* ou *teneur*; lorsqu'elle était accompagnée d'une seule voix, celle-ci s'appelait *discant*; lorsqu'elle l'était de deux voix, la voix supérieure s'appelait *triplum*, la voix intermédiaire *motectus*, et la voix inférieure conservait le nom et la fonction de *ténor*. Or, qu'arriva-t-il? sur un texte sacré qui rappelait la mort du Sauveur, on mettait pour accompagnement *Liesse prendrai* ; sur un autre texte, on mettait *en Espoir d'amour merci. — Je m'étais mis en voie. — Baise-moi, ma mie. — Las, bel amy, tu m'as toute arrosée*, et autres choses dévotieuses semblables. Jean XXII, le concile de Trente et l'exemple des grands maîtres de l'école romaine firent cesser enfin cette bizarre et stupide monstruosité.

Le seizième siècle se lève, et une ère nouvelle s'ouvre pour les beaux-arts. Au milieu de ce merveilleux épanouissement de facultés poétiques, la musique religieuse devait nécessairement subir une heureuse métamorphose, et il était naturel de penser qu'il s'élèverait un homme de génie pour compléter l'œuvre de ses devanciers. C'est à Palestrina qu'appartint cette glorieuse mission.

La mélodie, le style de Palestrina sont aussi parfaits que ses ouvrages sont nombreux, et de ses travaux immenses a jailli une multitude de chefs-d'œuvre; on doit le considérer comme le créateur de la musique d'église moderne perfectionnée. Ses productions sont des monuments de science déposés dans les principales chapelles de l'Europe. Grand harmoniste et mélodiste à la fois, il ouvrit à l'art une route nouvelle, et après plus de deux siècles, ses compositions sont encore entendues dans toutes les églises de la péninsule italienne avec le même enthousiasme que lorsqu'elles parurent.

Chant égal. Qui ne roule que sur deux tons et qui ne forme ainsi qu'un seul intervalle.

Chant en contre-point. Cette expression signifiait anciennement un chant avec imitation.

Chant figuré. C'est celui où l'on fait usage de notes d'une valeur mixte, par opposition au plain-chant qui est composé de notes principales et uniformes.

Chant grégorien. C'est à Saint-Grégoire, qui parut dans le sixième siècle, qu'il appartenait véritablement d'être le réformateur de la musique d'église. La première opération de ce saint, appelé aux honneurs de la tiare, fut de réduire à sept les quinze lettres du système qu'avait rajeuni Boèce, pour indiquer les diverses modulations de la musique. Il corrigea ensuite les chants d'église, en rejeta plusieurs, et en substitua de nouveaux.

Il fonda à Rome deux colléges ou écoles de chant, et leur affecta les revenus nécessaires pour que la musique fut enseignée à des enfants. C'est de cette époque que date la fondation de la chapelle appelée depuis pontificale, et le nom devenu classique de *Maître de chapelle*, qui est donné à celui qui en dirige la musique. Dès ce moment aussi le chant d'église prit le nom du pape qui venait de le régénérer, et se nomma *grégorien*. Il se transmit de pontife en pontife et d'église en église, et prit spécialement le nom de *plain-chant*, pour le distinguer du chant figuré.

Chant instrumental. On nomme ainsi en musique les parties de chant confiées aux instruments, pour laisser reposer le chanteur, remplir les intervalles destinées au jeu de la scène, ou varier le discours par des solos contrastes. Le *chant vocal*, (voir ce mot), exprime les passions, le *chant instrumental* est rservé à l'action.

Chant militaire russe. (Voyez Russie.)

Chant sur le livre. Plain-chant ou contre-point à quatre parties, que les musiciens composent et chantent impromptu sur une seule, savoir, le livre de chœur qui est au lutrin ; en sorte qu'excepté la partie notée, qu'on met ordinairement au ténor, les musiciens affectés au trois autres parties n'ont que celle-là pour guide, et composent chacun la leur en chantant.

Chantant. Epithète que l'on donne à certaines œuvres de musique, dans lesquelles l'auteur s'est attaché principalement aux effets de la mélodie. On dira cet air est chantant, cette sonate, ce quatuor sont chantants.

Chanter. C'est, dans l'acception la plus générale, former, avec la voix, des sons variés et appréciables (voyez Chant) ; mais c'est plus communément faire diverses inflexions de voix sonores, agréables à l'oreille, par des intervalles admis dans la musique et dans les règles de la composition.

On chante plus ou moins agréablement, selon qu'on a la voix plus ou moins agréable et sonore, l'oreille plus ou moins juste, l'organe plus ou moins flexible, le goût plus ou moins formé, et plus ou moins de pratique dans l'art du chant.

Tous les hommes chantent bien ou mal, et il n'y en a point qui, en donnant une suite d'inflexions différentes de la voix, ne chantent, parce que, quelque mauvais que soit l'organe, l'action qui en résulte alors est toujours un chant.

On chante sans articuler des mots, sans dessein formé, sans idée fixe, dans une distraction, pour dissiper l'ennui, pour adoucir les fatigues. C'est, de toutes les actions de l'homme, celle qui lui est la plus familière, et à laquelle une volonté déterminée a le moins de part.

Chanterelle La corde la plus aiguë du violon et d'autres instruments. Comme dans les instruments à cordes on est dans l'usage de placer les motifs du chant dans les hautes régions de leur diapason et que, pour cette raison, les solos de violon et de violoncelle s'exécutaient anciennement en grande partie sur la corde aiguë, on lui donne le nom de *chanterelle*, corde destinée au chant.

Chanteur. Celui qui exécute des compositions musicales au moyen de la voix. Il y a des chanteurs de *so-*

prano, de *mezzo soprano*, d'*alto*, de *contralto*, de *haute contre*, de *ténor*, de *baryton* et de *basse*. (Voyez l'article Voix.)

Chanteurs érotiques. (Voyez Minnesinger.)

Chanteurs provençaux. (Voyez Troubadours.)

Chanteuse. Ce mot est le féminin de chanteur, suivant l'Académie ; il devrait par conséquent avoir la même signification. Le vocabulaire musical la lui refuse. La musicienne ambulante, qui mêle sa voix au bruit discordant de l'orgue de Barbarie, est une *chanteuse*. Celle qui parvient à fixer dans sa tête les airs de Grétry et de Dalayrac, à force de les entendre râcler sur un aigre violon, est encore une chanteuse. Mais nous appelons cantatrices les personnes qui unissent à une belle voix la doctrine musicale et une connaissance parfaite de l'art du chant.

Chantre. Ecclésiastique ou séculier appointé dans les chapitres pour chanter le plain-chant aux offices religieux.

Chapeau chinois. Instrument en usage encore il y a peu d'années dans les musiques militaires. Il consistait en un disque ou chapeau de cuivre garni de clochettes et fixé au bout d'un manche qui servait à l'agiter en mesure.

Chapeau. Trait demi-circulaire dont on couvre deux ou plusieurs notes pour indiquer que le son doit être lié.

Chapelle. On entend par chapelle le lieu dans une église où l'on exécute la musique, ainsi que le corps même des musiciens qui exécutent cette musique, et par extension tous les musiciens qui sont gagés par un souverain, quand même il n'exécutent jamais de musique dans les églises.

François 1er fut le premier qui établit en France un corps de musique en dehors du service divin. Il divisa sa chapelle en deux parties dont l'une fut appelée *chapelle de musique*, composée de chanteurs et d'instrumentistes ; l'autre nommée *chapelle de plain-chant*, comprenant les chantres et les ecclésiastiques destinés à chanter les offices. Dans certains cas ces deux corps étaient réunis et prenaient alors le nom de la *grande chapelle*.

Quelques chapelles sont composées seulement de chanteurs et d'un ou de plusieurs organistes, comme celle de la cathédrale de Milan. D'autres sont formées par un ensemble complet de chanteurs et d'instrumentistes.

CHAPELLE (MAITRE DE). Celui qui est chargé de diriger le chant dans une église et de former les enfants de chœurs. Ce terme signifie également, en Italie, *un maître de musique*.

CHAPELLE PONTIFICALE. Dans le sens musical, cette expressisn indique, à Rome, les *chapelains chanteurs*, les *chanteurs apostoliques*, les *chanteurs pontificaux*. La fondation de la Chapelle pontificale remonte au règne de saint Grégoire le Grand.

CHARGE. Air militaire des trompettes, des fifres et des tambours, qu'on exécute quand l'armée est prête à charger l'ennemi. On dit sonner la charge pour les trompettes, battre la charge pour les tambours. Le mouvement de la charge est à deux temps, très-vite. Les tambours en marquent le rhythme, en frappant sur chaque temps, et en roulant ensuite pendant quelques mesures.

CHARGÉ. Se dit d'une production d'art dans laquelle on prodigue plus de moyens d'expression ou plus de beautés accessoires qu'il n'en faut.

CHARIVARI. Bruit tumultueux, musique bruyante, discordante, dans laquelle on ne fait entendre nulle mélodie.

CHASSE. On donne ce nom à certains airs, à certaines fanfares de cors ou d'autres instruments, dont la mesure, le rhtyhme, le mouvement, rappellent les airs que ces mêmes cors donnent à la chasse.

On appelle aussi *chasse* une symphonie, une ouverture dont les divers motifs sont des airs de chasse, et dont les effets tendent à imiter l'action d'une chasse : telle est l'ouverture du *Jeune Henri*. On donne aussi le caractère et le mouvement d'une chasse à un chœur, à un air. Les opéras de *Didon*, des *Bardes*, l'oratorio des *Saisons* en fournissent la preuve. Le *Freyschutz* de Weber est rempli de chasses admirables. — Le chœur des *gardes-chasse* dans le *Songe d'une Nuit d'Été*, d'Ambroise Thomas, est encore un modèle de ce genre de musique.

CHAUDRON. Calotte de cuivre sur laquelle se trouve tendue la peau des tymballes.

CHEF D'ATTAQUE. Musicien chargé de conduire tous les chanteurs qui, dans un chœur, disent la même partie.

CHEF DE MUSIQUE. Se dit de celui qui se trouve à la tête d'un corps de musique militaire.

CHENG. Instrument à vent en usage chez les chinois qui a fourni le premier emploi connu de l'anche libre.

CHEVALET. Pièce de bois posé d'aplomb sur la table

des instruments, pour en soutenir les cordes et leur donner plus de son en les tenant relevées en l'air.

CHEVALET. (Près du). Ce mot placé sous un trait de violon ou d'un autre instrument à archet, signifie qu'il faut exécuter le trait en attaquant les cordes près du chevalet, ce qui donne un son grêle et un peu rauque. (Voyez PONTICELLE.)

CHEVILLE. Dans les instruments à cordes on appelle chevilles les petites pièces de fer ou de bois sur lesquelles on roule des cordes, et qui servent ainsi à leur donner plus ou moins de tension pour les accorder.

CHEVRETTES. Nom donné anciennement à une espèce de cornemuse, dont le son était aigre.

CHEVROTER. C'est battre d'une manière inégale les deux notes d'un trille, ou même n'en battre rapidement qu'une seule, ce qui imite à peu près le bêlement des chèvres.

CHICA. Espèce de danse de nègres ayant beaucoup d'analogie avec le fandango des espagnols.

CHIFFONIE. Ainsi se nommait une espèce de lyre ancienne qui n'était en usage que chez les mendiants.

CHIFFRES. Caractères qu'on place au-dessous des notes de la basse pour indiquer les accords qu'elles doivent porter. Quoique parmi ces caractères, il y en ait plusieurs qui ne sont pas des chiffres, on leur a généralement donné ce nom, parce que c'est l'espèce de signes qui s'y présente le plus fréquemment.

Le chiffre qui indique chaque accord est ordinairement celui de l'accord. Ainsi l'accord de seconde se chiffre 2, celui de septième 7, celui de sixte 6, etc. C'est Ludovico Viadana, qui, le premier, a représenté les accords par des chiffres. Cet auteur vivait dans le XVIe siècle.

Les chiffres ont été employés par le P. Souhaity et J.-J. Rousseau pour désigner les notes de la gamme. Ce moyen a été repris par Gallin, et puis ensuite par MM. Paris et Chevé. (Voir NOTATION.)

CHINOIS (système musical des). Les historiens de la Chine conviennent unanimement que le principe fondamental sur lequel s'est élevé leur empire a été celui de la musique. Punkou, l'un des plus célèbres d'entre eux, déclare formellement que la doctrine des Kings, livre sacré de la nation, repose toute entière sur cette science, et est représentée dans ces livres comme l'expression et l'image de l'union de la terre avec le ciel. Ceux que les Chinois regardent comme les auteurs de leur système musical, sont Ling-Lun-Kouei et Pin-Mou-Kia. L'époque où parut Ling-Lun ne saurait être exactement fixée. Le *Yo King*, celui des livres sacrés qui contenait les lois sur la musique, ne nous est point parvenu ; on croit que tous les exemplaires furent livrées aux flammes. Les fragments, qui s'étaient conservés dans la mémoire, furent soigneusement recueillis, et plusieurs savants mirent leur gloire à les rétablir, et firent de grands efforts pour faire refleurir l'ancienne musique ; mais les troubles et les guerres qui survinrent ne leur permirent pas d'achever leur ouvrage, et jetèrent tout dans un nouveau désordre : ce ne fut que très-longtemps après qu'un prince nommé Tsaï, enthousiasmé pour l'art musical, entreprit de lui rendre son lustre antique. Il s'entoura, pour arriver à ce but, de tout ce qu'il y avait parmi les Chinois, d'hommes savants dans la musique théorique et pratique, et fouilla dans tous les monuments nationaux dont son rang lui facilitait l'accès. Le résultat de son travail fut un système musical complet, considéré comme sacré dès l'antiquité la plus reculée.

Le principe appelé koung c'est-à-dire foyer lumineux, centre où tout aboutit et d'où tout émane, répond au son que nous appelons *fa*. C'est du koung fondamental ou du principe *fa* que tout reçoit chez les Chinois, tant dans le moral que dans le physique, son nombre, sa mesure et son poids. C'est à cet unique principe que tout se rapporte, et c'est en étudiant ce principe qu'on peut apprécier jusqu'à la position exacte que ces peuples donnaient à leurs chants sur le diapason musical. Ce n'est pas moins merveilleux peut-être et ce qui résulte pourtant d'une telle institution, c'est que, grâce à ce même principe *fa*, reconnu comme sacré, et dont la forme est invariablement fixée, le peuple a eu les mêmes poids, les mêmes mesures, et a fait usage des mêmes intonations dans les mêmes traits de chant.

Maintenant que nous connaissons le principe sur lequel est fondé le système musical de Ling-Lun chez les Chinois, et la manière dont ils l'établissent, voyons sous quels rapports cet homme célèbre en concevait les développements, et comment il en faisait découler les sons diatoniques et chromatiques qu'il mettait dans son système.

Ling-Lun ayant pris la corde fondamentale *fa* comme le son générateur de tous les autres sons et l'ayant fait vivement retentir, soit sur la pierre sonore du yuking, soit sur le bronze harmonieux du lienchtoung, il saisit dans le retentissement de ces corps plusieurs sons analogues au son générateur, parmi lesquels il reconnut que l'octave ou la musique à l'aigu de ce même son, et sa double quinte ou sa douzième, étaient les premiers et les plus permanents; en sorte qu'il fut conduit à penser que le développement des corps sonores, en général, avait lieu par une marche combinée qui lui faisait suivre à la fois une progression double et triple, double comme de 1 à 2 ou de 4 à 8 pour produire son octave, et triple comme de 1 à 3 et de 4 à 12 pour produire son douzième. Cette marche combinée, qui renfermait les facultés opposées du pair et de l'impair, lui convint d'autant plus qu'elle dispensait d'admettre un nouveau principe, et lui permettait en apparence de tout faire découler de l'unité. Nous disons en apparence, car en supposant possible cette marche hétérogène et simultanée de 1 à 2 et de 1 à 3, le système où elle régnera à l'exclusion de celle de 3 à 4 manquera toujours de chromatique descendant et d'enharmonique. Rameau, qui plus de huit mille ans après Ling-Lun a voulu en faire la base de son système musical, en partant de la même expérience, a été forcé d'avoir recours à un fade tempérament qui mutile tous les sons, et qui, vingt fois proposé en Chine, a vingt fois été rejeté; car les savants de la nation, quoique pénétrés depuis longtemps du vide de leur système, ont mieux aimé le conserver pur, quoique incomplet, que de le gâter dans une de ses parties pour suppléer à celle qui lui manque.

A l'époque où Ling-Lun posait son principe unique, poussé par l'esprit de schisme qui dominait sur lui, il ne pouvait pas trouver une théorie meilleure, et il faut convenir que, malgré ses défauts, elle présente encore de grandes beautés, et surtout annonce une grande perspicacité d'esprit dans son auteur.

Un des écrivains dont les ouvrages peuvent donner les meilleures indications sur la musique des Chinois, est le père Amyot.

CHIROGYMNASTE, ou Gymnase des doigts, à l'usage des pianistes, inventé par M. Casimir Martin, en 1840. Le chirogymnaste est un assemblage de neuf appareils gymnastiques destinés à donner de l'extension à la main et aux doigts, à augmenter et à égaliser leur force, et à rendre le quatrième et le cinquième indépendants de tous les autres.

CHITAROME. Nom que l'on donnait quelquefois au théorbe.

CHOEUR. C'est en musique, un morceau d'harmonie complète à quatre, huit, douze parties vocales ou plus, chanté à la fois par toutes les voix, et ordinairement accompagné par tout l'orchestre.

Les chœurs de l'Opéra se rangeaient autrefois sur deux files, et, formant un double espalier le long des coulisses, sans jamais prendre part aux jeux de la scène, ils se bornaient à crier à tue-tête : *Jurons, célébrons, chantons, détruisons, combattons*, de Rameau et de ses émules. Puisque l'Opéra, jouissait du beau privilége de faire parler la multitude, il ne devait pas la tenir dans un repos d'autant plus ridicule, que les personnages ne cessaient de dire : *Courons aux armes, ébranlons la terre, rien n'égale ma fureur*, etc., ce qui suppose l'agitation et le mouvement.

Le génie de Gluck, portant une salutaire réforme dans notre système musical, vint animer cette troupe immobile, et la fit participer à l'action scénique.

Les chœurs sont de diverses natures, selon le style auquel ils appartiennent, c'est-à-dire le style sévère, le style libre ou le style mixte, et leurs subdivisions. Outre cela, ils sont à divers nombres de parties : il y a des chœurs à l'unisson, à deux, à trois, à quatre, à cinq, et à un plus grand nombre de parties, formés des différents mélanges de voix.

Les combinaisons de voix pour les chœurs sont très-variées : elles dépendent entièrement du caprice et du bon goût. Haydn, Mozart et d'autres grands maîtres ont presque toujours écrit les chœurs pour *soprano, alto, ténor* et *basse*.

Cette combinaison est bonne; cependant elle est sujette à un inconvénient qui n'est point sans gravité. La partie d'*alto* ou de *contralto* ne ressort pas assez, surtout dans les chœurs à voix nombreuses, et la plupart des effets qui lui sont confiés sont anéantis

Les chœurs de femmes sont d'un effet ravissant dans les morceaux religieux et tendres.

Quelquefois on donne une partie de ténor pour basse

aux voix féminines : Weber l'a fait avec succès pour ses chœurs d'esprits, dans *Oberon*. Cette combinaison de voix produit un effet doux et calme.

Les chœurs d'hommes, au contraire, produisent les plus énergiques effets. Dans son terrible chœur des Scythes, au premier acte d'*Iphigénie en Tauride*, Gluck fait frissonner de terreur par le subit unisson des ténors et des basses, sur les mots : *les dieux nous amènent des victimes*.

On donne aussi le nom de chœur à la réunion des musiciens qui doivent chanter les chœurs. Chœur signifie encore la partie de l'église où l'on chante l'office divin, et qui est séparée de celle qu'on appelle la nef.

Chœur réel. C'est le nom que l'on donne à un chœur où l'union harmonique des quatre voix humaines est telle, que chacune d'elles a une mélodie qui lui est propre et qui est différente des autres.

Choral. En latin, *cantus choralis, a choro;* en italien, *canto fermo;* en espagnol, *canto llano*, signifie chant ecclésiastique, ou cette espèce de mélodie dont on fait usage dans les cérémonies du culte divin. Cette mélodie, d'un mouvement lent, est entièrement composée de notes d'une égale valeur sans aucun agrément.

On trouve chez les Hébreux des traces de chants sacrés populaires qui, sans doute, n'étaient que de simples mélodies. La raison d'ailleurs en est naturelle : en effet, si ces chants, dès leur origine, avaient été surchargés d'ornements artificiels, ils n'auraient pas pu être exécutés par un peuple nombreux, dont la plus grande partie, sans doute, ignorait tout élément de musique. Sous le règne de David et de Salomon, les chants sacrés prirent une forme plus parfaite, et leur usage se conserva jusqu'à la captivité de Babylone. Enos passe chez les Hébreux pour être l'inventeur du chant, parce qu'il chanta le premier les louanges du Seigneur. (Genèse, c. 4.)

Les anciens Grecs aimaient dans les hymnes que le peuple chantait dans les temples, la mélodie la plus simple.

Les premiers chrétiens chantèrent aussi des psaumes et des hymnes dans leurs cérémonies religieuses. Au quatrième siècle de l'ère chrétienne, saint Ambroise, archevêque de Milan, donna au plain-chant sa forme primitive, en se servant de quelques anciennes mélodies grecques.

Boèce fut le premier en France qui, au commencement du cinquième siècle, transféra la musique des Grecs, et surtout leur plain-chant en Italie. Plus tard, saint Grégoire-le-Grand, non-seulement introduisit le plain-chant dans l'église occidentale, mais il mit en ordre lui-même le recueil des antiennes, des hymnes et des psaumes; plaça certains caractères de musique sur les paroles, forma une école de plain-chant dont il a été le premier maître, et contribua puissamment de tous ses moyens à son perfectionnement. C'est en l'honneur de saint Grégoire que le plain-chant s'appelle encore Grégorien.

Luther fit beaucoup aussi, pour le plan-chant, à l'occasion de la réforme dans l'église. Les choraux de Luther sont justement célèbres.

Le mot choral peut s'appliquer aussi aux chœurs; ainsi on dit une *société chorale*.

Dans un sens plus restreint, ce mot désigne le chœur d'une chapelle, formé de la masse des chantres qui sont au chœur de l'église. On désigne aussi par là le faux-bourdon. (Voyez Faux-Bourdon.)

Chorége. Nom que l'on donnait chez les Grecs, aux directeurs de leurs théâtres.

Chorégraphie. Art d'écrire la danse à l'aide de certains signes. Tornot Arbeau, chanoine de Langres est le premier qui ait écrit sur la chorégraphie; Hairer publia un système de cet art et de nos jours Saint-Léon a publié un ouvrage spécial sur la chorégraphie.

Choriste. Homme ou femme qui ne chante que dans les chœurs.

Chorodie. Se disait de tout chant exécuté en chœur.

Chorus. Faire chorus, c'est répéter en chœur à l'unisson ce qui vient d'être chanté à une seule voix.

Chorus. Instrument formé d'une peau et de deux tuyaux dont l'un était l'embouchure et l'autre le pavillon; c'était comme on voit une espèce de cornemuse.

Chromatique. Genre de musique qui procède par plusieurs demi-tons consécutifs. Ce mot vient du grec *chroma*, qui signifie couleur, soit parce que les Grecs marquaient ce genre par des caractères rouges ou diversement colorés, soit, disent quelques auteurs, parce que le genre chromatique est moyen entre les deux autres, comme la couleur est moyenne entre le blanc et le noir.

On appelle une basse chromatique, une gamme chromatique, une marche d'harmonie qui procède par demi-tons dans le grave, une gamme qui s'élève ou descend par demi-tons.

Chrome. Ce mot vient du grec *chroma*, et signifie *couleur*. En italien, une croche se nomme *croma*, parce qu'on la figure avec une blanche colorée.

Chrononome. Appareil servant à lire la musique, imaginé en 1842 par Le Bihan.

Chula. (A). Danse portugaise qui ressemble au fandango. A défaut de castagnettes on bat la mesure avec les doigts.

Chut. Terme dont on se sert pour imposer silence.

Chute. Se fait lors qu'en descendant par intervalle de tierce, on touche en passant du second coup d'archet la note dont la situation est entre les deux qui font la tierce, la chute peut se faire également sur des notes du même dégré.

Chuter. Mot nouveau qui exprime qu'une pièce ou un artiste n'ont pas réussi.

Cimbalo. Ancien instrument à cordes, appelé aussi *protée* inventé, en 1650, par un Florentin nommé François Nigelli.

Circolo-Mezzo. Agrément de chant qui se rapproche du *grapello*.

Cistre. Instrument ancien qui tenait du luth et de la guitare, il avait un corps sonore plat, de forme ovale, sans courbure du luth, les cordes étaient en métal.

Cithare. Ancien instrument de musique dans lequel les antiquaires prétendent retrouver la *chelys* inventé par Mercure. C'était une espèce de guitare de forme ovale, diminuant vers la partie où était fixé le manche qui était droit et surmonté d'un chevillier recourbé au dedans et légèrement incliné de côté.

Citharède. Joueur de cithare qui se servait de cet instrument pour accompagner sa voix.

Citole. Nom donné jadis à une espèce d'instrument à corde.

Clair accord. Instrument à vent et à lames vibrantes, construit par Gavioli en 1855.

Clairon. C'est le même instrument que la trompette. Dans le style poétique, on appelle clairon tout instrument à embouchure propre à exciter l'ardeur belliqueuse des soldats. (Voyez Trompette.)

Il est principalement employé dans la musique militaire ; les exercices se font généralement aux appels du clairon.

Clairon métallique. Cet instrument imaginé en 1817 par Aste, dit Hallary, était une espèce de clarinette en cuivre, en tout point semblable aux clarinettes en bois.

Claque. Nom collectif indiquant une troupe ou réunion d'applaudisseurs salariés pour applaudir, quand même, les auteurs et les acteurs.

Claquebois. Instrument de percussion et à touches, composé de dix-sept bâtons qui vont diminuant de longueur et qui ont chacun un dégré diatonique ; on les fait résonner en frappant avec des baguettes.

Claquette. Instrument servant à imiter le claquement du fouet de poste.

Clarinette. Instrument de musique à vent, à bec et à anche. La clarinette a été inventée à Nuremberg, il y a environ cent ans : c'est de tous les instruments à vent celui dont l'invention est la plus récente ; aussi sa structure n'a-t-elle pas atteint toute la perfection que l'on remarque dans la flûte, le hautbois et le basson. Mais quoique cet instrument présente des défauts assez graves, les maîtres habiles ont toujours su les corriger, et les Lefèvre, les Gambaro, les Dacosta, les Klosé, les Cavallini, ont réuni la pureté du son à une exécution aussi rapide que brillante.

La clarinette est le fondement des orchestres militaires ; elle y tient le même rang que le violon dans la symphonie ou dans la musique dramatique. Plusieurs clarinettes en *ut* jouent le chant, tandis qu'un nombre égal forme le second dessus, et qu'une clarinette en *fa* porte l'octave de la mélodie ou exécute des passages en volubilités.

La clarinette a quatre registre : le grave, le chalumeau, le medium et l'aigu. Les sons graves ont surtout dans les tenues, un accent menaçant dont Weber a fait le plus heureux usage ; les sons du medium sont empreints de fierté et de tendresse. C'est la voix noble et poétique d'un héroïque amour. Si les masses d'instruments de cuivre, dit un célèbre critique, réveillent dans les grandes symphonies militaires, l'idée d'une troupe guerrière couvertes d'armures étincelantes, marchant à la gloire ou à la mort, les nombreux unissons de clarinettes semblent représenter les femmes aimées, les amantes à l'œil fier, à la passion profonde, que le bruit des armes exalte, qui chantent en combattant, qui couronnent les vainqueurs ou meurent avec les vaincus. Ce beau soprano instrumental si retentissant, si riche d'accents pénétrants quand on l'emploie par masses, gagne, dans le *solo*, en délicatesse, en nuances fugitives, en affectuosités mystérieuses, ce qu'il perd en force et en puissants éclats.

Weber a parfaitement saisi ces nuances et en a fait une application admirable dans le solo de clarinette qui se trouve au milieu de l'ouverture du *Fryschutz*. Cette voix rêveuse et pure de la clarinette, planant sur un tremolo d'instruments à cordes, peint avec une vérité sublime, l'amante du chasseur, qui, isolée au fond des bois solitaires, les mains et les yeux vers le ciel, mêle sa voix suppliante au bruit de la nature tourmentée par l'orage.

CLARINETTE-ALTO. C'est une clarinette en *fa* bas ou en *mi* bémol bas, qui est, par conséquence, à la quinte au-dessous des clarinettes en *ut* ou en *si* bémol.

C'est un très-bel instrument qu'on regrette de ne pas rencontrer dans tous les orchestres bien composés.

CLARINETTE-BASSE. C'est une clarinette encore plus grave que la clarinette-alto, et qui est à l'octave basse de la clarinette en *si* bémol. Il y en a une en *ut*, à l'octave basse de la clarinette en *ut*; mais celle en *si* bémol est beaucoup plus répandue.

La construction de cette clarinette basse et celle de la clarinette contrebasse fut modifiée entièrement par Ad. Sax en 1838. Cette nouvelle *clarinette basse* embrasse trois octaves et une sixte et la *clarinette contrebasse* descend jusqu'au dernier *sol* de la contrebasse à cordes.

Les notes basses de cet instrument sont les meilleures. M. Meyerbeer a fait exprimer à la clarinette basse un éloquent monologue dans le trio du cinquième acte des *Huguenots*.

Selon la manière dont il est écrit et le talent de l'exécutant, cet instrument peut emprunter au grave le timbre sauvage des notes basses de la clarinette ordinaire, ou l'accent calme, solennel et pontifical de certains registre de l'orgue. Il est donc d'une fréquente et belle application. Il donne d'ailleurs, si on en emploie quatre ou cinq à l'unisson, une sonorité onctueuse, excellente, aux basses des orchestres d'instruments à vent.

CLARONCEAU. Espèce de trompette d'un son mordant en usage avant le règne de Louis XIV.

Clavecin. Le clavecin est, en général, composé d'une caisse et d'une table d'harmonie sur laquelle les cordes se trouvent tendues. Les petites plaques collées sur les touches sont ordinairement d'os de bœuf pour les touches du genre diatonique, et d'ébène pour les touches chromatiques. La barre qui règle l'élévation des sautereaux, et par conséquent l'abaissement des touches, est une planche étroite et massive en bois de tilleul, dont le dessous est garni de deux ou trois lisses de drap, qui empêchent d'entendre le choc des sautereaux contre la barre.

Le son mâle, robuste, argentin et doux de toutes les cordes dépend de la bonté de la table, de la justesse du chevalet du diapason, et de la manière d'adapter les barres qui se trouvent collées contre la table d'harmonie.

Le squelette intérieur qui soutient tout le corps du clavecin est en bois de sapin ou en tilleul; les deux chevalets du diapason, ainsi que ceux placés auprès des leviers, sont presque toujours en bois de chêne, avec cette différence que le chevalet de l'octave est beaucoup plus bas et plus près des leviers que l'autre; le sommier, qui est l'endroit où les leviers sont adaptés, est en bois dur, tel que du chêne, de l'orme, etc., et il se trouve solidement fixé des deux côtés pour soutenir la tension des cordes; les registres et les guides intérieurs sont en bois de tilleul : les registres sont aussi garnis de peau pour empêcher le bruit des sautereaux, qui sont en poirier le plus lisse et le plus uni que l'on puisse trouver. Dans le clavecin, les cordes résonnent au moyen de petits becs de plume de corbeau placés dans les languettes des sautereaux. Aujourd'hni, cet instrument a cédé la place au piano. (Voir Piano.)

Clavecin Acoustique. (Inventé par Verbès à Paris, en 1795). — Ce clavecin pouvait imiter plusieurs instru- à cordes, à vent et à percussion.

Clavecin a archet. (Inventé par le même). — Cet instrument était monté de cordes de boyau qu'on faisait résonner au moyen d'un archet sans fin, garni de crin et mis en mouvement par une roue.

Clavecin a marteau. (Inventé par un facteur de Catane, en Sicile, en 1754.) — Dans cet instrument les sautereaux venaient marteler la corde avec tant de vivacité qu'ils lui faisaient rendre un son aussi fort, aussi brillant que celui que l'on obtenait précédemment de la plume.

Clavecin angélique. (Inventé par le même.) — Dans cet instrument les cordes au lieu d'être attaquées par des plumes de corbeau étaient ébranlées par de petits morceaux de cuir recouverts de velours.

Clavecin a orchestre. (Inventé par Blaha, à Prague, en 1780.) — Clavecin auquel était appliqué : 1° une mousqueterie, cymbales, triangles, sonnettes, tambourin ; 2° un registre de flûte avec son clavier ; 3° un tambour avec fifre, une machine servant à imiter la cornemuse et les castagnettes, etc., etc.

Clavecin a touches brisées. (Inventé par Bonis, en Toscane, en 1661.) — Instrument qui suivant le P. Mersenne pouvait s'accorder dans une justesse parfaite suivant les proportions mathématiques des intervalles.

Clavecin bonacordo. (Inventé par le même). — Clavecin sur lequel l'espace des octaves pouvaient s'adapter aux petits doigts des enfants.

Clavecin célestino. (Inventé par Walker, en Allemagne, en 1784). — Sorte de clavecin à archet. Un cordon de soie placé sous les cordes était mis en mouvement au moyen d'une roue, et de petites poulies mises au bout de chaque touche approchaient ce cordon des cordes et les faisaient vibrer.

Clavecin constant accord. (Inventé par J. Daniel Bertin, à Memel, en 1756).— On prétend qu'il ne changeait jamais de ton quelle que fût la température et l'air.

Clavecin d'amour. (Inventé par le même). — Instrument dont les cordes étaient de moitié plus longues que celles du clavecin ordinaire.

Clavecin diviseur. (Inventé par Pesaro, de Venise, en 1567.) — Cet instrument fut construit à la demande de *Zerlino ;* le ton se trouvait divisé en cinq parties par le nombre des touches du clavier.

Clavecin double. Cet instrument a la forme de deux clavecins rapprochés l'un de l'autre, et à chaque extrémité il existe un ou deux claviers au-dessus l'un de l'autre, de façon que deux personnes peuvent jouer en même temps.

Clavecin double résonnante. (Inventé par Frédérici, Mérona, en 1770.) — Cet instrument était muni d'un mécanisme à l'aide duquel ou obtenait d'une seule corde une double résonnance harmonique.

Clavecin électrique. (Inventé par La Borde J. B., en 1755). — C'était un carillon avec un clavier dont chaque touche correspondait à un timbre particulier. Le clavier faisait mouvoir les verges qui frappaient les timbres et les touches n'étaient mises en action que par une commotion électrique.

CLAVECIN HARMONIEUX. (Inventé par Gomel, en 1842). — Pouvant se déplacer pour jouer dans tous les tons avec le même clavier.

CLAVECIN HARMONIQUE. (Inventé par Verbès, à Paris, en 1798). — Clavecin imitant les instruments à vent et à percussion quoiqu'il n'eût ni tuyau, ni marteau, ni pédales.

CLAVECIN LUTH. (Inventé par Hildebrand, Saxon, en 1785.) — Instrument construit d'après les idées de J. Sébastien Bach.

CLAVECIN LUTH. (Inventé par Fleicher, à Hambourg, en 1715). — Clavecin monté d'un double rang de cordes en boyau.

CLAVECIN OCULAIRE et CLAVECIN A COULEURS. Le P. Louis-Bertrand Castel, inventeur de cet instrument, avait distribué entre les touches les couleurs d'après une certaine gradation, de manière que chaque touche, au moyen de la pression, produisait une couleur selon les principes qu'il avait établis.

CLAVECIN ORGANISÉ. (Inventé par Delitz, à Dantzig.) — Consistait dans un jeu de flûte ajouté au clavecin et en divers changements.

CLAVECIN PARFAIT ACCORD. (Inventé par Luzzasco Luzzaschi, à Ferrare, en 1557.) — Cet instrument avait un clavier dont les touches étaient disposées de façon à pouvoir exécuter de la musique dans les trois genres, diatonique, en harmonique et chromatique.

CLAVECIN PARFAIT ACCORD. (Inventé par Trasuntino de Venise, en 1606).— Construit pour le comte de Novellara. Il avait quatre octaves d'étendue et pouvait jouer dans les trois genres. Chaque octave était divisée en *trente-et-une touches*.

CLAVECIN PARFAIT ACCORD. (Inventée par Ger. Goermans, en 1781.) — Cet instrument possédait vingt-et-une touches par octave : c'est-à-dire sept pour les notes naturelles, sept pour les notes dièzées et sept pour les *notes bémolisées*.

CLAVECIN ROYAL. (Inventé par Wagner, à Dresde, en 1786.) — Ce n'était que l'adjonction d'un jeu de flûte au clavecin. Idée déjà mise en pratique par Delitz, mais améliorée.

CLAVECIN TRANSPOSITEUR. (Inventé à Catane, en 1750.) — Dans cet instrument plusieurs hausses ou chevalets mobiles mis en mouvement par une pédale donnaient le moyen de changer le ton de tout le diapason de l'instrument à la fois.

CLAVECIN VERTICAL. (Inventé par le même.) — Instrument dans lequel des baguettes à têtes recourbées et ajustées à la touche par une fourchette allaient frapper les cordes dans le sens de leur position sur la table d'harmonie.

CLAVECIN-VIELLE. (Inventé par Gerli; en 1789.) — Instrument en forme de clavecin dont les cordes étaient mises en vibration par des roues qui attaquaient les cordes.

CLAVECIN VIOLLE. (Inventé par Jean Heyden, en 1600.) — *Prætorius* donne la figure de cet instrument dont le mécanisme consistait en petits archets cylindriques mis en mouvement par une grande roue que faisait agir une pédale. Cette invention fut reprise en 1754 par *Hohfeld*.

CLAVECIN VIOLLE. (Inventé par Risch, à Weimar, en 1710). — Instrument monté de cordes de boyau mises en vibration par de petites roues enduites de colophane, mises en mouvement par une plus grande.

CLAVI-ACCORD. Appareil s'appliquant sur l'orgue nommé aussi *organiste de village* parce qu'il le supplée, il fut imaginé par *Lebeau d'Aubel* en 1857.

CLAVICITHERIUM. Cet instrument qui était à clavier était formé par une harpe renversée dont les cordes étaient de boyau. Il est parlé de cet instrument dans la *Musurgia* de Nactigall, ouvrage imprimé dans la première moitié du 16ᵉ siècle.

CLAVICOR. Instrument inauguré en 1838, par Danays pour remplacer l'*Ophicléide alto*. Armé de pistons il était sonore, doux et plus facile à jouer que l'Ophicléide.

CLAVI-CYLINDRE. Cet instrument imaginé par Chladni en 1793, était à touche et avait à peu près la forme d'un piano carré, le son était produit par un long cylindre de verre qui frottait au moyen d'une manivelle sur des touches aboutissant sur toute la longueur du cylindre.

CLAVI-CYMBALUM. Espèce de temponum ressemblant assez au *clavicorde*.

CLAVICORDE. Ancien instrument à corde de forme triangulaire, que l'on jouait comme l'épinette.

CLAVIER. Le clavier est l'assemblage de toutes les touches du piano, lesquelles représentent tous les sons qui peuvent être employés dans l'harmonie.

Les instruments à clavier sont l'orgue, le piano, la vielle ; les carillons ont aussi des claviers. Celui du piano a généralement six octaves et demie, qui commencent par l'*ut* placé au-dessous de l'extrême *mi* grave de la contrebasse à quatre cordes, et finisent à l'aigu au *fa* ou au *sol* qui se trouve immédiatement au-dessus du dernier *fa*. On fait maintenant des pianos de sept octaves et même de huit octaves.

On appelle aussi clavier la portée générale ou somme des sons de tout le système qui résulte de la position relative des sept clefs. Au Conservatoire de Paris, ce nom est donné à une classe de piano consacrée aux élèves chanteurs.

CLAVIER DE POCHE. (Inventé par Philcox, en 1856.) — Clavier pour faciliter le mouvement des doigts sur les instruments à touche.

CLAVIER GÉOMÉTRIQUE. (Inventé par Folly, en 1845.)

CLAVIER HARMONIQUE TRANSPOSITEUR. (Inventé par Masson, en 1846.) — Même genre que celui de Gomel, mais destiné à l'orgue.

CLAVIER MIL-ACCORDS. (Inventé par l'abbé Laroque, en 1844.) — Au moyen d'une ou deux touches on faisait résonner plusieurs languettes dans le même tuyau.

CLAVIER PNEUMATIQUE. (Inventé par Talon, en 1855.)

CLAVIER TRANSPOSITEUR A PISTON. (Inventé par Darche, en 1845.) — C'est une boîte renfermant deux rangées de pistons, les uns servant à exécuter les morceaux dans les tons majeurs, les autres dans les tons mineurs. En appuyant sur un piston on obtenait la note et l'accompagnement. Les pistons correspondaient à des rouleaux en bois faisant mouvoir des baguettes qui faisaient agir des pelotes en bois qui appuyaient sur le clavier de l'instrument sur lequel on posait le mécanisme.

CLAVI GRADE. (Inventé par Lahausse, en 1855.) — Appareil composé d'une série de cinq touches se raidissant à volonté au moyen d'un ressort à boudin au moyen d'une vis, et servant à l'exercice des doigts.

CLAVI-HARPE. Espèce de piano vertical dont les

cordes au lieu d'être frappées étaient pincées et imitaient le son de la harpe. Cet instrument fut construit par Dietz, en 1814.

CLAVI-LYRA. Instrument imaginé par *Jos. Bateman*, en 1814, n'était qu'une espèce de harpe armée de touches qui agissaient sur la corde comme un *plectrum*.

CLAVI-MANDORE. Instrument à clavier construit par Mahr en 1788, à Wiesbaden.

CLA-VIOLA. Piano sans corde, imaginé en 1847, par *Papelard*. A l'extrémité de chaque touche, se trouvait un sautereau armé d'un bec en acier, servant à pincer le bout d'une lame sonore.

CLA-VIOLIN. Etait un instrument à clavier imaginé par Ch. Schmidt, en 1824, imitant les effets d'un instrument à archet.

CLAVIPHONE. Espèce d'orgue expressif portant soufflet et double clavier, imaginé par *Le Toulat*, en 1847.

CLAVI-TUBE. Instrument de cuivre composé d'un tube allongé et recourbé en trois parties. Son étendue était de *si bémol* au-dessus de la clef de sol jusqu'au *sol* au-dessous de la portée des cinq lignes, son auteur était M. Aste Hallory, en 1817.

CLEF. Caractère de musique qui se met au commencement d'une portée, pour déterminer le degré d'élévation de cette portée dans le clavier général, et indiquer les noms de toutes les notes qu'elle contient dans la ligne de cette clef. Ce caractère, en faisant connaître les noms et les degrés d'intonation que l'on doit donner aux notes, ouvre pour ainsi dire la porte du chant, et c'est à cause de cette propriété qu'il a reçu le nom métaphorique de clef.

Le nombre de clefs est de sept, savoir : deux clefs de *fa*, quatre clefs d'*ut*, et la clef de *sol* ; on se servait autrefois d'une huitième clef, celle de *sol* sur la première ligne. Mais on l'a supprimée comme inutile, attendu qu'elle donnait les mêmes résultats que celle de *fa* quatrième ligne.

Le nombre des clefs est égal à celui des voix, il existe entre elles la différence d'une tierce qui se rencontre aussi dans le diapason d'une voix à celle qui la suit immédiatement ; par ce moyen on peut maintenir chaque voix dans l'étendue de la portée, sans avoir recours trop souvent aux lignes additionnelles.

Ainsi, la clef de *sol* présente le diapason du premier dessus ;

La clef d'*ut* sur la première ligne, celui du second dessus. On se sert aussi de la clef d'*ut* sur la première ligne pour écrire le premier dessus ;

La clef d'*ut* sur la deuxième, celui du contralto de femme ;

La clef d'*ut* sur la troisième, celui de la haute-contre ;

La clef d'*ut* sur la quatrième, celui du ténor ;

La clef de *fa* sur la troisième ligne celui du baryton ou basse-taille ;

· Enfin la clef de *fa* sur la quatrième représente le diapason de la voix de basse, la plus grave de toutes.

La clef de *fa* sur la troisième ligne est abandonnée, et et l'on a pris l'habitude d'écrire les parties de baryton sur la clef de basse. La clef d'*ut* sur la deuxième ligne ne sert plus qu'au cor anglais, et les parties de contralto s'écrivent avec la clef d'*ut* sur la troisième ou la première ligne. On se sert néanmoins de ces deux clefs dans la transposition.

CLEF. On appelle encore clef une espèce de croix de fer, percée par l'un de ses bouts d'un trou carré dans lequel on fait entrer la tête des chevilles des harpes, des pianos, des guitares, pour monter ou lâcher les cordes.

CLEFS. Soupapes de métal, adaptées à certains instruments à vent, tels que les hautbois, la flûte, le basson, pour ouvrir ou fermer les trous que leur position rend inaccessibles aux doigts.

CLIQUETTES. Espèce de claque bois, dérivant des castagnes.

CLOCHE Instrument de métal destiné à annoncer les cérémonies du culte divin. Les plus grandes cloches vinrent de la Campanie et de la ville de Nola.

Les cloches ont été introduites dans l'instrumentation pour produire des effets plus dramatiques que musicaux. Le timbre des cloches graves convient aux scènes solennelles ou pathétiques ; celui des cloches aiguës, au contraire, fait naître des impressions plus sereines : elles ont quelque chose d'agreste et de naïf qui les rend propres surtout aux scènes religieuses de la vie des champs. C'est pourquoi Rossini a employé une petite cloche en *sol* haut (du ténor) pour accompagner le gracieux chœur du second acte de Guillaume-Tell, dont le refrain est :

Voici la nuit; tandis que Meyerbeer a dû recourir à une cloche en *fa* grave, pour donner le signal du massacre des Huguenots, au quatrième acte de l'opéra de ce nom. Il a eu soin, de plus, de faire de ce *fa* la quinte diminuée de *si* bécarre frappé au-dessous par les bassons et qui, aidé par les sons graves de deux clarinettes en *la* et en *si* bémol, lui donne un timbre sinistre d'où naissent la terreur et l'effroi.

Sabinien, successeur de saint Grégoire, l'an 606, fut le premier pape qui ordonna que le peuple fut averti pour venir au service divin, par le son d'une cloche, que l'on plaça sur une petite élévation, au-dessus de la porte de l'église. Le pape Jean XV institua l'usage de bénir les cloches en 986, et Jean IV en 639, imagina l'angélus en l'honneur de la Vierge, en faisant sonner trois fois la cloche matin et soir.

CLOCHETTE. Ce petit corps sonore était en usage chez les anciens Hébreux. Les prêtres le portaient dans leurs habillements. Les païens s'en servirent aussi, et cet usage fut imité par les prêtres catholiques des premiers temps. Maintenant les clochettes sont employées comme jeu dans les orgues.

CLOCHETTES (Jeu de). — On se sert quelquefois, dans la musique, d'un certain nombre de clochettes disposées diatoniquement sur lesquelles on exécute quelques mélodies simples et assez lentes au moyen d'un marteau léger. On fait de ces espèces de carillon dans différentes gammes : les plus aigüs sont les meilleurs.

On appelle aussi *Jeu de clochettes* ou *Glockenspiel* un instrument à clavier en forme de piano, où les cordes sont remplacées par un très-grand nombre de petites clochettes ou *timbres*, semblables à des timbres de pendules. Mozart a donné une partie importante au jeu de clochettes dans son opéra de *la Flûte enchantée*.

A Paris, lorsqu'on a donné l'informe pastiche des *Mystères d'Isis*, on a remplacé les clochettes par des barres d'acier, et l'on a obtenu un son doux, mystérieux, d'une finesse extrême qui, sous tous les rapports, était infiniment préférable au jeu de clochettes proprement dit.

COBETH. Luthier de Mantoue, imitateur de Stradivarius, travaillait en 1714.

CODA, *queue*. On nomme ainsi une période ajoutée à celle qui pourrait finir un morceau, mais sans le terminer aussi complétement et avec autant d'éclat. Dans les menuets, les rondeaux et tous les morceaux à reprises, on vient à la *coda* après avoir fait toutes les reprises selon l'usage ordinaire. Quelquefois on met au-dessus de la *coda*, ces mots : *pour finir*.

Colisson. Instrument inventé en Pologne il y a quelques années, et qui ressemble à un clavecin vertical armé de cordes de boyaux. Au lieu d'un clavier, on trouve entre les cordes de petits bâtons en bois de prunier, qu'on touche avec la main couverte d'un gant enduit de colophane. Le mouvement de vibration des bâtons se communique aux cordes qui rendent un son semblable à celui de l'*harmonica*.

Collecte. C'est l'oraison *du jour*, que le prêtre récite aux messes basses et psalmodie aux messes hautes, immédiatement avant l'épître.

Colochon. Instrument, dérivé du luth, composé d'un petit corps sonore surmonté d'un manche excessivement long, et portant deux à trois cordes en boyaux.

Colophane, de Colophon, ville d'Ionie, renommée pour sa résine, ce mot sert aujourd'hui à nommer cette résine sèche et transparente, dont se servent les artistes pour frotter les archets.

Colorée. On dit musique colorée par opposition à ce qu'on appelle musique monotone ; colorée, c'est-à-dire variée par des *piano* et des *forte* qui forment des nuances bien entendues.

Coloris. Ce mot, dans l'art du chant, signifie que le chanteur doit conformer sa voix au sentiment qui domine dans la composition et dans chaque phrase en particulier.

Comarchios. Sorte de nome pour les flutes dans l'ancienne musique des Grecs.

Come prima, come sopra. Expressions italiennes, qui signifient *comme auparavant, comme ci-dessus*.

Comes. L'égale répétition d'un thème de fugue, dans un autre ton.

Comique. En musique, le comique consiste dans une application particulière des expressions mélodieuses et harmonieuses de l'art, au moyen desquelles on tâche d'éveiller chez l'auditeur le sentiment de la gaieté. Le *chant parlant*, qui s'approche le plus de la manière de parler ordinaire, est un des plus sûrs moyens d'arriver à ce résultat.

Comirs. Farceurs provençaux, sachant la musique, jouant des instruments, et débitant les ouvrages des troubadours. (Voyez Jongleurs, Pantomime.)

Comma. Petit intervalle dont on ne peut faire usage dans la musique pratique, mais dont les théoriciens sont obligés de tenir compte dans le calcul des proportions de l'échelle musicale.

Cependant, même en musique pratique, le *comma* produit un effet certain. Entre *re* bémol et *ut* dièse, par exemple, il n'y a qu'un *comma* d'intervalle, et ce *comma* suffit pour que *re* bémol, qui est plus bas que *ut* dièse, ait une tendance descendante, et pour que *ut* dièse, qui est un comma plus élevé que *re* bémol, ait une tendance ascendante. Ces tendances différentes ont une grande importance par rapport à la *modulation*. (Voyez ce mot.)

Commissura. Mot latin qui signifiait autrefois une union harmonique de sons, dans laquelle, entre deux consonnances, on trouvait une dissonance.

Commodo, Commodément. Mot italien qui indique un mouvement intermédiaire entre la lenteur et la vitesse.

Compagnie du gonfalon. Espèce de confrérie fondée à Rome en 1264, qui représentait un drame en musique, pendant la semaine sainte.

Comparaison des rapports. Dans la science canonique, il arrive quelquefois qu'on doit comparer la puissance des rapports des intervalles et déterminer leur différence. Le moyen le plus facile pour pratiquer cette opération, c'est la soustraction, dont nous parlerons dans un article spécial.

Compensateur. Est un appareil imaginé par Ad. Sax, consistant dans un petit mécanisme qui s'applique aux instruments de cuivre de son système, permettant de modifier à volonté le son par la longueur du tube.

Complainte. Espèce de romance populaire, d'un genre pathétique. Ce petit poème est ordinairement le récit d'une histoire lamentable, qu'on suppose fait par le personnage même.

Complément. Le complément d'un intervalle est la quantité qui lui manque pour arriver à l'octave; ainsi la seconde et la septième, la tierce et la sixte, la quarte et la quinte sont compléments l'un de l'autre.

Complexio. On se servait de ce mot pour indiquer qu'à la fin d'une période on devait en répéter le commencement.

Complicato, Compliqué. On dit qu'une musique est compliquée lorsque l'enchaînement des parties qui la composent est soigneusement étudié et plein d'imitations artificielles.

Componium. Sorte d'orgue à cylindre improvisant des variations sur un thème donné. Cet instrument extraordinaire mérita de la part de MM. Blot et Cotel un rapport à l'Institut. Il fut inauguré et exécuté à Amsterdam en 1820, par Winkler, mécanicien hollandais,

Composer. Inventer de la musique nouvelle selon les règles de l'art.

Compositeur. Celui qui compose de la musique d'après les règles de l'art. Mais tout l'art, toute la science possibles ne suffisent point sans le génie qui les met en œuvre. Quelque effort que l'on fasse, il faut être né musicien, autrement on ne fera jamais rien que de médiocre.

Composition musicale. Pris dans un sens général, ce mot exprime l'art d'inventer et d'écrire des chants, de les accompagner d'une bonne harmonie, de faire, en un mot, une pièce complète de musique avec toutes ses parties. C'est donc l'invention, la puissance créatrice qui constituent le compositeur de génie. Ayez des idées neuves, parez-les de formes séduisantes, trouvez des mélodies simples, gracieuses, tendres et passionnées ; offrez aux sens, à l'intelligence et au cœur une brillante série de tableaux, d'images et de sentiments ; à ces conditions vous prendrez rang parmi les génies créateurs ; la foule répétera vos chants, et votre nom deviendra populaire. Mais si, au lieu de toutes ces qualités, vous n'avez à votre disposition que des lieux communs, des banalités musicales, de ces phrases toutes faites qui ont couru dans toutes les partitions ; si vous ne sentez en vous le souffle poétique, cette harmonie instinctive, ce démon musical qui fait pressentir des œuvres grandes et belles, croyez-nous, n'abordez pas la carrière de la composition :

Soyez plutôt maçon, si c'est votre métier.

On naît compositeur comme on naît poète. En musique, comme en poésie, les connaissances les plus étendues et les combinaisons les plus savantes ne sauraient remplacer le génie. Une composition musicale vraiment distinguée, suppose le développement et l'exercice des plus hautes facultés intellectuelles ; elle exige à la fois de l'esprit, de l'âme et du goût : l'esprit qui crée et invente, l'âme qui s'émeut et se passionne, le goût qui choisit et dispose dans un ordre convenable les idées, les images. Tous les grands maîtres ont possédé à un degré éminent ces diverses facultés.

Cependant il ne faudrait pas conclure de ceci que l'étude, ce qu'on appelle la *science* musicale, dût être rejetée comme inutile. Bien loin de là, la profonde connaissance des règles dictées par l'expérience et la raison, développe les idées du compositeur le mieux doué de la nature, et décuple les ressources de son génie en l'habituant à se jouer sans efforts des combinaisons les plus abstraites. Mais si une intelligence, même supérieure, a besoin du secours d'une éducation forte et solide pour féconder ses heureuses qualités, il faut bien se garder de tomber dans le fatal excès où quelques compositeurs modernes se sont laissés entraîner, en sacrifiant l'inspiration à la science du contre-point. Erreur funeste, et qui a été féconde en déceptions. La science ne saurait émouvoir si elle n'est vivifiée par l'imagination et le cœur. On remarquera que le plus grand nombre des compositeurs dont les œuvres ont acquis une juste popularité, ne semblent avoir déployé qu'une érudition extrêmement bornée. Dans leurs productions, l'aridité de la science disparaît sous les fleurs de la poésie.

Les théoriciens distinguent en musique deux sortes de compositions : les compositions *idéales* et les compositions *rigoureuses*. Dans les premières le compositeur se livrant entièrement à son imagination, n'envisage généralement qu'une partie principale, où toutes les idées ne sont liées entre elles que selon les règles du goût et de la cohérence, règles auxquelles on peut même déroger, soit pour l'expression, soit pour l'effet, et où toutes les parties sont absolument accessoires. Tels sont un air d'opéra, un solo de concerto, etc. Dans les compositions rigoureuses, le musicien traite, selon des lois très-précises, toutes les parties de la composition, lesquelles, bien que tendant à produire un effet unique et général, doivent se trouver disposées de façon à ce que chacune présente un intérêt particulier. C'est ce qui constitue l'art d'écrire à plusieurs parties *réelles*.

La composition se fait à divers nombres de parties.

On spécifie ordinairement ce nombre par les termes de compositions à deux, trois et quatre parties. Mais l'on comprend généralement sous le nom de composition à *grand nombre* celle qui est formée de plus de quatre parties. Parmi les compositions à grand nombre, on regarde comme la plus parfaite la composition à neuf parties réelles, il est presque impossible de faire mouvoir un plus grand nombre de parties sans doubler le *dessin* de l'une ou de plusieurs d'entre elles.

Toute composition est vocale ou instrumentale. Dans la musique vocale, on doit d'abord avoir égard à l'étendue des voix. Dans les pièces d'un style sévère, dans les fugues, dans les chœurs, cette étendue ne doit pas excéder une dixième, parce qu'au-delà de cette limite le choriste crie dans le haut ou ne se fait pas entendre dans le bas. Dans les grands airs ou autres compositions libres, il est permis d'étendre l'échelle des mélodies, mais en ayant soin de circonscrire les phrases principales dans le diapason *naturel* des voix, et de n'aborder les sons aigus qu'accidentellement.

Dans la musique instrumentale, l'étendue des parties se règle sur l'étendue des instruments. L'Allemagne excelle surtout dans la musique instrumentale. Haydn, Mozart et Beethoven ont porté la symphonie à ses dernières limites.

La composition musicale se divise encore en composition religieuse, composition dramatique, composition de concert ou de salon.

Les compositions religieuses doivent avoir une physionomie grave, sévère, imposante, appropriée aux sentiments qu'elles expriment, à la majesté des édifices où elles sont exécutées. On retrouve ce caractère dans les canons et les fugues des treizième et quatorzième siècles; mais c'est surtout à l'époque de la renaissance que la musique religieuse prit de beaux développements. Palestrina en fut alors le représentant le plus brillant et le plus élevé. Plus tard, Pergolèse imprima à ce genre de composition cette teinte de tendresse et de mélancolie qui formait le caractère distinctif de son talent.

En Allemagne, Jean-Sébastien Bach, le plus illustre membre de cette famille si féconde en grand musiciens, parut au dix-huitième siècle, et nous a laissé, dans le genre sévère, des œuvres qui serviront éternellement de modèles. En Italie, l'école napolitaine, où ont brillé Léo,

Durante, Scarlatti, Iomelli, a produit des chefs-d'œuvre. Mozart, dans son *Requiem* si célèbre ; Cherubini, dans ses messes, ont encore agrandi le domaine de la musique religieuse. De nos jours, Rossini, dans son *Stabat*, a su allier le sentiment religieux aux formes gracieuses de la musique moderne; et Donizetti a prouvé, dans son *Miserere*, que le style sévère de l'église lui était aussi familier que les effets brillants du théâtre.

Indépendamment de la composition religieuse proprement dite, il en existe une autre qui participe à la fois de la musique religieuse et de la musique dramatique ; nous voulons parler de l'oratorio. Haendel, dans le *Messie* et le *Judas Machabée*; Haÿdn dans la *Création* et les *Saisons*; Beethoven dans le *Chrits au mont des Oliviers*, Mendelssohn dans *Paulns* et *Elias*, ont laissé sous ce rapport des modèles accomplis.

La passion, le mouvement, la verve, le coloris, l'éclat des images, tels sont les caractères que doivent avoir les compositions dramatiques. Ce genre est sans contredit le plus difficile de tous. Suivre le drame dans toutes ses phases, peindre toutes les situations, s'identifier à tous les personnages, animer les masses chorales et les faire participer à l'action ; marier les instruments et les voix, de manière à ce que l'intérêt se soutienne constamment, telle est la tâche du compositeur dramatique. Pour la remplir avec succès, il faut une grande puissance de talent.

L'Allemagne, l'Italie et la France ont rivalisé d'éclat, de verve et d'originalité dans la musique dramatique.

Parlons maintenant des compositions de concert et de salon. On comprend dans cette catégorie les sonates, les concertos, et ce qu'on appelle aujourd'hui *fantaisies* pour le piano, pour le violon, pour la harpe, etc.

Le caractère de ces productions est la coquetterie, la légèreté et la grâce.

Parmi les compositions de concert et de salon, n'oublions pas de mentionner la *Romance*. Sous ce rapport, l'école française s'est placée, sans contredit, au premier rang, dans le monde musical. Rien n'égale la vogue et la popularité dont jouissent en Europe quelques-uns de nos compositeurs de romances.

En Allemagne, les lieders de Schubert ont ouvert une route nouvelle aux compositeurs de salon et de concert. Sous l'influence des délicieuses mélodies de ce maître, le caractère de la romance française s'est agrandi et développé.

Composé. Ce mot se rapporte : 1° aux intervalles, et l'on nomme intervalle composé ou redoublé, celui qui passe l'étendue de l'octave ; 2ᵉ A la mesure et aux temps, et l'on appelle mesures composées celles qui sont désignées par deux chiffres.

Comus. Nom d'un air de danse des anciens.

Con anima. Avec âme, en donnant à toutes les notes l'expression nécessaire, et en renonçant même à l'observation scrupuleuse de la mesure, si par ce sacrifice on peut produire plus d'effet et d'expression.

Con brio. Avec éclat, force, vivacité.

Concentus. (Voyez Accord.)

Concert. Ce mot vient du latin *concinere*, et signifie une réunion de musiciens qui exécutent des morceaux de musique vocale et instrumentale. En Italie un concert se nomme *Aademia*.

Concerts. (Société des concerts du Conservatoire). Cette Société se compose d'une réunion d'instrumentistes et de chanteurs reçus sociétaires à la majorité des suffrages des membres présents. Elle fut fondée par M. Habeneck aîné, et son premier concert eut lieu au commencement de janvier 1828, dans la salle dite des Menus-Plaisirs, au Conservatoire de Musique de Paris. La symphonie héroïque de Beethoven servit de discours d'ouverture et fit sensation. Le premier concert produisit 1060 fr. ; la recette du second s'éleva à 3,000 fr. Dans ce second concert, on exécuta la symphonie en *ut* mineur. L'effet en fut foudroyant. Dès ce moment, le nom de Beethoven fut consacré et la Société des concerts conquit le rang suprême parmi nos institutions musicales. M. de Larochefoucault envoya à M. Habeneck une médaille d'or sur laquelle étaient gravés ces mots : *donné par le Roi pour les concerts de* 1828. Cette Société est sans rivale en Europe.

Après la mort de M. Habeneck, M. Girard fut nommé chef d'orchestre de la Société des concerts, et après la mort de M. Girard M. Georges Hainl hérita de cette position, et il l'occupe encore aujoud'hui.

La Société des Concerts est fondée sur le principe de l'égalité absolue. Les bénéfices sont partagés par portions égales entre les sociétaires, et s'ils ont chacun des droits égaux, ils sont tous soumis aux mêmes charges, aux mêmes devoirs. C'est toujours dans la salle de spectacle des Menus-Plaisirs qu'ont lieu les séances de la Société des Concerts. Elles commencent tous les ans dans les premiers jours de janvier, et se poursuivent de quinzaine en quinzaine jusqu'à la semaine qui suit le jour de Pâques.

CONCERT SPIRITUEL. Concert où l'on ne chante que la musique d'église, et d'où l'on exclut les morceaux d'opéra. Le concert spirituel a été fondé en 1725, par Anne Dunican, dit Philidor, musicien de la chambre du roi et frère aîné du musicien de ce nom.

On est convenu de nommer *concerts spirituels* les deux séances du vendredi-saint et du jour de Pâques au Conservatoire, et généralement tous autres concerts donnés du dimanche des Rameaux au mardi de Pâques inclusivement. Jadis les exercices de Choron et les séances du prince de la Moskowa, étaient de véritables concerts spirituels.

CONCERTANTE, CONCERTANT. Se dit particulièrement d'un morceau de musique dans lequel les différentes parties brillent alternativement. Ainsi, l'on dit : un duo, un quatuor concertant, pour indiquer des pièces dans lesquelles deux ou quatre parties concertent.

CONCERTARE, CONCERTER. Exercice de deux ou plusieurs voix ou instruments ensemble, afin que l'exécution de la composition soit plus uniforme, plus égale, et qu'elle ait la même force et la même expression.

CONCERTÉ. Ce mot, d'origine italienne, signifie un style de musique d'église plus brillant que le style sévère à capella (de chapelle.)

CONCERTINO. Dans quelques pays d'Italie on appelle concertino la partie du premier violon, chef d'orchestre, où se trouvent marqués tous les passages obligés des instruments.

On appelle aussi *concertino* un petit instrument à soufflet, que l'on joue avec les deux mains à la fois, à l'aide de touches placées à ses deux extrémités, et à peu près semblable à celui que nous appelons *accordéon*. Cet instrument est particulièrement en usage en Angleterre. Il y a le concertino-baryton, qui s'étend depuis le *sol* jusqu'à l'*ut* ; le concertino-basse, qui est d'une octave plus bas que le baryton, et le concertino-ténor, une octave plus haut que ce dernier. Le premier qui a joué cet instrument en Angleterre est Giulio Reegondey.

CONCERTISTE. Celui qui joue ou chante dans un concert.

CONCERTO. On appelle concerto une pièce de musique faite pour quelque instrument particulier, avec accompagnement d'orchestre. Il y a des concertos de piano, de violon, de flûte, etc. Un concerto est ordinairement composé d'un allégro, d'un adagio et d'un rondeau. Le concerto a pris, depuis quelque temps, plus de développement et s'est élevé presque à la hauteur de la symphonie.

Le concerto a été inventé pour placer en première ligne l'instrument favori, et le présenter de la manière la plus avantageuse, en établissant des contrastes entre l'ensemble d'un orchestre nombreux et les doux accents, les brillantes périodes du virtuose. Le concerto est le morceau de musique qui exige le plus de talent pour l'exécution. On nomme *tutti* les passages du concerto pendant lesquels l'orchestre joue seul.

CONCERTO-GROSSO. Nom que l'on donnait dans le siècle dernier à des symphonies avec violon principal et d'autres parties obligées ou non.

CONCINNI, INCONCINNI. La voix humaine a deux espèces de sons : les sons *articulés* et les sons *modulés*. Les sons articulés, appelés en latin *inconcinni*, sont ceux de la parole, qui, par leurs mouvements continuels, ne peuvent pas être appréciés par l'oreille. Les sons *modulés*, appelés *concinni*, sont au contraire ceux du chant, qui, par leur mouvement modéré, peuvent tous être appréciés.

CONCOMITANTS. Se dit des sons que l'oreille distingue, outre le son principal quand on fait vibrer une corde.

CONCORDANT. On nommait anciennement ainsi l'espèce de voix qui est entre la taille et la basse-taille, et qui peut chanter l'une et l'autre partie.

CONCOURS. Assemblée de musiciens et de connaisseurs autorisée, dans laquelle une place vacante de maître de chapelle, de violoniste, etc., est emportée à la pluralité des suffrages par le concurrent le plus habile.

CONDUIT. Tube par lequel le vent passe des soufflets dans les sommiers. Un fragment de musique qui ramène une idée principale s'appelle aussi *conduit*.

CONDUITE. C'est dans un morceau de musique, l'art d'agencer une idée principale avec les idées accessoires, de ramener le motif à propos sans en abuser, d'enchaîner ses modulations, en ne leur donnant ni trop ni trop peu d'étendue.

Con espressione. Avec expression.

Conjoint se dit d'un intervalle ou degré. On appelle degrés conjoints ceux qui se suivent dans l'ordre de la gamme ; et *mouvement conjoint*, la marche qu'accomplissent ces degrés.

Con moto. Ces mots, joints à celui qui indique le mouvement d'un morceau de musique, signifient que l'on doit donner un degré de plus en vitesse au mouvement indiqué.

Connaisseur. Le connaisseur est celui qui non-seulement sent le beau dans les œuvres de l'art, mais qui possède aussi, sur la partie mécanique et esthétique, des connaissances suffisantes pour pouvoir juger sainement du mérite des ouvrages.

Conséquente. La deuxième partie d'une figure.

Conservatoire. C'est le nom que l'on donne aux grandes écoles de musique, parce qu'elles sont destinées à propager l'art et à le conserver dans toute sa pureté. C'est en Italie que furent fondés, au xviie siècle, les premiers Conservatoires. Ceux de Naples fournirent un grand nombre de chanteurs célèbres et de compositeurs éminents. Il suffit de citer Scarlatti, Porpora, Durante, Léo, Pergolèse, etc. Mais les plus beaux jours de ces établissements sont malheureusement passés. — Après les Conservatoires de Naples venaient ceux de Venise, qui étaient entièrement consacrés aux femmes, comme ceux de Naples l'étaient aux hommes. On en comptait quatre : l'*Ospedale della pietà*, le *Mendicanti*, le *Incurabili* et l'*Ospedaletto di san Giovanni*. Deux de ces Conservatoires cessèrent dans les dernières années de la République. Celui des *Mendicanti* exista jusqu'à l'époque de la révolution. Celui de la *Pietà*, où sont les enfants trouvés, existe encore aujourd'hui.

Le Conservatoire de musique de Paris fut fondé en 1793, par Sarette, celui de Milan en 1807, celui d'Espagne en 1830, ceux de Vienne et de Varsovie en 1821. Quelques autres Conservatoires ont été fondés dans ces derniers temps, sous divers titres, à Prague, à Saint-Pétersbourg, à Varsovie, à Berlin, Londres et Bruxelles.

Presque tout ce qu'il y a en France de plus habile en chanteurs, en compositeurs, en instrumentistes, professent au Conservatoire de Paris. C'est, de tous les établissements de ce genre, celui qui est conçu sur le plan le plus vaste. Il a rendu de grands services à la nation, et formé des milliers d'instrumentistes. — Le Conservatoire de Paris, fondé par le vénérable Sarrette, dirigé ensuite par M. Perne, et plus tard par Chérubini, auquel succéda M. Auber, est aujourd'hui placé sous la direction de M. Ambroise Thomas.

Consonnances. On appelle *consonnances* certains intervalles qui plaisent immédiatement à l'oreille, parce que leur constitution saisit l'esprit d'un rapport parfait de tonalité, et développe en même temps en nous le sentiment de repos et de sens fini.

Les intervalles *consonnants* répondent plus ou moins parfaitement à cette idée : aussi les divise-t-on en consonnances *parfaites* et en consonnances *imparfaites*.

La *quinte* et l'*octave* sont des consonnances parfaites. Par extension on donne aussi ce nom à l'unisson, bien qu'il ne soit pas un intervalle.

Les consonnances imparfaites sont : la *tierce* majeure ou mineure (*ut, mi* naturel, et *la, ut*), la quarte (*sol ut*), et les sixtes (*ut, la* et *mi, ut*). (Voyez les mots Intervalles et Dissonances.)

Consonnant, Consonnante. Un intervalle consonnant est celui qui donne une consonnance. Un accord consonnant est celui qui n'est composé que de consonnances.

Consonnante. Nom donné à un instrument de musique inventé par l'abbé Dumont, qui participait du clavecin et de la harpe. Sa forme était celle d'un grand piano posé à plomb sur un piédestal, les cordes étaient placées des deux côtés de la table que l'on touchait comme celles de la harpe.

Contra, Contre. Ce mot signifiait anciennement la voix d'alto. Il était appliqué particulièrement à toutes les parties destinées à faire harmonie avec une autre, ou plutôt contre une autre.

Contra-horne. Espèce de *Sax-horn alto*, construit à Berlin en 1845, par Lamferhoff.

Contralto signifie haute-contre. Mais on a conservé ce mot italien pour l'appliquer à la haute-contre des femmes, et la distinguer ainsi de celle des hommes. Ces deux sortes de voix diffèrent ensemble d'une tierce environ. Le contralto s'élève jusqu'au *mi*, les bornes de la haute-contre sont fixées à l'*ut*.

Le contralto est pour les femmes ce que la voix de basse est pour les hommes, la plus grave de toutes. Son étendue est la même, une octave plus haut.

Contraste. C'est la réunion de choses opposées les unes aux autres, qui, en arrivant tout à coup, arrêtent d'abord l'attention de l'auditeur et se rendent agréables par leur air de nouveauté. Par exemple, le *forte* produit un plus grand effet après le *piano*, et le *piano* après le *forte*, si toutefois l'un suit immédiatement l'autre.

Contrebasse. La contrebasse est l'instrument le plus grand de la famille des violons. Les sons résonnent à l'octave basse de ceux du violoncelle. La contrebasse est le fondement des orchestres. Aucun autre instrument ne saurait le suppléer. La richesse de ses sons, son attaque pleine de franchise et de pompe, et surtout l'ordre admirable qu'elle porte dans les masses harmoniques, signalent partout sa présence.

Il y a deux espèces de contrebasse : l'une à trois cordes et l'autre à quatre. Leur étendue est de deux octaves et une quarte, du *mi* grave de la voix de basse au *la* aigu du ténor, en comptant toutefois, pour les contrebasses à trois cordes, deux notes de moins au grave. Mais il faut observer que le son de l'une et de l'autre est plus grave d'une octave que la note écrite.

La contrebasse à quatre cordes est plus généralement employée dans les orchestres. Comme elle est accordée en quartes, on peut exécuter une gamme entière sans *démancher*; elle possède ensuite, au grave, deux ou même trois sons, dont la contrebasse à trois cordes est privée.

La contrebasse est destinée, en général, à faire entendre la basse de l'harmonie. On peut l'isoler des violoncelles et même du quatuor des instruments à cordes, et l'associer aux instruments à vent qu'elle soutient avec beaucoup d'effet et de plénitude. A l'église, on l'emploie aussi pour soutenir les voix du chœur, et quelquefois la marier au son de l'orgue.

La contrebasse n'est pas propre aux traits rapides. On a le tort, aujourd'hui, de lui en donner quelquefois qui sont à peu près inexécutables pour la plupart des contrebassistes. Aussi qu'arrive-t-il ? Les uns simplifient ces traits d'une manière, ceux-ci d'une autre, ceux-là cherchent à rendre le passage avec fidélité, et tout cela réuni produit le plus abominable chaos de grognements sourds et rauques qui puisse épouvanter l'imagination.

Le trémolo des contrebasses est quelquefois d'un effet dramatique saisissant ; il donne à l'orchestre une physionomie menaçante, mais il faut éviter de le prolonger trop longtemps, à cause de la fatigue qu'il apporte aux exécutants zélés et fidèles.

D'après Bottesini, qui a publié une excellente méthode de contrebasse, si la contrebasse acquiert par l'addition d'une quatrième corde une plus grande extension dans les sons graves, cette extension ne s'obtient qu'au détriment de la sonorité, qui, naturellement, diminue d'autant qu'on augmente le nombre des cordes. Les principaux contrebassistes virtuoses tels que Dragonetti et Bottesini, se sont toujours servis de la contrebasse à trois cordes.

CONTREBASSE. Jeu d'orgue dont les tuyaux sont de seize ou trente-deux pieds, ouverts ou fermés selon la qualité de l'orgue.

CONTREBASSON. Instrument qui donne l'octave du basson.

CONTREDANSE. La contredanse est formée de diverses figures résultant de la position des danseurs. En France on donne à ces figures les noms de *pantalon, été, trénis, pastourelle, chassé-croisé, galop*. (Voyez QUADRILLE.)

CONTREPOINT. A l'époque où la musique à plusieurs voix reçut son premier perfectionnement, on marqua sur les lignes des points au lieu des notes. Quand on voulait ajouter à une mélodie une ou plusieurs voix, on ajoutait aux points qui existaient déjà d'autres points l'un sur l'autre, ou l'un contre l'autre, et c'est ce qu'on appelait *contrapuntare*. Cette expression a été conservée comme une expression technique, en sorte qu'aujourd'hui le mot contrepoint, dans son acception la plus étendue, désigne tout ce qui appartient à la partie harmonique de la composition musicale.

Par le mot contrepoint, pris dans le sens le plus restreint, on entend une composition à deux ou plusieurs voix, écrite sur un chant donné. On dépasse rarement le nombre de huit voix. Si les voix sont disposées de manière à ce qu'on puisse les renverser, c'est-à-dire à ce que la voix supérieure devienne voix fondamentale, et *vice versâ*, alors on l'appellera contrepoint double. On lui donnera au contraire le nom de contrepoint simple, si le renversement ne peut avoir lieu sans choquer les règles de l'art. Le contrepoint simple à deux ou plusieurs voix, ayant des notes d'une égale valeur placées les unes contre les autres, s'appelle contrepoint *égal* ou *note contre note*. En mettant deux ou quatre notes contre une note de la mélodie, il prendra le nom de contrepoint inégal ou figuré. En écrivant sur le chant donné des mélodies composées de diverses valeurs, on aura le contrepoint *fleuri*.

CONTREPOINTISTE. Le contrepointiste, dans la véritable acception du mot, est celui qui, d'après les règles scolastiques, combine l'union des sons, observe exactement l'ortographe lorsqu'il trace leurs signes sur le papier, et ne s'occupe enfin que de la partie scientifique de l'art.

CONTRE-SENS. Vice dans lequel tombe le compositeur quand il rend une autre pensée que celle qu'il doit rendre. C'est donc un contre-sens dans l'expression, quand la musique est triste lorsqu'elle devrait être gaie, légère lorsqu'elle devrait être grave, et réciproquement.

CONTRE-TEMPS. La partie faible de la mesure ou du temps. Dans la plupart des accompagnements, la basse frappe le temps, les autrs parties marquent le *contretemps*.

On dit aussi *aller à contre-temps*, pour dire que les exécutants manquent à la mesure et qu'ils ne marchent pas avec le chef d'orchestre.

COPIER. Transcrire un morceau de musique. Ce mot désigne, en outre, le plagiat d'un compositeur qui s'approprie des passages entiers d'autres compositeurs, et les fait passer pour siens, comme s'ils étaient sortis de sa plume.

COPISTE. Celui qui fait profession de copier de la musique, d'extraire des parties séparées d'une partition, ou qui les double pour qu'elles s'exécutent avec orchestre. Le copiste doit posséder d'abord une écriture bien lisible, et doit, non-seulement écrire correctement les notes, mais encore, tous les points, les signes, les lignes et les paroles.

COR. Instrument à vent et à embouchure. Consacré à la chasse dès son origine, le cor a été appelé depuis à de plus hautes destinées, et a passé des mains du chasseur dans celles des plus habiles exécutants. Cette voix rauque et sauvage, la terreur des hôtes des bois, s'est adoucie au point de nous ravir par des sons flatteurs. L'art des Punta, des Duvernoi, des Dauprat, des Gallay, lui donnant une nouvelle existence, l'a enrichi d'une multitude de tons que la nature semblait lui vouloir refuser. Brillant et sonore dans tout ce qui rappelle sa destination primitive, le cor est tendre et pathétique dans le *cantabile*. Un célèbre corniste, M. Vivier, a trouvé le secret de tirer du cor plusieurs sons simultanés.

Le cor étant un tuyau sonore ouvert par les deux bouts, et privé des trous qui, dans le hautbois et la clarinette, servent à modifier les sons, c'est au moyen de la pression des lèvres sur l'embouchure et de l'introduction de la main dans le pavillon qu'on parvient à rendre des sons différents ; mais comme de cette manière on ne peut faire résonner que la tonique et les aliquotes, on se verrait réduit à demeurer constamment dans le même ton, si l'on n'avait recours à divers corps de rechange, qui, en s'adaptant à l'instrument, servent à élever ou à abaisser son intonation.

Le cor s'écrit sur la clef de *sol* et sur la clef de *fa*, avec cette particularité, établie par l'usage, que la clef de *sol* est considérée comme étant plus grave d'une octave qu'elle ne l'est réellement.

Tous les cors, à l'exception du cor en *ut*, sont des instruments transpositeurs ; c'est-à-dire que les notes écrites ne représentent pas les sons que l'on obtient. Nous renvoyons aux ouvrages spéciaux pour l'explication développée de cette pratique, qui est, au reste, une convention commune à beaucoup d'instruments. (Voyez le mot Transpositeur.)

Le cor a deux espèces de sons d'un caractère très-différent : les sons ouverts et les sons bouchés. Les premiers sont l'effet de la résonnance naturelle des divisions harmoniques du tube de l'instrument, et sortent sans autre secours que celui des lèvres et du souffle de l'exécutant, les seconds s'obtiennent en fermant plus au moins le pavillon du cor avec la main.

Non-seulement les sons bouchés diffèrent entièrement des sons ouverts, ils diffèrent encore beaucoup entre eux. Ces différences résultent de l'ouverture plus ou moins grande laissée au pavillon par la main de l'instrumentiste. Pour certaines notes, le pavillon doit être bouché de la moitié, du tiers, du quart : pour d'autres, il faut le fermer presque entièrement. Plus l'orifice laissé au pavillon est étroit, plus le son est rauque, sourd, dificile à attaquer avec certitude et justesse.

Le cor est un instrument noble et mélancolique. Aucun maître n'a su en tirer un parti plus original, plus poétique et plus complet que Weber. Dans ses trois chefs-d'œuvre *Oberon*, *Euryante* et le *Freischutz*, il lui prête un langage aussi admirable que nouveau, et que Méhul et Beethoven seuls paraissent avoir compris avant lui. De tous les instruments de l'orchestre le cor est celui que Gluck écrivait le moins bien. Cependant il faut citer comme un éclair de génie les trois notes du cor imitant la conque de Caron, dans l'air d'*Alceste, Caron t'appelle* ! Ce sont des *ut* du médium, donnés à l'unisson par deux cors en *ré*; mais l'auteur ayant imaginé d'en faire aboucher les pavillons l'un contre l'autre, il en résulte que les deux instruments se servent mutuellement de sourdine et que les sons en s'entrechoquant prennent un accent lointain et un timbre caverneux de l'effet le plus étrange et le plus dramatique.

Cor anglais. Cet instrument tient, dans la famille du hautbois, la même place que la viole dans celle du violon. Le cor anglais a été inventé par Joseph Ferlendis, de Bergame, et il y a à peine soixante ans qu'il est en usage dans les orchestres. Le cor anglais a la forme du hautbois, dans des proportions plus fortes : il est un peu recourbé, et son pavillon se termine en boule au lieu d'être évasé comme celui du hautbois. Le cor anglais sonne une quinte plus bas que le hautbois, à cause de la longueur de son tube. Les sons du cor anglais propres à la tendresse, à la mélancolie, ne se font admettre dans l'orchestre que pour l'exécution de quelques solos.

Cor de basset, en italien, corno di bassetto. Cet instrument, qui unit à la douceur du son quelque chose de sérieux et de sombre, a été inventé, en 1770, à Passaw en Bavière. En 1782, M. Lotz, à Presbourg, a beaucoup contribué à son perfectionnement. Le cor de basset est de la nature de la clarinette, et n'en diffère qu'en ce qu'il est un peu plus grand, et en ce que sa forme est un peu recourbée ; mais il ressemble à la clarinette, non-seulement dans les parties constitutives et dans le son, mais encore dans ce qui regarde l'intonation, l'embouchure, le doigté, de façon que tout clarinettiste peut jouer de cet instrument sans difficulté.

Cor a pistons. L'inventeur du cor à pistons est due à Jean-Henri Stœlzel, qui était originaire de Scheilbemberg en Saxe, où il naquit en 1777. En 1806, il conçut l'idée de perfectionner les instruments de cuivre, en augmentant leur échelle diatonique et chromatique. Il fit entendre à Breslaw, en Silésie, un cor sur lequel il avait appliqué son nouveau système. Sa découverte ayant été goûtée, il la publia en 1814, et joua dans plusieurs concerts.

Voici les bases sur lesquelles a été construit le cor à pistons. Ne rien changer au caractère du cor ordinaire, conserver les bonnes notes, rectifier la justesse de celles qui sont fausses, rendre l'éclat aux sourdes et remplir toutes les lacunes.

Le cor à pistons fait toutes les notes *ouvertes* au moyen d'un mécanisme particulier dont l'action consiste à changer instantanément le ton du cor. Ainsi l'emploi de tel ou tel piston transforme le cor en *fa*, en un cor en *mi*, en *mi* bémol, etc.; d'où il suit que les notes ouvertes de tous les tons se trouvant ajoutées les unes aux autres, on obtient toute la gamme chromatique en sons *ouverts*. De plus, les pistons ajoutent, au grave, six demi-tons à l'étendue du cor ordinaire. Il en est ainsi de tous les instruments en cuivre, trompettes, cornets, trombones, etc., auxquels le système des pistons a été appliqué.

Le timbre du cor à pistons diffère un peu de celui du cor ordinaire et ne saurait le remplacer.

Les Allemands appellent le cor à pistons *cor chromatique*.

Cor a cylindres. Le cor à cylindres ne diffère du précédent que par son mécanisme. Cette différence est toute à son avantage pour le timbre et l'agilité. Les sons de ce cor ne sont réellement pas différents des sons du cor ordinaire, et peut le remplacer avantageusement, au moins pour les sons ouverts.

Cor russe. Les Russes ont une musique de cor d'un effet étonnant. Vingt, trente, quarante musiciens ont chacun une espèce de cor ou de trompette, ou plus exactement un tube de métal, qui ne donne qu'une seule note. Ces cors sont accordés de telle manière qu'ils fournissent, comme les tuyaux de l'orgue, toutes les notes nécessaires pour exécuter un morceau de musique avec les accompagnements. Cette espèce d'orchestre rend un son plus fort, plus nourri que nos instruments à vent.

Par un temps calme, on entend cette musique à une grande distance. Un habile orchestre russe peut exécuter des quatuors, des symphonies, des concertos, des fugues, et faire les traits et les trilles avec la plus grande netteté.

Cordaulolion. Ou harmonicorde, instrument qui avait la forme d'un piano vertical; il était monté de cordes métalliques mises en vibration par le frottement d'un cylindre ou par une roue que l'exécutant faisait mouvoir avec les pieds.

Corde génératrice. C'est ainsi qu'on appelle une corde dont on fait entendre toutes les parties aliquotes, toutes les divisions harmoniques.

Corde ennemie. Quelques maîtres de chant italien nomment ainsi (*Corda nemica*) le premier son du registre de la voix de tête, à cause de la difficulté qu'on éprouve à l'atteindre, en y passant du registre de la voix de poitrine.

Corde sonore. Corde tendue qui sert à faire des expériences physiques et acoustiques, au moyen desquelles on explique la théorie du son.

Cordes. Les cordes des instruments sont de diverses matières, selon la manière dont on doit exciter en elles le frémissement nécessaire pour produire le son et faire vibrer l'air dans les tables d'harmonie. — Les cordes attaquées par frottement sont faites avec les boyaux de certains animaux; telles sont les cordes du violon, de la viole, de la basse. Les cordes frappées sont toujours de métal. On met des cordes de laiton aux octaves basses du piano; celles d'acier servent pour les tons moyens, et les tons élevés. Les cordes pincées sont de boyau, de métal et de soie, selon l'instrument auquel on les destine. La harpe et la guitare sont montées avec des cordes de boyau et des cordes de soie; la mandoline avec des cordes métalliques.

La contexture d'une corde influe sur le son qu'elle doit produire. Une chanterelle de violon, recouverte dans toute sa longueur avec un fil de laiton très-délié, sert de quatrième corde au même instrument. Les cordes filées de la harpe et de la guitare sont de soie.

On dit aussi: cette mélodie est écrite dans les bonnes *cordes* de la voix.

Cordes sonores. Si on tend convenablement deux cordes sur une table d'harmonie et que l'on en fasse varier leur longueur à l'aide d'un chevalet mobile, on reconnaît 1° que si deux cordes sont de même grosseur, de même matière, et tendues également, le nombre de leurs vibrations dans un temps donné sera en raison inverse de leur longueur. 2° Que toutes choses égales d'ailleurs, la rapidité de ces mêmes vibrations et par conséquent leur nombre, croît proportionnellement à la racine carrée des poids que l'on emploirait pour les tendre. 3° Enfin que ce nombre est réciproque au diamètre de ces cordes, lorsqu'elles ne diffèrent entre elles que sous ce rapport.

Une propriété remarquable des cordes sonores est que si le chevalet qui divise une corde en deux parties inégales ayant un commun diviseur, la presse assez légèrement pour permettre aux vibrations imprimées à l'une des divisions de se transmettre à l'autre, alors, au lieu du son que devraient rendre l'une et l'autre portion on entend celui qui répond à la plus grande aliquote commune aux deux parties. En supposant que ces parties sont entre elles comme 3 : 2, elles devraient en résonnant simultament faire entendre la quinte *ut, sol,* ; or, le son produit est *sol*, parce que la plus grande partie se sous-divise en trois et la plus petite en deux ; d'où résultent cinq sous-divisions qui ayant la même longueur se trouvent à l'unisson.

Cordomètre. Instrument au moyen duquel on peut mesurer la grosseur des cordes pour maintenir l'accord d'un instrument dans un égal degré de force. Il y en a de plusieurs espèces. Le meilleur cordomètre est celui qui est formé de deux petits morceaux de fer ou de cuivre, de la longueur de six à sept pouces environ, qu'on attache avec des vis à une de leurs extrémités, et qui sont éloignés à l'autre extrémité, de trois, quatre lignes et davantage, de façon qu'il existe un vide qui va toujours en diminuant et se perd tout à fait auprès des vis.

Chorique. Espèce de flûte qui accompagnait autrefois les dithyrambes.

Corista (nom italien du diapason). On donne le nom de diapason à un petit instrument monotone, ayant à peu près la forme d'une petite fourche, et qui est fait d'acier trempé. On le met en vibration en frappant l'une de ces branches, ou en les écartant l'une de l'autre avec violence, et l'on donne de l'intensité au son qu'il produit en appuyant son manche sur un corps dur. Ce son est à l'unisson du *la* ; et selon que ce *la* est plus ou moins élevé, on dit que le diapason est haut ou bas.

CORNEMUSE. Instrument à vent avec des chalumeaux à anche. — Les parties de la cornemuse sont la peau de mouton, qu'on enfle comme un ballon, et le vent n'a d'issue que par trois chalumeaux qui y sont adaptés.

CORNET. Jeu d'orgue composé de quatre tuyaux, qui résonnent à la fois sur chaque touche, et qui sont accordés à l'octave, à la double quinte et à la triple tierce.

CORNET. Le cornet est le plus ancien de tous les instruments qui sont actuellement en usage. Sa forme est très-simple. Il est fait en corne et percé de sept trous, dont un sert au pouce de la main gauche. Il est de la longueur de deux pieds environ, et on en joue comme de la trompette. L'étendue du cornet, dans toute la gamme diatonico-chromatique, est depuis le *la*, clef de violon au-dessous des lignes, jusqu'au *mi* au-dessus des lignes.

CORNET A BOUQUIN. Cet instrument ne se distingue du cor de chasse que par sa dimension plus petite et son embouchure qui est attachée au corps du cornet.

CORNET A PISTONS. Le cornet à pistons doit sa naissance à la trompette ; car le cornet n'est autre chose qu'une petite trompette qui possède des tons plus aigus. Le mécanisme du cornet à pistons est semblable en tous points à celui de la trompette, c'est-à-dire que les pistons remplissent les mêmes fonctions. L'instrument offrant par sa nature des sons plus aigus que ceux de la trompette, son étendue est par conséquent renfermée dans un espace moins grand. Le rapport qu'on peut établir entre eux est celui qui existe entre le violon et l'alto.

Le son du cornet à pistons est un peu vulgaire ; il est presque inadmissible dans le style sérieux. Employé dans l'harmonie, au contraire, il se fond très-bien dans la masse des instruments en cuivre.

CORNISTE. Musicien qui joue du cor.

CORNONE. Nom donné à un grand cor en *fa* grave devant servir de basse d'orchestre construit en 1855 par Serveny's de Kenecgsgroff.

CORNOON. Espèce de cor rendu chromatique au moyen d'un appareil imaginé par Serveny's.

CORPS D'HARMONIE. C'est ainsi qu'on appelle quelquefois un corps de musique militaire.

Corps de voix. Les voix humaines ont différents degrés de force et de volume. De deux voix semblables qui forment le même son, celle-là aura plus de corps qui se fera entendre davantage et à une plus grande distance.

Corps sonore. On appelle ainsi tout corps qui rend ou peut rendre du son. Il ne suit pas de cette définition que tout instrument de musique soit un corps sonore. On ne doit donner ce nom qu'à la partie de l'instrument qui sonne elle-même, et sans laquelle il n'y aurait point de son. Ainsi, dans un violoncelle et dans un violon, chaque corde est un corps sonore ; mais la caisse de l'instrument, qui ne fait que représenter et réfléchir les sons, n'est point le corps sonore et n'en fait point partie.

Correct. Se dit de cette perfection qu'on apporte dans le travail d'un ouvrage où l'on a suivi avec la plus grande exactitude possible toutes les règles de l'art. Une composition musicale est correcte toutes les fois qu'on observe les règles prescrites par la mélodie et l'harmonie.

Coryphée. Chanteur qui, après avoir exécuté les solos dans les chœurs, se joint ensuite aux simples choriste dans l'ensemble.

Cosaque. Danse des cosaques en mesure de 2|4, et dont la mélodie est à deux reprises, de huit mesures et d'un mouvement modéré.

Costa. P. luthier de Trévise, qui travaillait de 1660 à 1680.

Costumes dans leurs rapports avec l'opéra. Sous Louis XIII et Louis XIV, les acteurs, dans la comédie, étaient vêtus sur le théâtre comme à la ville. Dans la tragédie, leur costume ne ressemblait en rien à la réalité. Dans l'opéra, le costume des personnages mythologiques offrait un mélange bizarre et incohérent dont il serait difficile de rendre compte. La mode et son inconstance influèrent sur ces costumes imaginaires, et l'on vit, sous Louis XV, les nymphes et les faunes venir danser sur nos scènes lyriques avec des paniers et des bouffants, tous couverts de gaze bouillonnée avec des rubans. Quelques artistes voulurent introduire des réformes dans les costumes de théâtre ; mais l'amélioration qu'ils y apportèrent se borna à exclure les paniers des actrices et les chapeaux à plumes des acteurs ; à introduire dans les sujets asiatiques tantôt un habit turc, tantôt une peau de tigre en forme de manteau ; puis l'habit français du seizième siècle pour les sujets relatifs à la chevalerie.

Ces améliorations étaient bien loin d'atteindre les perfectionnements que Talma fit adopter vers 1791. La tragédie de *Charles IX*, jouée alors au Théâtre-Français, est le premier ouvrage où l'on ait suivi le costume avec une rigoureuse exactitude. Cette innovation fut tellement goûtée du public, qu'elle s'étendit bientôt à d'autres théâtres, et notamment à l'Académie royale de musique.

Cependant, on doit avouer que le zèle ne se soutint pas en tout point. Ainsi, on vit à l'Opéra la *Sémiramis*, de Catel jouée dans un palais d'architecture corinthienne dont les jardins se trouvaient remplis de plantes d'Amérique. Un trône était placé sous une draperie de mauvais goût, ressemblant à ce qu'on nommait, il y a cinquante ans, un baldaquin à la polonaise.

Aujourd'hui, dans beaucoup de nos théâtres, les principaux acteurs ont un costume assez conforme à leur rôle.

M. Duponchel, grâce aux conseils de l'intelligent artiste Nourrit, introduisit à l'Opéra une nouvelle réforme. La sévérité des costumes ne s'est pas bornée à celle des habits et des coiffures ; la même exactitude a été apportée dans les meubles et dans tous les accessoires. Des améliorations analogues ont eu lieu à l'Opéra-Comique, et le Théâtre-Italien maintenant commence à nous habituer à un certain luxe de costumes et de décors.

Couleur locale. C'est donner à la musique d'un opéra, d'un ballet, le caractère de la musique du pays où se passe la scène.

Couleur des sons. (Voyez Timbre.)

Coup. On dit en musique *coup de langue, coup de gosier, coup d'archet*. C'est une manière de lancer le son pour la voix et pour les instruments. Le coup de langue pour les instruments à vent a besoin d'être net, détaché, rapide.

Le coup d'archet pour les instruments à cordes a besoin d'être distinct, ferme, moelleux. Le coup de gosier demanderait encore des précautions plus grandes. Mais cette expression n'est plus en usage, et ne sert maintenant qu'à désigner ces grands éclats de voix que les chanteurs du temps de Rameau prodiguaient dans notre anciennne musique. La voix ne doit pas être jetée avec effort, elle doit être portée naturellement sans être traînée ni saccadée, et ne pas présenter l'idée d'un *coup*.

Coup de fouet. C'est un certain effet plus fort, plus plus brillant que tout le reste, par lequel on termine un morceau de musique pour obtenir des applaudissements. C'est pour donner le coup de fouet qu'on place quelquefois des transitions vers la fin des morceaux de musique et qu'on les termine presque toujours par un *forte* et même par un *fortissimo*. Le grand *crescendo* n'a pas d'autre but. Il y a pourtant certains morceaux qu'on ne pourrait terminer par un coup de fouet sans en détruire entièrement l'expression, comme un sommeil, un nocturne, une cavatine pleine de sentiment et de suavité, et toute espèce de chant qui doit finir piano. Ces morceaux n'en seront pas moins applaudis, s'ils sont d'ailleurs bien faits. Au surplus, ce n'est pas aux bravos d'un moment que prétend l'homme de génie, mais à une estime durable.

Couplet. Nom qu'on donne dans les romances et les chansons à cette partie du poëme qu'on appelle strophes dans les odes.

Coupure. Suppression que l'on fait d'un certain nombre de périodes dans le courant d'un morceau de musique, pour en rendre la marche plus rapide. C'est aux dernières répétitions d'un opéra que se font habituellement les coupures. Celles-là son réglées sur le besoin que l'on a de passer plus vite de telle situation à telle autre, et d'activer ainsi le jeu de la scène. On les demande au compositeur, qui du premier coup d'œil voit ce qu'il doit sacrifier, et qui d'un trait de plume a bientôt rajusté les deux bouts.

Courante. Air à trois temps, propre à une danse ainsi nommée à cause des allées et des venues dont elle était remplie. C'est air n'est plus en usage, non plus que la danse dont il porte le nom.

Couronne. Trait en demi-cercle qui couronne le point d'orgue et le point d'arrêt ou de repos. Les Italiens nomment souvent couronne, *corona*, le point d'orgue lui-même.

Couvert. Ce mot indique qu'on doit couvrir d'un drap les timbales, afin d'en amortir le son.

Il y a des octaves et des quintes que, dans les écoles

d'harmonie, on appelle *couvertes* ou *cachées ;* on fait une quinte ou une octave cachée, lorsqu'on marche à la quinte ou à l'octave par mouvement direct.

CRECELLE. Espèce de moulinet en bois dont on tire un son aigre et bruyant, en l'agitant fortement avec la main. Il remplace les cloches dans les églises, le jeudi et le vendredi de la Semaine-Sainte.

CREMBALUM. Instrument des Romains, qui, selon quelques-uns, ressemblait aux castagnettes, et, selon plusieurs autres, n'était qu'une guimbarde.

CRESCENDO. Ce mot italien signifie en *croissant*, en *augmentant*. Le crescendo consiste à prendre le son avec autant de douceur qu'il est possible, et à le conduire par degrés imperceptibles jusqu'au plus grand éclat. Cet effet est fort beau, et termine bien une symphonie. Presque toutes les ouvertures d'opéra arrivent à leurs derniers effets par un *crescendo*.

CRESCERE (monter). On dit en italien qu'un chanteur *cresce*, qu'un instrumentiste *cresce* (joue ou chante trop haut), lorsque leur intonation est plus élevée qu'elle ne doit être. La cause de ce défaut est naturelle ou accidentelle.

CRIBLE. Planche percée de trous, qui est destinée à maintenir les tuyaux dont les embouchures sont placées dans le sommier de l'orgue.

CRIER. C'est exagérer la force des sons de la voix, en chantant. Ce défaut est celui des chanteurs dont la voix ne se produit point avec facilité.

CRISTA (J. P.). Luthier à Munich, en 1730.

CRISTALLOCORDE. Nom d'un clavecin construit en 1781, à Paris, par un allemand nommé Boyer. Cet instrument avait des cordes de cristal. Il remplaça le jeu des clochettes que Mozart avait introduit dans la *Flûte enchantée*.

CRISTOFORA. Luthier florentin, vivait en 1725.

CRITIQUE MUSICALE. La véritable critique musicale suppose de grandes et profondes connaissances dans l'art, ainsi qu'un goût exquis. Elle ne se contente pas seulement d'examiner les compositions d'après leur forme extérieure et technique, mais encore elle les apprécie d'après leur caractère esthétique. Si en outre cette critique est impartiale, claire, écrite dans un langage convenable, dégagée de toute passion, elle encouragera l'art, perfectionnera le goût.

Crodias. Nom grec des flûtes.

Croisé. Les parties se croisent, lorsque la plus élevée, en descendant, se trouve plus basse que la partie qui était auparavant plus grave, laquelle, en montant, devient à son tour la plus élevée.

Croix. Signe qui marquait le trille dans l'ancienne musique. On se sert d'une petite croix pour désigner dans un basse chiffrée les intervalles augmentés. La quarte augmentée se chiffre par un quatre précédé d'une croix, *4. Quelques auteurs chiffrent l'accord de la septième dominante par un sept avec une croix au-dessous. La petite croix indique presque toujours que c'est une *note sensible* qui forme l'intervalle indiqué.

Cromamètre Instrument servant à accorder un piano sans être obligé de faire une partition, qui fut inventé par Roller en 1827.

Cromorne. Mot tiré de l'allemand, et qui signifie *cor tordu*. Cet instrument est représenté comme une corne de bœuf tordue, avec quatre trous dans la partie inférieure. C'est aussi le nom d'un jeu de l'orgue. Il joue à l'unisson de la trompe, mais donne un son moins éclatant. Il se place au clavier du *positif*. (Voyez Orgue.)

Cronomètre. Ainsi se nomment en musique les instruments qui servent à marquer la mesure.

Cronomètre-musical. Instrument propre à mesurer le temps et le son, imaginé à Berlin en 1797, par Barja, professeur de mathématiques.

Croque-Note. Nom qu'on donne par dérision à ces musiciens ineptes qui, versés dans la combinaison des notes, et en état de rendre à livre ouvert les compositions les plus difficiles, exécutent au surplus sans sentiment, sans expression, sans goût. Un croque-note, rendant plutôt les sons que les phrases, lit la musique la plus expressive sans y rien comprendre, comme un maître d'école pourrait lire un chef-d'œuvre d'éloquence écrit avec les caractères de sa langue, dans une langue qu'il n'entendrait pas.

Crotales. Instrument de percussion composé de deux pièces de fer ressemblant assez à deux écuelles rondes, fort épaisses et peu concaves. On en joue de la même manière que des cymbales. Les crotales sont encore en usage en Provence, où elles ont reçu le nom de *Chaplachoon*. (Voyez Cymbales antiques.)

CROUTH. Espèce de *rebec*. Il y en existait de deux espèces, le *crouth trihant* ou à *trois cordes* et le *crouth à six cordes* réputé plus noble que le premier. Le barde Ed. Tones en donne la description dans ses écrits : « Un joli coffre, avec un archet, un lion, une touche, un chevalet. Il a la tête arrondie comme la courbe d'une roue et le renflement de son dos est semblable à celui d'un vieillard. Six chevilles pour tendre les cordes. »

CRUMA. Les Latins donnaient ce nom à certains instruments formés de plusieurs vases de terre en forme d'huîtres, ou autrement; en les frappant les uns contre les autres, ils produisaient un son.

CRUSCITIROS. C'est le nom d'une chanson de danse des anciens Grecs, accompagnée de flûtes.

CUVETTE. La cuvette est une partie de la harpe qui sert de base à l'instrument; elle contient le mouvement par lequel les pédales attirent les tringles qui mettent en jeu le mécanisme renfermé dans la console. A chaque côté de la cuvette figurent les pédales : il y en a quatre à droite et trois à gauche.

CYMBALE. Jeu d'orgue à bouche et en étain. Il est compris parmi les jeux de mutations et diffère seulement de la *fourniture* par la grosseur moindre de ses tuyaux.

CYMBALES. Instrument de percussion composé de deux plaques circulaires d'airain, d'un pied de diamètre et d'une ligne d'épaisseur, ayant chacune à leur centre une petite concavité et un trou dans lequel on introduit une double courroie. Pour jouer de cet instrument, on passe les mains dans ces courroies, et l'on frappe les cymbales l'une contre l'autre du côté creux. Le son qu'elles rendent, quoique très-éclatant, n'est pas appréciable.

On réunit les frappements des cymbales à ceux de la grosse-caisse, pour marquer le rhythme, ou seulement la mesure, dans les marches guerrières, les airs de danse fortement caractérisés, et les ouvertures, symphonies et chœurs qui ont une couleur militaire.

Les sons frémissants et grêles des cymbales, dont le bruit domine tous les autres bruits de l'orchestre, réunis aux sifflements aigres de la petite flûte et à des coups bien rhythmés des timbales ou des tambours, expriment avec une vérité effrayante, soit des sentiments de férocité, soit une orgie bachique où la joie tourne à la fureur. On connaît le prodigieux effet produit par les cymbales dans le chœur des Scythes, de Gluck.

CYMBALES ANTIQUES. « Elles sont fort petites, dit M. Berlioz, et leur son est d'autant plus aigu qu'elles ont plus d'épaisseur et moins de largeur. J'en ai vu au musée de Pompéï, à Naples, qui n'étaient pas plus grandes qu'une piastre. Le son de celles-là est si aigu et si faible qu'il pourrait à peine se distinguer, sans un silence complet des autres instruments. Les cymbales servaient, sans doute, dans l'antiquité, à marquer le rhythme de certaines danses, comme nos castagnettes modernes. »

CZACAN. Espèce de flûte en forme de canne, qui a eu de la vogue en Allemagne, vers 1800, et pour laquelle on a écrit beaucoup de musique. Le son en était très-doux.

D

D, D, SOL RÉ, OU D LA RÉ. Ces expressions, qui dérivent de l'ancienne manière de solfier, désignent le second degré de la gamme diatonique, lequel, dans le solfége moderne, s'appelle *ré*.

DA. On nomme ainsi un coup frappé faiblement sur un tambour avec la baguette gauche, par opposition au *ta* qui est produit avec plus de force par la main droite. le *Da* se figure en *tympanonique* au moyen d'une noire posée entre la seconde et la dernière ligne de la portée.

DA CAPO, ou par abréviation D C (au commencement). Ces mots indiquent, qu'ayant fini un morceau de musique ou un motif principal, il faut le reprendre depuis le commencement jusqu'à l'endroit où est la fin véritable.

DACTYLE. C'était le nom d'un acte ou de la division principale du morceau de musique exécuté par les concurrents dans les jeux pythiques.

DACTYLES IDÉENS. Lorsque Cadmus passa de la Phénicie en Grèce, il amena avec lui, parmi sa suite, des hommes appelés Corybantes ou Curètes, qui, dit-on, furent les premiers à introduire la musique dans le culte des divinités grecques. Leur musique consistait dans de hauts cris accompagnés par des tambours et par d'autres instruments bruyants. La fable raconte que les Curètes, entre les mains desquels on mit Jupiter pour être élevé, le cachèrent sur le mont Ida, et pour empêcher que les cris de l'enfant ne parvinssent jusqu'aux oreilles de Saturne, ils firent un grand bruit avec des instruments, dansant en même temps des pas mesurés, appelés dactyles. C'est à cause de ces pas et du mont Ida, qu'ils reçurent le nom de dactyles idéens.

Dactylion. Instrument à ressort inventé par M. Henri Herz, qui sert à donner plus d'extension à la main, à délier et à fortifier les doigts, à les rendre indépendants les uns des autres, à donner enfin au jeu, cette égalité sans laquelle il n'y a pas de belle exécution sur le piano. L'expérience démontre merveilleusement qu'une heure de leçon par jour avec le dactylion suffit pour améliorer rapidement les progrès des élèves, et contribuer d'une manière sensible à la facilité du jeu chez les artistes eux-mêmes.

Dactylographe. Instrument imaginé en 1827 par Pienne, pour transmettre, au moyen du toucher, les signes de la parole entre un sourd et un aveugle.

Daf. Instrument de musique à percussion dont on fait usage dans les Indes.

Daire ou Def. Instrument persan qui ressemble à notre tambour.

Danéforica. Hymne des anciens Grecs, chanté par les vierges, au moment où les prêtres portaient les lauriers au temple d'Apollon. Cette cérémonie se célébrait en Béotie tous les neuf ans.

Danse. (Voyez Ballet.)

Danse (musique de). La musique des ballets était jadis restreinte aux cadres uniformes de certains airs de danse, tels que les chacones, les passe-pieds, les menuets, les gavottes, les gigues. Les airs de danse ne sont plus calqués sur un modèle connu ; le compositeur s'accorde avec le chorégraphe pour les formes, le caractère et l'extension qu'il convient de leur donner. Le pas des Scythes d'*Iphigénie en Tauride*, de Gluck, celui des Africains de *Sémiramis*, de Catel, les gavottes d'*Orphée et d'Armide*, ont offert tour à tour des modèles dans le style énergique et gracieux.

Dans un ballet pantomime, la symphonie, destinée à peindre l'action et les sentiments des personnages, diffère beaucoup des airs destinés aux pas exécutés par les danseurs ; ces airs représentent les cavatines, les duos, les trios des chanteurs placés au milieu des récitatifs. Des fragments de symphonies, des ouvertures tout entières, des airs connus, sont placés quelquefois avec bonheur dans un ballet. La musique domine dans un opéra, elle n'occupe que le second rang dans une composition chorégraphique ; le danseur est l'objet intéressant, et l'on fait moins d'attention à la mélodie qui règle ses pas.

Plusieurs compositeurs ont brillé particulièrement dans les airs de danse. Le comte de Gallemberg leur dut sa réputation ; il n'a écrit que des partitions de ballet. Les musiciens français ont réussi dans cette partie de l'art d'une manière d'autant plus remarquable qu'ils ont échoué plus souvent dans les airs de chant vocal. On peut citer une foule de jolis airs de danse parmi les productions de certains musiciens français, qui n'ont jamais donné un air, une cavatine, un duo d'opéra de quelque valeur.

La contredanse, la valse et le galop, sont les airs que l'on entend le plus souvent dans les bals. La contredanse nous vient de l'Angleterre, et s'est établie en France au commencement du siècle dernier. Elle s'exécute à huit, à douze, à seize personnes, dont la moitié de chaque sexe, sur un air, un rondeau à deux-quatre, ou six-huit *allegretto*, composé le plus souvent de trois reprises de huit mesures chacune. La contredanse se joue quatre fois de suite, pour que ceux qui la dansent puissent exécuter à leur tour les figures, d'après le dessin du chorégraphe. La valse est un air à trois temps. Le galop est un deux-quatre fort animé, dont la cadence doit faire sentir vivement le frappé et le levé de la mesure. On arrange en contredanse, valses et galops, les airs d'opéra.

Danse aux flambeaux et quelques autres danses du seizième siècle. Marguerite de Valois, épouse de Henri IV, qui dansait si merveilleusement, que les conteurs d'anecdotes font partir Don Juan des Pays-Bas dont il était gouverneur, et où venait d'éclater une grande révolution, pour venir incognito à Paris surprendre cette reine dans un bal, Marguerite de Valois excellait au *branle de la torche ou du flambeau*, de même que dans toutes les danses sérieuses. « Je me souviens, dit Brantôme, qu'une fois étant à Lyon, au retour du roi de Pologne, Henri III, aux noces d'une de ses filles, elle dansa ce branle devant force étrangers de Savoie, de Piémont, d'Italie et autres, qui dirent n'avoir rien vu de si beau que cette reine, si belle et grave danse, ajoutant que cette reine n'avait pas besoin, comme les autres dames, du flambeau qu'elle tenait à la main ; car celui qui sortait de ses beaux yeux, qui ne mourait point comme l'autre, pouvait suffire. »

Alors la danse se divisait en haute et en basse danse. La première, composée de sauts et de gambades, réservée aux baladins de profession ; la seconde noble et posée, était celle de la bonne compagnie. Les plus fameuses danses du seizième siècle étaient la *pavane espagnole*, fière et bravache comme un hidalgo, et qui a donné naissance à l'expression proverbiale se *pavaner*; les *villanelles napolitaines*, les *padouanes*, les *gaillardes*, les *canaries*, les *voltes et courantes*, les *allemandes* et les *matassins*, espèce de ballet armé que Molière a introduit dans son *Pourceaugnac*.

La *pavane* était pour Marguerite de Valois un nouveau sujet de triomphe. « Le roi Charles IX, dit Brantôme, la menait ordinairement danser le grand bal. Si l'un avait belle majesté, l'autre ne l'avait pas moindre. Je l'ai vu assez souvent danser la *pavane* d'Espagne, danse où la grâce et la majesté font une belle représentation. Mais les yeux de toute la salle ne se pouvaient soûler, ni assez se ravir par une si agréable vue ; car les passages étaient si bien dansés, les pas si sagement conduits, et les arrêts faits de si belle sorte, qu'on ne savait que plus admirer, ou de la belle façon de danser, ou de la majesté de s'arrêter. »

Timoléon de Cossé, comte de Brissac, et après lui le jeune La Molle, faisaient fureur à la cour de Charles IX, soit dans les branles, soit dans la *pavane*, soit dans la *gaillarde* ou les *canaries*. Les deux dernières jouissaient alors d'une grande vogue. « Le roi Charles, dit Brantôme, s'avisa un jour, après dîner, de faire retirer tout son monde, à la réserve de MM. de Strozzi et de Brissac, et d'un petit nombre de familiers. Cela fait, il ordonna au premier de toucher du luth, et au second de jouer des pieds ; et quand il en eut assez, il se tourna vers un de ses courtisans, et fit cette sage réflexion : *Voilà comme après que j'ai tiré du service de mes deux braves colonels à la guerre, j'en tire du plaisir à la paix.*»

DANSE D'OURS. On désigne par ce terme certaines

compositions dans lesquelles on a cherché à imiter l'effet des airs de musette joués par ceux qui font danser les ours. Cet effet consiste à faire ronfler les basses, les bassons, les cors en pédales, tandis qu'un instrument à voix blanche, tel que le hautbois, le violon, exécute à l'aigu un chant villageois et montagnard. Ce chant ne part ordinairement qu'à la quatrième ou cinquième mesure, et cesse de temps en temps pour laisser entendre le bourdonnement continu de la pédale grave et de l'harmonie intermédiaire.

Le beau finale de la seizième symphonie de Haydn, en *ré mineur*, est une danse d'ours.

Danseurs, danseuses. Ces mots désignent en général toutes les personnes des deux sexes qui se livrent à l'exercice de la danse. Mais il s'applique surtout à celles qui la cultivent comme art et en font profession. C'est sur la scène magique de l'Opéra que brillèrent nos plus célèbres danseurs et danseuses de toutes les époques. Il est assez remarquable que dans le privilége de *non-dérogeance*, accordé par Louis XIV aux personnes de famille noble qui chanteraient à l'Académie royale de musique, les sujets de la danse n'aient pas été compris. Cet oubli s'expliquerait d'autant moins que le monarque lui-même aurait, non pas *chanté*, mais *dansé* avec ceux de ce spectacle sur le théâtre de la cour. Mais Lulli, qui sollicita et obtint ces lettres-patentes, prenait beaucoup plus d'intérêt aux exécutants de ses airs, de ses duos et de ses chants, qu'aux danseurs figurant dans des divertissements qu'on regardait alors comme une partie très-accessoire de ces représentations. Le goût de Louis XIV pour la danse théâtrale a été partagé par des personnages qui, à d'autres titres, auraient semblé aussi faire peu de cas d'un pareil amusement. On dit que dans le dernier siècle, le philosophe Helvétius dansa en amateur sur le théâtre de l'Opéra, en sauvant, à la vérité, au moyen du masque, le *décorum* de la philosophie moderne. Jusqu'à la fin du dix-huitième siècle, la danse, malgré quelques grandes renommées, telles que celles des Pécourt, des Sallé, des Camargo, n'avait tenu à l'Opéra qu'un rang très-secondaire. Les compositions de Noverre et de Gardel commencèrent à la placer sur la même ligne que la musique, sa sœur. Depuis quelques années une sorte de révolution s'est opérée dans la danse théâtrale, au désavantage des hommes et au profit des femmes. Au commencement du siècle actuel, la rivalité de deux danseurs, Vestris et Duport, avait occupé toute la capitale. Aujourd'hui, la danse masculine est peu goûtée en général, et la faveur publique adopte presque exclusivement les danseuses.

Danso-musicomane. Nom donné à certaines petites figures très-légères que l'on pose sur la table d'harmonie d'un piano et qui se meuvent et dansent en mesure quand on joue l'instrument.

Darabooka. Espèce de petit tambour en usage encore aujourd'hui en Egypte. Il se compose d'une feuille de parchemin, fixée sur un pot de terre, ressemblant beaucoup à la pomme d'un arrosoir. On en retrouve la représentation sur les plus anciens bas-reliefs Egyptiens.

Dardelli (Pietro). Célèbre luthier, travaillait à Mantoue en 1500.

Debut. Premier pas d'un artiste dans la carrière qu'il parcourt. Première apparition d'un acteur sur un théâtre.

Décacorde. Instrument à dix cordes appelé aussi *harpe de David*. L'abbé Vogler croit que cette harpe était accordée dans les tons de *si*, clef de basse, seconde ligne, *do, ré, mi, fa, sol, la, si, do, ré*.

Décacordé. Est également le nom d'une espèce de guitare à dix cordes, imaginée en 1828, par Carulli, et construite par Lacoste.

Dechant. Nom que l'on donnait dans le XIIIe et le XIVe siècle, à l'accompagnement d'une ou plusieurs parties sur le plain-chant ou sur un chant donné. Le dechant ressemblait à un *contrepoint* improvisé par les chanteurs.

Dechanteur. Nom donné anciennement à l'accompagnateur qui improvisait une seconde partie.

Déchiffrer. Lire la musique pour la première fois.

Dechler (David). Élève de Stainer, acquit une belle réputation à Rome, dans l'art de la lutherie. Il travaillait de 1715 à 1740.

Déclamation. La déclamation théâtrale est l'art de représenter à la scène le rôle d'un personnage, avec la vérité et la justesse d'intonation qu'exige la situation. On n'attend point ici le détail de cette immense variété d'inflexions dont la voix humaine est susceptible, et que l'on doit employer dans les différentes occasions pour rendre avec justesse tant de pensées, tant de sentiments innombrables. Il est également inutile de donner sur ce sujet des préceptes qui, justes pour nous, pourraient être pour les autres, incertains ou trompeurs. Chacun doit, selon son naturel, diversifier ses inflexions conformément à son propre sentiment. C'est donc en pénétrant dans le fond de notre âme que nous saurons trouver ces tons vrais qui remuent les auditeurs, cette sorte de langage, d'accent qui, par la seule inflexion, indique les sentiments, la passion qui nous dominent. Mais la voix n'est pas le seul moyen dont se serve l'art pour exprimer ces impressions de l'âme. Les yeux, le geste, sont aussi les interprètes des mêmes sentiments ; il est indispensable de joindre l'éloquence des yeux et le mouvement du corps à l'enthousiasme de la déclamation, et leur concours ajoutera à la vérité des intonations de la voix. Quant à la nécessité de bien prononcer, d'articuler d'une manière nette et distincte, d'avoir une connaissance exacte de la prosodie et de posséder un organe flexible et sonore, elle est tellement comprise de tout le monde, qu'il est inutile de s'y arrêter. Le chanteur ou le tragédien, qui ne peut se corriger de quelques défauts essentiels, tel qu'une voix sourde et enrouée, doit s'abstenir de paraître en public.

Parmi nos chanteurs dramatiques, il en est quelques-uns qui ont poussé l'art de la déclamation à un très-haut degré de perfection. Nourrit, surtout, ce grand artiste que regrette encore le monde musical, avait atteint, sous ce rapport, une étonnante supériorité ; Duprez a poussé plus loin encore, peut-être, la déclamation dans le récitatif ; mais le premier excellait dans l'art d'impressionner vivement le public, par le prestige de son jeu et les inflexions variées de son organe.

DECOMBRE. Luthier imitateur de Stradivarius ; travaillait à Tournay, en Belgique, de 1700 à 1735.

DÉCOMPTER. Lorsqu'en solfiant sans instrument, la voix ne peut saisir un intervalle un peu éloigné, il faut décompter, c'est-à-dire faire passer la voix par tous les degrés qui séparent cet intervalle, depuis la note d'où l'on part jusqu'à celle où l'on veut arriver ; par exemple, dans la gamme d'*ut*, si du *sol* que tient ma voix je veux descendre sur un *ré*, et que mon oreille ne me rappelle pas à la distance de cet intervalle, je *décompte*, et je dis : *sol fa mi ré*, en donnant à chacune de ces cordes la juste intonation qu'elle doit avoir. Le son du *ré* étant une fois trouvé, je remonte au *sol* pour descendre ensuite d'un seul saut sur ce *ré*, dont l'impression subsiste encore dans mon oreille.

Décorations dans leurs rapports avec l'opéra. On peut appliquer au théâtre, et notamment à l'Opéra, ce que La Fontaine a dit de l'amour sur la quantité de personnes que réunit une représentation dramatique,

> Pour une qu'on prend par l'oreille.
> On en prend mille par les yeux.

C'est surtout à une époque où le matérialisme des sens fait irruption jusque dans les plaisirs de l'esprit, que l'art dramatique et l'art musical sont contraints d'appeler à leur secours le luxe des décorations et leur charme attractif pour la très-grande majorité des spectateurs. Aussi peut-on dire que, dans bien des théâtres, le décorateur est l'auteur principal, sinon de la pièce, au moins du succès.

Au reste, il est juste d'ajouter que de nombreuses études et beaucoup de connaissances qui se rattachent à son art, sont nécessaires au peintre de décorations qui veut s'élever au-dessus de la médiocrité. Il ne lui suffit pas de posséder à fond la perspective linéaire et aérienne, l'habile emploi des clairs obscurs, des grandes masses d'ombre et de lumière, de savoir combattre les difficultés que lui opposent pour ces divers effets les trop vives clartés des lustres de nos salles, des lampes de la scène. Ayant à retracer tant d'édifices et de sites différents, le peintre décorateur doit connaître parfaitement l'architecture et le paysage. Il faut ensuite qu'il sache bien dessiner la figure, car il aura plus d'une fois à orner ses décors de statues et de bustes. On sait assez combien il est nécessaire qu'il connaisse aussi l'antique et les divers styles d'architecture, pour ne pas les confondre. Sans cette étude approfondie, parfois des erreurs choquantes pourraient lui échapper ; et de temps en temps, ainsi que nous avons pu le voir, un sujet grec serait représenté dans un édifice romain, et *vice versâ*; ou bien les armes, les productions d'un pays se trouveraient transportées dans un autre.

Il n'est pas jusqu'aux modes du jour, celles au moins qui concernent les constructions, la disposition des appartements, leurs accessoires d'embellissement, que le peintre-décorateur ne doive avoir bien observées pour les retracer avec fidélité. Il faut qu'il sache aussi bien reproduire sur la toile, un boudoir moderne qu'un temple de l'antiquité, ou un monument du moyen-âge.

Les auteurs et les compositeurs dramatiques ont quelquefois l'imagination trop exigeante, et demandent au peintre de décorations ce que son art ne peut exécuter. Il est contraint alors de les ramener aux bornes du possible. Il arrive aussi parfois qu'il corrige ou modifie dans ses compositions ce qui, dans leurs programmes, serait trop bizarre ou de mauvais goût. Aussi plusieurs de nos anciens poètes, compositeurs et faiseurs de ballets, avaient-ils senti que c'est surtout au théâtre que la poésie, la musique et la peinture doivent être sœurs. On voit par les opéras, et les préfaces de Corneille qui précédent ce qu'on appelait ses *pièces à machines*, qu'ils n'étaient pas restés étrangers à un art qui devait seconder le leur, et qu'ils pouvaient donner eux-mêmes des conseils utiles aux artistes chargés d'exécuter les décorations de leurs ouvrages.

Nous savons peu de chose sur le plus ou moins d'habileté avec laquelle les anciens décoraient leurs scènes. Les tableaux trouvés à Herculanum doivent toutefois nous faire présumer que Rome avait aussi ses talents dans cet autre genre de peinture, utile auxiliaire de l'art musical ; malheureusement, leurs productions n'ont pu nous être conservées.

L'usage et la confection des décorations théâtrales étaient en quelque sorte perdus au quinzième siècle. Il est vrai que l'art dramatique était alors dans son enfance, et les œuvres plus religieuses que profanes de cette époque, ne comportaient guère le luxe de la mise en scène moderne. Ce fut Balthazar Preuzzi, né en 1481, à Volterre, en Italie, qui fut le restaurateur de cet art. Il eut dans cette contrée de dignes successeurs, parmi lesquels on peut citer Parigi à Florence, Bibiena à Rome. Ajoutons que les Italiens furent jusqu'à ces derniers temps nos maîtres dans cette partie. Le génie de Servandoni, après avoir élevé dans notre capitale le beau portail de Saint-Sulpice, montra aussi, sur la scène de l'Académie royale de Musique, tout ce que pouvait faire naître de prestiges la baguette magique du grand peintre décorateur.

La France, dans ces dernières années, a fait faire un grand pas à l'art de la décoration appliqué au théâtre.

Nous avons indiqué plus haut les diverses connaissances que doit posséder le peintre de décorations. Est-il besoin de dire que le goût, cette première condition de ses succès, lui est indispensable encore ? Il est fâcheux d'ajouter qu'il faut en outre, à son âme d'artiste, une sorte d'abnégation de la gloire à venir. La sienne est, si l'on peut s'exprimer ainsi, en *détrempe* comme ses ouvrages. Aussi, bien différent du musicien et du poète, doit-il viser davantage à l'effet du moment qu'à celui que confirment l'examen réfléchi et le temps : c'est là sans doute qu'il est permis de frapper fort plutôt que juste. Le mérite du peintre-décorateur, c'est de parler aux yeux avec une éloquence vive, saisissante, improvisée, tandis que le musicien s'adresse à l'imagination et au cœur par le prestige des sons, et par tout ce que la langue musicale a de séductions et de charmes.

Décousu. Ce terme appartient également à la rhétorique et à la musique. On dit qu'un style est décousu, quand les idées rassemblées par le compositeur manquent entre elles de liaison, quand elles sont incohérentes et disparates, en un mot quand le sujet est mal conduit. Ce défaut est le propre des compositeurs, qui, avec peu d'imagination, enfantent péniblement leur musique, phrase à phrase et à des intervalles éloignés. Leur esprit, qui ne peut plus retrouver la même situation, ne produit que des pensées détachées qui ne s'amalgament jamais bien. Chaque phrase aura, si l'on veut, l'expression juste de chaque vers; mais le tout manquera d'ensemble et d'unité.

Decrescendo. Ce mot italien signifie le contraire de *crescendo*, c'est-à-dire une diminution progressive d'intensité des sons dans l'exécution de la musique.

Déduction. Terme de l'ancien plain-chant. La déduction est une suite de notes montant diatoniquement, ou par degrés conjoints.

Degré. Ce mot est l'équivalent de note ou son : ainsi, on peut dire : le premier, le deuxième, le troisième degré de la gamme ; il est aussi quelquefois l'équivalent d'intervalle, et alors il signifie la différence de position ou d'élévation qui se trouve entre deux notes placées dans une même portée. Sur la même ligne ou dans le même espace, elles sont au même degré, elles y seraient encore, quand même l'une des deux serait haussée ou baissée d'un demi-ton, par un dièse ou par un bémol. Au contraire, elles pourraient être à l'unisson, quoique posées sur différents degrés, à l'aide d'un changement de clef ou par l'emploi des dièses et des bémols, comme *fa* bémol et *mi*, *ut* dièse et *ré* bémol, etc., etc. Si deux notes se suivent diatoniquement, de sorte que l'une étant sur une ligne, l'autre soit dans l'espace voisin, l'intervalle est d'un degré, de deux si elles sont à la tierce, de trois si elles sont à la quarte, de sept si elles sont à l'octave. Ainsi, en ôtant 1 du nombre exprimé par le nom de l'intervalle, on a toujours le nombre des degrés diatoniques qui séparent les deux notes. Ces degrés diatoniques, ou simplement degrés, sont encore appelés *degrés conjoints*, par rapport aux *degrés disjoints* qui sont composés de plusieurs degrés conjoints.

Délié. (Voyez le mot Sciolto.)

Démancher. C'est, sur les instruments à manche, tels que le violon, le violoncelle, la guitare, ôter la main gauche de sa position naturelle pour l'avancer sur une position plus haute ou plus à l'aigu.

Demande, ou Proposition. On appelle quelquefois ainsi, dans une fugue ou dans tout autre morceau où l'imitation est employée, le sujet que l'on propose à imiter; et la phrase qui y correspond se nomme *réponse*. Cette phrase proposée se nomme aussi le *sujet*, le *motif*. La demande et la réponse se rencontrent aussi dans des morceaux de musique non fugués, et qui n'offrent pas même la simple imitation.

Demi-Diton. Signifiait dans la musique ancienne la moitié du *Diton* ou deux tons; c'est-à-dire une tierce majeure.

Demi-Jeu, A demi-jeu. Terme de musique instrumentale qui indique une manière de jouer tenant le milieu entre le *forte* et le *piano*; c'est ce que les Italiens appellent *mezzo-forte*.

Demi-Ton. Intervalle de musique valant à peu près la moitié d'un ton. Il y a deux sortes de demi-tons; le demi-ton diatonique, c'est celui qui existe d'une note à l'autre, comme d'*ut* à *ré bémol*, et le demi-ton chromatique, qui existe d'une note à la même note subissant une altération comme d'*ut* à *ut dièse*.

Demi-Mesure. Espace de temps qui dure la moitié

d'une mesure. Il n'y a proprement de demi-mesure que dans les mesures dont les temps sont en nombre pair.

Demi-Pause. Caractère de musique qui marque un silence dont la durée doit être égale à celle d'une demi-mesure à quatre temps, ou d'une blanche. Comme il y a des demi-mesures de différentes valeurs, et que celle de la demi-pause ne varie point, elle n'équivaut à la moitié d'une mesure que quand la mesure entière vaut une ronde, à la différence de la pause entière qui vaut toujours exactement une mesure grande ou petite.

Demi-Soupir. Caractère de musique qui marque un silence dont la durée est égale à celle d'une croche ou de la moitié d'un soupir.

Demi-Temps. Valeur qui dure exactement la moitié d'un temps. Il faut appliquer au demi-temps, par rapport au temps, ce que nous avons dit précédemment de la demi-mesure par rapport à la mesure.

Denis d'Or. C'est le nom d'un clavecin à pédales inventé dans la première moitié du siècle dernier. On prétend que cet instrument imitait presque tous les instruments à cordes et à vent, de cent trente manières.

Désaccorder. Détruire l'accord d'un instrument. On désaccorde un piano en frappant trop fort et d'une manière inégale sur les touches. On désaccorde un violon en tournant les chevilles à droite ou à gauche, sans donner aux cordes le degré de tension qu'exige l'accord. De grandes secousses, le dérangement des tuyaux, la poussière, le duvet de la peau des registres, et tous les corps étrangers qui s'introduisent dans les tuyaux, désaccordent l'orgue.

Descendante (gamme). C'est la suite des tons et demi-tons dont se compose la gamme en allant de haut en bas, par opposition à la gamme ascendante, qui procède par le mouvement contraire.

Descendre. C'est baisser la voix, c'est faire succéder les sons de l'aigu au grave, ou du haut en bas.

Desharmonie. Mot nouveau, imaginé par Napoléon Ier pour indiquer la discordance soit en musique, soit dans les affaires publiques.

Dessin. C'est l'invention et la conduite du sujet, la disposition de chaque partie et l'ordonnance générale du tout. Ce n'est pas assez de faire de beaux chants et une bonne harmonie, il faut lier tout cela par un sujet principal, auquel se rapportent toutes les parties de l'ouvrage. C'est donc dans une distribution bien entendue, dans une juste proportion entre toutes les parties, que consiste la perfection du dessin, et c'est surtout sous ce rapport que l'illustre Mozart a fait preuve d'intelligence et de goût. Son *Requiem*, sa *Clémence de Titus*, ses *Noces de Figaro*, sont, dans trois genres différents, trois chefs-d'œuvre de dessin également parfaits. Cette idée du dessin général d'un ouvrage s'applique aussi en particulier à chaque morceau qui le compose : ainsi, on dessine un air, un duo, un chœur.

DESSINER. Faire le dessin d'une pièce ou d'un morceau de musique.

DESSUS. La plus aiguë des parties vocales de la musique. Le dessus est chanté par les femmes, les enfants et les soprani italiens.

Le diapason du dessus est ordinairement de deux octaves. C'est la seule voix qui contienne les trois espèces de registres, savoir :

Premier registre. Quatre sons de poitrine, de l'*ut* au-dessous des lignes (la clef étant celle de *sol*) jusqu'au *fa*, premier interligne.

Deuxième registre. On prend la voix de medium au *sol* sur la seconde ligne, jusqu'à l'octave de l'*ut*.

Troisième registre. Passé cet *ut*, la voix change encore et peut s'élever jusqu'à l'octave de ce même *ut*, et même au *ré* qui le suit à l'aigu ce qui formerait alors plus de deux octaves.

Le dessus se divise en premier et second dessus. Le second dessus, ou bas dessus, a deux tons de plus au grave que le premier, et son diapason s'élève au *fa* sur la cinquième ligne, ou au sol qui le suit.

DEUX-QUATRE. Mesure qui contient deux noires ou deux fois la quatrième partie d'une ronde.

DÉTACHÉ. Mot qui exprime le mode d'exécution des instruments ou de la voix, dans lequel on sépare les sons par une émission brève et non prolongée.

DÉTONNER. Sortir du ton, manquer à la justesse des intonations.

DIABLE (Cadence du). Voyez DIAVOLO (cadenza del).

DIACOMMATIQUE. Epithète donnée au genre de transitions harmoniques au moyen desquelles la même note venant en apparence sur le même degré, monte ou descend d'un *comma* en passant d'un accord à un autre.

DIACOUSTIQUE. C'est la recherche des propriétés du son refracté en passant à travers différents milieux.

DIAGRAMME. C'était, dans la musique ancienne, la table ou le modèle qui présentait à l'œil l'étendue générale de tous les tons d'un système, ou ce que nous appelons aujourd'hui échelle, clavier.

DIALOGUE. Composition à deux voix ou à deux instruments qui se répondent l'un à l'autre, et qui souvent se réunissent.

Un opéra n'est en quelque sorte qu'un dialogue continuel. Les récitatifs, les chants à deux ou à plusieurs voix, les chœurs même y sont dialogués. Dans les airs, la voix dialogue souvent avec l'orchestre. L'art de faire dialoguer les voix entre elles, les instruments entre eux, et de faire concourir à la perfection du dialogue les parties vocales et iustrumentales réunies, doit donc être une des principales études du compositeur dramatique.

DIAPASON. Nom grec de l'octave. On appelle aussi de ce nom l'étendue d'une voix ou d'un instrument.

DIAPASON. Petit instrument d'acier qui donne le son d'après lequel on accorde tous les autres instruments. (Voyez le mot CORISTA.) Il y a aussi un jeu d'orgue qui porte le nom de diapason.

DIAPASON CUM DIAPENTE. La douzième.

DIAPASON CUM DIATESSARON. La onzième.

DIAPASON OMNICORDE. Imaginé en 1854 par *Guichard*, donnant d'une manière exacte le son des quatre cordes du violon, *mi, la, ré, sol*.

DIAPASON WOLFSOHN. Imaginé à Paris, en 1844, d'après un nouveau système, par Wolfsohn.

DIAPAZORAMA. Machine construite en 1828, par *Matrol*, donnant un accord invariable et d'une justesse aussi rigoureuse que possible, cet appareil est composé de seize diapasons accordés chromatiquement par demi-ton, avec l'observation du tempérament.

DIAPENTE. Nom grec de la quinte naturelle, autrement appelée *dioxie*. — Diapente est aussi un jeu d'orgue.

DIAPENTE COL DITONO. La septième majeure.

DIAPHONIE. Par ce terme, les Grecs entendaient les dissonances, parmi lesquelles ils comptaient les tierces et les sixtes. — Dans les onzième et douzième siècles, le mot diaphonie indiquait la voix de soprano, et après l'invention de l'harmonie, ce nom désigna une composition à deux parties.

Diaplose. Mot qui signifie, dans le *plain-chant*, une intercidence ou petite chute, ou note de passage qui se fait sur la dernière note d'un chant, ordinairement après un grand intervalle en montant.

Diaspasma. C'était chez les anciens, une pause entre les différents vers d'un chant.

Diastaltique. Dans la musique grecque ancienne, il désignait le sublime.

Diastème. Nom grec de l'intervalle simple, par opposition à l'intervalle composé qu'on appelait *système*.

Diatessaron. Nom grec de la quarte naturelle.

Diatonique. Le genre diatonique procède par tons et par demi-tons naturels c'est-à-dire sans altération. Ainsi les deux demi-tons qui se trouvent dans la gamme sont du genre diatonique ; et la gamme, soit en montant, soit en descendant, se nomme gamme ou échelle diatonique.

Quoique, dans le genre diatonique, le moindre intervalle soit d'un degré conjoint, cela n'empêche pas que les parties ne puissent procéder par de plus grands intervalles, pourvu qu'ils soit tous pris sur des degrés diatoniques.

Le mot diatonique vient du grec, *dio* (par) et *tonos* (ton), c'est-à-dire d'un ton à un autre.

Diaule. Flûte double des anciens Grecs, appelée ainsi par opposition à *monaule*, qui était la flûte simple.

Diavolo (Cadenza del). Nom que l'on donnait autrefois à une espèce de trille extraordinaire pratiqué sur le violon, et qui consistait dans une note tenue par le doigt annulaire, sur laquelle frappait le petit doigt, pendant que les deux premiers doigts exécutaient des notes différentes sur la corde voisine. La grande difficulté que présente pour les doigts l'exécution de ces divers mouvements a fait donner à ce trille le nom de *cadenza del diavolo*, trille du diable. On prétend que ce trille a été inventé par Tartini, et quelques auteurs parlent même d'un rêve qui est relatif à cette invention.

Diazeuxis. On appelait ainsi, dans la musique des anciens, la disjonction des deux tétracordes successifs qui n'étaient pas unis au moyen du même son.

Didascolos cyclidos. Nom grec de celui qui instruisait les chanteurs du chœur.

Didyméennes. C'étaient des fêtes grecques dans la ville de Milet (Asie Mineure), ou Apollon avait un temple qu'on appelait Didyméon. A l'occasion de ces fêtes avaient lieu des luttes musicales.

Diehl. Luthier assez en renom, travaillait à Darmstadt en 1730.

Dièse. Caractère de musique qui est formé par deux petites lignes verticales coupées par deux lignes horizontales, et indique qu'il faut élever d'un demi-ton la note devant laquelle il se trouve. Il y a deux manières d'employer le dièse : l'une accidentelle, quand dans le cours du chant on le place à gauche d'une note ; dans ce cas il n'altère que la note qu'il touche et les notes du même nom qui se trouvent dans la même mesure. L'autre manière est d'employer le dièse à la clef, et alors il n'est plus accidentel, mais essentiel au ton du morceau de musique auquel il est appliqué. C'est pourquoi il agit dans la suite du morceau, et sur toutes les notes du même nom, à moins que ce dièse ne soit détruit accidentellement par le bécarre, ou que la clef ne vienne à changer.

Les dièses se posent à la clef de quinte en quinte dans l'ordre suivant :

Fa, ut, sol, ré, la, mi, si.

Diéser. C'est armer la clef de dièses pour changer l'ordre et le lieu des demi-tons majeurs, ou donner à quelque note un dièse accidentel, soit pour le chant, soit pour la modulation.

Dieuseugmenon. Nom du quatrième tétracorde du système grec.

Dieuseugmenon diatonos. Nom grec de notre *ré*, clef de violon au-dessous des lignes.

Digital. Petit appareil construit en 1845 par *Magner* pour faciliter le travail des doigts sur tous les instruments de musique.

Dilettante. Amateur de musique. Ce mot a passé de la langue italienne dans la langue française.

Dimension. Autrefois les instruments étaient ordinairement divisés d'après les quatre voix humaines principales. C'est pourquoi ils avaient quatre dimensions différentes. Les instruments modernes ont, eux aussi, en général, leurs différentes dimensions, et en Allemagne le trombone les conserve encore toutes quatre. Celle du *soprano* est cependant très-rare.

Diminué (intervalle). Lorsque l'intervalle naturel qui sépare deux notes est altéré par un dièse, un bémol ou un bécarre, on dit qu'il est *diminué* quand le signe qui l'altère diminue son étendue naturelle.

On donne spécialement ce nom aux intervalles *mineurs* dont l'étendue naturelle est *diminuée*. (Voyez le mot INTERVALLE.)

DIMINUENDO, EN DIMINUANT. C'est passer du *fort* au *piano* et du *piano* au *pianissimo*, par une gradation insensible, en adoucissant les sons, soit sur une tenue, soit sur une suite de notes, jusqu'à ce qu'ayant atteint le point qui sert de terme au *diminué*, on s'arrête pour finir le morceau de musique ou pour reprendre le jeu ordinaire.

DIMINUTION. Division d'une note longue en plusieurs notes de moindre valeur. Après avoir varié en croches un air écrit en blanches et en noires, on fait une nouvelle *diminution* en donnant une variation en doubles croches.

DINAMICA. Doctrine du mouvement des voix.

DIONYSIES ARCADIQUES. Fêtes des anciens Romains, dans lesquelles la jeunesse récitait des pièces théâtrales accompagnées de musique.

DIOXIE. Nom que les anciens donnaient quelquefois à la consonnance de quinte.

DIRECT. Un intervalle direct est celui qui fait un harmonique quelconque sur le son fondamental par lequel il est produit. Ainsi, la quinte, la tierce majeure, l'octave et leurs répliques, sont rigoureusement les seuls intervalles directs ; mais, par extension, l'on appelle encore intervalles directs tous les autres, tant consonnants que dissonnants, que fait chaque partie avec le son fondamental pratique, qui est ou doit être au-dessous d'elles.

L'accord direct est celui qui a le son fondamental au grave, et dont les parties sont distribuées, non pas selon leur ordre le plus naturel, mais selon leur ordre le plus rapproché.

Il y a en musique trois mouvements entre les parties qui constituent l'harmonie, le *mouvement direct*, le *mouvement oblique* et le *mouvement contraire*. Le mouvement direct, ou semblable, est celui que font deux parties qui montent ou descendent en même temps.

DIRECTEUR DE THÉATRE. En France, c'est celui qui tient du gouvernement le privilége en vertu duquel il dirige à ses risques et périls, en fournissant caution, un théâtre subventionné ou non subventionné. En Italie, on l'appelle *impresario* et c'est lui qui cautionne la subvention votée par la municipalité. Il doit se soumettre aux volontés d'une direction qui préside aux spectacles. Ordinairement ce sont les nobles, les dignitaires, les magistrats, en un mot les personnages les plus distingués de la ville, qui sont appelés à former cette commission ou direction. Elle choisit les artistes sur une liste que l'entrepreneur, c'est-à-dire l'*impresario* doit présenter à une époque convenue, et fait elle-même la répartition de leurs appointements. Voilà pourquoi en Italie les artistes dits *de cartello* gagnent des sommes considérables, tandis que la masse vit presque de privations.

Dis. Nom du *ré* dièse dans la solmisation des Allemands ; c'est ainsi qu'ils désignent quelquefois le ton de *mi* B.

Discant ou Déchant. C'est-à-dire double chant. C'était, dans nos anciennes musiques, cette espèce de contrepoint que composaient sur-le-champ les parties supérieures en chantant impromptu sur le ténor ou la basse. Dans les compositions écrites pour deux voix, on appelait *discant* la voix qui accompagnait le chant principal.

Discord. Qui n'est pas d'accord : un violon discord, un piano discord.

Discordant. On appelle ainsi tout instrument dont on joue et qui n'est pas d'accord, toute voix qui chante faux, toute partie qui ne s'accorde pas avec les autres.

Discorde. Instrument des peuples de l'antiquité, particulièrement des Égyptiens. Il avait la forme d'un luth aplati, avec un long manche, et il était formé de deux cordes.

Discorder. Être discordant.

Disdiapason. Double octave : on donne aussi ce nom à un jeu d'orgue.

disjoint. Les intervalles disjoints sont ceux dont les sons qui les composent ne se suivent pas immédiatement, mais sont séparés par des degrés intermédiaires, comme *ut, mi ; fa, la.*

Disjonction. Espace qui séparait dans l'ancienne musique la *mése* de la *paramése* et en général un tétracorde voisin, lorsqu'ils n'étaient pas voisins.

Disposition. Ce mot désigne un certain degré de facultés innées pour apprendre une chose. *Il a des dispositions pour la musique,* signifie il possède les dons de la nature pour faire des progrès, en s'appliquant à cet art.

Dissonance. On entend en général par ce mot un intervalle qui cause à l'oreille une sensation plus ou moins fâcheuse. Cependant la dissonance n'exclut pas complétement les sensations agréables. Ménagée avec goût, elle embellit la composition, et fait disparaître cette monotonie fatigante qui résulterait de la continuité d'accords consonnants.

Aux intervalles dissonants appartiennent : 1° la quarte naturelle, si elle est un retard de la tierce ; 2° la quinte diminuée avec son renversement, la quarte augmentée ; 3° la quinte augmentée et la quarte diminuée : 4° la sixte augmentée ; 5° toutes les secondes et les septièmes ; 6° toutes les neuvièmes ; 7° la onzième et la treizième.

Les dissonances doivent-elles se résoudre *toujours* en descendant? Presque tous les théoriciens répondent d'une manière affirmative. Par une conséquence immédiate de cette règle, on défend de retarder aucune note que l'on veut faire monter, si le retard produit une dissonance. En effet, on ne peut pas la faire monter si toute dissonance doit se résoudre en descendant.

On n'excepte que la sensible dont l'attraction vers la tonique absorbe la sensation de la dissonance, et celle-ci non-seulement ne blesse pas l'oreille dans son mouvement ascendant, mais la satisfait par une des conséquences les plus nécessaires de la loi de tonalité. En effet, la tonalité exige que la sensible se résolve en montant vers la tonique. Cette règle souffre peu d'exceptions.

Dissoner. Il n'y a que les sons qui *dissonent*, et un son *dissone* quand il forme dissonance avec les autres. On ne dit pas qu'un intervalle *dissone*, on dit qu'il est *dissonant*.

Dital-harpe. Espèce de harpe construite en 1799 en Angleterre, par *Leight* sur laquelle se faisaient sans pédale les demi-tons par le seul moyen des doigts. Le même nom fut donné en 1830, par *Brinmayer*, à une espèce de petite harpe portative.

Dithyrambes. Danses accompagnées de chant et de musique instrumentale, exécutées en l'honneur de Bacchus.

Dithyrambique. C'était, dans l'ancienne musique grecque, un certain style qu'on appelait aussi *bachique*, parce qu'il était dédié à Bacchus. Selon quelques théoriciens, ce style était caractérisé par l'emploi des sons moyens du système.

DITON. Tierce majeure.

DITTANACLASIS. Ce nom fut donné à une espèce de piano, construit à Vienne, en 1800, par *Muller*. Cet instrument composé de deux claviers avait des cordes accordées à l'octave l'une de l'autre. Il s'y trouvait également une lyre montée de cordes de boyau.

DITTONKLASIS. Nom donné par le mécanicien Muller, de Vienne, à un clavecin inventé par lui en 1800. Cet instrument était composé de deux claviers dont les cordes étaient accordées à l'octave l'une de l'autre : il s'y trouvait aussi une lyre avec des cordes de boyau.

DIVA. Mot emprunté à l'italien qui signifie divine et dont on se sert quelquefois en parlant d'une excellente cantatrice.

DIVERTISSEMENT. C'est un terme générique dont on se sert pour désigner tous les petits poëmes mis en musique pour des fêtes particulières, et les danses mêlées de chant qu'on plaçait à la fin des opéras.

DIVERTISSEMENT. Morceau de musique d'un genre léger et facile, composé pour un ou plusieurs instruments. Le divertissement n'est quelquefois qu'une suite d'airs connus, ajustés les uns aux autres et mêlés de variations.

DIVERTISSEMENT. On appelle aussi divertissement les passages de la fugue d'école qui servent de transitions pour promener le sujet principal dans différents tons.

DIVISARIUM. Nom latin du quatrième tétracorde du système des Grecs.

DIVISI (divisés). Lorsque ce mot se trouve dans les parties des premiers violons, au-dessus de passages entiers écrits, avec leur octave, il signifie que l'exécution de ces passages est divisée en deux, c'est-à-dire que l'un des exécutants joue les notes supérieures de l'octave, et l'autre les notes inférieures.

DIVISION DES RAPPORTS. Les intervalles peuvent être classés sous trois espèces de divisions différentes, savoir: la division *arithmétique*, la division *harmonique* et la division *géométrique*. Les deux premières ont entre elles ceci de commun, que le nombre majeur est attribué au son fondamental, et occupe la première place dans le calcul.

DIXIÈME. Intervalle qui comprend dix sons, ou la

tierce de l'octave. En harmonie, la dixième est toujours considérée comme la tierce et porte toujours ce nom, excepté 1° dans la basse chiffrée, quand la neuvième monte à la tierce ; on la marque alors avec un dix, et on l'appelle une dixième ; 2° dans le contre-point double, attendu que le renversement ne se fait jamais à la tierce mais toujours à la dixième.

Dix-huitième. Double octave de la quarte.

Dix-neuvième. C'est la double octave de la quinte.

Dix-septième. Double octave de la tierce.

Do. Syllabe que les Italiens substituent en solfiant à celle de *ut* dont ils trouvent le son trop sourd. Cette substitution est adoptée aujourd'hui en France par les professeur de chant.

Docteur en musique. Les dignités académiques de la musique ne se trouvent que dans deux universités, dans celle d'Oxford et dans celle de Cambridge, en Angleterre. Le titre de *bachelier* est le grade inférieur de ces dignités, et le titre de *docteur* en est le grade supérieur. Il n'y en a pas d'intermédiaires.

Pour être reçu *bachelier* en musique il faut prouver par acte authentique que l'on a étudié et pratiqué la musique pendant *sept ans*. Une fois *bachelier*, pour prétendre au doctorat, il faut avoir prolongé les études et la pratique de la musique *cinq* autres années et avoir composé un chant de *huit parties* et l'avoir fait exécuter avec voix et instruments dans une solennité publique.

Dodecachordon. Espèce de lyre ou cithare ancienne ayant douze cordes.

Dodecacorde. Système de musique par lequel on ajoute quatre nouveaux tons aux huit qui existent déjà dans le chant ecclésiastique romain.

Doigter. C'est faire marcher d'une manière convenable et régulière les doigts sur quelque instrument, et notamment sur l'orgue et le piano, pour en jouer le plus facilement et le plus nettement qu'il est possible. Sur les instruments à manche, tels que le violon et le violoncelle, la plus grande règle du *doigté* consiste dans les diverses positions.

Dolce (doux). Ce mot, placé sous une phrase de chant, indique une manière d'exécuter douce, moelleuse, expressive, gracieuse et caressante, qui n'exclut pas une certaine vigueur dans le son, sans le porter néanmoins au-delà du *mezzo forte*.

Dominante. C'est des trois notes essentielles du ton, celle qui est une quinte au-dessus de la tonique. La tonique et la dominante déterminent le ton ; elles y ont chacune la fondamentale d'un accord particulier, tandis que la médiante, qui constitue le mode, n'a point d'accord à elle, et fait seulement partie de celui de la tonique.

On a donné ce nom de dominante à la quinte du ton, attendu qu'elle domine toujours et s'emploie dans une infinité d'accords qui n'admettent pas la tonique.

Dominante. C'est, dans le plain-chant, la note que l'on rebat le plus souvent, à quelque degré que l'on soit de la note finale.

Le premier ton du plain-chant a sa dominante à la quinte de la finale.

Le second à la tierce mineure,
Le troisième à la sixte mineure,
Le quatrième à la quarte,
Le cinquième à la quinte,
Le sixième à la tierce majeure,
Le septième à la quinte,
Et le huitième à la quarte.

C'est la diversité des dominantes qui, jointe aux cordes mélodiques parcourues par la modulation, depuis la finale du ton jusqu'à sa dominante, et *vice versâ*, donne à chacun des huit tons du plain-chant le caractère de tonalité qui lui est propre.

Dominicelli. Luthier de Ferrare, élève d'Amati, y travailla de 1695 à 1715.

Dongolah (Musique des habitants de). La mélodie du chant des habitants de Dongolah, dans l'intérieur de l'Afrique, est plutôt douce et mélancolique qu'elle n'est bruyante et gaie. L'instrument dont ils s'accompagnent est une lyre antique grossièrement fabriquée. L'effet de cet instrument est assez harmonieux ; il se tient et se pince de la main gauche. Une courroie, attachée aux deux branches de l'instrument, sert à le soutenir et à appuyer le poignet, tandis que les doigts agissant de la main droite frappent les cordes avec un plectrum.

Doppioni. Sorte de hautbois anciennement en usage en Italie.

Doquet ou Toquet. Nom que l'on donne à la quatrième partie de trompette dans un morceau de fanfare pour musique de cavalerie.

Dorien. Un des quatre modes principaux des anciens ; il servait aux choses graves, sévères, honnêtes, religieuses. Il était propre également à exciter les affections belliqueuses. Ce mode fut inventé par *Lamiras* célèbre musicien de Thrace qui vivait avant Homère. Ce fut lui qui le premier maria le chant aux sons de la Harpe.

Double. Les intervalles doubles ou redoublés sont tous ceux qui excèdent l'étendue de l'octave.

Double est encore un mot employé pour désigner les acteurs qui remplacent les premiers sujets dans les rôles que ceux-ci quittent par indisposition ou pour d'autres motifs.

Double-corde. Manière de jouer du violon, alto ou violoncelle en touchant deux cordes à la fois, et faisant ainsi deux parties.

Double-emploi. Nom donné par Rameau aux deux différentes manières dont on peut considérer l'accord de sous-dominante.

Doublement des notes des accords, c'est en harmonie l'emploi simultané du même son fait par deux ou plusieurs parties différentes.

En général, à moins d'une intention particulière, il faut que les parties soient combinées et fondues entre elles, de manière à former un ensemble suave et harmonieux.

Le doublement de quelques notes peut être amené par la nécessité de faire marcher les parties d'une manière facile et naturelle, par les exigences de la pensée, enfin par le choix libre du compositeur. Le goût, l'étude des modèles et l'exercice enseigneront très-vite ce qu'il est bon de faire à cet égard.

Lorsqu'un accord n'est point renversé, le doublement le plus harmonieux est celui de la note fondamentale à l'octave. C'est la note fondamentale, plus que toute autre qui donne à l'accord sa véritable physionomie ; son doublement produit toujours un bon effet.

Lorsqu'un accord est renversé, les doublements les plus harmonieux sont encore ceux de la note fondamentale tonique ou dominante, et celui de la partie supérieure une octave au-dessous d'elle.

Dans l'accord de dominante, on ne double pas le 4e degré ni la sensible, parce que ces notes sont presque toujours assez fortement accusées par elles-mêmes, et parce que n'ayant qu'une seule manière de se resoudre il serait gauche de faire marcher identiquement deux parties à l'octave l'une de l'autre.

DOUBLER. Les premiers acteurs sont doublés par les seconds, et ceux-ci par les troisièmes, en sorte que, quelque accident qui arrive, un opéra peut toujours être représenté tant bien que mal. — Dans la musique à plusieurs parties, *doubler* veut dire reproduire plusieurs sons dans un.

DOUBLES-MAINS. Mécanisme aussi simple qu'ingénieux que l'on adapte aux nouvelles orgues à un clavier, et au moyen duquel, en baissant une touche, on fait baisser en même temps celle de l'octave en dessus. Comme l'action de la double-main est réciproque, si l'on fait parler l'octave de la touche haute, la touche qui lui correspond au grave parlera aussi. Le clavier de l'orgue est divisé en deux parts égales qui ont chacune leur mécanisme particulier, en sorte que, dans quelque position que les mains de l'organiste se trouvent, tout le clavier est occupé. Sont-elles réunies au centre, les octaves extrêmes se font entendre ; sont-elles écartées, les mécanismes agissent sur le milieu. Les doubles-mains sont à la disposition de l'organiste au moyen d'un registre ; il s'en sert au besoin pour renforcer les effets.

DOUBLETTE. Jeu d'orgue compris parmi les jeux de mutations. Il est d'étain, et sonne l'octave du prestant. Ce jeu n'est que d'une octave, et reprend par conséquent d'octave en octave.

DOUX. Mot qui en musique est opposé à *fort*. Le *doux* a trois nuances : le *demi-jeu*, le *doux* et le *très-doux*.

DOUZIÈME. Intervalle de douze sons ; c'est l'octave de la quinte, il conserve souvent le nom de quinte. Ce n'est que dans le contre-point double qu'il porte le nom de douzième.

DRAME LYRIQUE. (Voyez OPÉRA.)

DRAMATIQUE. Cette épithète se donne à la musique imitative, propre aux pièces de théâtre, et destinée à exprimer les divers mouvements du cœur humain.

DUETTINO. Ce mot italien, qui signifie *petit duo*, désigne une composition musicale à deux parties obligées, ordinairement très-courte.

DUIFFOPRUGER. Né dans le Tyrol s'établit comme luthier à Bologne en 1510 ; il construisit un certain nombre d'instruments pour la Chambre et la Chapelle de *François I*ᵉʳ et vint en France en 1517, appelé par ce prince.

DULCIAN. C'était, dans les seizième et dix-septième siècles, le nom du basson, qui n'était alors composé que de quatre pièces avec deux clefs, et qui avait quatre dimensions différentes.

DUO. Composition musicale à deux parties obligées. Le duo vocal est presque toujours accompagné par l'orchestre, ou un instrument tel que le piano, la harpe, la guitare. Le duo instrumental est composé de deux parties récitantes, et peut être aussi accompagné par l'orchestre.

Les mêmes sentiments, les mêmes situations qui, dans l'opéra, animent *l'air*, donnent lieu aux *duos*, aux *trios*, aux *quatuors*. Ce sont des tableaux à plusieurs personnages, conçus d'après les mêmes principes et les divers plans ; les détails de l'air, les images même qu'il nous représente, conviennent parfaitement à tous ces morceaux, qui, dans un cadre plus étendu, ne sont pour ainsi dire que des airs à plusieurs voix. La seule différence que l'on y remarque, c'est que le concours des interlocuteurs animant le discours musical, le compositeur ne se trouve point obligé de recourir si souvent au chant instrumental, aux traits d'orchestre, pour faire reposer le chanteur et lui donner le temps de prendre haleine.

DUPLEX. Nom donné en 1855, par Petitti de Milan, à un instrument de cuivre ayant double pavillon, double combinaison, mais une seule embouchure.

DUPLICATION. Terme de *plain-chant*. L'intonation par *duplication* se fait par une sorte de *periclèse* en doublant la pénultième note du mot qui termine l'intonation.

DUR. On appelle ainsi tout ce qui blesse l'oreille par son âpreté : il y a des voix dures et glapissantes, des instruments aigres, durs, des compositions dures. La dureté du *si* naturel, lorsqu'on y arrive en montant diatoniquement à partir du *fa*, lui fit donner autrefois le nom de B dur ; il y a des intervalles durs dans la mélodie. La dureté prodiguée révolte l'oreille et rend une musique très-désagréable ; mais ménagée avec art, elle sert au clair-obscur et ajoute à l'expression.

DURANTISTES. A l'époque où Léo et Durante dirigeaient à Naples, l'un le conservatoire de la *Pieta*, l'autre celui de *Sant-Onofrio,* il s'était formé deux partis, celui des *Durantistes* et celui des *Léistes,* qui soutenaient chacun un système différent sous le rapport de la composition musicale : les premiers étaient pour la modulation et l'effet, les seconds pour la richesse des accords. Le premier parti triompha.

Dutka. Double-flûte des paysans russes, composée de deux roseaux d'inégale longueur, percés chacun de trois trous.

E

E. Troisième note de la gamme diatonique, et cinquième de la gamme diatonico-chromatique, appelée dans le solfége *mi*. En Italie, on la nomme aussi *e, la, mi*.

Eberle (Ulricus). Luthier en renom, travaillait à Prague en 1780.

Ecbole. C'était, dans la plus ancienne musique grecque, un accident qui élevait de cinq quarts de ton la note devant laquelle il était placé.

Echappement (double). Ainsi se nomme dans la facture du piano, le moyen mécanique par lequel un marteau, est repris dans sa marche descendante pour retourner à la corde, avant que la touche ne soit arrivée à sa place horizontale. Le premier échappement est dû à Sébastien Erard ; il y a aujourd'hui beaucoup de systèmes de double échappement.

Echelle. C'est le nom qu'on a donné à la succession diatonique des sept notes, *ut, ré, mi, fa, sol, la, si,* de la gamme notée, parce que ces notes se trouvent rangées en manière d'échelons sur les portées de notre musique.

Cette énumération de tous les sons diatoniques de notre système, rangé par ordre que nous appelons *échelle,* les Grecs l'appelaient, dans le leur, diagramme, *diagramma,* c'est-à-dire par lettres, attendu qu'ils représentaient leurs diverses échelles de sons par les lettres de leur alphabet. Ils avaient plusieurs diagrammes : le plus usité dans la pratique était le tétracorde parce que, en effet, cette échelle n'était composée que de quatre sons et, pour former de plus grands diagrammes, ils ajoutaient plusieurs tétracordes l'un à l'autre, et répétaient ainsi ces quatre sons de tétracorde en tétracorde, comme nous le faisons d'octave en octave.

Echelette ou Régale. Instrument composé de différentes lames de bois dur qui répondent aux différents tons de la gamme, et qu'on touche avec une petite boule d'ivoire attachée à une petite baguette.

Echo. Son renvoyé ou réfléchi par un corps solide, et qui se répète et se renouvelle à l'oreille. Ce mot vient du grec *echos*, son. On appelle aussi écho le lieu où la répétition se fait entendre.

Le nom d'écho se transporte en musique à ces sortes d'airs ou de pièces dans lesquelles, à l'imitation de l'écho, on répète une ou plusieurs fois certains passages en diminuant chaque fois l'intensité du son. C'est sur l'orgue qu'on emploie le plus communément cette manière de jouer, à cause de la facilité qu'on a de faire des échos sur le positif. Dans la musique de ballet on appelle *écho* certaines portions d'un air de danse.

Echomètre. Espèce de règle ou d'échelle croisée en plusieurs parties dont on se sert pour mesurer la durée des tons et pour déterminer leurs intervalles et tous leurs rapports. Cet instrument fut imaginé en 1701, par *Sauveur*.

Eclatante. Se dit d'une musique bruyante et sonore.

Eclepsis. Intervalle descendant.

Eclisses. Petites planches minces sur lesquelles reposent les tables des violons, des basses, des guitares, etc.

Eclyse. C'était dans l'ancienne musique grecque, un accident qui faisait baisser une note de trois quarts de ton.

Ecmélie. Du grec *ex* et *melos*, son sans mélodie, ou voix parlante, par opposition à *emmélie*, du grec *eu* et *melos*, qui signifie le son du chant. Emmélie est aussi le nom d'une certaine danse introduite dans la tragédie.

Ecole. Comme il y a en peinture différentes écoles, il y en a en architecture, en musique, et généralement dans tous les beaux-arts. En musique, par exemple, tous ceux qui ont suivi le style d'un grand maître, peuvent être regardés comme appartenant à l'école de ce maître ; on désigne encore par le terme d'école la réunion de tous les maîtres d'un pays. Ainsi, l'ou dit l'*école française*, l'*école italienne*, l'*école allemande*.

Les musiciens illustres voyageant dans toute l'Europe, les communications établies entre les virtuoses, l'échange continuel des œuvres qui, dans chaque pays, ont acquis de la célébrité, sont autant de raisons pour que la musique étende partout ses progrès dans des proportions égales. Les découvertes ne sont plus des mystères que des maîtres jaloux ne révélaient qu'à un petit nombre de disciples. L'art est partout le même, et le terme de musique française ne s'applique plus maintenant qu'aux compositions qui ont vu le jour avant la venue de Gluck. Les trois écoles principales ont néanmoins conservé chacune un caractère particulier. L'école allemande se distingue par une harmonie savamment travaillée, unie à des chants pleins de force et d'expression ; l'école italienne par une mélodie toujours suave, une facture élégante ; l'école française a adopté un genre mixte, qui tient de la vigueur allemande et de la grâce italienne.

Un morceau d'école est une composition dans laquelle on s'est attaché plus particulièrement aux effets de l'harmonie qu'aux grâces du chant.

Ecosse (La musique en). On peut diviser la musique primitive de l'Ecosse en guerrière, pastorale et joyeuse. La première consistait en des marches que l'on exécutait en présence des généraux d'armée, et par lesquelles on rappelait les combats qu'ils avaient dirigés. Tout y respirait une telle fureur d'enthousiasme, que l'auditeur, irrésistiblement entraîné, s'abandonnait aux sentiments d'excitation héroïque que lui inspiraient ces chants.

Le caractère de la musique pastorale était bien différent. Les accents en étaient mélancoliques et gracieux, les modulations naturelles et les mouvements lents. — La musique dite *joyeuse* consiste aujourd'hui en contredanses et en valses, qui ont un caractère et une expression tout particuliers, lorsque ces morceaux sont exécutés par des artistes habiles. Ils sont ordinairement composés de deux reprises qui comprennent chacune huit ou douze mesures.

Les instruments employés par les Ecossais sont la harpe, le *cruth* et la musette. La musette surtout est devenue l'instrument national des montagnards écossais qui s'en servent dans les fêtes champêtres et même dans les batailles, et alors ils la joignent au tambour. — La musette écossaise diffère un peu de la nôtre. Elle est ordinairement composée de trois bourdons et d'un chalumeau percé de huit trous, dont sept placés en-dessus et un en dessous. L'échelle la plus basse du chalumeau est formée par les sons *sol, la, si, do, ré, mi, fa, sol*. Le premier bourdon fait entendre un *sol* grave, le second donne un *si*, et le troisième un *sol* à l'octave au-dessus de celui que fait entendre le premier. Cet accord imparfait forme l'accompagnement continu des airs naïfs que les montagnards jouent sur leur instrument.

Écriture musicale des Grecs anciens. Les signes ou lettres, qui servaient d'alphabet musical, étaient rangés sur deux lignes dont la supérieure était pour le chant et l'autre pour l'accompagnement.

Guido d'Arrezzo trouva l'invention de les écrire sur la portée ; ses notes ne furent d'abord que des points où il n'y avait rien qui en marquât la durée.

Mais Jean de Meurs, né à Paris, en 1350, et qui vivait sous le règne du roi Jean, trouva le moyen de donner à ces points une valeur inégale par les différentes figures de rondes, de blanches, de noires, de croches, de doubles-croches, etc., qu'il inventa et qui ont été adoptées par les musiciens de toute l'Europe.

Edicomos. Danse accompagnée de chant chez les anciens Grecs.

Édiles. C'était, au temps des premiers empereurs romains, le nom de certains magistrats ou censeurs, qui, outre l'inspection des édifices publics dont ils étaient chargés, devaient aussi examiner et approuver toutes les comédies et les compositions musicales avant leur représentation.

Edlinger. Luthier élève et imitateur de Stainer, travaillait à Augsbourg, en 1755.

Effet. Impression agréable et forte que produit une excellente musique sur l'oreille et l'esprit des auditeurs.

Il n'y a que le génie qui trouve les grands effets. C'est le défaut des mauvais compositeurs d'entasser parties sur parties, instruments sur instruments, pour trouver l'effet qui fuit, et d'ouvrir, comme disait un ancien, une grande bouche pour souffler dans une petite flûte. Vous diriez à voir leurs partitions si chargées, si hérissées, qu'ils vont vous surprendre par des *effets* prodigieux ; et si vous êtes étonnés en écoutant tout cela, c'est d'entendre une petite musique maigre, chétive, confuse, et plus propre à étourdir les oreilles qu'à les charmer.

L'une des parties de la musique les plus mobiles, les plus susceptibles des vicissitudes du temps, c'est l'effet. Comme il n'est rien par lui-même, mais seulement par une impression produite sur les organes, il existe à différents degrés selon que ces organes ont plus ou moins de délicatesse et de culture, selon qu'ils ont été frappés plus ou moins habituellement par des émotions antérieures, et que l'exercice, ou, si l'on veut, l'expérience de l'oreille, a resserré ou étendu le cercle de ses sensations et de ses besoins.

Les effets sont relatifs à chaque modification du son. Ainsi l'on distinguera les effets d'intonation, les effets de rhythme, les effets d'intensité, les effets de timbre, les effets de caractère. A ces cinq espèces, il faut ajouter encore ceux qui naissent de l'harmonie ou de la réunion de plusieurs sons. On nomme *effets simples* ceux qui proviennent d'une seule de ces causes, et *effets composés* ceux qui proviennent de deux ou de plusieurs causes à la fois.

Les effets sont à la musique ce que les figures sont au discours oratoire. On doit donc donner les mêmes avis en ce qui concerne leur emploi. Le premier est de ne point trop les prodiguer, parce qu'ils ne tardent pas à produire la fatigue et le dégoût ; le second est de les employer avec adresse, de manière à ce qu'il puissent être bien sentis. — Le conseil le plus sage que l'on puisse donner aux jeunes compositeurs, est d'attendre, pour employer les effets, qu'ils aient acquis l'expérience ; autrement ils courront le risque de produire des effets tout différents de ceux qu'ils s'étaient proposés.

EFFORT. Défaut qui est, dans le chant vocal, le contraire de l'aisance. On le fait par une contraction violente de la glotte. L'air, poussé hors des poumons, s'échappe tout à la fois, et le son semble alors changer de nature. Il perd la douceur dont il était susceptible et acquiert une dureté fatigante pour l'auditeur. L'effort défigure les traits du chanteur, le rend vacillant dans l'intonation, et souvent l'en écarte.

ÉGAL. Nom donné par les Grecs au système d'Aristoxène, parce que cet auteur divisait généralement chacun de ses tétracordes en trente parties égales.

Égalité. C'est une des qualités les plus essentielles de la voix. Il n'en est point qu'on puisse appeler belle, si tous les sons qu'elle peut rendre, dans l'étendue qui lui est propre, ne sont entre eux d'une parfaite égalité.

L'égalité est un don rare de la nature, mais l'art peut y suppléer, lorsqu'il s'exerce de bonne heure sur un organe que l'âge n'a pas endurci.

Egersis. Hymne que les nouveaux mariés chantaient à leur lever, en Grèce.

Égyptiens (Musique des). S'il faut en croire quelques écrivains dont le témoignage mérite d'être pris en sérieuse considération, c'est aux Phéniciens (voir Phéniciens) que les Égyptiens empruntèrent leur système musical. On peut induire ce fait d'une table de Démétrius de Phalère, d'où il semble résulter que les sept voyelles des langues orientales servaient à ces peuples de caractères de musique, et même de sons pour solfier. On a trouvé à Milet une inscription mystérieuse qui renferme des invocations musicales adressées aux sept planètes. Chaque planète est désignée par un mot composé de sept voyelles, et commençant par la voyelle consacrée à la planète invoquée. Ces invocations, dit M. Fabre d'Olivet, dans une dissertation sur la gamme phénicienne, sont très-précieuses en ce qu'elles prouvent l'existence des modes diatoniques et leur application dans l'antiquité la plus reculée.

Les prêtres de l'Égypte, dit Démétrius de Phalère, chantent les dieux par les sept voyelles qu'ils font résonner. Ce son leur tient lieu, par son harmonie, de la flûte et de la lyre.

Lors même que les Égyptiens secouèrent le joug des rois pasteurs, il ne paraît pas qu'ils aient renoncé à cette manière d'écrire et de chanter la musique. On sait que ce peuple avait le plus grand éloignement pour les nouveautés, quelles qu'elles fussent. Aussi les changements apportés dans le gouvernement n'exercèrent qu'une faible influence sur la forme du système musical. Le peuple avait l'habitude de certains chants qu'il eût été dangereux de vouloir lui ôter.

Le mode phénicien, appelé *lyn*, était fort usité en Égypte, sous le nom de *maneh*, qui était une épithète donnée à la lune.

D'ailleurs, les prêtres égyptiens gardaient le souvenir des troubles civils qui, après avoir ravagé la terre, avaient causé si longtemps l'asservissement de leur pays, et la prudence leur conseillait de ne pas laisser à la disposition du vulgaire des connaissances dont il pouvait faire un usage funeste. Ils ensevelirent donc dans le secret du sanctuaire les principes de toutes les sciences, et ne représentèrent aux yeux que des symboles assez ingénieux pour piquer la curiosité, mais jamais assez clairs pour être compris.

Ainsi les principes de la musique, comme ceux de toutes les autres sciences, étaient renfermés avec soin dans les sanctuaires de l'Égypte. Ce fut dans ces sanctuaires qu'Orphée les connut, et que Pythagore mérita de les recevoir après Orphée.

Il nous est parvenu quelques fragments de musique qu'on présume avoir appartenu aux Égyptiens. Il en est un surtout que le savant Burette a déchiffré sur la note grecque. Il en attribue les paroles à un certain poëte nommé Dyonisius Iambos, qui fut presque contemporain d'Aristote.

Ce morceau antique, dit toujours M. Fabre d'Olivet, est en mode solaire, c'est-à-dire que sa tonique naturelle est la corde *mi*.

Comme nous l'avons vu plus haut, Orphée et Pythagore empruntèrent à l'Égypte son système musical, et l'enrichirent de perfectionnements nombreux. (Voir à ce sujet l'article Grèce.)

Ela. C'était, dans l'ancien solfége, le *mi*, clef de violon, quatrième espace, qu'on chantait quelquefois sur la syllabe *la*.

E la fa. Ancienne dénomination du *mi* b, dont les Italiens se servent encore.

E la mi. C'était, dans l'ancien solfége, le *mi*, clef de basse, troisième espace, et le *mi*, clef de violon, première ligne, qu'on chantait tantôt sur la syllabe *la*, et tantôt sur la syllabe *mi*.

Élégie. Genre de poésie composée sur des sujets d'un caractère triste et mélancolique, et accompagnée d'un chant analogue, tel que le *Lac* de Niédermeyer. Chez les anciens, Ovide, Horace, Catulle, et chez nous Millevoye et André Chénier, ont laissé des chefs-d'œuvre dans ce genre de poésie. On nommait également élégie, un genre de musique ancienne, sorte de nome pour les flûtes.

Élément. Le mot *élément*, pris en général, comme

matière technique de l'art, indique l'ensemble de tous les sons possibles, aigus ou graves.

Les éléments, dans leur signification particulière, sont les premières notions de l'enseignement, tant pour la lecture musicale que pour le chant.

Élément métrique. C'est une partie de la mesure résultant de la division d'un temps en deux ou trois notes de même valeur. Par conséquent, les éléments métriques de la mesure à deux temps sont des quarts de ronde, c'est-à-dire des noires. Dans la mesure à deux-quatre, ce sont des huitièmes, c'est-à-dire des croches.

Élévation. L'élévation de la main ou du pied, en battant la mesure, sert à marquer le temps faible, et s'appelle proprement *levé*.

Élever. Le ton d'un morceau, c'est le transposer, pour qu'on puisse l'exécuter sur un ton plus haut que celui dans lequel il est composé.

On donne aussi le nom d'élévation à certains motets qu'on chante pendant le sacrifice de la messe, au moment où le prêtre élève l'hostie, comme : *O salutaris hostia*. Le morceau qu'on exécute à ce moment sur l'orgue s'appelle aussi *élévation*.

Élicon de Ptolémée. C'était le nom d'une figure de géométrie par laquelle Ptolémée faisait connaître les différents intervalles avec leur rapports.

Éline. Nom grec de la chanson des tisserands.

Ellipse. Suppression d'un accord que réclame l'harmonie régulière.

Élodicon. Instrument inventé, il y a environ vingt ans, par M. Eschembach. Le principe de cet instrument consiste à faire vibrer, non des cordes tendues, mais des lames métalliques au moyen d'un soufflet. On y avait réuni les effets du clavicorde avec ceux de l'orgue. C'est le même principe de vibration des lames métalliques par l'action de l'air qu'on a reproduit depuis dans plusieurs autres instruments.

Embaterie. Marche spartiate en allant à la charge.

Embouchure. La partie des instruments à vent que l'on met contre les lèvres ou dans la bouche pour en jouer. Chaque instrument à vent a son embouchure particulière ; celles de la trompette, du cor, du trombone, sont de même nature, dans des proportions différentes. Ces embouchures ressemblent assez à un petit entonnoir. La flûte s'embouche par un trou ovale fait à l'instrument même, le flageolet par un bec, la clarinette par un bec qui porte une anche. Le hautbois, le cor anglais, ont une anche pour embouchure.

Comme c'est de la manière de gouverner l'embouchure que dépend la qualité du son, on dit qu'un corniste, un flûtiste, a une belle embouchure, quand il tire de beaux sons de cet instrument.

Émission de voix. Acte par lequel on émet au dehors un son de l'organe vocal.

Empirisme. Dans l'histoire de l'harmonie, on appelle *Empirisme* l'enseignement de l'harmonie par l'étude des faits accomplis dans les œuvres des compositeurs. Cette méthode consiste à prendre l'un après l'autre tous les accords employés par les grands compositeurs, à les enregistrer, à les coordonner, à les graver dans la mémoire, ainsi que toutes les circonstances de leur emploi ; puis, lorsqu'on s'est longtemps fatigué pour comprendre. formuler, grouper et retenir ces innombrables faits harmoniques, à les imiter dans ses propres compositions, c'est une méthode empirique dans toute la force de ce mot. Elle peut enseigner l'harmonie, mais elle est longue, fatigante, irrationnelle. En revanche, elle possède deux avantages inappréciables ; elle prolonge ordinairement les jours de ses adeptes ; car, si elle les fatigue démésurément et pendant de longues années, elle réussit, en général, à étouffer si parfaitement leur imagination et leur génie, que ces deux choses dévorantes sont désormais sans influence sur eux ; ensuite, comme elle ne rend jamais compte de rien, elle n'est jamais embarrassée.

Cette méthode n'est point un fantôme imaginé à plaisir ; elle a été suivie par des harmonistes célèbres, dont les principaux sont : Godefoy Weber, en Allemagne, et Reicha, ancien professeur au Conservatoire de Paris. Godefoy Weber, que personne ne confondra avec Marie de Weber, l'illustre auteur de Freyschütz, l'a employée d'une manière exclusive ; aussi ne nous y arrêterons-nous point. Reicha ne l'a point suivie d'une manière aussi complète. Il a fait choix de treize accords qu'il appelle fondamentaux et auxquels il s'efforce de ramener tous les autres. Cependant, c'est encore de l'empirisme ; car ses accords soi-disant fondamentaux, sont en définitive, même pour lui, de simples faits harmoniques qu'il emprunte aux œuvres des compositeurs, et non des données fournies par le raisonnement, les mathématiques ou les phénomènes observés dans les corps sonores. Ensuite, l'enchaînement de ces accords, leur but et les circonstances innombrables de leur emploi, toutes choses si essentielles en harmonie, ne lui sont connues que par l'étude empirique des compositeurs. Il n'y a rien dans ses accords fondamentaux, absolument rien qui lui fournisse à cet égard une loi quelconque, une conclusion, une simple induction. Enfin, le choix même de ses treize accords fondamentaux est complétement arbitraire. Rien ne prouve qu'ils le soient plus que d'autres, et, en effet, bon nombre d'entre eux ne diffèrent des autres que par des altérations purement facultatives ; ceux qui les connaissent en conviendront, et la question n'est pas assez importante pour en parler davantage en faveur de ceux qui ne les connaissent point. En résumé, le système de Reicha ne mérite pas la réputation qu'il s'est acquise ; il est moins acceptable encore que l'empirisme exclusif de Weber. S'il affiche l'orgueil d'une théorie, il n'en est pas plus raisonné ; et il ajoute aux difficultés quelquefois inextricables d'une théorie sans base, sans liaison, sans fécondité.

Cette dernière et importante réflexion doit être appliquée à tous les traités d'harmonie, quels qu'ils soient, où la science n'est point appuyée sur le fondement inébranlable et vrai de la tonalité moderne. (Voyez le mot HARMONIE).

EMPLOI. On dit au théâtre qu'un acteur a l'emploi de ténor, de baryton, de basse, pour dire qu'il joue et chante tous les rôles écrits pour le ténor, le baryton ou la basse.

EMPOONGWA. La musique des habitants d'Empoongwa, dans l'intérieur de l'Afrique, est encore dans un état de barbarie. L'*enchombre*, le seul instrument qui leur soit particulier, ressemble à la mandoline. Il a cinq cordes faites de racines de palmier. Le manche se compose de cinq morceaux de bambou auxquels les cordes sont attachées. En faisant tourner les bambous, l'instrument s'accorde facilement, mais non pas d'une manière très-solide. On le joue avec les deux mains. Ses sons, assez agréables d'ailleurs, offrent peu de variété.

Dans son voyage à Empoongwa, M. Bowdich rencontra un musicien nègre de la contrée, aussi dégoûtant par son aspect que sa musique était étonnante. Il avait une harpe montée de huit cordes faites avec les racines fibreuses du palmier, dont le son était harmonieux et rond. Il parcourait avec agilité un grand nombre de notes, et faisait monter sa voix au-delà de la harpe. Tout à coup il commença avec force l'*Alleluia* de Haendel. Entendre ce chœur au milieu des déserts de l'Afrique, dit M. Bowdich, à qui nous laissons la responsabilité de ce récit, et l'entendre exécuter par un pareil être, produisit sur moi un effet extraordinaire.

ENCHAINEMENT HARMONIQUE. On emploie ce mot quand la basse exécute un mouvement progressif, de façon qu'un, deux, ou trois sons, composant un accord, demeurent invariables dans l'accord suivant.

ENCOMIAQUE. Style des anciens Grecs, destiné aux hymnes et aux louanges.

ENDÉMATIE. C'était l'air d'une sorte de danse particulière aux Argiens.

ENHARMONIE. Nom donné au troisième genre de la musique des Grecs.

ENHARMONIQUE. Le genre enharmonique est le passage d'une note à une autre, sans que l'intonation de la note ait été changée d'une manière sensible. L'accord de septième diminuée est celui qui produit le plus naturellement le genre enharmonique, puisqu'il peut se présenter sous quatre faces différentes, sans qu'il y ait eu de changement sensible dans l'intonation.

Chez les Grecs, le genre enharmonique résultait d'une division particulière du tétracorde. Les intervalles étaient plus petites que ceux du *diatonique* et du *chromatique*. C'était le plus difficile comme le plus agréable, dit-on, des trois genres.

ENHARMONIQUE (Modulation). Voyez MODULATION, (n° 4).

ENSEIGNEMENT. Science qui consiste en musique à faire passer dans l'esprit et dans l'oreille des autres ce que l'on sait.

Il y a plusieurs sortes d'enseignements : le *particulier*, le *mutuel*, le *simultané*. On entend par enseignement particulier, les leçons qu'un professeur donne en ville ou chez lui à un seul élève. L'enseignement mutuel s'applique généralement dans les écoles, avec le système Wilhem. Ici, le directeur musical forme des moniteurs, choisit parmi les élèves les plus intelligents, puis il en fait autant de maîtres ou chefs de pelotons, qui instruisent eux-mêmes leurs camarades, par groupes de dix ou quinze. Dans l'enseignement simultané, l'instruction des élèves n'est point confiée à des moniteurs, mais bien à l'action directe d'un professeur instruit, qui, à lui seul, comme un chef militaire, gouverne et met en mouvement une armée de deux ou trois cents chanteurs, enfants ou adultes. Pour des cours nombreux, cette méthode nous semble la meilleure.

Ensemble. C'est le rapport convenable de toutes les parties d'un ouvrage entre elles et avec le tout. Ce terme s'applique encore à l'exécution, lorsque les concertants sont si parfaitement d'accord, soit pour l'intonation, soit pour la mesure, qu'ils semblent tous être animés d'un même esprit. La société des concerts du Conservatoire offre presque toujours cet ensemble merveilleux.

Ensemble (Morceaux d'). Ce sont tous les morceaux dramatiques exécutés par plus d'une voix. Ainsi, les duos, les trios, quatuors, quintettes, sextuors, etc., sont des morceaux d'ensemble, pourvu que chaque partie y soit distincte, dialogue avec les autres, et soit exécutée par une seule voix. Les chœurs, quoique composés de plusieurs parties, ne sont pas qualifiés de morceaux d'ensemble.

Entente. Se dit de l'arrangement méthodique des diverses parties d'une œuvre musicale.

Enthousiasme. Exaltation de l'âme qu'on ne saurait définir. Dans cet état, une production musicale marche avec la plus grande facilité. Les idées, pour ainsi dire, accourent en foule, se dessinent et se disposent avec la rapidité de l'éclair, de façon que, sans songer aux règles, tout se trouve placé dans le plus bel ordre.

Entonner. Mettre un air sur le ton. Dans la musique religieuse, *entonner* se dit pour chanter le commencement d'un psaume ou d'un hymne.

Entr'acte. Espace de temps qui s'écoule entre la fin d'un acte d'opéra et le commencement de l'acte suivant, et durant lequel l'action est suspendue. On donne aussi ce nom à ce morceau de musique instrumentale qu'on exécute dans l'intervalle de deux actes d'un opéra, d'une tragédie, d'un ballet et d'une comédie.

Pris en ce dernier sens, l'entr'acte n'est point une partie essentielle du drame lyrique; le compositeur ne consulte à cet égard que son génie et même son caprice. Il est parfaitement libre de faire garder le silence à l'orchestre pendant que la scène reste vide. Beaucoup de nos opéras n'ont point d'entr'actes symphoniques. Quand le musicien, ne rencontre pas le sujet d'un morceau de ce genre qui promette de l'effet, il se borne à reproduire, avec une harmonie plus riche et plus travaillée quelques motifs heureux qu'on a déjà entendus. Quelquefois encore, le musicien compose une petite symphonie concertante où les instruments à vent se font entendre tour à tour, comme celle que Méhul a placée dans *Joseph*; ou bien de nombreuses variations sur un thème tiré de l'opéra même.

ENTRÉE. Partie d'un ballet, destinée à produire le même effet que les scènes dans les ouvrages dramatiques. L'on disait autrefois : *danser une entrée*, comme on dit *jouer une scène, chanter un air*.

Entrée est aussi l'action d'un personnage qui entre sur la scène. Il faut que la musique qui signale une entrée soit d'une couleur décidée, et présente de grands rapports avec le caractère du personnage que l'on attend.

Entrée se dit aussi du moment où chaque partie commence à se faire entendre. *Le flûtiste a manqué son entrée*.

ENTREMETS. Ainsi se nommaient anciennement de petits divertissements, souvent mêlés de musique, qui se donnaient entre les différents service d'un repas d'apparat afin d'amuser les convives pendant que les serviteurs enlevaient les anciens plats et les remplaçaient par des nouveaux.

ÉOLI-COURTIER. Instrument à double clavier avec soufflet et lames vibrantes, construit en 1844 par Courtier, de Paris.

ÉOLIEN. C'est un des modes de la musique grecque. Inventé par Demon l'athénien, neveu de Démosthène, d'autre disent par Polymneste poète et musicien. On l'emploie encore aujourd'hui dans les mélodies des psaumes et dans le *Magnificat*. Dans le culte des protestants, plusieurs plain-chants se chantent aussi dans ce mode.

ÉOLINE. Instrument à clavier et à anches libres, construit en 1816 par Schlimbach, facteur à Ohrdruff.

ÉOLODION. Instrument construit à Furth près Nuremberg en 1821, par Reich, sur les principes du phyharmonica à clavier. Il avait six octaves et des timbres variés.

ÉPHÉSIES. Fêtes célébrées par les Grecs à Éphèse, ville de l'Asie Mineure, en l'honneur de Diane. Des concours de musique avaient lieu à l'occasion de ces fêtes, auxquelles, sous le règne de l'empereur Vespasien, on en joignit d'autres appelées *Barbyliennes*.

ÉPICÈDE. Nom d'une chanson funèbre des Grecs.

ÉPICONION. Instrument des Grecs à quarante cordes.

ÉPILÈNE. Danse accompagnée de chant exécutée par les Grecs en l'honneur de Bacchus, à l'époque des vendanges.

ÉPIMÉLION. Nom grec de la chanson des meuniers.

ÉPINETTE. Sorte de petit clavecin dont on se servait avant l'invention du piano.

ÉPINETTE. Espèce de *clavicorde*, qui reçut le nom d'épinette parce que l'on avait armé les sauteraux d'un petit morceau de plume taillé en épine. Cet instrument eut, dans son origine, vingt-cinq touches conformément à l'échelle de *guide*, sa forme était carrée ou trapézoïde.

ÉPINETTE ARCHET (L'). Fut construite en 1743. Un sieur Renaud, natif d'Orléans y appliqua un archet sans fin formé d'un tissu de crin cousu sur une courroie. Les touches par la pression faisaient baisser les cordes sur l'archet.

ÉPINETTE A MARTEAU (L'). Fut imaginée en Angleterre, vers l'année 1750. Cet instrument possédait six rangs de sauteraux à plumes et un rang de sauteraux à marteaux. Les sauteraux en plumes attaquaient la même corde à des distances différentes, ce qui changeait la qualité du son. Cet instrument fut importé en France par un nommé Virbes.

ÉPINETTE A ORCHESTRE (L'). Contruite à Paris en 1748, était un instrument réunissant dans son corps deux violons, un alto, et un violoncelle, que des archets mus par une pédale faisaient résonner.

ÉPINETTE EXPRESSIVE (L'). Imaginé en 1740 à Grenoble, par Berger. L'essai de cet instrument soumis à l'académie reçut son approbation.

ÉPINICION. Chant de victoire par lequel on célébrait chez les Grecs le triomphe du vainqueur.

ÉPIODIE. Chanson funèbre des Grecs.

ÉPIQUE. On appelle ainsi une composition musicale ne présentant qu'un tableau idéal qui plaît et charme, grâce à sa forme régulière et à sa beauté absolue, sans qu'on y remarque quelque chose de bien déterminé qui excite notre sympathie.

Épisinaphe. Les Grecs appelaient ainsi la conjonction de trois tétracordes consécutifs.

Épisode. Sous le nom d'épisode, on désigne communément ces sujets incidents qui font partie d'une composition musicale, sans cependant que leur existence soit absolument nécessaire.

Épithalame. Chant nuptial qui se chantait autrefois à la porte des nouveaux époux pour leur souhaiter une heureuse union.

Épitrite. C'était, dans la musique grecque, ce rapport d'intervalle qu'on appelle aussi *propositio sesquitertia*.

Épogodus. Nom du rapport d'intervalle 9 : 8.

Eptacorde. Intervalle de septième. On appelle aussi Eptacorde la lyre des anciens, montée de sept cordes.

Équisonnance. C'est la consonnance de deux sons semblables entre eux, comme l'octave, la double octave, etc. L'équisonnance peut être employée sans scrupule, attendu que l'octave et la double octave produisent souvent à l'oreille la même sensation que l'unisson.

Ermosmenon. Les Grecs indiquaient par ce mot le sens moral de leurs morceaux de musique.

Ernst (Fraiz Ant.). Luthier dont les instruments ont eu de la réputation. Il travaillait à Gotha en 1778.

Érotidies. Fêtes des Grecs en l'honneur de Cupidon, célébrées dans la ville de Thespie, en Béotie. Elles avaient lieu tous les cinq ans sur le mont Hélicon : on y assistait à des luttes musicales.

Espace. Intervalle blanc qui se trouve dans la partie entre les cinq lignes.

Espagne. (De la musique en). Parmi les nations européennes, il n'en est point qui possède une plus belle organisation musicale que le peuple espagnol. Cependant, quelque incontestable que soit son aptitude pour la musique, l'Espagne est loin de révaliser avec l'Italie, l'Allemagne et la France, pour le nombre et le mérite de ses compositeurs. Un concours de circonstances particulières l'a empêchée d'acquérir, sous ce rapport, le développement auquel ses heureuses facultés lui permettaient d'arriver.

Dès les premiers temps du moyen-âge, la nation espagnole cultiva la musique, et le fondateur de son école est

Alphonse, roi de Castille, auquel ses peuples donnèrent le nom de *Sage*. Il fonda une école de musique à l'université de Salamanque. Dans les xiv° et xv° siècles, les Espagnols eurent aussi leurs *décidores* ou troubadours. A la requête de Jean 1er, roi d'Aragon, deux troubadours furent envoyés du collége de Toulouse à Barcelone, où ils fondèrent une école de musique qui subsista jusqu'à la mort de Martin, successeur de Jean. Le marquis de Saint-*Sulliane* (vulgairement appelé *Santillana*), qui écrivit un Traité sur la poésie castilane, vers 1440, parle avec éloge d'un compositeur nommé Don Jorge Saint-Sorde, de Valence, qui vivait à cette époque. Il cite aussi plusieurs autres musiciens, quelques-uns par leurs noms, et les autres pour leurs ouvrages ou les circonstances de leur vie.

Mais de tous les maîtres de l'harmonie espagnole, celui qui se distingua le plus à cette époque fut François Salinas, né à Burgos, et qui, quoique aveugle dès son enfance, n'en devint pas moins le premier contrepointiste de l'Espagne, et même un des savants les plus distingués et des littérateurs les plus remarquables de cette époque. Salinas consacra trente années de sa vie à la théorie de la musique. Les ouvrages de Boèce furent les principales bases de ses travaux et de ses études. Mais comme on apprend moins dans les livres des érudits que dans celui de la nature, sa doctrine est moins praticable que spéculative, et souvent elle manque de précision et de clarté.

Cristofo Moralès rivalisa avec Salinas, moins pour le mérite de ses ouvrages didactiques que par l'éclat de son talent comme compositeur. Sous ce dernier rapport, il fit faire des progrès remarquables à la musique espagnole pendant le quinzième siècle. Son motet, *Lamentabor Jacob*, religieusement conservé dans les archives de la chapelle pontificale, à Rome, est chanté chaque année dans une des plus grandes solennités de l'Église.

Le meilleur harmoniste après lui fut Louis Vittoria, auteur de motets très-estimés : il en composa pour chacune des fêtes de l'année. Les messes dont il est l'auteur ne sont pas moins belles, et l'on remarque surtout celle appelée *Missa di Morti*, exécutée longtemps à Rome, ainsi que ses *Psaumes de la pénitence*.

Au seizième siècle, l'Espagne fut fertile en grands musiciens, dont quelques-uns rivalisent avec les plus brillantes illustrations des écoles flamande et italienne.

C'est aussi à cette époque que la musique dramatique commença à être cultivée dans la péninsule ibérique ; mais elle n'y jeta pas un grand éclat. Le peu d'encouragement donné par le gouvernement aux compositeurs dramatiques est la principale cause de l'infériorité du peuple espagnol sous ce rapport. — Mais en revanche la musique religieuse prit, au seizième siècle, de beaux développements, grâce aux riches dotations qu'elle reçut du clergé et de particuliers opulents. Charles Patigno, Juan Noldan, Vincenzo Garcia, Mathias-Juan Viana, François Gherrero, don Joseph Nebra, ont laissé des messes, des motets, des cantates d'une grande beauté. — Plusieurs de ces artistes ne furent pas seulement des compositeurs remarquables, ils furent aussi des chanteurs éminents, de très-habiles instrumentistes, et quelques-uns furent employés à la chapelle du pape, à Rome.

Mais une fois arrivée à ce haut point de splendeur, l'Espagne déchut rapidement. Cependant, malgré sa décadence, l'art espagnol conserve encore quelques vestiges de son antique beauté. Qui ne connaît, au moins par quelques fragments, ces chansons populaires, empreintes de la poésie des traditions locales, ces *coplas*, ces *sarabandas*, où se montre toute la gaieté du caractère espagnol! Qui ne connaît ces *fandangos*, ces *boleros*, ces *seguidillas* qui se dansent et se chantent encore avec accompagnement de guitares et de castagnettes! C'est dans ces chansons et ces danses populaires que se révèle d'une manière remarquable le génie espagnol.

La guitare est l'instrument favori de ce peuple. On peut même dire que jusqu'à ces derniers temps c'est à peu près le seul qu'il ait cultivé. Cependant les autres organes de l'harmonie commencent à se répandre en Espagne, mais seulement dans les hautes classes de la société. Quant au peuple, son plus grand bonheur est de jouer de la guitare, et quand un artisan a fini sa journée, il se rend sur la place publique, et se délasse de son travail en jouant sur cet instrument des *boleros* et des *seguidillas*. — Qui sait à quels magnifiques résultats l'Espagne pourrait arriver, si un gouvernement ami des arts s'appliquait à développer et à diriger le goût passionné qu'éprouve le peuple espagnol pour les jouissances de l'art musical. Si les dons de la nature étaient fécondés par les bienfaits de l'éducation, nous n'en doutons pas, le génie de l'antique Ibérie aurait un glorieux réveil, et sa musique subirait une brillante métamorphose.

L'Espagne a perdu, il y a quelques années, un compositeur d'un mérite distingué, qui promettait de tirer la musique dramatique de l'état de décadence où elle est tombée dans son pays. Gomis a passé quelque temps à Paris, et tous ceux qui l'on connu savent quel compositeur éminent l'Espagne aurait eu en lui, si la mort n'était venue l'enlever tout à coup dans la force de l'âge et dans toute la maturité du talent. A l'exemple de la France, l'Espagne a fondé plusieurs journaux de musique, qui doivent contribuer à la vulgarisation de cet art, dans ce pays labouré par les révolutions politiques.

Esthétique. L'esthétique a pour objet la doctrine du beau, du sublime, du goût et du jugement dans les arts : elle est exactement la philosophie des arts.

Estribilho. Chanson favorite des Portugais, en mesure de 6/8.

Étendue. C'est la distance plus ou moins considérable qu'il y a entre le son le plus grave et le plus aigu, ou la somme de tous les sons propres à une voix ou à un instrument, compris entre les deux extrêmes.

Étouffer. Se dit des sons que l'on rend moins éclatants.

Étouffoir. Petites pièces de drap qui servent dans un piano à amortir les sons donnés par le marteau frappant sur les cordes.

Étude. Action de familiariser sa voix ou ses doigts avec les difficultés d'un morceau de chant ou d'instrumentation qu'on veut exécuter. Qui sait étudier, sait apprendre; il ne s'agit pas tant d'étudier longtemps que de bien étudier. L'étude consiste à déchiffrer d'abord, puis à s'efforcer de rendre exactement le mouvement, les nuances, l'expression d'un morceau. Pour un élève intelligent l'étude vaut la leçon. Le maître lui donne la clef de la science; l'étude lui donne l'habitude de se servir de cette clef pour ouvrir toutes les portes de la musique. — On appelle *études* un recueil ou ensemble d'exercices progressifs sur chacune des principales difficultés du mécanisme de l'exécution vocale ou instrumentale. Plusieurs grands maîtres ont consacré leurs loisirs à ce travail si ingrat et si utile.

Eumatia. Espèce d'harmonica de verre qui avait deux

octaves avec les demi-tons. Il fut construit vers la fin du siècle dernier.

EUMÉLIA. Élégance de toutes les parties chantantes.

EUNÉIDES. Compagnie de musiciens qui jouaient d'une espèce de luth, à Athènes, à l'occasion des sacrifices.

EUPHONE. Instrument à frottement, du genre de l'harmonica, inventé par le docteur Chladni, à Witthemberg, en 1790. Il consiste en une caisse carrée d'environ un mètre et haute de trente centimètres, qui contenait quarante-deux petits cylindres de verre, dont le frottement, et par suite la vibration s'opérait par un mécanisme intérieur.

EUPHONICON. Instrument imaginé à Londres en 1842, par Beâle, associé de la maison Cramer. Il réunissait les qualité de la harpe et du piano. — *Euphonicon* est également le nom donné par Vallez, en 1850, à une espèce d'orgue à lames vibrantes.

EUPHONIUM. Instrument en cuivre, espèce d'octavophicléide avec ventelle, long de trois mètres, construit par Serveny's, en 1843.

On donne aussi ce nom à un instrument à lames vibrantes imaginé, par Vallez en 1850.

EUPHOTINE. Instrument imaginé, en 1852, par Petit. Il était composé d'une série de diapasons de différentes grandeurs, mis en jeu par un clavier et une soufflerie.

EURYTHMIE. C'est le bel ordre, la belle proportion des parties homonymes qui composent un tout ; et *symétrie*, c'est l'égalité et le rapport intelligible de ces mêmes parties.

EUTERPE. Celle des neuf muses qui préside à la musique.

ÉVITER. Éviter une cadence, c'est ajouter une dissonance à l'accord final pour prolonger la phrase. Dans l'école, on appelle surtout *cadence évitée*, la chute d'une septième dominante sur une autre septième dominante.

ÉVOLUTION. Renversement des parties dans les diverses espèces de contrepoints doubles.

EXCEPTION. On connaît cet ancien adage : *Toute règle a ses exceptions*. Néanmoins il semble que ce proverbe se confirme plus particulièrement lorsqu'il s'agit de règles musicales établies par les anciens et même par les modernes sur le contrepoint et sur les progressions harmoniques. Le P. Martini, dans son *Saggio fondamentale pratico di contrapunto sopra il canto fermo*, après avoir établi les règles de ce style, n'hésite pas à dire que les exceptions employées en temps et lieu sont le plus bel ornement de l'art.

Exécutant. Musicien qui exécute la musique à l'église, au concert ou au théâtre, comme chanteur ou comme instrumentiste.

Exécuter. Exécuter une pièce de musique, c'est chanter et jouer toutes les parties qu'elle contient, tant vocales qu'instrumentales, dans l'ensemble qu'elles doivent avoir, et la rendre telle qu'elle est notée sur la partition.

Exécution. L'action d'exécuter une pièce de musique. L'exécution de la musique a non-seulement une grande influence sur son succès; mais, comme la musique n'existe réellement pour le plus grand nombre des auditeurs que lorsqu'elle est exécutée, l'exécuter mal ou à contre-sens, c'est non-seulement la défigurer, mais l'anéantir.

Si le compositeur est à la merci de l'ignorance ou du mauvais vouloir des exécutants, il l'est aussi de leur faux savoir et de leur mauvais goût. Ce qu'ils ajouteraient à ce qu'il a écrit serait quelquefois plus pernicieux que ce qu'ils y pourraient omettre. Ce qu'ils omettront toujours, s'ils ne sont que des gens du métier, et non de véritables artistes, c'est l'expression propre de chaque morceau, et pour ainsi dire l'accent de chaque passage. Là où ils ne verront que des notes, ce ne seront aussi que des notes qu'ils feront entendre; et tel air, tel duo, tel morceau d'ensemble, ou telle pièce de musique instrumentale, devait toucher profondément le cœur, qui, grâce à une exécution froide et inanimée, ne fera qu'effleurer inutilement l'oreille.

On appelle encore exécution, la facilité de lire et d'exécuter une partie vocale et instrumentale, et l'on dit qu'un musicien a beaucoup d'exécution lorsqu'il exécute correctement, sans hésiter et à la première vue les choses les plus difficiles.

On dit aussi qu'un artiste, instrumentiste ou chanteur, a beaucoup d'exécution lorsqu'il exécute facilement les difficultés.

Exercices. Pièces de musique composées sur un trait difficile pour la voix, ou une manière de doigter particulière et scabreuse pour les instruments, que l'on essaie sur tous les degrés de l'échelle et sur toutes les positions, en suivant diverses modulations. Les exercices n'étant destinés qu'à familiariser l'élève avec les difficultés qu'il rencontrera dans les œuvres des maîtres fameux, on ne s'attache nullement à les rendre agréables pour l'oreille.

Exharmonique. C'était, chez les anciens Grecs, une mélodie faible et insipide.

Expression. C'est la poésie de la musique. C'est ce qui donne à une œuvre ce caractère de vérité et d'énergie dont l'attrait irrésistible survit à toutes les variations du goût, à tous les caprices de la mode et qu'on remarque dans les productions des grands compositeurs du siècle dernier et de notre époque, notamment de Gluck, de Mozart, de Rossini, de Spontini, de Méhul, de Meyerbeer, d'Auber, d'Halévy, d'Adam, de Gounod, de Félicien David, d'Ambroise Thomas, de Donizetti, de Ricci, de Verdi.

L'essor donné de nos jours à l'expression musicale l'a malheureusement portée quelquefois à un degré d'exagération qui passe toute limite. Qu'on le sache bien, la véritable inspiration ne procède pas par des cris forcenés, par une instrumentation bruyante : sans doute, il est des situations où l'orchestre doit déployer toutes ses ressources, la voix humaine toute sa puissance, et les passions leurs transports les plus fougueux. Mais le drame lyrique serait en dehors de la nature et de la vérité, si les effets étaient prodigués sans discernement et sans mesure; pour frapper fort, il faut que le compositeur frappe juste ; c'est-à-dire que la musique soit toujours en harmonie avec la situation. On peut surprendre le public par un luxe prodigieux d'instrumentation et d'effets, mais on ne l'émeut, on ne le captive, on ne l'intéresse réellement que par une expression vraie, juste et naturelle. Après la protestation énergique des hommes compétents, vient le dégoût général qui fait promptement justice de tout ce qui est faux ou exagéré.

Il y a une expression de composition et une d'exécution, et c'est de leur concours que résulte l'effet musical le plus puissant et le plus agréable.

Pour donner de l'expression à ses ouvrages, le compositeur doit saisir et comparer tous les rapports qui peuvent se trouver entre les traits de son objet et les productions de son art; il doit connaître ou sentir l'effet de tous les caractères, afin de porter exactement celui qu'il choisit au degré qui lui convient. Comme un bon peintre ne donne pas la même lumière à tous ses objets, l'habile musicien ne donnera pas non plus la même énergie à tous ses sentiments, ni la même force à tous ses tableaux ; il placera chaque partie au lieu qui lui convient, moins pour la faire valoir seule que pour donner un plus grand effet au tout.

Quant à l'expression vocale, il y a des voix fortes qui imposent par leur ampleur, d'autres, sensibles et délicates, vont au cœur par des chants doux et pathétiques. En général, les voix élevées sont plus propres à exprimer la tendresse et la douceur ; les basses et les concordants interprètent mieux l'emportement et la colère.

Les instruments ont aussi des expressions très-différentes, selon que le son en est faible ou fort, que le timbre en est aigre ou doux, que le diapason en est grave ou aigu et qu'on en peut tirer des sons en plus grande ou en moindre quantité. La flûte est douce, la clarinette d'une noble tendresse, le hautbois naïf et pastoral, la trompette guerrière, le cor sonore et mélancolique, le trombone solennel, majestueux et propre aux grandes expressions, etc. Mais il n'y a point d'instrument dont on tire une expression plus variée et plus universelle que le violon.

EXTENSION. Faculté relative d'allonger les doigts sur le manche ou sur le clavier des instruments, pour y saisir de grands intervalles. L'exercice développe cette faculté.

F

F. Cette lettre a deux significations en musique : 1° elle représente le son sur le quatrième degré de l'échelle diatonique du ton d'*ut*, c'est-à-dire la note *fa* ; 2° elle est l'abréviation du mot *forté* (fort).

FA. Quatrième note de l'échelle en *ut*. Dans l'alphabet, elle correspond à la lettre F.

FA LA. Mot composé des noms de deux notes, et que l'on donne, en Angleterre, à de petits airs avec un espèce de refrain, où le nom de ces deux notes est répété d'une manière insignifiante et bizarre, comme *fa, la, la, la, fa, la, la, la*.

Fa ut. C'était dans l'ancien solfége, le *fa*, clef de basse, quatrième ligne, sur lequel on chantait, tantôt la syllabe *fa*, tantôt la syllabe *ut*.

Face. Combinaison, ou des sons d'un accord en commençant par un de ces sons, et en prenant les autres selon leur suite naturelle, ou des touches du clavier qui forment le même accord. D'où il suit qu'un accord peut avoir autant de faces qu'il y a de sons qui les composent, car chacun peut être le premier à son tour.

Facile. On appelle composition facile celle dont l'exécution ne réclame pas un haut degré d'habileté artificielle. Quelquefois on emploie aussi le mot facile par opposition à ce qui est d'une grande importance, et l'on entend alors une composition faite sans aucune prétention.

Facteurs d'instruments. On désigne particulièrement sous ce nom, les fabricants de pianos, d'orgues et de harpes. Ceux qui font des violons, des altos, des violoncelles, des contre-basses, des guitares, ont conservé le nom de luthiers, parce qu'autrefois le luth était l'instrument à la mode. Il y a des fabricants spéciaux pour les instruments en bois, tels que hautbois, clarinettes, bassons, flûtes, flageolets, etc. ; d'autres, pour les instruments en cuivre, tels que trompettes, cors, trombones.

Au seizième siècle, les facteurs d'instruments de musique furent réunis en corps de jurande, et le roi leur donna des statuts qui ont été imprimés. Avant cette époque, ils ne pouvaient employer pour la fabrication des instruments que l'étain, le cuivre et le bois. S'ils se servaient d'argent ou d'or, ils étaient querellés par les orfèvres ; s'ils se servaient de nacre ou de bois colorié, ils étaient querellés par les tabletiers.

Facture. Ce mot exprime la manière dont un morceau de musique est composé. Il s'entend de la conduite et de la disposition du chant, comme de celle de l'harmonie. La facture d'une pièce de musique, par rapport au chant, exprime l'art avec lequel les motifs bien choisis sont enchaînés entre eux, ramenés à propos dans une étendue convenable. Par rapport à l'harmonie, ce mot exprime l'enchaînement heureux et savant des modulations, l'emploi des accords les plus inattendus présentés sans dureté. Les chœurs des oratorios de Haendel; de la *Création*, de Haydn ; des *Requiem*, de Mozart et de Chérubini : les chœurs de *Guillaume Tell*, de *Robert le Diable*, de *la Juive* ; le septuor d'*Hernani* le quatuor de *Rigoletto*, le final d'*Hamlet* sont d'une belle facture. C'est aussi le mérite des ouvertures de *Freyschutz*, de la *Flûte enchantée* surtout, et des symphonies de Haydn, de Mozart, de Beethoven.

FAFA (A). Danse portugaise qui ressemble au fandango. (Voir A CHULA.)

FAGOTTO. Ce mot, qui dérive du latin *fascie* (faisceau), désigne l'assemblage de plusieurs choses liées ou réunies ensemble ; et c'est probablement par cette raison que les Italiens ont donné ce nom au basson, à cause de la ressemblance qu'ont les parties de cet instrument avec un fagot, lorsqu'elles sont démontées. (Voyez BASSON).

FAGOTTONE, CONTRE-BASSON. Instrument à vent et à anche du genre du basson, et qui, par ses dimensions, sonne l'octave inférieure du basson. Il est au hautbois, ce que le violoncelle est au violon.

FAIRE. Manière et style du compositeur.

FANDANGO. Air de danse à trois temps, d'un mouvement assez vif. C'est l'air favori des Espagnols. Ni les pyrrhiques voluptueuses tant courrues des Romains, ni ces danses des Saliens tant célébrées par Denis d'Halicarnasse, n'approchèrent jamais du *fandango* espagnol. Mais, pour qu'il plaise, il faut que le fandango soit bien dansé, bien exécuté ; que la tête, les pieds, les bras, le corps de la danseuse se meuvent d'ensemble. Les Espagnols racontent, au sujet du fandango l'anecdote suivante : La cour de Rome, scandalisée de voir une nation, citée pour la pureté de sa foi, tolérer une danse aussi voluptueuse, résolut de la proscrire, sous peine d'excommunication. Les cardinaux s'assemblent, le procès du fandango s'instruit ; la sentence va être mise aux voix, quand un des juges observe qu'on ne doit pas condamner un coupable sans l'entendre. L'observation paraît juste, elle est accueillie.

On fait comparaître devant l'assemblée un couple espagnol armé de castagnettes, et on le somme de déployer en plein tribunal toutes les grâces du fandango. La sévérité des juges n'y tient pas, les fronts se dérident, les visages s'épanouissent. Leurs éminences se lèvent ; des pieds, des mains, elles battent la mesure. La salle du Consistoire se change en salle de bal, et le fandango est absous.

On a fait de cette aventure un fort joli vaudeville qui fait fureur, chaque fois qu'on le joue, au-delà des Pyrénées.

Fanfare. Mot dont l'étymologie est restée mal éclaircie, et que des écrivains ont supposé avoir été produit par harmonie imitative, pour exprimer un brillant effet d'instruments de cuivre. On a employé le verbe *fanfarer*, pour signifier *donner de la trompe, gambader*. Le mot nous vient des Espagnols, et peut-être des Maures. Les fanfares, prises dans le sens de concerts militaires, s'appliquaient à la marche des comparses dans les carrousels et les tournois ; elles s'appliquaient aussi, depuis l'ordonnance du 1er mars 1768, à certains signaux de cavalerie. Aujourd'hui, c'est un genre d'effet musical connu de la cavalerie et de l'infanterie, et qui diffère des sonneries d'ordonnance. Celles-ci sont d'invariables morceaux que le cuivre fait entendre sans le secours d'une clef. Les fanfares sont des airs variables, capricieux, de circonstance, que produisent dans l'infanterie les clairons à clef, et que produisent dans la cavalerie les bugles à clef, les cors, les ophicléides, les trombones, les trompettes. Aujourd'hui, ce mot *fanfare* s'applique plus spécialement aux musiques de cavalerie, composées uniquement d'instruments de cuivre. *Fanfare* se dit aussi en terme de chasse, de l'air qu'on sonne au lancer du cerf.

Fantaisie. Les grands maîtres, tel que Bach et Mozart, ont eu recours à la fantaisie pour ouvrir un champ plus vaste à la fécondité de leur génie, et trouver ainsi le moyen d'employer une infinité de recherches harmoniques, de modulations savantes et hardies, de passages pleins de fougue et d'audace, qu'il ne leur était pas permis d'introduire dans une pièce régulière. Telle était la fantaisie entre les mains de ces compositeurs illustres. Elle a bien dégénéré depuis. Ce n'est plus maintenant que la paraphrase d'un air connu, d'un refrain qui court les rues, que l'on varie de toutes les manières. Ce genre, que l'absence du talent et l'impuissance de créer une bonne pièce, originale, ont pu seule mettre en crédit pendant quelque temps, est aujourd'hui peu cultivé par les compositeurs célèbres.

Parmi les fantaisies les plus remarquables, nous devons citer particulièrement celles mises à la mode par Steibelt, qui publia, vers 1815, sa fameuse fantaisie sur les airs de la *Flûte enchantée*. Peu de morceaux de piano ont obtenu un pareil succès. Le même compositeur en écrivit d'autres sur le même modèle ; cent pianistes se jetèrent dans cette carrière, et tous les éditeurs de musique voulurent avoir des fantaisies.

Depuis cette époque, l'ancienne, la belle fantaisie de Bach et de Mozart a reparu avec la brillante parure que l'art moderne peut lui donner.

On entend par musique de fantaisie celle où se trouve un grand nombre d'idées et de cantilènes qui sont présentées sous des formes nouvelles, avec des combinaisons inusitées, et faisant un emploi particulier des instruments. Dans cette musique on voit que l'esprit du compositeur agit avec une grande liberté, et en quelque sorte selon sa fantaisie.

FANTASTIQUE (musique). On appelle musique fantastique celle qui est appliquée à des sujets où sont mis en jeu des êtres de l'ordre surnaturel. On trouve des modèles de ce genre de musique dans le *Don Giovanni*, de Mozart, le *Freyschutz* et l'*Obéron*, de Weber, le troisième acte de *Robert*, de Meyerbeer, le quatrième acte de *Charles VI*, d'Halevy, le *Faust*, de Berlioz, le *Macbeth*, de Verdi, et l'*Hamlet*, d'Ambroise Thomas.

FARANDOLE. Espèce de danse exécutée sur un allegro à six huit par un grand nombre de personnes en formant une longue chaîne à l'aide de mouchoirs, que chaque main tient à droite et à gauche, excepté cependant celles qui se trouvent aux extrémités. La farandole se compose de vingt, de soixante, de cent personnes placées, autant qu'il est possible, une de chaque sexe alternativement. Cette chaîne se met en mouvement, parcourt la ville ou la campagne au son des instruments, et recrute des danseurs partout où elle passe. Chacun danse, ou saute de son mieux en cadence. On ne se pique pas de mettre une grande régularité dans les pas ; mais on a soin de former avec exactitude les différentes figures que commande celui qui est en tête de la farandole, et qui lui sert de guide. Ces figures consistent principalement à réunir les bouts de la chaîne et à danser en rond, à la pelotonner en spirale, à la faire passer et repasser dans une espèce d'arc formé par plusieurs danseurs qui élèvent les bras, sans abandonner les mouchoirs.

La farandole n'est en usage que dans la Provence et une partie du Languedoc. Elle a lieu à la suite des noces et des baptêmes et dans les réjouissances publiques.

Farce en musique. Sorte de petit opéra bouffe en un acte, en usage en Italie.

Farcia, Epistola cum Farcia. Les épitres *avec farce* étaient des cantiques ou des complaintes en langue vulgaire, entremêlés de latin, dont on introduisit l'usage dans les églises de France, lorsque le peuple commença à perdre l'intelligence de la langue latine. On les chantait dans les églises aux principales fêtes de l'année.

Fascies Eclisses. Petites planches minces sur lesquelles reposent les tables des violons, des basses, des guitares.

Fausser. Chanter faux ou jouer faux d'un instrument.

Fausset. C'est cette espèce de voix surlaryngienne, appelée plus exactement *voix de tête*, qu'un homme fait entendre lorsque sortant à l'aigu du diapason de sa voix naturelle, il imite celle de la femme. (Voir l'art. Voix.)

Faux. On donne cette épithète, qui est opposée à juste : 1° à une voix qui entonne ou trop haut ou trop bas à l'égard des autres sons ; 2° à une corde qui produit de mauvaises oscillations ; 3° à une mauvaise relation ; 4° à l'accord des cordes d'un instrument ou des tuyaux d'orgue qui ne correspond pas à l'accord des autres instruments.

Faux-Bourdon. Désigne : 1° une musique à plusieurs parties, mais simple et sans mesure, dont les notes sont presque toutes égales et dont l'harmonie est toujours syllabique ; 2° un chant où l'on mettait au-dessous d'une maxime, c'est-à-dire d'une note de huit mesures, plusieurs syllabes, et rarement des dissonances ; 3° un genre de composition sur le plain-chant, où le chant était exécuté par une voix du medium, ordinairement par le ténor, avec un contrepoint figuré chanté par les autres voix.

Feinte. Altération d'une note ou d'un intervalle par un dièze ou un bémol. C'est le nom commun et générique du dièze et du bémol accidentel.

Fête de sainte Cécile. Sainte Cécile cultivait la musique et s'accompagnait des instruments en chantant les louanges du Seigneur. C'est à cause de cela que les musiciens l'ont choisie pour leur patronne. Le poète Santeuil a composé trois belles hymnes pour le jour de la fête de cette sainte, qui a lieu le 22 novembre.

FÊTES DES TROMPETTES. On croit généralement que cette fête, dont parle le chap. xxix du livre IV de Moïse, a été instituée par les Hébreux pour la solennisation de la récolte.

FEU. Vivacité, chaleur, verve d'une composition musicale.

FIASCO (faire). C'est échouer complétement comme compositeur ou comme exécutant.

FIFRE. Instrument de musique militaire, emprunté des Suisses, et dont le nom est originaire de la langue allemande. Le fifre est une petite flûte traversière percée de six trous. Elle a été en usage dans l'infanterie française, à partir de Louis XIII. Les dragons et les mousquetaires s'en sont servis depuis leur création jusqu'à l'époque où ils ont renoncé au tambour. Quant à l'infanterie, elle a tour à tour abandonné et repris le fifre selon que l'ont voulu les règlements et la mode. Il ne s'en est vu depuis les guerres de la révolution que dans quelques corps, et seulement par le fait du caprice des colonels. Ainsi, il y en a eu dans la garde du Directoire et des Consuls, dans la garde impériale et dans celle de Paris, dans les Cent-Suisses, etc.

Pendant longtemps cette petite flûte, comparable à l'ancien galoubet quant à l'usage, sinon quant à la forme, a été musicalement le dessus du tambour. Le mot fifre désigne à la fois l'instrument joué et l'homme qui le joue. Si on prend le terme dans la première acception, et comme objet inanimé, il a été synonyme de *arigot*; si on le conçoit comme un être animé, il est synonyme de pifre. Il a produit, en souvenir de l'intempérance des musiciens, le verbe populaire *s'empifrer*, et la triviale locution *boire à tire-l'arigot*.

FIGURE COURTE. On appelait autrefois *figure courte* toute figure composée de trois notes ; dont l'une valait autant que les deux autres. La note la plus longue pouvait être au commencement, au milieu, ou à la fin de la figure.

FIGURÉ. Se dit d'une partie où se trouve une figure particulière de notes dominantes. On appelle *contre-point figuré* celui dans lequel on emploie plusieurs figures de notes, tandis que le *chant donné* ne fait entendre qu'une seule note.

FIGURÉ (contre-point). Ou fleuri, celui où les diverses

parties procèdent par des valeurs et par des rhythmes différents.

Figuré (Trait). Trait dans lequel on fait passer, par marche diatonique, d'autres notes que celles de l'accord actuel.

Figurée (Basse). Basses dont les notes portant accord sont subdivisées en plusieurs autres notes de moindres valeurs.

Figurée (Harmonie). Celle où l'on fait passer plusieurs notes sur un accord.

Figures de musique. On donne ce nom aux notes de différente valeur dont il sera question à l'article *notes*, aux silences et généralement à tous les signes employés dans l'écriture musicale.

Filer un son. C'est le prolonger aussi longtemps que l'haleine peut le permettre, en observant de commencer *pianissimo*, de l'enfler insensiblement jusqu'au *forté*, et de le diminuer avec les mêmes gradations.

Fin. Ce mot se met ordinairement à la fin d'une période que l'on doit recommencer plus tard, pour indiquer l'endroit où il faudra s'arrêter.

Finale. Les airs, les duos ouvrent bien un opéra, et figurent ensuite avec avantage dans les premières scènes de chaque acte. Mais lorsque les récits de l'exposition ont tout expliqué, et que l'intrigue, marchant avec rapidité, tend à s'embrouiller ; lorsque le nœud de la pièce va se former ou se dénouer, et que tous les ressorts mis en jeu pour y parvenir amènent des incidents qui changent les situations, et font refluer vers la fin de l'acte les grands tableaux, les effets produits par l'expression du contentement, de l'ivresse, de la tristesse, de la fureur, du tumulte et du désordre ; lorsque le moindre récit frappe tellement les personnages dont l'agitation est au comble, qu'ils ne peuvent l'entendre sans manifester soudain leurs sentiments ; lorsque l'action et les passions occupent tour à tour la scène, et à des intervalles si rapprochés qu'on ne saurait passer subitement du chant au récitatif ou au dialogue parlé, pour revenir ensuite à la mélodie, le compositeur traite toute cette fin d'acte en chant proprement dit, lie les scènes les unes aux autres, et fait une suite non interrompue d'airs, de duos, de trios, de quatuors, de quintettes, de sextuors de chœurs même, en observant d'écrire en chant vocal tout ce qui exprime les passions, réservant la déclamation mesurée qui s'unit aux traits d'orchestre et le récitatif pour le dialogue en action et pour les récits. Ce morceau de musique, le plus long que la scène lyrique puisse nous offrir, s'appelle *finale*. C'est Logroscino, compositeur, qui florissait du temps de Pergolèse, qui en fut l'inventeur. Paisiello est le premier qui l'ait introduit dans l'opéra sérieux.

Fioritures. Mot italien francisé, qui signifie ornements du chant, et que les anciens appelaient *doubles diminutions*.

Fistula elvetica. Ancien nom de la flûte traversière.

Fistula panis. C'est le même instrument que les anciens Grecs appelaient syrinx.

Flageolet. Petit instrument à vent, de bois, d'ivoire, de toute sorte de bois dur, qui a un bec par lequel on l'embouche. On varie les sons du flageolet au moyen des six trous dont il est percé, outre l'embouchure, la lumière, et celui de la patte ou d'en bas.

C'est aussi un des jeux de l'orgue. Le tuyau est aussi large que ceux d'étoffe. Il est d'étain fin et ouvert. Le flageolet est ce qu'on appelle un jeu de bouche ou de mutation.

De *flageolet*, qu'ils appelaient *flageol*, nos aïeux formèrent le verbe *flageoler* (jouer du flageolet). Ce mot signifiait aussi mentir, railler, faire des contes, conter des sornettes, flatter, flagorner.

Flageolet double. Fut construit à Londres en 1810, par *Bainbridge*, qui prit un brevet en France pour cet instrument en 1816. *Letort*, de Limoges, en 1825, adapta au flageolet une clef, qui baissait la note d'un demi-ton.

Flandre (De la musique en). La Flandre se glorifie avec raison de posséder l'école musicale la plus ancienne. Les plus remarquables contrepointistes des quatorzième et quinzième siècles étaient Flamands. Cette ancienneté d'école a déterminé plusieurs auteurs à dire que les Flamands ont été les premiers maîtres qui aient appris la musique aux autres peuples de l'Europe. Cette assertion cependant ne saurait être admise sans restriction.

Les chefs de l'école flamande sont : Jacob Obrecht, Jean Ockeneim, et Josquin, le plus remarquable de tous, qui était généralement appelé *princeps musicorum*, le prince des musiciens.

Jean Ockeneim se fit particulièrement admirer par une messe à trente-six voix avec des motets et des canons. Toute cette composition était cependant fondée sur le calcul, et presque entièrement dépourvue de chant. Josquin est le plus grand compositeur de son siècle. Il est considéré comme le père de l'harmonie moderne, et non-seulement il écrivit beaucoup d'ouvrages, cent ans avant Palestrina, mais encore ses compositions sont plus originales, plus énergiques et plus chantantes que celles de ses prédécesseurs.

Les compositeurs flamands les plus remarquables du seizième siècle sont : Nicolas Combert, élève de Josquin, qui se distingua beaucoup dans la composition des fugues; Cornelius Canis, Harnold de Prug, Adrien Vilaërt, Sébastien Hollander. Au dix-septième siècle parut le célèbre Jean Tinctor, qui donna une vive impulsion à la musique de son pays et de l'Europe entière.

Depuis ce temps, l'école flamande a cessé de produire de grands musiciens; cependant dans les villes principales, on cultive la musique avec succès. Amsterdam possède une Société philharmonique, un Opéra hollandais et un Opéra français. A Rotterdam, les concerts sont bien composés et ont de nombreux souscripteurs. On y trouve aussi plusieurs bons chanteurs et des instrumentistes habiles. Enfin, dans toutes les villes de la Flandre, l'on aime et l'on cultive l'art musical.

Flatter la corde d'un instrument, c'est la toucher doucement, avec délicatesse.

Flautino. Mot italien qui signifie petite flûte. Il sonne une octave plus haut que la flûte ordinaire. (Voyez Flute (petite.)

Flat. Nom anglais du bémol.

Flexibilité. Se dit, dans le chant, de cette espèce d'élasticité et d'ondulation moelleuse qu'une voix doit avoir pour augmenter ou diminuer, sans le moindre effort, l'intensité des sons. On dit aussi d'un instrumentiste qu'il a de la flexibilité dans les doigts.

Florentius. Luthier dont les instruments ont eu assez de vogue, travailla à Boulogne, de 1685 à 1715.

Fluide. Qualité d'une composition où le jeu des sentiments présente sans cesse une marche douce et paisible. On dit qu'une harmonie est fluide, lorsqu'elle est parfaitement claire, coulante et en quelque sorte limpide.

Flute. Instrument à vent ; son origine se perd dans la nuit des temps. Qu'elle soit due au hasard, comme le prétendent les poètes, ou qu'on en soit redevable à l'industrie humaine, c'est ce qu'il est impossible de vérifier. Toujours est-il que l'usage de cet instrument remonte à la plus haute antiquité, et que c'est celui qui a été le plus généralement connu de tous les peuples de la terre. Il appartient à quatre époques bien distinctes.

Première époque. Flûte primitive ou flûte de Pan. Sa forme fut d'abord de sept tuyaux de roseaux d'inégale longueur. Ces tuyaux étaient joints ensemble par de la cire. Ce nombre sept ne paraît point avoir été arbitraire. Il se rapportait à celui des sept corps célestes, connus sous le nom de *planètes*. Aussi, bien que cet instrument fût celui dont le dieu Pan faisait usage, il n'en était pas moins dédié à Apollon ou au Soleil, comme modérateur de ces sept corps célestes. C'est du moins l'opinion de Plutarque. Plus tard, on substitua à ce simple et rustique assemblage de roseaux, la flûte à un seul tuyau, soit qu'elle fût tout d'une pièce, ou de plusieurs corps joints l'un à l'autre, comme nos flûtes modernes. C'est ici que commence la deuxième époque.

Deuxième époque. Flûte antique. On employa d'abord à la confection de cette flûte les os de biche, apparemment le *tibia*, de même que celui de l'âne ; Il y en avait aussi en métal. Néanmoins, on ne tarda pas à substituer à ces matières, difficiles à mettre en œuvre, le bois jugé plus facile. Dans le principe, la flûte fut simple, percée de peu de trous. Varron assure qu'ils étaient au nombre de quatre seulement. Ovide, dans ses *Fastes*, nous apprend que le bois dont on se servait était le buis. Il semblerait, d'après les anciens eux-mêmes, que cet instrument n'était rien moins que pastoral ; car nous voyons que les joueurs de flûte, aux jeux pythiques, s'évertuaient à imiter les aigres sifflements du serpent Python.

Troisième époque. Flûte du moyen-âge. Son organisation actuelle ne remonte pas très-haut. Nous voyons dans Rabelais, au seizième siècle, que Gargantua jouait de la flûte d'Alleman à neuf trous. Si les petites clefs qu'on a inventées depuis pour améliorer l'instrument avaient été en usage, le curé de Meudon n'eût pas manqué de les mentionner. Ainsi, l'heureuse et ingénieuse application des petites clefs à l'effet d'établir une indispensable égalité entre les *tons* et les *semi-tons*, ne remonte certainement pas à un siècle. Seulement il est hors de doute que nous sommes redevables aux Allemands de cette précieuse découverte, ainsi que celle d'une *patte au corps*, qui donne deux notes de plus dans le grave de l'instrument. Ces deux notes sont *ut dièse* et *ut naturel*.

Quatrième époque. Flûte moderne. Elle est en *ré* ou en *ut*. Pour parler plus correctement, l'une descend au *ré* au-dessous des cinq portées, et la deuxième à l'*ut naturel*. Les Allemands, les Anglais et les Italiens ont, depuis bien des années, renoncé à la flûte à *patte de ré* comme trop mesquine. En France, nous avons été plus récalcitrants. La première méthode où il soit fait mention des trois petites clefs (*fa naturel, la* et *si bémol*) est celle de MM. Hugot et Wanderlich. Elle a été publiée par le Conservatoire à l'époque de la formation de cet établissement sous la République. C'était là un heureux commencement ; mais l'opposition systématique d'infatigables routiniers a apporté bien des retards aux perfectionnements dont la flûte a été l'objet.

La flûte moderne est de forme *cylindrique*, comme celle du moyen-âge. Elle se compose de trois tubes ou corps creusés et séparés. On les ajuste les uns dans les autres au moyen d'*emboîtures* et de *tenons*. Le premier *corps* se nomme *tête* ; il est percé à sa surface d'un trou unique ; on le nomme trou *de l'embouchure*. Le deuxième corps s'emboîte dans le premier ; il est percé de six trous à sa surface et s'emboîte par son extrémité inférieure dans le troisième corps ou *patte*, soit de *ré* ou d'*ut*, soit de tout autre. Le premier et le troisième corps sont garnis de *viroles* d'ivoire ou d'argent. La *patte* en *ré* est percée d'un seul trou assez large ; il est fermé par une clef qu'on fait agir avec le petit doigt de la main d'en bas. La *patte* en *ut*, outre ce trou dont nous venons de parler, en a encore deux autres, l'un pour l'*ut naturel*, l'autre pour l'*ut dièse*. Les clefs sont en sens contraire à celle de *ré dièse*. Elles restent ouvertes, mais on les bouche chaque fois qu'on veut obtenir les deux notes pour lesquelles elles sont établies. C'est encore par le moyen du petit doigt, toujours d'en bas, que ces clefs jouent.

A une époque plus rapprochée encore, grâce à l'habileté de quelques facteurs et au procédé de fabrication mis en usage par Boëhm, d'après la découverte de Gordon, en 1834, la flûte est devenue un instrument aussi complet, aussi juste, et d'une sonorité aussi égale qu'on puisse le désirer.

Les sons de la flûte n'ont pas une expression très-caractérisée ; cependant ils sont doux et purs, et peuvent rendre avec bonheur certaines nuances délicates qu'on ne saurait attendre de la naïveté du haut-bois, de la gravité du cor anglais, ni de la force éclatante de la clarinette. Tel est, par exemple, le chant triste et désolé, mais humble et doux que Gluck, dans son *Orphée*, prête aux ombres qui habitent les Champs-Élysées. La flûte est employée aussi d'une manière heureuse dans le chœur des prêtres, au premier acte d'*Œdipe*, de Sacchini : *O vous que l'innocence* ; dans la cavatine du duo de *la Vestale*, de Spontini : *Les dieux auront pitié* ; et dans une foule de passages de *Freyschutz*, de Weber, surtout pendant la mélancolique et suave prière d'Agathe.

La flûte a donné lieu à beaucoup de perfectionnements. En 1806, Laurent construisit des flûtes dont le corps était en cristal, qui eurent une grande réputation. En 1840, Cœur donna le nom de *flûte française* à un instrument dont la perse était conique, et monté des clefs de formes nouvelles qui avaient double effet ; l'embouchure avait également été modifiée. — En 1855, Roth, de Strasbourg, construisit une flûte excessivement longue, qui descendait jusqu'au *sol* et il la nomma *flûte d'amour*.

Flute harmonique. Nom donné à une espèce d'accordéon, imaginé en 1829, par Bouvret.

Flute (petite). Elle est à l'octave haute de la précédente.

La petite flûte a un timbre perçant dont on abuse aujourd'hui comme de tout ce qui éclate d'une manière bruyante. Ses notes aiguës sont excellentes dans un *fortissimo* de tout l'orchestre, pour obtenir les effets déchirants dans un orage ou dans une scène d'un caractère féroce. Beethoven dans la *Symphonie pastorale*, et Gluck dans la tempête d'*Iphigénie en Tauride*, en ont fait usage avec bonheur.

Spontini, dans la célèbre bacchanale des *Danaïdes*, a joint un cri bref et perçant des flûtes avec un coup sec des cymbales. Cela déchire comme un poignard.

Fluté. On appelle son flûtés ceux que l'on produit sur les instruments à cordes ou à archet, en appuyant légèrement le doigt sur les cordes et en faisant un mouvement particulier avec l'archet qu'on approche davantage du chevalet.

FLUTEOLE. Espèce de flûte construite par Coste, en 1847, dont la perce était conique.

FLUTET. Flûte que l'on jouait avec le tambourin. Sorte de galoubet.

FLUTINA. Espèce de petit accordéon à double clavier, un supérieur, et un inférieur, construit en 1842, par Wender.

FLUTINA-POLKA. Instrument à double jeu de lames vibrantes imaginé par Busson, en 1851.

FLUTISTE. Musicien qui joue de la flûte.

FOLIES D'ESPAGNE. Air qui se dansait autrefois en Espagne avec des castagnettes. Les uns l'attribuent au célèbre violoniste Corelli, d'autres à Broschi (Ricardo), frère de l'admirable chanteur Farinelli (*dit* Carlo Broschi), mais il n'appartient pas plus à l'un qu'à l'autre. Son auteur est inconnu. Le claveciniste français d'Anglebert avait publié vingt-deux variations sur ce thème, en 1689, et l'œuvre 5 de Corelli, qui contient vingt-quatre variations sur *la Follia*, ne parut à Rome qu'en 1700. Cet air, dit Castil-Blaze, dans son *Molière musicien*, est établi sur des modulations d'un usage alors fréquent et presque général, modulations qui réglaient la marche de la mélodie et donnaient un air de famille à toutes les petites pièces de ce genre. La chanson provençale : *Fai te lou tegne blu, panturla*, dont la musique remonte au xiie siècle, présente les types des *Folies d'Espagne ;* type dont il semble que Pergolèse ait subi l'influence en écrivant le premier duo de son *Stabat Mater*. Ce duo procède et module exactement comme les *Folies d'Espagne*.

FONDAMENTAL. Le son fondamental est celui qui sert de fondement à l'accord ou au ton. La basse fondamentale est celle qui sert de fondement à l'harmonie. L'accord fondamental est celui dont la note la plus basse est fondamentale.

FORCE. Qualité du son appelée aussi *intensité*, qui le rend plus sensible et le fait entendre de plus loin.

FORCER LA VOIX. C'est un défaut qu'on rencontre souvent chez les chanteurs, surtout lorsqu'ils sont indisposés. Ils crient alors au lieu de chanter, et ils détonnent facilement, attendu que leur voix sort de son étendue naturelle.

Forme. Les compositions musicales se distinguent par leurs formes. La symphonie a une forme différente du concerto; l'air a une toute autre forme que le rondeau, etc.

Fort-bien. Nom donné par Frédéric, facteur d'orgue à Gera, en 1758, au premier piano cordé qui fut alors construit.

Forté. Adverbe italien qui signifie *fort*; est employé dans la musique par opposition au mot *piano,* pour indiquer qu'il faut augmenter le son et chanter à pleine voix.

Forte-campano. Instrument imaginé par Lemoine, en 1825, rendait des sons doux et sonores, et pouvait parfaitement en même temps imiter le son des grosses cloches. Le son était produit par des tiges métalliques.

Forte-piano. C'est le nom par lequel on a désigné pendant longtemps le *piano*. Il fut appelé ainsi par les premiers inventeurs.

Fourche. Terme dont on se sert à l'égard du doigté des instruments à vent et à trous, pour indiquer la position des trois grands doigts, dont les extrêmes sont posés sur les trous, tandis que celui du milieu est levé.

Fourniture. Jeu d'orgues qui entre dans la composition du plein jeu, et qui est composé de plusieurs tuyaux d'un son aigu accordés à la quinte, à l'octave, à la tierce et à la double octave du son principal avec des redoublements.

Foyers de théatre. C'est ainsi que l'on nomme les pièces ou salons faisant partie de l'édifice consacré à un spectacle, et qui servent de lieu de réunion. Chaque théâtre a deux foyers : celui des acteurs, voisin de la scène, où ils attendent le moment d'y paraître, et celui du public, où les spectateurs viennent s'asseoir ou se promener pendant les entr'actes. Le foyer des comédiens de l'ancien Théâtre-Français, où figuraient les Préville, les Dazincourt, les Dugazon, fut renommé jadis pour l'attrait de ses causeries. Le malin et spirituel Hoffmann fit souvent le charme du foyer public de l'Opéra-Comique, où chaque soir on assistait, grâce à lui, à une sorte de cours de bonnes plaisanteries et d'amusantes narrations.

Fracas. Ce mot désigne simplement un bruit d'une nature particulière *(fragor)*, mais sans rupture, fracture ou dégât d'aucune sorte. Il ne s'applique guère dans ce cas qu'aux détonations successives de la foudre pendant un orage. L'action d'un corps en mouvement peut aussi causer du fracas ou en fracasser un autre, sans que cette opération soit accompagnée d'un bruit sensible. Ce mot, en musique, se prend ordinairement en mauvaise part. On dit qu'un orchestre fait du *fracas* lorsqu'il ne produit qu'un bruit sans effet.

FRAGMENT. Ainsi se nommait anciennement un drame lyrique dont chaque acte offrait une action séparée.

FRANCE* (Notice historique sur la musique en). — L'origine de la musique française remonte à une haute antiquité, ainsi que le prouvent les plus anciennes chroniques. Les vieilles chansons des Francs étaient généralement écrites en langue latine : elles avaient beaucoup d'analogie avec les ballades des Goths; cependant on y remarque une vivacité qui leur est particulière. Dans les fêtes publiques, les Francs se servaient d'un grand nombre d'instruments, et les victoires des premiers rois étaient célébrées par des chants.

L'orgue fut introduit en France en 757, lorsque l'empereur Constantin VI en envoya un en présent à Pépin, père de l'empereur Charlemagne. Peu de temps après, le chant grégorien fut importé de Rome. Charlemagne, dont le puissant génie ne négligeait rien de ce qui pouvait illustrer la France, s'adressa au pape Adrien pour en obtenir des chanteurs qui fussent capables d'enseigner le chant grégorien; ce pontife lui envoya deux chantres, Théodore et Benoît, qui apportèrent un antiphonaire noté par saint Grégoire lui-même. D'après l'ordre de l'empereur, tous les livres de chant ecclésiastique de l'empire furent corrigés au moyen de cet antiphonaire, et le chant grégorien fut généralement adopté.

A la même époque, les baladins et les musiciens ambulants étaient en grand nombre en France; ce n'étaient pas seulement les musiciens, mais les historiens du royaume. Ils récitaient dans leurs chansons les principaux événements de l'histoire du pays, et célébraient les actions héroïques des rois.

Les chansons de guerre des Francs furent longtemps

---

* Nous avons écrit cette notice, sur la musique en France, pour un dictionnaire traduit de l'italien, qui a paru en 1839. Nous reprenons aujourd'hui ce travail, qui est notre propriété, pour le transporter ici, après l'avoir complété et modifié dans quelques parties.

les seules que le peuple répéta ; elles étaient conformes au goût barbare de cette époque. Ces chansons militaires s'appelaient *chansons de geste*, parce qu'elles célébraient les hauts faits des preux. De ce nombre est la *chanson de Roland*.

Les *chansons badines* sont moins anciennes que les *chansons de geste;* cependant on ne peut déterminer avec précision le temps où elles commencèrent à être en usage.

Parmi les musiciens qui fleurirent en France depuis le temps de Charlemagne jusqu'à celui de Gui d'Arezzo, on remarque Rabanus et Haymar de Halberstadt, contemporains des chanteurs envoyés par le pape Adrien; Heris, disciple de Rabanus, Remi d'Auxerre, l'un des membres les plus savants de l'église latine à la fin du neuvième siècle; Hucbald, moine de Saint-Amand, contemporain de Remi, et Odon, abbé de Cluni en Bourgogne, qui vécut un peu plus tard. Mabillon place ce dernier au nombre des hommes qui exercèrent le plus d'influence sur la littérature et les beaux-arts, pendant la première partie du dixième siècle. Remi et Hucbald ont écrit des traités sur la musique qui se trouvent à la Bibliothèque nationale à Paris. On remarque dans l'ouvrage d'Hucbald quelques exemples d'harmonie qui prouvent que le chant en consonnance a été inventé avant le temps de Gui. L'Église romaine fait encore usage d'une partie des hymnes et des antiennes composées par Odon.

Philippe de Vitry, évêque de Meaux, mort en 1361, passe pour être le même que l'auteur latin, *Vitriacus*, qui fut, vers le milieu du quatorzième siècle, l'un des commentateurs de Francon. Cet écrivain est moins connu que Jean de Muris, docteur de l'Université de Paris, qui a passé pendant longtemps pour l'inventeur de la musique mesurée et qui tient la première place parmi les écrivains français du moyen-âge sur la musique.

Dans le douzième siècle, la langue romane était formée, et les poëtes, qui étaient presque tous musiciens, s'en servaient uniquement pour les chansons et les poésies rimées auxquelles ils ajoutaient de la musique. Cette langue, qu'on appelait en général la *langue d'Oïl*, était différente d'une autre langue qu'on parlait dans le midi de la France et qui s'appelait la *langue d'Oc*. Les *troubadours* provençaux et toulousains se servaient de celle-ci, qui existe encore intacte dans le Midi, et les *trouvères* et *ménestrels* proprement dits faisaient usage de l'autre.

En 1323, les sept premiers troubadours toulousains formèrent la compagnie *supergaye*, qui donna naissance aux *jeux floraux*. Cette compagnie qui, chaque dimanche, tenait ses séances dans un jardin, décerna des prix qui se distribuaient le 1ᵉʳ mai. Le premier qui fut accordé consistait en une violette d'or qu'un troubadour, nommé Arnauld Vidal, obtint, en 1324, pour une espèce de romance à la Vierge. Cette institution subsiste encore, mais elle n'est plus que poétique.

Presque toutes les chansons françaises des douzième et treizième siècles sont écrites pour une seule voix. Peu de trouvères étaient assez instruits en musique pour en faire à trois ou quatre voix. L'un d'eux pourtant, nommé Adam de Le Hale, et surnommé le *Bossu d'Arras*, à cause de sa difformité et du lieu de sa naissance, se distingua, vers 1280, comme auteur de chansons et de motets à trois parties.

Les motets de ce trouvère nous offrent aussi plusieurs particularités remarquables. Ils se composent du plain-chant, d'une antienne ou d'une hymne, mis à la basse avec les paroles latines, et sur lequel une ou deux autres voix font une espèce de contrepoint fleuri, et, ce qui peint bien le goût de ces temps barbares, ces voix supérieures ont des paroles françaises de chansons d'amour. Ces motets se chantaient dans les processions.

Les ménestrels et les trouvères formèrent des associations sous les noms de *ménestrandie*, *cours d'amour*, etc. Les ménestrels ou ménétriers fondèrent, vers 1330, la confrérie de *Saint-Julien-des-Ménétriers*; l'année suivante, elle fonda l'hôpital qui a porté ce nom et choisit un chef qui prit celui de *roi des ménétriers*. Les actes de cette confrérie furent enregistrés au Châtelet, le 23 novembre 1331. On appelait alors, *ménestrandie* une société nombreuse qui se composait de chanteurs, de joueurs d'instruments, et même de baladins et de faiseurs de tours. La confrérie de Saint-Julien-des-Ménétriers ne cessa d'exister qu'en 1689; depuis lors il n'y a plus de ménétriers en France.

Vers la fin du quatorzième siècle, la musique à plusieurs parties avait fait peu de progrès en France. Il existe un monument de l'art, tel qu'il était alors, dans un manuscrit des poésies de Guillaume de Machault, qui, suivant l'usage de ce temps, était à la fois poëte et musicien. La plupart de ces morceaux sont remplis de fautes grossières d'harmonie, qui prouvent que depuis Adam de Le Hale l'art d'écrire la musique à plusieurs voix ne s'était pas perfectionné, et même que les qualités par lesquelles brillent les compositions de ce musicien poëte n'avaient pas été appréciées par les Français.

Vers le milieu du quinzième siècle on remarque des progrès très-sensibles parmi les musiciens français. L'un d'eux, nommé Giles ou Egide Binchois, fut le contemporain du compositeur flamand Guillaume Dufay, et paraît avoir partagé avec lui et l'anglais Dunstaple la gloire de certaines améliorations assez importantes dans l'harmonie et dans le système de la notion. Ce musicien vivait vers 1440.

Après Binchois on trouve Antoine Busnois, maître de chapelle de Charles-le-Téméraire, duc de Bourgogne, qui brillait vers 1470.

Jean Mouton et Antoine Brumel occupèrent ensuite le premier rang parmi les musiciens français. Ils étaient contemporains du fameux Josquin-des-Prés, qui faisait la gloire des Pays-Bas, et tous deux brillaient dans les dernières années du quinzième siècle et au commencement du seizième. Jean Mouton était maître de chapelle de Louis XII. Antoine Brumel avait eu pour maître Jean Ockenheim, célèbre musicien flamand et maître de chapelle de Louis XI.

Sous le règne de François Ier, l'art prit un essor nouveau. Ce prince, vers 1530, avait deux maîtres de chapelle; le premier s'appelait Claude de Sermisy ou de Servisy, et le deuxième Aurant. Il ne reste rien de leurs ouvrages, mais on peut s'en consoler avec les compositions de Clément Jannequin, le plus habile, le plus célèbre des musiciens de cette époque, et l'un des premiers de qui l'on peut dire qu'ils ont eu réellement du génie. Ce compositeur publia, en 1544, un recueil de ses ouvrages sous le titre justement appliqué d'*Inventions musicales à quatre ou cinq parties*. C'est dans ce recueil que se trouve la pièce si originale qui a pour titre *la Bataille* ou *Défaite des Suisses à la journée de Marignan*. Tous les termes militaires dont on se servait alors dans un combat y sont employés, et l'on y trouve une imitation fort plaisante et fort pittoresque du canon, des trompettes, des tambours et du cliquetis des armes.

Quelques recueils imprimés en 1529 et dans les années suivantes, par Pierre Atteignant, imprimeur de Paris, font connaître les noms et les œuvres de plusieurs compositeurs français, contemporains de Clément Jannequin, et qui eurent dans ce temps la réputation de muciens habiles. Ces compositeurs furent Hesdin, Rousée, maître Gosse, Certon, Hottinet, A. Mornable, G. Le Roy, Vermont, Manchicourt, L'Héritier, Guillaume Le Heurteur et Philibert Jambe-de-Fer.

Goudimel, né à Besançon vers 1520, fut un de ces hommes nés pour se placer à la tête des artistes de leur temps. Élevé dans la religion catholique, il fut d'abord maître de chapelle dans sa ville natale, s'y livra à la composition de la musique d'église, puis alla à Rome où il eut la gloire de devenir le maître de Palestrina. De retour en France, Goudimel, périt malheureusement à l'époque de la Saint-Barthélemy, en 1572. Il était alors à Lyon ; Mandelot, gouverneur de cette ville, le fit jeter dans le Rhône.

L'année 1581 est une époque remarquable dans l'histoire de la musique française, par le premier essai d'une espèce de drame musical : cet ouvrage fut fait et représenté au Louvre, à l'occasion du mariage du duc de Joyeuse avec mademoiselle de Vaudemont. Bathazarini, célèbre violoniste piémontais, de son temps, avait été envoyé par le maréchal de Brissac à Catherine de Médicis, qui le nomma intendant de sa musique. Ce fut lui qu'on chargea du soin d'organiser une fête musicale et dramatique pour les noces du favori du roi, et il traça le plan d'une pièce à machines à laquelle il donna le nom de *Ballet comique de la royne*. Il s'associa deux musiciens de la chambre de Henri III, nommés Beaulieu et Salmon, qui composèrent une partie des airs de danses et des chants à plusieurs voix, et l'ouvrage fut exécuté par une partie des seigneurs et des dames de la cour. Il produisit une vive impression : rien de semblable n'avait été entendu en France jusque-là. Ce fut le premier germe de l'Opéra, qui n'eut d'existence réelle à Paris que près d'un siècle plus tard.

Le règne de Henri IV fut peu favorable au progrès de la musique. Ce prince, bien qu'il ne fût pas ennemi des arts, était trop occupé des affaires de l'État pour avoir du temps à donner aux plaisirs des spectacles. Il est certain que c'est de ce moment que la musique française commença à décliner et devint inférieure à celle des autres nations, et particulièrement des Italiens. Louis XIII était bon musicien, et même il composait de la musique à plusieurs parties ; néanmoins il fit peu de chose pour cet art qu'il aimait de préférence ; parce que, ne prenant par lui-même aucune détermination, il laissait à Richelieu jusqu'au soin de protéger les arts. Ce ministre ombrageux, qui ne s'était fait le Mécène des gens de lettres et des poètes qu'à la condition qu'il chanteraient ses louanges, n'avait rien à attendre des musiciens ; aussi ne fit-il rien pour eux. L'abandon où languirent les artistes sous la longue domination de ce prêtre, joint aux ridicules prétentions du roi des ménétriers et à l'obligation de se faire recevoir maître à danser pour avoir le droit d'exercer la profession de musicien, furent les causes principales de la décadence de l'art, qui se continua jusqu'à la majorité de Louis XIV. Le ministère de Mazarin ne put même ranimer l'art ni les artistes, bien que le prélat italien eût apporté de son pays le goût de la musique, et qu'il eût essayé de la faire revivre à la cour de Marie de Médicis. Les circonstances étaient d'ailleurs peu favorables. Une rénovation sociale et politique s'opérait alors en France et dans toute l'Europe ; une vive agitation se manifestait dans les partis qui étaient opposés à la cour ; les guerres de la Fronde et les vicissitudes qui en étaient la suite, tout cela n'était point favorable aux progrès d'un art qui vit de luxe et de repos.

Les instruments qui furent de mode au commencement du dix-septième siècle étaient le luth, la viole, le violon et le clavecin. Jacques Mauduit était fort instruit sur le luth, ou du moins passait pour l'être. On remarquait aussi à la cour de Henri IV deux écossais, nommés Jacques et Charles Hedington, qui passaient pour être des luthistes d'un grand mérite. Ils avaient pour rival Julien Perrichon qui, dit-on, excellait surtout dans l'accompagnement. Les deux Gauthier vinrent ensuite et excitèrent l'admiration de Louis XIII et de ses courtisans ; enfin on cite aussi comme des luthistes distingués de la même époque, Hemon et Blancrocher. Parmi les violistes, ceux qui se sont fait la plus brillante réputation, au commencement du dix-septième siècle, sont Hottemann et Laridelle.

Trois frères nommés Louis, François et Charles Couperin, furent de très-habiles organistes pour leur temps, sous le règne de Louis XIII, et formèrent la souche d'une famille de musiciens qui s'est illustrée pendant deux cents ans.

Il paraît que le clavecin fut cultivé avec plus de succès en France, au commencement du dix-septième siècle, qu'aucun autre instrument. Thomas Champion et son fils Jacques Champion faisaient alors les délices de la cour et de la ville ; mais ils furent surpassés et laissés fort en arrière par leur fils et petit-fils Champion de Chambonnières, dont il a été gravé quelques recueils de pièces qui prouvent en faveur de son talent. Au reste Chambonnières appartient plutôt à la minorité de Louis XIV qu'au règne de son père.

En 1645, le cardinal Mazarin fit connaître pour la première fois aux Français l'opéra italien, qui existait depuis plus de cinquante ans, mais qui n'avait pas encore été imité en France, bien que le premier essai de spectacles en musique, par Baltasarini, eût dû mettre sur la voie de ces spectacles. Une troupe de chanteurs italiens que le cardinal avait fait venir à grands frais, joua au palais Bourbon deux opéras, le premier dans le genre bouffe, intitulé *la Festa teatrale della fuita pazza;* la seconde était l'*Orfeo ed Euridice* de Monteverde, les Parisiens ne goûtèrent point ce spectacle, et le cardinal qui l'aimait beaucoup, fut obligé d'y renoncer et de renvoyer ses chanteurs en Italie. La nation française n'était pas assez avancée dans la connaissance de la musique, pour prendre du plaisir à en entendre d'un genre sérieux pendant près de cinq heures ; car il paraît que la représentation de ces pièces ne durait pas moins. Ce ne fut que quinze ans plus tard, c'est-à-dire en 1660, aux fêtes du mariage de Louis XIV, que Mazarin fit venir de nouveau des chanteurs italiens qui représentèrent au Louvre une tragédie lyrique en cinq actes, intitulée *Ercole Amante*. Il paraît que cette fois le cardinal fut plus heureux et que la cour prit plaisir à entendre cette musique.

Si la persévérance de Mazarin à faire goûter aux Français la musique de son pays ne produisit pas tout l'effet qu'il en attendait, elle eut du moins pour résultat de leur donner une musique nationale. Cambert, organiste de l'église Saint-Honoré, et musicien de la mère de Louis XIV, après avoir entendu les opéras italiens, conçut le projet de les imiter en français, et s'étant associé avec Perrin, maître de cérémonie de Gaston, duc d'Orléans, il écrivit une pastorale qui fut représentée à Issy en 1659, et qui fut applaudie. Cet heureux essai valut aux auteurs de cette pastorale, un privilége pour l'établissement du premier opéra français. Ils formèrent une société avec le marquis de Sourdéca qui avait du génie pour les machines, et ouvrirent leur spectacle dans la salle du jeu de paume de la rue Mazarine en 1671, par l'opéra de *Pomone*. L'année suivante, ils donnèrent *les Peines et les Plaisirs de l'amour*, pastorale, et le public parut prendre goût à ces ouvrages mais les auteurs des paroles et de la musique n'étaient pas destinés à jouir longtemps de leur privilége ; Lulli, qui jouissait de la faveur de Louis XIV, eut le crédit de le leur enlever.

Jean-Baptiste de Lulli, né près de Florence en 1633, avait reçu les premières leçons de musique et de guitare d'un cordelier ami de sa famille. Il apprit ensuite à jouer du violon et y montra d'heureuses dispositions. Le chevalier de Guise, voyageant en Italie, fut charmé des talents du jeune Lulli, et l'amena à Paris lorsqu'il n'était encore âgé que de treize ans. Mademoiselle, nommée *la Grande Mademoiselle*, ayant entendu parler au chevalier de son protégé, le lui demanda, et eut la singulière fantaisie de le placer dans ses cuisines, au rang des marmitons. Doué du caractère le plus gai, Lulli amusait ses camarades et charmait quelquefois leurs ennuis par les sons de son violon. La princesse l'entendit un jour avec beaucoup de plaisir et lui donna des maîtres de clavecin et de composition nommés Métru et Roberday, tous deux organistes à Paris. Louis XIV voulut entendre un musicien dont tout le monde parlait avec admiration, et il fut si satisfait du jeu de Lulli, sur le violon, qu'il s'empressa de l'attacher à son service. Il lui donna l'inspection, de sa musique, et particulièrement celle d'une nouvelle bande de musiciens qu'on nomma les *petits violons*, pour les distinguer des *vingt quatre grands violons*, espèce de ménétriers qui ne savaient pas lire la musique. Formés par Lulli, ces nouveaux musiciens firent, depuis lors, le service de la chapelle et de la chambre du roi, et les anciens violons ne conservèrent d'autre privilége que celui d'écorcher les oreilles de la cour, le jour de la fête de Louis XIV.

Lulli commença par composer quelques airs pour les ballets qu'on exécutait à la cour et les divertissements des comédies de Molière. Chargé des détails des fêtes de la cour, il écrivait aussi beaucoup de symphonies qu'on y exécutait. Enfin l'opéra français prit naissance ; Lulli comprit ce qu'on en pouvait faire ; mais pour en tirer tout l'avantage qu'il voulait, il lui fallait un poëte qui comprit ses idées et qui voulut s'y soumettre; il en trouva en Quinault.

Le premier ouvrage qui résulta de l'association de ces deux hommes célèbres, fut la pastorale intitulée, *les fêtes de l'amour et de Bacchus,* représentée en 1672. Elle fut suivie de *Cadmus,* d'*Alceste,* de *Thésée,* d'*Astys* d'*Isis,* de *Psyché,* de *Bellérophon,* de *Roland,* enfin d'*Armide,* représentée en 1686, et qui est considérée comme le plus bel ouvrage de Lulli. Ce compositeur écrivit en outre plusieurs pastorales et vingt-cinq ballets. Cette fécondité paraîtra prodigieuse, si l'on considère, que Lulli était à la fois compositeur, chef d'orchestre, maître de chant, de déclamation et chorégraphe de son théâtre. A l'époque où il prit la direction de l'opéra, il n'existait en France ni chanteurs, ni danseurs, ni choristes, ni musiciens d'orchestre, et il forma tout cela par sa rare intelligence et son activité.

Si l'on envisage Lulli comme compositeur, on ne peut nier qu'il eût un mérite fort remarquable dans la déclamation chantée, c'est-à-dire dans le récitatif. A l'égard de la mélodie de ses airs et de son instrumentation, il ne doit pas être placé parmi les inventeurs, car il a imité le style de Carissimi et de Cavalli. Mais telle était l'ignorance où l'on se trouvait en France sur les productions musicales à l'étranger, qu'on était persuadé qu'aucun musicien ne pouvait lutter de génie avec Lulli, et ce préjugé pardonnable en 1675, se conserva pendant plus de cinquante ans. Il n'y eut pas d'espoir de succès pour les compositeurs qui vinrent après lui, à moins qu'ils ne se fissent ses imitateurs ; aussi n'y eut-il réellement en France qu'un genre de musique dramatique depuis Lulli jusqu'à Rameau, c'est-à-dire en 1672 jusqu'en 1733. Beaucoup de compositeurs remplissent l'intervalle entre ces deux hommes habiles ; les plus remarquables sont Colasse (1687-1706), Charpentier, Desmarets, Campra, Coste et Détouches (1692-1710), Bertiez (1706), Mouret (1714), Monteclair (1716), Rébel et Francœur (1725-1760), de Blamont (1731) et plusieurs autres dont les noms, bien qu'assez obscurs, sont encore plus connus que leurs ouvrages. Tous à l'exception de Campra qui avait de l'originalité dans ses idées, ont été des imitateurs de Lulli, mort à Paris le 22 mars 1687 des suites d'une blessure qu'il s'était faite au pied.

Le préjugé des Français en faveur de Lulli, se reproduisit en faveur de Lalande le plus habile compositeur de musique d'église sous le règne de Louis XIV, et dont le style servit longtemps de modèle aux nombreux compositeurs français de son temps, qui suivirent ses traces dans ce genre de musique.

Sous le règne de Louis XIV, la musique instrumentale fit quelques progrès, et plusieurs artistes de mérite préparèrent une voie de perfectionnement à leurs successeurs. Les clavecinistes les plus célèbres de cette époque furent François Couperin, Hardelle, d'Anglebert et Buret.

Les instruments à archet furent aussi cultivés avec succès. Marais et Foiqueray se distinguèrent sur la viole pour laquelle ils ont publié plusieurs suites de pièces. Senaille, né en 1688, fut le premier violoniste de France qui mérita d'être mis en parrallèle avec les violonistes italiens : il écrivit de bonnes sonates pour son instrument. Leclair fut son contemporain et mérita, comme lui, les applaudissements des gens de goût. Ces deux artistes doivent être considérés comme les fondateurs de l'école française du violon.

A l'égard du chant, c'était un art inconnu en France, et il le fut encore longtemps. Lambert, célébré dans les vers de Boileau, et dont Lulli avait épousé la fille, passait pour le meilleur maître de Paris; ce n'était pas beaucoup dire. Après lui venait Camus, Dambray, et Bacilli. Aucun d'eux ne connaissait les principes de la pose de la voix et de la vocalisation.

Sous la régence, la musique dramatique et religieuse resta stationnaire. Il était réservé au règne de Louis XV d'être témoin d'une sorte de révolution dans la musique de théâtre : ce fut Rameau qui la fit. Jean-Philippe Rameau, né à Dijon le 25 octobre 1683, étudia comme enfant de chœur les principes de la musique dans sa ville natale, puis voyagea en Italie, où il n'alla pas plus loin que Milan. De retour en France, il fut organiste à Clermont, en Auvergne, et ensuite à Paris. Habile dans l'art de jouer de l'orgue, il se fit remarquer par les pièces de clavecin qu'il publia et qui étaient d'un genre neuf. Mais ce qui fixa surtout l'attention sur lui, fut la publication d'un *Traité d'harmonie* qui parut en 1722, et qui était fondé sur une théorie nouvelle. Bien qu'il fût reconnu comme un savant et habile musicien, et peut-être à cause de cela, Rameau ne pouvait parvenir à trouver un poème d'opéra pour en composer la musique. Il avait cinquante ans lorsqu'il put enfin satisfaire son désir : son opéra d'*Hippolyte et Aricie* ne fut représenté qu'en 1733. Vingt-deux opéras composés par Rameau, dans l'espace de dix-sept ans, prouvèrent une fécondité rare chez un artiste déjà âgé dès son début. Les partisans de Lulli se déchaînèrent contre l'artiste qui osait s'écarter de la route tracée par son prédécesseur, et se créer une manière nouvelle. Ils trouvèrent son harmonie dure et baroque, ses mélodies tourmentées, son récitatif trop chantant, et ses airs pas assez. Lulli conserva beaucoup de partisans, mais Rameau eut les siens, et les habitués de l'Opéra se partagèrent en deux camps qui se firent la guerre jusqu'à ce qu'un compétiteur célèbre vint de l'Allemagne les faire oublier l'un et l'autre.

Les compositeurs français, contemporains de Rameau, furent les derniers qui écrivirent de la musique dans le style purement français. Ces compositeurs furent Mondonville (1742-1758), Berton (1755-1775), d'Auvergne (1752-1773), Trial (1765-1771), et quelques autres moins connus. En 1752, l'arrivée d'une troupe de chanteurs italiens à Paris, opéra dans le goût de la musique française, une révolution dont les résultats ne se firent pas sentir tout de suite, mais qui ne fut pas moins réelle. Ces chanteurs, qui donnaient des représentations à l'Académie royale de musique alternativement avec l'Opéra français, firent entendre pour la première fois, aux habitués de l'Opéra *la Serva padrona* de Pergolèse, et d'autres ouvrages des meilleurs compositeurs italiens de cette époque. Une partie de la société, c'est-à-dire cette portion intelligente qui devance toujours le temps où elle vit, montra la plus vive admiration pour cette musique élégante, spirituelle, dans laquelle la vérité de diction, la forme gracieuse de la mélodie et la convenance de l'instrumentation s'unissaient pour former un tout séduisant pour l'oreille et pour l'esprit. De leur côté, les enthousiastes de la musique française furent fort scandalisés de l'atteinte qu'on osait porter aux objets de leur admiration. Une guerre s'alluma entre les deux partis, et le parterre se divisa en deux camps qui se désignèrent sous les noms de *coin de la reine* et *coin du roi*, parce qu'ils étaient rangés près des loges de la reine et du roi. A la tête du coin de la reine étaient J.-J. Rousseau et le baron de Grimm. La thèse soutenue par Grimm et Rousseau était que, non-seulement la musique française ne pouvait lutter avec l'italienne, mais qu'à proprement parler, il n'y avait point de véritable musique française, et qu'il ne pouvait y en avoir. Ces assertions ne restèrent point sans réponse, et les partisans de cette musique dont on niait l'existence, ripostèrent par une multitude de pamphlets. Cette guerre dura près de deux ans, après quoi l'on s'aperçut des progrès sensibles que faisait le goût de la musique italienne, et les chanteurs ultramontains furent renvoyés.

Toutefois, le coup était porté, et le besoin de la musique italienne se fesait sentir. L'Opéra-Comique français, qui ne venait que de naître, s'empara de ce que le grand Opéra avait dédaigné, et vécut avec les traductions des opéras qu'on ne pouvait plus entendre dans la langue originale. Un compositeur italien, Duni, sorti de la même école que Pergolèse, vint à Paris en 1757, et composa l'un des premiers opéras-comiques originaux, le *Peintre amoureux de son modèle*; son succès, dû principalement à la musique simple et naturelle de Duni, engagea ce musicien à se fixer en France, et successivement il donna l'*Ile des Fous, Mazet, le Milicien, les Chasseurs, la Fée Urgèle, la Clochette, les Moissonneurs* et *les Sabots*. Ce que Duni avait commencé, Philidor l'acheva en donnant, dans le goût italien et avec une certaine force d'harmonie inconnue alors (1759), *Blaise le savetier*, suivi du *Soldat magicien*, du *Maréchal*, de *Sancho Pança*, du *Bûcheron*, de *Tom Jones* et des *Femmes véngées*. La mélodie de Philidor manquait quelquefois de grâce, mais elle était dramatique.

Un autre compositeur français, venu dans le même temps que Philidor, Monsigny, contribua beaucoup aussi à faire oublier le style lourd et soporifique de la musique française. *Les Aveux indiscrets*, qu'il fit représenter en 1759, commencèrent sa réputation. Encouragé par un premier succès, il donna en 1760, le *Maître en droit* et le *Cadi dupé*, remarquables par l'esprit et la finesse de la musique ; enfin, *On ne s'avise jamais de tout, le roi et le Fermier, Rose et Colas, le Déserteur, et Félix*, mirent le comble à sa réputation, et préparèrent la nation française à une grande révolution musicale qui était imminente.

Grétry, né à Liége en 1743, avait passé plusieurs années de sa jeunesse en Italie, lorsqu'il arriva à Paris en 1766. Déjà le mouvement était imprimé vers la voie de perfectionnement ; ce musicien, organisé pour traiter la musique d'une manière spirituelle, convenable pour des Français, acheva l'œuvre commencée par ses prédécesseurs, et jeta dans cinquante opéras de tout genre, une multitude de mélodies heureuses, de traits d'un excellent comique et d'une expression touchante. Son premier opéra, représenté en 1768, fut *le Huron*. Parmi les autres, les meilleurs sont *le Tableau parlant* (1769), *Zémire et Azor* (1771), *l'Ami de la maison* (1772), *la Rosière de Salency* (1774), *la Fausse magie* (1775), *l'Amant jaloux* (1778), *la Caravane* (1783), *Richard* (1785) et *Anacréon* (1797). De tous les compositeurs d'opéras-comique, Grétry est celui dont la musique a obtenu les succès les plus brillants, et dont les ouvrages sont restés le plus longtemps en faveur : soixante ans ne les ont pas usés.

Pendant que la musique faisait du progrès en France par l'Opéra-Comique, l'ancienne musique française semblait s'être réfugiée à l'Académie royale de musique, c'est-à-dire au Grand-Opéra, comme dans un fort inexpugnable. Mais la nécessité d'une réforme se faisait sentir de plus en plus, et le moment vint où il fallut qu'elle s'opérât. Ce fut un musicien étranger qui se chargea de ce soin. Gluck, compositeur allemand, venait de faire entendre à Vienne un style absolument original et beaucoup plus dramatique que ce que l'on connaissait jusque-là en France et même en Italie ; déjà les opéras d'*Alceste* et d'*Orphée*, dans lesquels Gluck avait essayé son style nouveau, avaient produit une vive impression sur la cour impériale. Les directeurs de l'Opéra de Paris, convaincus de la nécessité de changer le genre de pièces qu'on représentait sur leur théâtre, appelèrent Gluck à leur secours. Il vint, et vit que tout était à réformer. Un système de chant suranné, une exécution instrumentale fort mauvaise, une musique lourde et fatigante, voilà ce qu'on trouvait à l'Opéra. Homme de génie et doué d'une volonté inébranlable, il sut persuader aux artistes de l'Opéra qu'ils devaient renoncer à leurs anciennes habitudes, et son *Iphigénie en Aulide* fut rendue à peu près comme il le voulait. On représenta cet opéra le 19 avril 1774 ; son succès fut immense, et la révolution fut achevée aussitôt que commencée.

Pendant que Gluck obtenait ces succès, quelques amateurs lui reprochaient de manquer de grâce dans sa mélodie ; l'arrivée de Piccinni, à Paris, en 1777, leur parut favorable pour faire triompher leur critique. Piccinni, l'un des compositeurs italiens les plus renommés de cette époque, arrivait en France après avoir fait représenter plus de cent ouvrages. On lui confia celui de *Roland* dont il composa la musique, et qui fut représenté peu de mois après l'*Armide* de Gluck. Une guerre de plume commença alors entre les partisans de ces compositeurs. La Harpe, Marmontel, Suard, l'abbé Arnaud et Ginguené y prirent part et publièrent une multitude de brochures et d'articles de journaux qui sont maintenant oubliés. *Atys,* et surtout *Didon,* de Piccinni, restèrent au théâtre ; néanmoins les ouvrages de Gluck finirent par l'emporter dans l'opinion générale, et la part de gloire la plus grande lui fut dévolue.

Telle était la situation de la musique dramatique à l'aurore de la révolution française de 1789. A l'égard de la musique d'église, elle était faible de style en France, parce que les études sérieuses de contrepoint et d'harmonie étaient faites dans un mauvais système. Gossec, seul, mérite d'être distingué.

L'art du chant, toujours ignoré, n'avait point encore pénétré chez les Français. Avec de belles voix, Larrivée, Jéliotte, mademoiselle Laguerre, et plus tard Legros, Chardini, mademoiselle Arnould et d'autres encore ne furent que des chanteurs médiocres.

La révolution de la musique française contemporaine de l'autre, eut pour instigateurs Méhul, Chérubini et Spontini.

Enthousiaste de la musique de Gluck, et disposé par la nature à sentir avec force tout ce qui appartenait à l'expression dramatique, Méhul, né à Givet dans le département des Ardennes, Méhul qui, sans avoir fait des études solides, avait l'instinct d'une harmonie élégante et pure, comprit que ce qui avait manqué jusqu'alors à la musique française était indépendamment de cette harmonie dont il avait le sentiment, l'adoption de quelques formes italiennes, les morceaux d'ensemble développés, les airs réguliers et l'instrumentation brillante dont Mozart avait donné l'exemple quelques années auparavant dans les *Noces de Figaro* et dans *Don Juan*. Le résultat de ses méditations fut l'opéra d'*Euphrosine* ou *le Tyran corrigé*, qu'il fit représenter en 1790. *Stratonice* (1792), *Phrosine et Mélidor* (1794), *Ariodant* (1799), et *Joseph* (1807), achevèrent de développer dans toutes ses conséquences le nouveau système introduit par Méhul dans la musique française.

Chérubini, né à Florence, et venu à Paris en 1788 avec un nom déjà célèbre, exerça une influence très-active sur la révolution qui s'opérait alors dans la musique française, en y appliquant les qualités particulières de son talent solide et profond, comme il apparut dans l'opéra de *Lodoïska* qu'il fit représenter en 1791. Ce talent se déploya avec toute son énergie dans le *Mont Saint-Bernard* (1794), dans *Médée* (1797), et dans les *deux Journées* (1800).

Spontini dès l'année 1806 posa en France les bases de sa renommée et imprima à notre musique dramatique le sceau de sa puissante individualité. Continuateur de Gluck, précurseur de Rossini, il a légué à l'art deux beaux chefs-d'œuvre, la *Vestale* et *Fernand Cortès*. Ces ouvrages complétèrent la révolution de la musique en France.

Méhul, Chérubini et Spontini avaient été suivis dans leur système par M. Lesueur, qui néanmoins avait mis un cachet d'originalité dans la *Caverne* (1798), *Paul et Virginie* (1794), *Télémaque* (1796), et par M. Berton, qui jetait les fondements de sa renommée dans les *Rigueurs du cloître*, *Montano et Stéphanie* et *le Délire*. Boïeldieu préludait à ses brillants succès par *Zoraïme et Gulnar*; enfin l'école française avait agrandi son domaine.

L'art du chant, longtemps ignoré en France, commença à y être connu et cultivé avec succès vers le même temps. Ce fut encore à la musique italienne que l'école française fut redevable de cette amélioration importante. En voici l'occasion. En 1789, Léonard, coiffeur de la reine, obtint, on ne sait pourquoi, le privilége d'un théâtre d'opéra italien. Viotti, célèbre violoniste italien, alors établi à Paris, fut chargé de l'organisation de la troupe, et il mit tant de zèle et d'intelligence dans sa mission, qu'il parvint à réunir une partie des meilleurs chanteurs qui existaient alors. Le nouveau théâtre s'ouvrit en 1790 dans une espèce de bouge de la foire Saint-Germain, en attendant qu'on eût bâti la salle Feydeau qui lui était destinée. Raffanelli, Mandini, Viganoni, Rovedino et madame Morichelli composaient une partie de cette troupe, la meilleure qu'il fût possible de réunir alors. Ces excellents chanteurs exécutaient les délicieuses compositions de Cimarosa, de Sarty et de Paisiello. Un orchestre excellent composé des meilleurs artistes de France, et dirigé par Mestrino, ajoutait au charme des représentations; enfin rien ne manquait à l'ensemble de ce spectacle, le plus parfait qui eût jamais existé à Paris.

Le chanteur le plus étonnant que la France ait produit, Garat, qui venait de se lancer dans le monde musical, allait former son goût et sa méthode à l'école de ces virtuoses et se préparait à fonder l'excellente école de chant d'où sont sortis tous les artistes qui depuis ont brillé sur les théâtres français. Ce chanteur joignait à l'organisation la plus parfaite qu'on puisse imaginer, une accentuation merveilleuse, et cette expression de vérité qui est l'âme de la musique française.

Tel était l'état de l'art musical en France lorsque toutes les maîtrises des cathédrales furent supprimées par suite de la révolution, ce qui détruisit l'éducation publique de la musique dans toute la France. Après la chute de Robespierre, le 9 thermidore an III, la Convention nationale décréta l'organisation du Conservatoire de musique sur le rapport de Chénier, pour remplacer ces anciennes écoles.

En peu de temps la nouvelle école donna des résultats remarquables, et dès l'an IV les concours des élèves furent assez brillants pour que le ministre de l'intérieur se chargeât de faire lui-même une distribution solennelle de prix dans la salle de l'Opéra. Cette cérémonie se répéta pendant plusieurs années, et excita vivement l'émulation des élèves. Une multitude d'instrumentistes de mérite fut formée en peu de temps; les orchestres se recrutèrent et s'améliorèrent d'une manière sensible; des chanteurs supérieurs à ceux qu'on avaient entendus jusque-là peuplèrent les théâtres, et l'on vit successivement débuter à l'Opéra et à l'Opéra-Comique Mme Branchu,

MM. Nourrit, Dérivis, Roland, Despéramont, Mme Duret, Mme Boulanger, MM. Ponchard, Levasseur, Mme Rigaut, Mlle Cinti (depuis Mme Damoreau), et beaucoup d'autres chanteurs qui ont été la gloire de l'école française.

La fin du régime révolutionnaire et la réaction qui s'ensuivit se firent sentir dans la musique et surtout dans la musique dramatique. Après les vives émotions qu'on avait ressenties, on éprouvait le besoin du calme et des sensations douces ; or il n'est guère de besoin dans la société qui ne soit bientôt satisfait. Un jeune musicien, que rien n'avait fait connaître encore, se lança tout à coup sur la scène et réussit dans son premier essai de manière à causer des inquiétudes aux compositeurs les plus renommés. Ce musicien se nommait *Della-Maria*. Son *Prisonnier ou la Ressemblance* fut accueilli avec un enthousiasme difficile à décrire, grâce à la musique simple et naturelle qu'il y avait adaptée, et qui causa une sensation d'autant plus vive qu'elle était en opposition directe de système avec celle qui depuis plusieurs années était seule en possession du théâtre. Tel fut le succès de cet ouvrage que, presque subitement, les autres compositeurs changèrent de manière pour en adopter une plus douce et plus analogue à la direction nouvelle que prenait la société sous le consulat de Bonaparte. Méhul lui-même esseya de modifier son talent et donna des ouvrages d'un genre tout différent des premiers, tels que *l'Irato, Une folie* et *le Trésor supposé*. Boïeldieu, né pour la musique gracieuse et spirituelle, donna successivement *le Calife de Bagdad, Ma tante Aurore, Jean de Paris* et *le Nouveau Seigneur de village*. Deux acteurs, aimés du public, Elleviou et Martin, tous deux chanteurs agréables et doués de belles voix, ne furent pas étrangers à cette métamorphose de la musique dramatique. Ils aimaient celle qui était favorable au développement de leur talent, et c'était la musique légère qui leur convenait le mieux. Or, ils procuraient des succès, il était naturel qu'on travaillât pour eux ; de là la réaction complète qui se fit sentir dans l'Opéra comique.

Cette réaction fut même telle qu'on reprit les ouvrages de Grétry, délaissés depuis longtemps, et que le public les revit avec enthousiasme. Dalayrac, qui avait aussi écrit dans le même genre, eut sa part de triomphe ; enfin, de nouveaux compositeurs, parmi lesquels on remarquait Nicolo, Isouard, Hérold, mort en janvier 1833, et Kreutzer, dont les débuts avaient été fort heureux, prirent aussi la direction qui plaisait au public, et la musique française se répandit à l'étranger avec succès.

La musique française était moins brillante dans le genre instrumental, et même, il faut le dire, elle n'a rien encore produit en ce genre qui ait pu la faire comparer à l'école allemande.

Un des premiers soins des professeurs du Conservatoire avait été de rédiger des méthodes élémentaires pour les diverses parties de la musique, en l'absence d'ouvrages satisfaisants pour cet objet. C'est ainsi qu'on vit paraître une Méthode de violon par Kreutzer, Rode et Baillot, une Méthode de piano par Adam, une Méthode de musique et des solféges auxquels avaient coopéré tous les professeurs, une Méthode de chant, et enfin une Méthode d'harmonie, fruit des méditations de Catel.

La révolution opérée par Rossini dans la musique dramatique, ne fut connue en France que longtemps après qu'elle eut été opérée ; mais enfin on entendit le *Barbier de Séville*, *Otello*, *Sémiramis*, et après que cette musique originale eut essuyé bien des critiques, elle devint l'objet de l'imitation. Insensiblement les faits résultant de la nature de ces partitions se classèrent, et les compositeurs n'en prirent que ce qui était une source de richesses nouvelles. Rossini lui-même changea de style et de manière quand il vint en France composer pour notre grand Opéra. Ce qu'il ajouta au *Siége de Corinthe* et au *Moïse*, écrits en Italie et transportés ensuite sur la scène française, annonçait déjà cette glorieuse transformation qui se compléta par le *Comte Ory* et *Guillaume Tell*.

Des compositeurs exclusivement français, entre autres, Hérold, Boïeldieu, Grisar, Halevy, Auber, Ad. Adam, Amb. Thomas, Gounod, Clapisson, J. Massé, Berlioz, F. David, ont chacun, dans des manières différentes, contribué à donner de l'éclat à notre école française.

FREDONNER. Chanter à voix basse, entre les dents et sans suite, quelque passage d'air ou de chanson.

FRICATTEL. Sorte de danse populaire mêlée de pantomime, encore en usage à la fin du 18e siècle.

FRITSCH. Luthier de grande réputation, élève de Hunger, travaillait à Leipsig en 1780.

Froid. Composition ou exécutant qui manque de feu, d'âme, d'expression.

Fugue. L'objet essentiel de la fugue est d'enseigner, au moyen d'imitations de divers genres artistement combinées, à déduire une composition toute entière d'une seule idée principale, et par là d'y établir en même temps l'unité et la variété. L'idée principale s'appelle le *sujet* de la fugue. On appelle contre-sujet d'autres idées subordonnées à la première, et l'on donne le nom de réponse aux diverses imitations de sujets et de contre-sujets. On conçoit d'après cela qu'il y aura un grand nombre d'espèces de fugues, selon la manière dont se fera la réponse.

Cette première considération nous conduit à en remarquer quatre espèces principales, savoir : la fugue du ton, la fugue réelle, la fugue régulière modulée, et la fugue d'imitation. La fugue du ton est celle dans laquelle le sujet module de la tonique à la dominante : la réponse doit moduler de la dominante à la tragique. La fugue réelle est celle dans laquelle la réponse se fait à la quinte supérieure, ou à la quarte inférieure, note pour note, intervalle pour intervalle. La fugue régulière modulée est fondée sur la tonalité moderne. Telles sont presque toutes les fugues de Jomelli, de Chérubini, de Haendel, de Bach. Enfin la fugue d'imitation, dans laquelle la réponse imite le sujet à un intervalle quelconque.

Pour faire une fugue en autant de parties que ce soit, il faut considérer cinq choses : 1° le sujet ou thême ; 2° la réponse, c'est la reprise du sujet, transposé, selon l'espèce, dans une autre partie de fugue ; 3° le contre-sujet, qui accompagne le sujet ; 4° la modulation ; 5° le contrepoint dont on remplit l'espace d'une modulation à l'autre, et qui s'appelle *divertissement*, *épisode*.

La fugue est *obligée* ou *libre*. Elle est obligée, quand on ne traite que le sujet pendant toute la fugue, en ne le quittant que pour le mieux reprendre, soit entier, soit en partie. Elle est libre, quand on ne traite pas le sujet seul et qu'on le quitte de temps en temps pour passer à une autre idée, qui, bien qu'elle ne soit pas tirée du sujet, est néanmoins en parfait accord avec lui.

Furie. En Italie, les compositeurs de ballets se servent de ce mot pour indiquer certains morceaux de musique de mouvement vif, avec des couleurs et des accents forts, analogues à l'action des passions violentes, comme la colère, la vengeance.

Fusée. Trait rapide en montant ou en descendant. Ce mot était en usage dans l'ancienne musique française. On ne s'en sert plus aujourd'hui.

Fut. Baguette d'un archet.

G

G. Cette lettre est le signe par lequel on indique encore la cinquième note de la gamme d'*ut*, c'est-à-dire le *sol* dans la solmisation allemande et anglaise.

G ré sol. Ancien nom du sol dans la solmisation française.

Gabicelis (Joseph). Luthier dont les instruments se recommandent par un son énergique et agréable, travaillait à Florence, en 1760.

Gagliano (Jiovani). Luthier distingué de Naples. On a des instruments qui portent la date de 1740 et 1750.

Gagliano (Nicolo) travaillait dans la même ville de 1700 à 1740.

Gagliano (Ferdin.), fils du précédent, 1740 à 1780.

Gagliano (Alex.), élève de Stradivarius, travaillait à Naples de 1695 à 1725.

Gai. Répond en musique au terme italien *allegro* et sert à marquer le rhythme et le caractère d'un air.

Gaillarde. Ancien air de danse d'un mouvement animé, en mesure ternaire. Il se jouait dans les seizième et dix-septième siècles après la pavane et autres danses lentes.

Gajo, Gai. Cette expression italienne, placée en tête d'un morceau de musique, signifie que le mouvement et le caractère du morceau doivent être vifs et animés.

Galope. Espèce de danse anciennement usitée et qui de nos jours a pris le nom de *Galop*.

Galoubet. Instrument à vent dont l'usage est fort ancien en France, et qui depuis plus de deux siècles n'est cultivé que dans la Provence. Le galoubet est le plus gai de tous les instruments champêtres et le plus aigu des instruments à vent. Ce n'est qu'à force de travail et de soins que l'on parvient à bien jouer de cet instrument qui n'emploie que la main gauche, et sur lequel il faut former deux octaves et un ton avec trois trous seulement Le galoubet ne va pas sans le tambourin, sur lequel l'exécutant marque le rhythme et la mesure en le frappant avec une baguette.

Les joueurs de galoubet sont très-communs en Provence et dans quelques parties du Languedoc ; il y en a d'une force extraordinaire et qui exécutent des concertos de violon sur leur instrument. On en rassemble jusqu'à vingt-cinq dans une fête champêtre, et quoique leur musique soit toujours gaie et rapide, l'ensemble le plus parfait ne cesse jamais d'exister entre eux.

GAMMA. Troisième lettre de l'alphabet grec, qui correspond à notre G. Anciennement on donna le nom de *gamma* à l'échelle imaginée par Guido l'Aretin, d'Arezzo, en Toscane, en 1026. Cette échelle ne se composait que de six degrés de l'*ut* au *la*. Ce fut Lemaire qui introduisit le *si* où la corde la plus grave était marquée par le sol et appelée *hypo-proslambanomenos*.

GAMME. Tout système de musique ou *tonalité* possède une espèce de formule appelée *gamme*, qui le résume et le représente. Ainsi la gamme des Grecs résume et représente leur système de musique ; ainsi notre gamme moderne résume et représente notre tonalité moderne.

Une gamme est une série ascendante ou descendante de sons, que l'on a disposée d'une manière conforme à la tonalité qu'elle doit représenter.

Notre gamme est composée de huit notes, dont la huitième est la répétition de la première à l'octave, nom qui vient du latin *octavus huitième*, et que l'on donne à l'espace entier occupé par la gamme, parce que celle-ci est composée de huit notes, et à la huitième de ces notes en haut ou en bas, par la bonne raison qu'elle est la huitième.

Ces huit notes sont désignées par ces huit syllabes : *ut* ou *do, ré, mi, fa, sol, la, si, ut*.

Ces notes sont séparées les unes des autres par des intervalles qui ne sont pas tous égaux : les uns ont une certaine étendue appelée *un ton* comme d'*ut* à *ré*, etc. ; et les autres, une étendue moitié plus petite, à peu près, qu'on appelle *demi-ton*, comme de *mi* à *fa*, etc. La gamme tout entière est composée ainsi : un ton, un ton, un ton, un demi-ton, un ton, un ton, un ton, un demi-ton.

La première tierce inférieure d'une gamme peut être composée de deux tons, comme d'*ut* à *mi* naturel ou d'un ton et demi, comme d'*ut* à *mi* bémol. Elle est appelée majeure dans le premier cas, et mineure dans le second. Si elle est majeure, la gamme est dite du mode majeur et si elle est mineure, la gamme est dite du mode mineur.

La gamme *ut, ré, mi, fa, sol, la, si, ut* est le type des autres gammes employées dans la tonalité moderne, et celles-ci doivent en offrir une exacte reproduction *pratique*. Cette reproduction est obtenue au moyen de signes conventionnels appelés dièses, bémols, bécarres, qui élèvent ou qui abaissent les notes de la gamme typique, précisément comme il faut qu'elles le soient, en pratique pour former les gammes nouvelles. Ainsi, par exemple, en élevant d'un demi-ton, par un dièse, la note *fa* de la gamme typique, on obtient une gamme nouvelle *sol, la, si, ut, ré, mi, fa dièse, sol*, qui est l'exacte reproduction pratique de la gamme typique. Il en est ainsi des autres gammes.

Chacune de ces gammes individuelles forme précisément ce que l'on appelle *un ton* quand on dit, par exemple, que tel morceau de musique est dans tel *ton*. Ainsi, le ton d'*ut* de *ré*, de *mi*, etc., n'est pas autre chose que la gamme particulière dont *ut, ré*, ou *mi*, est la première note.

L'origine de la gamme moderne, c'est-à-dire l'ordre dans lequel les tons et les demi-tons y sont disposés n'avait pu encore être expliqué d'une manière satisfaisante par aucun de nos théoriciens, avant les remarquables travaux de M. Fétis. Le nom de gamme qui a été donné à cette échelle vient d'une lettre de l'alphabet grec. Γ, que Guido d'Arezzo choisit pour désigner la corde qu'il ajouta au grave du diagramme des grecs, et dont il fit la base de son système musical. Les anciens se servaient de sept lettres de l'alphabet pour marquer les différents degrés de l'échelle musicale, et comme le nombre de ces lettres ne suffisait pas à l'étendue de leur gamme, il les changeaient de forme ou les redoublaient pour indiquer la position respective de chaque degré par rapport aux différentes octaves. Dans notre système musical moderne, nous n'avons également que sept lettres, C, D,

E, F, G, A, B pour le *si* bémol, H pour le *si* naturel, ou sept syllabes, *ut*, *ré*, *mi*, *fa*, *sol*, *la*, *si*, pour désigner les cinquante degrés appréciables de l'étendue instrumentale comprise entre l'octave grave du *sol* de la contre-basse et le *sol* aigù de la petite flûte. Mais pour obvier à cet inconvénient et marquer d'une manière indubitable la position relative de chaque degré, on emploie des lignes parallèles qu'on divise de cinq en cinq, à l'aide de certains signes appelés clefs.

Les gammes sont d'un usage fréquent et indispensables en musique. Quels que soient le genre d'un morceau, la couleur ou le sentiment d'une mélodie, il est bien rare d'en parcourir plusieurs mesures sans rencontrer une gamme ou une parcelle de gamme. Les gammes des deux genres sont un excellent exercice pour l'étude de la musique instrumentale ou vocale, sous le rapport de l'exécution. On ne saurait trop en recommander l'usage aux personnes qui désirent atteindre à un certain degré de perfection. C'est par l'exercice très fréquent des gammes dans tous les tons que la voix d'un chanteur ou les doigts d'un instrumentiste peuvent acquérir cette souplesse, cette flexibilité, cette agilité qui les rendent propres à l'exécution irréprochable des passages les plus difficiles. De nos jours, les cantatrices abusent des gammes chromatiques dans leurs roulades. Elles ont d'autant plus tort, que les gammes de ce genre ne peuvent être rendues d'une manière satisfaisante que sur les instruments à clavier, à cordes et sur quelques instruments à vent. Quant à la voix, elle se prête peu à une succession rapide de demi-tons, qui exigent tant de netteté, de justesse et de précision.

On peut déterminer la vitesse des traits en gammes ordinaires et en gammes chromatiques que peut exécuter un artiste sur le piano.

Vitesse des traits en gammes diatoniques.

Vitesse ordinaire	640 notes par minute.
Grande vitesse	896 id.
Vitesse extrême	960 id.
Vitesse des tierces ou maximes	608 id.
Vitesse des octaves	480 id.
Vitesse du trille	736 id.

Gammes chromatiques.

Vitesse ordinaire   720 notes par minute.
Grande vitesse   800   id.

Gamme chromatique. Gamme procédant par demi-tons successifs.

Gamme diatonique. C'est la gamme ordinaire, procédant par tons et demi-tons.

Gamme enharmonique. Cette gamme, qui n'existe pour ainsi dire que pour l'œil, offre la succession suivante : *ut*, *ré* bémol, *ut* dièse, *ré*, *mi* bémol, *ré* dièse, etc.

Gasaph. Espèce de chalumeau ou cornemuse des côtes de la Barbarie.

Gaspard di Salo. Ainsi nommé parce qu'il était né dans la petite ville de Salo, est un des plus anciens luthiers dont les instruments jouissent encore d'une belle réputation. Il travaillait à Brescia, de 1540 à 1615.

Gavani (Michel-Ange). Luthier, à Bologne, élève d'Amati, travailla de 1695 à 1715.

Gavotte. Sorte de danse dont l'air est à deux temps et d'un mouvement modéré. Les gavottes d'*Armide* et d'*Orphée* sont des modèles de grâce. Celle de Panurge a eu une vogue prodigieuse qu'elle doit à son rhythme fortement marqué, qualité précieuse pour les danseurs vulgaires. Cette gavotte n'a pas de seconde partie, et pour y suppléer, l'auteur fait redire la première à la quarte.

Gedler (Gugemmos) et (Joh Benedictus) étaient deux luthiers, élèves de *Stainer* qui travaillaient à Füssen, en Bavière, en 1756 et 1796.

Geigen-clavicymbal. Instrument à clavier à sons prolongés, à l'aide d'un archet continu, imaginé par Hans Haydn, en 1610.

Génie musical. Le génie, en musique, c'est la faculté, la puissance de création. Le musicien de génie est celui qui sait trouver des idées nouvelles, et ouvrir à l'art des routes inexplorées. La nature et le cœur humain offrent sans cesse une mine abondante et riche aux explorations de l'artiste, mais il n'est qu'un petit nombre de privilégiés qui sachent recueillir cet or pur, le séparer de tout alliage, le façonner avec habileté et le marquer d'une empreinte ineffaçable.

Cette faculté de création indique la différence qui

existe entre le musicien de génie et celui qui n'a que du talent. Le premier, marchant dans sa force et dans sa liberté, fait entendre au monde des chants nouveaux et des mélodies inconnues. Le second s'empare de cette œuvre commencée, la perfectionne et la complète. A l'un la gloire des découvertes, l'initiative des idées; à l'autre l'habileté de la mise en œuvre.

L'histoire a enregistré les noms des hommes d'élite qui ont agrandi par leurs travaux le domaine de l'art musical ; mais il faut le dire, ces hommes éminents n'ont pas toujours recueilli le fruit de leurs efforts. Supérieurs à leurs contemporains, la foule a quelquefois refusé de les suivre dans leur essor hardi vers des sphères inconnues ; et, longtemps incompris, ils ont eu à lutter contre l'indifférence ou le dédain du public dont ils froissaient les préjugés et les habitudes. On sait quelles préventions, quels obstacles eut à vaincre le génie de Gluck avant qu'il lui fût possible de se déployer sur notre scène lyrique ; on sait quelles tempêtes de récriminations soulevèrent les chefs-d'œuvre de ce grand musicien. On contesta la haute valeur de ses travaux, on méconnut son originalité puissante, on proscrivit ses innovations les plus heureuses, et l'on ne craignit pas même d'appeler un *galimatias stupide* ses plus éclatantes et ses plus sublimes beautés. Mais l'illustre compositeur ne se découragea pas ; il tint tête à l'orage avec cette attitude calme et fière que donne la conscience d'une grande supériorité ; et peu à peu les préventions cessèrent : aux injures succéda l'admiration, et le nom de Gluck est arrivé jusqu'à nous entouré d'une glorieuse auréole.

Ce dédain de la foule pour tout génie novateur n'a pas même épargné l'un des plus grands musiciens de notre temps, Rossini. Personne n'ignore qu'à l'époque de son apparition, *Guillaume Tell* fut peu goûté par la masse des dilettantes ; et cependant *Guillaume Tell* est regardé aujourd'hui comme la création la plus admirable de Rossini, comme celle où l'illustre compositeur a déployé le plus de sève et d'originalité.

Ces exemples prouvent qu'en dépit des préjugés, des habitudes prises, des préventions de la médiocrité et de l'ignorance, le génie véritable est toujours sûr d'arriver au succès ; et souvent même ce succès est d'autant plus éclatant, d'autant plus durable, qu'il a été plus lent et plus difficile à obtenir.

Genres. Il y a trois genres dans la musique, le diatonique, le chromatique et l'enharmonique. Le genre diatonique procède par tons et par demi-tons naturels, c'est-à-dire sans altération. Ainsi, les deux demi-tons qui se trouvent dans la gamme, sont du genre diatonique, et la gamme, soit en montant, soit en descendant, se nomme gamme ou échelle diatonique. Le genre chromatique ne procède que par demi-tons. Ainsi, une gamme, en montant ou en descendant par demi-tons, se nomme gamme ou échelle chromatique. On emploie en montant le chromatique par dièses, et en descendant le chromatique par bémols, suivant la manière la plus naturelle. On peut l'employer cependant des deux façons, en montant et en descendant. Le genre enharmonique est le passage d'une note à l'autre, sans que l'intonation de la note ait été changée d'une manière sensible, comme par exemple, d'*ut* dièse à *ré* bémol, de *mi* naturel à *fa* bémol, de *si* dièse à *ut* naturel, etc.

Genre épais ou serré. Dénominations anciennes des genres chromatique et enharmonique, où les sons se trouvent plus serrés que dans l'échelle diatonique, appelée pour cela *genus rarum*.

Genus epitrictum. Espèce de rhythme de la musique grecque, dont les temps étaient en raison sesquitierce, ou de 3 à 4.

Geste. L'art du geste a été considéré par les anciens comme un art indépendant ; il est intimement lié à la musique, à la danse, à l'art dramatique et à l'éloquence, mais il n'en est pas inséparable ; en effet, un chanteur peut avoir une belle voix et chanter avec expression, sans donner à ses gestes le mouvement qui leur convient. Un danseur peut se mouvoir avec habileté, sans exprimer par la pantomime le caractère, l'esprit, la pensée du pas qu'il exécute ; mais d'un autre côté, un chanteur, s'il ne sait s'accompagner de gestes expressifs, ne remplira jamais convenablement son rôle. Un orateur, possédât-il les trésors d'éloquence de Démosthène et de Cicéron, ne pourra impressionner fortement son auditoire par le simple débit de ses paroles, s'il ne sait faire usage des gestes et des mouvements de la physionomie.

Suivant Varon, *saltatio* ou la pantomime, l'art du geste, était chez les Romains une imitation savante et raisonnée de tous les mouvements du corps et des différentes expressions de la physionomie. Cet art se subdivisait en plusieurs espèces, et avait produit chez les Romains un si grand nombre de danses et de pas, que Meursius a composé de leurs noms et de leurs genres un dictionnaire entier. Nous lisons dans quelques historiens que l'art du geste était de tous les arts libéraux celui que les anciens aimaient et pratiquaient le plus ; car on l'enseignait à tous, à l'histrion de bas étage comme à l'orateur distingué ; mais cet art n'était pas le même pour tous. Aussi Quintilien dit-il à ce sujet qu'il ne faut pas qu'un orateur prononce comme un comédien, ni qu'il fasse des gestes comme un danseur.

L'art du geste se divisait en deux classes, en naturel et en artificiel. Le geste naturel était celui dont on se servait en chantant ou en déclamant, pour donner plus de force au discours ; comme, par exemple, en parlant de la Divinité, d'élever les yeux et une main vers le ciel. Le geste artificiel était celui des acteurs pantomimes, et il consistait à tracer dans l'espace ou à décrire, en employant tels ou tels signes intelligibles, l'objet qu'on avait l'intention de représenter.

Le jeu de la physionomie, que nous comprenons dans l'art du geste, n'avait pas d'importance pour les anciens, au moins sur le théâtre, car on sait qu'ils portaient des masques. L'expression du visage, qui nous charme tant sur nos scènes lyriques, était, chez les anciens, tout a fait inutile ; en effet, les salles de spectacle étaient si grandes, et les acteurs s'y trouvaient par conséquent si éloignés du public, que les mouvements des yeux et les changements des traits eussent passé inaperçus.

Cicéron, qui avoue lui-même avoir appris l'art du geste du comédien Roscius, dit que celui qui se destine à déclamer ou à chanter en public, ne doit point négliger cet art, le plus utile de tous. L'orateur Hortensius, rival de Cicéron, avait reçu des leçons de la célèbre danseuse Dyonisia.

L'art du geste théâtral, chez les anciens se divisait en trois genres : 1° le geste tragique ; 2° le geste comique ; 3° le geste satirique. Ces trois divisions faisaient partie de la mimique ancienne, divisée elle-même en hypocritique, c'est-à-dire celle qui servait de base à l'art du geste, et en rhythmique, qui indiquait les temps en marquant les mouvements de cet art.

Chez les anciens, les auteurs et compositeurs dramatiques écrivaient sur leurs manuscrits, au-dessous de leurs vers et de leurs notes de musique, les gestes que les acteurs devaient faire en les répétant. L'art du geste était poussé à un tel point, que le chanteur ou le comédien qui se serait trompé en faisant mouvoir les jambes ou les bras, ou la tête, eût été hué par les spectateurs, comme s'il eût chanté faux ou mal prononcé une phrase. C'est ce qui a donné lieu au proverbe grec : « faire un solécisme avec la main. » Les anciens avaient même des instruments pour régler les gestes des acteurs. Ammien Marcellin dit à ce sujet : « On ne voit plus que chanter et faire de la musique. Partout on ne voit que des lyres, des flûtes et des instruments qui servent à régler les gestes des acteurs. » C'est alors que la *saltation* ou l'art du geste reçut de tels perfectionnements qu'on se mit à jouer toute sorte de pièces sans ouvrir la bouche. On nomma ces acteurs *pantomimes*, ou imitateurs de tout. Un poète composa à ce sujet cette épigramme célèbre :

« Tous les membres du corps d'un pantomime sont autant de langues, à l'aide desquelles il parle sans ouvrir la bouche. »

Les faits et les exemples que nous venons de citer, montrent quelle importance avait chez les anciens la gesticulation considérée comme accessoire de l'art théâtral, de la musique, de la déclamation et de la danse. Elle formait une science particulière qui avait ses systèmes et ses professeurs spéciaux. Les rivalités des mimes et des danseurs donnèrent souvent lieu à des discussions orageuses sur les théâtres de l'antiquité. On sait quels longs débats soulevèrent, chez les Athéniens, les danseurs Pyrrhus et Bathyle, qui, tous deux, excellaient dans la gesticulation.

Aujourd'hui, on semble avoir perdu les traditions de cet art qui jadis savait animer la danse par les séductions du geste. Les gestes d'expression des pas de caractère dans les ballets du seizième, du dix-septième et du dix-huitième siècle, ont disparu pour faire place aux mouvements monotones et froids qu'on a nommés figures de la contredanse française.

Cependant, depuis l'apparition de danseuses originales, telles que Mesdames Taglioni, Essler, Carlotta Grisi, l'art chorégraphique semble se tracer une route nouvelle ; le règne des danseurs est fini, celui des danseuses commence.

Gigue. Air d'une danse du même nom, dont la mesure est à six-huit et d'un mouvement assez rapide. La gigue n'est plus en usage qu'en Angleterre. Corelli a fait un grand nombre de gigues.

Gigue. Instrument dont il est souvent parlé dans les anciens écrivains. — Était-ce un instrument à cordes, était-ce un instrument à vent ? Les auteurs sont divisés d'opinion. Cependant si l'on remarque que le nom de *gigue* est dérivé du mot allemand de *geige* qui désignait tous les instruments à cordes de la famille des violes et plus tard des violons, nous sommes porté à croire que la *gigue* était montée de cordes. Cet instrument semble avoir été à archet, de petite dimension et monté de trois cordes.

Giocoso (enjoué). Cet adjectif italien exprime l'allégresse, le mouvement vif, léger, badin.

Gittith. Mot hébraïque, qu'on trouve parfois en tête de quelques psaumes. Ce terme n'est problement que le premier mot d'une ancienne chanson qui était généralement connue au temps de David, et d'après laquelle on devait chanter ces psaumes.

Glas. du celtique *clasa* ou du grec Κλαιω pleurer ou du latin *classicum* trompette. C'est le son de toutes les cloches à la fois, c'est le tintement lugubre qui annonce l'agonie ou la mort d'une personne.

Glée (mot anglais qui se prononce glie). C'est un chant joyeux particulier à l'Angleterre. Tous les artistes distingués de ce pays ont écrit des *glées*, et des hommes même de génie se sont adonnés à ce genre de composition. Ce chant a donné naissance à Londres à une société composée de riches amateurs, qui s'efforcent de conserver les traditions de ce genre de musique et d'en répandre le goût. Le mot *glée* indiquant une forme particulière dans la composition musicale, ne se trouve employé dans ce sens que vers 1667, dans un ouvrage publié par Playfort, qui consistait dans la réunion de *scènes*, *glées*, airs, ballades pour deux, trois ou quatre voix. Selon le docteur Burney, un *glée* est un chant de deux ou trois parties sur un sujet triste ou gai, dans lequel toutes les voix commencent et finissent ensemble, en chantant les mêmes mots; et il ajoute que lorsqu'on y rencontre des sujets de figure ou d'imitation, et que la composition est plus travaillée qu'un simple contrepoint, le chant est moins un *glée* qu'un *madrigal*, et on doit lui donner ce nom surtout si le sujet est d'un genre sérieux; car un *glée* sérieux semble être un solécisme et offrir une contradiction directe avec le mot. Le mot *glée*, dans les dictionnaires saxons, allemands et anglais, tant anciens que modernes, signifie *joie, allégresse.* Le *glée* ne peut jamais être chanté en chœur; c'est un morceau pour deux, trois, quatre ou cinq voix uniques, sans aucun accompagnement. On en trouve cependant dans des opéras anglais qui sont accompagnés par l'orchestre, mais alors l'emploi de ce mot est une usurpation que rien ne peut expliquer. Les plus célèbres compositeurs de *glées* furent Atterburg, Danby, Baildon, Harrington, B. Cook, son fils, Robert Mornington, Samuel Webbe, Calcott, Stevens, Horsley, Beale, etc.

GLORIA. Sur ce mot latin qui entre dans la messe, on écrit deux différents morceaux de musique : le premier sur les paroles *Gloria in excelsis Deo*, le second sur celles *Gloria Patri, et Filio, et Spiritui sancto.*

GLOSE. Quelques anciens auteurs se servent de cette expression en musique, pour indiquer un ornement vicieux et de mauvais goût.

GLOTTE. Embouchure des instruments à vent chez les Grecs. C'est aussi cette partie de l'organe de la voix située à la partie supérieure du larynx qui est destinée à donner passage à l'air et dont les mouvements contribuent à l'articulation des sons.

GLUCKISTES. Partisans du système musical de Gluck, par opposition aux partisans de Piccinni. Les *gluckistes* et les *piccinnistes* partageaient le parterre de l'Opéra en deux factions.

GOBETTI. Luthier, élève de Sradivarius, travaillait à Venise de 1690 à 1720.

GOD SAVE THE KING (Dieu sauve le Roi). Chant national anglais. On prétend que la mélodie est empruntée à un opéra de Lulli et que Haendel ne fit que l'adapter aux vers anglais qui commencent cette phrase pour le roi.

GOFRILLER (Mathieu et François). Sont deux frères luthiers dont les instruments étaient extrêmement solides et bons. Ils travaillaient à Crémone vers la fin du siècle dernier.

GOGUETTE. Lieu de réunion ou le peuple va boire et chanter.

GONG. Instrument de métal en forme d'arc, dont on joue avec un batail en bois. C'est aussi l'instrument chinois consistant en une plaque de métal dont on tire des sons éclatants en le frappant avec une baguette garnie de peau et que nous nommons *tamtam*.

Gorge (chanter de la). C'est ne savoir modifier sa voix qu'en resserrant la gorge avec effort. — *Voix de gorge*. — Voix que l'on ne modifie que de cette manière.

Gorgheggio. Mot italien par lequel l'on désigne un passage rapide exécuté avec la voix. Il s'emploie aussi dans le sens *vocalise*.

Gout. Chaque homme a un goût particulier par lequel il donne aux choses, qu'il appelle belles et bonnes, un ordre qui n'appartient qu'à lui. L'un est plus touché des morceaux pathétiques, l'autre aime mieux les airs gais; l'un cherchera la simplicité dans la mélodie, l'autre fera cas des traits recherchés. Cette diversité vient tantôt de la différente disposition des organes, tantôt du caractère particulier de chaque individu, tantôt de la différence d'âge et de sexe. Dans tous ces cas, chacun n'ayant que son goût à opposer à celui d'un autre, il est évident qu'il n'en faut pas disputer.

Mais il y a aussi un goût général sur lequel tous les hommes bien organisés s'accordent, et c'est celui-là seulement auquel on peut donner absolument le nom de goût. Faites entendre un concert à des oreilles suffisamment exercées, le plus grand nombre des auditeurs s'accordera, pour l'ordinaire, sur le jugement des morceaux et sur l'ordre de préférence qui leur convient. Demandez à chacun raison de son jugement, il y a des choses sur lesquelles ils la rendront d'un avis presque unanime : ces choses sont celles qui se trouvent soumises aux règles; mais il y en a d'autres à l'égard desquelles ils ne pourront appuyer leur jugement sur aucune raison solide et commune à tous, et ce dernier jugement appartient à l'homme de goût : si l'unanimité parfaite ne s'y trouve pas, c'est que tous ne sont pas également bien organisés.

Le génie crée, mais le goût choisit; sans goût on peut faire de grandes choses. Mais c'est lui qui les rend intéressantes. C'est le goût qui fait saisir au compositeur les idées du poëte, c'est le goût qui fait saisir à l'exécutant les idées du compositeur, et c'est le goût qui donne à l'auditeur le sentiment de toutes les convenances.

Gouvernail. Fil de fer qui sert à accorder des tuyaux d'anches et qui avance ou recule pour régler la longueur de la partie libre de la languette.

Gracioso. Mot italien qui signifie *gracieux*. Placé à la tête d'un air, il indique le mouvement qui tient de l'*andante* et de l'*andantino*, et la nuance d'expression qu'il convient de lui donner.

Gradation. Mélodie dans laquelle l'expression monte, pour ainsi dire, au moyen d'une progression successive de figures qui se ressemblent.

Graduel. Chant qui se récite dans l'office solennel de la messe après l'épître.

Grammaire musicale. Résumé des règles qui enseignent à disposer les matériaux de la musique, c'est-à-dire à combiner scientifiquement, en suivant les règles de l'art, les sons et les accords.

Grand-chantre. Dignité du premier chantre d'une cathédrale.

Grand-cornet. L'un des jeux de l'orgue.

Grand-jeu. Ou grand chœur, de l'orgue. Voir *jeu* et *chœur*.

Grand-Opéra. Nom par lequel on désignait autrefois l'Opéra de Paris, pour le distinguer de l'Opéra-Comique. On dit maintenant l'Opéra. (Voyez Académie Impériale de musique).

Granzini frères. Luthiers en renom, travaillaient à Milan, de 1620 à 1650.

Grasseyement. Défaut de l'organe qui gâte la prononciation ordinaire, celle que nous désirons dans la déclamation et le chant. On chante gras lorsqu'on double les r, et qu'on prononce les *l* comme s'il y avait un *y*, en disant : *perre, merre, aurorre, famiye, caryon*. Le grasseyement sur les autres lettres, quoique plus supportable, n'en est pas moins un défaut.

Dans le chant, le grasseyement est encore plus vicieux que dans le langage ordinaire. Le son à donner change, parce que les mouvements que le grasseyement emploie sont étrangers à celui que forment, pour rendre l'*r*, les voix sans défaut. Le premier soin des maîtres de chant devrait donc être de donner aux élèves une prononciation mélodieuse, en délivrant leurs organes des entraves et de la dureté du grasseyement.

Gratis (Spectacles). Ce gratis-là du moins n'a rien de fallacieux, et tient à la lettre ce qu'il promet pour les spectateurs, car le gouvernement se charge d'indemniser les directeurs de théâtre pour ces représentations gratuites : il leur alloue ordinairement, en pareil cas, le montant d'une recette calculée au *maximum*.

Dans l'ancien régime, les spectacles gratis. offraient un vif attrait au peuple, qui avait peu de théâtres à bon marché. La rareté de ces représentations, qui n'étaient guère données qu'à l'époque de naissance ou de mariage des princes de la famille royale, ajoutait ainsi à leur charme et à leur effet. L'amour-propre de la classe inférieure y était en outre agréablement flatté, en voyant deux de ses corporations ouvrières occuper, dans ces solennités dramatiques, les loges du roi et de la reine.

Pendant la révolution, cette vanité avait un autre aliment dans la pompeuse rédaction des affiches, où les représentations gratuites étaient annoncées en gros caractères dans ces termes : *Dimanche, pour le peuple*.

On fait maintenant avec lui moins de façon : quand un modeste *gratis* par ordre, en caractères ordinaires, l'a convoqué à l'une de ces fêtes de la petite propriété, les places sont au premier occupant ; mais la prudente administration du théâtre a fait fermer d'avance son élégant foyer.

C'est principalement vers l'Opéra, dont le haut prix est habituellement moins accessible pour elle, que la foule se dirige dans ces occasions.

GRAVE. Ce mot marque la lenteur dans le mouvement, et de plus une certaine gravité dans l'exécution.

GRAVE, FUGUE GRAVE. C'est celle dont le mouvement est lent, et les notes d'une longue valeur : cette espèce de fugue est fort rare.

GRAVÉ, ÉE, MUSIQUE GRAVÉE. C'est par la gravure, plutôt que par l'impression en caractères mobiles, qu'on est dans l'usage de multiplier aujourd'hui les exemplaires des ouvrages de musique que l'on veut mettre au jour. Cet usage ne remonte guère qu'au commencement du dix-huitième siècle. Tous les opéras de Lulli et de ses contemporains furent imprimés : la gravure ne commença que pour la musique instrumentale. C'est ce moyen qui nous transmit les œuvres de Corelli, de Locatelli, de Tartini, et c'est à la France qu'on en doit l'invention. Comme on ne gravait alors que sur cuivre, et que cette pratique était excessivement dispendieuse, on ne pouvait guère l'employer que pour des ouvrages peu volumineux ; mais on trouva bientôt le moyen de la rendre plus économique en se servant de l'étain, et l'on en vint à graver des opéras entiers.

GRAVEUR, GRAVEUSE. Celui ou celle qui fait profession de graver de la musique.

GRAVITÉ. C'est cette modification du son par laquelle on le considère comme grave ou bas, par rapport à d'autres sons qu'on appelle haut ou aigus. La gravité du son dépend du nombre de vibrations que le corps sonore exécute dans un temps donné ; plus il est petit, plus le son est *grave* ou *bas*. Autrefois on avait fixé à 32 oscillations ou 16 vibrations par seconde la limite des sons graves perceptibles. Grâce aux travaux de M. Savart, on distingue fort bien des sons correspondants à 15 ou 16 oscillations par seconde. Il est très-probable qu'en augmentant leur intensité, on pourrait distinguer des sons plus graves encore.

Le mouvement vibratoire est naturellement plus lent, à mesure que le corps vibrant est plus massif ou plus long : voilà pourquoi on dit aussi que la gravité des sons dépend du volume et de la masse des corps sonores.

GRECS ANCIENS (Musique des). La Grèce reçut sa musique des mains des Phéniciens, qui lui en communiquèrent le système peu à peu, et à mesure que le permirent les circonstances et l'état de la civilisation. Pour bien comprendre ce système et pouvoir en suivre les développements, il faut savoir que le mot *lyre*, qu'on a depuis appliqué à un instrument de musique en particulier, n'était d'abord qu'un terme générique donné à la musique elle-même, et transporté par extension à l'instrument scientifique, au moyen duquel on en déterminait les lois. Le mot grec *lyra* exprimait tout ce qui est harmonieux et concordant. Ce qu'on entendait par la lyre à trois ou quatre cordes ne s'appliquait pas à l'instrument de musique dont on jouait, mais à celui qui en constituait l'accord fondamental.

La lyre à trois cordes dont parle Diodore de Sicile, désignait le système des tétracordes conjoints. C'était le système le plus ancien. Ces trois cordes étaient *si, mi, la*. La lyre à quatre cordes, dont il est question dans Boëce, indiquait le système des tétracordes disjoints. Ces quatre cordes étaient *mi, la, si, mi*, ou bien *la, ré, mi, la*. Indiquer la lyre, c'était indiquer le système; c'était tout indiquer. Car la disposition d'un tétracorde étant mathématiquement fixée dans le genre diatonique, on ne pouvait pas se tromper. Or, cette disposition était pour chaque tétracorde, en allant de l'aigu au grave à la manière des Phéniciens, de deux tons successifs et d'un semi-ton.

Dans les deux systèmes des tétracordes conjoints et disjoints, le mode fluctuant entre les toniques *la* et *mi* s'arrête de préférence sur le *la* ; ce qui est très-conforme aux idées qu'on a de ce mode consacré à la nature féminine. Cependant, comme la finale, ou grave du système des tétracordes conjoints, s'arrêtait sur le *si* et laissait un moment dominer le principe assimilé à la nature masculine, les Phéniciens voulurent effacer encore cette dominance, et, pour cet effet, ils ajoutèrent au grave une corde qui se trouva être la double octave du son le plus aigu du système des tétracordes disjoints, c'est-à-dire un *la* fondamental. Ainsi ils communiquèrent aux Grecs leur mode favori, appelé locrien, le *chant de l'alliance*, célèbre par son effet mélancolique. Au moyen de l'adjonction de ces deux cordes, les deux systèmes furent fondus en un seul.

Ce système musical, qu'on peut appeler ionien, étant parvenu à sa perfection, resta longtemps en cet état parmi les Grecs. Il paraît constant que toute la modulation de ces peuples se bornait d'abord à faire passer les mélodies des tétracordes conjoints aux disjoints, et alternativement. Souvent même ils ne modulaient pas, et alors ils chantaient sur la lyre à trois et quatre cordes, suivant qu'ils voulaient admettre le diapason de septième ou de l'octave. Comme la mélodie se renfermait dans l'étendue du tétracorde, le chant était simple et facile. Il suffisait souvent au chanteur de se donner le son des cordes principales des lyres *si, mi, la* ou *mi, la, si, mi*, pour improviser le remplissage des cordes secondaires.

Il serait difficile de dire combien de temps la musique ionienne resta dans sa simplicité. Tout ce qu'on peut affirmer de raisonnable à cet égard, c'est que ces variations suivirent celles de la secte qui l'avait adoptée comme un symbole de son alliance. Cette secte ne tarda pas à se diviser, et il se fonda une foule de systèmes différents, parmi lesquels ceux qu'on nomma lydien, phrygien, dorien, furent les principaux. Ces systèmes consistaient dans une série de tétracordes, tantôt par une simple transposition, soit au grave, soit à l'aigu.

Telle est la confusion que le grand nombre de ses systèmes entraîna, et le peu de soins que les écrivains qui en ont parlé ont mis à les distinguer, que même parmi les trois principaux, le lydien, le phrygien et le dorien, il est impossible de dire aujourd'hui rigoureusement si la tonique du lydien était *mi* ou *ut*, et celle du dorien *ut* ou *mi*. Il n'y a pas un auteur qui sur ce point ne contredise l'autre, et ne se contredise souvent lui-même. Dans ce conflit d'opinions contradictoires, on en distingue pourtant deux qui autorisent à donner au lydien la tonique *mi*, et au dorien la tonique *ut*. La première est celle d'Aristoxène, qui dit que les doriens exécutaient le même chant à un ton plus bas que les phrygiens, et ces derniers à un ton plus bas que les Lydiens. La seconde, qui confirme la première, est du judicieux Saumaise, qui dans son *Commentaire sur les comédies de Térence*, nous apprend que la musique adaptée à ces comédies s'exécutait sur des flûtes appropriées à chaque mode ; les unes servant au mode phrygien, les autres au dorien, plus grave que le phrygien, et la troisième au lydien, plus grave que les deux autres modes. Zarlin, en Italie, Sax, en Allemagne, et J.-J. Rousseau, en France, ont adopté cette opinion.

GRECS MODERNES (Musique des). Les Grecs modernes n'emploient dans leur musique ni les notes dont nous faisons usage, ni les lettres de leur alphabet, ainsi que le faisaient leurs ancêtres, mais ils se servent de ce qu'ils appellent accents. Une pareille notation a beaucoup d'imperfections, car elle n'indique que la gravité et l'acuité des sons, sans en fixer la durée.

Les principaux signes sont : 1° l'*ison*, qui désigne le ton fondamental de leur gamme diatonique. L'ison est le principe, le milieu et la fin, ou plutôt le système de tous les tons ou signes ; car sans lui on ne peut produire aucun son ; 2° l'*oligon*, signifie en général son aigu, et 3° l'*apostrophe*, son grave.

La musique des Grecs modernes est extrêmement grossière. Le fifre criard, le monotone tambour, et même l'inharmonieux monocorde slave, produisent sur eux le plus grand effet. Et c'est par une semblable mélodie que dans la nouvelle Grèce un voyageur est fêté pendant toute la journée par la société dans laquelle il se trouve.

GRÉGORIEN. (Voyez le mot CHANT GRÉGORIEN.)

GRELOTS. Boulet de cuivre ou d'argent creux et fendu que dans le xv° et xvi° siècles on ajoutait aux castagnettes et aux tambourins.

GROS-BOIS. Instruments qui jadis étaient employés comme basse des hautbois et dépendaient de leur système, ou provenaient de familles instrumentales dérivées de la leur.

GROS FA. Certaines vieilles musiques d'église en notes carrées, rondes ou blanches, s'appelaient jadis du *gros fa*.

GROSSE-CAISSE. Instrument à percussion ; gros tambour dont on se sert aujourd'hui dans l'orchestre, et qu'on n'employait autrefois que dans les musiques militaires. On l'utilise encore sur le théâtre pour imiter le bruit du tonnerre.

GROUPES. Plusieurs notes réunies ensemble par leur queues, au moyen d'une ou plusieurs barres, forment un groupe. Il y a des groupes de deux, de trois, de quatre et de six notes. Les fusées et les gammes chromatiques présentent des groupes de trente-deux, de soixante, de quatre-vingt notes.

GRUPETTO. Mot italien qui signifie petit groupe. C'est un agrément de chant composé de trois petites notes prises quelquefois sur la valeur de la note qui en est affectée, quelquefois au lever de la mesure qui précède cette note.

GUADANINI (Jean-Baptiste). Luthier en renom, travailla à Placentia, de 1755 à 1785.

GUARNERIUS. Famille de luthiers renommés, et dont les instruments sont encore fort recherchés. Guarnerius (André) élève d'Amati (Nicolas) travaillait à Cremone en 1650 et 1696. — Guarnerius (Joseph), fils du précédent, travailla de 1690 à 1730. — Guarnerius (Pierre) frère d'André, 1690 à 1725. Guarnerius (Joseph) dit *del Jesu*, élève de Stradivarius de 1720 à 1745. Guarnerius (Pierre), fils de celui-ci, de 1725 à 1740, à Milan.

GUDDOK. Nom d'un violon rustique à trois cordes en usage parmi les paysans russes.

GUGENEINQ. Imitateur de Stainer, travaillait à Füssen, en Bavière, en 1756.

GUIDE. C'est une partie sur laquelle on indique toutes les entrées des instruments, et qui sert au chef d'orchestre, lorsqu'il ne conduit pas sur la grande partition.

Guide-accord. Appareil imaginé en 1856 par l'abbé Couturas, consistant dans une série de treize diapasons donnant exactement les douze demi-tons de la gamme. Ces diapasons sont montés sur une caisse sonore.

Guide-archet — imaginé par *Guhmann*, et construit par *Gautrot*, en 1855, pour les instruments à cordes et à archet.

Guide-doigt. construit en 1754, par *Temple*, pour les instruments à cordes.

Guide-main. C'est une espèce de barre attachée au piano devant le clavier, destinée à donner plus d'élasticité aux poignets et à empêcher qu'on ne joue du coude. Ce procédé a été inventé et pratiqué par M. Kalkbrenner.

Guidon. Petit signe de musique qui se met à l'extrémité de la portée, sur le degré où sera placée la note qui doit commencer la portée suivante. Si cette première note est accompagnée accidentellement d'un dièse, d'un bémol ou d'un bécarre, il convient d'en accompagner aussi le guidon.

Guimbarde. Petit instrument en acier composé de deux branches recourbées, entre lesquelles est une languette qui produit des sons lorsqu'on la touche. — La *guimbarde* était également le nom d'une ancienne danse à laquelle succéda la bourrée.

Guitare. Instrument à six cordes, dont on joue en pinçant. Il est formé de deux tables parallèles, l'une en sapin, l'autre en érable ou en acajou, assemblées par une éclisse dont la valeur varie de trois à quatre pouces. A l'une des extrémités est adapté un manche divisé par des *touches* sur lesquelles on pose les doigts de la main gauche, tandis qu'on pince avec ceux de la main droite. Ce manche est terminé par un sillet, et garni de chevilles pour monter ou descendre les cordes qui sont fixées à l'autre extrémité de l'instrument sur un chevalet fort bas. Au milieu de la table supérieure est pratiquée une ouverture appelée *rosace* ou *rosette*. Les cordes sont accordées par quartes justes en montant, excepté la quatième et la cinquième, entre lesquelles il n'y a que l'intervalle d'une tierce majeure. L'accord de l'instrument est donc, en partant du grave, *mi, la, ré, sol, si, mi*. La musique écrite pour la guitare est notée sur la clef de sol, mais se joue un octave plus bas.

On ne sait rien de certain sur l'origine de cet instrument. On pense généralement qu'il est aussi ancien que la harpe (voy. ce mot), et que les Maures l'ont apporté en Espagne, d'où il s'est ensuite répandu en Portugal et en Italie. Du temps de Louis XIV, il était fort à la mode en France; mais la vogue qu'il eut fut de courte durée, et après avoir brillé d'un éclat tout nouveau, il y a quelques années, sous les doigts d'artistes fort habiles, il est aujourd'hui presque complétement abandonné.

Guitare d'amour. Espèce de viole dont les cordes étaient attaquées par un archet, construite à Vienne en 1823, par Staufer.

Guitare allemande. Espèce de cistre monté d'abord de cinq cordes mais qui plus tard en eut sept.

Guitare a clavier. Imaginée en 1780, par Bachmann de Berlin. Cet instrument portait vers la droite de la table, un mécanisme au moyen duquel les cordes étaient frappées par de petits marteaux.

Guitare-écho. Fut construite par un nommé Alix, qui vivait à Aix, vers le milieu du xviie siècle. Il exécuta un squelette qui, par un mécanisme caché, jouait d'une guitare, tandis que lui-même avait une autre guitare accordée à l'unisson. Quand il jouait, le squelette rappelait ses modulations.

Guitare-harmonica. Appareil imaginé par Villeroy de Lille, en 1821, s'adaptant au manche de la guitare, et permettant de tirer les sons harmoniques avec netteté et grande facilité.

Guitare latine. Guitare qui ressemble beaucoup à la mauresque mais qui possède cinq et six cordes.

Guitare-lyre. Nom donné à diverses guitares construites en 1811, par Mougnet, de Lyon; en 1825, par Levien; en 1851, par Ventura, à Londres.

Guitare mauresque. Elle différait du luth, en ce que son corps sonore plat et uni en dessus comme en dessous, était échancré sur les côtés; n'ayant que trois cordes.

Guitarion. Instrument de l'espèce guitare, imaginé en 1831 par Franck; les cordes pouvaient se pincer ou être frottées par un archet.

Gusli ou Gussel. Harpe russe qui a la forme du psaltérion allemand.

Guzla. Instrument champêtre des Morlaques, sur

lequel il n'y a qu'une corde de crin tressée. Cet instrument sert à accompagner les chants nationaux appelés *pismes*.

GYMNASE du piano, appareil imaginé en 1846, par Zeiger. Ce mécanisme avait pour but de faire marcher avec un seul doigt, une ou plusieurs octaves du piano.

GYMNASE du doigt, appareil pour exercer l'agilité des doigts. Imaginé en 1856, par Barrois.

GYMNOPÉDIE. Danse à nu, accompagnée de chant, que les jeunes filles spartiates dansaient dans certaines occasions.

H

H. Lettre qui désigne en Allemagne le *si* naturel.

HACHE (Pas de). On donne ce nom à une danse fortement caractérisée, à cette espèce de pyrrhique moderne qui est exécutée par une troupe de soldats, de Scythes, de sauvages, de cyclopes ou de bacchantes, armés de toutes pièces ou couverts de peaux de bêtes, et tenant des haches, des massues ou des thyrses à la main. Les airs des pas de hache sont rhythmés avec force, et d'un caractère fier, martial ou sauvage. On les accompagne d'instruments de percussion, tels que timbales, tambours, cymbales, triangles, tambours de basque, dont les frappements rhythmiques, les vibrations argentines donnent de l'éclat à ces compositions.

Les danses des soldats romains dans la *Vestale*, celles des Scythes dans *Iphigénie en Tauride*, l'entrée des Africains dans *Sémiramis*, sont des pas de hache.

HALALI. Nom du cri de chasse que l'on sonne pour annoncer que la bête se rend. Les chasseurs crient alors : halali ! halali ! halali ! c'est-à-dire victoire ! victoire ! victoire !

Méhul s'est servi du halali pour terminer sa belle ouverture du *Jeune Henri*. Cet air y forme le motif que tous les instruments à vent attaquent *fortissimo* après le point d'arrêt. Philidor et Haydn ont aussi fait entendre le halali dans la chasse de *Tom Jones*, et dans celle de l'oratorio des *Saisons*.

HARMATIAS. Nom d'un nome dactylique de la musique grecque, inventé par le premier Olympe phrygien.

HARMODION. Chanson que les Athéniens chantaient en faveur d'Harmodius, pour avoir délivre Athènes du joug des Pisistrates.

HARMOMELLO. Nom d'une espèce de piano d'une forme verticale, imaginé et construit en 1806, par Pfeiffer.

HARMONICA. Instrument de musique, d'origine allemande, qui consistait d'abord en une certaine quantité de verres inégalement remplis d'eau et placés par demi-tons, dans une caisse. Ces instruments produisent sur les sens un effet en quelque sorte magnétique. L'harmonica donnait des sons mélodieux lorsqu'on trempait les doigts dans l'eau et qu'on les passait légèrement sur le bord des verres après l'avoir humecté avec une éponge mouillée. Le degré de perfectionnement auquel cet instrument est arrivé aujourd'hui, doit être attribué surtout au célèbre Franklin. C'est à Paris qu'on le fit connaître pour la première fois en 1765. Les derniers perfectionnements sont de MM. Lenormand, Chladni et Dietz; celui du premier consiste à placer des lames de verre de différentes dimensions par demi-tons, et à les frapper avec un petit marteau de liége enveloppé de taffetas.

HARMONICA A CLAVIER. Cet instrument construit par Nicolaï, en 1765, était fort remarquable par sa pression et les moyens mécaniques employés à le faire fonctionner.

HARMONICA A CORDES. Instrument à clavier inventé en 1788, par Stein.

Cet harmonica consiste dans un excellent piano, accordé et uni avec une espèce d'épinette qu'on peut jouer seule ou conjointement avec le piano. Cette union produisait un effet agréable.

HARMONICA A TOUCHES. Instrument construit par Klein, professeur à Saint-Pétersbourg, en 1798. Il consistait dans une grande caisse traversée dans sa longeur par une verge où se trouvait fixée une série de cylindres de verre, au nombre de 48, allant en diminuant chacun de grandeur; sur le devant régnait un clavier, dont les touches correspondaient à des tiges qui approchaient des cylindres par la pression de la touche.

HARMONICA-ACCORDÉON A BOUCHE. Perfectionné et imaginé en 1836, par Paris, de Dijon.

HARMONICA DE BOIS. Instrument importé en France

par Gusikoff, en 1831. Il se composait d'une série de barres de bois d'une égale grosseur, qu'il plaçait sur des petits rouleaux de paille, et il obtenait de ces barres des tons d'une netteté et d'une sonorité remarquables.

HARMONICA DE BOUCHE. Aussitôt que le physharmonica (voir ce mot), de Haechl eut paru, un aubergiste de Bade, s'empara de l'idée principale, et construisit le *moult-harmonica*, qui n'était alors qu'une pièce ronde contenant trois languettes, et donnant la tonique, la tierce et la quinte par l'aspiration et la respiration ; plus tard, l'inventeur y ajouta l'octave.

HARMONICA CELESTINA. Fut construit à Hesse-Hambourg, en 1800, par Zinck, il avait trois claviers, et imitait plusieurs espèces d'instruments.

HARMONICA DOUBLE. Cet instrument était composé d'une caisse de deux pieds de longueur, et dont la hauteur était en rapport avec les petites cloches de verre ou de métal qu'elle contenait : on faisait résonner ces clochettes au moyen d'un archet de violon, dont les crins étaient enduits de colophane ou de térébenthine, ou de savon.

HARMONICA MÉTALLIQUE. Construit en 1827, par Candide Buffet, c'était ce que l'on nomma plus tard *accordéon*.

HARMONICA MÉTÉOROLOGIQUE. Inventé en 1765 par J. César Gattoni, à Rome. Il fit attacher quinze fils de différentes grosseurs à une tour très-élevée, et forma ainsi une espèce de harpe gigantesque, qui allait jusqu'au troisième étage de sa maison, vis-à-vis de la tour ; elle était accordée de manière à pouvoir exécuter de petites sonates. Le tout réussit à merveille. Mais l'influence des vicissitudes atmosphériques et d'autres circonstances rendirent sans effet cette découverte ; l'abbé Gatoni ne se servit de cet instrument que pour faire des observations météorologiques, et pour prédire avec ses sons harmonieux les divers changements de l'atmosphère.

HARMONICA VIRGINAL. Construit par un nommé Stiffel, cherchait à imiter la voix humaine.

HARMONICELLO. Nom donné à une espèce de viole d'amour, imaginé en 1794, par Bischof, de Dessau.

HARMONICON. Sorte d'harmonica à clavier, construit en Allemagne en 1795, par Muller, qui avait ajouté à l'harmonica ordinaire deux jeux de flûte et de hautbois.

HARMONICORDE. Piano à queue posé verticalement et

accompagné d'un mécanisme qui se meut au moyen d'un pied. Cet instrument produisait des sons qui avaient quelques rapports avec ceux de l'harmonica.

HARMONIE. Ce mot a plusieurs sens. Il signifie la réunion de plusieurs *accords* (voy. ce mot); c'est en ce sens que l'on dit : *suave harmonie, harmonie aigre et discordante, le pouvoir de l'harmonie, etc.*

Il signifie encore l'*art* d'écrire des accords, de les enchaîner entre eux et de les faire concourir avec la mélodie, à l'expression des pensées et des sentiments du compositeur. C'est la science enseignée dans les traités d'harmonie.

Les traités de ce genre sont presque innombrables, et il n'entre en aucune façon dans le plan de cet ouvrage de les analyser tous, ni même de les énumérer. Les principaux théoriciens qui font autorité, sont Rameau, Marpurg, dont les idées ont été reproduites par Choron et Delafage; Tartini, Valotti et son école, Vogler et son école, Godefroi Weber, Catel, Reicha, et aujourd'hui MM. Fétis et François Bazin.

Presque tous ont essayé de donner une base scientifique à l'harmonie, dont la vraie base est pour nous la tonalité moderne.

La tonalité moderne est l'ensemble des rapports mutuels qui existent entre les notes de la gamme moderne: nous avons développé cette définiton au mot TONALITÉ. De ces relations mutuelles, comme d'une source féconde, jaillit tout entière la vraie théorie de l'harmonie moderne. En voici le résumé :

Lorsqu'on entend simultanément la tonique d'un ton, sa tierce, sa quinte, sa septième, et, si l'on veut, son octave, par exemple, *ut, mi, sol, ut*, dans le ton d'*ut*, l'intelligence éprouve le sentiment du repos. C'est un fait connu.

Au contraire, lorsqu'on entend simultanément la dominante d'un ton, sa tierce, sa quinte, sa septième, et, si l'on veut, son octave, par exemple, *sol, si, ré, fa, sol* dans le ton d'*ut*, l'intelligence éprouve le besoin du mouvement et le désir de passer à un autre accord : c'est encore un fait connu.

Ainsi, rapport de repos entre trois notes de la gamme moderne, et rapport de mouvemement entre ces quatre autres notes, tels sont, à nos yeux, les éléments constitutifs de la tonalité moderne, et, par suite, de l'harmonie moderne.

Est-ce à dire que l'harmonie soit une chose monotone? Non, certes! elle offre un tel nombre de variétés d'effets qui la rendent pleine d'intérêt.

Si elle n'a que deux accords principaux à employer successivement dans le même ton, elle peut les modifier d'une foule de manières. Elle peut les employer alternativement dans le mode mineur et le mode majeur du même ton; elle peut doubler ou retrancher quelques-unes de leurs notes, et les *disposer* de plusieurs manières; elle peut les écrire dans leur état naturel, comme nous l'avons indiqué plus haut, ou les modifier par le *renversement*, les *altérations*, multiples, le *retard*, l'*anticipation*, la *substitution*, les *appogiatures*, les *notes de passage*, les *pédales* et les *progressions*. (Voyez chacun de ces mots.)

On peut employer isolément ces modifications nombreuses, ou les combiner entre elles.

Le changement de ton fournit des ressources plus grandes encore. Outre les effets multipliés et énergiques qu'il produit par lui-même, il permet d'employer de nouveau toutes les richesses harmoniques que nous venons d'énumérer, et peut se renouveler à son tour aussi fréquemment qu'on le désire. (Voyez le mot MODULATION.)

Enfin, comme l'harmonie et les autres parties de la musique forment un seul langage, sont solidaires et se prêtent un secours mutuel, l'harmonie hérite de tous les moyens de variété que le reste de la musique possède, et qui sont également nombreux. Tels sont, par exemple, les formes infiniment variables de la mélodie; les différents genres de compositions musicales; le nombre et la marche des parties harmoniques; les diverses combinaisons possibles des voix et des instruments; la mesure, le mouvement, le rhythme, les nuances d'exécution; l'accompagnement, dont les formes sont infiniment variables, comme celles de la mélodie; le mélange habile des chœurs, solos, duos, trios, quatuors, quintettes, etc.; et cent autres moyens qu'un bon maître, un bon livre, l'exercice et l'étude des modèles feront bien vite connaître.

Veut-on une preuve évidente, palpable, irréfragable de cette variété infinie? Voyez les œuvres de tous les grands maîtres : toutes se réduisent à l'application des deux principes énoncés plus haut, et, cependant, nous le répétons, quelle variété infinie !

Indépendamment de ce qui vient d'être dit, il y a en musique différentes acceptions du mot *harmonie*. Ainsi, on l'emploie pour désigner la masse des instruments à vent qui entre dans la composition d'un orchestre; on le prend aussi, quoique à tort, comme synonyme de *composition*.

Harmonie. Terme de facteur d'orgue. On entend par *harmonie*, dans la confection des divers jeux de l'orgue, la qualité de sons qui convient à chaque jeu, soit jeu d'anches ou jeu à bouche; on ne dit point : ce jeu est d'un bon timbre, d'une belle qualité; mais on dit : ce jeu a une belle harmonie, il est d'une harmonie ronde, moëlleuse, grêle, sourde, éclatante.

Harmonie directe. C'est celle où la basse est fondamentale, et où les parties supérieures conservent l'ordre direct entre elles et avec cette basse.

Harmonie d'Orphée. Espèce de physharmonica, construit à Vienne, en 1818, par Léonard Maëlzel, frère de l'inventeur du métronome.

Harmonie figurée. C'est celle où l'on fait passer plusieurs notes sous un accord.

Harmonie première. Quelques auteurs ont donné ce nom à l'accord parfait, en appelant ensuite son premier renversement *harmonie seconde*, et son deuxième renversement *harmonie troisième*.

Harmonie rapprochée, Harmonie séparée. La première a les sons de l'accord très-rapprochés, et la seconde les présente différemment.

Harmonie renversée. C'est celle où le son fondamental est dans quelques-unes des parties supérieures, et où quelque autre son de l'accord est transporté à la basse au-dessous des autres.

Harmonie simultanée. C'est la percussion d'un accord.

Harmonie successive. Succession de plusieurs accords.

Harmonieux. Tout ce qui fait de l'effet dans l'harmonie : plusieurs voix réunies dans l'exécution d'un morceau de musique à plusieurs parties, rendent un son harmonieux.

Harmoniflute ou accordéon-piano. Construit en

1832, par Boulon, de Paris. — On donne également ce nom à un orgue à cylindre et à tuyaux construit en 1853 par Corvi.

Harmoniphon. L'harmoniphon a été inventé en 1837, par M. Paris, de Dijon. L'harmoniphon est un instrument à vent et à clavier, de quinze pouces de longueur sur cinq de large et trois de hauteur, dont les sons ressemblent à ceux du hautbois. Il se joue avec la bouche, au moyen d'un tube élastique qui sert à y introduire l'air, en même temps que les doigts agissent sur le clavier, qui est exactement semblable à celui du piano.

L'harmoniphon produit plusieurs sons en même temps, et paraît se prêter aux accords les plus compliqués.

Harmoniques (Sons). Espèce singulière de sons qu'on tire de certains insruments, tels que le violon, la viole, le violoncelle, par un mouvement particulier de la main et de l'archet, qu'on approche davantage du chevalet, et en posant légèrement la main sur certaines divisions de la corde. Ces sons sont fort différents, pour le timbre et pour le ton, de ce qu'ils seraient si l'on appuyait tout à fait le doigt : quant au ton, par exemple, ils donneront la quinte, quand ils donneraient la tierce, la tierce, quand ils donneraient la sixte, etc.; quant au timbre, ils sont beaucoup plus doux que ceux qu'on tire pleins de la même division, en faisant porter la corde sur le manche.

Les sons harmoniques de la harpe s'obtiennent en attaquant la corde à son milieu avec la partie inférieure du pouce.

Harmonista. Disposition mécanique imaginée en 1853, par Brunt, afin de faire pour les orgues avec une simple manivelle, toutes les harmonies désirées.

Harmoniste. Musicien savant dans l'harmonie. Haendel, Bach, Mozart, Haydn, Cherubini, sont de grands harmonistes.

Harmonium. Nom donné par Debain à un instrument composé de plusieurs jeux d'anches libres, qui communiquent avec des gravures à l'intérieur d'un sommier formant cases sonores, lesquelles représentent les sons des anches et produisent l'effet des tuyaux d'orgues; au moyen de registres placés au-dessus du clavier, les jeux de l'harmonium imitent différents jeux d'orchestre.

Harmonomètre. Instrument propre à mesurer les rapports harmoniques.

HARPE. C'est un des plus antiques instruments que nous connaissions et dont l'Écriture-Sainte, ainsi que les ouvrages des anciens font déjà une mention particulière. On lui donnaient différents noms, tels que *kinnor* chez les Hébreux, la *cithare* chez les Grecs, la *cinnara* chez les Romains, le *nablum*, la *sambuque* et la *harp* ou *harpa* chez les Celtes et les Cimbres. Il est de forme triangulaire, monté de cordes de boyaux, disposées verticalement, et qui, étant pincées avec les deux mains, donnent les sons. On sait bien que le roi David chantait la gloire du Seigneur, et dansait même en s'accompagnant de la harpe.

Quatre pièces principales composent la harpe, savoir: la *console*, la *colonne*, le *corps sonore* et la *cuvette*; cette dernière, en réunissant les deux précédentes dans leur partie inférieure, forme la base de l'instrument. Le corps sonore est une caisse convexe faite de bois d'érable, plus large à la base qu'au sommet, et recouverte d'une planche de sapin. Cette planche, sur laquelle se trouvent fixés les boutons qui servent à attacher les cordes, s'appelle *table d'harmonie*. Quant à la console, c'est une bande courbée en forme d'*s*, et garnie de chevilles qui servent à monter les cordes fixées à l'extrémité opposée sur la table d'harmonie. Pour la colonne, enfin, elle est un montant solide ou creux, selon que la harpe est simple ou à mouvement.

La harpe ancienne n'avait d'abord que treize cordes accordées selon l'ordre de la gamme diatonique. Plus tard, on en ajouta d'autres, et on apporta tour à tour plusieurs perfectionnements à cet instrument, dont les principaux datent du dix-huitième siècle, et sont dus à MM. Hochbruker, Naderman, Erard. D'après ces artistes, la harpe dite *à simple mouvement* (c'est-à-dire ayant sept pédales, dont une pour chaque note de la gamme), se trouve montée de quarante-trois cordes disposées sur un seul rang et accordées en *mi* bémol. Les crochets y sont remplacés par des *fourchettes* à deux bascules, de sorte que chaque corde peut recevoir trois intonations, le bémol, le bécarre et le dièse. On accorde la harpe comme le piano, c'est-à-dire par tempérament.

Quand il ne s'agit pas d'une musique intime, destinée à être écoutée de près, l'effet des harpes est d'autant meilleur qu'elles sont en plus grand nombre.

Les notes, les accords, les arpéges qu'elles jettent au

travers de l'orchestre, sont d'une extrême splendeur. Rien de plus sympathique aux idées de pompes religieuses et de fêtes poétiques que les sons d'une grande masse de harpes ingénieusement employées. De tous les timbres connus, c'est le timbre des cors, des trombones et, en général, des instruments en cuivre qui se marie le mieux avec le leur. Les cordes inférieures, à part celles de l'extrémité grave, ont un son pénétrant, riche et mystérieux dont on pourrait tirer un parti magnifique, et, cependant on les néglige presque toujours!

Les cordes de la dernière octave supérieure ont un son délicat, cristallin, plein de fraîcheur et de volupté. Mais c'est à condition qu'on pince les cordes avec douceur; car si on les pince avec force, elles rendent un son sec et dur, semblable à celui de vitres qu'on brise.

Les sons harmoniques de la harpe, et surtout de plusieurs harpes à l'unisson, ont bien plus de magie encore.

Rien ne saurait être comparé à l'effet de ces notes mystérieuses et féeriques réunies aux doux accords de la clarinette et de la flûte jouant dans le médium.

HARPE CHROMATIQUE. L'étendue de cet instrument, inventé au commencement de ce siècle, par un médecin saxon nommé Pfranger, est de cinq octaves. Les cordes de la gamme diatonique sont d'une couleur blanche, et celle de la gamme chromatique d'une couleur rougeâtre.

HARPE D'ÉOLE, ou HARPE ÉOLIENNE. Instrument dans lequel les cordes résonnent au moyen d'un courant d'air qui les frappe. Aussitôt qu'il fait un peu de vent, ses cordes commencent à résonner à l'unisson ; mais à mesure que le vent augmente, elles font entendre un charmant mélange de tous les sons de la gamme diatonique, ascendants et descendants, et l'on entend aussi des accords harmonieux et des crescendo et des décrescendo inimitables.

HARPE DOUBLE. Instrument composé de deux harpes réunies, en usage dans le seizième siècle.

HARPE HARMONICA-FORTE. Inventée par M. Keyser de Lisle, en 1809. C'est une harpe ordinaire, à laquelle on a ajouté trente-quatre cordes de laiton, accordées deux à deux, qui forment une espèce de contre-basse de dix-sept demi-tons, et qu'on fait raisonner avec le pied, au moyen de dix-sept touches correspondant à autant de marteaux en contact avec les cordes.

HARPE IRLANDAISE. Les grands dommages occasionnés en Irlande par l'irruption danoise furent réparés par O'brien Boiromh' mort en 1014. Il rétablit les colléges des Bardes, et s'occupa de la musique avec un soin particulier. On prétend que la harpe déposée dans le collége de la Trinité, à Dublin, appartient à O'brien. La forme en est gracieuse, et le travail exquis. La harpe irlandaise resta dans le même état pendant plusieurs siècles ; mais dans le quinzième siècle, elle fut sensiblement améliorée par le jésuite Nugent, qui demeura quelques temps en Irlande. Henri VIII, quand il fut proclamé roi d'Irlande, adopta pour armoiries une harpe.

HARPO-LYRE. Cet instrument, qui a la forme d'une lyre antique, est monté de vingt-et-une cordes réparties sur trois manches. Les cordes du manche du milieu sont les mêmes que celles de la guitare, à six cordes, et sont accordées de la même manière. La conformation de l'instrument, permettant de démancher plus facilement que sur la guitare, a donné la facilité d'y ajouter quinze cordes de plus, ce qui en porte le nombre à vingt-et-une. Ces quinze autres cordes sont réparties sur deux autres manches, et forment dans l'ensemble de l'instrument quatre octaves et demie. L'on obtient sur ces deux manches des effets nouveaux. La harpo-lyre a été inventée, en 1829, par M. Salomon, professeur de musique à Besançon.

HASSARD. Luthier qui vivait à Eisnach, en 1765.

HAUSSE. Petit morceau de bois qui porte la vis de rappel de l'archet du violon ou du violoncelle.

HAUT. Ce mot signifie la même chose qu'aigu, et ce terme est opposé à *bas*. C'est ainsi qu'on dit que *le ton est trop haut*, qu'il *faut monter l'instrument plus haut*.

HAUTBOIS. Instrument de musique à vent, en cèdre, en chêne, et le plus souvent en buis. Il y a deux espèces de hautbois, l'ancien et le moderne. L'ancien avait la taille plus basse d'une quinte que le dessus, et avait un trou de moins, le huitième ne se bouchant point : sa longueur était de quatre pieds deux pouces. Il y avait encore la basse du hautbois, qui avait cinq pieds, et onze trous. Le hautbois ancien se divisait en quatre espèces, le *hautbois ordinaire*, le *hautbois de Poitou*, le *hautbois des forêts* et le *hautbois d'amour*. Le hautbois moderne a le son plus fort que la flûte : sa cavité intérieure est pyramidale, et se termine par le bas comme une trompette.

Le hautbois est formé de trois pièces entrant les unes dans les autres ; l'anche fait la quatrième. Sa longueur est de vingt-et-un pouces huit lignes, sans compter l'anche : son étendue est à l'unisson du violon ; elle contient deux octaves et quatre demi-tons. Le hautbois de forêt ressemble beaucoup au hautbois militaire : il se démonte en cinq pièces; il a la même étendue de ton ; mais le son, quoique agréable, est moins sonore et plus velouté. Rien n'est plus suave que le chant simple et champêtre de cet instrument.

Le hautbois est essentiellement candide, naïf, simple, innocent, et exprime encore très-bien une joie simple et tranquille ; mais il est ridicule de lui demander des accents belliqueux. triomphants, ou trop fortement passionnés. Gluck et Beethoven ont admirablement compris et employé le hautbois. Tels sont, par exemple, le solo de hautbois qui accompagne l'air d'Agamemnon, *Peuvent-ils ordonner qu'un père*, dans *Iphigénie en Aulide*, de Gluck ; et la fameuse ritournelle de l'air d'*Iphigénie en Tauride*, *O malheureuse Iphigénie ;* et ce cri tonnant qui vient réveiller dans Alceste mourante le souvenir de ses jeunes enfants. Tels sont aussi les solos de hautbois que Beethoven a mis dans le scherzo de la symphonie pastorale, dans le scherzo de la symphonie avec chœur, surtout dans l'air de *Fidelio*, où *Florestan,* mourant de faim, en proie à une délirante agonie, se croit entouré de sa famille en larmes, et mêle ses cris d'angoisse aux gémissements du hautbois.

L'étude du hautbois est longue : il faut une grande persévérance pour arriver à une exécution bien nette. Le système Boëhm a abrégé les difficultés.

Hautbois. Jeu d'orgue compris parmi les jeux d'anches ; il ne tient que la moitié du clavier, le jeu du basson lui servant de basse.

Haute-contre. Celle des quatre parties de la musique correspondantes aux quatre principales voix de l'homme qui est entre le *dessus* ou soprano de la *taille* ou ténor.

Haute-taille, ou plutôt taille, deuxième des quatre parties de la musique, en comptant du grave à l'aigu. Quand la taille se divise en deux parties, l'inférieure prend le nom de *basse-taille* ou *concordant*, et la supérieure *haute-taille*.

Hébreux (Musique des). Moïse remonte, comme on sait, jusqu'aux temps antérieurs à Abraham pour l'histoire de l'art hébraïque. Ce législateur appelle Jubal le père de ceux qui jouaient du *kinnor* et de l'*ugab*. Par ce nom il entend sans doute le premier ou le plus habile joueur, ou l'inventeur de ces instruments. Chaque auteur a ensuite traduit à sa guise les mots *kinnor* et *ugab*, les uns par harpe et orgue, les autres par cithare et luth.

Depuis l'histoire de Laban et de Jacob jusqu'au passage de la mer Rouge, période de deux cent quarante-huit ans environ, la *Bible* ne signale aucun fait important qui ait rapport à la musique. A l'occasion du passage de la mer Rouge, Moïse et les enfants d'Israël chantèrent un hymne adressé à l'Être-Suprême. Mariam la prophétesse, sœur d'Aaron, prit en main un tambourin, *tof* et toutes les autres femmes, formant des chœurs de danse, la suivirent avec des tambourins.

Après la mort de Moïse et de Josué, c'est-à-dire sous les Juges, il n'est pas question de musique dans la *Bible*. On parle seulement d'un cantique ou hymne exécuté par la prophétesse Débora et Baruk. Sous le règne de David la musique hébraïque devint florissante, et ce prince rendit Jérusalem le centre du culte divin. On fit la première et la seconde translation de l'arche au son d'un grand nombre d'instruments.

La musique parvint à un haut degré de splendeur sous le règne de Salomon, qu'on peut appeler le siècle d'Auguste des Hébreux. La construction du temple fut la première entreprise remarquable de ce prince qui, pour la consécration de ce monument, fit fabriquer un nombre prodigieux d'instruments. S'il faut en croire l'historien Josèphe, on comptait dans cette cérémonie quarante mille harpes, autant de sistres d'or, deux cent mille trompettes d'argent, et deux cent mille chanteurs, en tout quatre cent quatre-vingt mille musiciens.

Après la mort de Salomon, on ne voit dans la *Bible* aucune circonstance où la musique ait été employée et qui puisse faire juger de ses progrès. Enfin, Nabuchodonosor ayant conquis et détruit la ville de Jérusalem, amena la plus grande partie du peuple à Babylone. Cette captivité porta le dernier coup aux Hébreux qui, pendant soixante-dix ans, oublièrent leurs chants et leurs cérémonies. Revenus possesseurs de leur ville, mais aussitôt retombés en captivité une seconde fois ; de nouveau libres, puis successivement vaincus par les Egyptiens, les Perses et les Romains, les Hébreux n'eurent plus ni le pouvoir ni le loisir de se livrer à la culture des arts.

Hélicon. Nom donné par *Stowaller*, facteur de Vienne, à une basse d'harmonie en cuivre, imaginé en 1855.

Hell-hom. Nom donné en 1843 par Hell, facteur autrichien à une espèce d'*Octavophicléide*, dont fut importé de Silésie l'instrument primitif par *Sommer*. Ce fut un nommé François Bock qui l'acheva, et Hell ne fit que le perfectionner.

Helmer, élève d'Eberle, construisit de bons violons, à Prague, en 1760.

Heptacorde. Nom donné à une espèce de lyre des anciens Grecs qui était montée de sept cordes; on a également donné de nos jours le nom d'*heptacorde*, à l'espèce de basse de viole, imaginée en 1828, par Raoul et exécutée par Vuillaume. L'instrument monté de sept cordes, donnait à la chanterelle *ré* et *la, mi, ut, sol, ré, la*.

Hexacorde. Instrument à six cordes, ou système composé de six tons, tel que l'hexacorde de Guido d'Arezzo.

Hialemos. Nome grec chanté en l'honneur d'Apollon.

Hippothoros. Chant exécuté par les Grecs, à l'époque de l'accouplement des chevaux.

Homoeoptoton. Ce terme signifiait, chez les anciens Grecs, une pause générale avec une cadence, *homœtaleuton*, la pause qui suivait cette même cadence.

Homonophicon. Appareil pour accorder les anches métalliques, imaginé en 1845, par *Schneider*.

Homophonie. Nom grec du chant exécuté par plusieurs voix à l'unisson.

Hongrie (De la musique en). La musique jeta peu d'éclat en Hongrie jusqu'au temps de Mathias Corvin, fils du fameux Corvin ; il rendit les Hongrois rivaux des autres nations dans les sciences et dans les arts, qu'il cultivait lui-même avec succès. Le nonce du pape qui vint à Bade, en 1483, pour rétablir la paix entre l'empereur Frédéric et Corvin, combla d'éloges les chanteurs de la chapelle hongroise, dans une lettre adressée au souverain pontife.

Sous les rois Ladislas VI et Louis II, la musique,

quoique cultivée avec soin, l'était avec moins d'éclat. On diminua le nombre des artistes de la chapelle de la cour.

Comme tous les autres peuples, les Hongrois n'avaient d'abord qu'un chant sans mesure et sans mode déterminé, sur une poésie sans harmonie. Du reste, tandis que toutes les autre nations, notamment celles du Nord, aimaient les sons vifs et aigus, les Hongrois, au contraire, aimaient les sons moyens et les mouvements lents. Le chant régulier fut plus tard importé en Hongrie avec la religion chrétienne et les belles-lettres.

Aujourd'hui les Hongrois dansent beaucoup : la danse est leur passion ; aussi la musique nationale est-elle, pour ainsi dire, une musique de danse. Elle a ordinairement un caractère mélancolique, mais souvent aussi elle est bruyante et semble exciter à la guerre. Les Hongrois se plaisent aux modes mineurs ; et si une danse commence en mineur, elle tombe bientôt en majeur : ils aiment aussi beaucoup les triolets.

Les Slaves, qui habitent une grande partie du pays, et les Valaques en Transylvanie, aiment beaucoup la cornemuse. Les Grecs qui sont en Hongrie aiment aussi la danse nationale ; mais ils en ont une qui leur est propre. Les nouveaux Grecs dansent en cercle avec les genoux repliés, et les paysans valaques sautillent en rond avec leurs bâtons : c'est comme une danse d'ours.

En Hongrie, les chansons nationales sont pour la plupart plaintives et passionnées ; cependant il y en a beaucoup de celles du bas peuple qui sont grossières, féroces et obscènes.

Tout ce qui vient d'être dit n'est applicable qu'au bas peuple, car la musique est cultivée par la bourgeoisie et la noblesse avec autant de zèle que dans les principales villes d'Allemagne, d'Italie et de France.

Horæ regulares. Heures fixes auxquelles on exécutait, dans les couvents et dans les églises capitulaires, certains chants de pratique.

Hottentots (Musique des). Les Hottentots ont une musique et des danses particulières très-caractéristiques. Dans leurs danses, les Hottentots, se tenant par la main, composent une chaîne plus ou moins longue à proportion du nombre des danseurs et des danseuses placés toujours avec beaucoup d'ordre. La chaîne étant formée les danseurs se mettent en mouvement, tournent de côté et d'autre, se quittent de temps en temps sans cependant rompre la chaîne, pour marquer la mesure en frappant dans leurs mains, et leurs voix, s'unissant aux sons des instruments, répètent continuellement : *Hoo, hoo.* Les Hottentots terminent ces divertissements par une danse générale où la chaîne se rompt, et où chacun danse pêle-mêle et s'abandonne à la plus grande joie.

Les principaux instruments des Hottentots, sont : le *rabuchin*, qui est une planche triangulaire sur laquelle on attache trois cordes de boyaux soutenues par un chevalet, et tendues à volonté au moyen de chevilles. Le *rampelot*, instrument le plus bruyant des Hottentots, est formé d'un tronc d'arbre creux d'environ deux ou trois pieds de hauteur; à l'une de ses extrémités se trouve une peau de mouton bien arrangée et bien tendue que l'on frappe avec un bâton ou avec les poings. Le *gorah*, instrument très-curieux, est une longue baguette avec une corde de boyaux de chat tendue d'un bout à l'autre de manière à se courber légèrement, à peu près comme l'archet du violon ; au bas de la corde est attaché un tuyau de plume d'autruche qui réunit le bout de la corde à la baguette. Ce tuyau se place entre les lèvres, et on le fait vibrer en aspirant et en respirant fortement. Lorsqu'il est joué avec soin, le son du *gorah* approche de celui du violon.

Huit-pieds. On nomme ainsi un orgue dont les tuyaux les plus grands ont huit pieds de haut. La quatrième corde du violoncelle sonne l'unisson du huit-pieds.

Hyménée. Chanson nuptiale des Grecs.

Hymeos. Chanson des anciens meuniers de la Grèce.

Hymne. Chant en l'honneur des dieux et des héros. Il y a cette différence entre l'hymne et le cantique, que celui-ci se rapporte plus communément aux actions, et l'hymne aux personnes. Les premiers chants de toutes les nations ont été des cantiques ou des hymnes. Orphée et Linus passaient chez les Grecs pour auteurs des premiers hymnes, et il nous reste parmi les poésies d'Homère un recueil d'hymnes en l'honneur des dieux.

Hymne s'emploie ordinairement au féminin en parlant des hymnes qu'on chante dans l'église : *entonner une hymne, chanter une hymne, une belle hymne.* Santeuil a composé un grand nombre de belles hymnes, parmi lesquelles on remarque celle pour le jour de la Purification, *Stupete gentes,* et une pour la fête de sainte Cécile, *Festis lœta sonent.*

Hypocriticos. Partie de la musique grecque, qui se rapportait à la danse et à la mimique.

Hyposproslambanomenos. Nom d'une corde ajoutée par Guido d'Arezzo, un ton plus bas que la proslambanomène, ou dernière corde grave des Grecs, qui sonnait le *la.* L'auteur de cette nouvelle corde l'exprima par la lettre gamma de l'alphabet grec, et de là nous est venu le nom de la gamme.

I

Iacinthies. Fêtes annuelles célébrées à Amyclès, sur le territoire lacédémonien, en l'honneur d'Apollon, dans lesquelles on faisait entendre le son des flûtes et de certains instruments à cordes.

Ialème. Sorte de chant funèbre, en usage jadis parmi les grecs comme le *sinos* chez le même peuple et le *moneros* chez les Egyptiens.

Iambgie. Espèce de cithare triangulaire des anciens.

Iambique. Nom d'un acte ou d'une partie principale d'un morceau de musique vocale, exécuté dans les luttes musicales des jeux publics.

Idée. L'idée musicale est ordinairement un trait de chant qui se présente à l'esprit du compositeur avec tous les accessoires qu'il comporte. On voit par là qu'il y a plusieurs espèces d'idées différentes selon le genre d'effets, soit simples, soit composés, qu'on se propose. On doit aussi distinguer les idées, en idées principales et en idées secondaires : les premières sont propres à faire la base ou le fond d'une composition, les autres destinées au développement de l'idée principale.

Illusion. Quelques écrivains ont essayé de rendre l'opéra ridicule à cause de ses invraisemblances, en disant qu'on ne chante pas au moment de se donner la mort ou de se quereller. Il faut distinguer à ce sujet la vérité d'art et la vérité de nature. On ne trouve dans la nature ni des airs cadencés, ni des chants avec accompagnement; on n'y trouve pas non plus les vers de Virgile ou l'Apollon du Belvédère. Un travail parfait d'art est une œuvre de l'esprit humain élevant les objets les plus ordinaires à une plus haute signification, à une dignité plus sublime.

Il est certain que le plus grand effet de l'art dépend de l'illusion. Le compositeur qui veut faire agir l'illusion sur les autres, doit d'abord en sentir lui-même toute la puissance, c'est-à-dire que l'illusion doit subjuguer son esprit et son cœur par de vives images.

IMAGINATION. L'imagination, considérée en général, est la faculté de retenir l'impression des objets, d'en arranger les images et de les combiner en mille manières. Tous les sens fournissent des secours à l'imagination ; mais ceux de la vue et de l'ouïe l'enrichissent plus que tous les autres, parce que, rapprochant les distances ou franchissant les intervalles, multipliant nos rapports avec l'extérieur, embrassant presque dans le même moment le ciel et la terre, ils nous font toucher à un plus grand nombre de choses qui se gravent dans notre esprit et y déposent leurs images.

L'imagination joint la réflexion et la combinaison à la mémoire. Loin de se borner à subir l'influence de la première impression des objets ou des sons, elle s'excite à en recevoir de nouvelles ; elle recueille et raisonne ses propres sensations, les rejette ou les admet dans les cadres qu'elle leur a tracés. Autour d'une idée qui la domine, elle cherche à éveiller une foule d'idées accessoires. Son coup d'œil rapide et sûr découvre à de grandes distances les rapports jusqu'alors inaperçus entre deux objets. Elle les rapproche et les unit, et leur imprime dans ses imitations le cachet de la nature.

L'imagination du musicien et du poëte, réglée par le goût, fait en petit ce que le créateur a fait en grand ; elle applique à ses œuvres la même économie que Dieu à l'ordonnance du monde : c'est surtout cette faculté qui paraissait aux anciens un don des dieux, *ingenium quasi ingenitum,* une inspiration divine. L'imagination qui invente avec grandeur, médite avec profondeur, féconde avec patience, dispose avec sagesse et' enchaîne avec habileté, est du génie. Dans les sciences, elle donne des Newton ; dans les lettres, des Homère ; dans les arts, des Beethoven, des Rossini. Et qu'on ne soit point choqué de ce rapprochement : on dira peut-être qu'il y a plus de grandeur à découvrir les lois de l'univers qu'à composer la *symphonie héroïque* ou *Guillaume Tell ;* et cependant le musicien vivra aussi longtemps que le philosophe, et restera comme lui au rang de ces organisations supérieures dont la nature se montre avare.

Que le jeune musicien ne cherche point ce que c'est que l'imagination. En a-t-il? la sent-il en lui même? Le génie du grand compositeur soumet le monde entier à son art ; il peint tous les tableaux par des sons, il fait parler le silence même, il rend les idées par des sentiments les sentiments par des accents ; et les passions qu'il exprime, il les excite au fond des cœurs. La volupté par lui prend de nouveaux charmes ; la douleur qu'il fait gémir arrache des cris.

Mais pour que l'imagination produise ces grands effets, il faut qu'elle soit réglée par le goût. L'imagination crée, mais le goût choisit, et un génie trop abondant a besoin de son secours pour ne point abuser de ses richesses. Sans goût, on peut faire de grandes choses en musique ; mais c'est lui qui les rend intéressantes. C'est le goût qui fait saisir au compositeur les idées du poète, c'est le goût qui met chaque chose à la place qui lui convient et fait des diverses parties d'une composition musicale un tout homogène, un ensemble harmonieux. Sans le goût, il n'y a point de chef-d'œuvre complet.

Indépendamment de la grande imagination qui invente, dispose, dessine et colore sous les yeux de la raison, il existe une imagination de second ordre qui est celle des détails. Cette imagination jette beaucoup d'agrément dans un ouvrage ; elle sait parfois mettre en œuvre avec beaucoup d'habileté les idées les plus vieillies et leur faire subir une heureuse métamorphose ; mais seule, elle ne saurait constituer des ouvrages vraiment supérieurs.

IMITATION. Si tous les sentiments ont des tons qui leur sont propres, et si le compositeur peut se servir de ces tons pour exprimer les sentiments, la musique, quoique bornée dans ses imitations, n'est pas moins un art imitatif, attendu que la nature lui présente ses modèles avec les moyens pour les reproduire.

Outre l'imitation de la nature, il y en a encore une autre qui consiste à suivre l'exemple d'autres compositeurs en les prenant pour modèles. A cet égard, on distingue l'imitation *libre* et l'imitation *servile*. L'imitateur servile peut être un homme de talent, tandis que l'imitateur libre peut suivre les inspirations et les élans du génie.

L'*imitation* est un artifice musical qui fait que plusieurs parties reproduisent le même chant à des distances et à des intervalles différents.

Immusical. Contraire à la musique.

Imperfection. C'était, dans l'ancienne musique, la soustraction de la troisième partie de la valeur d'une note.

Improvisateur mécanique. Machine à notation pour les improvisateurs. Cette machine s'adapte au piano, et tout ce que l'on joue sur cet instrument s'imprime en même temps.

Improviser. C'est composer et exécuter impromptu un morceau de musique. Il convient d'être profondément initié aux ressources de l'art ; il faut en outre, être maître absolu de l'instrument sur lequel on improvise, posséder une âme qui s'exalte aisément et une grande présence d'esprit, afin qu'il y ait de l'unité dans un morceau créé de cette manière.

Incomposé. Un intervalle incomposé est celui qui ne peut se résoudre en intervalles plus petits, et n'a pas d'autre élément que lui-même. Nous n'avons dans notre système qu'un seul intervalle incomposé, le demi-ton.

Incorrect. On appelle composition musicale incorrecte, celle qui pèche contre les règles de l'art.

Inde (Musique de l'). Les Hindous croient que la musique a été inventée par Brahma lui-même, ou par son pouvoir actif Fereswati, la déesse de la parole, et que leur fils Nared fut l'inventeur du *vina*, le plus ancien des instruments en usage dans l'Hindoustan. Parmi les mortels inspirés, le premier musicien, disent-ils, fut le sage Bhérat, inventeur des *natacs* ou drames mêlés de chants et de danses, et auteur d'un système qui porte son nom. Il y avait, à ce qu'il paraît, dans l'ancienne musique des Hindous, quatre principaux *matas* ou systèmes, et chaque royaume ou province avait presque un genre de mélodie particulier, des noms différents pour les modes, et une manière différente de les classer.

Indiens. (De la musique chez les). Il existe une si grande analogie entre le système astronomique et musical des Indiens et celui des Égyptiens et des Chinois, qu'on peut logiquement leur attribuer une commune origine. La forme du gouvernement étant la théocratie, la connaissance de la musique, comme celle de toutes les sciences et de tous les arts, n'est réservée qu'aux prêtres ; c'est pourquoi la musique est liée étroitement à la religion, et soumise à des lois fixes et invariables.

La gamme des Indiens ne procède pas, comme celle des anciens Grecs, par tétracordes, mais par octaves comme la nôtre. La plus grande partie de leurs gammes ne contient que cinq ou six sons stables, et ressemble par là à l'ancienne gamme chinoise. Ces gammes, si simples, peuvent être considérées comme les premiers essais d'un peuple qui aime le chant, mais qui n'a pas un système d'acoustique complet.

Les Indiens ne connaissent pas notre harmonie. Leurs diverses espèces de musique pratique sont les *rectahs, teranas, tuppas raagnies*. Les deux premiers portent le cachet d'un chant facile et régulier. Les Hindous ont trente-six mélodies d'un genre particulier, appelées, *raugs* ou *ragas*, et *raugines* ou *raginas*. Des trois genres grecs, celui auquel elles ressemblaient le plus était le genre enharmonique. Il est extrêmement difficile de noter la musique des *Raugs* ou *Raugines*, parce que notre système ne fournit point de signes qui puissent exprimer la petitesse de leurs intervalles. La mesure en est rompue et irrégulière, et les modulations fréquentes et pour ainsi dire sauvages. On dit que ces chants avaient encore plus de puissance que la musique d'Orphée.

Les instruments de musique en usage chez les Indiens sont destinés ou à la religion, ou à des divertissements. Les plus simples instruments dont les *Bramines* font usage dans leurs temples sont le *song* et le *gautha*. Le premier est un buccin dans lequel il soufflent de toutes leurs forces pour appeler le peuple : le second, qui sert au même objet, est une petite clochette en bronze, ornée d'une tête et de deux ailes, que les *Bramines* font résonner soir et matin dans les vestibules du temple, avant de commencer les sacrifices. Quelquefois on entend aussi le buccin dans les bazars et les marchés ; mais alors ce sont les *Fakirs* qui annoncent ainsi leur arrivée.

Le *Kortal* est un des plus anciens instruments des Indiens : il est présumable qu'ils en font usage dans leurs cérémonies religieuses, car beaucoup de leurs anciennes idoles sont représentées avec cet instrument. Les indiens ont encore connu la lyre, la flûte et le tambour. Il paraît que le violon fut aussi en usage au commencement du dix-septième siècle dans quelques parties de cette contrée.

Il y a dans l'Inde des chanteurs qui parcourent les rues, et s'arrêtent aux portes des maisons en chantant les amours et les hauts faits de leurs aïeux ; ils accompagnent souvent leurs chants du son de quelque instrument. Ils sont vêtus à peu près comme les musulmans, et ont ordinairement une besace dans laquelle ils mettent le riz, les fruits et tout ce qu'ils reçoivent de leurs auditeurs.

La musique en usage aujourd'hui dans toutes les parties de l'Inde soumises à la domination de l'Angleterre, ne diffère point de celle qu'on cultive en Europe. Calcutta, particulièrement, a été visité par des artistes distingués, chanteurs et instrumentistes. On joue dans cette ville beaucoup de quatuors, et surtout ceux de Haydn.

Indigitamenta. Quelques auteurs prétendent que ce mot désignait, chez les anciens romains, les chansons où l'on trouvait plusieurs noms de divinités ; d'autres affirment que ces chansons étaient chantées en l'honneur des demi-dieux.

Influence de la musique. L'histoire de tous les temps nous offre une foule d'exemples de la prodigieuse influence de la musique sur la civilisation, les mœurs, les passions, les maladies et l'héroïsme guerrier. Elle est un des principaux moyens employés pour adoucir le caractère de l'homme ; elle s'associe à son éducation physique et gymnastique, et développe en lui les organes de la voix, en augmentant la force de ses poumons et de sa poitrine ; elle s'associe également à son éducation morale et intellectuelle, en réveillant dans son cœur des sentiments de bienveillance et d'amour, et en donnant à son intelligence plus de mouvement et de vivacité.

La musique est aujourd'hui employée dans l'éducation, particulièrement en Allemagne, en Suisse en Belgique et en France, comme un puissant moyen d'adoucir les mœurs.

L'enseignement de la musique fait partie maintenant en France de l'enseignement universitaire.

L'homme n'est pas le seul être animé qui soit sensible aux accents de la musique, beaucoup d'animaux manifestent le plaisir qu'ils éprouvent en l'écoutant. La musique anime le cheval pendant le combat ; le chasseur se sert du chant et du cor pour charmer les cerfs, de la flûte pour les rennes, et apprivoise la férocité de l'ours même au moyen du chalumeau. Le chien retient en très peu de jours les airs de chasse qui ont presque tous une signification particulière, et ne les confond jamais.

Inhambam (Musique des naturels d'). Dans le voyage du capitaine Oiven, on lit qu'à Inbambane, ville située aux bords de la rivière du même nom, et qui forme, sous le rapport de la salubrité, un des meilleurs établissements portugais sur cette partie des côtes orientales de l'Afrique, les naturels du pays ont une danse très-sauvage, et c'est au son du tambour qu'ils se livrent à ce plaisir. Leur principal instrument est la *marimbah*. Il consiste en dix morceaux ou baguettes d'un bois très-dur, qui sont fixés dans un cadre. Une petite calebasse creusée sert à chaque baguette de moyen de résonnance: le tout ressemble à peu près à un harmonica. Un autre instrument, qui s'appelle *cassanga*, est encore plus répandu chez ce peuple. Il consiste dans une caisse vide dont le dessus est garni d'un certain nombre de baguettes en fer de diverses longueurs, et que l'on frappe des doigts.

Inharmonie. Défaut, manque d'harmonie.

Innocentemente, Innocemment. Cet adverbe italien, placé au commencement d'un morceau de musique, indique un mouvement modéré et un caractère simple et sans ornements.

Inspiration. Sentiment, pensée, enthousiasme qui surgit tout à coup dans l'âme du compositeur.

Institut. Voici son origine. L'Académie française fut fondée en 1635, par Richelieu, pour fixer et polir le langage. Elle se composait de quarante membres.

— L'Académie des inscriptions et belles-lettres, fut fondée en 1663 par Colbert ;

— L'Académie des sciences, en 1666, par Colbert encore ;

— L'Académie de peinture et de sculpture en 1648 ;

— Celle d'architecture en 1671 ;

Ces diverses Académies avaient été supprimées en 1793 : elles ont été réorganisées en l'an IV (25 octobre 1795), et réunies en un seul corps sous le nom d'*Institut de France*. L'Institut comprend aujourd'hui cinq académies, Académie française, Académie des inscriptions et belles-lettres, Académie des sciences, Académie des beaux-arts qui réunit la peinture, la sculpture, l'architecture, la gravure et la musique, et enfin l'Académie des sciences morales et politiques.

Tous les ans, les cinq académies de l'institut se rassemblent pour donner une séance solennelle qui attire l'élite de la société parisienne.

Outre cette séance, chacune des académies à sa séance publique. Dans la séance publique de l'Académie des Beaux-Arts, on exécutait à grand orchestre la cantate composée par l'élève ayant obtenu le grand prix de Rome.

Mais depuis quelques années un jury spécial juge les cantates; cet examen n'est plus dans les attributions de l'Académie des Beaux-Arts. (Voyez Académie).

INSTRUMENTS DE MUSIQUE. On nomme *instrument de musique* toute machine inventée et disposée par l'art pour exprimer des sons. La famille des instruments de musique est nombreuse ; elle se compose de trois branches principales, bien distinctes l'une de l'autre, quoique chacune d'elles ait été créée dans le même but, celui de rendre des sons musicaux, c'est-à-dire appréciables par leur fixité.

Pour les désigner particulièrement, on emploie ces différentes dénominations : instrument à vent, à cordes, de percussion.

Pour les construire, on fait usage de matières de différentes natures, ayant de la sonorité, et possédant la faculté de rendre un son fixe et appréciable.

Des instruments à vent. Tous les instruments à vent se composent d'un ou plusieurs tubes agencés les uns au bout des autres. Les tubes sont, dans la majeure partie des instruments, percés de distance en distance de petits trous que l'exécutant ouvre ou bouche à volonté avec le bout des doigts, selon la nature du son qu'il veut produire. Dans plusieurs d'entre eux, de petites soupapes en métal, et se mouvant sur un ressort, sont placées sur les tubes à des distances voulues, et servent au même usage que les doigts, qui les font mouvoir alors, pour ouvrir ou boucher les trous selon le besoin. On les nomme *clefs*. A l'une des extrémités de l'instrument, celle du haut, se trouve placée l'ouverture par laquelle on introduit l'air ; cette ouverture se nomme *embouchure*.

Les instruments à vent les plus connus sont : la flûte

de Pan, la petite flûte, la flûte ordinaire, le flageolet, le fifre, le galoubet, le hautbois, la clarinette, le cor anglais, le clairon, la trompette droite, la trompette recourbée, le cor de chasse ou trompe, le cor à pistons, le basson, le serpent, le trombone, l'ophicléïde, etc.

Ces embouchures sont libres dans la flûte, armées d'un sifflet dans les flageolets, d'un bec garni d'une seule anche dans la clarinette, de deux anches superposées dans le hautbois, d'un bocal dans les cors, etc.

Des instruments à cordes. Les instruments à cordes sont presque toujours construits en bois. Les cordes avec lesquelles on les monte sont ou de boyaux, ou de métal, ou quelquefois de soie, recouvertes et entourées par un fil d'argent. Ces dernières portent le nom de *cordes filées*. Toujours elles sont retenues d'une manière fixe à une des extrémités de l'instrument, et de l'autre bout tournées sur une cheville mobile qui sert à les hausser ou à les baisser à volonté. Dans l'une des parties de leur longueur, excepté dans la lyre antique et dans toutes les harpes, elles reposent sur une petite pièce qui porte le nom de *chevalet*. Presque tous les instruments à cordes sont composés de deux tables d'harmonie : celle du dessus est presque toujours en bois sonore, tel que celui du sapin, et celle du dessous en bois plus compacte, tel que celui de l'érable. Ces tables, placées au-dessus l'une de l'autre, et éloignées selon le besoin, sont soutenues par des tasseaux et des bordures auxquelles on donne le nom d'*éclisses*. Dans quelques-unes, au-dessous du chevalet, et dans l'intention d'opposer une résistance au poids que la tension des cordes fait supporter à la table de dessus, on place aussi comme soutien une petite colonne en bois, à laquelle on donne le nom d'*âme*. L'on pratique dans presque tous les instruments à cordes des ouvertures à la table du dessus pour donner une issue au son, qui sans ce moyen ne pourrait sortir de l'instrument.

Pour faire vibrer les cordes, trois moyens sont en usage : 1° l'archet, 2° les marteaux ou sautereaux, que les touches du clavier font mouvoir ; 3° l'attaque des cordes opérée par le *pincé;*

Les instruments à cordes les plus connus sont pour ceux à archet, le violon, l'alto, la viole d'amour, la basse ou violoncelle, la contre-basse ; pour ceux à touches et à clavier, l'orgue, le clavecin, l'épinette, le piano, le clavicorde, la vielle ; pour ceux de *pizzicato*, la lyre, la harpe, la guitare, la mandoline.

Des instruments de percussion. On entend par cette dénomination toute espèce d'instruments de musique, aptes seulement à rendre un seul son, à quelques exceptions près, et chez lesquels on n'emploie d'autre moyen que celui du battement ou du frottement, comme pour le tambour et pour les cymbales.

Les instruments de percussion se font avec toutes les matières sonores, les métaux, le bois, etc.

Les instruments de percussion les plus connus sont, pour ceux à baguettes frappantes, le tympanum, le triangle, le tambour, le tambourin, la grosse caisse, le tambour chinois ; pour ceux à baguettes frappantes ou roulantes, la caisse roulante ou tambour ; pour ceux à battants, les sonnettes, les cloches, les pavillons chinois ; pour ceux à marteaux, les timbres, les carillons ; pour ceux à frottement, les cymbales, les cloches ; les timbres et les timbales s'accordent et font entendre tous les sons de la gamme.

INSTRUMENTATION. C'est l'art de distribuer dans une partition les différents instruments qui entrent dans la composition d'un orchestre, de manière à produire toute sorte d'effets, soit par la douceur des timbres et la variété des détails, soit par la force et l'énergie des masses. Dans ce sens, le mot instrumentation est de création moderne.

Avant Haendel, Mozart et Haydn, les compositeurs se bornaient dans leurs accompagnements à soutenir les voix ; d'ailleurs, le nombre des instruments était très-limité. La musique instrumentale sommeillait dans l'enfance. Haydn, le père de la musique instrumentale, et Mozart, le créateur de l'accompagnement dramatique, furent les premiers qui surent tirer parti de l'instrumentation, celui-là dans ses belles symphonies, celui-ci dans ses opéras.

Une bonne instrumentation exige bien des conditions du compositeur, qui prévoit, par la seule puissance de ses facultés intellectuelles, l'effet de son orchestre, comme si cet orchestre se faisait réellement entendre dans l'instant où l'artiste se livre à ses inspirations ; il doit posséder indépendamment de ces connaissances approfondies en harmonie, la connaissance non moins indispensable de tous les instruments qui composent un orchestre, savoir leur étendue respective, leurs timbres et leurs différentes qualités de son ; connaître les bonnes et les mauvaises notes de chacun, et l'effet qui peut résulter de leurs diverses combinaisons.

Le système ordinaire des instruments d'orchestre se divise en deux masses, celle des instruments à cordes et celle des instruments à vent. La première se compose de deux parties de violon, une ou deux d'alto, et deux de violoncelle et contre-basse ; la seconde, de deux parties de flûte, deux de hautbois, deux de clarinettes, deux de bassons, deux ou quatre de cors, deux de trompettes et trois de trombones : on y ajoute quelquefois une partie de timbales et d'ophycléide.

INSTRUMENTISTE. Musicien qui se livre à la culture d'un ou plusieurs instruments.

INTENDANT DE MUSIQUE. C'est presque toujours un emploi de cour. L'intendant remplit quelquefois les fonctions de directeur de musique.

INTENSE. Les sons intenses sont ceux qui ont le plus de force, qui s'entendent de plus loin ; ou bien ce sont ceux qui, étant rendus par des cordes fort tendues ou par des tubes puissants et sonores, vibrent par cela même plus fortement.

INTERMÈDE. C'est le nom générique de tout ce qui se trouve intercallé entre les actes d'un ouvrage dramatique, danses, couplets, etc. Les chœurs des tragiques grecs rentraient aussi dans ce genre. L'intermède était fort à la mode dans le siècle de Louis XIV. Molière dut en placer dans toutes celles de ses pièces qui furent jouées d'abord à la cour. Dans le siècle dernier, on donnait aussi le nom d'intermèdes aux petits opéras en un acte, tels que *la Servante maîtresse, le Devin du village*, etc. C'est l'Académie royale de Musique qui, tout en dérogeant jusqu'à l'opéra villageois ou comique, avait voulu sauver sa dignité en leur donnant ce titre inusité. Il n'y a plus aujourd'hui d'intermède dans ce sens, et *le Philtre* est qualifié d'opéra sur l'affiche, comme *don Juan, Guillaume Tell, la Muette* ou *Robert le Diable*.

INTERPRÈTE MUSICAL. Est un appareil imaginé par Guerout en 1845, s'adaptant aux pianos et facilitant la tenue de la mesure.

INTERVALLE. Rapport de deux sons inégaux, eu égard à leur degré d'élévation, par opposition à l'unisson qui est celui de deux sons égaux. Ces rapports sont appréciables par l'oreille, de même que celui de deux points confondus ou séparés dans l'espace, est appréciable par les yeux. L'intervalle est donc la distance qui existe entre un son et un autre son plus grave ou plus aigu, distance exprimée en musique par le nom que porte chacun de ces intervalles qui se mesurent en degrés de l'échelle diatonique, et c'est le nombre de ces degrés qui sert à nommer l'intervalle. Ainsi, l'on appelle *seconde* l'intervalle formé des deux sons les plus rapprochés, *tierce* celui qui se trouve compris entre deux sons séparés par un troisième, *quarte* celui qui renferme quatre sons, *quinte* celui qui en comprend cinq, et ainsi, à mesure que la distance s'accroît d'un son, *sixte, septième, octave, neuvième, dixième*, etc.

Les intervalles peuvent être modifiés de différentes manières, selon que les sons dont ils se composent sont eux-mêmes modifiés par un bémol, un bécarre ou un dièse. De là leur classification en *diminués, mineurs, majeurs* et *augmentés*, termes qui expriment leurs différents degrés d'extension par rapport au mode ou à la tonalité.

INTONATION. Action d'entonner. L'intonation peut être juste ou fausse, trop haute ou trop basse, trop forte ou trop faible, et alors le mot intonation, accompagné d'une épithète, s'entend de la manière d'entonner.

INTRODUCTION. Morceau de musique d'un mouvement grave, composé d'un petit nombre de phrases, souvent même de quelques mesures ou de quelques accords solennels destinés à annoncer le premier *allegro* d'une symphonie, d'une ouverture, d'une sonate ou de toute autre pièce instrumentale. L'ouverture d'*Iphigénie en Aulide*, celle de *la Flûte enchantée*, commencent par une introduction. Quelques compositeurs dramatiques, donnant plus d'extension et un mouvement plus animé à l'introduction, lui ont fait tenir la place de l'ouverture, dont elle n'a pourtant ni la forme, ni les développements.

Lorsque la pièce étale en commençant un grand spectacle, lorsqu'elle débute par quelque pompe triomphale, par l'arrivée d'une foule innombrable, une entrée magnifique, quelque sacrifice solennel, quelque cérémonie auguste, quelque phénomène terrible de la nature, comme un naufrage, une tempête, tous ces objets sont si beaux, que le musicien peut les montrer d'abord sans les annoncer; il n'en frapperont pas davantage. C'est ainsi que Gluck a supprimé, dans *Iphigénie en Tauride*, l'ouverture proprement dite, pour y substituer la représentation du premier événement de la pièce. Son drame débute par le grand tableau du calme, d'une tempête qui lui succède, de la foudre qui éclate, de la mer soulevée, de la désolation d'Iphigénie. Cette manière de commencer un opéra est très-brillante.

Il y a deux sortes d'introductions : la première est purement symphonique, nous en avons déjà parlé ; c'est l'ébauche d'une ouverture. L'introduction de la seconde espèce est faite, au contraire, pour captiver l'attention du spectateur au lever du rideau en lui présentant de magnifiques images, une action déjà liée et l'expression des sentiments, quand il ne s'attend qu'aux récits de l'exposition ; ces récits viendront ensuite, et on leur donnera tous les développements nécessaires pour l'instruire de ce qui s'est passé et de ce que l'on va faire.

Introït. Prières que le prêtre dit aussitôt qu'il est monté à l'autel et qui sont chantées par le chœur au commencement des grandes messes en musique.

Invention. On nomme invention l'art, ou pour mieux dire, la faculté de trouver des idées. Ce terme indique suffisamment que nous la regardons entièrement comme un don de la nature. On ne peut point prescrire de règles à ce sujet, mais seulement tracer quelques observations.

On distingue l'invention dans le plan, dans la conduite, dans l'allure d'un morceau, et cette invention qui consiste seulement à imaginer des détails frais, ingénieux, et par cela même neufs et originaux. La première est plus puissante et a plus de grandeur ; la seconde, qui néglige quelquefois la nouveauté dans la forme pour ne s'attacher qu'à une sorte de nouveauté dans le mouvement de la phrase, dans l'originalité du rhythme, dans la marche de l'harmonie, produit une impression moins forte et n'est quelquefois appréciée que par ceux qui ont étudié les ressources et nous dirions presque les mystères de l'art.

Pour que l'invention soit complète, il faut qu'elle réside à la fois dans la forme et dans les détails. Il ne faut pas que le désir de l'*invention* fasse tomber dans l'*excentricité*, c'est-à-dire dans des bizarreries que le goût réprouve.

Inversion. L'inversion consiste à prendre un sujet ou

trait quelconque de mélodie, dans un ordre différent de celui où il est proposé. Cette opération se nomme autrement imitation inverse.

Il y a quatre sortes d'inversions : la première se nomme inversion *simple*; elle consiste à renverser tous les intervalles d'un trait de mélodie, de manière que ceux qui sont ascendants dans le sujet soient descendants dans la réponse, et réciproquement. Cette inversion peut se faire à l'octave, à la quinte, à la seconde ou à l'unisson.

La seconde est appelée inversion *stricte*; elle se fait comme la précédente, mais sans prendre aucune licence, et de manière que les tons répondent aux tons, et les demi-tons aux demi-tons. Pour cela, il faut commencer l'inversion à la septième, à la sixte ou à la tierce majeure en dessus, et laisser les demi-tons sans altération dans la partie répondante.

La troisième espèce d'inversion se fait en copiant toutes les notes, à commencer par la dernière, en rétrogradant jusqu'à la première inclusivement, soit sur le même degré, soit sur un degré plus haut ou plus bas, selon que l'exige la modulation. Cette inversion se nomme rétrograde.

Enfin, la quatrième espèce d'inversion est celle où l'on renverse cette troisième sorte par mouvement contraire, depuis la première jusqu'à la dernière note. On la nomme inversion *rétrograde* et *contraire*.

INVITATORIUM. Nom de l'antienne avec laquelle on répond, dans l'église romaine, au psaume *Venite exultemus*.

Io BACCHUS, Chanson en l'honneur de Bacchus, que les anciens chantaient dans les fêtes et les sacrifices. On répétait souvent dans ces chansons les mots *Io* et *Bacchus*.

IONIEN. Le mode *ionien* était, en comptant du grave à l'aigu, le second des cinq modes moyens de la musique des Grecs.

IRLANDE (De la musique en). Les compositions orientales sont d'une grâce, d'une mollesse, d'un raffinement d'expression et de sentiment dont n'approche aucun autre peuple ancien ni moderne.

La ressemblance qui existe entre la langue et les airs d'Irlande et la langue et la musique d'Orient, se retrouve également dans les poésies et les images qui l'embellissent, en sorte qu'elles sont une preuve nouvelle de l'origine orientale du peuple de cette île.

Spencer appelle les chansons irlandaises *un poème parsemé de petites fleurs qui se donnent de la grâce et de la beauté les unes aux autres*. Le langage en est chaste, élégant et pur ; les nuances qu'elles retracent sont d'une rare fraîcheur, et on y retrouve plus d'un trait séduisant du caractère national, et surtout l'inspiration de la belle et riche nature d'Érin. L'éblouissante neige dont au printemps la végétation couvre les arbres, le murmure des cascades, le plumage des oiseaux, la gracieuse et mélancolique verdure de l'île d'émeraude, sont les éternels objets de descriptions riches et vraies.

Au milieu de tous les malheurs de cette belle et poétique contrée, la main de fer des oppresseurs n'a pu, à travers les siècles, y étouffer les plus tendres, les plus nobles sympathies du cœur : le despotisme n'y a point alourdi les ailes de la pensée. Cependant quelques portions de l'Irlande peuvent seules prétendre à être encore aujourd'hui appelées la terre de la chanson. La musique et la poésie ont suivi les destinées de la langue, et se sont comme elle repliées devant la conquête politique et religieuse de l'Angleterre, pour se retirer dans les comtés où la langue ancienne et la foi catholique ont survécu aux persécutions. La poésie énergique et plaintive, celle qui chante le courage et le patriotisme, celle qui se lamente sur les tombeaux et les ruines, l'ode et l'élégie sont restées au Munster, dans le Waterford dans le Kerri, dans les pays de Clare et de Limerick. La chanson, celle qui décrit la fleur des champs, la fraîcheur des bocages, l'azur des lacs, la grâce et la beauté des femmes, est restée dans le Golway, le Mayo, le Connaugth. Le Connaugth est véritablement la terre de la chanson : c'est là que de génération en génération se perpétuent quelques chants dont l'air et les paroles sont antérieurs au quatorzième siècle, et quelques autres dont la tradition a perdu l'origine, mais qui par le sujet semblent appartenir à l'ère du paganisme.

IRRÉGULIER. On appelle dans le plain-chant tons irréguliers, ou plutôt pièces irrégulières, certains chants dont il est difficile de déterminer le ton, parce qu'ils paraissent appartenir en même temps à plusieurs tons de plain-chant. De ce nombre sont : 1° le chant du psaume

In exitu Israel et son antienne ; 2° l'antienne *Hæc dies* des jours de Pâques.

ITALIE (De la musique en). Quand la musique reparut dans le moyen-âge, sa nouvelle existence fut due à la religion. Exilée de Rome païenne, la musique se réfugie dans le sein de Rome chrétienne, d'où, à l'aide des Augustin, des Ambroise et des Grégoire, elle remonte au rang qu'elle est appelée à occuper dans les temples. Elle n'eut alors ni moins de puissance, ni moins de popularité que chez les Grecs, et ce fut encore le mode diatonique qu'elle employa pour exercer son empire. Ce mode, elle l'avait reçu des Grecs. Mais le genre chromatique, consacré par ce peuple éclairé et sensible aux arts, au théâtre, aux plaisirs de la vie, fut longtemps ignoré à la renaissance de la musique : car dans les temps d'affliction et de douleur où l'Europe, et surtout l'Italie, se trouvèrent quand les barbares parurent, le sentiment qui dominait l'âme accablée n'était ni celui de la joie, ni celui du plaisir.

Cependant les invasions des barbares cessent. La musique, introduite dans les églises, est un des plus puissants auxiliaires de la religion. Des cathédrales sont fondées, des chapitres dotés, et le clergé s'efforce de faire fleurir celui de tous les arts qui lui est le plus efficacement utile. Bientôt il ne se borne point au chant grégorien et à l'orgue dont il le fait accompagner dans les *Te Deum*, les motets, les vêpres et les messes ; mais il imagine d'honorer plus solennellement encore le Seigneur en faisant représenter en musique la passion du Christ, les adorations de la Vierge, celles des anges. De là le retour de la musique dramatique et du genre chromatique des Grecs, également dus à l'Église.

Vilani, historien du quatorzième siècle, et l'Amirato, rapportent que le cardinal Riario fit représenter à Rome la *Conversion de saint Paul*, pièce dont la musique fut composée par Francesco Baverini.

Au rapport de Quadrio, dès l'an 1480, on commença dans cette ville à reproduire sur la scène des sujets profanes ; mais on y jouait depuis deux siècles des sujets sacrés.

Dès cette époque, la noblesse ne brigua pas moins que le clergé l'honneur d'instituer, de fonder, la musique dramatique. Albertino Muffato de Padoue dit qu'en 1300 on récitait déjà en musique sur les théâtres, les faits et gestes des grands capitaines, écrits en langue vulgaire, mais versifiée. Ange Politien, cet écrivain si élégant dans une langue qui déjà n'était plus parlée en Europe que par les savants, compose, en 1475, son drame intitulé : *Orpheo*. En 1480, on représente à Rome une tragédie en musique, et neuf ans plus tard le célèbre Bergonzio Botta, de Tortone, s'immortalise par la plus éclatante des fêtes qu'il donne dans son palais à Milan, à l'occasion du mariage de Jean Galeas Visconti, souverain de ce duché, et d'Isabelle d'Aragon, fille d'Alphonse, duc de Calabre.

En 1555, Alphonso Viola met en musique, pour la cour de Ferrare, *il sacrificio*, drame pastoral, dont Agostino Beccari avait fait les paroles. Mais il convient d'observer que le drame lyrique n'avait encore pour musique qui lui fût propre que celle de l'église, qu'on lui appliquait tant bien que mal.

L'époque historique de la naissance de la musique dramatique fut celle de l'invention du *récitatif*, ou musique parlée, la seule qui devait donner à la tragédie lyrique son véritable langage et sa constitution spéciale et positive. Cet événement est très-important dans l'histoire de l'art dramatique et musical.

Dans le treizième siècle, trois gentilshommes florentins, aimant les arts avec enthousiasme et le théâtre avec passion, peu satisfaits des efforts tentés jusque-là pour perfectionner le drame lyrique, se proposèrent de faire composer un ouvrage par le meilleur poète et le plus habile compositeur de musique qu'on pût trouver dans ce temps. Octave Rinnuccini et Jacques Péri furent choisis pour exécuter ce travail. Le premier fit le poème de *Daphnée*, auquel le second appliqua une déclamation notée qui n'avait pas tout le soutien et la mesure de la musique, mais qui en avait ce qu'on appelle la tonalité. Cette pièce fut représentée en 1597.

Tandis que Florence préludait si heureusement à l'invention du grand opéra, Rome suivait son essor ; elle faisait exécuter, en forme d'oratorio, un opéra composé par un de ses citoyens, nommé Emilio del Cavallière, et qui portait pour titre le nom singulier de *l'Anima e il Corpo*.

Mais nous touchons à l'époque où la musique dramatique va briller d'un vif éclat.

A partir du seizième siècle, la musique italienne entra

vraiment dans une voie de progrès et de régénération. Rome, Naples, Florence, Milan, Turin, Venise, toutes les villes de l'Italie, s'associèrent pour rendre un culte fervent à l'harmonie renaissante, et quelques-unes d'entre-elles portèrent le drame lyrique à son plus haut degré de perfection.

L'école Napolitaine mérite la première de fixer notre attention.

Jusqu'au commencement du dix-septième siècle la musique dramatique n'avait subi à Naples que très-peu de perfectionnements. Il fallait qu'un homme de génie vînt lui frayer une route originale. Ce compositeur parut : c'était Alexandre Scarlatti ; fécond autant qu'il fut ingénieux et neuf dans ses compositions, il ne brilla pas moins dans la musique d'église que dans celle de la scène. Il a composé plus de deux cents messes pour l'une, et pour l'autre un grand nombre d'opéras, dont les plus beaux sont : *Mithridate, Cyrus, Regulus* et celui de la *Princesse fidèle*.

Dans le même siècle que ce grand homme, vécurent d'autres génies célèbres : tels furent Léo Durante, Gaetano-Graco, Feo, Léonard Leo. etc.

Au dix-huitième siècle, l'école napolitaine fut également fertile en compositeurs éminents. Le premier de tous dans l'ordre chronologique, est Nicolas Porpora, un des plus brillants élèves d'Alexandre Scarlatti. Ses principaux ouvrages sont *Ariana et Teseo, Semiramis, Tamerlano, Il Trionfo di Camillo*.

Mais de tous les compositeurs que l'école de Naples vit s'élever pendant la première moitié du dix-huitième siècle, Pergolèse est sans contredit celui qui a le plus contribué au progrès de l'art musical. Au nom de Pergolèse, les images les plus pures, les plus suaves de la mélodie se présentent en foule à la pensée.

Pendant la seconde moitié du dix-huitième siècle, on vit naître encore un grand nombre d'artistes plus ou moins distingués, tels que Jomelli, Caffaro, Farjetta, Majo, Fiorello, et surtout Piccinni, dont le génie souple et fécond a exercé tant d'influence, non-seulement sur son pays natal, mais encore sur la musique française.

A partir de Piccinni, l'école napolitaine ne cesse de marcher dans une voie de progrès : les chefs-d'œuvre abondent, les grands maîtres se succèdent. Parmi ces derniers, il faut signaler Gasparo Sacchini,

Paisiello, Cimarosa, Spontini, l'illustre auteur de la *Vestale* et de *Fernand Cortez*, Caraffa, Della Maria et Fioravanti, qui a laissé à la scène française une preuve de son gracieux talent en écrivant *I virtuosi ambulanti*.

Après Naples, Venise est une des villes de la péninsule qui prirent le plus de part au mouvement de régénération musicale. Au dix-septième siècle, la musique dramatique acquiert à Venise de grands développements. Francesco Cavalli introduit le goût de l'opéra dans cette partie de l'Italie, Stradella le seconde avec ardeur dans cette tâche importante et difficile.

L'opéra continue pendant tout le cours du dix-septième siècle à subir d'heureux perfectionnements. Benedetto Marcello débute, à Venise, par l'opéra de *Dorienda*, qui obtient un magnifique succès. Antonio Caldara, Vivaldi, Pietro Porfiri, illustrent aussi à la même époque l'école de Venise ; on distingue encore le célèbre violoniste Giuseppe Tartini, si connu par sa découverte du troisième son.

Corelli, Bacranello, Angelo, Via, Salieri, complètent la brillante série des compositeurs de l'école vénitienne.

Après cet aperçu sommaire des progrès de la musique à Venise, jetons un coup d'œil sur l'école de Florence. L'école de Florence, quoique beaucoup moins considérable que les précédentes par le nombre des ouvrages qu'elle a produits, est manifestement leur aînée. En effet, c'est à Arezzo, une des villes de la Toscane, qu'est né Guido, auquel l'Europe doit les premiers éléments de la musique moderne.

Comme nous l'avons déjà dit, Giacomo Péri fut le premier compositeur qui jeta quelque éclat sur l'école florentine ; il introduisit le premier les airs dans l'opéra. Corsi brilla conjointement avec Péri.

Au dix-huitième siècle, l'école de Florence vit éclore de brillants compositeurs. Signalons parmi eux Antonio Pistorini, qui, dans les intermèdes et l'opéra bouffe, fit preuve d'un talent plein de grâce et de flexibilité ; Bernardo Mengozzi, qui a donné à la scène française de charmantes compositions, *la Dame voilée, une faute par amour;* enfin, l'illustre Cherubini, un des plus profonds musiciens de ce siècle.

Les premiers compositeurs de l'école romaine, et le plus grand de tous, Palestrina, se vouèrent exclusivement à la musique d'église.

Pendant le seizième siècle, Rome vit fleurir Della Viola, célèbre dans la musique de théâtre, et sans contredit le premier compositeur dramatique de l'école romaine. Carissimi, Allegri, Benevoli, Nicoletti, illustrèrent par leurs travaux cette école au dix-septième siècle.

Au dix-huitième paraît Sarti, auteur de plusieurs opéras, dont la mélodie est agréable, dont les airs sont faciles et doux. A la même époque, Antonio Buroni composa également plusieurs opéras, dans lesquels il joignit à la solidité de son école l'éclat, la facilité et la grâce de celle de Naples. Citons encore Bernardo Porta, qui a fait pour la scène française les *Horaces* et *le Connétable de Bourbon,* ouvrages bien accueillis à l'Académie royale de Musique, et le *Diable à quatre,* qui obtint un très-grand succès à l'Opéra-Comique.

Complétons cette brillante galerie par les noms des compositeurs de l'Italie moderne : Paër, Mercadante, Pacini, Donizetti, les frères Ricci, Bellini, ce grand artiste qui s'est éteint, comme Léopold Robert, dans toute l'effervescence du génie ; Rossini, le puissant promoteur de la révolution musicale qu'a vu s'accomplir le dix-neuvième siècle ; enfin Verdi, qui a trouvé des formes nouvelles pour le chant, donné plus de vérité aux récits et répandu dans l'orchestre un intérêt particulier.

Iulos. Chansons des moissonneurs grecs, chantées en l'honneur de Cérès.

J

Javanais (Musique des). Les Javanais ont porté la musique à un haut degré de perfection ; on le voit évidemment par la construction de leurs instruments de musique. Ces instruments sont de trois espèces : à vent, à archet et de percussion. La fabrication des deux premières espèces est encore dans l'enfance, et c'est uniquement dans la dernière qu'il faut chercher la perfection de la musique des Javanais.

Le tambour est l'instrument national ; mais il a différents noms, suivant les divers dialectes. Outre les différentes espèces de tambours qui leurs sont propres, les Javanais en ont encore emprunté aux Arabes et aux Européens. Ceux du pays se battent avec les mains, et paraissent avoir un son faible et peu harmonieux.

Le tambour le plus connu est celui qu'on appelle *gongs* ou *goung*. La matière dont il est fait est une composition de zinc, de cuivre et d'étain. Beaucoup de *goungs* ont l'énorme diamètre de quatre à cinq pieds, et au milieu un bouton qu'on frappe avec des fuseaux dont la tête est garnie de gomme élastique ou d'un tampon de laine. Le son de cet instrument est d'une force et d'un effet extraordinaires ; c'est à peu près l'instrument que nous nommons *tamtam*.

Le *kromo* ou *bonang* est un autre instrument qui consiste en plusieurs bassins dont le diamètre est égal à celui du *goung*, et dont le son est fort, mais doux en même temps.

La dernière classe des instruments à percussion s'appelle *staccatos*. Le *staccato* de bois se compose d'un certain nombre de bâtons de bois durs et sonores, disposés par ordre de grandeur au-dessus d'une écuelle de bois, et qu'on frappe avec un petit marteau. Une seconde espèce de *staccato* ne diffère de la première qu'en ce que les bâtons ou baguettes, au lieu d'être de bois, sont de métal. Le son du *staccato* de bois est doux, mais sans intensité, tandis que le *staccato* de métal a le son plus fort et plus dur.

Quant au caractère de la musique javanaise, on remarque que les instruments ont tous le mode dans lequel sont les plus vieilles mélodies écossaises, irlandaises, celles de la Chine, et quelques-unes des Indes orientales et de l'Amérique septentrionale. Il paraît donc que toute la musique véritablement indigène de Java est composée dans le genre ordinaire enharmonique.

Les mélodies ont presque toutes une mesure simple. Plusieurs des cadences rappellent la musique écossaise pour la musette ; d'autres, en mineur, offrent cette singularité, que l'intervalle entre les septième et huitième degrés est d'un ton entier, ce qui montre évidemment leur antiquité. Il est presque inutile d'ajouter que chez les Javanais, comme chez tous les insulaires indiens, l'art d'écrire les notes est inconnu : tous leurs airs, qui sont en grand nombre, se jouent de mémoire.

JÉRÉMIES. On donne ce nom aux parties ou leçons de l'office de la semaine sainte, composées avec des fragments du prophète Jérémie. On emploie, pour chanter ces leçons, une espèce de récitation mélodique plus variée que la psalmodie, et soutenue ordinairement par un instrument grave, tel que le basson ou le violoncelle.

Les *jérémies* sont notées dans les livres du plainchant. Quelques compositeurs ont écrit des jérémies en musique.

JET. Les morceaux de musique d'un seul jet sont ces rares coups de génie dont toutes les idées sont si étroitement liées, qu'elles n'en forment pour ainsi dire qu'une seule, et ne pourraient pas se présenter à l'esprit du compositeur l'une sans l'autre. Tels sont, par exemple, le chœur du premier acte dans la *Clémence de Titus*, de Mozart, et la magnifique ouverture de la *Flûte enchantée*.

JEU. Nom que l'on donne à un groupe de tuyaux d'orgues rangés sur un même registre.

Tous les tuyaux du même jeu rendent des sons qui ne diffèrent que du grave à l'aigu, tandis que les tuyaux d'un autre jeu rendent des sons d'un autre timbre.

Les jeux, outre les noms qui les distinguent les uns des autres, comme jeu de flûte, jeu de trompette, prennent encore une dénomination de la longueur en pieds de leur plus grand tuyau.

On les divise en deux classes, savoir : les *jeux à bouche* qui forment le fond de l'orgue, et les *jeux d'anche*, ainsi nommés parce que l'embouchure de chacun de leurs tuyaux est armée d'une anche en métal.

On appelle encore jeu, l'association de certains jeux disposés pour être entendus ensemble : le *grand jeu*, le *plein jeu*. On dit d'un instrumentiste en parlant de son exécution qu'il a un joli *jeu*.

JEU CÉLESTE. Qualité de son très-agréable et d'une grande douceur que l'on obtient sur l'orgue et le piano, au moyen de la pédale qui fait avancer des languettes de buffle entre les cordes et les marteaux. Le jeu céleste est d'un effet encore plus flatteur, si, pour prolonger les sons, on joint à cette pédale celle qui lève les étouffoirs, et que l'on nomme vulgairement grande pédale.

JEUX CHRYSANTINIQUES. C'étaient des fêtes grecques célébrées à Sardes, capitale de Lydie, conjointement à des concours de musique.

Jeux isthmiques. Ces jeux étaient célébrés tous les trois ans, pendant la nuit, à Corinthe.

Jeux néméens. A Argos, on célébrait tous les deux ans les jeux néméens en l'honneur d'Hercule, vainqueur du lion de Némée.

Jeux olympiques. Les Grecs célébraient tous les quatre ans les jeux olympiques près de l'ancienne ville de Pisa et du fleuve Alphée, dans la vaste plaine d'*Olympie*, aussi délicieuse par sa position que par les chefs-d'œuvre de l'art qu'elle renfermait. Dans ces fêtes populaires, on décernait des prix aux concurrents de musique.

Jeux pythiques. Pour ce qui avait rapport à la musique, les jeux pythiques étaient les plus importants. Consacrés dès le commencement au chant, ils étaient le vrai siége des concours de musique, quoique les courses de chevaux, de char, l'escrime et les autres exercices gymnastiques fissent aussi partie de ces jeux.

Jongleurs. Joueurs d'instruments qui, au début de notre poésie, se joignaient aux troubadours ou poètes provençaux, et couraient avec eux la province.

L'histoire du théâtre français nous apprend qu'on nommait ainsi des espèces de bateleurs qui accompagnaient les trouvères fameux dès le onzième siècle.

Comme ils jouaient de divers instruments, ils s'associèrent avec les poètes et les chanteurs pour exécuter les ouvrages des premiers; et ainsi de compagnie, ils s'introduisirent dans les palais des rois et des princes, et en tirèrent de magnifiques présents. Leurs jeux consistaient principalement en gesticulations, tours de passe-passe, etc., ou en quelques mauvais récits du burlesque le plus trivial. Leurs excès ridicules et extravagants les firent tomber dans une telle déconsidération, que, pour désigner alors une chose mauvaise, folle, vaine et fausse, on l'appelait *jonglerie*. Philippe-Auguste les chassa; ses successeurs souffrirent qu'ils revinssent en France. On en trouve la preuve dans le tarif fait par saint Louis, pour régler les droits de péage dus à l'entrée de Paris, sous le Petit-Chatelet. Ce tarif, dans un de ses articles, porte que les jongleurs seront quittes de tout péage en récitant un couplet de chanson, ou en faisant gambader leur singe devant le péager.

Vers 1400, les trouvères et les jongleurs se séparèrent. On ne parla plus de ceux-ci, que l'on appela ensuite *bateleurs*, à cause des tours surprenants qu'ils s'étaient adonnés à faire avec des épées ou d'autres armes.

JOUER DES INSTRUMENTS. C'est exécuter sur ces instuments des airs de musique, surtout ceux qui leur sont propres, ou les chants notés pour eux. Le mot *jouer* étant devenu générique, s'applique maintenant à tous les instruments.

On disait autrefois : *jouer du violon, pincer la harpe, toucher l'orgue, donner du cor, sonner de la trompette, blouser les timbales, battre le tambour*, etc. Le mot *jouer* a remplacé tous ces termes, et il en résulte un double avantage : 1° de simplifier le langage et de prévenir toute fausse application; 2° de pouvoir consacrer ces mêmes termes à des actions tout à fait étrangères à l'art musical, quoiqu'elles s'opèrent par les moyens qu'il fournit. Ainsi, nous disons sonner de la trompette, donner du cor, battre du tambour, lorsqu'il s'agit d'une charge de cavalerie, d'une chasse au cerf, ou de l'appel d'un régiment.

JOURNAUX DE MUSIQUE. Les premiers journaux de musique qui parurent en France n'offraient qu'un médiocre intérêt. Le *Journal hebdomadaire*, le *Journal des Troubadours*, le *Journal d'Euterpe*, le *Chantre du Midi*, et quelques autres productions du même genre, n'ont eu chez nous qu'une durée éphémère.

Il faut le dire, la plupart de nos journalistes littérateurs se sont longtemps efforcés de nous faire passer pour des ignorants en musique. Analyses ridicules, grossières méprises, absurdités, faux raisonnements dérivant d'un système faux sur tous les points, voilà ce qu'on trouvait jadis dans certains feuilletons, quand leurs rédacteurs ne se bornaient pas au protocole dès longtemps adopté, lequel consiste à dire que la musique d'un opéra est belle, délicieuse, admirable, ou qu'elle est mauvaise, pitoyable, etc.

Pendant que la France était encore si arriérée, l'Allemagne faisait un pas immense dans la carrière du journalisme musical. Nous devons mentionner particulièrement la *Gazette musicale de Berlin*, la *Gazette musicale de Vienne*, la *Gazette musicale des états d'Autriche*, et surtout l'excellente *Gazette de Leipsig*, recueil d'un mérite très-remarquable, entrepris en 1798, et dont la rédaction a été confiée pendant vingt ans au savant écrivain, Frédéric Rochlitz.

En France, quelques écrivains se sont efforcés de suivre cet illustre modèle. En 1827, M. Fétis publia la *Revue musicale*, dont il a été le directeur et le principal rédacteur jusqu'à la fin de 1833. Ce recueil a rendu de grands services à la musique. Il paraît encore maintenant sous le titre de *Revue et Gazette musicale de Paris*. En 1838 a paru la *France musicale*, sous la direction des frères Escudier. Ce recueil a marqué, dès son début, une phase nouvelle dans la critique, et sa rédaction l'a classé parmi les bons journaux de cette spécialité. *L'art musical* et le *Ménestrel* occupent aujourd'hui un rang honorable dans la presse musicale française.

La presse musicale a pris depuis quelques années une certaine extension en Italie, en Angleterre, en Belgique, en Espagne; les États-Unis même comptent des journaux de musique soigneusement rédigés.

Juste. Cette épithète se donne généralement aux intervalles dont les sons se trouvent exactement dans le rapport qu'ils doivent avoir, et aux voix qui entonnent toujours ces intervalles dans leur justesse.

Juste. Chanter juste, jouer juste.

K

Kalamaïca. Danse favorite des Hongrois, d'un mouvement animé et en mesure à 3/4. Elle est composée de deux parties, chacune de quatre mesures avec des reprises.

Kalliste-Organon. Instrument construit en 1827, sur les principes du Physharmonica par *Sylvestre*.

Kambel. Luthier à Darmstadt, travaillait dans cette ville en 1635.

Kanoun. Instrument arabe à cordes, ayant une forme triangulaire, qui se pinçait avec les doigts.

Karabo. Petit tambour des Egyptiens et des Abyssins.

Karaklansithyron. Chanson que les anciens Grecs chantaient devant la maison de leur fiancée.

Kas. Espèce de tambour des peuples d'Angola (Afrique), qui, au rapport de quelques voyageurs, est le seul instrument de musique qu'ils possèdent.

Katakeleusinos. Nom d'une des parties principales d'un morceau de musique exécuté dans les concours musicaux des jeux isthmiques.

Kehraus. Ancienne danse d'invention allemande avec laquelle on termine quelquefois les bals.

Keman. Nom d'un violon turc à trois cordes.

Keou-Kin. Espèce de guimbarde chinoise que l'on nommait anciennement *trompe de Béarn*.

Keraulophone. Jeu d'orgue imitant le frottement de l'archet sur la corde, imaginé par Dawson en 1851, et produit par la vibration de l'air dans un tuyau fendu à son extrémité supérieure.

Kerlino. Luthier à Brescia en 1450. C'est sans doute au même artiste que Laborde, a, dans son *Histoire de la Musique* donné une origine bretonne, trompé sans doute par la syllabe *Ker*.

Kerrena. Trompette indienne qui, selon Bonnet, a un tube de quinze pieds de longueur; d'autres assurent qu'elle n'a que quatre pieds de longueur, et un son très-fort.

Kinnor. Instrument des anciens Hébreux. C'est une espèce de harpe ou de lyre.

Kithara. Instrument des Grecs anciens, d'où est venu le nom français de *cithare* et puis ensuite de *guitare*.

Klotz (Ægidus), de Mitterwald, fut un luthier assez habile, il travaillait en 1754.

Klotz. (Mathias) Élève de Stainer, habitait le Tyrol. On a de lui des instruments à la date de 1670 et 1696.

Klotz. (Georges,) (Sébastien,) (Ægidus) Fils du précédent, travaillèrent également sous le chef de l'école du Tyrol et produisirent des instruments qui eurent de la réputation.

Knitting. Bon luthier, qui travailla à Mitterwald en 1750.

Kolditz. (Mathieu) Luthier qui construisit de bons violons à Munich en 1748.

Kooranko. (Musique des habitants de) Quelques voyageurs ont assuré que la musique occupe une place importante dans les cérémonies publiques de ce pays.

Ces peuples ont des chants et des danses particulières, et un grand nombre de musiciens ambulants, qui paraissent doués à un degré remarquable du talent de l'improvisation.

La musique de cette nation, ainsi que ses instruments, dont le meilleur est une espèce de guitare ou violon fait d'une calebasse avec des cordes de crins, sont encore peu perfectionnés ; mais néanmoins on trouve dans quelques-uns de leurs chants naïfs, une douceur qui n'est pas surpassée par les modulations de peuples plus civilisés. Cependant, en général, le bruit surpasse chez eux l'harmonie, et l'effet de tant de voix et d'instruments qui se réunissent souvent, est étourdissant.

Kussier. Instrument turc, composé de cinq cordes tendues sur une peau qui couvre une espèce d'assiette.

Kyrie. Mot grec qui signifie *seigneur* au vocatif, et par lequel commencent les messes en musique. On s'en sert souvent comme d'un substantif, ou comme si c'était le nom d'une pièce de musique. *Voilà un beau Kyrie*, un *Kyrie bien travaillé*.

L

La. Note de musique appelée simplement *a* par les Allemands et les Italiens. C'est le sixième degré de notre échelle musicale. Il porte accord parfait mineur, et s'emploie en harmonie, ou comme sixième degré de la gamme majeure d'*ut*, ou comme premier degré du relatif mineur de cette même gamme. *La* est aussi le nom de la seconde corde du violon et de la chanterelle, ou première corde de la viole, du violoncelle et de la contrebasse. C'est sur cette note, prise dans l'octave du médium de notre système sonore, que s'accordent tous les instruments sans exception, et que sont réglés les diapasons. Il ne s'ensuit pourtant pas que tous les diapasons donnent exactement le même son, quoiqu'ils soient tous accordés sur cette même note *la*. Au contraire, ils varient selon les lieux, et quelquefois selon les orchestres ; mais la différence est fort légère, et excède rarement un quart de ton au plus. On dit donner le *la*, prendre le *la*, pour donner et prendre l'accord.

Lacasso (Ant.), bon luthier de Milan, travaillait en 1634.

Lai. Petit poëme gaulois. Quoique nos vieux poètes français variassent en une infinité de formes les pièces de poésie qu'ils livraient à leurs lecteurs, ils adoptaient presque exclusivement la narration, soit qu'ils eussent à reproduire une anecdote, un bon mot, ou même à exprimer un sentiment. Ces formes, souvent bizarres, mais constantes pour chaque espèce, paraîtraient indiquer que chacune de ces pièces de poésie se conformait dans l'origine à un rhythme musical, à un air consacré, l'un au rondeau, l'autre au lai, celui-ci au chant royal, etc. On sait, en effet, que les poëmes des trouvères étaient chantés par des jongleurs, et accompagnés sur des instruments, le rebec ou violon, la rote ou vielle, par des ménétriers. L'usage du chant était perdu ; les pièces de poésie, quoique ayant cessé d'être chantées ou accompagnées des instruments, auront conservé leurs formes encore longtemps, jusqu'à ce que l'imitation classique ayant prévalu, elle les ait fait tomber en désuétude. Parmi ces poésies, la plus ancienne paraît être le lai, emprunté aux bardes de l'Armorique. Marie de France, femme poète du treizième siècle, a composé, ou plutôt traduit plusieurs de ces anciens lais bretons. Les lais que nous a laissés Marie de France ne sont que des fabliaux ou contes en vers de huit syllabes. Plus tard, les poètes donnèrent au lai une forme nouvelle, qui consistait à intercaler, à des distances régulières, de petits vers entre d'autres vers d'une mesure plus longue. Quand l'ordre adopté par le premier couplet changeait, c'est-à-dire quand on faisait tourner ou virer, selon l'expression d'alors, les grands vers en petits vers et les petits en longs, la pièce devenait un *virelai*.

Lame vibrante. Petite peau de métal, battue, étendue en long, que l'on place en la maintenant par une de ses extrémités sur une case sonore. On lui imprime la vibration, soit par le souffle, comme dans les orgues, soit par la percussion, comme dans les harmoniums. On donne également à ces lames le nom de *anches libres*.

Lamentabile, Lamentable. Ce mot, que l'on fait précéder quelquefois par *adagio* ou *largo*, indique, même quand il est seul, un mouvement grave et une expression triste et pour ainsi dire désespérée.

Lamentations de Jérémie. Élégies que l'on chante dans la semaine sainte : trois le mercredi, trois le jeudi, et trois autres le vendredi. Ordinairement, en Italie surtout, on les exécute en plain-chant avec accompagnement de viole, de violoncelle et de piano, ou bien en musique figurée à une seule voix, ou avec chœur, ou à plusieurs voix. Le même nom sert à indiquer les différentes compositions.

Landler. Espèce de valses en usage dans l'Autriche et dans quelques autres contrées de l'Allemagne. Leur mélodie, dont le caractère est d'une gaieté sautillante, s'exécute dans un mouvement modéré, en mesure à 2/4.

Landolfi (Carlo). Imitateur de Guarnerius, travaillait à Milan, de 1750 à 1760.

Langoureux. Ce mot indique un mouvement un peu lent et une exécution sans vibration et sans recherche dans les agréments.

Langue musicale. Comme tous les arts libéraux, la musique peut être considérée sous un double point de vue : comme instrument de plaisir et comme moyen d'expression. Considérée sous ce dernier rapport, elle est un langage véritable qui, au moyen des sons et des silences, peint à l'oreille et traduit à l'intelligence la plupart des peines, des sentiments et des images que la parole exprime avec des mots : souvent même elle les traduit avec une profondeur et une énergie que cette dernière est incapable d'atteindre.

La langue musicale possède tous les éléments et toutes les parties des autres langues ; elle a ses mots, sa grammaire élémentaire, sa syntaxe, sa poésie et sa théorie, sa philosophie et son histoire.

L'étude des sons ou mots de la musique et des autres signes qu'elle emploie, constitue l'enseignement élémentaire de cet art. Il est assez connu ; nous n'en parlerons pas.

La *syntaxe* musicale correspond à la syntaxe des langues proprement dites : c'est l'art de réunir convenablement les signes du langage musical pour en former des phrases correctes. Elle se divise en deux parties, dont l'une enseigne à écrire la *mélodie*, et l'autre l'*harmonie*.

La *littérature* musicale correspond à la littérature

proprement dite et se divise, comme elle, en deux parties essentiellement distinctes : la littérature générale qui traite, au point de vue musical, du bon goût, des styles, des écoles, du but et de la valeur réelle des règles, du classique, du romantique et de cent autres questions musicales dont l'énumération est inutile ; et la littérature particulière qui enseigne à écrire convenablement chaque genre de musique. Cette dernière partie s'appelle aussi *composition :* on y attache ordinairement les règles de la mélodie.

La *philosophie* de la musique consiste à rechercher les rapports secrets des sons avec nos sentiments et nos pensées. L'existence de ces rapports ne peut pas être contestée, puisque la musique exprime réellement des sentiments et des pensées au moyen des sons. C'est une science à peine ébauchée.

Enfin, la musique et l'harmonie ont leur histoire, où les théories et les œuvres pratiques, les théoriciens et les compositeurs, les tâtonnements de l'inexpérience, les bévues de l'erreur, les succès du talent et les progrès de la science musicale apparaissent tour à tour.

Madame Layne a publié, il y a quelques années, à Paris, un ouvrage intitulé : *Grammaire musicale, basée sur les principes de la grammaire française.* Dans son livre, l'auteur donne aux lettres le nom de sons ; à l'alphabet, celui de gamme ; les articles sont comme les trois clefs *fa, do, sol.* Elle appelle substantifs les notes ; adjectifs superlatifs les dièses; adjectifs diminutifs les bémols, adjectifs comparatifs les bécarres. Les mesures sont les verbes actifs ; celles à trois temps les verbes passifs ; celles à deux temps les verbes neutres et ainsi de suite.

On doit à M. Sudre une invention au moyen de laquelle avec les sept notes de la gamme il était arrivé à transmettre toute espèce de phrase dans quelque langue que ce fût.

LANGUETTE. Nom du petit morceau de bois des sautereaux d'un clavecin ou d'une épinette, où se trouve introduit un morceau de plume de corbeau. C'est aussi le nom d'un petit morceau de métal mobile qui vibre dans les anches de certains jeux d'orgue. — On nomme également *languette* une petite soupape à ressort qui sert à ouvrir ou à fermer les trous de quelques instruments à vent.

Lapa. Nom turc des tubes en cuivre, longs d'environ huit ou neuf pieds, se terminant comme nos trompettes et servant dans la musique.

La ré. Ces syllabes désignaient dans l'ancien solfége cette mutation d'après laquelle on se servait, en chantant, de la syllabe *ré* pour les sons *la ré*, et non de la syllabe *la*.

Largo. Ce mot, écrit à la tête d'un air, indique un mouvement plus lent que l'*adagio*, et le dernier de tous en lenteur.

Le diminutif *larghetto* annonce un mouvement moins lent que *largo* et plus lent que l'*andante*.

Le largo n'a souvent pas plus de lenteur que l'adagio; mais il a quelque chose de plus décidé dans le caractère. L'adagio semble devoir être plus onctueux, plus sensible, plus affectueux; il a autant de noblesse que le largo, mais celui-ci a plus de fierté.

Le largo convient à ce qui est religieux, l'adagio à ce qui est tendre et d'une tristesse passionnée.

Larigot. Jeu d'orgue, l'un des plus aigus. Il sonne la quinte au-dessus de la doublette. Ce jeu, qui est compris parmi les jeux à bouche, est d'étain et a quatre octaves et demie d'étendue, ce qui forme tout le clavier.

Larigot. Espèce de petit flageolet qui n'est plus en usage, il était ordinairement accompagné du son de tambourin.

Larynx. Organe de la voix. Il est situé sur la ligne médiane du corps, à la partie supérieure et antérieure du cou. Il a la forme d'un cône tronqué et renversé qui surmonte la trachée-artère avec laquelle il communique. Le larynx livre passage à l'air, par l'acte de la respiration, et il lui imprime certaines modifications qui constituent la voix.

La sol. Mutation des deux syllabes *la* et *sol* sur le son *ré*.

Lauda sion salvatorem. Suite de versets ou prose que l'on chante dans l'Église romaine, le jour de la Fête-Dieu.

Laudi, (Laudes). On entend par le mot italien Laudi, les cantiques que l'on chantait en Italie au temps de Laurent de Médicis, qui en composa plusieurs, et de saint Philippe de Néri. Ce genre de poésie était très-estimé en Italie au quinzième siècle. La musique en était toujours simple ; on adapta quelquefois à ces compositions poétiques les ariettes profanes les plus goûtées.

Lausa (Ant. Marca). Luthier de Brescia qui y exerçait brillamment son état de 1650 à 1715.

Leçon. On désigne par ce mot tous les exercices qu'un maître prescrit à son élève, en lui enseignant à jouer d'un instrument de musique. Les morceaux de musique imprimés sous le titre de *leçons* ne sont autre chose qu'un moyen de rappeler à l'élève les instructions du maître.

Leçons des nocturnes de l'office des morts. Leçons de la semaine sainte que l'on a coutume de chanter en musique figurée à voix seule, ou même à plusieurs voix avec chœurs.

Legato. Quand ce mot se trouve en tête ou dans le courant d'un morceau de musique, il faut en lier les notes avec soin.

S'il y a *sempre legato*, il faut conserver jusqu'à la fin le même genre d'exécution.

Légende. Ce mot qui signifiait d'abord les versets que l'on récitait dans les leçons des matines, fut donné plus tard aux vies des saints et des martyrs, parce qu'on devait les lire dans les réfectoires et les chanter dans les chapelles des communautés. Des monastères, elles se répandirent parmi les fidèles, enthousiasmèrent leur zèle et le portèrent jusqu'au fanatisme. Tout ce que le peuple avait recueilli dans ses souvenirs ou poétisé dans son imagination trouva place dans ces histoires, qui sont la véritable mythologie du christianisme. Les traits d'héroïsme chrétien qu'on y trouve racontés avec une simple naïveté, parés du prestige de la poésie et de la musique, réchauffèrent la foi et la charité. Si l'histoire en a rejeté la plupart comme monuments apocryphes, elle leur doit à toutes profond respect et vive reconnaissance.

Légèrement. Cet adverbe indique qu'on doit toucher l'instrument doucement.

Lemme. Silence ou Pause d'un temps bref dans certain rhythme.

Lento. Ce mot signifie *lentement*, et marque un mouvement lent comme le *largo*. Les Allemands indiquent ce mouvement par *langsaen*, et les Anglais par *slow*.

Lepsis. Se disait chez les anciens grecs, d'une des parties de la *melopée*. C'est par la *lepsis*, que le compositeur discerne s'il doit placer le chant dans les tons bas ou aigus ou moyens.

Levé. C'est le temps de la mesure où on lève la main ou le pied. C'est toujours le dernier temps de la mesure; par conséquent les temps levés sont : à deux temps, le second ; à trois, le troisième ; à quatre, le quatrième.

Liaison. Il y a liaison d'harmonie et liaison de chant. La liaison a lieu dans l'harmonie, lorsque cette harmonie procède par un tel progrès de sons fondamentaux, que quelques-uns des sons qui accompagnent celui qu'on quitte, demeurent et accompagnent celui où l'on passe. Il y a liaison dans les accords de la tonique et de la dominante, attendu que le même son sert de quinte à l'une, et d'octave à l'autre. Enfin, il y a liaison dissonante toutes les fois que la dissonance est préparée, puisque cette préparation elle-même n'est autre chose que la liaison.

La liaison dans l'exécution instrumentale ou dans le chant a lieu toutes les fois qu'on passe deux ou plusieurs notes d'un seul coup d'archet, de langue ou de gosier, et se marque par un trait recourbé dont on couvre les notes qui doivent être liées ensemble.

Licences. Liberté que prend le compositeur et qui semble contraire aux règles, quoiqu'elle soit dans le principe des règles ; car voilà ce qui distingue les *licences* des fautes. Par exemple, c'est une règle générale de ne pas faire marcher deux quintes justes de suite entre les même parties et par un mouvement semblable. Berton a enfreint cette règle dans l'ouverture du *Délire*. C'est une licence qu'il a prise pour produire plus d'effet.

Comme les règles de l'harmonie ont subi des modifications à mesure que l'art s'est perfectionné, ce qui était licence autrefois est permis aujourd'hui. Nous nous servons avec succès de la quinte augmentée, qui aurait offensé l'oreille de nos timides devanciers.

Lichara. Instrument unique d'une tribu de Cafres. C'est une espèce de flûte formée d'un roseau, accordée au moyen d'un petit tampon mobile placé à la partie inférieure, et ayant au bout supérieur une ouverture coupée transversalement. On ne peut rendre qu'un son sur cet instrument ; il y en a un pour chaque note, et lorsque plusieurs sons se trouvent réunis, une partie joue à l'unisson, pendant que les autres font entendre différents sons de l'échelle musicale. L'intervalle compris entre les plus hautes et les plus graves de ces flûtes est d'environ douze notes.

Liées. On appelle notes liées celles qu'on passe d'un seul coup d'archet sur le violon, ou d'un seul coup de langue sur les instruments à vent, en un mot, toutes les notes qui sont sous une même liaison.

Ligature. Se disait anciennement d'un groupes de notes réunies sous un trait; la valeur de ces notes variait selon leurs positions et leur formes.

Ligne. Les lignes de musique sont ces traits horizontaux et parallèles qui composent la portée, et sur lesquels, ou dans les espaces qui les séparent, on place les notes selon leurs degrés. La portée du plain-chant n'est que de quatre lignes, celle de la musique a cinq lignes stables et continues, outre les lignes additionnelles qu'on ajoute au-dessus et au-dessous de la portée, pour les notes qui passent son étendue.

Les lignes, soit dans le plain-chant, soit dans la musique, se comptent en commençant par la plus basse. La plus basse est la première, la plus haute est la quatrième dans le plain-chant, la cinquième dans la musique.

Limma. Intervalle de la musique grecque, lequel est moindre d'un *comma* que le semi-ton majeur, et retranché d'un ton majeur, laisse pour reste l'apotome.

Linarolli (Venturi). Habile luthier, qui existait à Venise en 1520.

Linéographe. Instrument destiné à tracer des lignes de musique, imaginé en 1839 par Violette de Brest. Une molette en cuivre, portant sur sa circonférence une ou deux portées de musique.

Linon asma. Chanson funèbre des Egyptiens sur *Manéros*, appelé Linos par les Grecs. On croit qu'il était le fils du premier roi des anciens Egyptiens, et qu'il mourut à la fleur de l'âge.

D'autres écrivains disent Linus, fils d'Apollon et de Terpsichore; il substitua dans la lyre les cordes de boyau aux cordes de lin. Ce fut lui qui enseigna la musique à Hercule, mais le disciple ayant été réprimandé trop sévèrement, cassa la tête de son maître.

Lire. Lorsqu'on veut exécuter une partie que l'on n'a jamais vue, il faut d'abord s'être exercé à trois espèces de travaux intellectuels, nécessaires pour lire facilement à première vue, presque sans s'en apercevoir. On doit, en déchiffrant les notes, 1° embrasser d'un coup d'œil l'alternation continuelle des sons aigus et des sons graves; 2° les comparer et les classer selon leur valeur respective; et 3° rendre cette valeur relativement à la mesure indiquée. On appelle cette science : *déchiffrer, lire la musique.*

LIRONE. Était comme la viola di Gomba, un instrument grave du système des violes.

LITANIES. On désignait autrefois par ce mot le *Kyrie eleison.* Aujourd'hui encore les litanies commencent par le *Kyrie eleison*, mais comme on fait suivre les invocations en l'honneur de la Vierge, des saints, etc., on les appelle litanies de la Vierge, des saints, etc.

LITHOGRAPHIE. Depuis quelques années, la lithographie a été appliquée à la musique. Les planches d'étain au moyen d'un procédé, sont décalquées sur la pierre et la musique est reproduite avec une netteté irréprochable, soit par des presses à la main, soit par des presses à vapeur.

LIVRE OUVERT, A LIVRE OUVERT. Chanter ou jouer à livre ouvert, c'est exécuter toute musique qu'on vous présente en jetant les yeux dessus, et par conséquent sans préparation.

Loco. Lorsqu'après un passage marqué pour être exécuté à l'octave aiguë ou basse, on trouve ce mot latin ou italien *loco*, il signifie que l'on doit exécuter ce qui suit, au lieu même où les notes sont écrites sans transpositions d'octaves.

LOLICHMIUM. Édifice public, situé près de la ville d'Olympie, qui était ouvert en tout temps à ceux qui voulaient prendre part au concours de musique.

LONGUE. C'était une note qui, dans la musique ancienne, valait quatre mesures; dans le *mode mineur parfait* elle avait la valeur de trois brèves, et dans le *mode mineur imparfait*, de deux.

LOTUES. Espèces de trompettes qui servaient dans les marches guerrières, que l'on trouve mentionnées dans *l'orchérographie* de Thoinot Arbeau écrite en 1589.

LOURE. Nom que l'on donnait anciennement à une espèce de cornemuse.

LOURE. Sorte de danse dont l'air était assez lent, et qui se marquait ordinairement par la mesure à six-quatre. Quand chaque temps porte trois notes, on pointe la première, et l'on fait brève celle du milieu; ce qui est exactement le rhythme de la *sicilienne*, qui semble avoir succédé à la *loure.*

LOURER. C'est nourir les sons avec douceur, et marquer la première note de chaque temps plus sensiblement que la seconde, quoique de même valeur, et en liant.

Cette manière d'exécuter est encore en usage pour les pastorales et toutes les compositions qui ont le caractère rustique et montagnard.

Lucornario. Nom de l'antienne que l'on chante à vêpres, selon le rite ambroisien, avant le *Dixit*.

Lumière. On donne ce nom à une ouverture par laquelle le vent entre dans les tuyaux d'un orgue.

Lupot (F.). Luthier à Stuttgard, construisit à Cette, des instruments qui eurent une belle réputation, il travailla de 1725 à 1750.

Lura. Instrument des anciens Grecs, dont plus tard on a fait *lyre*, c'est le même que le xélus. (Voir ce mot).

Lustre. (chevaliers du). Nom donné par ironie aux claqueurs à gage d'un théâtre, parce qu'ils se placent ordinairement sous le lustre.

Luth. Instrument très-cultivé autrefois, et dont on ne joue plus depuis un siècle. La guitare et la harpe l'ont fait délaisser. Il était monté de vingt-quatre cordes sur un corps arrondi en dessous, en forme de tortue, et ressemblant à celui de la mandoline, qui en était le diminutif. Ces vingt-quatre cordes composaient treize groupes ; son manche était large et renversé dans son extrémité. Huit de ces cordes, placées en dehors du manche, ne se touchaient qu'à vide.

Comme la lyre antique, le luth, en cessant de servir aux musiciens, a laissé son nom aux poètes, qui le font figurer souvent dans leurs stances, et même dans l'épopée.

Luthier. Artiste qui fait des violons, des violes, des violoncelles, des contre-basses, des guitares. Ce nom, qui signifie facteur de luths, est resté par synecdoche à ces sortes d'artistes, parce qu'autrefois le luth était l'instrument le plus commun et le plus répandu.

Lutrin. Pupitre de chœur sur lequel on met les livres de chant dans les églises. Ce mot vient de *lectrum*, dont on a fait *lectrinum,* de là lettrin, et puis lutrin par corruption :

> Sur ce rang d'ais serrés qui forment sa clôture,
> Fut jadis un lutrin d'inégale structure,
> Dont les flancs élargis de leur vaste contour
> Ombrageaient pleinement tous les lieux d'alentour.

Derrière ce lutrin, ainsi qu'au fond d'un antre,
A peine sur son banc on discernait le chantre,
Tandis qu'à l'autre bout, le prélat radieux,
Découvert au grand jour, attirait tous les yeux.

BOILEAU. — *Le Lutrin.*

LUTTES MUSICALES. Les anciens peuples professèrent une grande estime pour la musique. Les Grecs, particulièrement, la regardaient comme un des moyens nécessaires pour former l'éducation, et adoptaient, avec empressement, tout ce qui pouvait contribuer à ses progrès; ils croyaient que des concours de musique, qui avaient lieu devant les assemblées nombreuses, étaient un des moyens les plus favorables pour arriver à ces résultats. On célébrait donc, à certaines époques, des fêtes populaires, où l'on délivrait des prix aux concurrents en musique. *Les jeux olympiques, pythiques, néméens* et *isthmiques* étaient les principales de ces fêtes. (Voir ces mots.)

Les juges appelés à porter un jugement sur le mérite des chanteurs qui se distinguaient dans le concours, leur décernaient pour prix une couronne de laurier ou de feuilles de chêne, et toute la Grèce les comblait d'honneurs et de gloire. On érigea même à quelques-uns des monuments aux frais de l'État. Plus tard, on introduisit aussi dans ces fêtes, des concours pour la musique instrumentale.

Plusieurs fêtes solennelles, fondées par les anciens Romains, étaient également célébrées par des luttes musicales. Néron, surtout, constitua à Rome des concours de musique qui jetèrent un grand éclat.

LYDIEN. Nom d'un des Modes de la musique des Grecs, lequel occupait le milieu entre l'*Eolien* et l'*Hyperdorien*. Le caractère du *mode Lydien* était animé, piquant, mais pathétique et propre à la molesse, aussi *Platon* le bannit-il de la République.

LYRA. Instrument appartenant au système des violes, et qui en formait la basse.

LYRE. Instrument de musique, de forme triangulaire, dont la mythologie attribua l'invention à Mercure. Quelques auteurs ont accordé tour à tour l'honneur de sa découverte à Orphée, à Amphion, à Apollon, à Polymnice. D'autres ont dit que c'était une écaille de tortue, qu'Hercule vida, perça, et monta de cordes de boyaux, au son desquels il accordait sa voix.

La lyre a beaucoup varié par le nombre de ses cordes ; celle d'Olympe et de Therpandre n'en avait que trois. L'addition d'une quatrième rendit le tétracorde complet. Pollux attribue aux Scythes, l'invention du pentacorde. L'heptacorde fut la lyre le plus en usage et la plus célèbre. Simonide ajouta une huitième corde, pour produire l'octave ; et, plus tard, Timothée de Milet, contemporain de Philippe et d'Alexandre, multiplia les cordes jusqu'à douze. On les touchait de trois manières, ou en les pinçant avec les doigts, ou en les frappant avec le *plectrum*, espèce de baguette d'ivoire ou de bois poli, ou en pinçant les cordes de la main gauche, tandis qu'on les frappait de la droite armée du *plectrum*. Les anciens monuments représentent des lyres de différentes formes, montées depuis trois cordes jusqu'à vingt. Cette dernière ne servait, dit-on, que pour célébrer les dieux et les héros.

On a essayé de faire revivre cet instrument, en lui donnant le manche de la guitare à six cordes. Sa forme élégante et pittoresque avait d'abord tenté nos belles musiciennes ; mais on est revenu à la guitare, qui est plus commode à tenir, et dont l'harmonie est plus pleine et plus agréable.

La lyre et luth retentiront encore longtemps dans les œuvres des poètes, quoique les progrès de l'art musical les aient condamnés à un éternel silence. Le violon a fait disparaître tous ces instruments imparfaits, qui n'étaient, en quelque sorte, que les essais des facteurs et des musiciens, les uns préludant à l'art de la lutherie, et les autres à celui de charmer l'oreille.

Lyre a bras. Instrument à archet, de la dimension de l'ancienne viole de ténor à sept cordes, et qui aujourd'hui n'est plus en usage.

Lyre allemande. Cet instrument, dont on ne se sert plus, consiste est une caisse de forme oblongue, ressemblant à la partie inférieure d'une viole d'amour. Aux parois latérales de cette lyre, il y a dix à douze touches qui servent à raccourcir les quatre cordes attachées dans l'intérieur de l'instrument, et forment une étendue de sons diatoniques qui égalent le nombre de touches. On fait résonner les cordes au moyen d'une roue frottée de colophane, que la main droite fait tourner avec un levier, tandis que les doigts de la gauche font mouvoir les touches.

Lyre barberina. Instrument inventé au dix-septième siècle, par un praticien florentin, nommé Donis, et dont on ne se sert plus depuis longtemps.

Lyre organisée. Fut imaginée en 1806 par Le Dhuy, facteur à Coucy-le-Château. Les deux montants de l'instrument formaient manches et il en existait un troisième au milieu des deux autres. Cet instrument était monté de quinze cordes diverses sur les trois manches.

Lyre ventura. En 1851 Ventura donna ce nom à une guitare dont il doublait les six cordes dont cet instrument est ordinairement monté, de sorte que chaque note se composait de deux cordes.

Lyrique. Cette épithète se donnait autrefois à la poésie faite pour être chantée et accompagnée par le chanteur de la lyre ou de la cithare, comme les odes et autres chansons. Sous ce rapport, la poésie lyrique différait essentiellement de la poésie dramatique ou théâtrale, qui était accompagnée avec des flûtes, par d'autres que par le chanteur. Aujourd'hui l'épithète *lyrique* s'applique toujours aux odes, dithyrambes, chansons, couplets. Mais comme nous avons des pièces de théâtre qui se chantent, on appelle *drame lyrique* ou *opéra*, le drame expressément composé pour être mis en musique.

Lyro-guitare. Instrument inventé à Paris, au commencement de ce siècle, et qui a le manche de la guitare à six cordes. Sa forme élégante et pittoresque avait d'abord fait sa fortune; mais ensuite on en revint à la guitare, plus commode à tenir, et dont l'harmonie est plus pleine et plus agréable.

M

Macabre (Danse). Se dit d'une ronde infernale dansée par des morts de toutes conditions. Cette ronde se trouve représentée, au moyen-âge, dans un grand nombre de cimetières et sur les parois des vitrines des églises. Ces représentations sont fort intéressantes pour l'archéologie musicale, puisqu'elles fournissent les dessins des différents instruments employés à cette époque.

MACHICOTAGE. C'est ainsi qu'on appelle, dans le plainchant, certaines additions et compositions de notes qui remplissent, par une marche diatonique, les intervalles de tierces et autres. Le nom de cette manière de chant vient des ecclésiastiques appelés *machicots*, qui l'exécutaient autrefois après les enfants de chœur.

MADRIGAL. Sorte de pièce de musique travaillée et savante, qui était fort à la mode en Italie au seizième siècle. Les madrigaux se composaient pour les voix, à trois, quatre, cinq, six et même sept parties, toutes obligées, à cause des imitations et dessins dont ces pièces étaient remplies.

Le style madrigalesque tient de la fugue, sans lui ressembler entièrement. La différence la plus essentielle consiste en ce que, même dans les madrigaux à voix seule, qui sont les plus sévères de tous, on prend des licences que la fugue proprement dite ne comporte pas. On donne au chant des tournures légères et animées, et l'on suit le sentiment et l'expression des paroles, ce qui ne s'observe pas dans la fugue.

La composition des madrigaux remonte à la plus haute antiquité. Les maîtres de l'école flamande s'y sont distingués; mais les auteurs qui ont atteint la perfection de ce genre sont : Adrien Willaërt, Palestrina, Luca Marenzino, Monteverbe, le prince de Venouse, enfin A. Scarlatti.

Lotti, B. Marcello, Durante, Steffani ont excellé dans le madrigal accompagné, qui comporte plus de liberté que l'autre, à cause de la basse continue qu'on y ajoutait, mais qui exige, à raison de cela beaucoup plus d'expression.

MADRIGALESQUE. Expression par laquelle on désignait au XVe siècle le contre-point vigoureux des *madrigaux*.

MAESTOSO, MAJESTUEUX. Un morceau de musique de ce caractère demande un mouvement plus lent et une exécution semblable au grave.

MAGADE. Est une espèce de flûte ou de trompette; la similitude des noms a souvent établi une confusion entre ces deux genre d'instruments.

MAGADISER. Se disait anciennement au lieu de chanter à l'octave comme le font les voix d'hommes et d'enfants mêlées ensemble.

Magasin de musique. Boutique où l'on vend des livres, des compositions manuscrites et imprimées, des instruments de musique et tous les accessoires qui y ont rapport, tels que cordes, papier réglé, etc.

Magini (Grav. Paul). Luthier en renom de Brescia, y travaillait de 1560 à 1640.

Magini (Piestro Santo). fils du précédent continua l'état de son père de 1630 à 1680.

Magnificat. Nom d'un morceau de chant, dont les paroles ont été tirées du premier chapitre de saint Luc, et qui, dans la traduction latine commence ainsi : *magnificat anima mea Dominum*.

Magraphe. Instrument à vent des Hébreux qui, d'après la description donnée par le *Talmud*, ressemblait à notre orgue.

Maigre. Se dit d'une harmonie qui manque d'ampleur, qui est sèche et aride.

Main harmonique. C'est le nom que donna Guido à la gamme qu'il inventa, pour montrer le rapport de ses hexacordes, de ses six lettres et de ses six syllabes avec les cinq tétracordes des Grecs. Il représente cette gamme sous la figure d'une main gauche, sur les doigts de laquelle étaient marqués tous les sons de la gamme, tant par lettres correspondantes, que par les syllabes qu'il y avait jointes, en passant, par la règle des nuances, d'un tétracorde ou d'un doigt à l'autre, selon le lieu où se trouvaient les deux demi-tons de l'octave par le bécarre ou par le bémol, c'est-à-dire selon que les tétracordes étaient conjoints ou disjoints.

Maitre de musique. Musicien gagé pour composer de la musique ou la faire exécuter. C'est le maître de musique qui bat la mesure et dirige les musiciens. Il doit savoir la composition, quoiqu'il ne compose pas toujours la musique qu'il fait exécuter.

On donne encore le nom de maître de musique au chef de la musique d'un régiment. Il fait partie de l'état-major, et a le rang d'officier.

Maitrise. Logement réservé au maître de musique d'une cathédrale, et dans lequel un certain nombre de jeunes gens sont entretenus aux frais du chapitre, pour y recevoir une bonne éducation musicale, et être employés en même temps au service religieux comme enfants de chœur.

Quand on songe à l'état de décadence dans lequel les

maîtrises sont progressivement tombées dans notre pays, on n'est plus surpris que le goût et l'intelligence de l'art musical se perdent peu à peu dans nos provinces. Les bienfaits du Conservatoire ne s'étendent pas au-delà de l'enceinte de Paris ; tandis que, placées sur tous les points du royaume, les maîtrises offraient le moyen de recueillir et de cultiver les grands talents et les belles voix dans les lieux mêmes où la nature se plaisait à les produire. Depuis leur suppression presque totale, la pépinière des bons musiciens n'existe plus ; l'art dégénère et languit dans nos départements.

L'école de musique religieuse classique fondée en 1853 par M. Niedermeyer, quelque utile qu'elle soit, remplace difficilement les maîtrises qui s'étendaient sur toute la surface de notre pays catholique.

Majadis. Espèce de lyre en usage chez les anciens Grecs, qui avait vingt et une cordes selon le dire d'Atténie, accordées à l'octave deux par deux.

Majeur. Les intervalles susceptibles de variations sont appelés *majeurs*, quands ils sont aussi grands qu'ils doivent l'être, d'après la juste appréciation du système général des intervalles.

L'octave, la quinte et la quarte ne varient pas sans devenir dissonances. Les autres intervalles peuvent, sans changer de nom et sans cesser d'être justes, varier de quatre manières différentes, auxquelles on donne le nom de : *genres*, dont deux sont selon la nature du mode où on les pratique, et deux sont artificiels, attendu qu'ils participent de deux modes à la fois. Ces quatres genres sont : *diminué, mineur, majeur* et *augmenté*. Les deux genres naturels sont le majeur et le mineur. Le diminué et l'augmenté forment les deux genres artificiels.

Les intervalles variables sont au nombre de quatre, savoir : la seconde, la tierce, la sixte et la septième.

Un intervalle majeur est toujours plus grand d'un demi-ton que le mineur. Un intervalle augmenté est plus grand d'un demi-ton que le majeur ; plus grand d'un ton que le mineur, et plus grand d'un ton et demi que le diminué ; de même que l'intervalle diminué est moindre d'un demi-ton que le mineur, moindre d'un ton que le majeur, et moindre d'un ton et demi que l'intervalle augmenté.

Majeur se dit aussi du mode, lorsque la tierce de la

tonique est majeure, et alors seulement le mot *mode* ne fait que se sous-entendre.

On désigne encore par le mot de majeur pris substantivement, la partie d'un air, d'un duo, d'une sonate, d'une symphonie qui se trouve traitée en mode majeur.

MALDONNER. Luthier à Fussen en Bavière, a laissé de bons instruments qui portent la date de 1770.

MALGACHES (Musique chez les). Les Malgaches aiment beaucoup la musique et la danse. Celle-ci, grave chez les hommes, paraît souvent exprimer quelque action dramatique ; elle est mesurée, et les pas, rarement précipités, sont diversifiés suivant le caractère de l'air, comme les contredanses françaises.

La danse des femmes, quelquefois gaie et lascive, ne consiste d'ordinaire qu'en un balencement du corps, avec de continuels mouvements des bras et des mains accompagnés d'un léger trépignement de pieds.

Leur musique a un caractère de mélancolie tenant peut-être au sujet de leurs chansons qui roulent toujours sur l'amour. Les femmes ont la voix douce et mélodieuse, chantent en parties et font des accords suivis que l'on n'entend pas sans plaisir.

MANCHE. Pièce de bois collée à l'extrémité du corps de certains instruments à cordes, tels que le violon, le violoncelle, la guitare. Le manche sert à tenir l'instrument, porte les cordes et les chevilles, et c'est en posant les doigts sur ces cordes et en les pressant contre le manche, que l'on forme les différents tons.

MANDOLINE. Instrument de musique plus petit que le luth et de la même forme. Il s'accorde comme le violon, avec cette différence, que ses cordes sont de laiton et doubles. On en joue avec un petit morceau d'écorce de cerisier ou un bout de plume taillé comme un cure-dent plat. Le timbre de la mandoline est d'une finesse mordante qui la rend très-propre à accompagner les chants d'amour. Il y avait deux espèces de mandolines, l'une se nommait *mandoline milanaise* qui avait cinq rangs de cordes et la *mandoline napolitaine* qui n'en portait que quatre rangs. Le plus élevé avait des cordes en boyaux, le second des cordes d'acier, le troisième des cordes de cuivre tordu et le quatrième des cordes en boyaux recouvertes de fils d'argent.

MANDORE ou MANDILLE. Espèce de petit luth. Il se joue comme cet instrument, mais s'accorde différemment. La mandore n'a que huit groupes de cordes à boyau ; ce qui fait en tout seize cordes.

La mandore n'est plus en usage depuis longtemps.

MANEROS. Chant lugubre des anciens Égyptiens, appelé de *Maner* fils unique du premier roi d'Egypte qui mourut prématurément.

MANICHORDION. Sorte d'épinette dont les sautereaux étaient armés de petits morceaux de cuivre. Cet instrument était monté de *soixante-dix* cordes dont plusieurs à l'unisson étaient recouvertes de bandes de drap qui en rendait le son sourd et doux.

MARABBA. Instrument à corde et à archet des Arabes, il est monté de deux cordes à l'unisson et dont le corps est recouvert des deux côtés d'une peau tendre.

MARCHE. Morceau de musique, composé pour être exécuté par un grand nombre d'instruments, pendant la marche d'une troupe militaire ou d'un cortége nombreux, et servant à régler le pas de ceux qui le composent.

La marche est plus particulièrement du domaine de la musique militaire que de l'orchestre complet. Cependant on introduit souvent des marches dans les compositions dramatiques.

Brillante et légère dans le style martial, majestueuse et solennelle dans le style religieux, triste et gémissante pour les pompes funèbres, la marche prend divers caractères, selon que sa destination change.

La mesure de la marche est ordinairement à deux temps, et son mouvement *allégro maestoso*. Quelques marches religieuses d'un mouvement très-lent sont à trois temps.

Dans le style militaire on distingue deux sortes de marches, savoir : la *marche* dont la mesure et le temps marquent le pas ordinaire, et la *marche double*, dont la mesure et les temps sont doublés ; son mouvement est du double plus rapide que celui de la marche.

Une belle marche, exécutée par d'excellents musiciens, annonce d'une manière brillante la troupe qui va défiler sous les armes. Ces accents belliqueux, cette harmonie éclatante s'unissent admirablement aux idées qu'inspire l'appareil militaire. On croit assister aux anciens tournois. L'imagination nous transporte aux fêtes triomphales de la Grèce et de Rome.

Mais laissons la musique guerrière pour nous occuper de la scène dramatique, où la marche paraît avec les plus grands avantages. Elle y prend une couleur différente, selon le temps et le lieu où se passe l'action scénique. Au théâtre, la marche se réunit souvent au chœur, et beaucoup de chœurs dramatiques, tels que ceux de *la Vestale : De lauriers couvrons les chemins ; Périsse la vestale impie !* sont dessinés en marches.

On appelle aussi marche un mouvement symétrique et régulier des diverses parties de l'harmonie.

MARCHE DE BASSE. (Voyez le mot PROGRESSION).

MARCHE DES PARTIES HARMONIQUES. En général, lorsque l'on compose à trois parties ou davantage, elles ne doivent pas monter ni descendre toutes à la fois, à moins qu'il n'y ait unisson ou que la pensée ne l'exige ainsi. Il suffit toutefois que l'une d'elles soit immobile pendant que les autres montent ou descendent.

Il est bien que le dessus et la basse procèdent par mouvements contraires, ou du moins par mouvements obliques.

En tous cas, les parties harmoniques doivent marcher d'une manière simple, naturelle et sans contorsion. Il est ridicule et périlleux à la fois de leur donner des intonations difficiles et hasardées.

MARCHER. Ce terme s'emploie figurément en musique et se dit de la succession des sons ou des accords qui se suivent dans un certain ordre.

MARSEILLAISE. Nom donné à un hymne patriotique et guerrier dont les paroles et la musique furent composées à Strasbourg par *Rouget de Lisle*, en 1792.

MARTABAN (Musique du). Les habitants du Martaban, province de l'empire Birman, paraissent aimer beaucoup notre musique, dont la leur se rapproche plus que celle d'aucun autre peuple de l'Inde. Les instruments dont ils se servent méritent d'être observés. Ils ont un luth avec deux cordes de laiton, qu'ils jouent tantôt avec un archet, tantôt avec les doigts. Ils possèdent encore un instrument qu'on peut appeler *chat*, parce qu'il représente ce quadrupède avec les jambes ployées sous lui et la queue ramenée en demi-cercle au-dessus de son dos. C'est sur cette queue que les cordes sont attachées. Ils ont aussi nos espèces de flûtes, des flageolets, des tam-tams et des cloches qu'ils appellent *gongs*.

MARTEAU. Instrument qui a le manche percé comme une clef, avec lequel on tend ou on lâche les cordes des instruments à chevilles, pour les accorder. C'est aussi le nom de certaines pièces de la mécanique du piano qui attaquent les cordes.

Martellement. Sorte d'agrément du chant en usage dans l'ancien français.

Masques. Par ce nom on entendait, chez les anciens Grecs et Romains, certaines figures postiches qui représentaient, dans les théâtres, les traits des personnages figurant dans l'action dramatique. Ces masques étaient en métal, et l'on s'en servait pour donner plus d'éclat et plus de force à la voix.

Masses. Masses, dans la musique vocale et instrumentale, se dit de plusieurs parties considérées comme ne formant qu'un seul tout. Les arpèges des violons et des violes, liées par les tenues des instruments à vent, forment de belles masses harmoniques. Un solo de hautbois plane et se dessine avec grâce sur les masses de l'orchestre.

Matraca. Enorme crécelle, en usage en Espagne, et surtout au Mexique, pendant la semaine-sainte. Elle remplace les cloches. C'est une roue de plusieurs palmes de diamètre, dont la circonférence est armée de marteaux de bois mobile, de sorte qu'en tournant la roue, ces petits marteaux frappent quelques petits morceaux de bois plantés comme des dents dans la circonférence de la roue.

Maxime. Nom de tout intervalle plus grand que le majeur, pour ceux qui n'admettent pas le degré de *augmenté*, et plus grand d'un demi-ton que l'augmenté, pour ceux qui admettent ce degré de plus.

Maxime. C'est une note faite en carré long horizontal avec une queue au côté droit, laquelle valait huit mesures à deux temps, c'est-à-dire deux longues, et quelquefois trois, selon le mode. — Cette sorte de note n'est plus en usage, depuis qu'on sépare les mesures par des barres, et qu'on marque avec des liaisons les tenues ou continuités des sons.

Mayerhoff (Andréas). Luthier fort en renom dont les quelques instruments sont parvenus jusqu'à notre époque, travaillait à Salsbourg en 1760.

Mazurka. La mazurka possède un rhythme particulier qui consiste à marquer souvent le deuxième temps de la mesure ; la période se termine sur le deuxième temps. Elle est plus lente que la valse.

MEDARD. Fut un habile luthier, il habitait Nancy et y exerça son état de 1680 à 1720.

MÈDES. (Voyez le mot ASSYRIENS.)

MÉDIANTE. C'est la corde ou la note qui partage en deux tierces l'intervalle de quinte qui se trouve entre la tonique et la dominante. L'une de ces tierces est majeure, l'autre mineure, et c'est leur position relative qui détermine le mode. Pour simplifier cette définition, nous dirons que la *médiante* est la troisième note d'une gamme.

MÉDIATION. Partage de chaque verset d'un psaume en deux parties, l'une psalmodiée ou chantée par un côté du chœur, et l'autre par le côté opposé.

MÉDIUM. Milieu de la voix, également distant de ses deux extrémités au grave et à l'aigu. Le haut de la voix est plus éclatant, mais il est quelquefois forcé. Le bas est grave et majestueux, mais il est plus sourd. Un beau *médium* donne les sons les mieux nourris, les plus mélodieux.

MÉLANGE était le nom d'une des trois parties de la musique des Grecs.

MÉLODÉON. Variété des orgues expressifs perfectionnés en 1849, aux Etats-Unis d'Amérique, par Austin.

MÉLODICA. Instrument à clavier avec un registre de flûte ; cet instrument descend jusqu'au sol grave du violon.

MÉLODIE. La mélodie est la succession de plusieurs sons différents qui, dans leurs rapports de tonalité, concourent à former un ensemble agréable et flatteur pour l'oreille, ravissante pour le cœur et l'imagination.

D'où vient-elle, cette reine de l'art lyrique, avec son cortége d'émotions, son sourire fleuri, ses arabesques de tous les temps que l'œil embrasse et admire ? A quelle source de poésie l'enchanteresse a-t-elle puisé ses charmes ? La mélodie est fille du mystère ; c'est une brise échappée à un monde inconnu ; elle porte avec elle la fraîcheur de l'aurore, le feu du soleil et la sérénité de la nuit. Tous les arts ont leur langage et leur modèle : langage matériel, modèles vivants ou morts ; la parole d'un côté, la nature de l'autre. Pétrarque, l'Arioste, le Tasse, Chiabrera, Gœthe, Byron, Châteaubriant, Hugo et Lamartine, tous enfants de la renommée, ont fleuri leurs vers des plus belles images, ont revêtu la pensée humaine des plus riches vêtements ; mais au service de leurs inspirations, ils avaient ou ils ont encore des mots, un langage, un vocabulaire tout entier ; Michel-Ange, Léonard de Vinci, Raphaël, le Corrége, Rubens, Léopold Robert, Ingres, Vernet, tous illustres parmi les plus illustres, vous n'avez fait que copier la nature, et votre gloire est d'avoir été aussi vrais que la nature elle-même ; vous aviez des couleurs, vous aviez des pinceaux ! Encore une fois, la mélodie n'a ni vocabulaire, ni pinceaux, ni modèles ; elle est tendre et amoureuse, comme le poète le plus tendre et le plus amoureux ; elle est rêveuse, emportée, déchirante comme les songes qui bercent la tête, ou les tempêtes qui agitent le cœur ; elle a des larmes pour la douleur, des sourires pour l'amour; elle est légère, coquette, douce, capricieuse, folâtre, insouciante, enthousiaste, ardente ; elle est dans le passé ; elle est dans le présent ; elle vivra aussi longtemps que vivront les étoiles, aussi longtemps que les roses garderont leurs couleurs, les arbres leur verdure, le printemps son soleil. Elle reviendra d'où elle est venue, et ceux qui assisteront à sa fin, seuls connaîtront son origine.

La mélodie se divise en trois catégories ; la mélodie fugitive, la mélodie religieuse et la mélodie dramatique, c'est-à-dire appliquée au drame lyrique. Il y a la mélodie légère, la mélodie gracieuse, la mélodie passionnée, et, au milieu de tout cela, nous avons la mélodie banale qui veut tout exprimer, qui n'exprime rien et qui revient de droit aux musiciens sans valeur poétique. Des mélodies fugitives, Schubert en est un modèle merveilleux. Lisez, relisez ces petits poèmes où l'âme pure et calme a répandu son parfum ; là point de futilités, point de notes à contresens, point d'exagération, toujours la vérité ; là, c'est le cœur qui chante, c'est du cœur que part l'inspiration. Schubert se fait un petit cadre et il le remplit toujours des plus délicieuses peintures ; ne lui demandez pas des développements, de la grandeur, de l'espace : son haleine est courte et ne peut pas affronter un long voyage ; laissez-lui sa douce rêverie, son amour mélancolique. Il vous dira le songe d'un enfant, la prière d'une chaste fille, la promenade à deux, sous le ciel étoilé, la douleur d'une mère, et nul mieux que lui ne rendra tous les sentiments de l'enfant joyeux, de la jeune fille regardant le ciel, des amoureux isolés, de la mère en pleurs. Schubert ne dépasse jamais le but, et il l'atteint toujours ; ses tableaux sont des miniatures, mais des miniatures qui quelquefois par leurs beautés, s'élèvent aux proportions des grands tableaux ; celui-là possède la vraie mélodie, que ne donnent ni la science, ni l'étude, et qui ne reçoit ses règles que du génie et du goût.

A l'Italie la mélodie religieuse et la mélodie dramatique. La mélodie religieuse vous la trouvez dans les vieilles basiliques, au milieu de la foi des croyants, s'élevant comme une glorification céleste au-dessus de la tête du Christ. Dans la mélodie religieuse, point de luxe, point de formes sensualistes, point de coquetterie, point de fantaisie. La mélodie religieuse respire le recueillement, la méditation, un amour sacré, celui de Dieu, une aspiration brulante vers l'infini : allez dans la ville éternelle, écoutez le *Miserere* d'Allegri, les psaumes de Marcello, les prières sublimes de Pergolèse, les cantiques, les louanges, les hymnes au Seigneur, de Palestrina, les chants inspirés de Mozart et de Cherubini ; les caprices du monde sceptique n'ont pas souillé de leurs ailes vagabondes le génie de ces compositeurs dévoués à la musique la plus imposante, la plus grandiose, la plus noble, la musique qui puise son inspiration dans la croyance du bonheur éternel, dans le respect et l'amour de la divinité. Là est la foi chrétienne, là est la vérité.

La mélodie dramatique est un mélange de toutes les passions terrestres ; ses effets sont plus variés, ses formes plus saisissables, et plus accessibles à l'intelligence humaine. La mélodie dramatique, soumise dès sa naissance à une marche progressive, a commencé pour ainsi dire à Scarlatti, car jusque-là la musique dramatique n'existait pas ou à peu près. Le compositeur, mettant de côté la routine et se frayant une route nouvelle à travers l'ignorance, fonda pour ainsi dire en Italie une école nouvelle ; tour à tour vinrent rayonner Antonio Cavalli, Stradella, le comte Angelo, Antonio Lotti, Giacomo Peri, Corsi, Porpora, Dominico Sarri, Leonardo di Vinci, Pergolèse, Egilio Duli, Fiorillo, Piccinni, Sacchini, Paisiello, Cimarosa, Fioravanti, Spontini, Carafa, Rossini, Bellini, Donizetti et Verdi. Nous en passons certainement ; mais il y a eu une abondance telle de compositeurs à Naples, à Florence, à Venise et dans presque toutes les villes italiennes, que c'est la plus curieuse histoire de l'art contemporain.

C'est dans la musique de théâtre que le génie peut ouvrir ses ailes. Exprimer des sensations, des sentiments, des passions ; charmer par la suavité, émouvoir par l'expression, voilà en deux mots le drame lyrique. On peut avoir le génie de la composition sans être un musicien dramatique. Que de ressources a le compositeur pour déployer son génie, quand il a du génie ! Le mouvement, le geste, l'action doublent l'effet de la musique. Il a fallu deux siècles pour élever l'art lyrique au point où il est arrivé de nos jours ; certes, aucun art n'a subi plus de transformations que l'art musical appliqué au théâtre ; le progrès s'est opéré peu à peu, lentement ; chaque compositeur a eu son genre. Qu'elle est belle, simple, intéressante, toute cette école italienne, inspirée par une mélodie élégante, vive, caressante et toujours pleine de séductions. Elle a toujours marché vers le progrès : Bellini, Donizetti, Rossini, Rossini surtout, l'ont élevée à un degré de splendeur inouï ; et lorsqu'on croyait que le feu s'était éteint dans cette braisière musicale, Verdi apparaît ; Verdi, l'homme de la scène, l'homme qui donne la vie aux personnages, qui anime les situations ; Verdi qui fait de la mélodie l'application la plus noble, et dont le génie s'applique surtout à exprimer la vérité du drame : c'est tout une transformation.

L'harmonie et le rhythme constituent la partie scientifique de l'art musical ; la mélodie en est la partie animée, vivante et poétique. L'harmonie et le rhythme ont été soumis à des calculs positifs, à des principes fixes, à des règles immuables. La mélodie ne peut recevoir de règles que du génie et du goût. Ici le caprice, la fantaisie, la spontanéité de l'inspiration jouent un rôle immense. Ici se déploie toute l'originalité du compositeur.

La mélodie est à la musique ce que l'expression et le coloris sont à la peinture ; elle l'anime et la vivifie, la pare et l'embellit. Elle assure son empire sur les sens et sur l'imagination. Elle communique, en un mot, aux productions de l'art cette étincelle de vie, cette flamme divine, ce don d'immortalité, qui leur font traverser les générations et les siècles, sans qu'elles perdent rien de leur jeunesse, de leur fraîcheur et de leur éclat.

Pour qu'un tableau excite un grand intérêt ou une vive admiration, il ne suffit pas qu'il soit remarquable par la pureté des lignes, la perfection du dessin et une disposition savante des effets, de l'ombre et de la lumière, il faut, de plus, qu'il se distingue par l'expression des physionomies, par le sentiment de l'idéal ou des beautés de la nature, et qu'on voie circuler partout le mouvement et la vie.

Ce que nous disons des arts du dessin s'applique parfaitement à la musique; de même qu'on reconnaît aux qualités que nous venons d'énumérer les peintres éminents, de même on reconnaît à l'abondance, à la richesse, à l'originalité des mélodies, les musiciens vraiment supérieurs.

Malgré l'insuffisance des documents qui nous sont parvenus sur la musique des anciens, on ne saurait douter qu'ils n'aient connu la puissance de la mélodie. A cet égard, la fable, malgré ses exagérations et ses mensonges ingénieux, peut servir de supplément à l'histoire. Qu'est-ce qu'Orphée adoucissant les monstres et attirant les forêts par ses accents divins, si ce n'est une personnification de cette douce mélodie qui avait tant de charme pour les Grecs? Et les sirènes, ces séduisantes femmes qui, au milieu des mers, fascinaient les voyageurs par la magie de leurs chants, et les attiraient sur les écueils les plus dangereux de l'Afrique, ne rappellent-elles pas le souvenir des femmes d'Athènes, de ces courtisanes enchanteresses qui, par leurs voluptueuses chansons, amollissaient les cœurs, troublaient la raison des sages et des philosophes, et charmèrent souvent les loisirs de Socrate et de Périclès? Oui, on trouve dans les mythes et les fictions de l'antiquité le plus éclatant hommage qui ait été rendu à la mélodie.

Après avoir brillé d'un vif éclat chez les anciens, elle disparut tout à coup dans les premiers siècles du christianisme. Les essaims de Barbares qui se précipitèrent alors sur l'Europe en bannirent la douce mélodie. Et qui donc aurait entendu sa voix au milieu de ces hommes de fer, dans ce choc d'armures?...

Quand la paix eut succédé au bruit des armes, la mélodie renaissante ne trouva d'abord d'asile que dans les temples chrétiens. Mais austère comme la religion nouvelle, dédaignant tout ce qui peut émouvoir l'imagination et les sens, elle s'exhala en froides psalmodies, en plainchant monotone ; elle n'eut rien en un mot de cette coquetterie, de cette grâce, de ce charme entraînant qu'elle avait possédé chez les Grecs. Pendant la longue période du moyen-âge, les chants tour à tour naïfs, passionnés, mélancoliques des ménestrels, des troubadours, des bardes, des minnesingers, offrent seuls quelques réminiscences de l'antique mélodie.

Tandis que l'art végétait en Europe, dans un état d'immobilité et de langueur, l'Italie s'ouvrit la première une route nouvelle sur les ailes de la mélodie ; un essaim de compositeurs éminents s'élança tout à coup dans des sphères inconnues ; et, pendant trois siècles, le génie italien prit un essor qu'aucun peuple n'a atteint depuis, si on en excepte l'Allemagne.

La mélodie est restée longtemps chez nous dans un état de faiblesse et d'infériorité qui a fait dire à quelques étrangers, prévenus ou irréfléchis, que nous étions le peuple le plus anti-musical de l'Europe : malgré les efforts de Lulli, notre grand Opéra n'était encore, au dix-septième siècle, qu'une machine lourde et compliquée ; et au dix-huitième, toute la science de Rameau ne put donner un peu d'animation et de vie à l'Académie royale de musique. C'est qu'il manquait à ce grand harmoniste ce qui séduit, ce qui charme dans toute composition musicale, une abondante et riche mélodie.

Sous ce rapport, Gluck et Piccinni, et de nos jours Rossini et Verdi ont tracé au génie national une route nouvelle, et plusieurs compositeurs français sont entrés avec succès dans cette voie. Méhul, Grétry, Hérold, Monsigny, Dalayrac, Boïeldieu, Auber, Halévy, Ad. Adam, A. Thomas, Reber, Clapisson, Grisar, F. David, Ch. Gounod, ont produit des œuvres qui unissent aux séductions de la mélodie les calculs de la science. C'est grâce à cette alliance de l'harmonie et de la mélodie, que quelques-unes des compositions de Grétry ont résisté depuis un demi-siècle à toutes les variations du goût, à tous les caprices de la mode, et qu'elles sont toujours admirées comme à l'époque de leur apparition.

MÉLODINA. Instrument à clavier avec lames vibrantes et à soufflet. Construit en 1850, par Fourneaux.

MÉLODISTE. On désigne ainsi le compositeur dont les œuvres se distinguent par des mélodies heureuses. Mais le musicien qui est tout simplement mélodiste ne possède qu'une des parties essentielles de l'art, et ses œuvres n'obtiendront jamais un véritable succès, s'il ne joint l'harmonie à la mélodie, la science des accords à l'inspiration.

Mélodium (orgues). Espèce d'Harmonium construit par MM. Alexandre, père et fils.

Mélodium a timbres. Nom donné en 1847, par Nunn's et Fischer, de New-York, à un instrument dans lequel ils avaient combiné un jeu de timbre avec les cordes d'un piano.

Mélodore. Nom importé en 1847 par Coste, à une espèce de clarinette-alto, dont le corps était de bois, et le pavillon en cuivre.

Mélographe. Machine construite pour retracer sur le papier les inspirations du compositeur. Le premier mécanisme est dû à Unger en 1749; — Hohlfeld en imagina une autre en 1752; — un prêtre anglais, Creed, en conçut également une en 1747; — Freeke, chirurgien, réclama cette même année la priorité sur l'idée de Creed; — le P. Engramelle publia en 1770 un moyen mélographe; — Merlin, mécanicien de Londres, construisit en 1771 un appareil analogue; — en 1783, Gattey tenta la solution du même problème. Ces tentatives, toutes infructueuses, furent souvent reprises sous divers noms et sous diverses formes.

Mélomanie. Manie de la musique. — Le mélomane n'est pas toujours un musicien habile; il n'a le plus souvent que des prétentions à l'habileté et au savoir. Toujours à son poste dans les concerts, aux premières représentations des opéras nouveaux, il excite, encourage, blâme, critique tour à tour des yeux, du geste, de la voix. Il se pose en aristarque, en juge souverain, infaillible, et ses décisions ont cassé plus d'une fois les arrêts de la critique et du public. — Personne ne possède comme lui ce sens exquis, ce tact parfait, ce sentiment du beau qui sait distinguer le véritable talent de la médiocrité. A l'en croire, il est le conseiller intime de tous nos grands artistes; Rossini lui doit ses plus délicieuses mélodies; Meyerbeer, ses plus belles inspirations; Auber, ses rhythmes les plus coquets; Halévy, ses chants les plus passionnés; Donizetti, ses cantilènes les plus suaves.

Nous avons seulement parlé jusqu'ici du mélomane qui se pose en connaisseur. C'est, comme vous voyez, un personnage très-original, et même quelque peu assommant pour ceux qui l'écoutent. Mais c'est ma foi bien pis encore, quand le mélomane aspire au titre de chanteur, de virtuose, de compositeur. Si vous êtes avec lui dans un salon, et que vous le voyiez aller au piano, ou sur le point de fredonner un de ses airs, de roucouler une de ses romances, alors sauvez-vous vite, pour peu que vous ayez les oreilles sensibles et les organes délicats ; ou plutôt restez, si vous êtes curieux d'assister au tohu-bohu le plus étrange, le plus divertissant...

Toutefois, la critique que nous faisons ne s'adresse point indistinctement à tous les mélomanes ; il en est quelques-uns qui, malgré leurs singularités et leurs ridicules, sont des hommes de goût et de talent. Mais, à part ces rares et honorables exceptions, la musique n'est le plus souvent chez le mélomane qu'une passion malheureuse.

Mélopée. C'était, chez les anciens, l'art ou les règles de la composition du chant, dont la pratique et l'effet s'appellent mélodie. — *Mélopée* signifiait donc la composition des chants, et *mélodie* le chant composé.

Mélophilon. Nom donné en 1846 par Piron, à une espèce d'instrument à anches libres dont les sommiers et les jeux étaient placés verticalement.

Mélophone. Instrument inventé par Leclerc, horloger, en 1837. C'était un grand accordéon ressemblant pour la forme à une épaisse guitare. Contenant un double soufflet mis en action au moyen d'une longue verge, les registres étaient ouverts par des fils correspondant à des boutons adaptés le long du manche de l'instrument.

Mélophonorgue. Ainsi se nommait un instrument imaginé en 1854 par Leterme, qui ne consistait que dans deux séries d'anches résonnant ensemble à distance d'un quart à un neuvième de ton plus ou moins.

Memphitique (danse). Se disait, chez les anciens Egyptiens, d'une danse guerrière qui s'exécutait au son instruments militaires.

Ménestrels. Poëtes et musiciens qui florissaient en France dès le huitième siècle. — Le maître de chapelle du roi Pépin, père de Charlemagne, était un ménestrel. — Chanteurs et virtuoses à la fois, les ménestrels obtinrent pendant longtemps de grands succès. A la suite des preux chevaliers dans les batailles, les tournois, les carrousels, ils célébraient leurs exploits, et se rendaient les interprètes des sentiments exaltés, patriotiques qui faisaient alors battre les cœurs. — Ils jouaient aussi un rôle dans les cours d'amour, les combats poétiques et tous les jeux brillants du moyen-âge. — Admis dans les salons de l'aristocratie, ils faisaient l'admiration et les délices des sentimentales châtelaines.

Cette vogue des ménestrels dura tant que leur nombre n'excéda pas certaines limites; mais à mesure qu'ils se multiplièrent, ils perdirent peu à peu de leur crédit et de leur empire sur les imaginations. Il faut dire que plusieurs d'entre eux s'attirèrent le mépris public par des excès et des désordres qui provoquèrent souvent la rigueur des lois.

Déchus de leur ancien prestige, exclus des châteaux et des palais, les ménestrels formèrent une corporation dont les membres, disséminés sur les divers points de la France, se mirent à utiliser leurs talents le plus fructueusement possible. Réunis en groupes de quinze ou vingt, ils parcouraient les bourgs, les villages, chantant et jouant de la viole et de la lyre; puis, quand le soir était venu, ils partageaient en bons camarades leur recette de la journée.

Les ménestrels survécurent aux troubadours. Mais à mesure que la musique fit des progrès en France, ils perdirent peu à peu toute considération. Connus encore aujourd'hui sous le nom de *ménétriers*, ils sont relégués au dernier rang de la hiérarchie musicale, et leur archet ne sert plus qu'à défrayer les fêtes rustiques.

MENUEL. Était un diminutif du *Cor*.

MENUET. Air de danse d'un mouvement modéré et à trois temps. — Le menuet est d'origine française; il se dansait à deux, et avait autant de grâce que de noblesse. Le menuet d'*Exaudet* a été longtemps célèbre.

On nomme aussi *menuet* un morceau, ordinairement le troisième, d'une symphonie ou d'un quatuor; il est aussi à trois temps, mais d'un mouvement très-rapide.

Les menuets de Mozart, de Haydn, de Beethoven, sont presque tous des chefs-d'œuvre. Celui que Mozart a placé dans le premier finale de *Don Juan* est d'un goût exquis.

MERLINE. Orgue à cylindre, qui sert à siffler les merles et les bouvreuils. Il est plus fort que celui qu'on emploie pour le serin, parce que la voix des bouvreuils et des merles est plus grave.

MESE. Signifiait, dans la musique ancienne, une des sept cordes de la lyre, celle du milieu qui était consacrée au Soleil. Ce mot désignait également le son du milieu du système musical des Grecs.

Messe. Composition musicale, en plusieurs morceaux détachés, que l'on chante dans les églises catholiques pendant le saint sacrifice de la Messe.

Les paroles de la Messe sont fort belles et favorables au langage varié de la musique ; elles fournissent des contrastes dont un compositeur habile sait tirer parti. Le *Kyrie* est une prière affectueuse, le *Gloria* s'ouvre par un chant éclatant, le *Credo*, majestueux d'abord, passe de l'expression d'un sentiment tendre à celle d'une profonde tristesse. Les effets bruyants du *Resurrexit* contrastent avec l'abattement de la douleur ; la trompette du Jugement fait entendre ensuite ses accents terribles et solennels, et le discours musical a pour péroraison un final brillant et rapide dans l'*Et Vitam*, ordinairement traité en fugue ; le *Sanctus* et l'*Agnus Dei*, sont deux prières ; l'un a le caractère imposant, l'autre est d'une expresssion suave et tendre.

Parmi nos compositeurs modernes, les messes de Lesueur et Chérubini sont justement admirées.

La *Messe des morts* se compose ordinairement de sept parties.

Mesure. Règle qui établit le rapport des sons entre eux, quant à leur durée. (Voyez Temps.)

Mesuré. Mot que l'on écrivait autrefois sur les partions pour indiquer l'endroit où cessait le récitatif et où reprenait le chœur.

Méthode. Spécialement appliqué à la musique, ce mot désigne une série de règles et de préceptes qui enseignent à tirer tout le parti possible des aptitudes naturelles.

Dans la musique vocale, on dit qu'un chanteur a une belle, une excellente méthode, pour indiquer que des études fortes, habilement dirigées et fondées sur une science profonde, ont développé, assoupli son organe, et l'ont rendu propre à l'exécution des plus grandes difficultés. L'on pourrait citer beaucoup d'artistes, qui, sans posséder des facultés supérieures, sont arrivés à de beaux résultats, grâce à une méthode parfaite. Ce n'est pas à dire pourtant que la méthode puisse suppléer à d'heureuses dispositions, mais elle double l'effet et la puissance des belles voix, et corrige, transforme, modifie les voix défectueuses.

Dans l'enseignement de la musique, on appelle aussi *méthode* les préceptes qui servent de base à l'éducation musicale, et qui ont pour objet de faire parcourir progressivement à l'élève toutes les difficultés de l'art.

Dans l'exécution instrumentale, les méthodes sont nombreuses et variées. L'on peut dire que chaque artiste éminent a la sienne.

MÉTHODE. Se dit également de la manière d'exécuter.

MÉTROMÈTRE. Instrument servant à battre la mesure et les temps de tous les airs. Il fut inventé en 1732, par Oms-Embray.

MÉTRONOME. Instrument propre à mesurer le temps musical, dont Maëlzel se dit l'inventeur, en 1815; mais l'invention fut réclamée par Winkel, Hollandais.

MEZZADIÉ (Alex.). Luthier à Ferrare, y travailla de 1690 à 1720.

MEZZO-MEZZA. Mot italien qui veut dire *moyen*: ainsi mezza voce signifie *à demi-voix;* mezzo forte, *modérément*.

MICROPHONE. Se dit des instruments destinés à augmenter l'intensité du son, comme font la plupart des instruments à vent, tel que le *porte-voix*.

MICROSCOME MUSICAL. Mécanisme inventé et construit en 1770, par Triklir, de Dijon, au moyen duquel on pouvait mettre tous les instruments à cordes à l'abri des variations de l'air.

MILANI (Francesco). Imitateur scrupuleux de Stradivarius, travailla à Milan en 1742.

MINIME. On employait autrefois ce mot pour indiquer une note valant deux noires ou la moitié d'une ronde. On appelle intervalle *minime* celui qui est moindre que l'intervalle *mineur* ou *diminué* pour ceux qui sont susceptibles d'admettre ce degré.

MINNESINGER (c'est-à-dire *chantre d'amour*). Nom usité en Allemagne pendant le moyen-âge pour désigner cette sorte de poëtes nommés en France *troubadours* ou *trouvères*. Les *minnesingers* étaient, pour la plupart, des chevaliers, ou tout au moins des hommes nobles, et vivaient à la cour des princes. L'empereur Frédéric II, l'archiduc d'Autriche, Léopold IV, le roi de Bohême Wenceslas, etc., se rendirent célèbres par la protection qu'ils accordèrent aux minnesingers. Parmi les plus anciens de ces poëtes, on cite Henri de Veldeck, qui florissait vers 1180. Les plus distingués vécurent à la fin du douzième siècle et au commencement du treizième. A la fin de ce dernier on admirait Conrad de Wurzbourg et Jean Hadloub.

Mise de voix. Tenue faite sur une des notes les plus sonores du diapason, en passant insensiblement du pianissimo au forte et du forte au pianissimo.

Mixis. On donnait ce nom, chez les Grecs, à la partie de la mélopée qui enseignait l'art de combiner les intervalles et les modes.

Mixo-Lydien. Se disait d'un des modes de l'ancienne musique grecque appelé également *hyperbonien* et *milésien*.

Modales (cordes ou notes). Sont celles qui font entendre le mode, la tierce et la sixte.

Mode. Ce mot veut dire *manière d'être* et désigne la manière d'être du ton.

Un ton donné peut exister de deux manières, qui sont toutes deux caractérisées par la première tierce de sa gamme. Ainsi l'on dit qu'il est du *mode majeur* si la première tierce de sa gamme est majeure, et qu'il est du *mode mineur* si la première tierce de sa gamme est mineure.

Changement de mode. — C'est un artifice harmonique très-usité, et quoique fort simple, souvent du meilleur effet.

On peut, à son gré, employer successivement les deux modes du ton dans lequel on est, c'est-à-dire rendre à son gré majeurs ou mineurs les deux accords du ton dans lequel on se trouve.

L'expression de l'accord parfait est très-différente dans les deux modes : le mode mineur lui donne une teinte marquée de mélancolie et de tristesse.

L'accord de dominante est composé des mêmes notes dans les deux modes; mais son expression est également différente, parce qu'il prend la teinte du mode et de l'accord parfait.

Modification des accords. Voyez Accords (Modication des).

Modulation. Moduler, c'est changer de ton.

La modulation est peut-être la partie la plus importante de l'harmonie, et la source la plus féconde de ses richesses et de ses beautés.

Pour moduler, on prend l'accord de dominante du ton où l'on veut aller, et on le résout dans l'accord parfait de ce ton. Cette règle est la seule qui existe : ce qu'on peut y ajouter n'en est que le développement et l'application.

Les altérations accidentelles introduisent dans un ton donné des attractions qui lui sont étrangères et qui fournissent un moyen facile de moduler dans les tons auxquels elles appartiennent. (Voyez ALTÉRATION.)

En pratique, on prend l'une pour l'autre, deux notes séparées par l'intervalle *enharmonique* d'un comma, telles que *ut* dièse et *ré* bémol, *si* naturel et *ut* bémol, etc. Toutefois, leurs tendances sont complètement différentes et mettent en rapport les tons les plus éloignés. Ainsi, *ut* dièse a une tendance ascendante vers *ré,* et peut être considéré comme la sensible du ton de *ré; ré* bémol, au contraire, bien que synonyme pratique de *ut* dièse, a une tendance descendante vers *ut* naturel, et peut être considéré comme le quatrième degré du ton de *la* bémol. L'identité pratique de ces notes et de celles qui leur sont analogues réunie à la divergence de leurs attractions tonales, est, pour les compositeurs habiles, un des plus riches et des plus puissants moyens d'effets que l'harmonie puisse fournir.

MODULER. C'est parcourir les cordes d'un ton ou de plusieurs, l'un après l'autre, en les employant mélodiquement ou harmoniquement, ainsi qu'il arrive dans les préludes, ou d'une manière plus régulière, comme dans les morceaux de différents caractères.

Moduler, c'est dans la véritable acception du mot, faire usage d'une modulation ou de plusieurs successivement.

MOLDAVIE (Musique de la). La musique de ce peuple est peu importante. Elle consiste en quelques mélodies d'une extension très-bornée et d'un caractère mélancolique. Il y a parmi le peuple de ce pays quelques troupes de Bohémiens qui font usage du violon, du fifre, de la flûte, de la clarinette et d'une espèce de guitare. Les classes riches ont adopté l'usage général du piano.

MONDAINE (musique). Nom donné par quelques anciens philosophes à l'harmonie ou à l'accord parfait de toutes les parties de la nature.

MONOCORDE. Instrument de bois ou de cuivre, sur lequel il n'y a qu'une seule corde tendue et divisée selon certaines proportions pour faire connaître les différents intervalles des sons. — Monocorde se dit aussi des instruments à une seule corde, tel que la trompette marine.

On nommait *monocorde* dans l'antiquité un instrument en usage chez les Grecs, auxquels il servait de diapason. Il servait également pour la mesure ou pour le ton. Dans la suite, on y mit plusieurs cordes en conservant toujours son nom.

Monologue. C'est une scène chantée par un seul acteur qui, s'étant identifié avec le personnage qu'il représente, en exprime les divers sentiments avec vérité. Cette scène se compose ordinairement d'un récitatif instrumenté avec soin, suivi presque toujours d'une cavatine ou d'un air de plusieurs mouvements.

Monotonie. Uniformité, égalité ennuyeuse de ton dans la musique, soit vocale soit instrumentale.

Montade (Gregorio). Excellent élève et imitateur de Stradivarius, qui travaillait à Crémone en 1726.

Montagiano (Dominique). Habile luthier de Cremone, qui fut ensuite à Mantoue, où il exerçait son art en 1715, et termina sa carrière à Venise.

Monter. Aller du grave à l'aigu par intervalles conjoints ou disjoints.

On dit également *monter un instrument*, c'est-à-dire y mettre des cordes. *Monter un opéra*, faire les répétitions et les préparatifs nécessaires pour sa mise en scène et sa représentation.

Montre. Jeu d'orgue dont les tuyaux paraissent à la façade de l'instrument. La montre appartient à l'espèce des jeux de flûte.

Mordant. Agrément très-souvent employé, qui consiste en deux ou plusieurs petites notes, placées immédiatement avant une note quelconque. Le mordant s'exécute de plusieurs manières, et l'on se sert de différents signes pour l'indiquer.

Mordant. Se dit également d'une voix dont le timbre est sonore et pénétrant.

Morella-Morglato. Luthier, travaillait à Mantoue, en 1550.

Motet. Morceau de musique dont le chant, adapté à des paroles tirés de l'Écriture et des Psaumes, était autrefois destiné à être exécuté par deux, trois, quatre, cinq, six voix seules ou accompagnées uniquement de l'orgue. On imagina seulement, dans le dernier siècle, d'accompagner ces morceaux de chant avec d'autres instruments.

Après les messes et les oratorios, les motets sont la partie la plus importante de la musique religieuse : ils en ont même toujours été et en seront toujours la partie la plus usuelle et la plus cultivée.

Presque tous les compositeurs célèbres ont composé des motets. On distingue, entre tous, ceux de Scarlatti, Léo, Durante, Pergolèse, Haydn, Mozart, Lesueur, Chérubini, etc.

MOTIF. Idée primitive et principale par laquelle commence ordinairement un morceau de musique. On emploie le mot *thême* dans la même acception.

MOUVEMENT. On désigne ainsi le degré de vitesse ou de lenteur dans lequel on exécute un morceau de musique. Les différents degrés de mouvement se divisent en cinq espèces principales 1° *largo* ou *lento* ; 2° *adagio* ; 3° *andante*; 4° *allegro* ; 5° *presto*. Tous les autres mouvements, comme par exemple le *grave*, le *larghetto* l'*andantino*, l'*allegretto*, ne sont que les modifications des cinq espèces que nous venons d'indiquer.

MOUVEMENT HARMONIQUE. On entend par ce mot la marche de deux ou d'un plus grand nombre de sons dans leur progression d'un son à un autre son. Il y a trois espèces de mouvements, savoir : *le mouvement direct*, quand les parties montent et descendent en même temps; le *mouvement contraire*, lorsqu'une partie monte pendant que l'autre descend ; enfin, le *mouvement oblique*, quand une partie étant immobile, l'autre monte ou descend.

MUANCES. Changement du nom des notes dans l'ancienne solmisation, lorsque le chant sortait des bornes de l'*hexacorde*. Depuis l'adoption de la note *si* qui complète la gamme on ne se sert plus des muances.

MUE DE LA VOIX. La nature opère un changement dans la voix à l'époque où les individus des deux sexes passent de l'enfance à la puberté. L'époque de ce changement n'est point fixe, ni chez les uns ni chez les autres. Ce qui est constant toutefois, c'est que la voix des hommes, après la mue, change tout à fait de nature et prend un caractère opposé à celui qu'elle avait, tandis que la voix des femmes n'éprouve point une mutation pareille. Le seul changement qui s'opère en elles consiste à donner à cette voix plus de force et d'étendue, sans qu'elle change ordinairement de nature.

MULLERPHONE. Nom donné par l'inventeur *Muller* à un basson, sorte de contrebasse à anche, dont le pavillon était en cuivre.

MUSARDS. Nom anciennement donné à certains musiciens tous provençaux qui chantaient, jouaient des instruments, et récitaient des vers.

MUSETTE. Instrument de musique à vent et à anche, composé d'une peau de mouton de la forme d'une vessie, de chalumeaux, d'un bourdon, de plusieurs anches et d'un soufflet. Cet instrument a été fort en usage en France, vers le milieu du xviiie siècle.

On appelle aussi musette un air convenable à l'instrument de ce nom, dont la mesure est ordinairement à 6[8, le caractère naïf et doux, le mouvement un peu lent, et soutenu par une basse en pédale.

MUSICIEN. Ce nom se donne également à celui qui compose la musique et à celui qui l'exécute.

MUSICOGRAPHE. Instrument au moyen duquel on peut écrire la musique. — M. Guichené en imagina un en 1857.

MUSIQUE. Musique dérive du mot *musa*, muse; l'art enseigné par la muse par excellence, celle qui présida à la civilisation dans l'enfance des sociétés.

Le son est, si l'on peut s'exprimer ainsi, la matière musicale. Les diverses combinaisons d'agencement qui peuvent concourir à établir l'ordre dans lequel on veut faire succéder un son à un autre son, soit dans leurs rapports du grave à l'aigu, ou de l'aigu au grave, ou du grave au medium, ainsi que de la durée de temps que l'on veut assigner à chacun d'eux en particulier, constituent la partie spéculative de l'art.

La musique se compose de trois parties bien distinctes.

1° De la *mélodie*, ou succession de plusieurs sons différents qui, dans leurs rapports de tonalité, concourent à former un ensemble agréable et flatteur pour l'oreille;

2° Du *rhythme*, ou de l'ordre choisi dans lequel on établit la succession des sons; leurs durées et leur placement aux temps faibles, forts et au temps des mesures;

3° De l'*harmonie*, audition simultanée de plusieurs sons différents qui, d'accord entre eux, viennent former un harmonieux ensemble.

La musique est, de tous les beaux-arts, celui sur lequel on a le plus disserté sans s'entendre. C'est aussi celui qui a donné lieu au plus grand nombre de théories et de systèmes. L'incertitude que ces diverses opinions et ces jugements contradictoires ont jetée dans les esprits est, sans contredit, une des principales causes des obstacles qui ont longtemps arrêté les progrès de l'art musical.

La musique a plus besoin d'être sentie que raisonnée. Pour nous émouvoir, elle s'empare toujours de nos sens avant de parler à notre esprit. Elle est, par son essence, purement idéale. Le vague qu'elle semble porter en elle est une volupté pour l'auditeur, et les sentiments de piété, d'amour, de fierté, de joie, de fureur ou de gloire qu'elle sait si bien exprimer, ont déjà pénétré notre âme bien avant que notre raison en vienne sanctionner les effets. Les fables mêmes dont s'enveloppe la mémoire des premiers musiciens, attestent les prodiges enfantés par cet art, avant que les hommes eussent appris à transmettre leurs expériences et leurs idées autrement que par la tradition. Orphée passa pour le fils d'un dieu, bien avant qu'Homère eût obtenu des autels; et sans doute plus d'un berger amoureux avait chanté les plaisirs et les charmes de sa maîtresse, quand Dibutade imagina de fixer sur la pierre l'ombre incertaine des traits de son amant. Si, dès l'enfance du genre humain, la sculpture sortit grossière des mains de l'idolâtrie, ce fut par suite du besoin qu'éprouvait l'homme d'adresser aux images des dieux des hymnes composés en leur honneur; et les lambris du premier temple qu'éleva l'architecture retentirent des mêmes concerts que la Divinité agréait depuis longtemps sous la voûte religieuse des forêts. Il est donc hors de doute que si l'on peut contester à la musique un rang de prédominance parmi les beaux-arts, on ne saurait du moins lui refuser celui de l'antériorité. Emané de la reconnaissance des hommes, ce bel art prit naissance avec le monde : il fallait une langue universelle pour exprimer un sentiment universel; Dieu créa la musique.

S'il est bien reconnu que la musique, par son magique pouvoir, agit sur nos sens avant de parler à notre intelligence, l'on doit aisément concevoir qu'il a été plus difficile de fixer ses règles que celles des autres arts. Cependant il est des parties qui ont pu être analysées; la succession des accords ou la science de l'harmonie, et la puissance du rhythme ont été soumises à des calculs positifs et à des règles immuables.

Quant à la mélodie, elle ne peut recevoir de règles que du génie et du goût. Le génie ne peut s'acquérir ; le goût peut se former par l'expérience et la comparaison.

La musique étant considérée comme un langage particulier, a eu besoin d'un alphabet particulier qui pût lui servir à transmettre ses pensées, et lui offrir le moyen de représenter et de peindre à nos yeux la variété des sons dont elle sait faire choix pour charmer nos oreilles. Dans le langage parlé, plusieurs signes différents, tels que les lettres, les points, les virgules, les accents, servent à représenter toutes les variétés de l'organe de la parole ; dans le langage musical, plusieurs signes différents, tels que les *portées*, les *notes*, les *clefs*, les *dièses*, les *bémols* les *bécarres*, les *pauses*, les *soupirs*, servent à représenter toutes les variétés de l'organe chantant.

Longtemps la voix humaine a sans doute été seule en possession de faire entendre des sons musicaux ; mais le génie inventif de l'homme, activé par ce besoin de tout connaître qui le porte incessamment à tenter de pénétrer les mystères de la création, lui a dévoilé les premières lois de l'acoustique, et d'efforts en efforts, de siècle en siècle, il est parvenu par imitation à créer des voix factices auxquelles il a donné le nom d'instruments de musique.

Les différentes natures des voix humaines dépendent surtout de celles des sexes. Chez les hommes particulièrement, ces différences dépendent de celles de l'âge. L'importance de ce dernier sujet nous forçant à le traiter d'une manière spéciale et approfondie, nous renvoyons le lecteur à l'article. (Voix).

Musique a coups de canon. L'emploi du canon canonnant en musique, date de 1788. Ce fut un Italien qui, le premier, tenta cette innovation. Le célèbre Sarti appelé en 1784 à Saint-Pétersbourg, en qualité de maître de chapelle, y organisa un orchestre formidable pour donner à son bénéfice personnel, un grand concert spirituel. En 1788, à l'occasion de la fête célébrée pour la prise d'Okrakow, il composa un grand *Te Deum* qui fut exécuté dans le château impérial par une nombreuse réunion de chanteurs et d'instrumentistes, auxquels se joignit un orchestre de cors russes. Pour augmenter l'effet de cette musique grandiose, Sarti fit placer dans la cour du château des canons de différents calibres, dont les coups tirés en mesure à des intervalles donnés, formaient la basse de certains morceaux.

Charles Stamitz, célèbre par son talent sur l'alto et la viole d'amour, exécuta à Nuremberg une grande musique vocale et instrumentale de sa composition, dont la pompe était relevée par l'accompagnement obligé de coups de canons.

En 1836, au camp de Plaisance de Krasnoje-Selo, en Russie, il y eut une grande solennité musicale dont cent vingt coups de canon formèrent l'introduction. Puis, pendant les morceaux de chants exécutés par les masses chorales, des coups de canon tirés régulièrement, battaient la mesure.

Musique avant le déluge. A l'article *Origine de la musique*, nous dirons que cet art, comme celui de la parole, ou du langage parlé, venait du créateur de toutes choses. Si nous ne connaissons point de maîtres humains qui enseignassent la musique dans les premiers siècles du monde, c'est que Dieu lui-même voulut bien enseigner lui-même ce langage à ses créatures bien aimées. D'après Moïse, il créa l'homme pour l'aimer et le servir : il lui apprit à célébrer sa toute puissance et les merveilles de la création par des chants primitifs, mais pleins de vie, d'expression, d'enthousiasme. Plus tard, il permit que Jubal inventât des instruments de musique et enseignât cet art sublime au peuple de son choix. Bientôt Jabel, Tubalcaïn, la jeune Noéma firent cercle autour du fils de Lamech, et l'art musical devint une science, chez les Hébreux, qui fit probablement des progrès considérables pendant les seize cents années et au-delà qui s'écoulèrent entre la création et la grande catastrophe du déluge.

On sait que l'instrument champêtre a donné l'idée de l'orgue moderne, dont chaque *registre* présente assez bien à l'œil la forme de la flûte à tant de tuyaux. Il y avait donc, dans ces temps reculés, des instruments à vent et à cordes et certainement ceux à percussion existaient aussi. Quant à la musique vocale, il est hors de doute qu'elle était en usage alors, puisqu'il est dit que dans le temps de Seth, vers l'époque de la naissance d'Enos, les hommes commencèrent à célébrer le nom du Seigneur. Nous croyons même, comme nous l'avons dit plus haut, que cet acte de reconnaissance avait été accompli dès les premières années de l'ère Judaïque. En offrant ses sacrifices à l'Éternel, Abel, comme son père et sa mère, dut chanter les louanges de celui qui bénissait ses troupeaux. La chronique d'Alexandrie dit que « les fils de Seth invoquèrent le Seigneur avec l'hymne des anges. » D'après Calmet, le sens de ces paroles est qu'ils commencèrent à réciter l'hymne du Seigneur : *Saint, saint, saint;* et, comme le dit le P. Martini, *hymne* signifiant la réunion de la poésie et de la musique, il est clairement prouvé qu'il est ici question de ce dernier art.

Mutation (Jeux de). On appelle ainsi les registres de l'orgue dont les tuyaux ne sont point accordés au diapason des jeux de fonds, et qui sonnent ou la tierce, ou la quarte, ou la quinte de ceux-ci, et quelquefois plusieurs de ces intervalles à la fois. Le cornet, la cymbale, la fourniture, sont des jeux de mutation.

Mutation. Se disait dans la musique ancienne des transitions de la musique des Grecs, qui étaient au nombre de cinq.

N

Nabla ou Nebel. Ancien instrument des Hébreux, que Luther a traduit par *psaltérion*. On croit généralement que c'était la lyre des anciens. Il se composait d'un cadre sonore triangulaire, dont un des angles était tronqué. Les cordes étaient tendues perpendiculairement dans la partie vide du triangle.

Nacaire. Nom anciennement donné aux tymbales.

Nafiri. Nom d'une trompette indienne.

Nagaret. Espèce de timbales en usage dans l'Abyssinie. On les frappe avec un bâton courbé, long de trois pieds, et on les attache sur des mulets de selle.

Nasard. Jeu d'orgue qui tire son nom de sa qualité de son nasillard ; il sonne la quinte du *prestant;* c'est pourquoi on lui donne quelquefois le nom de quinte. Le *nasard* est de l'espèce des jeux d'orgue qu'on appelle jeux de mutation.

NATUREL. Voy. les mots *accident, chant, intervalle*.

NATUREL. La beauté de l'art consiste dans l'imitation de la nature. Cependant, comme l'art ne rejette pas le beau idéal et ne repousse pas les inspirations de la fantaisie, il arrive que l'artiste, en imitant la nature, l'embellit, et l'élève pour ainsi dire à l'idéal.

NATURELS. Se dit des tons qui se forment de la gamme ordinaire sans aucune altération. On dit aussi *notes naturelles*, celles qui ne sont affectées ni d'un dièze, ni d'un bémol.

NECHILOTH. Nom générique des instruments à vent en hébreu, comme le mot néginoth est le nom générique des instruments à cordes.

NEL. Espèce de flûte traversière faite de roseau, en usage chez les turcs.

NELLA (Raphaël) de Brescia, était un luthier fort habile qui vivait en 1680. On reconnaît ses violons à ce que les têtes sont toujours sculptées et que les éclisses sont remplies d'inscriptions.

NÉRONÉENNES. Fêtes romaines instituées par Néron, dans lesquelles avaient lieu des luttes musicales.

NEUME. C'est un terme employé dans le plain-chant. Le neume était une figure mélodique que l'on plaçait sur une voyelle et le plus souvent sur la dernière voyelle du mot *Alleluia*. C'est un chant sans paroles, autorisé par le catholicisme d'après un passage de Saint-Augustin, qui dit que « ne pouvant trouver des paroles dignes de « Dieu, l'on fait bien de lui adresser des chants confus de « jubilation. »

Le neume s'entend aussi d'une pause, d'un comma, d'un signe final.

C'est aussi un terme de l'une des six anciennes écritures musicales qui ont précédé la notation de *Gui d'Arezzo*. Les neumes étaient de petits signes placés au-dessus des paroles, dont chacun exprimait une formule de chant.

NEUVIÈME. Intervalle dissonant de neuf degrés, ou l'octave de la seconde; il est de trois espèces : 1° la *neuvième mineure*, comme *mi*, clef de basse, troisième espace, et *fa*, clef de violon, premier espace : 2° la *neuvième majeure*, comme *do*, clef de basse, et *ré*, au-dessus de la portée : 3° la *neuvième augmentée*, comme *fa*, clef de basse, quatrième ligne, et *sol*, clef de violon, seconde ligne.

NEXUS. Nom antique de la mélodie, consistant en une

succession alternée de sons qui procédaient ou par degrés ou par sauts. Lorsqu'ils montaient, ils se nommaient *nexus rectus* ; lorsqu'ils descendaient, on les nommait *nexus anacamptus*, et lorsqu'ils montaient et descendaient *nexus circumstans*.

Nez (chanter du). C'est naziller, chanter d'une manière désagréable comme si le nez était bouché.

Nicolo. Nom que l'on donnait anciennement à une sorte de hautbois, qui était le contralto de cet instrument et qui a cessé d'être en usage.

Nicordo. Instrument à corde qui fut inventé à Florence, en 1650 par François Nigelli.

Ninfali. Espèces de petites orgues en usage anciennement en Italie. *Monteverdi* s'en est servi en 1607 dans son opéra *d'Eurydice*.

Noble. Le style musical est noble lorsqu'il s'élève au-dessus de l'expression commune et que les formes vulgaires et insignifiantes en sont exclues. — Dans l'exécution, la noblesse consiste à éviter l'emploi des agréments inutiles, à marquer sans affectation l'accent oratoire, à exposer avec aisance et dignité toutes les périodes d'un morceau de musique.

La noblesse doit être exprimée naturellement, sans vulgarité, mais aussi sans emphase ni affectation, autrement on tombe dans le style *maniéré*, qui consiste à exécuter un chant simple de sa nature en le chargeant d'ornements affectés, et par conséquent de mauvais goût.

Nocturne. Morceau de musique destiné à être exécuté de nuit en sérénade ou dans les salons. Le nocturne vocal s'écrit à deux, trois et quatre voix ; on le dispose quelquefois de manière à ce qu'il puisse être chanté sans accompagnement. — Le nocturne étant fait pour ajouter aux charmes d'une belle nuit ou des réunions intimes, son caractère s'éloigne autant de la gaieté vive et bruyante que de la tristesse et du mouvement impétueux des grandes passions. Une mélodie gracieuse et suave, tendre et mystérieuse, des phrases simples, une harmonie peu travaillée, mais pleine, onctueuse, telles sont les qualités que l'on doit rencontrer dans le nocturne, et s'il est exécuté par de bons chanteurs, son effet sera délicieux.

Le nocturne est encore une pièce instrumentale écrite pour harpe et cor, hautbois et piano, flûte et piano, etc.

Ces nocturnes ne sont, à proprement parler, que des fantaisies dialoguées.

NOCTURNE. Partie de l'office des matines qui se divise en trois nocturnes, ainsi appelés parce que les premiers chrétiens les chantaient pendant la nuit en trois temps différents.

NODALES (lignes). Ce sont celles qui se trouvent produites par la série des points de repos à la surface d'une verge rigide mise en vibration.

NOELS. Airs destinés à certains cantiques chantés aux fêtes de Noël. Les airs des noëls doivent avoir un caractère champêtre et pastoral, en harmonie avec la simplicité des paroles et avec celle des bergers, qu'on suppose les avoir chantés en allant rendre hommage à l'enfant Jésus dans la crêche.

NOEUD. On appelle nœuds les points déterminés par lesquels une corde sonore, mise en vibration, est divisée en parties aliquotes vibrantes, qui rendent des sons différents de ceux produits par la corde entière.

NOIRE. Note de musique qui vaut deux croches ou la moitié d'une blanche. Dans l'ancienne musique, on se servait de plusieurs sortes de noires : *noire à queue, noire carrée, noire en losange.* Ces deux dernières espèces sont demeurées dans le plain-chant ; mais dans la musique moderne, on ne se sert plus que de la noire à queue.

NOME. Espèce d'air des anciens Grecs, dont on ne pouvait changer en rien la mélodie. Les *nomes* contenaient les principales lois de la vie civile, ou des louanges en l'honneur de quelque divinité imaginaire.

NONE. Partie de l'office divin, une des heures canoniales.

NON TROPPO, PAS TROP. Expression italienne qui se joint aux indications du mouvement de vitesse ou de lenteur ou aux modifications de force et de douceur. Ainsi *non troppo allegro* signifie *pas trop vite ; non troppo adagio,* pas trop lent, etc.

NOTATION. Art de représenter aux yeux et à l'intelligence le son musical et ses différentes modifications, de telle façon que l'exécution reproduise ensuite au moyen de la voix ou des instruments, les pensées écrites par le compositeur. On écrivait dans l'antiquité, chez les Grecs, la musique à l'aide des caractères de l'alphabet ; au VIe siècle de l'ère chrétienne, le pape Grégoire substitua aux lettres de l'alphabet grec, les lettres de l'alphabet romain, mais comme ces lettres ne se prêtaient point au goût des ornements, des roulades, des fioritures qui domina ensuite, chaque nation en adopta une particulière : ainsi il y eut la notation celtique, la notation saxonne, la notation lombarde, les neumes, etc, etc. Quand le désordre fut à son comble, un moine toscan, *Guido d'Arezzo* imagina un système très-simple qui mit fin à cette anarchie ; il imagina la portée, les notes, les clefs, qui forment le germe de la notation usuelle adoptée par tous les peuples. Le P. Souhaisty voulut changer cette notation et il proposa de remplacer le nom des notes par les sept premiers chiffres, et J.-J. Rousseau marcha un moment sur les traces du Jésuite innovateur et adopta l'idée des chiffres, mais ayant reconnu l'impossibilité d'égaler la simplicité, la rectitude de la notation usuelle, il l'a condamna. Cette écriture par chiffre fut reprise par *Galin*, non comme théorie, mais seulement comme moyen pédagogique. Plus tard, MM. Paris et Chevé, adoptèrent la donnée du chiffre et voulurent faire dominer leur chiffrage et remplacer la notation usuelle répandue dans tout l'univers, par un nouveau langage musical. Ce système n'a pas mieux réussi.

NOTE SENSIBLE. Est celle qui est une tierce majeure au-dessus de la dominante, ou un demi-ton au-dessous de la tonique. On l'appelle note sensible parce qu'elle fait sentir le ton et la tonique sur laquelle, après l'accord dominant, la note sensible, prenant le chemin le plus court, est obligée de monter.

NOTER. C'est écrire de la musique avec les caractères destinés à cet usage et appelés notes. Il faut distinguer *noter* de *copier*. Le musicien note ce qu'il compose ou ce qu'il a retenu de mémoire : celui qui écrit la musique déjà notée, et d'après un exemplaire qu'il a sous les yeux, est tout simplement un copiste.

NOTES. Signes ou caractères dont on se sert pour écrire la musique. Les Grecs se servaient des lettres de leur alphabet pour noter la musique. Les Latins les imitèrent dans cette pratique. Ce ne fut que dans le onzième siècle qu'un bénédictin d'Arezzo, nommé Guido, substitua à ces lettres des points posés sur différentes lignes parallèles, à chacune desquelles une lettre servait de clef : dans la suite, on grossit ces points ; on s'avisa d'en poser aussi dans les espaces compris entre les lignes, et l'on multiplia, selon le besoin, ces lignes et ces espaces.

Les notes n'eurent, pendant un certain temps, d'autre usage que de marquer les degrés et les différences de l'intonation ; elles étaient toutes, quant à la durée, d'égale valeur, et ne recevaient à cet égard d'autres différences que celles des syllabes longues et brèves sur lesquelles on les chantait.

Cet état de choses dura jusqu'en 1338, époque où Jean de Murris, docteur et chanoine de Paris, donna différentes figures aux notes pour marquer les rapports de durée qu'elles devaient avoir entre elles. Il inventa aussi certains signes de mesure, appelés modes ou prolations, pour déterminer dans le cours d'un chant, si le rapport des longues ou brèves serait double ou triple. Plusieurs de ces figures ne subsistent plus, on leur en a substitué d'autres en différents temps, jusqu'à ce que la division en mesures de valeur égale soit venue donner une marche fixe et régulière au chant noté.

On ne donne le nom de notes qu'aux caractères qui représentent les sept notes *do, ré, mi, fa, sol, la, si*.

Notes accidentées. C'est-à-dire accompagnées d'un des signes que l'on nomme accidents.

Notes a double queue. Ces notes se trouvent habituellement dans les parties de violons, de violes, de guitares. On les exécute sur la corde à vide. La double queue indique qu'à la corde à vide on doit unir son unisson correspondant, et l'effet désiré s'obtient en pressant avec le doigt la corde voisine.

Notes de passage. Les notes de passage sont ainsi appelées, parce qu'en remplissant les intervalles qui se trouvent entre des notes qui procèdent par degrés disjoints, elles servent de liaison pour passer plus aisément de l'une à l'autre ; elles donnent les moyens de varier la mélodie par des suites de notes, de roulades composées alternativement des notes de l'accord et de celles qui les séparent. De là vient que cette roulade ou tout autre trait de chant est désigné par le nom de passage.

Notes surabondantes. Quelques auteurs donnent ce nom aux triolets et aux sextolets, et dans quelques cas aux notes marquées 5 pour 4, 7 pour 4, 9 pour 8, etc.

Noteurs. Autrefois on appelait ainsi les musiciens qui étaient employés dans les chapelles à écrire la musique qu'on distribuait aux exécutants. Ce nom n'est plus en usage, on l'a remplacé par celui de copiste.

Novello (Petrus et Marc-Ant.) Furent d'habiles luthiers qui habitèrent Venise, et dont les instruments sont rares et bons. Ils travaillaient au commencement du xviii° siècle.

Noyau. Partie d'un tuyau d'orgue ou l'on place l'anche.

Numerus sectionalis. Ces mots latins signifient le nombre des mesures qui appartiennent à chaque membre parfait du rhythme de la mélodie.

Nunnie. Chez les Grecs on appelait *nunnie* la chanson particulière aux nourrices.

O

O. Cette lettre est dans la musique ancienne le signe de ce qu'on appelait temps parfait (*tempus perfectum*), ou du temps composé de trois *semi-brèves* (rondes).

Le signe *o* désigne la corde à vide sur le violon; mais, dans ce cas, il est employé comme zéro.

Quelques auteurs, en parlant de la position de la main, se servent de la lettre *o* pour indiquer le pouce.

Dans l'art de lire l'harmonie représentée par des chiffres, on marque par ce signe *o* la note qui ne doit pas être accompagnée; mais, dans ce cas encore, il est employé comme *zéro*, pour indiquer *néant*, c'est-à-dire pas d'accord.

Obligée. On appelle partie obligée celle qu'on ne saurait retrancher sans gâter l'harmonie ou le chant : elle se distingue des parties de remplissage, en ce que celles-ci ne sont ajoutées que pour donner plus de perfection à l'harmonie.

Ochetus. C'était autrefois une espèce de chant tronqué ou interrompu par des pauses, dont le mot correspondant en français pourrait être *hoquet*, d'où il dérive.

Octacorde. Division par octaves réunies, c'est-à-dire division où le dernier son de la première octave constitue le premier son de l'octave suivante.

Octave. Ton éloigné d'un autre de huit degrés, les deux extrémités comprises. La première des consonnances dans l'ordre de leur génération. L'octave est la plus parfaite des consonnances. Elle est, après l'unisson, celui de tous les accords dont le rapport est le plus simple. — Il y a trois espèces d'octaves comme d'unissons : *1° l'octave juste ; 2° l'octave augmentée; 3° l'octave diminuée.* (Voyez *quinte*).

Octave (règle d'). Dans l'ancienne musique était une formule d'accompagnement qui consistait à prendre les sixtes sur chaque degré de la gamme à l'exception du premier et du cinquième auxquels on fait porter l'accord parfait. *Règle d'octave* est aussi le nom que l'on donne à la règle qui enseigne la manière de chiffrer la gamme, et qui dicte par conséquent, les accords que peuvent ou que doivent recevoir les notes qui la composent.

Octaves (règle des deux). On ne doit pas faire succéder deux octaves de suite dans l'harmonie, surtout par mouvement direct, quand les parties harmoniques ne sont point à l'unisson ou à l'octave par la volonté expresse du compositeur. Ces deux octaves seraient d'un effet trop nul et trop plat.

Octavier. C'est faire entendre l'octave haute d'un son, soit en forçant le vent dans les instruments à vent, ou soit en jouant près du chevalet avec l'archet.

Octavin. Petite flûte qui donne l'octave de la grande flûte. *L'octavin* dont on fait usage à l'orchestre est diapasonné en *ré* comme la grande flûte, mais il rend les notes une octave plus haut qu'elles ne sont écrites.

Octavine. Nom que l'on donnait à une petite épinette qui n'avait que les octaves supérieures.

Octeophone. Instrument imaginé à Londres en 1789, par un mécanicien *Viennois*, nommé Vanderburq.

Octobasse. Contre-basse volumineuse, imaginée par *Dubois*, artiste de l'Académie royale de musique, en 1834, avec un mécanisme spécial consistant dans une roue qui placée près du chevalet et au-dessous des cordes, les attaquait avec plus ou moins d'énergie, à l'aide d'un levier de renvoi. Des pédales correspondantes saisissaient les cordes à différentes distances, les faisaient abaisser et les pressaient plus ou moins fortement contre la roue.

Vuillaume reprit cette idée en 1851 ; en lui faisant subir divers perfectionnements, il dota son instrument de leviers qui venaient placer sur les cordes des espèces de barres, en sorte que l'exécutant dans chaque position de la barre avait toujours à sa portée trois degrés.

OCTOCORDUM PYTHAGORALE, OU LYRE PYTAGORIQUE. Les anciens Grecs comprenaient sous ce nom un système d'instrument très-ancien et très-borné, inventé par Pythagore. Il comprenait huit sons : c'est-à-dire des *tétracordes* disjoints.

OCTOECUS. Nom d'un livre d'église chez les Grecs, qui renferme tout ce que l'on chante pendant les offices, selon les huit tons du chant.

ODE. Mot grec qui signifie chant ou chanson. Il y a l'ode-symphonie, qui est un poème musical mêlé de chant, de récitatif noté et parlé, et dans lequel l'orchestre joue un rôle très important. (Voyez *Chanson*.)

ODÉON. Édifice public à Athènes et dans d'autres villes de la Grèce, où les musiciens essayaient leurs morceaux avant de les exécuter en public.

Le premier odéon fut construit à Athènes par les ordres de Périclès. Apollodore et Domiton construisirent deux odéons à Rome.

ODESTROPHÉDON. Instrument à Anches libres, construit à Saint-Étienne, en 1842, par *Reverchon* et *Merlavaud*.

OERIPHONE. Instrument de la famille du physarmonica, construit par *Dietz*, en 1828 ; il le perfectionna en donnant au son plus d'intensité.

OEUVRE. Par ce mot on désigne les compositions musicales d'un auteur.

OEUVRE est du genre féminin, quand il s'agit d'une seule composition d'un auteur. Il est du genre masculin, quand il s'applique à tous les ouvrages produits par un artiste. Ainsi l'on dit l'œuvre entier de Beethoven, de Mozart, de Rossini, etc., etc.

OFFERTOIRE. C'est cette partie de la messe qui se trouve entre le *Credo* et le *Sanctus*, pendant laquelle le chœur garde le silence. L'orgue remplit cet intervalle ; ou bien on exécute une pièce composée exprès pour y être placée, et cette pièce, pour ce motif, prend le nom d'offertoire.

OFFICE DIVIN. On désigne par ce mot tout ce qui a rapport aux rites religieux, au chant, etc. Il y a l'office ambrosien, grégorien, mosarabique. Ce dernier a été introduit au commencement du seizième siècle par François Ximenès, archevêque de Tolède.

OLIPHANT. Etait une espèce de trompe composée d'une corne d'ivoire, d'où est venu son nom, du mot éléphant.

OLOPHYRMOS. Chanson funèbre des anciens Grecs.

OMBRE, NUANCE DE LA VOIX. C'est ainsi qu'on appelle en italien les différentes gradations des *fortés* et des *pianos*, dont en doit alternativement faire usage dans les cantilènes pour leur donner un peu de relief, comme les ombres et les demi-teintes servent en peinture à faire ressortir les couleurs.

OMERLI. Instrument de l'Inde, à archet, monté de deux cordes. Le corps est formé d'une noix de coco dont on a enlevé le tiers et dont on a aminci les parois. Quatre ouvertures elliptiques sont pratiquées à la partie antérieure. La table est formée d'une peau de gazelle bien préparée et bien unie.

OMNES. Mot latin qui signifie *tutti* et que l'on trouve quelquefois au lieu de celui-ci dans l'ancienne musique sacrée.

ONDES SONORES. Série continue des ondulations de même nature, se développant simultanément dans une colonne d'air mise en vibration. La longueur des ondes sonores est sensiblement égale à l'espace parcouru par le son, pendant la durée de la vibration; aussi on obtiendra cette longueur en divisant par le nombre de vibrations exécutées dans un temps donné, l'espace parcouru par le son pendant le même temps.

ONDULATION. Ce mot signifie à peu près la même chose que *tremolo*, avec cette différence que le mouvement en est plus grave, et que l'on émet les sons et la voix avec plus de latitude.

ONZIÈME. Réplique ou octave de la quarte. Cet intervalle s'appelle onzième, parce qu'il faut passer onze sons diatoniques pour aller de l'un de ces termes à l'autre.

OPÉRA. C'est, dans le sens le plus étendu, un drame musical. Il se distingue de la comédie et des autres ouvrages dramatiques, en ce qu'il ne peut se passer du concours de la musique, qui, dans la comédie et le drame, n'est qu'accidentelle et soumise aux exigences passagères du sujet. Dans l'opéra, au contraire, la musique est la partie essentielle, non toutefois de manière à dominer la poésie, mais seulement pour les mettre toutes deux en relation intime et les faire marcher d'accord.

Les principales qualités d'un poëme d'opéra sont : une esquisse exacte et facile des caractères, un grand fonds de situations lyriques habilement variées, et surtout un choix d'expressions musicales appropriées au caractère des différents personnages. Nous ne parlons pas du laisser-aller de la pensée, de l'élégance du rhythme : ce sont là des qualités que doit posséder toute poésie lyrique.

La musique de l'opéra doit s'élever à la hauteur de la poésie, et même à celle du drame ; c'est ce qui lui impose la nécessité d'être plus caractéristique et plus sévère que toute autre espèce de musique. Soumise à la nature du poëme, la musique doit revêtir son caractère dominant. Par exemple, la *Flûte enchantée*, de Mozart, se distingue par un style solennel et sévère, auquel ne portent pas atteinte quelques airs simples et naïfs.

Outre les qualités générales que tout poëme dramatique doit posséder, l'opéra en exige quelques autres qui lui sont spéciales : les plus importantes sont une *action* et une division favorables aux développements de la partie musicale. M. Halévy nous fournit dans un travail destiné à l'Académie des beaux-arts, quelques réflexions excellentes sur ce double sujet.

Il ne faut pas que, dans un drame destiné à la musique, l'*action* soit trop compliquée. Il faut que le *sujet* soit simple, et plus passionné qu'accidenté. S'il y a beaucoup d'*action* dans un opéra ; s'il est chargé d'événements ; si les situations se succèdent rapidement et sans laisser, pour ainsi dire, respirer le spectateur, la musique ne trouve plus sa place ; elle est étouffée entre les incidents ; et quelque vifs et concis que puissent être les morceaux de musique, ils ralentissent ou du moins semblent ralentir l'*action*. La musique est le développement d'une situation donnée et un repos dans l'*action*. Il faut donc que l'auditeur ne soit pas trop pressé, par l'*action* elle-même, d'arriver aux scènes suivantes ; il faut aussi que l'intérêt de la situation elle-même lui permette d'écouter sans impatience ce développement musical. C'est au compositeur, de son côté, à apprécier la situation, et à ne pas lui donner plus de musique qu'elle n'en comporte.

Le public français est sévère à cet égard ; un public

italien donne plus de place à la musique et plus de latitude au compositeur.

Il y a dans un drame de quelque importance des situations capitales après lesquelles l'action doit s'arrêter, se reposer, pour ainsi dire, pour continuer ensuite avec plus de force et avec le surcroît d'intérêt que la situation nouvelle a dû apporter au drame. Ces points de suspension qui ménagent l'attention de l'auditoire et excitent sa curiosité, introduisent dans l'action dramatique des divisions naturelles.

Chacune de ces divisions a reçu le nom d'*acte*. C'est au point de vue du drame lyrique seulement que nous envisageons l'*acte*.

Après les conditions essentielles du drame lui-même, c'est-à-dire l'intérêt des situations et leur aptitude à inspirer le musicien, la condition la plus désirable pour le compositeur, c'est la variété. Non seulement chaque *acte* devra lui fournir une couleur bien tranchée, et tout à fait différente de celle de l'*acte* qui a précédé ou de celui qui doit suivre, mais il faut encore que dans l'*acte* considéré isolément, l'auteur sauve au musicien le danger de l'uniformité. Ainsi donc, dans un opéra, chaque *acte*, quoique ne formant qu'une partie d'un tout, doit offrir un ensemble satisfaisant, aussi complet que possible, et une distribution intelligente et bien entendue des effets dont peuvent disposer et le musicien et le théâtre sur lequel son œuvre devra se produire.

Un bon *acte* d'opéra renfermera donc au moins une situation importante, qui sera comme le pivot de l'*acte*, et sur laquelle le musicien devra concentrer tous ses efforts et toute la puissance de son art. Les autres scènes devront, sans être sacrifiées, concourir à faire ressortir l'éclat de ce point lumineux ; ainsi, le beau trio de *Guillaume Tell* est habilement amené et ménagé. Il est inutile d'ajouter que la scène capitale dont nous parlons devra arriver à la fin ou vers la fin de l'*acte*. L'auditoire, encore sous le coup de l'impression qu'il aura éprouvée, sera, dès le début de l'*acte* suivant, plus accessible aux émotions nouvelles, et s'associera avec plus de chaleur et de sympathie au développement du drame et aux inspirations du musicien.

Après ces considérations générales, nous entrerons dans quelques détails sur la contexture purement musicale d'un *acte* d'opéra.

L'auteur et le compositeur doivent s'y étudier à varier les combinaisons offertes par les voix différentes des personnages qui prennent part à l'action. Il faut éviter, autant que possible, qu'un air succède à un air, un duo à un duo ; il faut donc faire entendre alternativement les voix isolées, combinées, et les masses chorales.

Le morceau de musique qui commence un *acte* reçoit le nom d'*introduction* ; il doit avoir un certain développement, une certaine importance musicale. Ceci s'applique surtout au morceau qui commence le premier *acte* et succède à l'ouverture. Il doit être traité avec soin. Ordinairement, une introduction se compose de plusieurs scènes variées et se termine par un ensemble vocal.

Comme nous l'avons dit plus haut, l'auteur aussi bien que le compositeur, doivent, en établissant le plan général de l'ouvrage se préoccuper beaucoup de la fin de chaque *acte*. Il faut, autant que possible, laisser l'auditoire sous l'impression d'une vive émotion. Chaque fois que le rideau se baisse, il importe qu'aucun des *actes* ne se termine froidement. Dans un opéra en cinq *actes*, il faudra donc cinq fois agir puissamment sur le public et par des moyens variés : c'est une tâche difficile.

Quand un *acte* se termine par un morceau de musique développé, composé de plusieurs scènes et auquel prennent part les personnages et le chœur, ce morceau reçoit le nom de *final*.

Les opéras de *Quinault,* créateur du drame lyrique en France, étaient divisés en cinq *actes*. Ils sont habilement coupés. Secondé par l'instinct de Lulli, Quinault avait deviné que dans un ouvrage de longue haleine, le compositeur, comme nous l'avons dit, a surtout besoin de variété. En effet, la diversité du spectacle, le changement fréquent du lieu où la scène se passe, les caractères différents des personnages introduits dans le drame, tout cela est nécessaire au musicien ; ce sont des éléments dont il profite aussi bien que le spectateur lui-même, et l'opposition qui en résulte, en même temps qu'elle plaît à l'auditeur, vient en aide au compositeur et fertilise son imagination, en lui fournissant des inspirations nouvelles.

On se tromperait beaucoup, cependant, si l'on croyait qu'alors la tâche du compositeur fut ce qu'elle est aujourd'hui, dans la production d'un opéra en *cinq actes*.

Outre que l'action était plus simple, et, par conséquent, comptait moins de situations musicales, les situations elles-mêmes étaient moins développées par le poëte; puis la musique ne nécessitait pas le développement que l'art moderne exige. Si l'on abuse quelquefois aujourd'hui de ce développement, que les progrès de la science, l'art du chant, la déclamation lyrique ont rendu en quelque sorte nécessaire, il est juste de dire qu'alors les situations, aussi bien que les mélodies, n'étaient, pour ainsi dire, qu'indiquées, les compositeurs n'avaient pas encore trouvé ces belles phrases musicales, complètes pour l'oreille comme pour l'esprit et l'intelligence, qu'on admire dans Mozart, dans Cimarosa, dans Rossini. Il en résulte qu'un seul *acte* d'un opéra moderne renferme beaucoup plus de musique que les cinq *actes* d'un opéra tout entier de Lulli.

Rameau, et après lui, Gluck, donnèrent une plus haute importance à la phrase musicale. Les *actes*, par conséquent, prirent plus d'étendue, et les opéras eurent plus de durée.

Depuis Gluck jusqu'à nos jours, on a joué à l'Opéra des tragédies lyriques en trois, en quatre et en cinq *actes*. On y représente aussi de petits ouvrages en un ou deux *actes*, que l'on désigne quelquefois sous le nom d'opéra de *genre*, et que l'on donne avant les ballets.

On joue sur le théâtre de l'Opéra-Comique des opéras en un, deux ou trois *actes*, et quelquefois, exceptionnellement, en quatre et même en cinq *actes*. Les Italiens écrivent généralement leur opéras, aussi bien sérieux que bouffes, en deux *actes*, assez développés pour contenir un grand nombre de morceaux; il y a cependant des exceptions, et l'on compte aussi parmi les beaux ouvrages dont nous a dotés l'Italie, des opéras en trois et quatre *actes*.

On représente ordinairement en Italie, entre les deux *actes* d'un opéra, un ballet tout à fait étranger à l'action de ces opéras. En France, le ballet fait partie de l'opéra et de l'action. C'est au poëte et au compositeur à s'entendre pour que chaque *acte* ait des éléments suffisants de curiosité, en donnant une place importante à la danse dans un *acte*, quelquefois dans deux, et en réservant pour les autres parties de l'ouvrage tout l'intérêt des situations, toute la puissance de la musique!

On distingue le grand opéra de l'opéra comique par la

nature du sujet. Quoiqu'en général le premier se rapproche de la tragédie, et le second de la comédie, cependant jamais un grand opéra ne sera aussi grave, aussi simple qu'une tragédie ; et jamais un opéra comique ne comportera une action aussi compliquée que celle d'une comédie. La musique parle plus au sentiment qu'à la raison. Le comique pur qui a son origine dans la réflexion, ne peut, sans un mélange lyrique, remplir un opéra. Mais le burlesque, le grostesque même lui conviennent parfaitement. Il y a en outre un style intermédiaire qu'il n'est pas facile de limiter. La *Vestale,* de Spontini, doit être classée parmi les grands opéras ; *il matrimonio segretto,* parmi les opéras comiques ou bouffes et l'*Enlèvement au sérail,* de Mozart, parmi les opéras du genre intermédiaire, ou *semi-seria.*

Les arts, comme les institutions sociales, sont assujettis à des transformations périodiques. Tout ce qui est de ce monde naît, s'accroît, arrive, point brillant, à son zénith, puis pâlit et décroît sur une pente rapide. La musique est, de tous les arts, celui qui paraît affecté des mutations les plus fréquentes. Comme le Protée de la fable, elle marche de métamorphoses en métamorphoses. Tous les vingt-cinq ou trente ans, des révolutions, sinon radicales, du moins très-prononcées, s'introduisent dans cette merveilleuse expression de ce que l'âme humaine renferme en ses profondeurs de sentiments les plus intimes. Presque aussitôt usées qu'adoptées, les formes mélodiques, comme la fleur qui se fane dès qu'elle est épanouie, vieillissent et veulent être remplacées. Et qu'on ne croie pas que nous venions faire ici une satire du plus fugitif et cependant du plus pénétrant de tous les arts. C'est justement parce que ses formes sont inépuisables, qu'elles apparaissent et passent comme des fantaisies ailées. De même que la vie radicale, toujours une, toujours absolue, rayonne dans le multiple infini des êtres qui naissent en son sein créateur, la musique toujours immuable dans ses lois, la musique, véritable géométrie phonétique, si on la considère dans ses règles, livre incessamment aux caprices du changeant et du variable ses combinaisons harmoniques et les tournures inépuisables de ses mélodies passagères. Rameau succède à Lulli ; Gluck, Sacchini, Piccinni s'assoient bientôt à sa place ; puis voici venir Rossini qui les détrône et égale Mozart même.

Touchons-nous là le terme de toutes ces péripéties ? Gardons-nous de le croire. Une révolution nouvelle, une révolution qui n'a pas encore, il est vrai, gagné la France, promène depuis quelque temps son drapeau novateur sur toute l'Italie. Prenant Verdi pour solennel et vigoureux interprète, la musique dramatique, la musique précisée par la scène, motivée par la situation, a chassé complétement la mélodie indéterminée, les chants vagues, et qui ne tirent leur effet que de leur valeur abstraite et intrinsèque.

La marche que, dans cette rénovation, la musique a suivie en France, nous semble bizarre. Partisans arriérées d'un vain luxe musical, nous voulons maintenir aujourd'hui la culture de la plante exotique que nous avons longtemps repoussée; nous prétendons, du moins quant à l'opéra italien, renvoyer en terre étrangère celle que nous devons presque regarder comme indigène; nous disons *presque,* car avant que Gluck, dans la tragédie lyrique, et Grétry, dans l'opéra comique, eussent popularisé la musique dramatique en France, Pergolèse en avait donné le modèle dans la *Serva Padrona*.

Mais l'Italie, cette terre où tout chante, où des voix passionnées sortent de tous les points de l'espace et vibrent dans tous les échos, l'Italie ne put rester longtemps emprisonnée dans les liens précis et traditionnels d'un système musical immuable. Semblable à son napolitain Vésuve, à son gigantesque volcan de Sicile, la spontanéité mélodique y fit éruption, et elle put s'écrier, comme notre poëte :

> Et la lave de mon génie
> Déborde en torrents d'harmonie
> Et me consume en s'échappant.

De là ce luxe immodéré de fioritures dictées par la fantaisie du chanteur, accueillies par l'enthousiasme du public, entretenues par quelques talents hors ligne, cet amas de traits, de roulades, de points d'orgue, abus de richesse sous lequel le dessin mélodique disparaît, semblable à ces monuments dont les lignes brisées par une ornementation sans goût et sans retenue, ne laissent plus apercevoir que formes insaisissables et confuses. Cette espèce d'enivrement de la musique, de la musique sans rapport avec la parole qu'elle devait exprimer, prise à part, pour elle-même, et séparée de la situation qu'elle avait à rendre, quelquefois même en contradiction avec la scène à laquelle elle devait s'adapter, excepté dans les chefs-d'œuvre devenus classiques des Paisiello, des Cimarosa, des Mozart, etc. ; cet enivrement, disons-nous, ne pouvait manquer d'amener une réaction salutaire. Le grand maître Rossini parut ; mais, avec la finesse de tact qui le distingue, il comprit que les réactions ne se font pas tout à coup et sans transitions préalables. Ménageant donc le goût du public, et voulant garantir ses œuvres des écarts de quelques interprètes parfois ignorants et malhabiles, lui-même se mit à jeter à pleine main les fleurs, les perles, les diamans sur le canevas si ingénieusement tissu de sa brillante musique, et, tout en le ramenant par moments à la vérité de la scène, trouva le secret de changer en moyen d'expression ce qui jusque-là l'avait presque étouffée ; je veux parler de ces vocalises sans fin, de ces fioritures entassées, de ces agilités vocales, avant lui prodiguées au hasard. C'est ainsi qu'après avoir préparé sa révolution, aujourd'hui accomplie par delà les monts, lui-même en donna le signal dans l'immortel chef-d'œuvre de *Guillaume Tell*. De là à *Norma* il n'y avait plus qu'un pas ; et une fois l'art rentré dans la voie de la vérité dramatique, devait nécessairement arriver, le maître ayant mission de l'y maintenir, sans s'accorder la moindre excursion au dehors, même peu lointaine, sans se permettre une note dont la valeur ne soit en rapport avec le mot qui la soutient.

Bellini, Donizetti, Mercadante, Meyerbeer, Halevy, Ambroise Thomas, Auber, Verdi, Ch. Gounod, F. David, ont maintenu le grand art lyrique, dans une sphère élevée. Un maître allemand Richard Wagner, systématiquement opposé aux formes dramatiques acceptées jusqu'à ce jour et se posant en novateur, a jeté dans le monde musical, des créations lyriques d'une science profonde ; mais où la mélodie apparaît trop rarement. Les initiés seuls savent découvrir cette fleur suave à travers les labyrinthes du contrepoint. M. Richard Wagner n'en est pas moins une individualité puissante.

Opéra comique. C'est un drame d'un genre mixte, qui tient à la comédie par l'intrigue et les personnages, et à l'opéra par le chant dont il est mêlé. — L'origine de ce spectacle remonte aux premiers théâtres de la foire, dont l'apparition date de 1617. Honoré, maître chandelier de Paris, après avoir fourni pendant plusieurs années des lumières de sa fabrique au théâtre, voulut en entreprendre un à son tour ; et, en 1624, il obtint le privilége d'un nouvel Opéra-Comique. Il ne joua jamais lui-même, mais il eut dans sa troupe des acteurs remarquables. En 1627, il céda son privilége à Ponton, qui porta l'Opéra-Comique à sa perfection, grâce au bonheur qu'il eut de trouver de bons auteurs, des acteurs excellents et des musiciens d'une rare habileté.

L'Opéra-Comique fut supprimé en 1745; mais en 1752, le privilége en fut rendu à Jean Monnet. Le plan qu'il avait formé a été fidèlement suivi par les directeurs qui lui ont succédé. Ils ont fait subir des améliorations considérables à certaines parties de détails que Monnet ne pouvait pas voir seul, et ont ramené à ce genre de spectacle les femmes, effarouchées par le style quelquefois graveleux des anciens opéras comiques. C'est sur ces objets principalement que s'est portée la sollicitude des directeurs.

Leur ardeur à prévenir les désirs du public leur a attiré pendant plusieurs années un si grand concours de monde, que les autres spectacles de Paris se trouvaient à peu près déserts. La Comédie-Italienne surtout, qui se voyait sans spectateurs, obtint enfin, en 1762, que l'Opéra-Comique fût réuni à son théâtre.

Depuis cette époque, l'Opéra-Comique, genre éminemment français, n'a cessé de marcher dans une voie de progrès et de prospérité. Il n'est pas aujourd'hui de scène dans le monde entier qui possède un répertoire aussi riche et aussi varié.

OPÉRETTE. Mot qui, dit-on, a été forgé par Mozart, pour désigner les compositions en miniature, dans lesquelles on ne trouve que des chansons ou des couplets de vaudeville. Mozart disait qu'un musicien bien constitué pouvait composer deux ou trois ouvrages de cette force entre son déjeûner et son dîner.

OPHIBARYTON. Espèce de serpent imaginé par Bachman en 1840.

OPHICLÉIDE. Instrument en cuivre d'origine hanovrienne, qui, depuis 1820, fait partie des musiques de l'armée française. Adopté d'abord dans les régiments de la garde royale, il fut admis ensuite dans ceux de l'infanterie de ligne et de cavalerie. Il en devint la contrebasse et remplaça les anciens serpents d'église. C'est, à proprement parler, un serpent à clefs, comme l'indique la racine grecque de son nom. Les clefs sont au nombre de neuf.

ORATORIO. C'est une espèce de drame dont le sujet est religieux et qui est destiné à être exécuté par des chanteurs, avec accompagnement d'orchestre. Les anciens compositeurs n'avaient qu'un seul objet auquel ils pussent consacrer les inspirations de leur génie : la religion. Aussi cette époque est-elle féconde en productions de musique sacrée de tout genre ; et, depuis Palestrina jusqu'à Haendel, Haydn et Mozart, on trouve tout ce qui a été composé de plus beau et de plus parfait. On ne se bornait pas alors à mettre en musique les paroles de la messe : outre les cantiques, les hymnes, les psaumes, on avait imaginé ces espèces de drames religieux appelés *oratorios*, dont le sujet était tiré de l'Histoire Sainte, et qu'on exécutait dans les églises. Voici ce qui donna lieu à l'invention de ces sortes de pièces : saint-Philippe de Néri, qui fonda, en 1540, la congrégation de l'Oratoire à Rome, voyait avec douleur les fidèles déserter l'église pour courir aux spectacles. Connaissant le goût des Romains pour la musique, il eut l'idée de faire composer par un bon poëte des intermèdes, dont le sujet était puisé dans l'Écriture sainte, et les ayant fait mettre en musique, il les fit exécuter dans l'église. La foule y courut ; le succès fut prodigieux ; et ce genre de drame s'appela *oratorio*, du nom de l'église de l'Oratoire, où il fut joué pour la première fois.

Les oratorios n'étaient d'abord qu'une simple allégorie, une cantate à plusieurs personnages, qu'on n'exécutait, soit à l'église, soit au théâtre, que comme une pièce de concert. Dans la suite ils prirent plus de développement et acquirent toutes les proportions d'un vrai drame, sauf le clinquant des costumes et la pompe théâtrale. — Quant à la musique, qui participe à la fois du genre libre et du genre sévère, elle se compose de récitatifs simples et obligés, de solos, duos, trios, morceaux d'ensemble et chœurs.

Les plus célèbres compositeurs qui ont illustré le genre de l'oratorio, sont Emilio del Cavaliere, Alexandre Scarlatti ; Leo, Iomelli, Cimarosa ; Haendel, Bach, Haydn, Beethoven et Mendelsohn. On cite, parmi les oratorios les plus remarquables, le *sacrifice d'Abraham*, de Scarlatti, celui de Cimarosa ; *sainte Hélène au calvaire*, de Leo ; *le Messie*, de Haendel ; la *Passion, selon saint Ma-*

thieu, de Bach, conception musicale de la plus haute portée ; la *Création*, de Haydn ; le *Christ au jardin des Olives*, de Beethoven ; le *Paulus* et l'*Elias*, de Mendelssohn.

ORCHESTRATION. Science du maniement d'un orchestre, et manière dont les parties d'un orchestre sont combinées entre elles.

ORCHESTRE. L'orchestre dans les théâtres modernes est un retranchement plus ou moins grand qui règne autour de ce qu'on appelle la *rampe* de la scène ; c'est la place des symphonistes. Cette enceinte est construite d'un bois sonore, du sapin ordinairement, afin de faire vibrer le son des instruments. C'est absolument la table d'harmonie d'un clavecin, car cette espèce de grand coffre sans couvercle est établi sur un vide avec des arcs-boutants.

L'orchestre français ne date véritablement que du siècle de Louis XIV ; ce fut Lulli qui l'organisa. On doit à Lulli l'introduction des timbales et des trompettes dans l'orchestre, et plus tard, à Gluck, celle de la clarinette, dont on usait si sobrement qu'elle ne se faisait guère entendre que dans les ballets. — Que les temps sont changés ! quel admirable orchestre nous avons de nos jours ! il compte au moins 80 instruments ; il réunit, comme par enchantement, tous les bruits, tous les sons, toutes les voix de la nature, dont la musique n'est qu'une imitation. — Le violon possède d'immenses ressources : il simule la voix humaine ; c'est lui qui, avec la viole, le violoncelle et la contre-basse, règne exclusivement dans un orchestre. La viole repose, par la gravité de ses sons, des brillants éclats du violon ; le violoncelle, quand il chante, exprime la prière et le recueillement des marches religieuses ; la flûte, pleine de tendresse, rend les amoureux désirs ; le hautbois est pastoral, propre à la danse des villageois et des nymphes ; la clarinette accompagne ordinairement les danses gracieuses et les ballets enjoués, le cor chevaleresque et romantique, appelle à la chasse Henri IV ou *Robin des Bois ;* l'ophicléide gémit ; le trombone, aux poumons de cuivre, annonce de grandes catastrophes.

Par ce nombre d'instruments si variés, nos orchestres aujourd'hui sont un monde, où les passions, les sentiments déploient toutes leurs expressions, et où la nature fait entendre toutes les voix.

ORCHESTRINO. Nom donné par M. Poulleau, en 1808, à un piano à archet de son invention, lequel imitait le violon, la *viole d'amour* et le violoncelle.

ORCHESTRION. Nom de deux claviers qui ont été inventés vers la fin du dix-huitième siècle. Le premier est un orgue portatif composé de quatre claviers, chacun de soixante-trois touches et d'un clavier de pédales de trente-neuf touches. Il fut construit à Prague par les frères Still. Le second est un piano uni à quelques registres d'orgue.

ORCHESTRION. Est également le nom d'une espèce d'orgue expressif construit par Fourneau, en 1844.

Merklin et Schutze, donnèrent aussi le nom d'orchestrion en 1853 à un orgue perfectionné.

OREILLE. Ce mot s'emploie figurément en musique. Avoir de l'oreille, c'est avoir l'ouïe sensible, fine et juste, en sorte que tant pour l'intonation que pour la mesure, on soit choqué du moindre défaut, et qu'aussi l'on soit frappé des beautés de l'art quand on les entend. On a l'oreille fausse, lorsqu'on chante constamment faux, lorsqu'on ne distingue pas les intonations fausses des intonations justes, ou lorsqu'on n'est point sensible à la précision de la mesure, qu'on la bat inégale ou à contre-temps.

ORGANINO. Petit orgue que l'on peut transporter d'un lieu à un autre, et dont les plus grands ont deux pieds de haut et un seul soufflet. Il fut imaginé par Debain. On appelle encore de ce nom un petit orgue à cylindre avec une manivelle, qui, armé de dents, remplace le mouvement des doigts.

ORGANISTE. Celle ou celui qui joue de l'orgue. Un grand organiste n'a pas seulement le talent d'exécuter avec perfection toute la musique qui est propre à cet instrument, mais celui bien plus rare d'improviser tout ce qu'il joue.

Rameau, D'Aquin, Couperin, Balbatre, Séjean, Mozart, Keller, Bach, Haendel, sont des noms fameux dans les fastes de l'orgue.

Autrefois on comptait en France un assez grand nombre de bons organistes; ils deviennent de jour en jour plus rares, parce qu'on néglige de faire des études que demande ce grand art.

ORGANO. Instrument imaginé à Rome en 1675, par

Todini. Mais son mécanisme compliqué, en rendit l'usage incommode.

ORGANO (archi-). Instrument construit à Venise en 1561 par Vicentino, sur lequel on pouvait exécuter les trois genres de musique.

ORGANO-CHORDON. L'abbé Vogler donna l'idée de cet instrument qui fut construit d'après ses plans par Rookwitz, vers la même époque que le précédent.

ORGANO-LYRICON. Instrument inventé à Paris en 1810. Sa forme était celle d'un secrétaire à cylindre ; il contenait un piano ordinaire, autour duquel se groupaient quelques instruments à vent.

ORGANO-VIOLINE. Instrument construit en 1814 par Eschembeck, de Kœnigshofen, dont la construction était basée sur l'emploi de l'anche libre.

ORGANUM. Instrument de musique des anciens. C'est le même que la flûte de Pan, à laquelle se trouvait adapté un soufflet.

ORGIA. Fêtes en l'honneur de Bacchus. Le chant, accompagné de la lyre et de la flûte, y figurait comme une des parties essentielles de la fête.

ORGUE. Instrument à vent, le plus parfait de tous pour diriger et soutenir le chant religieux, et celui dont les sons se marient le mieux avec les voix. Dans un espace restreint, sous les doigts d'un seul homme, on peut avec l'orgue obtenir la puissance, la diversité, la justesse, que ne pourraient produire trente ou quarante instruments réunis. Ses accents sont graves et *dévotieux*, comme dit Montaigne. Il embrasse toute l'échelle des sons, et peut s'unir à tous les genres de voix ; il a des jeux variés, tour à tour doux et éclatants, suaves ou terribles. Ses trompettes sonores semblent annoncer le jugement de Dieu ; ses flûtes lointaines paraissent l'écho des concerts des anges. L'orgue est l'orchestre que demande le plain-chant.

La musique instrumentale fut peu goûtée dans les premiers siècles du christianisme ; les fidèles se bornaient alors à former des chœurs de voix. C'est seulement sous le pape Vitalien Ier que l'orgue fut connu en Italie : il fut introduit en France sous le règne de Pépin, père de Charlemagne ; mais cet instrument resta longtemps imparfait. Bédos de Celles, dans le siècle dernier, et, de nos jours, MM. Cavaillé-Coll et Debain, l'ont enrichi d'améliorations importantes.

L'orgue est un instrument à vent et à clavier ; il a plusieurs jeux ou registres, et un très-grand nombre de tuyaux : il a un, deux, trois, et même quatre claviers composés de quatre octaves et demie ; il y a, de plus, un clavier de pédales qui contient une ou deux octaves. Le jeu principal, que nous nommons vulgairement bourdon, est en huit pied, en seize pieds, et même en trente-deux pieds. L'orgue a encore des soufflets, des ventilles.

Pendant le moyen-âge on soutenait le chant religieux avec l'orgue seul ; plus tard on y ajouta d'autres instruments. Sous Louis XIV, un chanoine de Sens ou d'Auxerre inventa le serpent, et cet instrument rauque, âpre, inégal, variable dans ses intonations, vint s'établir dans nos chœurs, y rendre le chant lourd et traînant, et y faire régner la plus fatigante monotonie. Quel spectacle, en effet, que celui d'un homme qui, les joues gonflées, le visage déformé, roulant ses yeux dans leur orbite, étouffe entre ses bras la figure d'un animal immonde, et semble lui arracher de lugubres hurlements ! L'ophicléïde a, dans beaucoup d'endroits, détrôné le serpent. Cet instrument n'est pas plus agréable à entendre ; enfin, plusieurs paroisses adoptent maintenant la contre-basse. Tous ces instruments présentent le même inconvénient qui doit en faire abandonner l'emploi, c'est de résonner à l'unisson des voix graves, par conséquent de ne pas convenir à la voix du peuple. L'orgue est resté seul en possession de la faveur des masses dans nos temples catholiques, seul il a le privilége d'exciter la ferveur, le recueillement, l'enthousiasme religieux.

L'emploi naturel de l'orgue, c'est l'accompagnement des voix ; en Allemagne, en Italie, en Belgique, il remplit toujours cette fonction, et le chœur y est partout inséparable de l'instrument. Dans les vastes basiliques de l'Italie, on a des orgues que l'on roule, et qui suivent le chœur dans les diverses chapelles où il se transporte pour chanter l'office. Dans ces églises tout s'exécute avec accompagnement : non-seulement les hymnes sacrées, mais encore le chant de l'officiant, les réponses du peuple, la préface, etc.

Il faut le dire, les pays dont nous parlons sont bien supérieurs à la France sous le rapport de la musique sacrée. Chez nous, à part quelques grandes villes qui font une honorable exception, quelques voix isolées chantent le *Kyrie*, l'orgue répond par une fantaisie de la façon de l'artiste, Dieu sait quel fantaisie!... Le prêtre entonne le *Gloria in Excelsis Deo*, l'organiste continue par une réminiscence de quelque air à la mode. Voilà le rôle que joue souvent l'orgue en France. Cependant le tableau n'est pas partout le même, nous l'avons dit, il y a des exceptions ; des organistes au style grave, austère, ont conservé les belles traditions de l'art religieux.

ORGUE A CLAVIER GRÉGORIEN. Inventé en 1853, par Nizard, muni d'un appareil transpositeur pour le plain-chant, dont la tonalité se détermine par la dominante et la finale.

ORGUE A CYLINDRE. C'est celui qui va par le moyen d'un cylindre, sur lequel on a noté un certain nombre de morceaux de musique avec des pointes. Ces pointes font mouvoir les touches d'un clavier qui leur est approprié. C'est au moyen d'une manivelle tournante que le cylindre se meut et présente successivement, ou simultanément, ses pointes aux touches qui répondent aux tuyaux. Les *orgues d'Allemagne*, les *orgues de Barbarie*, dont les chanteurs des rues s'accompagnent, les serinettes, les merlines, sont des *orgues à cylindre*.

ORGUE A JEU DE CHAMBORD. Inventé en 1856, par Warren de Montréal. Instrument contenant un jeu de flûte d'espèce nouvelle.

ORGUE A PERCUSSION. Inventé en 1834, par Martin, de Provins. Orgue dans lequel la vibration est donnée aux lames à l'aide d'un marteau, et continuée par le vent.

ORGUE A PISTON. Inventé en 1791, par Luxeuil. Orgue dont chaque tuyau parle par la seule impulsion d'un piston de bois que la touche fait monter, évitant ainsi les soufflets.

ORGUE A RÉPERCUSSION. Inventé en 1853, par Jaulin.

ORGUE AUTOPHONE. Inventé en 1851, par Dawson, à Londres. Orgue dont les tuyaux sont en carton.

ORGUE BARESTALE. Inventé en 1851, par Duci, de Florence. Le même tuyau produisait la note et son octave ; et les douze demi-tons intercalaires émanaient également du même tuyau.

ORGUE DIAVÏTON. Inventé en 1851, par Holdich. Le nom de cet instrument provient d'un jeu de flûte octaviant.

ORGUE ENHARMONIQUE. Inventé en 1851, par Robson. Orgue pouvant jouer les trois genres de musique.

ORGUE EXPRESSIF. L'effet de ces orgues est de la plus grande beauté. M. Erard a mis le comble à la perfection de l'orgue, en réunissant, dans un instrument qu'il avait construit sous la Restauration, pour la chapelle du roi, le genre de l'expression de la pédale sur les deux claviers du grand orgue à l'expression par la pression des doigts sur un troisième clavier. Dans cet état, l'orgue est vraiment l'instrument le plus beau, le plus majestueux, le plus puissant qui existe.

ORGUE GUIDE (accompagneur du lutrin). Inventé en 1855, par Fourneaux. Espèce d'orgue dont le titre indique le but.

ORGUE HYDRAULIQUE. Celui dont les soufflets ou les cylindres sont mis en jeu par le moyen de l'eau. Comme l'humidité est extrêmement nuisible aux orgues, ce moyen n'est plus employé. Au reste, on manque de renseignements certains sur cet instrument dont parlent seulement quelques anciens auteurs.

ORGUE MÉCANIQUE. Inventé en 1745, par Langsaw. Ce sont des cylindres mécaniques, notés, que l'on peut appliquer aux grandes orgues. Haendel composa quelques morceaux qui furent pointés par Langsaw.

ORGUE MÉTALLIQUE. Inventé en 1789, par Clagget, à Londres. Cet orgue était composé de fourchettes d'acier, ressemblant pour la forme à nos diapasons modernes, qui étaient mises en vibration par le frottement.

ORGUE PANTOPHONE. Espèce d'orgue dont le cylindre est garni de chevilles mobiles avec lesquelles on peut y noter à volonté de nouveaux airs.

ORGUE PHONOCHRONIQUE. Inventé en 1855, par Lorenzi, offrant l'expression par l'enfoncement de la touche.

ORGUE-PIANO. Inventé en 1854, par Maillard.

ORGUE PNEUMATIQUE. C'est l'orgue ordinaire, celui où le son est produit par le vent.

ORGUE POLY-HARMONIQUE. Inventé en 1859, par Bruni et Jalbert, pour accompagner le chant grégorien.

ORGUES PORTATIVES. Ancien instrument composé de quelques tuyaux et d'un soufflet que l'on portait suspendu au col, par une courroie. On voit encore les petits savoyards porter leurs épinettes.

ORGUES POSITIVES. Ancien instrument qui, le premier

fut introduit dans les églises ; il avait plusieurs jeux, un clavier et deux soufflets.

Orgues régales. On nommait ainsi une variété de jeux de l'orgue positif.

Orgues reproductives. Inventées en 1855, par Mazolo. Imprimant en notes connues le son qui est produit à l'aide d'un double cylindre, l'un muni d'une crémaillère correspondante à des leviers à chaque touche, l'autre servant d'enroulement au papier.

Orgue soutien de la voix. Inventé en 1851, par Baudot, contenant une gamme chromatique par accord, permettant de jouer dans tous les tons.

Orgue trompette. Inventé en 1824, par Van-Ocklen. Orgue à cylindre, composé de vingt trompettes, accompagnées par deux tambours, un triangle et une paire de cymbales.

Orguettes. Cet instrument était composé d'une caisse plus haute que longue renfermant une ou deux rangées de tuyaux au nombre de sept ou huit. C'était un petit orgue muni d'un clavier et un soufflet complétait l'appareil.

Originalité. L'originalité dans les arts et dans la musique en particulier, c'est la nouveauté dans les idées et dans la façon de les exprimer, de les agencer, de les combiner ; c'est en un mot, la force créatrice et l'individualité du génie. (Voyez *Imagination*, *Génie musical*).

Origine de la musique. La musique est une langue universelle, qui fut donnée à l'homme par le Créateur, dès le commencement du monde, pour exprimer des idées et des sensations qu'aucune autre langue ne peut traduire. On ne peut douter qu'Adam et Ève, qui avaient tant d'actions de grâces à rendre à Dieu, aient chanté ses louanges dans le Paradis terrestre. Noé et sa famille, à la sortie de l'Arche, firent de même ; et plus tard, Moïse et les Hébreux, après le passage de la mer Rouge. Avant qu'on eût bâti des temples à la divinité, la nature entière, et son Roi en tête, unissaient ici-bas leurs concerts à ceux des anges. (Voyez le mot *Musique.)*

Orphéon. Instrument de musique monté avec des cordes de boyau, que l'on fait parler au moyen d'un clavier et d'une roue qui porte un archet ; il a la forme d'un très-petit piano.

Orphéon. C'est le nom donné à une institution municipale de la ville de Paris, dont le but est d'enseigner la musique vocale aux enfants des deux sexes qui fréquentent les écoles communales, et aux ouvriers adultes. L'orphéon a été fondé en 1820, et la direction en fut confiée à *Wilhem*, qui avait conçu l'idée première de cet enseignement, et en avait apprécié l'utilité. Il avait été secondé par son ami, l'illustre chansonnier *Béranger*, dont le patronage et l'appui constant lui fut d'un grand secours. Wilhem composa pour l'orphéon une méthode en *tableaux* qui est encore employée. C'est un enseignement simultané, et les *tableaux* sont combinés de telle sorte, que des élèves de force inégale peuvent chanter ensemble. *Wilhem* est mort en 1842. La direction de l'*orphéon* passa, après sa mort, entre les mains de M. Hubert, élève lui-même de l'orphéon. M. Gounod fut ensuite directeur de l'orphéon, et MM. Bazin et Pasdeloup lui ont succédé. M. Halévy a composé sous ce titre : *Leçons de lecture musicale*, un ouvrage qui est adopté pour les écoles orphéoniques.

Il y a tous les ans une séance publique de l'orphéon ; on réunit tous les élèves, enfants ou adultes, dans une des grandes salles de Paris ; ils exécutent des chœurs sans accompagnement.

Orphéoréon. Instrument de la famille des luths, armé de huit cordes de métal. Il n'est plus en usage. Il différait du luth en ce qu'il avait le dos plat avec un encadrement festonné sur les côtés et des cordes de métal.

Orphéoron. Instrument de la famille des *luths*, il était monté de huit cordes de métal.

Orphimonocleïde. Genre de serpent, perfectionné par Coëffet, en 1828.

Ouverture. Composition instrumentale qui sert de début aux opéras et aux ballets.

L'ouverture doit se conformer au drame d'une manière générale, et peut se lier quelquefois aux premières scènes qui la suivent immédiatement. L'ouverture fera connaître d'abord le caractère de l'opéra qu'elle précède, et donnera ensuite des pressentiments sur la nature des événements, le caractère des passions qui doivent occuper la scène, et quelquefois même sur les personnages, le lieu et le temps où se passe l'action. Ainsi, l'ouverture d'*Iphigénie en Aulide* nous dispose à une action vive, intéressante et d'une grande noblesse ;

celle de *Guillaume Tell* peint le calme de la vie champêtre troublé par une fanfare de trompettes qui appelle les paysans à la conquête de la liberté ; celle de la *Pie voleuse* commence par une marche militaire, qui annonce le retour du soldat dans ses foyers.

Un allégro de symphonie, brillant et passionné, succédant à une introduction d'un mouvement grave, telle est la coupe généralement adoptée pour les ouvertures.

Ceux qui réduisent l'ouverture à une espèce d'introduction, s'éloignent de l'idée qu'on doit concevoir d'un morceau de ce genre. Le compositeur doit y déployer toute sa science : facture savante, dessin pur et vigoureux, harmonie pleine, variée et riche d'effets, telles doivent être les qualités principales d'une ouverture.

OXIPHONOS. C'est ainsi qu'on appelait chez les anciens Grecs celui qui possédait une voix aiguë.

P

P. Par abréviation, signifie *piano*, c'est-à-dire *doux*.
PP. Signifie *pianissimo*, c'est-à-dire *très-doux*.
PALALAIKA. Guitare montée de deux cordes, très-répandue parmi la basse classe du peuple en Russie.
PALASTIERI (Pietro et Thomas). Élèves et imitateurs de Stradivarius travaillaient à Crémone de 1710 à 1750.
PALETTES. Ainsi se nommaient anciennement les touches de la gamme naturelle dans l'orgue et le clavecin. — Les palettes étaient noires et les *feintes* blanches.
PANAULON. Flûte de grande dimension construite à Vienne en 1815, par Trexler.
PANDORE. Instrument de musique à cordes, de la famille du luth, mais dont le chevalet était oblique, ce qui rendait les cordes inégales dans leur longueur. Le dos de cet instrument était plat comme celui de la guitare. La pandore a été délaissée depuis longtemps, comme le luth et le théorbe.
PANHARMONICO MATHÉMATIQUE. Instrument inventé en 1711, par Bulyowski, de Durlach, en Hongrie, pré-

senté à l'Empereur Léopold, le facteur fut richement récompensé.

PANHARMONICON. Espèce d'orgue imaginé par Maelzel, en 1804, qui fut vendu par son auteur 60,000 fr.

PAN-HARMONICON. Cet instrument, au moyen d'un double soufflet et d'un cylindre mis en mouvement par un poids, imite assez naturellement une musique d'instruments à vent et de percussion.

PAN MÉLODION. Instrument à cylindre construit à Vienne, en 1810, par Leppich.

PANORMOK. Espèce de guitare enharmonique, construite en Angleterre, en 1851.

PANTALÉON. Espèce de clavecin vertical dont le corps était plus étroit que celui d'un clavecin ordinaire et inventé en 1713, par Pantaléon Hébenstrest.

PANTALON. Instrument de musique de l'espèce du tympanon, mais beaucoup plus grand, puisqu'il a près de quatre pieds de large. Le pantalon est garni d'un grand nombre de cordes d'acier que l'on touche avec deux petites baguettes de bois.

Le mot *pantalon* est aussi employé pour désigner une figure de contredanse. (Voyez QUADRILLE).

PANTOMIMES. Comédiens, ainsi nommés parce qu'ils *imitaient* et exprimaient *tout* ce qu'ils voulaient dire avec les gestes qu'enseignait l'art de la *Saltation,* sans employer le secours de la parole. L'art des pantomimes naquit à Rome, sous l'empire d'Auguste. Les deux premiers instituteurs du nouvel art furent Pylade et Bathyle, dont le nom devint fort célèbre parmi les Romains. Le premier réussit mieux dans les sujets tragiques, et l'autre dans les comiques.

Cassiodore appelle les pantomimes des hommes dont les mains disertes, avaient, pour ainsi dire, une langue au bout de chaque doigt, des hommes qui parlaient en gardant le silence et qui savaient faire un récit entier sans ouvrir la bouche.

Les pantomimes furent les premiers comédiens chez les Français, ils commencèrent à paraître à la foire de Saint-Germain, vers la fin du VIe siècle, mais la licence de leurs jeux les fit exclure de la vie civile et ils ne purent résister aux divers édits rendus contre eux. Ils furent remplacés par les troubadours, les jongleurs, les ménétriers, dont les représentations étaient mêlées de poésie, de danse, de chants et d'instruments.

Papier réglé. On appelle ainsi le papier préparé avec les portées toutes tracées pour y noter la musique.

Parfait. Ce mot, dans la musique, a plusieurs sens. Joint au mot accord, il désigne l'accord formé par la tonique, le troisième degré et le cinquième degré d'une gamme, dans les deux modes ; par exemple, *ut, mi, sol* ou *la, ut, mi*. Joint au mot cadence, il exprime celle qui porte la note sensible, et de la dominante tombe sur la finale. Joint au mot consonnance, il désigne un intervalle juste et déterminé, qui ne peut être altéré sans cesser d'être consonnant. Joint au mode, il marquait, dans l'ancienne musique, la mesure à trois temps.

Parodie, Parodier. C'est ajuster à un air de chant de nouvelles paroles, dont le sens n'a souvent pas le moindre rapport avec celles qu'il y avait d'abord. Il suffit que le parodiste se conforme au caractère des morceaux de musique, et s'applique surtout à calquer son dessin sur celui du musicien, pour qu'il y ait une parfaite concordance entre les images. Le mot *parodie* en musique n'a aucun rapport avec la *parodie* qu'on représente au théâtre, et qui est l'imitation grotesque, bouffonne et critique d'un drame sérieux.

Parolier. Ce mot, dont Castil-Blaze a fait le premier l'application, exprime parfaitement un auteur de paroles, de livret, un librettiste enfin, c'est-à-dire celui qui compose le poëme d'un ouvrage lyrique : opéra, opéra-comique, oratorio, ode-symphonie, etc.

Partie. La musique étant une langue où plusieurs discours peuvent se faire entendre à la fois, non seulement sans se nuire, mais en se servant naturellement, s'ils ont été disposés d'après les règles de l'art, il s'en suit que chacun de ses discours est comme la portion d'un grand tout qui se forme de leur réunion. De là vient le nom de *partie* donnée à chacune des portions de ce tout, et qui est elle-même un tout plus ou moins complet, selon l'importance de la partie et selon la manière dont elle est conçue.

Il y a quatre parties principales dans la musique vocale qui sont : le *dessus*, la *haute contre*, la *taille* ou *ténor* et la *basse* ; dans la musique instrumentale les quatre parties principales se nomment le *premier dessus*, le *second dessus*, la *quinte* et la *basse*.

On dit : morceaux à deux parties, à trois parties, etc. La *partie* est donc, à la lettre, ce que chaque artiste chante ou joue sur son instrument dans l'exécution d'un morceau de musique. Le copiste extrait chaque *partie* de la *partition*, qui est la réunion de toutes les *parties*. (Voyez Partition).

Partition. Collection de toutes les parties d'une pièce de musique, où l'on voit, par la réunion des portées correspondantes, l'harmonie qu'elles forment entre elles. On écrit pour cela toutes les parties, portée à portée, l'une au-dessous de l'autre, avec leurs clefs, de manière que chaque mesure d'une portée soit placée perpendiculairement au-dessus ou au-dessous de la mesure correspondante des autres parties, et enfermée dans les mêmes barres prolongées de l'une à l'autre, afin qu'on puisse voir d'un coup d'œil tout ce qui doit s'entendre à la fois.

Quelque ordre que l'on donne aux parties dans une partition, celle de la basse doit être au-dessous de tout, et celle du chant vocal immédiatement au-dessus de celle de la basse et de celle de violoncelle, s'il y en a une pour l'instrument. Plusieurs compositeurs placent les parties de violon en tête d'une partition. Les Italiens y mettent quelquefois les cors et les trompettes.

La diversité des clefs est un moyen excellent pour donner de la clarté à une partition. Les clefs d'*ut* signalent le basson et la viole ; les clefs de *sol*, sans *dièses* ni *bémols*, indiquent sur-le-chant les parties des cors et des trompettes. Les voix se trouvent classées selon leur diapason, et l'œil peut les distinguer assez facilement, grâce à la physionomie particulière de chaque clef.

La partition réunit en faisceau les forces vocales et instrumentales. Tout est classé avec ordre, et chaque partie suit parallèlement celles qui concertent avec elle. Le chef d'orchestre embrasse tout d'un coup d'œil, il s'attache particulièrement aux voix et aux instruments qui récitent. Sans ce précieux secours, on ne peut exécuter la musique de théâtre, les symphonies, les messes, les cantates, les oratorios.

Pas de deux. Danse exécutée par deux danseurs. C'est le duo de la danse. Le pas russe est un pas de deux.

Pas de trois. Danse exécutée par trois danseurs. C'est le trio de la danse.

Pas seul. Danse exécutée par un seul danseur.

Passacaille. Espèce de chaconne dont le chant était

plus tendre et le mouvement plus lent que celui des chaconnes ordinaires. Cet air de danse que l'on retrouve encore dans les opéras de Gluck, n'est plus en usage. Ce mot vient de l'espagnol *Passa Calle*.

Passage. Ornement que l'on ajoute à un trait de chant. On appelle encore ainsi chaque portion d'un morceau qui présente un sens. Les notes de passage, comme les appogiatures, sont des notes qui se trouvent dans les parties harmoniques sans appartenir à l'harmonie. Ce qui les distingue c'est que les premières se trouvent aux temps faibles de la mesure ou aux parties faibles des temps, au lieu que les secondes se trouvent aux temps forts de la mesure ou aux parties fortes des temps.

Les notes de passage servent à lier entre elles les notes harmoniques et à orner la mélodie. Leur emploi et leur nombre dépendent du bon goût du compositeur.

Passage d'un ton dans un autre. (Voyez le mot Modulation.)

Passe-Pied. Air d'une danse du même nom dont la mesure était à trois temps. Cet air n'est pas en usage.

Pasta (Gaetano). Bon luthier de Brescia qui exerçait en 1700.

Pastiche. On appelle ainsi une composition musicale dans laquelle le musicien fait entrer plusieurs phrases ou morceaux d'autres compositions, ou dans laquelle il a imité, soit à dessein, soit sans le vouloir, le style d'un ou de plusieurs maîtres. Il se prend presque toujours en mauvaise part.

Pastorale. Opéra champêtre, dont les personnages sont des bergers, et dont la musique doit être en harmonie avec la simplicité de goût et de mœurs qu'on leur suppose. Composer une pastorale dans le style des airs champêtres que l'on admire dans *Don Juan*, n'est pas chose facile.

Une pastorale est aussi un morceau de musique instrumentale, dont le chant imite celui des bergers, en a la douceur, la tendresse, et nous rappelle les effets de leurs instruments rustiques. Le troisième concerto de piano de Steibelt est terminé par une pastorale dont le sujet est une danse villageoise interrompue par un orage.

Pastourelle. Nom donné à une des figures de la contredanse française. On nommait anciennement *Pastourelle*, une sorte de comédie spirituelle et religieuse qui était exécutée autrefois dans plusieurs églises aux laudes de Noël. Ces comédies furent abrogées par la faculté de théologie de Paris.

Pathétique. Genre de musique dramatique et théâtrale qui tend à peindre les grandes passions, et particulièrement la douleur et la tristesse.

Patte. Instrument qui sert à régler du papier de musique en traçant à la fois les cinq lignes de la portée, on donne également le nom de *patte* à l'ouverture inférieure des instruments à vent, tels que la flûte, le hautbois, etc., etc.

Pause. Intervalle de temps qui, dans l'exécution, doit se passer en silence pour la partie où la pause est marquée. La pause est le silence d'une ronde, mais elle indique aussi le silence d'une mesure entière quelle que soit la valeur de cette mesure. La pause se marque par un trait très-court, mais fortement marqué, appliqué sous la troisième ou quatrième ligne de la portée, et dont l'épaisseur prend la moitié de l'espace compris entre cette ligne et celle qui est immédiatement au-dessous.

Pavane. Air d'une danse ancienne, qui depuis longtemps n'est plus en usage. Le nom de *pavane* lui fut donné parce que les danseurs faisaient, en se servant de leur cape et de leur épée, une espèce de roue, à la manière des paons.

Pavillon. C'est la partie évasée, en forme d'entonnoir, qui termine certains instruments à vent, tels que le cor, la trompette, le trombone, le hautbois, la clarinette.

Pavillon chinois. Instrument de musique à percussion. C'est dans sa forme une espèce de chapeau de laiton terminé en pointe et garni de plusieurs rangs de clochettes. Le pavillon chinois est fixé sur une tige de fer au moyen d'une coulisse. Celui qui veut en jouer le tient d'une main par cette tige, et lui donne avec l'autre un mouvement de rotation sur lui-même ; ou bien il le secoue fortement en cadence, de manière que toutes les clochettes frappent ensemble sur le temps fort de la mesure.

Le pavillon chinois, comme son nom l'indique, nous vient de la Chine. On l'emploie avec succès dans la musique militaire.

Pédale. On appelle ainsi chaque touche du clavier des pieds que l'orgue contient. On nomme aussi pédales les jeux qui répondent à ce clavier. *Pédale* se dit également des petits leviers qui font mouvoir la mécanique de la harpe et de ceux qui servent à modifier le son du piano. Ces divers leviers ont été nommés *pédales*, parce que ce sont les pieds qui les font agir.

Pédale. C'est un son prolongé à la basse, sur lequel on fait passer des accords qui lui sont étrangers, mais qui de temps en temps doivent contenir la note prolongée, sans quoi l'effet de la pédale serait désagréable. La pédale se fait sur la tonique et sur la dominante. Elle doit commencer par un accord consonnant appartenant au son qui fait la pédale.

Pelitti-Fero. Instrument à vent en bois, recouvert de peau très-fine avec trois cylindres, imaginé en 1843, par Pelitti de Milan.

Pelittone. Sorte de contrebasse en *ut* à trois cylindres, construite à Milan, en 1848.

Penorion. Instrument dans le genre de l'*Euphonion*, se terminant en entonnoir arrondi à peu près comme le cor anglais construit par *Schverny's*, en 1848.

Pension. Revenu annuel donné à quelqu'un. Pour récompenser les compositeurs, les auteurs, les chanteurs et les instrumentistes de leurs succès ou de leurs services, les gouvernements leur accordent des pensions. Les compositeurs célèbres étaient pensionnés autrefois par le roi sur sa cassette particulière. Plus tard il fut établi que les compositeurs et les auteurs dramatiques qui auraient donné à l'Opéra trois ouvrages, faisant chacun spectacle complet et représentés quarante fois, obtiendraient une pension annuelle de 1,000 fr. En 1830, les pensions des compositeurs et des auteurs furent supprimées ainsi que celles des choristes, des danseurs et des artistes de l'orchestre de l'opéra. Le droit à une pension existait après vingt-cinq ans de service pour les artistes jouant des instruments à cordes, et après vingt ans pour ceux qui jouaient des instruments à vent.

Lorsque les acteurs de l'Opéra-Comique cessèrent d'exploiter le théâtre en société, des pensions furent données à ceux qui avaient été sociétaires. Les professeurs du Conservatoire impérial de musique ont une pension après trente ans de service. 3,000 fr. de pension sont faits pendant cinq années aux jeunes compositeurs auxquels l'Académie des Beaux-Arts a décerné le grand prix de composition.

Au Conservatoire musical de Paris il y a deux sortes de pensionnaires : les pensionnaires du sexe féminin, qui, sans être logées dans l'école, reçoivent une pension du gouvernement ; et les pensionnaires du sexe masculin qui sont complétement entretenus dans le sein même de l'établissement pendant tout le temps de leurs études aux frais de l'Etat.

Pensionnaire. On appelle pensionnaire le compositeur, l'auteur, le chanteur, l'instrumentiste ou l'élève qui reçoit une pension d'un prince, d'un Etat, etc., etc. (Voyez le mot Pension).

Pentacorde. Fspèce de lyre grecque à cinq cordes inventée et mise en usage au siècle de *Sapho* et d'*Aliée*. Le *pentacorde* était intermédiaire entre la lyre primitive et la lyre des époques postérieures qui en avait sept.

Pentalon. On nommait ainsi un genre de *tympanum* construit par *Heberstect*, en 1705, qui le fit entendre chez Ninon de l'Enclos.

Pentecontachordon. Ancien instrument de musique qui avait cinquante cordes inégales.

Percussion. Choc de la dissonance frappant sur le premier temps de la mesure. On distingue dans l'emploi de la dissonance au temps fort, trois circonstance, remarquables, savoir : la préparation, la percussion et la résolution. On nomme instruments de percussion ceux dont on joue en les frappant, comme le tambours les timbales, la grosse caisse, etc.

Perdendo si, En se perdant. Quand ce mot est écrit sous un passage de musique, on doit l'exécuter en faisant succéder le pianissimo au piano avec une gradation insensible, et laisser éteindre le son peu à peu, de manière à n'être plus entendu ; car c'est là le véritable sens du mot : *Perdendo si*.

Perfidia, Perfidie. Signifie en musique une obstination à faire toujours la même chose et à suivre le même dessein. *Contrapunto perfidiato, fuga perfidiata* sont des contrepoints et des fugues où l'on s'obstine à suivre le même dessein. Cela s'appelle aussi *pertinacia*, opiniâtreté.

Périélèse. Terme de plain-chant. C'est l'interposition d'une ou de plusieurs notes dans l'intonation de certaines pièces de chant, pour en assurer la finale et avertir le chœur que c'est à lui de reprendre et poursuivre ce qui suit.

PÉRIODE. Phrase musicale composée de plusieurs membres dont la réunion forme un sens complet. La *période carrée* est proprement celle qui est composée de quatre membres. Mais on ne laisse pas d'appeler période carrée toute période nombreuse et formée avec de bons éléments bien ajustés ensemble.

PERLÉ. Signifie exécuter dans la perfection un cadence une roulade, en détacher toutes les notes et les faire pour ainsi dire tomber une à une. On dit : *jeu perlé, Cadence perlée.*

PÉRORAISON. Ce mot emprunté à la rhétorique, signifie la conclusion d'un discours d'éloquence ; on l'emploie dans le même sens à l'égard du discours musical. Les péroraisons de Mozart sont d'un effet ravissant. Celles de la *Flûte enchantée*, de l'ouverture des *Noces de Figaro*, du premier finale de *Don Juan*, doivent être rangées parmi les productions les plus sublimes en ce genre. Le mot *péroraison* est quelquefois synonyme de *strette*, et dans ce sens il s'applique à l'allégro final des morceaux les plus importants de l'opéra, tels que le finale, l'introduction, le sextuor, etc.

PERSES. (Voyez le mot ASSYRIENS.)

PHÉNICIENS (musique des). La musique des Phéniciens d'après Fabre d'Olivet, qui est notre guide dans ce travail historique, se divisa en autant de branches et forma autant de systèmes particuliers qu'il y eut de sectes. Ces diverses sectes qui donnèrent leurs noms aux peuples chez lesquels elles dominèrent, servirent aussi à désigner l'espèce de musique qu'elles adoptèrent de préférence. De là le mode lydien, le phrygien, le dorien, l'ionien, etc., etc. C'est-à-dire le mode de Vénus ou de la faculté génératrice universelle ; celui du chef ou du roi-pasteur ; celui de la liberté ou de la force mâle ; celui de la colombe ou de la nature féminine. Les divers modes que l'on retrouve chez les Grecs eurent chacun leur caractère propre. Celui de tous qui paraît avoir été le plus généralement adopté en Phénicie, était le mode appelé vulgairement *commun* et que les Grecs ont connu sous le nom du mode *locrien*, ce qui signifie mode caractéristique de l'alliance. La corde fondamentale de ce mode était le *la*, celle qui dominait sur le système musical phénicien, la première à l'aigu, et même au grave quand elle y eut été ajoutée. Comme cette corde était assimilée à la lune, qui tenait le premier rang parmi les divinités de ces peuples amazones, c'est-à-dire dévoués à la nature féminine, on donna au mode qu'elle constituait le surnom de *lyn* qui veut dire astre nocturne et suivant l'usage de ces temps, on en fit un personnage mythologique, qui passant par la suite pour un fameux musicien, fut cité comme le maître à chanter d'Hercule. Cependant Hérodote dit formellement que c'était une sorte de chant usité en Egypte, qui, du sein de la Phénicie avait passé en Europe. Cette sorte de chant qu'il appelle *limos*, était selon lui d'un caractère triste et mélancolique. Ceci revient précisément à l'idée que les Chinois modernes conservent encore de ce mode phénicien, dont ils désignent la tonique *la* par l'épithète expressive de *hou-si, lamentation occidentale*.

Au moment où les pasteurs démembrèrent l'empire indien, et formèrent la fameuse secte qui donna naissance à la nation phénicienne, il paraît qu'ils choisirent pour désigner les sept sons diatoniques de leur système musical les sept voyelles de leur alphabet, de manière que la première de ces voyelles *alpha* ou *A*, était appliquée au principe cyprien *fa* qu'ils regardaient comme le premier, et que la dernière, *aïn*, que les Grecs rendent par *omega* et que nous remplaçons par *ou*, était appliquée au principe saturnien *si* qu'ils considéraient comme le dernier. On peut croire que ce fut par une suite naturelle de cette manière de noter les deux cordes musicales assimilées aux deux principes de l'univers, que naquit le fameux proverbe mis dans la bouche de l'Être suprême pour désigner sa toute puissance et son immensité :

JE SUIS L'ALPHA ET L'OMEGA.

Cependant, soit que les Phéniciens eussent deux manières de noter les sons, soit qu'ils les considérassent comme procédant par intervalles harmoniques, *si-mi-la-ré-sol-ut-fa,* ou diatoniques, *si-ut-ré-mi-fa-sol-la*, ou bien que le temps ou les révolutions politiques et religieuses eussent apporté quelques changements à leur notation, on voit clairement, par plusieurs passages des anciens, que la corde *la*, assimilée à la lune et tonique du mode *commun* ou *locrien*, était notée par la voyelle A ; en sorte que la gamme entière chantée de l'aigu au grave se solfiait sur le son des sept voyelles phéniciennes, inconnues aujourd'hui, et en allant de l'aigu au grave, par conséquent de droite à gauche, au lieu du grave à l'aigu et de gauche à droite. Les pasteurs, en se séparant de l'Empire indien, prirent cette méthode, qu'ils communiquèrent à tous ceux qui dépendirent d'eux, soit directement, soit indirectement. Les Egyptiens, les Arabes, les Assyriens, les Grecs les Etrusques, la reçurent et la conservèrent plus ou moins longtemps, suivant les circonstances. Les Arabes et tous ceux qui ont reçu le joug de l'islamisme, la suivent encore aujourd'hui.

PHILOSOPHIE de la musique. Elle consiste à rechercher les rapports secrets des sons avec nos sentiments et nos pensées (Voyez LANGUE MUSICALE.)

PHONIQUE. Art de combiner les sons d'après les lois de l'acoustique.

PHONOMÈTRE. Instrument propre à mesurer l'intensité du son ou de la voix.

PHONORGANON. Nom donné à un automate jouant de la trompette, construit en 1812, par Robertson.

PHRASE. Suite de chant ou d'harmonie qui forme sans interruption un sens plus ou moins achevé, et qui se termine sur un repos par une cadence plus ou moins parfaite.

PHRASER. C'est, dans l'exécution de la musique, présenter la période musicale avec élégance et noblesse, l'orner de tous les agréments inspirés par le goût, et la conduire avec art depuis son début jusqu'à sa conclusion.

PHRÉNOLOGIE (la) appliquée à la musique. La physionomie et les crânes humains offrent-ils des signes certains, infaillibles, pour préciser les dispositions, les facultés, le degré d'intelligence des individus, et spécialement des hommes qui se livrent aux arts de l'imagination? Les observations recueillies par Gall et par Lavater constituent-elles une science positive? A cet égard, il y a contradiction, doute, incertitude parmi les savants modernes, et sans doute ce problème ne sera pas résolu de longtemps. Quoi qu'il en soit, l'anecdote suivante, qui nous a été donnée comme authentique, et qui se rattache à un homme éminent dans l'art musical, est un argument de plus en faveur des assertions de la science phrénologique.

On sait que Gall, l'illustre fondateur de cette école, ne sortait jamais d'un salon sans avoir interrogé minutieusement le crâne et les protubérances caractéristiques de toutes les personnes qui s'y trouvaient réunies. Chacun se prêtait de bonne grâce à cette opération, et pour en fixer les résultats, le célèbre phrénologue avait constamment sur lui un portefeuille, sur lequel il inscrivait le nom de tous les sujets soumis à ses expériences et les remarques qu'il avait faites sur chacun d'eux. Or, pendant un séjour de quelques mois qu'il fit à Milan, il y a trente ou trente-cinq ans, Gall avait particulièrement remarqué dans un des salons de cette ville un très-jeune musicien qui faisait les délices de la société par son esprit, ses saillies et son talent. Voici ce qu'il écrivit sur ses tablettes à propos de ce jeune homme :

OEil rayonnant. Sourire intelligent et fin. Front bombé. Proéminente inspiration. Génie créateur. Energie. Grâce. Fécondité. Souplesse.

Rossini était le nom du jeune musicien en question, nom parfaitement inconnu à cette époque ; et pourtant, était-il impossible de faire une énumération plus complète des qualités diverses qui ont brillé depuis dans les productions du grand maëstro ?

PHYSHARMONICA. Petit instrument à anches libres, imaginé à Vienne, par le facteur *Hackel*, en 1818.

PIANINO. Piano vertical de petite dimension importé d'Angleterre, en 1830, par Camille Pleyel.

PIANISTE. Celui qui joue du piano. Si l'on donnait ce nom à tous ceux qui mettent les mains sur cet instrument, on pourrait compter plus de cinquante mille pianistes à Paris seulement.

Il y a le *pianiste-professeur*, le *pianiste de concert*, le *pianiste-accompagnateur*, le *pianiste-improvisateur*. La première classe est très-nombreuse ; la seconde classe s'augmente tous les jours. La troisième classe, qui devrait être la plus importante, est trop peu recherchée par les pianistes. Les bons accompagnateurs sont très-rares et il y en a beaucoup trop encore de mauvais. Il est vrai que ce rôle est ingrat et peu brillant. Or, la plupart des pianistes aiment à briller. Pour être excellent accompagnateur, il faut d'abord être musicien profond, lire la partition d'orchestre et la réduire à livre ouvert ; transposer à la volonté du chanteur ; se faire le très-humble serviteur de la voix ; jamais ne la couvrir, toujours lui servir de cortége ; être bon harmoniste et capable, au besoin, d'improviser ou de suppléer un accompagnement. La quatrième classe est encore plus faible que la troisième. Il semble qu'on ait perdu le secret des Beethoven, des Mozart, des Hummel, des Boïeldieu. C'est qu'ici encore il faut une étude longue et persévérante, secondée par une nature exceptionnelle. L'homme de génie, lui-même a besoin de longs tâtonnements avant d'arriver à improviser en maître. Il faut s'y exercer de très-bonne heure et tous les jours, sans se rebuter des difficultés qui naissent à chaque nouveau pas dans cette épineuse carrière. Du reste, l'improvisation, lorsqu'on a franchi tous les obstacles, procure tant de jouissances, que les jeunes gens bien organisés devraient s'y livrer avec plus d'ardeur.

Piano. Instrument de musique à cordes et à clavier, qui a succédé au clavecin. Les uns attribuent l'invention du piano au florentin Cristofori, en 1718, ou à Silberman, facteur d'orgue, saxon, en 1750. Dans le clavecin et l'épinette, les cordes étaient pincées par un bec de plume ou de cuir; dans le piano ce sont des marteaux mis en jeu par la touche et divers échappements qui viennent les attaquer. La corde pincée donnait des sons trop uniformes, tandis que le marteau est aux ordres de celui qui sait le maîtriser, et que le son acquiert plus ou moins d'intensité selon que la corde est frappée avec plus ou moins de vigueur. Le piano donnant des moyens d'expression jusqu'alors inconnus dans les instruments à clavier, et modifiant les sons du *piano* ou *forte* par degrés imperceptibles, reçut d'abord le nom de *piano forte* ou *forte piano*, comme exprimant les deux qualités qui le distinguaient. Dès le moment de son invention, le nouvel instrument remporta une victoire complète sur le clavecin, qui disparut tout à fait.

Si le piano ne peut se montrer avec avantage dans une vaste enceinte et au milieu d'une foule d'instru-

Voici le nom des principaux pianos qui ont été construits, les lieux où ils ont été fabriqués; le nom de l'instrument

DÉSIGNATION DES INSTRUMENTS	DATES
Piano basque............................	1841
— balancier......................	1855
— à clavier double.............	1850
— à clavier à bascule..........	1836

ments, il prend bien sa revanche dans les salons, où il forme à lui seul une harmonie complète. Si le violon est le roi des orchestres, le piano est le trésor de l'harmonie et du chanteur à la ville, à la campagne surtout. Que de soirées dérobées à l'ennui et embellies des charmes de la musique ! On chercherait en vain à former un quatuor ; le piano est là, c'est le point de raliement.

Les jeux brillants et variés de cet instrument, les licences que la main droite a pu se permettre à la faveur des groupes harmonieux exécutés par la main gauche, se sont introduits peu à peu dans l'orchestre dont ils ont augmenté la puissance.

Le piano commença à se répandre en France vers 1780. Mais il y avait loin des premiers essais encore informes qui furent alors tentés, aux instruments superbes, excellents, qui sortent aujourd'hui des ateliers de nos habiles facteurs.

Le piano à forme de clavecin, vulgairement appelé *piano à queue*, est celui que l'on doit préférer. Les cordes étant frappés dans le sens de leur longueur, on obtient des vibrations plus fortes et plus prolongées. La forme de ce piano est élégante et pittoresque, elle représente une harpe couchée horizontalement.

Le grand piano donnant un volume de sons plus considérable et prolongeant les vibrations, on peut réellement exécuter des mélodies larges sur cet instrument. Ses moyens sonores et la moindre facilité que présentent les touches de son clavier donnent plus de solidité au talent de l'exécutant, et le forcent en quelque manière a acquérir un beau style.

avec la date de leur invention, les noms de leurs auteurs, indique sa qualité et son but et rend une description inutile.

NOMS	LIEUX
DES FACTEURS	DE PROVENANCE
Sormani	Paris
Eisenmenger	Id.
Vandercruyssen	Bruxelles
Monvoisin	Paris

DÉSIGNATION DES INSTRUMENTS	DATES
Piano à clavier demi-ovale.	1794
— à clavier géométrique.	1845
— à clavier tournant.	1836
— à clavier de pédale.	1789
— carré.	1758
— *compact square*.	1851
— Clara.	1836
— clavi.	1825
— cledi-harmonique.	1839
— colonne.	1812
— conducteur.	1831
— concertina.	1839
— à cordes croisées.	1839
— *idem*.	1847
— *idem*.	1851
— à cordes plates.	1852
— sans cordes.	1825
— *idem*.	1847
— *idem*.	1847
— *idem*.	1847
— constant accord.	1846
— *idem*.	1854
— à corps résonnant.	1834
— à corps sonore.	1854
— à cylindre.	1834
— à crampons.	1855
— demi-incliné.	1855
— droit.	1830
— droit double.	1851
— diaphonique.	1855
— diplophone.	1849
— dittanaclasis.	1801
— doucine.	1840
— double.	1779
— à double clavier.	1736
— *idem*.	1821
— double et à cylindre.	1812

NOMS DES FACTEURS	LIEUX DE PROVENANCE
Schleger	»
Folly	Paris
Debain	Id.
Bellmann	Dresde
Frederici	Gera
Stodart	Londres
Marqueron	Paris
Charreyre	Paris
Boisselot	Marseille
Erard	Paris
Triquet	Paris
Alexandre	Paris
Vandermeer	Bruxelles
Vogelsangs	Bruxelles
Lichtenthal	Saint-Pétersbourg
Russel	Londres
Pape	Paris
Hill	Londres
Nunn's	New-York
Papelard	Paris
Alliaume	Id.
Laborde	Id.
Greiner	Id.
Laprevotte	Id.
Henry et Martin	Id.
Sholtus	Id.
Eisenmenger	Id.
Roller	Id.
Jones	Londres
Donald	Luisbourg
Lacout	Paris
Muller	Vienne
Wirth	Paris
Hofmann	Gotha
Buhler	Wurtemberg
Erard	Paris
Erard	Id.

DÉSIGNATION DES INSTRUMENTS	DATES
Piano à double échappement............	1823
— à double son................	1843
— à double table d'harmonie.....	1844
— double grand..............	1851
— à double traction...........	1848
— à double queue............	1839
— droit double..............	1851
— écran...................	1836
— enharmonique	1791
— *idem*	1837
— elliptique.................	1825
— elliptique à quatre cordes	1827
— éolien...................	1829
— *idem*	1838
— éolique	1855
— *idem*	1856
— sans fond................	1838
— fortissimo	1844
— giraffe	1804
— harmonomètre.............	1844
— harmonica	1803
— harmomello	1806
— à jalousies	1855
— lyre...................	1839
— mécanique	1786
— *idem*	1848
— métagophone..............	1824
— mélographe...............	1823
— *idem*	1826
— *idem*	1827
— *idem*	1836
— *idem*	1837
— *idem*	1838
— *idem*	1840
— *idem*	1844
— *idem*	1843

NOMS DES FACTEURS	LIEUX DE PROVENANCE
Erard	Paris
Boisselot	Marseille
Roller	Paris
Pirson	Id.
Rheinlander	Id.
Roller	Id.
Jones	Londres
Debain	Paris
Rohdler	Friedland
Tonnel	Paris
Eulriot	Id.
Dietz	Id.
Kayser	Id.
Isouard	Id.
Melhop	Londres
Chambry	Paris
Moulé	Id.
Dubois	Id.
Bleyer	Londres
Brasil	»
Scheevds	Nassau
Pfeiffer	Paris
Huxtable	Londres
Fischer	Paris
Milchmayer	Mayence
Debain	Paris
l'abbé Trentin	Venise
Masera	Montefiascone
Pape	Paris
Baudoin	Id.
Miles Berry	Londres
Carreyre	Paris
Wetzel	Id.
Duprat de Treboz	Id.
Guérin	Id.
Pape	Id.

DÉSIGNATION DES INSTRUMENTS	DATES
Piano mélographe.	1855
— michrocordon	1854
— miniature	1857
— Mozart	1854
— oblique.	1846
— demi-oblique.	1845
— octaviant.	1840
— *idem*.	1855
— *idem*.	1839
— *idem*.	1855
— organisé	1839
— orgue.	1855
— à pédale	1827
— à pédalier	1846
— *idem*.	1848
— *idem*.	1849
— *idem*.	1855
— *idem*.	1857
— phonographe.	1840
— pianographe	1844
— à pédale expressive.	1851
— piccolo	1831
— planicorde	1849
— portatif.	1820
— pyramide.	1804
— à queue vertical	1856
— à queue.	1797
— régulateur	1853
— rond	1836
— à répétition continue.	1854
— à répétition indéfinie.	1855
— secrétaire à cylindre	1812
— secrétaire.	1844
— scandé	1855
— sirenion	1825

NOMS DES FACTEURS	LIEUX DE PROVENANCE
»	»
Collard	Londres
Scholtus	Paris
André	Francfort
Vogelsangs	Bruxelles
Kriegelstein	Paris
Pape	Id.
Blondel	Id.
Blanchet	Id.
Zeiger	Colmar
Pape	Paris
Jaulin	Id.
Schleip	Berlin
Hesselbein	Paris
Blanc	Id.
Erard	Id.
Loddé	Orléans
Pleyel et Wolf	Paris
Duprat de Treboz	Id.
Guérin	Id.
Mercier	Id.
Lichtenthal	Bruxelles
Boisselot	Marseille
abbé Trentin	Venise
Ward	Londres
Dietz	Paris
Erard	Id.
Piffaut	Nouvelle-Orléans
Pape	Paris
Schwander	Id.
Grus	Id.
Erard	Id.
Martin	Id.
Lentz	Id.
Pramberger	Allemagne

DÉSIGNATION DES INSTRUMENTS	DATES
Piano à sommier isolé	1827
— à sons soutenus à volonté	1843
— à sons prolongés	1838
— à sons soutenus	1812
— à système tremblé	1852
— à touches d'accident	1854
— en table	1834
— à table bombée	1855
— à tambourin	1799
— tonmuld mécanique	1844
— tromba	1851
— transpositeur	1820
— *idem*	1820
— *idem*	1836
— *idem*	1837
— *idem*	1837
— *idem*	1843
— *idem*	1846
— *idem*	1846
— *idem*	1847
— *idem*	1851
— *idem*	1851
— *idem*	1851
— *idem*	1851
— *idem*	1851
— *idem*	1851
— trémolo	1851
— trémolophone	1842
— unicorde	1825
— vertical	1795
— *idem*	1853
— vertical à double clavier	1825
— viole	1830
— violino	1851
— de voyage	1852

NOMS DES FACTEURS	LIEUX DE PROVENANCE
Triquet	Paris
Boisselot	Marseille
Lichtenthal	Bruxelles
Erard	Paris
Heaffer	Bruxelles
Valz	Paris
Pape	Id.
Souffleto	Id.
Smith	Londres
Lud Beregszaü	Pesth
Greiner	Londres
Roller	Paris
Wagner	Id.
Rouchette	Bruxelles
Grillet	Paris
Lacroix	Bruxelles
Le Bihan	Paris
Carteau	Id.
Montal	Id.
Bardier	Id.
Addison	Londres
Barry	Id.
Mercier	Paris
Montal	Id.
Harwar	Londres
Scuffert	Id.
Hopkinson	Id.
Ph. Girard	Paris
Pleyel	Id.
Stodart	Londres
Laussebat	Clermont-Ferrand
Charreyre	Paris
Lichtenthal	Bruxelles
Wold	New-York
Jenkins	Londres

PIANORGUE. Petit instrument à anche libre pouvant s'ajouter à un piano, construit en 1846, par Faulin.

PICHLER. Bon élève et excellent imitateur de Stainer, travailla en 1665, et il eu la faiblesse d'apposer aux instruments qu'il construisit pendant la maladie du maître, l'étiquette imprimée de Stainer.

PICOLO. Petite flûte en *ré* bémol, employé dans les musiques militaires.

PIÈCE. Ouvrage de musique instrumentale d'une certaine étendue, composé de plusieurs morceaux formant un ensemble et un tout pour être exécuté de suite. Une symphonie est une *pièce*, une sonate est une *pièce*. Ce mot ne s'applique guère qu'à des compositions destinées à l'orchestre ou à l'orgue, au piano, à la harpe, etc.

PIFFARO. Instrument à vent en usage en Italie, qui répond à la haute contre du hautbois.

PILOTE. Dans les pianos et dans les orgues est une baguette plus ou moins grande servant à transmettre l'action des touches aux marteaux ou aux soupapes.

PINCER. C'est employer les doigts, au lieu de l'archet, pour faire sonner les instruments qui n'ont ni touche ni archet, et dont on ne joue qu'en les pinçant ; tels sont la harpe et la guitare. On pince aussi quelquefois les instruments à archet, et on l'indique dans la partition et dans la partie en écrivant *pincé*, ou *pizzicato*. (Voyez ce mot.)

PIPEAU. Instrument champêtre formé de l'assemblage de plusieurs tiges creuses coupées dans leur longueur, suivant des rapports harmoniques.

PIQUÉ, PIQUÉE. Les notes piquées sont des suites de notes montant ou descendant, ou rebattues sur le même degré, sur chacune desquelles on met un point allongé pour indiquer qu'elles doivent être marquées égales par des coup de langue ou d'archet secs et détachés.

PISTON. Cylindre de métal ordinairement de cuivre et qui entre sans frottement dans le corps d'un tube. On en a fait l'application sur les instruments à vent en cuivre pour ouvrir ou fermer les divers tons dont ils sont munis.

PIU, PLUS. *Piu presto*, plus vite ; *piu lento*, plus lent ; *piu stretto*, plus serré.

PIZZICATO. Ce mot, qui signifie *pincé*, avertit qu'il faut pincer les cordes du violon ou du violoncelle, de la viole ou de la contre-basse, au lieu de les faire résonner avec l'archet. Ces mots *coll'arco,* ou simplement *arco,* marquent le lieu où l'on doit reprendre de l'archet.

PLAGAL (ton). C'est une règle fondamentale que toute pièce de plain-chant doit être renfermée dans l'étendue d'une octave, ou tout au plus d'une neuvième. Cela observé, il peut arriver deux cas, savoir, que la finale occupe le plus bas degré de cette octave, ou qu'elle en occupe le milieu. Dans le premier cas, le ton est *authentique,* et lorsque la finale occupe le milieu, le ton est appelé *plagal* ou collatéral.

PLAGALE (cadence). C'est, à la basse, le mouvement du quatrième degré sur la tonique, ces deux notes portant l'accord parfait. La cadence plagale est une réminiscence du plain-chant et peut s'accorder cependant avec les exigences de la tonalité moderne.

PLAGIAT. C'est le nom qu'on donne à un larcin d'idées musicales. En musique comme en littérature, il faut distinguer les idées créées, les phrases filles de l'imagination, d'avec les lieux communs de l'école. On ne saurait s'approprier les premières sous aucun prétexte ; les phrases toutes faites appartiennent à tout le monde.

PLAIN-CHANT. (Voyez CHANT-ECCLÉSIASTIQUE.)

PLANCHE. Se dit d'une plaque de cuivre ou d'étain, sur laquelle on grave la musique.

PLECTROEUPHON. Instrument à clavier et à archet continu, mu par une manivelle, inventé à Nantes en 1827, par Gama.

PLECTRO-LYRA. Instrument à cordes pincées imaginé à Philadelphie en 1833 par Trajetta.

PLECTRUM. Morceau de bois ou d'ivoire, terminé par un crochet dont on se servait pour faire résonner les cordes de la lyre et de la cithare.

PLEIN JEU. C'est dans l'orgue la réunion des jeux de cymbale et de fourniture. Pour que le *plein jeu* produise un effet satisfaisant, il faut qu'il soit soutenu par de bons fonds, c'est-à-dire par le bourdon de seize pieds, la montre et les prestants.

PLEXIMÈTRE. Instrument du genre métronome, imaginé en 1824, par Finazzi d'Omégna en Sardaigne. Il ne différait du métronome de Maëlzel qu'en ce qu'il marquait les premiers temps de chaque mesure par un échappement.

PLIQUE. Sorte de ligature dans notre ancienne musique. La plique était un signe de retardement ou de lenteur ; elle se faisait en passant d'un son à un autre, depuis le demi-ton jusqu'à la quinte, soit en montant, soit en descendant. Telle est la définition donnée par J.-J. Rousseau ; mais on croit plus généralement que la plique des anciens était une espèce d'ornement semblable, à peu près, à notre *trille*. C'est ainsi, du moins, que l'a défini Marchetto de Padoue.

Pochette. Petit violon de poche, qui a le même manche que le violon, et dont les maîtres de danse se servent comme étant plus commode à porter. Il sonne l'octave du violon ordinaire.

Poco, Peu. *Poco à poco*, peu à peu.

Poeme. Ouvrage écrit en vers et destiné à être mis en musique. On ne donne le nom de poëme qu'à des ouvrages d'une certaine étendue, tels qu'un opéra, un oratorio, une cantate; tandis que le mot *paroles*, qui a la même signification, s'applique également à un opéra et à une chanson.

Poïkilorgue. Espèce de jeu de lames vibrantes, imitant la flûte, ou le hautbois, mises en vibration par un soufflet, adapté au piano et imaginé par Cavaillé-Coll, en 1834.

Point. Le point augmente la note qui le précède de la moitié de sa valeur ou de sa durée. Quand il y a plusieurs points de suite, le second ne vaut que la moitié du premier, le troisième la moitié du second.

Point d'orgue. Passage brillant qui fait la partie principale dans un solo. Le point d'orgue se place sur un repos, ou vers la fin d'un morceau de musique. Les airs de bravoure de l'école italienne se terminaient autrefois par un point d'orgue, ou *cadence*. Cet usage s'est perdu peu à peu.

Pointu, Pointue. On se sert de ce mot figurément et dans la conversation familière, pour désigner une voix qui ne donne que des sons grêles, et n'a de développement que dans la partie aiguë.

Politique (musique). C'est surtout à l'époque de notre première révolution que la musique politique a joué un grand rôle. C'était en juillet 1789. On venait de prendre la Bastille. Le peuple célébrait sa victoire par des chants joyeux, par des cris d'enthousiasme ; mais depuis quelque temps, à l'Hôtel-de-Ville, les électeurs s'étaient rassemblés et exerçaient une magistrature provisoire. Les premiers ils commandèrent un ouvrage lyrique destiné à immortaliser cette victoire populaire : ils chargèrent un nommé Désaugier-Janson de composer un *hiérodrame,* ou drame sacré, retraçant autant que possible les épisodes les plus remarquables de la prise de la Bastille. Cet ouvrage fut exécuté en grande pompe dans l'église Notre-Dame, et jouit pendant quelque temps d'une certaine popularité.

Une innovation est à remarquer à propos de l'œuvre dont nous parlons ; une grosse cloche d'un timbre sonore comptait parmi les instruments de l'orchestre, et rendait au naturel les sons lugubres du tocsin.

Traçons maintenant l'histoire des deux airs fameux au début de la révolution française, le premier chanté par tous les amis du roi, le second par tous les amis de la nation ; nous voulons parler du bel air : *O Richard, ô mon roi, l'univers t'abandonne!* et du carillon national *Ça ira.*

Le mélodique Grétry était alors dans toute la maturité de son talent ; son triomphe avait été *Richard Cœur-de-Lion,* dont les paroles toutes monarchiques contrastaient singulièrement avec l'esprit démocratique qui se faisait jour chez le peuple. Les nobles, ou pour parler le langage du temps, les aristrocrates en consolidèrent le succès, et, à peine les états-généraux étaient assemblés, que dans tous les salons on chantait l'air du fidèle Blondel au pied de la tour qui renferme son royal maître. Quelque courtisans affectèrent de le faire entendre dans les modestes soirées que Louis XVI donnait à Versailles. Il devint bientôt une sorte de ralliement sous la bannière monarchique. Mais cette allusion ne se faisait d'abord que secrètement ; une occasion se présenta de la rendre publique.

En 1790, les gardes-du-corps donnèrent un banquet aristocratique dans l'Orangerie de Versailles. Après le toast, on chanta l'air : *O Richard,* et on fit serment de délivrer Louis XVI. Dès ce moment, il devint une *Marseillaise* royaliste.

Quand Louis XVI eut été enfermé au Temple, des joueurs d'orgue vinrent chanter sous les fenêtres du monarque l'air du troubadour, tant et si bien que, sous la Terreur, les musiciens ambulants durent l'enlever de leur répertoire, sinon passer pour suspects et aller en prison.

Tel a été le sort de cet air, qui dut beaucoup de son

succès à la politique. Occupons-nous maintenant de son rival, le *Ça ira*.

Depuis la prise de la Bastille, le peuple manifestait hautement sa haine contre les nobles. L'expression *Ça ira* était ordinairement employée toutes les fois qu'il lanternait, c'est-à-dire accrochait au réverbère un ennemi de la constitution. Pendant les préparatifs qui précédèrent la fédération du 14 juillet 1790, *Ça ira* fut mis en chanson avec un grand nombre de variantes quant aux paroles. Le *Ça ira* officiel est celui que l'on attribue à Dupuis, l'auteur de *l'Origine des cultes*.

Bientôt cet air s'entendit dans toutes les rues. Si l'on assassinait un aristocrate, si l'on plantait un *mai* de la liberté, le *Ça ira* était chanté. Ouvrez le *Journal de Paris* du temps, aux annonces, voici ce que vous y trouverez : *Nouvelles variations pour le clavecin, sur l'air Ça ira* ; *rondeau sur l'air Ça ira*. Le *Ça ira* vécut jusque sous le Directoire.

Aux clubs, on faisait souvent de la musique; elle se composait le plus souvent de symphonies ayant pour basses continues des roulements de tambours, des vociférations et des décharges de mousqueterie.

De la déchéance de Louis XVI à la Terreur, il n'y eut qu'un pas. Cependant au point de vue de l'art musical, la Terreur fut une époque à part. Les quatorze armées bordent et défendent nos frontières menacées par la coalition des rois étrangers ; la France fait un effort sur elle-même : et quel stimulant plus efficace que la musique peut inspirer les manifestations du courage ? Nous ne suivrons pas ces nouveaux soldats sur les champs de bataille : *la Marseillaise* leur suffisait, et dans toutes les occasions périlleuses, l'hymne fameux redoubla leur courage et les mena à la victoire.

Et maintenant qu'on nous suive à l'Opéra sous la Terreur, voici les pièces qu'on entendra : *le Siége de Thionville*, musique de Jadin, *l'Offrande à la Liberté*, scène religieuse de Gossec, et *Fabius*, tragédie mise en musique par Méreaux. A cette époque, la musique politique a plus que jamais envahi le théâtre.

Sous la Terreur, le catholicisme avait été remplacé, d'abord par le culte de la Raison, ensuite par celui de l'Être-Suprême, tous deux inaugurés par des fêtes solennelles.

La fête de la Raison fut célébrée dans l'église Notre-

Dame ; plusieurs compositeurs concoururent à la partie musicale. Un témoin oculaire nous a assuré que les airs qu'on chantait dans ces solennités étaient vraiment imposants, et que les motifs en étaient d'une admirable simplicité.

La *Fête de l'Être-Suprême,* qui suivit d'assez près celle de la Raison, fut plus remarquable sous le point de vue musical ; on y entendit des strophes en manière de cantiques, dans lesquelles Gossec se surpassa. Sous le Directoire, le Consulat, l'Empire, la Restauration, le règne de Louis-Philippe, la République et le second Empire, la musique politique n'a pas joué un grand rôle. Elle a cédé le pas à la musique sérieuse qui a été féconde en chefs-d'œuvre. La *Parisienne,* les *Girondins, Partant pour la Syrie,* voilà tout ce qui mérite d'être signalé pendant cette période, dans l'histoire de la musique politique.

Polka (la). C'est une danse originaire de Bohême, une danse de paysans. Elle a tous les signes du type original, des allures vives, brusques, tumultueuses, rudes, mais gaies et souvent voluptueuses. La cadence de ses mouvements suit la mesure *deux quatre*. Elle se ralentit et mêle à sa vivacité une délicieuse mollesse. La polka, comme la valse, est à deux, se sépare du bruit et s'isole de la foule. Elle tourne sur elle-même, lance au loin ses jambes l'une après l'autre, de côté, et du pied sur lequel elle se repose elle saute deux fois par saccades précipitées et en frappant le sol avec le talon, le plus coquettement du monde. Elle procède de la *Cracovienne* et de la *Mazurka*.

Polka. Espèce d'accordéon perfectionné.

Pologne (de la musique en). Une grande nation présida longtemps aux destinées des peuples du Nord ; elle possédait de riches provinces, cultivait avec éclat les lettres et les arts. Aujourd'hui elle a tout perdu, elle gémit sous ses ruines.

Dans cet état de chose, la musique a dû faire peu de progrès en Pologne. Avant la chute de Varsovie, il y avait un Conservatoire bien organisé, qui avait produit d'excellents élèves. Il était dirigé par Soliva, Italien, homme de talent. Joseph Elsner, excellent compositeur, était au nombre des professeurs. Lui aussi a rendu de très-grands services à l'école de musique polonaise ; aimé et adoré de ses élèves, il compte parmi les meilleurs, Ch. Turpinski, Chopin, Orlowki, Wycocki. etc. Outre ces noms déjà connus, on cite à Varsovie une foule de jeunes talents et de compositeurs distingués ; mais n'ayant ni unité ni but, ils ne peuvent agir sur l'avenir de l'art en Pologne.

Juger l'opéra polonais par ce qui se fait maintenant, ce serait donner une bien fausse idée de la scène et surtout de l'opéra national. Quand on songe avec quelle sévérité le gouvernement russe proscrit tout ce qui porte l'ombre de nationalité, on s'étonne même qu'il permette de jouer des opéras traduits en polonais; car c'est déjà avouer qu'il existe des Polonais et une langue polonaise. Avant la dernière révolution, Elsner, Turpinski, Stephani, Danze, alimentaient la scène nationale; aujourd'hui on ne joue que des traductions. Les opéras d'Elsner et de Turpinski sont à l'*index*.

Avant 1830, il y avait quatre théâtres qui jouaient à la fois, le Grand-Opéra, le Théâtre-Français, les Variétés-Polonaises et l'Opéra-Allemand. Aujourd'hui, deux à peine peuvent exister.

Le théâtre de l'Opéra est un des plus grands de l'Europe. Dans ces dernières années le Conservatoire de Varsovie a été réorganisé sous la direction de M. Apollinaire de Kontsky.

Polonaise. Air de chant et de danse mesuré à trois temps et d'un mouvement modéré. *La Polonaise* nous vient de la Pologne, ainsi que l'indique son nom; elle se distingue par un rhythme boiteux, que l'on obtient en syncopant les premières notes de la mesure.

Polycorde. Instrument à archet inventé en 1799 par Helsner de Leipsick, ressemblant à la contrebasse et pouvant en tenir lieu.

Polyplectrum. Instrument construit par Dietz en 1827, dans lequel on avait cherché la possibilité de prolonger le son et d'en modifier les accents, au moyen d'un archet continu.

Polysonor. Mécanisme imaginé en 1848, par Zeiger, pour faire rendre au piano plusieurs sons par la même touche.

Poly-toni-clavicordium. Était un instrument du même genre que la *Mélodica* (voir ce mot) il fut construit par *Stein* d'Augsbourg en 1760.

Pompe. C'est, dans le cor et la trompette, un fragment de tuyau en forme de fer à cheval, qui par ses deux extrémités vient s'emboîter avec une grande précision sur les deux bouts formés par une section faite vers le milieu du corps de l'instrument, et les recouvre entièrement. En enfonçant plus ou moins cette pompe, on allonge ou on racourcit le grand tuyau, ce qui élève ou abaisse le ton.

Dans la flûte, la clarinette, le basson, la pompe est une emboîture en métal, placée entre les principales pièces pour les réunir, et qui sert aussi à donner plus d'extension à l'instrument, et à baisser par conséquent son intonation.

PONCTUATION, PONCTUER. C'est, en terme de composition, marquer les repos plus ou moins parfaits, et diviser tellement les phrases, qu'on sente par la modulation et par les cadences leurs commencements, leurs chutes et leurs liaisons plus ou moins grandes, comme on sent tout cela dans le discours à l'aide de la ponctuation.

PONTICELLO. C'est le nom italien du CHEVALET (voyez ce mot). On trouve quelquefois dans les partitions : *sul ponticello,* sur le chevalet.

PONT-NEUF. On appelle ainsi de petits airs et même de simples refrains gothiques, sans mesure, sans rhythme, d'une modulation triviale et vulgaire. Les ponts-neufs ont été quelquefois admis à l'Opéra-Comique, et l'on a applaudi avec transport *Toto Carabo, Au clair de la lune, Malboroug, Ah! vous dirai-je, maman,* que quelques compositeurs ont daigné mêler à leur périodes harmonieuses. Le peuple parisien cria au miracle. Mais les connaisseurs ne tolèrent ces sortes d'emprunts que quand un travail harmonique, élégant et pur, un dessin hardi vient leur servir d'excuse.

PORT DE VOIX. C'est ce que les Italiens appellent *portamento.* Il y a deux manières de porter la voix ou les sons ; la première, lorsqu'on lie plusieurs sons d'égale valeur, qui procèdent par degrés conjoints ou disjoints ; la seconde se pratique entre deux sons qui forment un intervalle plus ou moins grand, et qui procèdent par degrés disjoints seulement. Elle consiste à faire glisser la voix promptement par une liaison fort légère, qui part de l'extrémité de la première des deux notes, pour passer à celle qui la suit, en l'anticipant.

PORTÉE. La portée ou ligne de musique est composée de cinq lignes parallèles, sur lesquelles ou entre lesquelles les diverses positions des notes en marquent les degrés. Ce nom de portée a été donné à la ligne de musique, parce qu'elle renferme exactement la portée ou l'étendue d'une voix ordinaire.

Porte-voix. Instrument destiné à porter la voix au loin. C'est un tuyau de forme conique, largement évasé par sa partie inférieure, dans lequel on parle en portant la petite extrémité à la bouche. Avec un porte-voix de 1 mètre 33 on peut se faire entendre à 500 pas géométriques ; avec un porte-voix de 5 mètres 50, on se fait entendre à 1,600.

Portugal (de la musique en). La musique des Portugais, dérivant de la même source que la musique espagnole, participe de ses qualités et de ses défauts. Ce peuple possède un grand nombre d'airs assez beaux et fort anciens ; ses airs nationaux sont les *Tadunes* et les *Madinhas*; ceux-ci se séparent complétement des airs des autres nations. La modulation en est tout à fait originale. Les mélodies portugaises sont simples, nobles et très-expressives.

De Costa, Fronchis et Schiopetta, sont les meilleurs compositeurs portugais de l'époque actuelle. Il y a à Lisbonne un Opéra-Italien originairement établi par Jomelli, où ont été représentés les meilleurs ouvrages du répertoire lyrique.

Positif. Petit orgue que l'on place devant le grand orgue quand il est assez considérable pour être divisé en deux.

Position. Lieu de la portée où est placée une note, pour fixer le degré d'élévation du son qu'elle représente. C'est aussi l'ordre dans lequel les sons d'un accord sont disposés au-dessus de la basse.

Pot-Pourri. Suite d'airs pris en totalité ou en partie ça et là dans les compositions de divers maîtres, et même parmi les refrains que l'on chante dans les rues, et cousus les uns aux autres par quelques phrases conjonctionnelles.

Prélude, Préluder. C'est en général chanter ou jouer quelque trait de fantaisie irrégulier et assez court, mais passant par les cordes essentielles du ton, soit pour l'établir, soit pour disposer sa voix ; ou bien poser sa main sur un instrument, avant de commencer un morceau de musique. Mais sur l'orgue et le piano, l'art de préluder est plus considérable; c'est composer et jouer impromptu des morceaux chargés de tout ce que la composition a de plus savant en dessin, en fugue, en imitation, en modulation et en harmonie.

Premier. (Battre), c'est une des batteries du tambour, qui désigne également *battre aux champs*.

Préparation. On appelle ainsi, dans les méthodes harmoniques fondées sur l'expérience, l'obligation de faire entendre d'abord certaines notes des accords dissonants, avant de les attaquer.

Préparation au chant. On donne ce nom aux études du solfége et de la vocalisation. Ces études servent à former l'élève à la lecture de la musique, à façonner sa voix, à la rendre égale sur tous les points, à lui donner du corps et de l'agilité, à affermir son intonation, avant de lui confier l'exécution des compositions vocales.

Préparer. C'est l'action que forme harmoniquement une consonnance avant une dissonance, dans une ou plusieurs parties aiguës ou moyennes sur une note de basse.

Presser. C'est en musique augmenter de vitesse ; on presse le mouvement, on presse la mesure.

Prestant. Jeu d'orgue ; il est d'étain et ouvert. Son plus grand tuyau a quatre pieds de longueur. Il sonne l'*ut* à l'octave au-dessus du bourdon de huit. Le prestant entre dans presque toutes les associations de jeux de l'orgue.

Presto. Ce mot, écrit à la tête d'un morceau de musique, indique le plus prompt et le plus animé des cinq principaux mouvements de la musique. *Presto* signifie vite ; son superlatif *prestissimo*, très-vite, marque un mouvement encore plus pressé et le plus rapide de tous.

Prima donna. Titre de la première et principale cantatrice qui remplit un rôle important dans un opéra.

Principal, Principale. On donne cette épithète à la partie récitante d'un concerto et à la partie concertante, pour les distinguer des parties des instruments de même nature qui ne doivent figurer que dans les accompagnements. *Violon principal, clarinette principale, cor principal*.

Prise du sujet. C'est l'instant où une partie s'empare du sujet de la fugue pour faire son entrée.

Professeur. Celui qui enseigne ou exerce la musique prend le titre de professeur, du mot *profession* ou de l'art qu'il *professe*.

Progrès de la fugue. C'est ainsi que l'on appelle la suite de la fugue, à partir du point où toutes les parties ont fait chacune leur entrée, et où tous les fils du discours musical sont liés ensemble.

Progression (ou marche) de Basse. C'est un morceau d'harmonie dans lequel toutes les parties marchent avec une telle symétrie, que l'intelligence, exclusivement attentive à cette symétrie parfaite, oublie de penser à la nature et à l'enchaînement des accords employés, et les souffre tous.

On écrit sous la forme que l'on veut deux ou trois accords parfaitement réguliers qui forment *le thème* de la progression et qu'on reproduit plusieurs fois, en montant ou en descendant.

Prolation. C'était dans l'ancienne musique une manière de déterminer la valeur des notes demi-brèves sur celle de la brève, ou des minimes sur celle de la demi-brève. Cette prolation se marquait après la clef, par un cercle ou un demi-cercle, ponctué ou non ponctué.

Prologue. Sorte de petit opéra qui précède le grand, l'annonce et lui sert d'introduction.

Prolongation. La prolongation en général consiste à continuer une ou plusieurs notes d'un accord sur un ou plusieurs accords suivants. (Voyez le mot Retard).

Proposition. Terme que l'on emploie pour désigner la première phrase d'une fugue, contenant le sujet et tous les contre-sujets, quel qu'en soit le nombre.

Proprement. Signifie en musique, avec justesse et facilité. On dit jouer proprement, exécuter proprement.

Propriété. Avant l'invention de la note *si* se disait de la disposition de la mélodie quand au ton. Il y avait troit sortes de *propriétés :* la *propriété de nature,* celle *du bémol* et *celle du bécarre.*

Prose. L'usage des proses était très-fréquent dans les premiers temps de l'Église. L'office romain n'en a conservé que trois : *Victimæ paschali laudes,* pour le jour de Pâques, *Veni sancte spiritus,* pour la Pentecôte, *Lauda, Sion, Salvatorem,* pour la fête du Saint-Sacrement. On les chante souvent en musique. Le *Stabat Mater* et le *Dies iræ* sont plus célèbres encore. Tous les amis de la grande musique connaissent ceux de Palestrina, de Pergolèse, de Haydn, de Rossini, etc., etc.

Proslambanomenos. Nom du *la* ajouté par les Grecs au-dessous du *si*, par lequel commençait leur système.

Guido ayant placé un *sol* au-dessous de ce *la*, ce *sol* fut appelé *kypo-proslambanomenos*, c'est-à-dire sous-proslambanomène.

Prosodie. La voix de l'homme est naturellement une succession de notes ou degrés musicaux, lors même qu'il parle ou émet sa pensée. C'est la plus grande preuve de la présence d'une âme qui donne ses passions à la matière. Il est impossible, si la première langue parlée par l'homme fut l'hébraïque, qu'Adam, dans cet idiome, ait manifesté son admiration pour Ève, sans accentuer vivement sa parole, sans l'animer de longues et de brèves, tantôt plus lentes, tantôt plus rapides, enfin sans la chanter en quelque sorte. La musique fut depuis une extension de cette prosodie naturelle. Elle se sert même quelquefois du verbe prosodier pour exprimer les diverses mesures et rhythmes de son chant. Toutefois la musique, par son art, perfectionna et fixa, depuis, la prosodie innée dans chaque idiome. Les vers et la musique sont le dépôt conservateur de la prosodie générale chez tous les peuples.

Protée. (Voir cimbalo et nécordo.)

Proverbe musical. Air ou fragment d'air populaire qui rappelle les paroles jointes à la mélodie.

Psallette. Du grec Ψάλλω (je chante) lieu où l'on élève, où l'on exerce les enfants de chœur.

Psalmodicon. Espèce de serpent ayant vingt cinq clefs construit en 1828 par Weinvich cordonnier en Thuringe.

Psalmodier. C'est chanter ou réciter les psaumes et l'office d'une manière particulière; la psalmodie tient le milieu entre le chant et la parole. C'est du chant parce que la voix est soutenue; c'est de la parole, parce qu'on garde presque toujours le même ton, et que l'on observe exactement le débit oratoire.

Psaltérion. Instrument à cordes fixes, qui a la forme d'un triangle tronqué par en haut, et dont chaque note a deux cordes de laiton ou d'acier. Il se joue des deux mains, en mettant aux doigts des anneaux plats, d'où sort un fort tuyau de plume pointu.

Psaumes. Hymnes ou cantiques écrits en hébreu, et dont le roi David passe généralement pour être l'auteur. David dansant devant l'arche, ou retiré dans son palais, ou même assis à la table des festins, chantait ses poésies nationales et sacrées au son du *kinnor* (la grande harpe), et dans le temple les éclatants buccins, les doux psaltérions, les vibrantes cymbales, les chœurs mélodieux de 4,000 lévites les accompagnaient de leur puissante harmonie.

Durant la captivité de Babylone, des Juifs moururent de tristesse de ne pas entendre les belles louanges du Dieu de leurs pères. Leurs regards se levaient incessamment vers les saintes montagnes. Le *Super flumina Babylonis* faisait ruisseler sur leurs joues un torrent de larmes. Aujourd'hui encore indifférents que nous sommes, nous ne lisons pas ces plaintes harmonieuses sans avoir l'âme navrée de tristesse. C'est la plus touchante élégie qu'aient enfantée la douleur, la captivité de l'exil.

Beaucoup de compositeurs célèbres ont mis des psaumes en musique. A leur tête, brille Marcello, un des plus beaux génies qui aient illustré l'Italie. Une admirable expression poétique, beaucoup d'originalité et de hardiesse dans les idées, enfin une grande richesse et une grande variété de moyens, ont fait considérer les cinquante psaumes qu'il a publiés, non-seulement comme son chef-d'œuvre, mais comme une des plus belles productions de l'art.

Les *Miserere* d'Allegri, de Bai, de Paisiello, de Jomelli, qui en a fait quatre ou cinq, parmi lesquels on remarque surtout celui à deux voix, sont célèbres.

Psautier. Recueil des cent cinquante chants bibliques qui portent le nom de psaumes.

Pupitre. Meuble dont on se sert pour poser les livres de musique, les partitions, les parties séparées, dans une situation commode pour être lus.

Q

Quadricinium. Composition à quatre parties.

Quadrille. Danse d'un caractère très-gai, d'un mouvement vif, dont la mélodie est de 2/4, et qui a deux reprises de huit mesures chacune. On appelle aussi quadrille un groupe de quatre danseurs et de quatre danseuses qui figure dans les ballets et les grands bals, et qui se distingue des autres groupes par un costume particulier. Le quadrille se compose de cinq figures ayant chacune son caractère spécial. On les nomme 1° *Pantalon*, 2° *Été*, 3° *Poule*, 4° *Pastourelle* ou *Trénis*, 5° *Final*. Le *Pantalon* s'écrit à 6/8, rarement à 2/4. L'*Été* s'écrit à 2|4 souvent, et se joue plus lentement que le pantalon. La *Poule* s'écrit à 6|8 ; elle a un caractère sérieux et sa phrase est ondulée. La *Pastourelle* est d'un mouvement plus vif que celui de la *Poule*. Le *Final* doit avoir de l'entrain ; il est permis d'en presser la mesure, sans cependant faire courir les danseurs.

Quadruple croche. Note de musique valant le huitième d'une croche. Les quadruples croches sont crochées à quatre crochets, ou à quatre barres qui en tiennent lieu, quand elles sont plusieurs de suite.

Qualité du son. La qualité du son ne saurait être déterminée, car les diverses matières qu'on peut employer pour la confection des instruments, la manière de les jouer, ou d'autres inventions peuvent rendre le son tout à fait différent de celui qu'ont tous les instruments en usage de nos jours.

Quantité des sons musicaux. Si l'on entend par là l'extension des sons musicaux, cette extension n'étant pas bornée, il n'est pas possible de la déterminer, car on peut inventer des instruments qui rendent des sons plus aigus ou plus graves (toujours appréciables cependant) que ceux que l'on connaît aujourd'hui.

Quart de soupir. Chaque note, suivant sa valeur, a un silence correspondant. Les silences des diverses valeurs ont des noms qui leur sont particuliers. Ainsi, par exemple, on appelle pause celui de la ronde, demi-pause celui de la blanche, soupir celui de la noire, demi-soupir celui de la croche, quart de soupir celui de la double croche, etc.

Quart de ton. Quatrième partie de l'intervalle d'un ton, qui n'est employée ni dans la mélodie ni dans l'harmonie, attendu que notre oreille n'est point habituée à mesurer ces petits intervalles. On dit, en parlant d'une intonation défectueuse, que le musicien monte ou baisse d'un quart de ton.

Quarte de nasard. Jeu d'orgue qui sonne la quarte au-dessus du nasard, et l'octave au-dessus du prestant. Ce jeu fait partie de ceux qu'on appelle *jeux de mutation*.

Quarte. Intervalle de quatre degrés. La quarte peut

être de trois espèces : la *naturelle*, la *diminuée*, l'*augmentée*.

Tant que la quarte ne forme pas un retardement de la tierce de l'accord suivant, elle est toujours consonnance et doit être considérée comme telle après la quinte naturelle dans son usage harmonique ; elle est cependant sujette, ainsi que la dissonance, à une progression limitée. Ceci donna lieu, dans le siècle dernier, à beaucoup de controverses sur la question de savoir si la quarte est ou n'est pas une consonnance ; mais il est évident qu'elle est *consonnance* quand elle fait partie d'un accord parfait ; elle est *dissonance* quand elle est introduite, comme retard, dans un accord, dont, naturellement, elle ne ferait pas partie. La quarte doublée ou transposée à l'octave s'appelle onzième.

QUARTER. C'était chez les anciens musiciens une manière de procéder dans le déchant ou contre-point, plutôt par quartes que par quintes.

QUASI, PRESQUE. Ce mot sert à indiquer le mouvement ; par exemple, *andante quasi allegretto*.

QUASI-SYNCOPE. Ancien nom de la figure dans laquelle on répétait la même note divisée par la barre de mesure, sans être unie par la liaison.

QUATERNAIRE. Ce qu'on appelle le quaternaire sacré de Pythagore comprend les nombres 1, 2, 3, 4, qui indiquent les proportions relatives de l'octave, de la quinte et de la quarte. Ces nombres correspondent aux notes *do, do, sol, do,* et on trouve en eux, de 1 à 2, la proportion de l'octave, de 2 à 3 celle de la quinte, et de 3 à 4 celle de la quarte.

QUATORZIÈME. Septième, augmentée d'une octave.

QUATRE MAINS. On appelle sonate *à quatre mains* une pièce composée pour être exécutée par deux personnes sur un même piano ; elles se placent l'une à côté de l'autre, et se divisent le clavier par moitié. L'octave ajoutée à cet instrument ouvre un champ plus vaste à la sonate à quatre mains, et donne à chaque exécutant une étendue de trois octaves. Il existe de très-belles sonates à quatre mains de Mozart ; on a arrangé des symphonies de Haydn, et des ouvertures d'opéra à quatre mains pour le piano.

QUATRICINIA. Nom de petits morceaux de musique pour quatre cors ou trompettes.

QUATUOR. Morceau de musique vocale ou instrumentale composé pour quatre parties. Dans son acception la plus étendue, ce mot s'applique à toute espèce de musique écrite pour quatre voix ou pour quatre instruments, quelle que soit d'ailleurs l'importance relative de chacune des parties. Mais, dans un sens plus restreint et plus particulièrement usité, il ne s'applique qu'aux compositions dont toutes les parties sont concertantes ou obligés. C'est dans ce sens que J.-J. Rousseau, dont au reste les connaissances musicales étaient incomplètes et fort erronées, dit qu'il n'existe point de vrais quatuors, ou qu'ils ne valent rien. Cette assertion, trop absolue pour être juste, prouve tout au plus que le célèbre philosophe a voulu jouer sur le mot, ou que la portée de ses vues en musique ne s'étendait pas au-delà du cercle rétréci qui servait alors de limite à l'art musical.

Le quatuor concertant, lorsqu'il est écrit pour des voix, peut être accompagné par l'orchestre. Quant au quatuor instrumental, il est ordinairement exécuté par les seuls instruments pour lesquels il a été écrit. Cependant il peut être également accompagné par l'orchestre, et s'il est conçu dans des proportions instrumentales brillantes, le morceau prend le nom de *symphonie concertante*.

Il n'y a pas longtemps que les quatuors et autres morceaux d'ensemble sont usités en France. Les opéras de Gluck ne présentent même, à l'exception des chœurs, que du récitatif, des airs, quelques duos, et presque jamais des trios et des morceaux d'ensemble. C'est encore à l'Italie que nous devons l'introduction de cette partie si intéressante de l'art.

Le premier trio qui parut fut entendu dans un opéra bouffon, composé par Logroscino et exécuté en 1750. Le succès n'eut rien de bien remarquable, mais la route était indiquée ; une nouvelle carrière s'ouvrait au génie, et depuis Piccinni jusqu'à Paisiello et Mozart, les progrès furent immenses. On se souvient encore de l'enthousiasme qu'excita le fameux septuor du *Roi Théodore* de Paisiello, et les quatuors, sextuors et finales des différents opéras de Mozart, Spontini et Weber montrent à quel point il est possible de répandre du charme et de l'intérêt sur les scènes lyriques à plusieurs personnages.

L'illustre Haydn, qu'on a si justement surnommé le père de la symphonie, peut à aussi juste titre être regardé comme le créateur du quatuor instrumental. Après lui

Mozart, Beethoven, Mendelssohn, ont dignement continué l'œuvre qu'il avait commencée, et porté ce genre de musique à un point de perfection qui ne laisse rien à désirer.

QUERELLES MUSICALES. Les querelles musicales les plus célèbres sont celles qui eurent lieu dans le siècle dernier entre les *Lullistes* et les *Ramistes*, et plus tard par les *Gluckistes* et les *Piccinnistes*. Nos lecteurs nous sauront gré sans doute d'entrer dans quelques détails sur ce dernier sujet.

Gluck, en venant en France avec son *Iphigénie en Aulide* d'abord, ensuite avec *Orphée* arrangé pour notre théâtre, tout en nous apportant de nouvelles jouissances, flattait aussi notre orgueil national; il rendait son éclat à un titre presque effacé de notre gloire.

Iphigénie en Aulide fut représentée en 1774. Le succès croissait de représentation en représentation, et les critiques croissaient aussi tous les jours. Ces critiques n'étaient pas seulement celles de l'envie, c'étaient celles de dix à douze hommes de lettres, dont les jugements avaient beaucoup d'autorité, et qui entraînèrent à leur suite une foule d'amateurs et de *dilettanti*. Ces hommes ne pouvaient plus concevoir une autre musique que celle dont ils avaient goûté le charme dans leur jeunesse; d'autres affirmaient que Piccinni avait atteint les dernières limites de l'art, et criaient: *Italiam, Italiam*, comme si Gluck était un barbare, parce qu'il était Allemand, parce qu'il sacrifiait de vains ornements à l'expression vraie des paroles et de la situation.

C'était un avantage et non un inconvénient pour Gluck d'être né dans cette Allemagne, organisée et passionnée pour tous les genres de musique, et qui a donné à l'Europe de savantes leçons et d'éclatants modèles de l'harmonie la plus belle et la plus variée. C'en fut un autre pour lui de s'être transporté tout jeune en Italie, cette vraie patrie de la musique et où florissaient alors de célèbres écoles et d'excellents maîtres. Il étudia à Milan, sous la direction de J.-B. San-Martini, compositeur habile et fécond. C'est à Milan qu'en 1741, Gluck fit représenter *Artaxerse*, son premier opéra.

La naissance, la formation et l'entier développement des vues musicales de Gluck furent précisément les résultats de ces croisements de tous les pays. Il était naturel à ceux qui avaient concouru à créer ou à rapprocher du moins les éléments du génie de Gluck, placés à une grande distance, de prendre un intérêt plus particulier et plus vif à ses créations ; et lorsqu'ils eurent entendu sa musique avec des transports de plaisir, il leur était naturel d'en parler avec des transports d'enthousiasme. D'anciennes habitudes, les préventions qu'elles donnent, les préjugés qu'elles établissent, pouvaient seuls faire penser que des compositeurs nés en Italie avaient le privilége exclusif de nous donner une musique qui convînt à notre langue, à nos oreilles et à notre scène lyrique.

Les premiers s'appuyaient sur l'autorité des faits, si puissants sur nos jugements, et sur celle des impressions, si puissantes sur notre âme. Les seconds n'avaient pour appui que des doctrines et des ouvrages que les Piccinni et les Sacchini pouvaient faire un jour, mais qu'ils n'avaient pas faits encore. Ces derniers, tous écrivains renommés, étaient en grand nombre. Parmi les premiers, l'abbé Arnaud et Suard parurent longtemps seuls dans la lice. Mais le plus habile défenseur de la musique de Gluck fut, sans aucun doute, l'auteur anonyme d'une série d'articles qui parurent dans la *Gazette de Paris*, sous ce titre : *Petites lettres, par un habitant de Vaugirard*. Rien de plus solide et de plus piquant que cette correspondance, qu'on attribue généralement à Diderot. Depuis les dix-huit petites lettres de Pascal, qui firent une si glorieuse révolution dans la langue, dans la plaisanterie et dans l'éloquence françaises, jamais petites lettres n'ont été, depuis la première, attendues avec plus d'impatience ; on courait de toutes parts aux cafés de Foy et du Caveau, et l'on en faisait des lectures publiques ; on s'étouffait pour mieux entendre ; on battait des mains avec des transports et avec des bravos.

Pendant que tout ceci se passait, des scènes d'un caractère plus grave et plus sérieux avaient lieu dans la salle de l'Académie royale de Musique ; on applaudissait avec fureur, on sifflait avec acharnement, et les jeunes gens, les vieillards même en venaient quelquefois aux mains.

Queue. On distingue dans les notes la tête et la queue : la tête est le corps même de la note ; la queue est le trait perpendiculaire qui tient à la tête, et qui monte ou qui descend indifféremment à travers la portée. Dans le plain-chant, la plupart des notes n'ont pas de queue ;

mais dans la musique figurée moderne, il n'y a que la ronde qui n'en ait point. Dans la composition de la fugue on appelle *queue* les notes ajoutées à un *sujet* pour amener sa *réponse*. On appelle aussi *queue*, ce que les Italiens nomment *coda*, pour désigner la fin, la péroraison d'un morceau.

Queue de violon, de violoncelle. C'est la partie de ces instruments à laquelle les cordes sont attachées, tandis qu'elles sont roulées de l'autre côté des chevilles.

Quidantus (Jean). Luthier, chef de l'école des luthiers de Florence, travailla d'abord à Boulogne, en 1720. On reconnaît ses instruments à une couche épaisse de vernis.

Quinquatria minora ou Quinquartus minusculæ. Nom que l'on donnait, à Rome, à la fête des joueurs de flûte, pendant laquelle on se promenait dans les rues de la ville, vêtu d'un costume particulier à ce jour, pour aller ensuite se réunir au temple de Minerve.

Quinque. Nom qu'on donnait autrefois en France a un morceau de chant à cinq voix ; aujourd'hui on dit *quintetto* ou *quintette*.

Quinte. La seconde des consonnances dans l'ordre de leur génération. La quinte est une consonnance parfaite ; son rapport est de 2 à 3 ; elle est composée de quatre degrés diatoniques, arrivant au cinquième son, d'où lui vient son nom de quinte. Son intervalle est de trois tons et demi.

On compte trois espèces de quintes, 1° la quinte juste ou inaltérée, ou simplement quinte ; 2° la quinte diminuée, que l'on appelait autrefois fausse quinte ; cet intervalle est composé de deux tons et deux demi-tons ; 3° la quinte augmentée ; cet intervalle est composé de trois tons et deux demi-tons.

Quintes (leur influence sur la voix). Une des études les plus essentielles pour assouplir la voix est celle des quintes. Lorsque l'élève peut l'exécuter d'une manière correcte avec toute l'énergie et la netteté convenables, il faut doubler la vitesse du mouvement, et faire dire trois quintes avec la même respiration.

Outre les résultats que cet exercice doit faire obtenir quand il est bien dirigé, il en est un qui concourt d'une manière bien essentielle au mécanisme vocal. C'est la puissance de l'inspiration. Comme toutes les autres parties de l'organisation humaine, les poumons sont susceptibles d'habitudes, et, par conséquent, soumis à une sorte d'éducation. Les plongeurs qui se tiennent sous l'eau pendant plusieurs minutes sont, on le conçoit, des hommes dont l'appareil respiratoire est doué d'une grande vigueur; mais, quelle que soit l'excellence de leurs organes, il ne faut pas croire que ces hommes arrivent tout naturellement à suspendre les mouvements de leurs poumons pendant un intervalle de temps qui paraîtrait fabuleux à ceux qui n'en ont pas été témoins ; ils ne parviennent au dernier degré de leur art qu'au moyen d'exercices gradués, par lesquels ils obtiennent peu à peu de leurs poumons toute la puissance inspiratrice dont ils sont susceptibles.

Il est juste de dire que les vigoureux poumons d'un individu arrivé à tout son développement organique, n'ont besoin d'aucune extension pour suffire à la longueur d'expiration que nécessite l'exécution des trois quintes dont nous venons de parler. Mais chez les sujets moins développés ou moins favorisés par la nature, l'appareil respiratoire peut paraître au premier abord défectueux, sans qu'il le soit en effet. Il faut les habituer peu à peu à donner à leurs poumons l'extension normale de toutes leurs facultés. Pour arriver à ce but, la tenue d'une note serait insuffisante ; il faut une succession de sons, telle que les quintes ascendantes ou descendantes.

Mais cet exercice exige de la part du maître une prudence qui est en quelque sorte du domaine de la médecine ; car il y a dans la nature humaine des limites qu'on ne peut franchir sous peine de mort, et qu'il faut cependant atteindre pour obtenir d'indispensables résultats. Le moindre abus, provenant de l'inexpérience du maître et des efforts exagérés de l'élève, peut entraîner, même dans de bonnes organisations, des désordres dont le moindre effet est l'affaiblissement et la perte de la voix.

On voit, au résumé, combien l'étude des quintes est essentielle, puisque ses résultats sont d'assouplir la voix avec une merveilleuse promptitude, de donner au trait son véritable caractère de netteté et d'énergie, d'égaliser toutes les notes de la voix, et d'habituer les poumons à fournir de longues expirations.

En harmonie, la grammaire musicale défend la succession immédiate de deux octaves et de deux quintes par mouvement direct. Cependant dans une composition à quatre parties, elle peut tolérer quelquefois deux quintes successives par mouvement contraire ; mais elle ne permet deux octaves par mouvement contraire que dans les morceaux à cinq parties ou à plus de cinq ; il faut, en outre, que ces octaves se trouvent entre les voix intermédiaires, ou tout au plus entre une voix extérieure et une voix intermédiaire.

On défend les deux octaves par mouvement direct, parce que c'est une pauvreté qui n'ajoute rien à l'harmonie. On défend les quintes, parce quelles produisent une dureté.

QUINTETTE. Morceau de musique composé pour cinq instruments ou cinq voix, et dont chaque partie est concertante ou obligée. Les quintettes sont ordinairement composés d'un *allégro* ou *moderato* ; d'un *andante* d'un menuet ou *scherzo*, et d'un finale.

Sans parler dans un sens absolu, on peut dire que le mérite de ce genre de composition consiste autant dans le charme et la variété de la mélodie que dans l'exposition, l'arrangement et le développement des idées, la conception d'un plan déroulé avec art, et enfin dans l'intérêt d'une instrumentation nuancée avec goût.

Boccherini a composé un grand nombre de quintettes très-remarquables par la naïveté, la grâce et l'originalité du style. Georges Onslow a su se créer, dans le même genre, un style et une manière. Reicha a aussi composé plusieurs quintettes pour flûte, haut-bois, clarinette, cor et basson, qui jouissent d'une réputation bien méritée.

Il est fort difficile de composer un bon quatuor ou un bon quintette, et tel musicien qui compte au théâtre des succès brillants et mérités, serait fort embarrassé d'en produire un passable. Ce genre de musique exige des études toutes particulières ; il a des mélodies et des tours de phrases qui lui sont propres, des rhythmes d'accompagnement qui ne conviennent qu'à lui, et enfin des moyens d'expression qui, partout ailleurs, seraient dépourvus d'énergie.

QUINTICLAVE. Instrument à vent, en cuivre, du genre ophicléide, ayant cinq clefs.

QUINTON. Espèce de violon, d'une forme plus ramassée et plus haute que celle du violon ordinaire.

QUINZIÈME. Double octave. On donne aussi ce nom à un registre de l'orgue.

Quolibet. On entendait autrefois par ce mot des morceaux de musique d'un caractère comique et trivial. Ainsi, par exemple, on unissait deux voix, dont l'une chantait des paroles tout à fait différentes de celles que chantait l'autre. Un tel ensemble produisait des jeux de mots ridicules. Aujourd'ui on donne aussi ce nom à un centon musical.

R

Rabana. Espèce de timbales dont se servent les femmes indiennes pour accompagner leur chant.

Racler. Terme de mépris, par lequel on désigne la mauvaise manière de jouer d'un instrument, tel que le violon ou la basse, en faisant crier les cordes sous l'archet.

Racleur. Musicien qui joue avec dureté du violon ou de la basse.

Rallentando. Ce mot signifie qu'on doit aller en retardant peu à peu la mesure, comme on diminue peu à peu la force des sons dans le *diminuendo*.

Ramage. On désigne par ce nom le chant modulé des oiseaux chanteurs, tels que le rossignol, la fauvette, le serin, etc.

Ramage se prend en mauvaise part, lorsqu'il s'agit d'un chanteur qui ne plaît pas. C'est en ce sens qu'on dit : L'ennuyeux ramage de cet homme me fatigue.

Ranz des vaches. C'est un air bucolique, sans art, grossier quelquefois, que les bouviers de la Suisse jouent avec délices sur la cornemuse, en menant paître leurs vaches sur les rochers, où ils sont nés ainsi qu'elles. Cet air est devenu fameux, européen même par les effets sympathiques qu'il exerçait sur les montagnards helvétiens, au temps de l'âge d'or de l'Helvétie, il y a un peu plus d'un demi-siècle. Dans les régiments suisses à la solde de la France, sitôt que la cornemuse s'enflait pour jouer cet air, une douce joie brillait dans les yeux de ces fiers soldats; mais ils n'entendaient pas plutôt ses sons rustiques et si connus que répétèrent si souvent les échos de leurs montagnes, que la patrie, leurs châlets, leurs rochers, leur enfance, leurs sœurs, leurs vieux pères, leurs fiancées, se reflétaient dans leur âme avec tant de vivacité, qu'une mélancolie profonde succédait à cette première joie. La plupart d'entre eux n'y pouvait résister. Les uns désertaient, d'autres tombaient dans une langueur incurable, et beaucoup mouraient. Dès lors le code militaire défendit de jouer cet air, sous peine de mort.

RAPPORT DES INTERVALLES. C'est le calcul exact du degré de distance entre deux sons différents, exprimé par des chiffres.

RAPSODES, RAPSODIES, RAPSODISTES. Quand les poëmes d'Homère furent répandus dans la Grèce, les rapsodes, renonçant à composer eux-mêmes, se bornèrent à chanter les divers épisodes de l'Iliade et de l'Odyssée. Ils cousaient ses chants l'un à la suite de l'autre, suivant les désirs de leurs auditeurs. Par exemple, ils faisaient suivre la colère d'Achille, devenue le premier chant de l'Iliade, par le combat de Pâris et de Ménélas, qui en forme le troisième. Chacun de ces chants pris à part, s'appelait une rapsodie.

Les rapsodes étaient fort recherchés par les Grecs, si passionnés pour les arts et pour les jouissances qu'ils procurent. On les invitait aux fêtes et aux sacrifices publics, où ils chantaient les poëmes d'Orphée, de Musée, d'Hésiode et surtout d'Homère. Les rois et les princes en avaient à leurs gages pour chanter durant les repas. Ils étaient fort soigneux de leurs parures, et ne se montraient jamais qu'avec de riches habits, quelquefois même, à l'imitation des poëtes, avec une couronne d'or sur leur tête.

RASETTE. Fil de fer qui sert à accorder dans les orgues les jeux d'anches.

RASGADO. Prélude que les Espagnols exécutent en attaquant successivement toutes les cordes de la guitare avec le pouce, et en suivant la mesure et le rhythme des *boléros* et des *seguidillas*. Le rasgado est la ritournelle ordinaire de ces sortes d'airs.

RATS DE BALLET. Ce sont de petites femmes qui agitent les jambes, qui élèvent les bras et font à peu près quelque chose qui ressemble à de la danse. Le *rat* est élève de l'école de danse, et si on l'a ainsi nommé, c'est probablement parce qu'il est l'enfant de la maison, qu'il y vit, qu'il y grignote; parce qu'il ronge et égratigne les décorations, éraille et troue les costumes et commet une foule de dommages inconnus.

RAVANASTRON. Instrument à archet, d'origine indienne, composé d'un cylindre de bois de sycomore creusé de part en part ; sur un des côtés est tendue une peau de serpent qui forme la table d'harmonie. Une tige de bois qui traverse le cylindre forme manche. Il porte deux cordes.

RÉ. C'est le second degré de notre échelle musicale. Il porte accord parfait mineur, et s'emploie en harmonie comme second degré de la gamme majeure naturelle d'*ut*, ou comme quatrième degré du relatif mineur de cette même gamme. Dans ce dernier cas, on lui fait quelquefois porter l'accord parfait majeur, pour éviter la seconde augmentée que ferait sa tierce mineure, *fa naturel*, avec le *sol dièse* sensible du ton.

Ré est aussi le nom qu'on donne à la troisième corde du violon et à la seconde de l'alto, du violoncelle et de la contre-basse, parce que dans l'accord ordinaire, ces cordes sonnent l'unisson ou l'octave de cette même note.

REBAB. Instrument à archet arabe, dont le corps est formé de quatre éclisses sur lesquelles sont tendues deux parchemins qui forment la table et le dos. Le manche est cylindrique et ne fait qu'une seule pièce avec la tête. Il est garni de deux cordes.

REBEC. Instrument d'une forme à peu près semblable à celle du violon, dont on faisait usage en France dans le moyen-âge, et qui ne fut abandonné par les ménétriers qu'à la fin du dix-septième siècle. Le rebec était monté de trois cordes accordées de quinte en quinte ; il y avait des dessus, des tailles et des basses de rebec.

L'usage du violon était interdit à tout ménétrier non reçu maître dans la corporation des joueurs d'instruments, sous peine de saisie et d'amende.

RÉCIT. Cette expression a vieilli et n'est plus en usage aujourd'hui ; elle est remplacée par le mot italien *solo* (seul) qui paraît plus convenable, puisque réciter dans l'ancien langage signifiait chanter ou jouer seul, par opposition au chœur ou à la symphonie, qui, comme on sait, sont exécutés par un nombre plus ou moins considérable de concertants.

RÉCITANT. Celui qui chante un récit. Ces deux mots se prennent dans l'ancienne acception du mot *récit*.

RÉCITATIF. Un opéra entièrement composé d'airs

chantés sans interruption, nous ennuierait et nous fatiguerait à la seconde scène, malgré le charme, la beauté, l'expression qui pourraient se trouver réunis dans ces airs; pour remédier à ce grave inconvénient, il faut avoir recours au dialogue parlé, ou imaginer un langage de convention qui tienne le milieu entre la parole ordinaire et la parole musicale, un moyen d'union, enfin, qui fasse disparaître ce qui nous choque dans la transition immédiate de la parole au chant. Le récitatif semble remplir toutes ces conditions. C'est une sorte de déclamation notée, soutenue par une basse ou qu'accompagne l'orchestre, et contre laquelle il n'y aurait rien à dire si elle n'était quelquefois, trop souvent même, monotone dans son accentuation, et pauvre dans ses formes musicales, dont les combinaisons sont extrêmement restreintes. Tel qu'il est encore aujourd'hui, le récitatif offre cependant quelquefois des passages remarquables, surtout lorsqu'il est entremêlé de traits de symphonie qui lui donnent de l'expression et lui impriment ce caractère énergique et vrai qui, seul, le rend supportable. Le récitatif, cependant, n'exclut pas l'inspiration, tant s'en faut, et il y a de magnifiques récitatifs dans les chefs-d'œuvre des grands maîtres. Ceux de Gluck seront toujours cités, ceux d'*Otello,* de *Guillaume Tell* sont admirables.

Il y a deux espèces de récitatifs, celui qui n'est accompagné que par la basse ou le piano, quelquefois par tous les deux ensemble, et qu'on appelle récitatif *libre* ou *simple*, et celui qui est accompagné par l'orchestre, et dont les intervalles de repos sont remplis par des traits de symphonie. Il prend alors le nom de *récitatif obligé.* Les Italiens faisaient autrefois usage du premier, ils ne l'emploient plus aujourd'hui que dans les opéras bouffes; le second est plus particulièrement usité dans les tragédies lyriques, les drames et les opéras d'un caractère mixte, tels que nos opéras comiques français. Tout le mérite du récitatif réside dans l'expression et l'énergie de l'accentuation.

Réciter. Chanter un récit.

Redoublement. C'est dans l'harmonie l'emploi simultané du même son fait par deux parties différentes (Voyez le mot Doublement).

Redowa. C'est une danse à trois temps; elle a beaucoup d'analogie avec la Mazurka, et elle en a les mêmes proportions. C'est sur le troisième temps que doit porter la mélodie.

Reductio modi. Autrefois, lorsqu'on composait un morceau de musique dans un ton transposé, et qu'on voulait examiner s'il était traité conformément à son ton originaire, on le transposait de nouveau dans son ton primitif. Ce procédé s'appelait *reductio modi*.

Réduction. Suite de notes qui descendent diatoniquement.

Réduire. C'est arranger une composition à un ou plusieurs instruments d'une nature différente, comme réduire un concerto pour piano. Il se dit principalement de la *réduction* d'une partition pour le piano, ou d'un morceau à plusieurs voix, pour une seule voix.

Réel. Quelques maîtres de chant donnent le nom de *sons réels* à ceux qui sont produits par le registre de la voix de poitrine, et sont directement lancés par toute la force du souffle; ils appellent, par opposition, *sons de fausset* ceux de la voix de tête, attendu qu'étant formés par la partie supérieure de la trachée et ne pouvant recevoir le même volume d'air, ils sont maigres et sans force.

Dans une mélodie, on appelle *notes réelles*, les notes de cette mélodie faisant partie des accords qui l'accompagnent.

On appelle dans une composition à plusieurs voix, *parties réelles*, les parties qui marchent sans former entre elles plusieurs unissons ou octaves de suite, c'est-à-dire qui ont chacune leur allure bien distincte et aussi élégante que possible : on dit d'une fugue qu'elle est, par exemple, à six, à huit parties *réelles* pour dire qu'il n'y a pas de partie oiseuse, et purement de remplissage.

Refrain. Terminaison d'un couplet ou d'un air de vaudeville, qu'on répète ordinairement deux fois, et qu'on chante quelquefois en chœur.

Régale. Jeu d'anche, le plus ancien de tous les jeux d'orgue. Il n'est plus employé dans les orgues modernes.

Régiment (Musique de). La musique a été regardée dans tous les temps comme un puissant moyen d'action sur les sentiments belliqueux. Quoi de plus propre, en effet, à seconder l'élan, à échauffer l'enthousiasme du guerrier? Non-seulement elle l'électrise, l'enflamme et lui fait affronter les périls; mais elle le délasse des fatigues de la guerre, ou l'aide à supporter patiemment et avec courage les longues marches, les travaux les plus pénibles.

On sait combien est grande, sous ce rapport, l'influence du rhythme. Le maréchal de Saxe voulait que l'on fît travailler les soldats au son du tambour et des instruments en cadence.

Depuis longtemps, en Europe, la musique de régiment a pris une grande extension, et il n'y a pas aujourd'hui un peuple qui ne possède dans ses armées des corps de musique militaire. C'est en Italie et en Allemagne qu'elle reçut d'abord un accroissement remarquable. Pierre-le-Grand, s'occupant de l'organisation de ses armées de terre et de mer, fit venir en Russie des trompettes et des timbales, des hautbois et des bassons. A chaque régiment il affecta un corps de musique dirigé par un chef, qui, en dehors de ses fonctions, était tenu de choisir parmi les enfants de troupe un certain nombre de sujets, auxquels il devait enseigner un des instruments dont se composait alors la musique militaire. Au moyen de cette disposition, tous les régiments russes furent en peu d'années pourvus de musiciens recrutés dans l'armée elle-même.

Les anciennes musiques des régiments français se sont accrues successivement d'emprunts faits aux milices étrangères. On devait l'arigot ou fifre aux Suisses, le tambour et le basson aux Italiens, la trompette aux Maures de la péninsule, les cymbales et la grosse caisse aux Orientaux ; la cornemuse vient des Anglais, la clarinette et le hautbois sont une importation de l'Allemagne. Toutefois il ne paraît pas qu'en empruntant aux Allemands quelques-uns de leurs instruments, les Français leur aient pris en même temps leur manière d'en jouer ; car Jean-Jacques Rousseau nous apprend que, dans la guerre de 1756, les paysans autrichiens et bavarois, ne pouvant croire que des troupes réglées eussent des instruments si faux et si détestables, prirent tous les vieux corps pour de nouvelles levées qu'ils commencèrent à mépriser.

De nos jours, où l'art musical est parvenu en France à un si haut degré, les musiques militaires des régiments d'infanterie sont restées dans un état d'infériorité en présence de celles d'Allemagne, de Russie, d'Angleterre et d'Italie. Cependant de notables améliorations ont été introduites dans l'organisation de la musique de ces régiments ; car à la suite des nouvelles adjonctions d'instruments qui eurent lieu sous l'Empire et la Restauration, le nombre des musiciens, qui en 1807 était de huit seulement, fut porté successivement à douze et à vingt-sept.

Nous devons dire que, grâce à l'éducation donnée au Conservatoire de Musique de Paris, de grands progrès se sont accomplis dans cette branche de l'art. Maintenant, le chef de musique a rang d'officier, le sous-chef ce lui d'adjudant. La musique des régiments d'infanterie, outre ces chefs, se compose de 5 musiciens de première classe, rang de sergent-majors ; 8 de seconde classe, rang de sergents ; 10 de troisième classe, rang de caporaux, et 15 élèves ayant rang de musiciens de quatrième classe, en tout 40. Pour les régiments de cavalerie, la musique se compose de 4 musiciens de première classe ; 8 de deuxième ; 8 de troisième, et 7 de quatrième, formant un total de 27 musiciens.

REGISTRE. Diversité du timbre dans la voix du chanteur. Une voix de dessus a trois registres ; celle de ténor en a deux, et les voix de basse et contre-alto n'ont qu'un seul registre.

REGISTRE D'ORGUE. Les registres sont des règles de bois que l'organiste tire ou pousse, et qui font agir certains mouvements pour ouvrir et fermer les jeux de l'orgue, selon qu'il éprouve le besoin de les faire chanter ou de les réduire au silence. La poignée par laquelle l'organiste ouvre ou ferme un registre s'appelle *tirant*.

RÈGLE. Prescription ou précepte auquel on doit conformer la composition et l'exécution.

RÈGLE D'OCTAVE. Formule d'harmonie établie pour l'accompagnement des gammes, majeure et mineure, tant en montant qu'en descendant, pour faciliter l'exécution de la basse non chiffrée à celui qui joue de la basse continue, et pour simplifier l'art ordinaire de chiffrer l'harmonie. (Voyez OCTAVE.)

RÉGLEUR. Ouvrier qui trace les portées sur le papier pour écrire la musique.

RÉGULIER. Tout ce qui est renfermé dans les règles et dans de justes limites, ou qui suit une progression uniforme. C'est pourquoi on appelle *cadence régulière* celle qui s'accomplit selon les formules usitées ; *marche régulière*, une progression de basse portant des accords se succédant par une marche identique ; *imitation régulière*, celle dont les parties s'imitent bien, etc.

Ré la. Désigne dans l'ancien solfége la nuance de ces syllabes sur le son *ré* ou *la*.

Relation. Rapport entre un son qui vient d'être entendu dans une partie vocale et instrumentale, et un autre son qu'on entend actuellement dans une autre. Lorsque ces deux sons concourent à laisser dans l'oreille la sensation d'une consonnance exacte, la relation est bonne. Quand il résulte de leur rapport une consonnance altérée, la relation est fausse ; les fausses relations sont proscrites dans la composition scolastique.

Relation non harmonique. Les anciens appelaient de ce nom une mauvaise succession de sons.

Rentrée. Retour du sujet, après quelques pauses de silence, dans une fugue, une imitation ou dans quelque autre endroit. Toute les fois qu'une partie a gardé le silence pendant une ou plusieurs phrases, elle forme sa *rentrée* soit qu'elle reproduise le sujet ou non.

Renversement. Un accord est renversé quand sa note fondamentale n'est pas à la basse. L'accord parfait a deux renversements, et l'accord de dominante, trois.

Les renversements et leurs positions ont tous une expression particulière ; leur choix est déterminé par les exigences de la pensée, par celle du mouvement naturel et facile des parties, et par la pensée du compositeur.

Répercussion. C'est la première entrée de chacune des parties de la fugue, soit qu'elles fassent entendre le sujet, soit qu'elles contiennent la réponse.

Réplique. Signifie octave, quand il s'agit d'un son redoublé, et reprise du sujet, quand on parle d'une fugue.

On nomme également *réplique* la répétition que fait un instrument d'une phrase de chant déjà exécutée par un autre instrument ou par une voix pour avertir l'exécutant du moment de sa rentrée.

Répons. Espèce d'antienne redoublée qu'on chante à l'église après les leçons de matines, et qui finit en manière de rondeau, par une reprise appelée *réclame*.

Réponse. C'est, dans une fugue, la rentrée du sujet par une autre partie. Si le sujet est dans le ton de la *tonique*, la réponse doit être dans le ton de la *dominante* et vice versa ; dans une contre-fugue, c'est la rentrée du sujet qu'on vient d'entendre, après l'avoir renversé. (Voyez le mot Fugue).

Repos. C'est la terminaison de la phrase, terminaison sur laquelle le chant se repose plus ou moins parfaitement. Le repos ne peut s'établir que par une cadence sur la tonique ou sur la dominante. Si la cadence est évitée, il ne peut y avoir de vrai repos, car il est impossible à l'oreille de se reposer sur une dissonance. On voit par là qu'il y a précisément autant d'espèces de repos que de sortes de cadences pleines. Ces différents repos produisent dans la musique l'effet de la ponctuation dans le discours.

Reprise. Au sens propre, c'est toute partie d'un morceau de musique qui doit être jouée ou chantée deux fois. Mais généralement on applique cette dénomination à la première ainsi qu'à la seconde division d'un morceau, quoique cette dernière ne s'exécute presque jamais qu'une fois. Dans un sens plus restreint, on entend quelquefois par reprise la seconde partie seulement. C'est dans ce sens qu'on dit : La reprise de cette ouverture est mieux faite que la première partie.

Reprise d'un opéra. Représentation d'un opéra qu'on donne après être resté plus ou moins longtemps sans être joué.

Requiem. Prière que l'Eglise fait pour les morts, et dont l'introït commence par ce mot. Il y a de sublimes musiques composées sur ce thème, par Jomelli, Mozart, Cherubini.

Ré sol. Désignait dans l'ancien solfége le changement de ces deux syllabes sur le son *ré* ou *sol*.

Résolution. La résolution consiste en ce que la dissonance frappée descend quelquefois, mais rarement, et monte d'un degré conjoint sur la consonnance voisine. On dit aussi qu'un accord se *résout* sur un autre, la septième dominante se résout sur la tonique ou sur la su-dominante, ou sur une autre septième, etc. (Voyez Dissonance et Accords (des).

Résonnance. Prolongement ou réflexion du son, soit par les vibrations continuées des cordes d'un instrument, soit par les parois d'un corps sonore, soit par la collision de l'air renfermé dans un instrument à vent.

Résonnance multiple. Propriété que possède un son d'en faire entendre plusieurs autres. On dit *résonnance sous-multiple* quand deux sons en produisent un troisième.

Respiration. C'est l'action que font les poumons pour attirer ou repousser l'air. Cette action se divise en deux mouvements alternatifs, l'*aspiration* et l'*expiration*. Dans l'aspiration, les poumons se dilatent pour introduire l'air extérieur dans la poitrine, et dans l'expiration, ils s'affaisent pour le faire sortir.

On ne saurait trop recommander aux élèves de s'occuper de la respiration. Elle est tout pour le chant. Sans un grand volume d'air, qu'on doit savoir comprimer et ménager longtemps avec adresse, il n'est point de force ni de timbre dans la voix ; de plus, sans cette faculté, il n'est guère possible de bien phraser un chant.

Retard. On retarde, dans un accord, une note consonnante par une note prise dans l'accord, précédent. Le retard peut être aussi purement mélodique, et ne pas figurer dans l'harmonie sur laquelle se déroule le chant. L'art des retards est celui de la coquetterie en musique. ils ont pour objet de faire désirer un son dont l'apparition satisfait l'oreille.

Le retard est l'empiétement du levé sur une partie du frappé ; presque tous les retards sont produits par l'effet des prolongations.

Retranchement de notes dans les accords. Aucune loi n'oblige d'écrire toutes les notes d'un accord : on peut donc en retrancher quelques-unes ; grâce à l'enchaînement des accords et au sentiment de la tonalité, un accord incomplet possède, aux yeux des habiles, la physionomie et la signification de l'accord complet. Il les possède tout entières, malgré leur réalité physique moins accusée et moins saillante.

Lorsqu'on retranche une note de l'accord parfait, on conserve ordinairement la tierce de la tonique, parce qu'elle indique le mode et caractérise l'accord. Dans un duo, on conserve habituellement les notes qui sont à la tierce ou à la suite l'une de l'autre, comme *ut mi, mi sol, mi ut, sol mi*. Les notes de l'accord de dominante peuvent toutes se retrancher successivement, et toutes s'associer les unes avec les autres : chacun de ces groupes possède une nuance particulière d'expression. Les anciens compositeurs supprimaient souvent la tierce dans l'accord final.

Rhythme. Le rhythme n'est autre chose que la symétrie appliquée au mouvement, la différence de vitesse ou de lenteur modifiée d'une manière symétrique, et dont les formes se reproduisent à certains intervalles disposés dans un ordre assez régulier pour former une sorte de mesure cadencée. Tout mouvement qui succède ainsi nous affecte déjà agréablement, même sans le secours d'aucune espèce de sonorité musicale. Quel charme n'aura pas ce même mouvement, si nous appliquons à chacun des temps qui le composent des sons choisis, et dont la succession soit telle qu'elle flatte l'oreille ! nous jouirons alors d'une véritable mélodie, au lieu de la psalmodie vague et monotone que nous laisserait l'absence du mouvement rhythmique.

On donne aussi le nom de rhythme en musique, à certaines formules ou dessins d'accompagnement qui se reproduisent symétriquement pendant un certain espace de temps.

Rhythmique. Une musique rhythmique est celle qui est ordonnée avec une parfaite symétrie dans les membres dont se composent ses périodes. Un accompagnement rhythmique est celui dans lequel le compositeur fait entendre constamment le groupe uniforme, l'arpége adopté, tandis que l'harmonie varie ses accords. Gluck, qu'on doit souvent citer pour le dessin des accompagnements, nous a donné les premiers modèles dans le genre rhythmique.

Rhythmomètre. Machine destinés à indiquer la division des temps de la musique, elle fut inventée à Paris, en 1782, par Duclos, horloger, et employée à l'Ecole royale de chant dont Gossec était alors directeur.

Rhythmopée. Partie scientifique de la mélodie qui apprend l'arrangement des parties mélodiques relativement à leur extension, afin qu'elles puissent avoir entre elles un rapport agréable.

Ricercata. Est une espèce de fugue dans laquelle on propose la première moitié du sujet, comme dans la fugue ordinaire, mais où la seconde moitié se travaille en inversion simple ou stricte.

Ricercato. En italien signifie recherché. On donne ce nom à tout genre de composition où sont employées les recherches du dessin musical. Mais on l'applique plus particulièrement aux compositions madrigalesques, qui, outre les recherches du dessin, offrent encore celles du goût et de l'expression. L'école italienne possède une grande quantité d'ouvrages en ce genre.

Rigaudon. Sorte de danse dont l'air, imaginé par un nommé *Rigaud* est à deux temps, d'un mouvement gai, et se divise ordinairement en deux reprises phrasées de quatre en quatre mesures, et commençant par la dernière note du second temps.

Rinforzando, en renforçant. C'est passer du piano au fort, et du fort au très-fort, non tout d'un coup, mais par une gradation continue, en enflant et augmentant les sons, soit sur une tenue, soit sur une suite de notes, jusqu'à ce qu'ayant atteint le point qui sert de terme au *renforcé*, l'on reprenne ensuite le jeu ordinaire.

Le rinforzando produit le même effet que le *crescendo* ; mais son emploi est différent. On se sert plus particulièrement de celui-ci dans les grandes périodes, tandis que le rinforzando ne s'emploie que pour de petits groupes de notes, et même pour une note seule.

Ritardando, en retardant. (Voyez Rallentando).

Ritournelle. De l'italien *ritornello*, petit retour, parce que autrefois l'accompagnement se bornait à répéter la dernière phrase du chanteur. La ritournelle a acquis avec le temps un plus haut degré d'importance ; c'est aujourd'hui une sorte de prélude instrumental, un trait de symphonie plus ou moins développé, qui annonce le début d'un chant vocal, ou remplit les repos et les silences que dans toute musique bien sentie le compositeur a su ménager à la voix ; ou bien encore elle complète d'une manière brillante, expressive ou piquante le morceau, après que la voix a cessé de se faire entendre. Les ritournelles sont d'un effet admirable dans la musique dramatique ; elles expriment souvent les affections de l'âme avec bien plus de force et d'énergie que la parole. Mais c'est surtout dans les airs déclamés et le récitatif qu'elles montrent jusqu'à quel degré de puissance elles peuvent atteindre, en traduisant merveilleusement la pantomime, le jeu de physionomie, et même jusqu'aux regards de l'acteur, à ces moments suprêmes d'une scène pathétique où la parole devient impuissante à exprimer les émotions de l'âme.

Rococo se dit en général de toute musique vieille, et hors de mode.

Rôle. Le papier séparé qui contient la musique que

doit exécuter un concertant, et qui s'appelle partie dans un concert, s'appelle rôle à l'Opéra. Ainsi on doit distribuer une *partie* à chaque musicien, et un *rôle* à chaque acteur.

Rôle signifie tout ce que doit chanter ou réciter un acteur dans une pièce de théâtre.

ROMAINS (de la Musique chez les). Rome, quelque austères que fussent ses lois, reconnut, même dès son berceau, le pouvoir de la musique ; mais elle consacra ses naissantes institutions dans cet art à son dieu favori, à Mars. Le plus pacifique de ses rois, celui qu'on doit regarder comme son législateur religieux, Numa, ordonna que les prêtres de ce dieu chanteraient, en portant en procession l'*ancile,* ou le bouclier sacré tombé du ciel pour servir d'égide à la ville éternelle. Plus tard, on voit le Napolitain Andronicus, affranchi de Livius Salinator, composer, pour apaiser les dieux irrités contre les Romains, un hymne qui fut solennellement chanté par un chœur de jeunes vierges, dont la beauté, dit un historien, ajoutait au charme de la poésie et de la musique.

Les jeux scéniques furent institués à Rome à l'instar de ceux de la Grèce, et ils eurent pour cause la religion. La population romaine, dévorée par une peste sous le consulat de Sulpicius Pelicus et de Licinius Stolon, eut recours à des prières, des sacrifices et des cérémonies extrordinaires pour fléchir l'inclémence des dieux. Elle n'avait point de chanteurs ; elle en fit venir de l'Etrurie pour établir des fêtes funèbres. L'histoire ne nous dit point si ces fêtes apaisèrent le couroux des dieux, et si on leur dut la cessation du terrible fléau ; mais ce qu'elle ne nous laisse pas ignorer, c'est que la jeunesse romaine goûta beaucoup ces jeux, qui étaient *scéniques,* puisque ceux qui y figuraient se montraient en public sur un théâtre, et qu'ils représentaient des pièces qui furent considérées comme satiriques, à cause des vérités souvent amères que renfermaient les vers qu'on y débitait, et dont l'harmonie était soutenue par les sons des flûtes et des lyres.

Quelques années après, sous le consulat d'un des descendants de Paul Émile, on voit la musique, admise jusque-là dans Rome comme une simple étrangère, à laquelle, en récompense de ses talents, on accorde l'hospitalité, acquérir enfin les nobles droits de cité dans la ville éternelle. Ce fut, en effet, dès ce moment, qu'on l'appela à l'honneur de célébrer la naissance, le mariage et même la mort des maîtres du monde ; elle vint mêler sa joie à la gaieté de leurs festins, donner plus d'éclat à leurs triomphes, et prêter le charme de la mélodie à leurs funérailles.

Enfin parurent les jours si beaux pour les arts, où commença le règne d'Auguste. Avant ce grand événement, il venait de s'en passer un non moins important, l'assassinat de Jules César, suivi de ses funérailles si remarquables par la douleur du peuple et l'artificieux et éloquent discours d'Antoine. Ce fut dans cette circonstance qu'un nombre considérable de musiciens, attachés au dictateur par leur emploi et par l'admiration qu'inspiraient ses talents et son génie, jetèrent, après s'en être servis pendant les funérailles, leurs instruments dans le bûcher dont les flammes venaient de consumer les restes d'un grand homme, comme si, après avoir célébré sa gloire et ses triomphes, ces organes de la mélodie ne devaient plus avoir aucun autre emploi.

Sous le règne d'Auguste, Rome ordonna que le poëme qu'Horace avait composé en l'honneur de Diane serait chanté par deux chœurs, l'un de jeunes filles, l'autre de jeunes garçons, tous fils de patriciens. Les beaux vers de l'héritier de la lyre de Pindare furent embellis par une musique dont on ignore les auteurs. Mais cette circonstance montre que cet art, étendant son empire sur le peuple romain, et suivant les progrès de la civilisation et du luxe, allait jouir encore de plus d'honneur sous les empereurs que pendant la république.

Sous le règne de Tibère, la musique dut nécessairement être atteinte de ce marasme qui paralyse tous les arts sous un tyran ; et cependant, sous Caligula, digne héritier de cet empereur, elle semble s'éveiller de sa longue léthargie. C'est que ce prince avait pour cet art un goût très-prononcé, et presque une passion. Caligula aimait la musique autant qu'il aimait le sang, et cette réunion dans un même homme d'un goût aimable et d'une fureur sanguinaire n'est pas, de tous les mystères de l'esprit humain, le moins difficile à expliquer.

Néron cultiva lui-même la musique en artiste consommé ; il consacrait une partie de son temps à l'exercice de son art favori. Tous les jours, s'enfermant avec

Terpanum, le joueur de flûte et de cythare le plus renommé qu'il y eût alors, il prenait des leçons de chant qui se prolongeaient jusque dans la nuit. Quoique sa voix fut grêle et voilée, il fit de tels progrès, que dans la troisième année de son règne il ne balança point à chanter en public. Il débuta sur le théâtre de Naples, et y acquit tant de réputation, que des musiciens accoururent de toutes les contrées pour l'entendre et admirer son talent. Il en retint cinq mille, qui, dès ce moment, restèrent attachés à son service. Il leur donna un costume uniforme, et leur apprit même, chose incroyable, si Suétone ne l'attestait, de quelle manière il entendait être applaudi. Le peuple romain le pria un jour de chanter dans une des rues de Rome où il passait, et Néron, qui lui aurait refusé la vie de Trasias, s'il la lui avait demandée, ne refusa point de lui faire entendre sa voix divine. Des applaudissements vifs et prolongés furent le prix de cette complaisance inouïe. Dès ce moment, le maître du monde se mit lui-même au rang des comédiens, et accepta sa part des rétributions publiques destinées à payer leur talent. Non content des applaudissements donnés à sa voix comme chanteur, il brigua les suffrages du public comme compositeur ; il voulait traiter le sujet de la prise de Troie, et l'on prétend même qu'il fit mettre le feu à Rome, afin de pouvoir imiter avec plus de vérité les voix et les cris déchirants des victimes de l'incendie. C'est à l'aspect du plus affreux tableau que puissent contempler les yeux de l'homme, et qui, pour lui, n'était qu'un brillant modèle, qu'il eut, dit-on, le plaisir en jouant sur sa flûte, de composer ce qu'on appelle *d'après nature*.

A la mort de Néron, le peuple romain, dont l'irritation était extrême, prétendit mettre au rang des complices de cet empereur la musique, et, comme telle, la bannit de Rome avec tous les musiciens. Ainsi proscrit, l'art musical se réfugia au sein de l'Église naissante, qui l'épura en lui donnant un asile et en simplifiant sa notation.

ROMANCE. Des milliers, des myriades de pièces de ce genre ont été fabriquées et livrées à l'appétit glouton des amateurs.

Une romance, que la mode porta sur son aile légère, à commencé la réputation de Boïeldieu ; et qui n'a senti son cœur palpiter en écoutant, en chantant les jolies romances : *S'il est vrai que d'être deux; Bouton de rose*, de Pradher ; *Je t'aime tant*, de Garat ; *Te bien aimer, ô ma chère Zélie*, de Plantade ; *Un jeune Troubadour*, de Dalvimare ; *Charmant ruisseau*, de Domnich ; *Partant pour la Syrie*, de la reine Hortense ; *La Suissesse au bord du lac*, de Goulé ; *Fleuve du Tage*, de Pollet ; et de nos jours, on peut citer quelques charmantes compositions de ce genre, de Mlle Loïsa Puget, et de MM. Th. Labarre, Grisar, Masini, Clapisson, Monpou, Henrion, F. Bérat.

Le nom de romance est bien ancien en France ; on l'avait abandonné pendant un siècle. On appelait *brunettes* les chansons rimées sur un sujet plein de tendresse et de sentiment. Dans les anciens recueils de Ballard, du temps de Louis XIII et de Louis XIV, toutes les romances portent le nom de brunettes.

Les romances, les brunettes destinées aux amateurs de haut parage, étaient désignées sous le titre *airs de cour ;* les chansons prenaient celui de *voix de ville*, dont ont a fait plus tard *vaudeville*.

RONDE. Sorte de chanson ordinairement mêlée de galanterie, composée de divers couplets qu'on chante dans une réunion nombreuse, debout, formant le rond, en se tenant tous par la main. Chacun chante son couplet, et l'on fait chorus en reprenant le refrain sur lequel on danse en même temps. La ronde a été introduite dans nos opéras comiques, où elle fait beaucoup d'effet. On cite les rondes de *Cendrillon*, du *Chaperon rouge*, de la *Neige*, du *Postillon de Lonjumeau*, des *Porcherons*, etc.

RONDE. Note blanche et ronde, sans queue, laquelle vaut une mesure entière à quatre temps, c'est-à-dire deux blanches ou quatre noires. La ronde est de toutes les notes d'un usage habituel celle qui a le plus de valeur. Autrefois elle était celle qui en avait le moins, et s'appelait *semi-brève*. Les *rondes*, les *blanches* et les *noires* furent imaginées par *Jean de Meurs*, vers l'année 1350.

RONDEAU. Sorte d'air vocal né en Italie, qui de là passa en Allemagne et en France. Il était autrefois un des ornements de la scène lyrique, la volupté des dilettanti. Le rondeau est composé ordinairement d'une première, d'une seconde et d'une troisième parties ou reprises, dont la première se répète après la seconde et la troisième. Il est aujourd'hui passé de mode, et les compositeurs modernes l'ont employé rarement.

Les grands coryphées du rondeau scénique sont les Gluck, les Piccinni, les Sacchini, les Paisiello, les Cimarosa, les Mozart, les Rossini. Quant au rondeau instrumental, dont les maîtres sont Haydn, Mozart, Beethoven, Onslow, il suit les règles du rondeau vocal. Beethoven seulement que débordait sa fécondité, multiplia souvent les reprises de ses rondeaux.

Rosalie. On donne ce nom à la répétition d'une même phrase de chant, sur les cordes qui sont un degré plus haut. On a banni de toutes les compositions de bon goût les répétitions fastidieuses et banales, trop faciles à deviner ou à prévoir.

Rose. Nom que l'on donne à l'ouverture circulaire pratiquée sur la table des clavecins, des théorbes, des luths, des guitares.

Rossignol. Sorte de petite flûte à piston, qui se fait ordinairement avec un tuyau d'écorce détaché d'une branche de bois vert.

Rote. Ancien instrument qui participait de la harpe et du psaltérion. Il avait la forme d'une harpe diminuée. Il était monté de cordes de boyaux. La *rote* était triangulaire comme la harpe, avec une table et une caisse sonore percée d'ouïes.

Roue-Archet. On appelle ainsi une roue pleine, frottée de colophane, qui dans la vielle tient lieu d'archet.

Roulade. C'est le nom vulgaire donné en musique à ces traits rapides imités de la musique instrumentale, et qu'on place ordinairement dans les points d'orgue pour faire briller le talent du chanteur, ou dans toute autre circonstance, pour donner plus de grâce à la mélodie ou plus de force à l'expression. Les Italiens sont prodigues de cet ornement de la musique vocale. Il est vrai que la langue italienne est remplie de syllabes sonores sur lesquelles on peut prolonger la voix.

En français nous n'avons que les *o*, les *é* et les *a* sur lesquels on puisse convenablement placer un trait de chant, et comme ces voyelles ne se présentent pas assez fréquemment dans notre versification lyrique, on est souvent obligé de passer plusieurs notes sur des *i*, des *u*, et même des *e* muets, ce qui est fort disgracieux.

La roulade n'est pas toujours déplacée dans une situation triste et pathétique, surtout lorsque la chanteuse réunit la force à l'agilité. Il y a telles scènes dans lesquelles elle donne à certains passages une expression d'énergie qu'on n'aurait certainement pas obtenue avec une mélodie simple. Et cela se conçoit ; lorsqu'une âme est trop affectée, elle ne trouve plus de paroles et ne peut s'exprimer que par des interjections.

Roulement. Le roulement s'exécute sur le tambour et la timbale par le mouvement alternatif de deux baguettes, et en frappant deux coups avec chacune. Le roulement de timbale produit un effet surprenant dans le *crescendo* et le *forte* d'un orchestre nombreux ; il y a quelque chose de mystérieux et de sinistre, s'il est fait pianissimo, ou si les timbales sont voilées. On l'emploie avec succès de cette manière dans un morceau lent, surtout dans une marche funèbre.

Plusieurs symphonies de Haydn commencent par un roulement de timbales.

Roulement. Se dit également de plusieurs tons différents poussés d'une même haleine, soit en montant, soit en descendant.

Routinier. On donne ce nom aux ménétriers de village et aux acteurs d'opéra qui, sans avoir appris la musique, et guidés seulement par un instinct plus ou moins heureux, parviennent à jouer ou chanter de routine un certain nombre de contredanses et de valses, ou des airs de chant, et même des rôles d'opéra.

Rubebe. Était un instrument d'une nature plus grave que la vielle et n'ayant que deux cordes.

Ruggeri (Giovanni-Baptista). Elève d'Amati, travailleur consciencieux et qui mérite une place dans le nombre des grands luthiers de l'époque, vivait encore en 1709. — *Ruggeri Vincenzius* dit *il Per*, travailla de 1645 à 1650.

Runa. C'est le nom d'une mélodie qui, depuis les temps les plus reculés, est en usage en Finlande.

Russie (de la Musique en). Parmi les peuples qui s'occupent de musique et qui possèdent des chants nationaux, on doit sans aucun doute placer la Russie. Là, l'artisan, le marinier, le soldat dans la marche, l'agriculteur, le postillon, le voiturier, enfin toute la population chante en se livrant à ses divers travaux.

Pendant que Pierre-le-Grand fut sur le trône, ses réformes s'étendirent jusque sur la musique. Il fit venir d'Allemagne toute sorte d'instruments, institua une compagnie de jeunes Russes destinés à apprendre la musique, encourageant principalement la musique militaire.

L'impératrice Anne porta sur le trône le goût de l'art musical. Dans les premières années de son règne, en 1737, Araja, compositeur napolitain, mit en scène le premier opéra italien qui ait été exécuté en Russie, intitulé : *Abijazare*, et l'année suivante, *Sémiramide*.

Sous Catherine II, la musique acquit une nouvelle splendeur. On représenta, en 1702, l'*Olympiade*, de Manfredini, et la salle était toujours remplie par plus de trois mille spectateurs. Des intermèdes italiens et des comédies russes et françaises alternaient avec l'opéra.

Sarti fut maître de chapelle de la cour depuis 1785 jusqu'en 1801. L'impératrice le combla d'honneurs et de biens, et le nomma directeur d'un nouveau Conservatoire de musique, avec une augmentation d'appointements assez considérable.

En 1843, l'empereur de Russie institua un Opéra-Italien à Saint-Pétersbourg, et cette nouvelle institution fut accueillie par les Russes avec enthousiasme. Depuis, le théâtre italien de Saint-Pétersbourg n'a pas cessé d'être compté au nombre des plus importants qu'il y ait en Europe. Les meilleurs artistes ont paru successivement sur cette grande scène. L'empereur les avait pris sous sa protection particulière.

Aujourd'hui le Théâtre-Italien de Saint-Pétersbourg est livré à la spéculation particulière. Il a son impressario responsable, et les engagements ne se font plus par ordre du délégué du Czar.

S

S. Cette lettre, écrite alternativement avec le T, signifie *solo*, tandis que l'autre signifie *tutti*.

On donne aussi le nom de *s* au tuyau d'anche du basson, parce que sa forme ressemble à celle de cette lettre, et aux ouvertures pratiquées dans le corps du violon et du violoncelle.

S. traversé obliquement par une barre, est employé quelquefois comme signe de renvoi.

Sabot. C'est dans la harpe une espèce de crochet de laiton qui a la forme d'un bec de canne, et dont l'office est d'accrocher la corde pour la raccourcir d'une longueur relative à l'augmentation d'un demi-ton. Il y a dans la harpe autant de sabots qu'il y a de cordes.

Salle de spectacle. C'est le lieu où l'on représente les opéras, les drames, les comédies, etc., etc. La plus belle en France est celle de l'Opéra, qui a été bâtie dans les rues Granges-Batclière et Lepelletier, pour servir de théâtre provisoire. En 1850, elle a été restaurée avec un certain luxe.

C'est M. Fould, ministre d'État qui a ordonné ces réparations importantes et qui les a fait exécuter aux frais de l'État. Les dépenses se sont élevées à 350,000 francs. Le style architectural qui domine maintenant dans la salle de l'Opéra est le style de la fin de Louis XVI marié à celui de l'Empire. L'ensemble est un peu lourd, mais les détails en sont extrêmement soignés et surtout très-brillants.

On a construit une nouvelle salle destinée au grand opéra, sur la place Scribe, sous la direction de M. Garnier, architecte, en remplacement de celle de la rue Lepelletier. Ce monument, dont les frais s'élèveront de trente à trente-cinq millions, est un des plus riches et des plus grandioses des deux mondes.

La salle de l'Opéra-Comique est établie sur la place Favart, entre la rue Favart et la rue Grétry ; elle peut contenir environ dix-sept cents personnes. Celle du Théâtre-Italien a été élevée sur la place Ventadour et c'est certainement une des plus élégantes de Paris. Elle a la même forme et la même dimension que celle de l'Opéra-Comique.

Les salles de spectacle en Italie sont plus grandes, plus belles et surtout beaucoup mieux construites que les nôtres. Leur forme est, en général, celle d'un cercle parfait, coupé par son diamètre régulier, dont une moitié appartient aux spectateurs, l'autre à la scène. On n'a pas en Italie, comme en France, la détestable manie d'étrangler l'avant-scène entre deux énormes massifs de constructions à colonnes énormes, ou à pilastres pleins plus lourds encore, qui masquent la scène aux personnes placées dans les quatre ou cinq premières loges des deux côtés, du haut en bas. Les Italiens ont une excellente manière de construire leurs salles de spectacles ; ainsi dans la salle Saint Charles, à Naples, la plus grande de toutes, on compte six rangs de loges, quarante-deux loges à chaque rang, pouvant contenir douze personnes chacune, et malgré cette prodigieuse dimension, on entend parfaitement de toute part.

La salle du théâtre royal de Turin est vaste, mais elle déroge par la forme, qui est un peu ovale. Dans sa construction il n'est entré que de la pierre et du fer, et elle se trouve ainsi à l'abri des dangers de l'incendie.

La plus vaste salle, après *San-Carlo*, est celle de la *Scala* à Milan. A Florence, on admire celle de la *Pergola*, à Rome, celle d'*Argentina* ; à Venise, celle de la *Fenice;* à Gênes, celle du *Carlo Alberto*.

SALO (Gaspardi). Luthier à Brescia, y travailla de 1510 à 1550. Ses instruments ont une grande réputation.

SALPICTA. Mot grec qui signifie trompettiste, c'est-à-dire, qui joue de la trompette.

SALPINC-ORGANIUM. Espèce d'orgue-trompette construit par Van-Ockelen, en 1824.

SALPINX. Ancienne trompette grecque, qui avait la forme d'un cube conique, long d'environ deux pieds, avec un pavillon qui transmettait le son.

SALTARELLE. Mot dérivé de l'italien *salto*, qui signifie *saut*, et qui s'emploie pour indiquer un mouvement à trois temps vite, ou à six-huit, ou une musique pointée; et surtout celle où la brève est en frappant. On trouve des saltarelles dans les forlanes de Venise, dans les siciliennes et dans quelques gigues anglaises.

SALVE REGINA. Antienne ou hymne qu'on chante dans l'Église catholique, à la fin des vêpres, du samedi de la Pentecôte jusqu'à l'Avent.

Le *salve regina* de Pergolèse est célèbre, bien qu'il ne le soit pas autant qu'il le mérite. Moins connu que le *Stabat* du même auteur, il est regardé, par les connaisseurs comme une composition plus parfaite et d'un mérite supérieur.

SAMBUQUE. Instrument à cordes des anciens Grecs. Quelques auteurs croient que c'est le *barbiton*.

SANCTUS. Ce mot latin, répété trois fois, se chante pendant la messe après la préface.

SANDALE. Espèce de chaussure en bois ou en fer, dont les directeurs de musique ou les batteurs de mesure garnissaient leurs pieds chez les anciens, et qui était destinée à rendre la percussion rhythmique plus éclatante.

SANONI (Joh.-Baptistus). Luthier de Verone, travaillait dans cette ville vers 1650.

SANTUR. Instrument à cordes turc, qui ressemble au psaltérion allemand.

SANZA (Santino). Luthier de l'école de Milan, dont on a des instruments qui portent la date de 1634.

SAQUEBUTE. Ancienne trompette dont la tige se repliait sur elle-même de façon que le tuyau ou le pavillon était parallèle au tuyau de l'embouchure, et de la même longueur que ce dernier.

SARABANDE. En espagnol *zarabanda*, air d'une danse grave, portant le même nom, et qui paraît nous être venue d'Espagne, elle se dansait autrefois avec des castagnettes. L'air de la sarabande était à trois temps.

SARRUSOPHONE. Imitation du saxophone de Sax, imaginé en 1856, par un sieur de Sarrus.

SAUT, en italien SALTO. Tout passage d'un son à un autre par degrés disjoints est un saut.

Tous les sauts sont permis dans la mélodie, pourvu que chaque note trouve sa conséquence et sa résolution dans celle qui la suit. Les airs de bravoure, les concertos de violon, de flûte, de basson, de clarinette, renferment souvent des sauts de dixième, et de plus grands encore.

Dans l'harmonie les sauts doivent être bien amenés, pour qu'il n'y ait pas d'incohérence dans les parties.

SAUTEUSE. Espèce de valse à deux temps et d'un mouvement très-rapide. On faisait succéder la sauteuse à la valse ordinaire. Ce nom lui vient de ce qu'on la dansait en sautant. La valse russe, qui se danse à peu près de la même manière a fait délaisser la sauteuse.

SAUTER. On fait sauter le ton, lorsqu'en donnant trop de vent dans une flûte ou dans un tuyau d'un instrument à vent, on force l'air à se diviser et à faire résonner, au lieu du ton plein de la flûte ou du tuyau, quelques-uns seulement de ses harmoniques. Quand le saut est d'une octave entière, cela s'appelle octavier. Il est clair que pour varier les sons du cor et de la trompette il faut nécessairement *sauter*, et ce n'est encore qu'en sautant qu'on obtient certaines octaves sur le basson, la flûte, etc.

Sautereau. Lame de bois mince, armée d'un petit morceau de plume ou de peau de buffle qui, dans les clavecins, était poussée contre les cordes, frappait et produisait le son en s'échappant.

Sauvages (musique des). On sait bien que les peuplades sauvages n'ont pas de véritable musique; elles ne se servent guère que d'instruments à percussion.

Les Esquimaux, qui étaient aussi près de l'état de barbarie que possible, lorsque le capitaine Parry les visita, étaient cependant passionnés pour la musique.

Ils n'avaient pour tout instrument, qu'une espèce de tambour ou de tambourin. Ils chantaient des airs; mais on y trouvait ni variété, ni étendue, ni mélodie caractérisée.

Les Mexicains, lors de la conquête de leur pays par les Espagnols, n'étaient guère plus avancés sous le rapport musical. Leurs principaux instruments étaient deux tambours, l'un nommé le *hueheutl*, l'autre le *teponaztli*. Ils avaient aussi des trompes, des coquilles marines, des petites flûtes qui rendaient un son aigu, et un instrument dont se servaient leurs danseurs, appelé *ajacaztli*. C'était une sorte de vase rond ou ovale, percé de petits trous et contenant un certain nombre de petites pierres, instrument à peu près du même genre que le hochet des enfants.

M. Weld, dans sa notice sur les Indiens du nord-ouest de l'Amérique, donne la description suivante d'une danse dont il fut le témoin, un soir, dans l'île des Bois-Blancs :

« Trois vieillards, assis sous un arbre, étaient les principaux musiciens; l'un d'eux battait un petit tambour formé d'un morceau de bois creux couvert d'une peau, et les deux autres frappaient la mesure de concert avec le tambour, au moyen d'une sorte de crécelle faite d'une courge sèche remplie de pois. En même temps, ces trois hommes chantaient un air, et tous les danseurs se joignaient à eux. »

Ce que nous savons des naturels des îles de la mer du Sud, quand elles furent découvertes par le capitaine Cook, prouve également la grossièreté et la simplicité de la musique des tribus sauvages qu'elles renfermaient. Quatre personnes jouaient sur deux flûtes faites de bambous creux, d'environ un pied de long, n'ayant que deux trous, et ne pouvant donner par conséquent que quatre notes divisées par demi-tons. On s'en servait comme nous nous servons de la flûte allemande, avec cette différence que l'exécutant, au lieu de l'appliquer à ses lèvres, soufflait dedans avec une de ses narines pendant qu'il bouchait l'autre avec le pouce. A ces instruments se joignaient quatre chanteurs qui observaient fort bien la mesure. Dans un concert on n'exécutait souvent qu'un seul air.

Dans les *îles des Amis* il y avait des femmes qui chantaient et s'accompagnaient en faisant claquer leurs doigts. La musique de ces peuples est encore maintenant aussi barbare que lorsqu'ils furent visités par le capitaine Cook.

Les Indiens du Chili se servent de flûtes faites avec les os des ennemis qu'ils ont tués dans les combats ; ils en font aussi avec des os d'animaux ; mais les guerriers indiens ne dansent qu'au son des premières. Ils chantent tous à l'unisson, et à la fin de chaque air ils jouent de la flûte et d'une espèce de trompette; nos ritournelles ont le même but.

Les habitants de l'île de Tougo chantent souvent une chanson, espèce de récitatif, dont les idées sont assez poétiques, et qui est dite par les hommes et les femmes tout à la fois. Ils ont aussi un air mélancolique, sorte de complainte qu'ils chantent près des morts, comme le *Dies iræ*.

Une tribu de Cafres, les Bachapins, n'ont qu'un seul instrument appelé *lichaka*, fait de roseau, et ne rendant qu'un seul son. Il y en a un pour chaque note, et lorsque plusieurs exécutants sont réunis, une partie joue à l'unisson pendant que les autres font entendre différents tons de l'échelle musicale.

Cet usage rappelle assez l'emploi de la pédale dans les orgues modernes.

Ce qui frappa le plus les sauvages, c'est le rhythme : on a pu s'en convaincre en assistant aux danses de ceux qui sont venus, il y a quelques années, amuser les parisiens.

SAUVER les dissonances. Voyez le mot DISSONANCE (résolution des).

SAWARDIN. Chanson des Kalmouks, qu'on chante en dansant.

SAX. C'est le nom d'un facteur belge qui est venu s'établir à Paris, et a doté la facture instrumentale d'une série d'instruments à vent, dont la famille s'appele Sax. On dit : Le *saxhorne*, le *saxophone* le *saxotromba* le *saxtuba*, etc.. M. Sax a reçu pour ses nombreuses inventions des récompenses à toutes les expositions.

Saxhorn. — Instrument en cuivre à bocal, armé d'un mécanisme de cylindres. Ad. Sax a institué une famille entière qui parcourt une immense étendue de l'aigu au grave. Le plus élevé est en *si bémol*, à l'octave supérieure de l'ancien bugle en *si bémol* ou de la clarinette en *si bémol*, ou encore une quinte au-dessus du petit bugle en *mi bémol*. Le plus grave est le saxhorn contre-bourdon en *si bémol*, deux octaves au-dessous de l'ophicléide.

Les soxhorns forment les fonds de l'orchestre de fanfares-Sax.

Saxophone. — Le *saxophone* est un nouvel instrument en cuivre, inventé et construit par Ad. Sax, et il est armé de dix-neuf à vingt-deux clefs et qui se joue au moyen d'un bec à anche dans le genre de celui d'une clarinette. Son étendue est de deux octaves et une sixte. Le cône de l'instrument est parabolique, le doigter procède par octave comme celui de la flûte. Il existe des saxophones à peu près dans tous les tons, ils se divisent généralement pour le ton et le diapason en saxophone basse *si bémol* ou *ut*, en saxophone baryton *mi bémol* ou *fa*, en saxophone ténor *si bémol* ou *ut*, en saxophone alto *mi bémol* ou *fa*, en saxophone soprano *si bémol* ou *ut*, et enfin en saxophone suraigu *mi bémol* ou *fa*.

Saxotromba. — Instrument en cuivre à bocal, armé d'un mécanisme de cylindres. Cet instrument a été inventé par M. A. Sax, vers 1843. Il comporte une famille de sept membres allant de l'aigu au grave, divisés par quinte et quarte.

Les proportions du saxotromba sont entièrement nouvelles, et sa voix tient, en quelque sorte, le milieu entre le timbre des trompettes, des trombones, d'une part, et de l'autre, des bugles et des ophicléides.

Le *saxotromba-alto* remplace le cor avec un immense avantage, ayant une bien meilleure sonorité, et n'exigeant pas, à beaucoup près, autant de talent de la part de l'artiste. Le doigté est le même pour tous les membres de la famille.

Saxtuba. — Instrument de cuivre à bocal armé d'un mécanisme de cylindres. Cet instrument fut inventé par Ad. Sax, vers 1850, à l'occasion de l'opéra de M. Halévy : *le Juif errant*. Sa famille comporte sept membres de l'aigu au grave, comme celle du *saxotromba*. La forme des sax tubes a de l'analogie pour la forme avec celle des *tubas* romains. Au moyen de ses cylindres, leur échelle est chromatique.

SAYNETTE. Petite comédie mêlée de chansons que l'on représente en Espagne. Les saynettes sont des espèces d'intermèdes comiques, joués par trois ou quatre acteurs, et quelquefois même par un seul.

SCALA (Théâtre de la). Le théâtre de la Scala, à Milan, est, sans contredit, une des scènes les plus importantes de l'Europe. Malgré son immense développement, cette salle est fort sonore ; ce qui est dû, sans doute, à l'absence de ces rangs de galeries et de loges ouvertes, qui absorbent une grande partie du son dans nos théâtres. Lorsque le public veut bien écouter, ce qu'il ne fait guère que par fraction, hormis à certains moments convenus, la plus faible émission de son arrive jusqu'aux dernières limites de la salle. A la Scala, des artistes doués de peu de voix sont parfaitement entendus.

L'orchestre de la Scala se distingue avant tout par une merveilleuse science d'accompagnement ; et c'est un immense mérite. Là, les individualités ne cherchent pas isolément à briller, et tout l'amour propre consiste dans le bon ensemble de la masse. Vous entendriez souvent chanter tout un air, un duo, sans songer qu'il existe un orchestre, tant il se mesure supérieurement sur les nuances du chant. Cette supériorité discrète dans les accompagnements ne l'empêche pas d'être nerveux, puissant, chaleureux dans les moments voulus.

SCALISCHIN. — Instrument à percussion des anciens Hébreux dont il est fait mention dans le triomphe de David.

SCANDER. Exécuter un trait de manière à en distinguer les temps de chaque mesure, les diverses articulations, tant en marquant les coulés, les piqués, que les divers rhythmes provenant de la progression linéaire ou ternaire des notes.

SCÈNE. Division du poëme dramatique, déterminée par l'entrée d'un nouvel acteur. On divise une pièce en actes, et les actes en scènes. Au concours de composition musicale de l'Académie des Beaux-Arts, on donne souvent le nom de scène à la poésie que les concurrents mettent en musique.

Dans les scènes à plusieurs personnages, le chant doit avoir autant de caractères différents qu'il y a d'interlocuteurs. Il faut rendre dans les scènes, non-seulement le caractère de la passion qu'on veut peindre, mais celui de la personne qu'on fait parler. Ce caractère s'indique, en partie, par le genre de voix qu'on approprie à chaque rôle ; car le tour de chant d'un ténor est différent de celui d'une basse. On met plus de gravité dans les chants de bas-dessus, et plus de légèreté dans ceux des voix aiguës. Mais outre ces différences, le compositeur vraiment habile en trouve d'individuelles qui caractérisent ses personnages.

Schænion. Morceau de musique des anciens Grecs, d'un caractère doux.

Scherzando, En badinant. Ce mot italien désigne une exécution légère et badine.

Scherzi musicali, Plaisanteries musicales. L'art de plaisanter savamment en musique a toujours été un des priviléges des hommes de génie. Parmi les charmants badinages enfantés par la verve des compositeurs, il faut citer particulièrement le caprice de Marcello, les canons burlesques du P. Martini, les fugues trillées de Porpora, etc.

Scherzo, Badinage. On donne ce nom à un morceau de musique de peu d'étendue et d'un style léger et badin. Le scherzo est assez souvent un menuet d'un caractère plus bizarre que celui des menuets ordinaires.

Schisma. C'est le nom d'un petit intervalle qui n'est pas usité dans la musique pratique, mais qu'on emploie dans la science canonique.

Schmidt. Ancien luthier à Cassel copiait les violons de Bachmann qui ressemblaient à ceux de Stradivarius dont ils étaient des copies exactes. On trouve souvent ces violons portant l'étiquette de Stradivarius.

Schofar. Instrument des Hébreux fait avec la corne d'un bélier ou d'un bœuf, et dont le son très-éclatant servait à annoncer les cérémonies du culte divin.

Schonger. Luthier à Erfurth, travaillait d'après les modèles de l'école de Crémone. Ses instruments ont assez de valeur.

Schotisch. C'est une sœur de la polka ; mais on la danse plus lentement. Son caractère rhythmique est binaire, c'est-à-dire que le pas change de nature chaque deux mesures. On écrit la schotisch à 2|4 ou à quatre-temps.

Schryari. Espèce de hautbois anciennement en usage en Italie.

Schyari. Sorte d'instrument à vent en usage il y a quelques siècles, dont la structure ressemblait à celle de la cornemuse, si ce n'est qu'il était ouvert dans la partie inférieure.

Sciolto, Délié, Affranchi, Libre. Ce mot, placé sous un trait de musique, indique que les notes doivent en être détachées.

Sciolto contrapunto, Canone sciolto. Contre-point, canon affranchi des règles strictes que l'on a imposées à ces sortes de compositions.

Sclah. C'est une opinion à peu près générale, que ce mot hébraïque, qui se trouve si souvent dans les psaumes, a une signification musicale, sans cependant qu'on puisse déterminer quel est son véritable sens. Les uns croient que c'est notre *da capo* ou le signe de la *reprise*, d'autres prétendent que cette expression indique un changement de ton ou de temps, un silence, etc.

Scolies. Chez les anciens grecs on appelait ainsi les chansons dithyrambiques. Dans la suite on donna ce nom aux chansons morales.

Scordatura. Ce mot italien ne peut se traduire en français que par *désaccordement*, qui n'est pas reçu dans notre langue ; il signifie l'action de désaccorder un instrument à cordes. Comme rien de faux n'est admis en musique, ce *désaccordement* consiste à donner à l'instrument un accord qui, sans être faux, n'est cependant pas celui qui lui convient et qu'on lui donne de coutume. La scordatura se pratique pour étendre les limites de l'instrument, ou faciliter certaines positions que l'accord ordinaire ne permet pas de prendre, et produire par ce moyen des effets nouveaux et extraordinaires. Paganini en faisait un grand usage.

Sdrucciolo, enharmonique. Cette expression italienne indique la manière de glisser enharmoniquement avec la voix sur quelques sons. Cet agrément, qui n'est pas toujours de bon goût, est particulièrement employé dans le cantabile. Mais on doit, pour qu'il produise un effet attrayant, n'en faire usage que de la tonique à la quarte, et, ce qui est encore plus convenable, de la quarte à la tonique. On peut encore s'en servir en passant d'un son à celui qui le précède immédiatement dans l'échelle musicale ascendante, par exemple, de l'octave à la septième mineure, et de la quinte à la quarte mineure.

Second. Epithète qui, entre deux parties ou voix égales, indique la plus basse, comme *second violon, seconde viole*.

Seconde. Intervalle d'un degré conjoint; ainsi, les marches diatoniques se font toutes sur les intervalles de seconde.

On distingue quatre sortes de secondes : 1° la seconde majeure formée d'un ton entier : 2° la seconde mineure, formée d'un demi-ton ; 3° la seconde augmentée, formée d'un ton et demi ; 4° Enfin la seconde minime qui appartient au genre enharmonique, et ne peut pas être employée dans la musique.

Secousse. Explosion que l'air fait en entrant dans un tuyau d'orgue.

Segno, Al segno, Au signe. Ces mots signifient que l'on doit reprendre le morceau à partir du signe indiqué.

Segue, Suit. Cette expression italienne, placée au bas d'une page ou entre deux morceaux de musique, indique qu'on doit continuer à exécuter ce qui suit sans aucune interruption.

Seguidille, en espagnol Seguidilla. Air de chant et de danse fort en usage en Espagne. La mesure en est à trois temps, et le mouvement animé. Cet air est moins étendu que le boléro et le fandango, dont il a le caractère. C'est, à proprement parler, une chanson. La ritournelle se fait entendre au commencement et même au milieu de chaque couplet, ou *estrivillo*.

Seing. Espèce de cloche dont on faisait usage au treizième siècle et que l'on plaçait dans la tour de l'église.

Semanterion. Instrument de percussion des Grecs, qui consistait en une planche sur laquelle on frappait avec un marteau. On s'en sert encore chez les Grecs modernes qui habitent parmi les Turcs, il remplace les cloches, dont l'usage est interdit par les disciples de Mahomet.

Séméiographie. La séméiographie musicale, ou description des signes, comprend : la portée, les clefs, les notes, les silences, les accidents, les points d'orgue, les points d'arrêts, les signes d'agrément, les barres et l'orthographe musicale.

Semelo-melodium. Instrument de musique destiné pour l'enseignement construit par Fruh, en 1857.

Semi. Cette expression latine, qui signifie demi, s'ajoute à plusieurs mots, comme *semi-brève, semi-minime*, etc.

Sensibilité. Disposition de l'âme qui inspire au compositeur les idées vives dont il a besoin, à l'exécutant la vive expression des beautés et des défauts de la musique qu'on lui fait entendre.

Septième. Intervalle dissonant de sept degrés. Il y a trois sortes de septièmes, la septième *mineure*, la septième *majeure* et la septième *diminuée*.

Septuor. Composition à sept parties obligées.

Le septuor vocal est toujours accompagné par l'orchestre ou le piano. Le septuor instrumental se borne aux sept instruments pour lesquels il est composé.

Nous possédons d'excellents septuors de Beethoven, de Kalkbrenner, de Bertini, etc.

Séraphin (Sanctus). Le meilleur élève de Stradivarius dont les instruments très-estimés, portent la date de Venise 1707.

Séraphine. Instrument à anche libre, imaginé en 1842, par Bazin, de Canton (Amérique du Nord).

Sérénade. Les sérénades sont des concerts donnés la nuit en plein air. Aussi l'étymologie de ce mot semble-t-elle venir du mot italien *sereno*. Il y a peu de conditions essentielles pour la composition des morceaux exécutés en sérénade. On peut cependant dire que l'on a généralement choisi des mélodies tristes et langoureuses de nature à laisser la personne à qui on offrait cet hommage dans un vague demi-sommeil qui lui permettait à peine dans cette occasion de distinguer la réalité du rêve. Les tons bémolisés, surtout ceux de *mi* et de *la*, dont la douce harmonie s'accorde bien avec le mystère dont les exécutants cherchent d'ordinaire à s'environner, seraient heureusement employés.

La véritable patrie de ces concerts nocturnes, c'est l'Espagne et l'Italie. Voilà où il faut chercher l'origine de la sérénade. Elle se plaisait surtout dans les chaudes contrées, où la nuit est l'instant de toutes les intrigues d'amour. A Venise, les gondoliers ont conservé les traditions de la sérénade dans les barcarolles que la nuit ils font entendre sur les lagunes.

Serinette. Très-petit orgue à cylindre, qui joue des

airs sans accompagnement, et qui sert à l'éducation musicale des serins.

Serpent. Instrument à vent que l'on embouche par le moyen d'un bocal. Le serpent est un cornet replié pour le rendre moins long, et pour que les doigts puissent atteindre les trous qui en règlent l'intonation. Ses replis et sa forme lui ont fait donner le nom de serpent.

On se sert de cet instrument dans les églises pour soutenir le chœur, et il était en usage autrefois dans les musiques militaires pour exécuter avec le trombone la partie de contrebasse.

Serrure de transposition. Appareil pour donner aux pianos la propriété de transposer, imaginé en 1847, par Bardies.

Sextuor. Composition à six parties obligées.

Le sextuor vocal est accompagné par l'orchestre ou le piano. Le sextuor instrumental se borne toujours aux six instruments pour lesquels il est composé.

Boccherini a écrit des sextuors pour flûte, deux violons, viole et deux violoncelles. Les sextuors pour deux clarinettes, deux cors et deux bassons, sont d'un bon effet.

Sextuple (mesure). Mesure à deux temps composée de six notes égales, dont trois pour chaque temps.

Si. Note de musique que les Allemands désignent par la lettre h, lorsqu'elle est sans altération, et par la lettre b, lorsqu'elle est altérée d'un bémol. C'est le septième degré de notre échelle musicale dans le mode majeur, et le second dans le mode mineur. Il porte accord parfait diminué, et s'emploie en harmonie dans les deux modes, en suivant toujours une marche différente.

Si. Septième syllabe du solfége moderne. Cette septième note fut ajoutée aux six de Gui d'Arezzo, par un nommé Lemaire. Dès l'année 1671, on rencontre le *si* dans les partitions de différents opéras représentés pendant le règne de Louis XIV.

Siamois (Musique chez les). Les Siamois paraissent avoir fait plus de progrès dans la musique que les autres nations de l'Asie. Leurs mélodies généralement vives et brillantes, ne sont pas dépourvues de charme, même pour l'oreille exercée d'un Européen. Il y a beaucoup de douceur, d'agrément et de simplicité dans la musique des Siamois. Elle diffère de celle des autres nations orientales barbares, en ce qu'elle est en général dans le mode mineur. Le but des musiciens siamois est de toucher le cœur, d'intéresser l'esprit et d'exciter les passions. Pour y parvenir, ils ont plusieurs espèces d'airs, qu'ils emploient selon l'effet qu'ils cherchent à produire. Leurs morceaux de musique sont en très-grand nombre.

SICILIENNE. C'est une danse napolitaine à 6|8 qui doit s'exécuter *allégro*. Le dessin mélodique est binaire, c'est-à-dire semblable de deux en deux mesures. Elle a les mêmes proportions que ses sœurs, la polka et la mazurka, c'est-à-dire trois périodes et huit ou seize mesures terminatives après le rappel du premier motif, quelquefois des deux premiers.

SIFFLET. Petit instrument avec lequel on siffle ; c'est une manière de manifester son improbation.

SIGNES. Ce sont en général les divers caractères dont on se sert pour noter la musique.

SILENCE. Nom générique des signes qui correspondent aux différentes valeurs des notes, et marquent l'interruption des sons pendant toute la durée de ces mêmes valeurs. Le silence d'une *ronde* se nomme *pause*, et se marque par une petite barre horizontale; celui d'une blanche, *demi-pause*, et se figure de même, à cela près de la différence de position sur la portée. Le silence d'une noire s'appelle soupir, celui d'une croche demi-soupir, ainsi de suite.

SIMPLE. Dans la musique, tout double ou composé a son *simple*, et tout simple a son double ou composé, comme contrepoint simple ou double, figure simple ou double, etc.

SIRÈNE. Instrument imaginé en 1820 par Cagnard de la Tour pour évaluer le nombre de vibrations correspondant à un ton donné.

SIRENION. Piano d'une forme et d'une construction particulière, établi en 1828, par Frost, de Strasbourg, qui avait imité dans cet instrument celui que construisit, en Allemagne, Pramberger.

SIRVENTE. Sorte de poésie ancienne des troubadours et des trouvères, ordinairement satirique, et qui est presque toujours divisée en strophes ou couplets destinés à être chantés. (Voyez TROUBADOUR.)

SISTRE. Ancien instrument de percussion des Egyptiens, dont on se servait dans les cérémonies religieuses et dans la musique militaire; il était ovale, sa forme était semblable à une raquette, et fait d'une lame de métal sonore, dont la circonférence était percée de divers trous opposés, par lesquels passaient plusieurs baguettes de métal. On agitait le sistre en cadence pour lui faire rendre un son.

Sociétés de musique. C'est surtout en Allemagne que les sociétés de musique ont pris un grand développement. La musique n'est cependant pas innée chez le peuple allemand, comme on le croit généralement en France. Elle est plutôt le résultat de l'éducation primaire et du protestantisme. Les enfants des deux sexes prennent chaque jour deux leçons de chant dans l'école publique, qu'ils aient de la voix ou non.

Il n'est pas une ville en Allemagne, si petite qu'elle soit, qui n'ait au moins sa société dirigée par un amateur distingué, ou par un maître de l'école primaire. Ces sociétés se composent de jeunes gens et de jeunes personnes dans la fleur de l'âge. Comme on se cotise pour couvrir les frais de l'établissement, chaque membre, homme ou femme, paye un nombre égal de florins par an. Ce fonds sert à acheter de la musique, à payer les copies, le salon où l'on s'assemble, et mille autres choses qui sont à la disposition du directeur.

On se réunit une ou deux fois par semaine, et l'on s'exerce à chanter des chœurs et des oratorios. Les sociétés composées seulement d'hommes chantent les quatuors sans accompagnement. Souvent la société est forte de trois ou quatre cents membres. Alors les fonds sont considérables ; les soirées et les bals plus nombreux. Chaque nouveau membre y entre par ballotage et après avoir subi un examen ; car s'il n'a pas une voix excellente, il faut au moins qu'il soit bon musicien et qu'il sache lire *a prima vista*. Pour ceux qui ont de la voix, on est plus indulgent, mais on leur enseigne à part des *soli*.

De temps en temps les différentes sociétés se réunissent, soit pour exécuter un grand oratorio au théâtre, soit pour chanter au bénéfice des malheureux. A Francfort, par exemple, le maître de chapelle n'a qu'à donner un ordre, et toutes les sociétés de chant se réunissent au théâtre avec les chœurs, et composent un ensemble d'environ six à sept cents personnes. On voit alors de jeunes bourgeoises rivaliser avec les premiers artistes. Il en est de même des sociétés instrumentales, où les amateurs viennent une fois par semaine pour exécuter les symphonies de Beethoven et de Mozart. Il faut avoir entendu la marche triomphale de *Titus*, de Mozart, exécutée à Francfort, sous la direction de M. Guhr, maître de chapelle, par trois cents amateurs, cinquante musiciens de l'orchestre du théâtre, cent de la ligne, et cinquante de la garnison autrichienne, tout cela après une seule répétition : on ne se figure pas l'effet produit par ces masses vocales et instrumentales. Qu'on se représente M. Guhr faisant exécuter la création de Haydn par sept cents voix et trois cents musiciens. Il ordonnait, et le lendemain une répétition avait lieu dans l'église Sainte-Catherine, le surlendemain on assistait à la représentation.

Tous les printemps on donne des fêtes musicales à Heidelberg, Dusseldorf, Trèves, Mayence, Cologne, Bonn, Carlsruhe et autres villes au bord du Rhin, où six à sept cents chanteurs et cantatrices se réunissent pour exécuter de la musique sévère et religieuse. Un grand compositeur dirige ordinairement les chœurs et l'orchestre, et les premiers artistes se chargent des soli. Les chanteurs font souvent des voyages de trente à quarante lieues, et les habitants de la ville s'engagent à leur donner l'hospitalité.

Les sociétés de musique se multiplient aussi en France depuis quelques années, grâce au mouvement musical imprimé par l'Orphéon de Paris aux institutions orphéonistes de la province.

Il existe en Belgique d'excellentes sociétés chorales. Les plus renommées sont celles de Bruxelles, d'Anvers, de Liége, et de Gand.

Sol. cinquième note de la gamme d'*ut*.

Solfége, Solfier. On nomme solfége, ou plutôt solféges, tout recueil d'exercices, d'études ou d'airs disposés le plus ordinairement dans un ordre progressif, et destinés à être *solfiés*, c'est-à-dire chantés, en prononçant les syllabes qui servent de dénomination aux notes. Le nom de solfége s'applique également aux livres élémentaires qui enseignent les principes de la musique en général, et qui contiennent des leçons pour exercer les élèves à solfier. Toute bonne éducation musicale doit commencer par une longue pratique des solféges, même quand on doit se borner à apprendre à jouer d'un instrument quelconque; car il n'y a rien de comparable aux exercices de solmisation pour acquérir le sentiment de la mesure et la justesse de l'intonation. Presque tous les peuples de l'Europe, hors les Allemands, emploient pour solfier les syllabes correspondantes aux sept notes de la gamme de Guido d'Arezzo, si ce n'est qu'ils remplacent la première syllabe du premier degré *ut* par cette autre *do,* comme moins sourde et plus douce à prononcer.

SOLMISATION. C'est l'action de *solfier* ou *solmiser*. Dans l'école française, comme dans celle d'Italie, on solfie les notes en les nommant par leur nom : *ut, ré, mi, fa, sol, la, si*. Il est à remarquer que ces sept lettres correspondent aux sept syllabes de l'hymne de Saint-Jean.

Ut queant laxis   **Solve polluti**
Resonare fibris,   **Labii reatum,**
Mira gestorum   **Sancta Joannis**
Famuli tuorum,   **Etc., etc.**

Le mot *solmisation,* comme le *solfége,* vient de ce que l'échelle diatonique sur laquelle était basé ce genre d'études commençait par *sol*. Il en est de cette étymologie comme de celle du mot *alphabet,* qui vient du nom des deux premières lettres grec *alpha* et *bèta,* dont on a composé le terme qui est en usage dans notre langue. Les Allemands et les Anglais se servent pour solfier des lettres romaines A, B, C, D, E, F, G, substituées par saint Grégoire, au VIe siècle, aux lettres grecques.

SOLO. Mot italien qui signifie *seul*. On s'en sert dans la langue française pour exprimer un morceau de musique qui s'exécute par un seul instrument ou par une seule voix. *Solo* se prend aussi pour l'instrumentiste ou le chanteur.

SOMMEROPHONE. Instrument à vent à bocal, espèce d'ophicléide avec vantille, construit à Vienne, en 1843, par *Sommer*.

SON. Le son n'est point un corps ou un être matériel, mais seulement une propriété d'autres corps, notamment de l'air qui le produit sous l'influence des agents qui le font entrer en vibration ; car on sait qu'il n'y a pas de son possible dans le vide. L'on sait de même que toute espèce de son est incontestablement déterminée par la vibration des corps élastiques, et que son plus ou moins grand caractère d'unité dépend du nombre plus ou moins grand de ces vibrations. L'air n'est pas le seul véhicule du son, quoiqu'il en soit le plus ordinaire, et l'on sait même, depuis Descartes, qu'il se transmet plus rapidement par le moyen des liquides que par celui des gaz et des fluides. La transmission par ces derniers, notamment par l'air, est surtout bien moins rapide que par les solides, tels que le bois, le fer, par exemple. On distingue trois choses dans un son : son *intensité* qui dépend de l'étendue des vibrations, son *timbre* qui varie avec la nature même du corps vibrant et le *ton* qui est déterminé par la vitesse des vibrations.

Les nuances des sons varient à l'infini, comme le nombre des vibrations qui les produisent. On nomme intervalle le rapport d'un son à un autre, ou plutôt le rapport entre les nombres de vibrations qui produisent ces sons. Les intervalles prennent différents noms, relativement au nombre de sons qui se trouvent entre ceux que l'on compare. On les nomme *seconde, tierce, quarte, quinte, sixième, septième, octave,* quand les sons composés se suivent immédiatement, ou quand l'oreille peut intercaler 1, 2, 3, 4, 5, 6 sons intermédiaires.

Le mot bruit, pris quelquefois pour synonyme de son, est spécialement consacré à caractériser, en fait de sons, tous ceux qui ne sont pas ce qu'on nomme musicaux proprement dits.

SON DE VOIX, TON DE VOIX. Ces deux expressions, synonymes en ce qu'elles expriment les affections caractéristiques de la voix, ont cependant entre elles des différences considérables. Le son de voix est déterminé par la construction physique de l'organe ; il est doux ou rude, agréable ou désagréable, etc. Le ton de voix est une inflexion déterminée par les affections intérieures que l'on veut peindre. Il est, selon l'occurrence, impérieux ou soumis, fier et humble, vif ou froid, sérieux ou ironique, triste ou gai.

SONATE. La sonate, du mot italien *suonare,* sonner, s'applique au jeu de tous les instruments ; c'est une pièce de musique instrumentale, quelquefois avec accompagnement. Elle prend le nom de trio, quand elle est accompagnée par un troisième instrument. La sonate se compose ordinairement de deux ou trois morceaux : 1° allégro ; 2° adagio ; 3° rondo ou presto. Toutefois, Sébastien Bach a composé des sonates à quatre et même cinq morceaux, qui ont obtenu longtemps un grand succès.

La sonate se rapproche du concerto et de la fantaisie, en ce sens qu'elle est un morceau d'exécution composé pour faire briller l'artiste; mais le style en est plus sévère; de sorte qu'elle est en même temps une véritable étude, un exercice, et quelquefois une pièce fort difficile pour un seul instrument. Quelque resserré que soit le cadre dans lequel se renferme cette composition musicale, un harmoniste habile peut y jeter des effets d'une certaine puissance; il doit même s'attacher à tempérer la sévérité un peu pédagogique du genre par de gracieuses mélodies, des thèmes originaux et des accompagnements variés.

La sonate demande à être jouée avec une irréprochable précision; elle ne souffre ni broderies, ni périphrases, ni aucun de ces traits brillants, mais parasites, désignés dans l'école sous le nom de *fioritures*.

Presque tout le dix-huitième siècle fut l'esclave de la sonate, et chacun connaît la boutade que ce culte exclusif pour une idole maintenant tombée, inspira à Fontenelle. De notre temps, M. Fétis, parodiant l'exclamation comique de l'ingénieux auteur de la *Pluralité des mondes*, a pu dire : Sonate, où es-tu? Et de fait, la sonate est morte, morte à petit bruit, sans funérailles, sans oraison funèbre.

SONATINE. Sonate destinée aux commençants

SONOMÈTRE. Instrument destiné à mesurer l'intensité des sons; le premier *sonomètre* fut imaginé en 1699 par *Louliē*, musicien attaché à Mademoiselle de Guise. On en possède aujourd'hui un grand nombre de différentes constructions, mais dont le but est toujours le même.

SONOMÈTRE. Appareil composé de plusieurs cordes parallèles, supportées par des chevalets mobiles, qui sert pour trouver les rapports de tous les intervalles harmoniques.

SONORITÉ. Propriété qu'ont certains corps de renforcer les sons en les repercutant.

SONOTYPE. Espèce de diapason destiné à guider l'accordeur dans son opération; cet appareil fut imaginé en 1854 par Delsarte.

SONS ANTIPHONES. Ce sont ceux qui, à la distance d'une ou plusieurs octaves, font consonnance entre eux.

SOTTO-VOCE. Expression italienne signifiant *sous la voix* et qu'on emploie en général pour *à demi voix*.

SOUFFLERIE. Se dit de l'ensemble des soufflets d'un orgue.

Soupape. Est dans les instruments à vent ce qui sert à donner passage au vent et à empêcher qu'il ne rentre.

Soupir. Pause, silence qui vaut une *noire*.

Sourdeline. Espèce de musette italienne garnie de quatre chalumeaux qu'on peut ouvrir ou fermer à volonté.

Sourdine. Petit instrument de bois, que l'on enchâsse sur le chevalet du violon, de la viole ou du violoncelle, pour en intercepter les vibrations et en diminuer par conséquent le son. La sourdine en affaiblissant les sons, change leur timbre et leur donne un caractère sombre et mélancolique.

Sous-dominante. Quatrième note d'un ton.

Sphère harmonique. Instrument destiné à donner la mesure exacte de l'intervalle des sons et à faire voir leurs rapports avec les distances et les mouvements des astres, imaginé en 1799 par Montu, il reçut en 1802 l'approbation de l'institut qui accorda 12,000 francs à l'inventeur. Cet instrument se trouve actuellement au conservatoire de musique.

Spiccato. Qui signifie *piqué*, en italien, indique, en langue musicale, les passages qui doivent être exécutés en détachant les notes.

Spondante. Ainsi se nommait chez les anciens grecs, le musicien qui jouait de deux flûtes à la fois pendant les sacrifices.

Stabat. Premier mot d'une hymne que l'on chante le jeudi de la semaine sainte. Cette hymne a été mise en musique par les plus célèbres compositeurs : Pergolèse, Haydn, Hændel, Rossini.

Staccato. Mot italien qui, mis sur une partition, indique qu'il faut attaquer la corde brusquement avec l'archet.

Stahlspiels. Instrument à clavier, composé de lames d'acier mises en vibration par le frottement, inventé en 1780 à Torgau par Lingko.

Stainer (Jacob). Luthier chef de l'école du Tyrol. On ignore de qui il est élève. On croit que ce fut d'Albani; ses instruments ont une grande réputation, il travaillait en 1663. — Son fils Marius travailla à Inspruck.

Storionus (Laurenzius). C'est le dernier luthier de l'école de Cremone, il travaillait en 1778.

Stradivarius (Antoine). Le célèbre luthier, élève d'Amati, travailla à Cremone de 1640 à 1726.

STRETTE. Mot qui vient de l'italien et qui signifie étroit, serré. Il se rapporte au mouvement d'un morceau de musique, et indique une marche plus serrée, plus rapide que celle que l'on suivait déjà.

STROPHE. Couplet ou stance d'une ode ou d'une pièce de vers lyriques, dont le sujet est noble.

STYLE. Manière particulière à chaque artiste d'exprimer ses pensées et de leur donner une certaine forme. C'est le style qui caractérise une œuvre musicale.

SUBSTITUTION. Dans l'accord de dominante *sol*, *si*, *ré*, *fa*, *sol*, et dans tous les autres semblables, au lieu de répéter la dominante *sol* à l'octave supérieure, on peut lui *substituer* le sixième degré *la*.

Quand la dominante fondamentale est écrite, la note substituée doit en être à une neuvième réelle; quand elle n'est pas écrite, on a l'accord de septième de sensible *si*, *ré*, *fa*, *la*, dont l'emploi est soumis aux règles suivantes :

Si le mode est majeur et si la note substituée n'est pas abaissée d'un demi-ton par une altération, elle doit se trouver toujours à une distance de septième de la sensible.

Si ce mode est mineur ou si la note substituée est abaissée d'un demi-ton par une altération quelconque, on peut très-bien l'écrire à une distance de seconde de la sensible.

On appelle aussi substitution dans quelques anciens traités, toute espèce de prolongation ou de retard, c'est-à-dire toute introduction dans un accord quelconque d'une note étrangère à cet accord, pourvu que les règles de la préparation et de la résolution soient bien observées.

La substitution peut avoir lieu dans tous les tons et dans tous les modes.

SUBVENTION. C'est la part d'argent que donne le Gouvernement à des scènes privilégiées, pour les aider à marcher glorieusement dans la voie du progrès musical et dramatique. Les théâtres subventionnés à Paris sont : l'Académie impériale de musique, le théâtre de l'Opéra-Comique, le Théâtre-Lyrique, le Théâtre-Italien, le Théâtre-Français et l'Odéon. Ce mot s'applique aussi aux Conservatoires de musique placés sous la surveillance du Gouvernement. Celui de Paris est entièrement subventionné par l'État; ceux des départements le sont en partie par l'État et en partie par les administrations locales.

En Italie, la subvention *(dote)* est plus ou moins forte selon le rang qu'occupent les cités dans l'ordre géographique, ou bien selon les circonstances qui président à l'ouverture des salles de théâtre. C'est la commune qui donne la *dote* et le Gouvernement qui fixe la somme. Comme nos centimes additionnels dans nos budgets des départements ou d'arrondissements, les subventions théâtrales sont proportionnelles aux produits du pays, à son commerce, à sa population. Le gouvernement ne refuse jamais son approbation aux demandes qu'on lui adresse à l'occasion des foires, qui sont les saisons les plus favorables aux entreprises de théâtre. Par l'attrait du plaisir, on fait naître la concurrence dans les affaires, et souvent la fortune publique se trouve liée à la renommée des artistes choisis par les entrepreneurs.

Suède (de la musique en). L'art musical est considéré par les Suédois comme une partie importante de l'éducation, surtout parmi les femmes. Les professeurs de musique jouissent de beaucoup de considération, et sont accueillis avec honneur dans les classes les plus élevées de la société. Dans les montagnes, les bergers suédois se servent d'une espèce de longue trompette faite d'écorce de bouleau qu'ils appellent *mir*. Cet instrument qui a quelquefois quatre pieds de long, rend un son très-perçant, et dans un temps calme il peut être entendu à une grande distance. Quoique le son de cette trompette soit très-fort et destiné à éloigner les bêtes sauvages, il n'est pas désagréable.

Malgré leur goût pour la musique, les Suédois n'ont point, jusqu'aujourd'hui, manifesté de génie pour cet art. Il y a un théâtre à Stockholm, mais on n'y représente que des opéras italiens ou français. Cette capitale possède une académie de musique fondée en 1772 par Gustave III.

Suite. Nom que l'on donnait autrefois à une collection de morceaux de musique pour clavecin et qui différait de la sonate proprement dite. La plupart de ces suites contenaient des airs de danse précédés par l'*allemande*. Les *suites* de Hændel traverseront les siècles, à cause des belles fugues dont elles sont enrichies et qui sont des modèles dans ce genre.

Sujet. Phrase qui commence une fugue et qui lui sert de thême ou de motif.

Suraigue. Se dit d'une voix de femme dont le diapason comprend à l'aigu une octave de plus que les voix ordinaires.

Suspension. Marche de tout accord sur la base duquel on soutient un ou plusieurs sons de l'accord précédent avant de passer à ceux qui appartiennent à l'accord actuel.

Symphonia. Ancien instrument désigné par Saint-Isidore. C'était une espèce de gros tambour.

Symphoniaste. Compositeur de plain-chant. Ce terme, employé par l'abbé Lebœuf, était autrefois technique, on ne l'emploie guère aujourd'hui.

Symphonie. Pièce divisée en trois ou quatre morceaux et composée pour l'orchestre.

La symphonie commence le plus souvent par une courte introduction d'un mouvement lent, qui contraste avec la vivacité, l'éclat, la véhémence, l'entraînante rapidité du premier allegro qu'elle prépare. Vient ensuite un andante varié, un cantabile ou un adagio suivi d'un menuet ; un rondo vif et brillant, un finale plein de mouvement et de vigueur, terminent cette œuvre, une des plus importantes en musique. Rien qui émeuve, qui entraîne comme une belle symphonie, traduisant avec des gradations habilement ménagées toutes les nuances du sentiment.

Au dix-huitième siècle, Corelli, Geminiani, Vivaldi, en composant leurs *concerti grossi*, avaient ouvert la carière de la symphonie. Mais, malgré l'incontestable talent de ces virtuoses célèbres, ce genre de composition présentait encore toutes les imperfections d'un premier essai. Il lui restait à acquérir une forme plus originale, à prendre un essor plus vigoureux, plus hardi. Haydn lui donna une vie nouvelle, l'anima du souffle ardent de son génie, l'éleva, en un mot, à un haut degré de perfection. Ses symphonies sont d'admirables chefs-d'œuvre, qui ont toujours d'irrésistibles séductions, même pour les oreilles les moins familiarisées avec les délicatesses de l'art.

Mozart et Beethoven ont fait des symphonies qui sont des créations sublimes, et où l'on retrouve cette verve, cette abondance d'idées, cette fécondité inépuisable, cette variété de style et de coloris qui distinguent ces grands compositeurs. Mendelssohn doit être encore cité de nos jours comme un des meilleurs compositeurs dans ce genre de composition, qui exige à la fois de l'habileté, de l'inspiration et une science profonde.

Richard Wagner a écrit des symphonies où l'on rencontre parfois des effets grandioses, mais d'un style inégal et bizarre que l'on ne saurait prendre pour modèles.

Nous devons citer encore Robert Schumann, un compositeur de l'école de Richard Wagner dont les œuvres brillent plus par la science que par l'inspiration.

Bien qu'elle n'ait abordé le genre de la symphonie que longtemps après l'Italie et l'Allemagne, la France a déjà obtenu de brillants succès sous ce rapport. Une des illustrations de l'école française, un de nos premiers compositeurs dramatiques, Méhul, a fait des symphonies qui ne sont pas un de ses moindres titres de gloire. Et de nos jours, quelques-unes de M. Berlioz brillent par des effets nouveaux, par la hardiesse de la conception, par une instrumentation habile et savante. MM. Félicien David, Ch. Gounod, Th. Gouvy, Henri Reber, Onslow, ont composé aussi des symphonies qui méritent d'être signalées.

Le Conservatoire a travaillé avec succès à populariser chez nous les symphonies des grands maîtres.

Une institution de fraîche date sous la direction de M. Pasdeloup, la Société des concerts populaires, propage avec éclat les œuvres symphoniques.

SYMPHONIE CARACTÉRISTIQUE. Cette composition se propose pour but la peinture de quelque caractère moral, comme le *Distratto* de Haydn ou de quelque phénomène physique, par exemple, la tempête, l'incendie ; ou bien elle a une couleur bien tranchée, un coloris qui lui est propre, comme la symphonie turque de Haydn, les magnifiques symphonies pastorales ou héroïques et *les Ruines d'Athènes*, de Beethoven.

SYMPHONIE CONCERTANTE. Morceau concerté pour plusieurs instruments obligés, avec accompagnement d'orchestre.

SYMPHONISTE. Celui qui compose des symphonies. Ce mot s'applique aussi au musicien qui joue des instruments de musique, qui est plutôt un bon musicien d'ensemble qu'un soliste, ou bien encore qui compose des œuvres qu'on joue sur ces instruments.

SYMPHONIUM. Appareil imaginé par Debain, en 1845, pour réunir les jeux de l'orgue à celui du piano.

Synaphe. C'était, dans l'ancienne musique, la conjonction de deux tétracordes, au moyen de laquelle la quatrième corde d'un tétracorde devenait en même temps la première du tétracorde suivant.

Syncope. Prolongement sur le temps fort d'un son commencé sur le temps faible. Ainsi, toute note *syncopée* est à contre-temps, et toute suite de notes syncopées est une marche à contre-temps.

Synnemenon. Nom du troisième tétracorde de l'ancien système grec, lorsqu'il était conjoint au second.

Synnemenon diatonos. C'était, dans le genre diatonique, le nom qu'on donnait à la troisième corde de ce même tétracorde, et qu'on nommait aussi *paranète synnemenon*.

Syringes. Ancien nom de la flûte de Pan, composée de douze à seize tuyaux de diverses grandeurs tous rapprochés les uns des autres et que l'on joue en présentant successivement ces tuyaux devant la bouche.

Système. Tout intervalle composé ou conçu comme composé d'autres intervalles plus petits, lesquels considérés comme les éléments du système s'appellent *diastème*. Le système général de la musique embrasse huit octaves et demie ; celui du violon comprend trois octaves et une sixte.

Syzygia. C'était, dans l'ancienne musique, une union consonnante de sons.

T

T. Cette lettre, écrite alternativement avec *s*, signifie *tutti*, et alors *s* signifie *solo*. Quant *t* est réuni à *s*, comme *ts*, cela veut dire *tasto solo* (à touche seule).

Tablature. Arrangement de certains signes dont on se servait anciennement pour marquer le chant de ceux qui chantaient ou jouaient des instruments. On nommait *tablature alphabétique* de l'emploi qu'on a fait pendant longtemps des lettres de l'alphabet pour noter les parties du luth, de la guitare, etc., etc. On figurait les cordes par plusieurs cordes parallèles. A, sur la ligne d'une corde indiquait qu'on devait la pincer à vide. B, qu'il fallait mettre un doigt de la main gauche sur la première touche du manche, etc., etc. *Tablature* désigne aujourd'hui un tableau représentant un instrument à vent et à trous, et qui indique quels trous doivent être bouchés ou ouverts pour produire toutes les notes.

TABLE D'HARMONIE. C'est dans les clavecins, les pianos, les harpes, une planche de sapin assez mince qui sert de couverture à l'espèce de caisse destinée à recevoir l'air agité par les vibrations des cordes, et à augmenter ainsi la sonorité de l'instrument. Le dessus du violon, de la viole, du violoncelle, de la contre-basse, de la guitare, est une table d'harmonie.

TACET. Ce mot latin s'écrit dans la musique pour indiquer le silence d'une partie pendant l'exécution d'un morceau.

TAILLE. Nom que l'on donnait autrefois en France à la voix du ténor. On dit encore *basse-taille*, qui signifie *ténor* grave.

TAMBOUR. C'est un des instruments militaires les plus anciens. Il était en usage chez tous les peuples de l'antiquité, excepté chez les Grecs et les Romains, qui le remplaçaient par les *timbales* et par la *buccine*. Les premiers Francs ne connurent que l'usage du clairon.

Le tambour a été importé en Europe par les Sarrasins et par les Maures. Les Allemands, les Anglais, les Italiens et les Espagnols s'en servirent ensuite les premiers; il n'apparaît en France qu'en 1347, lors de l'entrée d'Edouard III, roi d'Angleterre, à Calais. C'est à partir de cette époque qu'on a créé des *tambours* dans l'infanterie, et que l'usage de la caisse s'y est introduit avec rapidité.

Avec cet instrument, on bat le *rappel* ou la *générale*, pour réunir les corps ; la *retraite*, pour annoncer, le soir, l'heure de rentrer à la caserne, et, sur le champ de bataille, la fin d'un combat ; la *charge*, pour marcher en avant et contre l'ennemi, attaquer une position, un fort, une redoute, un village. Les autres batteries de caisse sont la *diane*, la *breloque* autrefois appelée *fascine*, parce qu'elle servait à avertir les travailleurs ; le *roulement*, aux *champs*, au *drapeau*, l'*assemblée*, le *ban*, qui se bat à l'entrée des troupes dans les places où elles vont tenir garnison, ou pour recevoir un officier à la tête des troupes.

TAMBOUR (GROS), vulgairement appelé GROSSE CAISSE

ou simplement CAISSE. C'est un tambour d'une grande dimension que l'on emploie dans la musique militaire, et dont les frappements réguliers marquent la mesure et le rhythme. Rossini et les musiciens de son école ont introduit le gros tambour dans les finales et autres morceaux d'opéras.

La grosse caisse est d'un admirable effet quand on l'emploie habilement, dans un vaste orchestre; et lorsque le rhythme s'est fortifié peu à peu par l'introduction successive des instruments les plus sonores, l'entrée crescendo de la grosse caisse peut lui donner une physionomie grandiose et formidable. Les notes pianissimo de la grosse caisse, frappées à de longs intervalle au milieu d'un andante de l'orchestre, ont quelque chose de solennel et de mystérieux qui saisit l'imagination. Frappée seule au contraire, et pianissimo, la grosse caisse prend une expression menaçante et ressemble à un coup de canon lointain.

De tous les instruments à percussion, la grosse caisse est celui dont on a le plus abusé depuis une vingtaine d'années. On l'emploie maintenant dans tous les morceaux d'ensemble, dans tous les finales, dans tous les chœurs et même dans les airs de danse. Frapper platement les temps forts de la mesure, dit un critique célèbre, à la façon des joueurs de gobelets, des saltimbanques, des avaleurs de sabres et de serpents, écraser l'orchestre, exterminer les voix, étouffer la mélodie, l'harmonie, c'est le comble de la déraison et de la brutalité.

TAMBOUR ROULANT OU CAISSE ROULANTE. Tambour du diamètre des tambours ordinaires, mais plus haut de la moitié environ. Ce tambour s'emploie dans la musique militaire. Le son qu'il rend est fort doux.

TAMBOUR DE BASQUE. On désigne ainsi une sorte de petit tambour qui n'a qu'un fond de peau tendue sur un cercle de bois, autour duquel il y a des plaques de cuivre et des grelots, et dont on joue avec le bout des doigts ou en l'agitant. Les Bohémiens s'en servent en dansant leur sarabandes. Quelques commentateurs prétendent que Marie, sœur de Moïse, frappait un semblable tambour en chantant le cantique de joie du 15e chapitre de l'Exode.

TAMBOURIN. Espèce de tambour moins large et plus long que le tambour ordinaire, sur lequel on bat avec une seule baguette, et qu'on accompagne ordinairement avec une petite flûte pour faire danser les villageois.

Tamtam. Instrument de musique à percussion, originaire des Indes orientales ou de la Chine. Il se compose d'un large plateau de métal, sur lequel on frappe avec un marteau ou avec une forte baguette garnie d'un tampon de peau. Le son qui en résulte est d'un caractère lugubre. Il a d'abord une très-grande force, qu'il perd ensuite dans des vibrations prolongées. Ce son étrange qui réveille un sentiment de terreur, ces vibrations lentes et continues sont dues à la combinaison des métaux dont l'instrument est forgé, et plus encore à la manière dont il est trempé. L'analyse de plusieurs tamtams venus d'Orient a fait reconnaître qu'il entre dans la composition de cet instrument quatre parties de cuivre jaune et une partie d'étain mêlée d'un peu de zinc, selon les uns, et sans autre mélange, suivant d'autres. Quant à la trempe, elle se pratique en sens inverse de la manière dont on s'en sert ordinairement avec les autres métaux, c'est-à-dire que le refroidissement, au lieu d'être subit, s'opère par gradation et très-lentement. Le tamtam, fort en usage chez les Orientaux, ne s'emploie chez nous que bien rarement, avec beaucoup de réserve, et seulement dans la musique funèbre, ou dans certaines scènes de musique dramatique destinées à produire des effets d'un caractère sombre et terrible.

Tapon. Gros tambour en usage dans les Indes Orientales, qu'on frappe avec le dos de la main.

Tarantelle. Air de danse napolitain, d'un caractère gai, en mesure à 6|8, et d'un mouvement vif. La tarantelle est ordinairement accompagnée de tambour de basque.

Tarentisme. Le tarentisme est le nom de la maladie singulière attribuée à la piqûre de cet insecte, espèce d'araignée qui se trouve en Italie, et particulièrement dans la Pouille. Le charlatanisme qui pénètre partout, a voulu faire de la musique un remède universel. C'est à ce charlatanisme qu'il faut attribuer la fable de l'efficacité de la musique contre la morsure de la tarentule.

Baglivi, célèbre docteur italien, parle d'une femme mordue par la tarentule. Elle fut mordue dans une cave, mais elle ne sentit pas cette morsure à l'instant, et elle revint chez elle sans s'en être aperçue. L'après-midi, il lui vint à la jambe une petite tumeur, grosse comme une lentille, accompagnée de défaillance. Elle se jeta sur un lit et commença à trembler si fort, que deux hommes vigoureux pouvaient à peine la tenir. Elle sentit ensuite des douleurs aux pieds et aux mains. On alla chercher un médecin qui fit ouvrir la tumeur et employa quelques emplâtres; ce remède ne produisit aucun effet. Les parents, soupçonnant d'abord que leur fille avait été mordue de la tarentule, envoyèrent chercher des musiciens. Ceux-ci essayèrent d'abord deux ou trois airs sans le moindre résultat; mais au quatrième, la malade parut attentive. Ensuite elle commença à danser d'une manière si extravagante et avec tant de vigueur et de rapidité, qu'elle fut bientôt délivrée de tout mal. Depuis cette guérison, ajoute Baglivi, elle jouissait de la meilleure santé.

Malgré l'opinion de Baglivi et d'un grand nombre d'auteurs anciens qui ont écrit sur le tarentisme, on ne croit plus maintenant à l'origine de cette maladie. L'opinion actuelle des médecins est tout en faveur de l'innocuité de la piqûre de la tarentule.

Tasto solo (à touche seule). Mots italiens qu'on écrit dans la partie de l'organiste, pour lui faire connaître qu'il ne doit pas accompagner la basse par les accords de la main droite.

Taun. Instrument en usage sur les côtes de la Barbarie.

Té. Une des quatre syllabes dont les Grecs se servaient pour solfier, *Té, ta, ti, to*.

Te Deum. Cantique attribué à saint Augustin et à saint Ambroise.

Téléphonie, de *télé*, — loin, et *phonê*, — voix. C'est une télégraphie vocale ou moyen de correspondre à de longues distances par la puissance du son, inventé par M. Sudre. A l'aide de toute chose apparente ou sonore, M. Sudre pouvait transmettre des phrases, des ordres et donner des avis.

Ce moyen consiste à donner au sept notes de la musique une valeur équivalente à peu près à celle des signaux configurés par les branches du télégraphe. L'invention de M. Sudre a sur celle des frères Chappe l'avantage d'être perceptible par trois sens au lieu d'un seul, à savoir par l'ouïe au moyen des sons, par la vue au moyen des signaux fournis par les doigts et correspondant aux notes, enfin par le toucher, au moyen de ces mêmes signaux rendus sensibles par le contact.

TÉLIOCHORDE. Instrument à clavier, imaginé à Londres en 1775, par Clagget. Il était accordé sans aucune considération de tempérament et les différences enharmoniques se faisaient sentir au moyen d'une pédale.

TEMPÉRAMENT. On appelle tempérament une altération presque insensible de la valeur du dièse et du bémol, pour les faire coïncider au même point dans les instruments à sons fixes, tels que les pianos, les orgues, les harpes, etc. Dans leur état naturel, *ut* dièse et *ré* bémol ne coïncident pas : *ut* dièse est plus élevé que *ré* bémol. Il fallait donc altérer un peu cet état naturel pour ne pas multiplier à l'infini les touches du clavier, et pour le rendre accessible aux mains des pianistes.

TEMPÉRAMENT. Dans le système moderne, appelé *tempéré*, on trouve que tous les intervalles ne peuvent pas être pratiqués dans leur justesse parfaite, mais qu'ils perdent tantôt sur un point, tantôt sur un autre, quelque chose de leur acuité ou gravité. En effet, l'expérience nous montre qu'une suite de tierces majeures et mineures, de quintes et de quartes, accordées avec une justesse rigoureuse, lorsqu'elles arrivent à un terme donné, produisent un son ou trop haut ou trop bas, relativement aux premiers. C'est pour obvier à cet inconvénient que l'on est dans la nécessité d'altérer l'un ou l'autre son, afin de combiner les intervalles d'un mode avec ceux de l'autre; et c'est le résultat de cette opération qu'on appelle *tempérament*.

TEMPO. Mot italien qui signifie *temps* et s'emploie ainsi, *tempo di marcia*, mouvement de marche, andante maestoso à deux temps; *tempo di minuetto*, mouvement de menuet, mesure jadis très-modérée, mais aujourd'hui il est très-rapide; *tempo di polacca*, mouvement de polonaise, allegretto animé; *tempo giusto*, mouvement exact et modéré; *a tempo* ce temps indique qu'il faut revenir au mouvement primitif, quand on l'a momentanément quitté.

TEMPORISER. Ceux qui accompagnent et ceux qui dirigent sont souvent obligés, pour seconder le chanteur ou le concertiste, de s'écarter de l'exacte observation de la mesure et d'allonger ou d'abréger la justesse du temps. Cette manière de procéder s'appelle en italien *temporiser*.

TEMPS FORT. C'est le nom que l'on donne à la partie la plus sensible de la mesure, par opposition à celle qui est la moins sensible, et qu'on appelle temps faible. Dans la mesure à deux temps, c'est le premier qui est fort ; dans la mesure à trois et à quatre temps, le premier et le troisième sont forts.

Temps, Mesure. La mesure est la division des sons en espace de temps égaux, et on l'indique au moyen d'une ligne appelée *barre,* qui traverse la portée. Le signe qui se trouve marqué immédiatement après la clef, qualifie la mesure, en indiquant : 1° en combien de parties elle est divisée ; 2° de quelle valeur de notes chacune de ces parties est formée.

On distingue deux sortes de temps ou mesures, les *mesures paires* et les *mesures impaires*. Les mesures paires sont celles qui se divisent en deux ou quatre parties, comme la mesure de deux noires, etc. Les mesures impaires sont celles qui se divisent en trois parties, comme la mesure de trois croches, la mesure de neuf noires, etc.

Tempus imperfectum. Nom ancien de la mesure à temps pairs, où une brève avait la valeur de deux semi-brèves.

Tempus perfectum. C'est ainsi qu'on appelait autrefois la mesures à temps impairs, où la brève valait deux semi-brèves.

Tempus vacuum. C'était, dans l'ancienne musique, le silence que l'on pratiquait dans certaines mélodies, lorsque le vers final manquait d'une syllabe, afin de conserver un mouvement égal dans la mesure.

Teneidos. C'est le nom grec d'un morceau de musique pour la flûte.

Tenue. Note soutenue pendant un certain nombre de mesures ou de temps.

Ternaire (mesure). Mesure divisée en trois temps.

Terpodium. Instrument appartenant à l'espèce de clavi-cylindre, inventé en 1817 par David Buschmann, de Gotha.

Terpolium. Instrument qui n'avait que des lames de bois pour corps sonore qui étaient mises en vibration par friction. Il fut imaginé par Loeschmann, à Londres, en 1817.

Tertia conjonctarum. Nom latin de la seconde corde du tétracorde *synnemenon*.

Tertia divisarum. Seconde corde du tétracorde *dieuzeugmenon*.

Tertia excellentium. Nom latin de la seconde corde du tétracorde *hyperbolacon*.

Ter unca. Nom ancien de la double croche.

Testatore, surnommé *il vecchio*, auquel on doit le développement du violon, vivait à Milan vers la fin du quinzième siècle.

Testore (Carlo Giuseppe). Bon luthier de l'école milanaise, travaillait en 1750; il est placé au rang des bons facteurs de cette école.

Testudo. Nom latin du luth.

Tête. La tête ou le corps d'une note est cette partie qui en détermine la position, et à laquelle tient la queue, quand elle en a une.

Tétracorde. Ce mot grec vient de *tétra*, quatre, et *cordè*, corde.

Tétracorde était également le nom donné à la lyre d'Olympe et de Terpandre qui n'avait que trois cordes.

Tétradiapanos. Nom grec de la triple octave.

Tétraoedios. Les Grecs appelaient de ce nom un morceau de musique composé de quatre strophes, chacune desquelles se chantait dans un ton différent des autres.

Tétratonon. Nom grec de la quinte augmentée, ou sixte mineure.

Théatre italien. La première troupe d'opéra italien fut appelée en France par le cardinal Mazarin, qui ne laissait échapper aucune occasion de faire sa cour à la reine Anne d'Autriche. Elle débuta à Paris en 1645, sur le théâtre du Petit-Bourbon, par la *Festa teatrale* et la *Finta Pazza*. La reine Anne d'Autriche avait un tel goût pour le spectacle, qu'elle y allait incognito, même pendant le deuil, après la mort de Louis XIII, son époux. Depuis cette époque, les Italiens ne négligèrent jamais les occasions de venir faire fortune en France, où on était heureux de les posséder et de les enrichir. L'École musicale française est en grande partie redevable de ses progrès à l'école musicale italienne, implantée en France par les œuvres des meilleurs compositeurs et les exemples des plus célèbres chanteurs ultramontains. N'oublions pas non plus que c'est un Italien, Servandoni, habile machiniste attaché au service de Louis XV, qui introduisit sur nos théâtres les pantomimes à décorations et à tableaux. (Voyez Italie.)

Thème. Sujet ou partie mélodique déterminant le caractère de la composition musicale, ou contenant le motif de l'idée principale qui y est exprimée, et à laquelle se joignent ensuite les autres idées accessoires du morceau.

Théorbe. Était une sorte de grand luth qu'on appelait également *luth-basse* et quelquefois *chitarome* il avait deux manches droits accolés parallèlement sous un grand nombre de cordes, le premier manche et le plus petit semblable à celui du luth portait six rangs de cordes de laiton, le second manche plus long soutenait huit cordes de boyaux qui servaient pour les basses.

Théorbe-Clavecin. Inventé en 1700 par *Jean Fleischer*, était un instrument à clavier, ayant trois registres, dont deux de cordes à boyau et le troisième de cordes d'acier.

Théorie musicale. Le mot *théorie* vient du grec *théôria* (contemplation), et ainsi comprend la partie contemplative, spéculative d'une science ou d'un art. Ce terme est ordinairement pris dans le sens opposé du mot *pratique*.

En musique, il y a deux manières bien tranchées d'envisager la théorie : la première consiste à rechercher comment le son se produit et se propage, et quels sont les rapports des sons entre eux, c'est la *science de l'acoustique;* la seconde s'occupe de combiner les sons pour faire éprouver à l'âme une impression de plaisir ou de peine, en d'autre termes pour émouvoir, c'est l'*art musical* proprement dit.

Sans prétendre nier les avantages de l'acoustique et tout en reconnaissant, au contraire, les importantes découvertes réalisées par les travaux des Pythagore, des Euler, des Lagrange, des Chladni, des Savart, des Sauveur, etc. Nous pensons que cette branche des connaissances physico-mathématiques doit demeurer le domaine exclusif des savants, et qu'elle n'est rien moins qu'utile au compositeur. C'est donc à tort, suivant nous, que certains maîtres prétendent baser uniquement sur l'acoustique la théorie de l'art musical, et croient devoir entrer en matière par un déluge de démonstrations arithmétiques et algébriques, où il n'est question que de *puissances*, de *racines* et d'*équations;* autant vaudrait, pour un peintre, commencer l'étude de son art par la théorie de la lumière, des couleurs, des droites et des courbes, etc. Encore une fois, tout cela n'est dans ce cas, qu'un vain et stérile étalage de science : on peut être un habile théoricien, un excellent contrepointiste, un grand compositeur, on peut être Mozart ou Haydn, Bach ou Palestrina, Gluck ou Beethoven, Meyerbeer ou Rossini, Halévy, Thomas ou Verdi, sans connaître les rapports mathématiques des sons, sans savoir, par exemple, que la quinte est dans la proportion de 3 : 2.

Mais en rejetant l'acoustique de l'enseignement purement musical, cet enseignement présente encore deux objets bien distincts et d'un intérêt égal, ou pour mieux dire, dont l'un n'est que le moyen d'arriver à la réalisation de l'autre : nous entendons parler ici de la partie *technique* ou *matérielle*, et de la partie *esthétique* ou *idéale*.

La première étudie les diverses modifications dont le son est susceptible quant à la hauteur, à la durée, à l'intensité et au timbre ; les diverses combinaisons qu'il offre relativement à la succession ou à la simultanéité, c'est-à-dire la *mélodie* et l'*harmonie*. La seconde, qui est l'expression la plus élevée de la théorie, qui en est le résultat, le but, en un mot la mise en œuvre, apprend à faire des préceptes une juste application, et des éléments un emploi convenable sous le rapport poétique et philosophique de l'art ; c'est elle qui exprime les sensations, qui peint les mouvements de l'âme, aussi bien que les scènes de la nature, c'est elle qui parle ce langage si souple, si varié, si riche et si puissant, dont tous les hommes ont instinctivement l'intelligence.

Enfin la théorie musicale embrasse encore dans sa généralité l'art d'exécuter une œuvre et les procédés d'exécution. La musique a pour interprètes la voix et les instruments ; la fabrication de ces derniers constitue donc, à ce titre, l'une des branches les plus intéressantes de la science musicale ; mais en général, les individus qui s'y consacrent en font leur spécialité presque exclusive, et se bornent à fournir aux exécutants les instruments dont ceux-ci ont besoin ; voilà pourquoi on ne peut guère admettre l'art du facteur que dans la partie mathématique de la théorie ; nous ne laisserons pas d'observer toutefois qu'un bon facteur doit être autant que possible acousticien, musicien et même praticien, afin de découvrir les défectuosités des instruments, et de pouvoir y remédier, ainsi que pour être à même d'inventer des instruments nouveaux.

Quant à l'exécution, son rôle par rapport à la musique est bien plus important encore que ne l'est la déclamation pour la poésie, la littérature et le théâtre. En effet, un livre n'a aucunement besoin d'être récité, ni une pièce d'être représentée : la simple lecture suffit pour mettre le public en communication avec la pensée de l'auteur. Une partition musicale, au contraire, n'est qu'une lettre morte pour la plupart des lecteurs : l'exécution seule peut vivifier l'œuvre endormie et faire subir à l'inerte chrysalide une brillante transformation. Ce n'est donc pas sans motif que l'étude du chant et le jeu des instruments tiennent une si grande place dans la théorie musicale ; il ne viennent toutefois qu'à la suite des démonstrations qui ont pour objet l'*art de composer*. Ainsi que nous l'avons dit en commençant, cet art est des plus difficiles et des plus complexes : il comprend les *principes élémentaires*, la *mélodie*, le *rhythme* l'*harmonie*, la *haute composition* (le contrepoint et la fugue), l'*instrumentation*, la *coupe* et la *forme des morceaux*, enfin les différentes espèces de style dont on peut faire usage en tel ou tel cas. A la connaissance de tout ce qui précède se rattachent encore les écrits relatifs à l'art musical sous le point de vue esthétique, historique ou critique. Ainsi, à la considérer dans son ensemble, il n'y a pas de science plus vaste ni plus élevée que celle qui se rattache à la théorie musicale.

Vouloir indiquer ici tous les théoriciens célèbres et les œuvres qui les ont illustrés, se serait nous engager à donner une histoire complète de la musique. Le très-petit nombre d'ouvrages que l'antiquité nous a transmis sur cette matière prouve qu'à cette époque les considérations spéculatives l'emportaient généralement sur la démonstration pratique. Au moyen-âge on commença à tenir quelque compte des définitions, à présenter des règles sur quelques faits isolés, et à donner des exemples de leur application. Mais ce n'étaient encore, à vrai dire, que des ébauches imparfaites. Déjà l'école néerlandaise avait répandu son système, déjà Monteverde avait accompli une révolution par l'emploi de la septième, et posé les bases d'une tonalité nouvelle, sans que la théorie écrite eût fait de bien grand progrès.

Les maîtres servaient de modèles, et l'enseignement oral complétait le plus souvent l'éducation des musiciens. Cependant aux seizième et dix-septième siècles, et déjà même vers la fin du quinzième, on vit paraître quelques ouvrages qui favorisèrent puissamment les études musicales et que l'on peut considérer comme des monuments précieux pour l'histoire de l'art ; tels sont les traités de Gaforio, de Zarlino, de Prætorius et autres. Enfin, au dix-huitième siècle, Rameau fit faire un pas immense à la didactique ; un grand nombre de savants subirent l'influence de ses idées, et de toutes parts on s'occupa d'approfondir et de perfectionner la théorie musicale. On doit à ce noble élan les travaux de Mattheson, de Marpurg, de Knecht, de Kirnberger, de Sabbatini, de Sorge, de Daube, de Vogler, de d'Alembert, de J.-J. Rousseau, etc. En 1802, Catel publia à Paris un *Traité d'Harmonie*, qui eut un grand succès de vogue et d'estime. Cet ouvrage est bien rédigé, mais il est appuyé sur une théorie qu'on peut trouver incomplète. Parmi les écrivains distingués qui marchèrent sur ses traces, il faut citer Berton, auteur d'un Traité d'Harmonie suivi d'un *Dictionnaire des accords*. Un peu plus tard, Reicha importa en France l'empirisme de Gottfried Weber, et jouit longtemps d'une réputation de science aujourd'hui très-contestée. Chérubini publia ensuite un traité de *contrepoint et de fugue,* fruit d'une longue expérience et d'un savoir épuré.

Les théoriciens dont les œuvres sont aujourd'hui le plus estimés, sont M. Fétis dont tout le monde connaît les savants et importants travaux, M. Kastner, écrivain instruit et consciencieux, MM. Berlioz, Zimmermann, Barbereau, François Bazin, Gewaert, Savart, Elwart, et quelques autres.

Sous le rapport purement théorique, l'Allemagne, au dix-neuvième siècle, n'a rien à envier à la France, avec Gottfried Weber, Logier, André, Marx, Fink, Schneider, etc., et elle possède en outre une foule d'écrivains distingués qui ont fort ingénieusement approfondi les mystères de l'esthétique musicale.

Pour ce qui est des méthodes particulières de chant ou d'instruments, le nombre en est si considérable, que nous devons renoncer à toute citation de cette nature. Nous nous bornerons à observer que des hommes spéciaux et tout à fait compétents n'ayant pas dédaigné d'y appliquer les ressources de leur talent et de leur expérience, tous les enseignements les plus infimes comme les plus importants et les plus élevés y tiennent leur place, et offrent à l'élève des sujets d'étude aussi variés que complets.

Tel est le résumé succinct des matières qui composent la *théorie musicale*. Nous n'en avons indiqué que les principales divisions et subdivions pour éviter des développements que ne comporte point la nature de cet ouvrage.

Thésis (en frappant). Un des deux temps de la musique des Grecs. *Per thesin* indique surtout un chant ou contrepoint où les notes montent du grave à l'aigu.

Thsang. Instrument chinois, composé d'une certaine quantité de petits tubes, munis d'anches libres et de différentes longueurs. Il est enfermé dans un vase ayant à peu près la forme d'une théière, dont le goulot sert à introduire le vent avec la bouche. Cet instrument a donné naissance à l'orgue expressif.

Tibia. Ancien nom latin des instruments à vent avec des trous, tel que la flûte.

Tibia multisonans. Flûte d'un ton fort, en usage ches les anciens Egyptiens.

Tibia sisticinum. Flûte employée par les anciens dans les funérailles.

Tibiæ bifores et tibiæ conjonctæ. Doubles flûtes.

Tibiæ pares. Espèce de flûte double des anciens, formée de deux flûtes d'une égale grandeur, jointes ensemble.

Tibilustrium. C'est le nom de la fête des joueurs de flûte des anciens Romains, qui se célébrait tous les ans, le 15 juin.

Tierce. C'est une des heures canoniales, ou partie de l'office divin, dont les psaumes se mettent en musique et s'appellent *psaumes de tierce*.

Tierce. Intervalle de trois degrés. On distingue plusieurs espèces de tierces, savoir : la tierce majeure, la tierce mineure et la tierce diminuée, la tierce *augmentée* ou *superflue* et la *tierce de Picardie* qui est la tierce majeure frappée au lieu de la mineure, à la finale d'un morceau composé en mode mineur.

Timbales. Instrument importé en France par les Sarrasins et les Maures ; elles parurent sous le règne de Charles VII. Elles se composent de deux bassins sphériques, en cuivre, sur lesquels on adapte des peaux fortement tendues au moyen d'un cercle de fer et de plusieurs écrous. En frappant successivement sur l'une et l'autre de ces peaux avec des baguettes, on obtient deux sons très-distincts. Leur différence provient de l'inégalité des bassins. En serrant plus ou moins les écrous du cercle de fer, on parvient à changer le ton des timbales, et dans certains tons on les accorde de manière que la tonique soit à la quarte au-dessous, ou la dominante à la quinte supérieure, ce qui revient au même.

Le roulement de timbales s'exécute par le mouvement alternatif des deux baguettes, en frappant deux coups avec chacune d'elles. Le roulement de timbale produit un effet surprenant dans le *crescendo* et le *forte* d'un orchestre. Il y a quelque chose de mystérieux et de sinistre, s'il est fait pianissimo, ou si les timbales sont voilées.

TIMBALES. Jeu d'orgue dont les tuyaux sont en bois. Il sonne l'unisson du bourdon de seize pieds. En accordant le jeu des timbales un peu plus haut que ceux des bourdons, on obtient une espèce de tremblement qui ressemble assez au roulement des timbales.

TIMBRE. Son d'une cloche, d'une lame métallique ou d'un ressort dont l'intonation peut être appréciée.

TIMBRE est aussi la qualité sonore d'un instrument ou d'une voix. On dit : *ce violon a du timbre; cette voix est bien timbrée*. On dit aussi d'une voix pénétrante, *qu'elle a un timbre métallique*.

On donne encore le nom de *timbre* à la double corde à boyau placée contre la peau inférieure du tambour et qui vibre avec elle.

TIMBRES. Nom que les vaudevillistes donnent aux airs connus sur lesquels ils composent leurs couplets.

TINTINNABULUM. Instrument des anciens, composé d'un certain nombre de cloches.

TIPO, TYPE. Nom de la corde génératrice du système musical.

TIRADE. Nom que l'on donnait autrefois à une suite de plusieurs notes de même valeur, se suivant par degrés conjoints en montant ou en descendant.

TIRANA, TONADILLA. Chansons espagnoles qui se chantent et ne se dansent pas. La mesure de ces airs est à trois temps, d'un mouvement un peu lent et d'un rhythme syncopé.

TIRASSE. Clavier de pédales qui, dans les petites orgues, fait baisser seulement les basses du clavier à la main.

Tira tutto. Registre qui ouvre tous les jeux de l'orgue à la fois.

Toccate. Ancienne pièce de musique écrite pour le clavecin, l'orgue ou le piano. Elle ne diffère de la sonate qu'en ce qu'elle n'est composée le plus souvent que d'un seul morceau.

Toccato. Mot italien dont on fait en français *toquet* ou *doquet*, qui est le nom de la quatrième partie de trompette d'une fanfare.

To ho to. Espèce d'intonation militaire de la trompette, qui produit un effet semblable au son de ces syllabes.

Ton. Ce mot a plusieurs acceptions en musique. Il signifie d'abord un intervalle formé par deux notes diatoniques, comme *do, ré*, etc. Dans la seconde acception, il désigne le mode ou la constitution d'une gamme quelconque, avec les signes qui la caractérisent. Enfin le ton est le degré d'élévation ou d'abaissement d'un instrument, résultant de sa construction et de son accord.

Chaque ton a un caractère particulier. De là naît une source de variétés et de beautés dans la modulation. Faut-il du gai, du brillant, du martial, prenez les tons de *do, ré, mi*. Faut-il du touchant, du tendre, prenez les tons de *la bémol, mi bémol, si bémol*.

Tonalité. La tonalité est l'ensemble des rapports mutuels qui existent entre les notes d'une gamme. Cette définition a besoin d'être un peu développée.

La nature produit des sons en nombre immense, par des moyens également nombreux et avec une variété infinie d'acuité et de gravité, d'intensité, de timbre et d'expression.

Les sons produits dans la nature ne peuvent pas tous appartenir à la musique. Les sons *musicaux* doivent être nettement appréciables à l'oreille, conformes au goût, à la raison, à l'organisation intellectuelle et artistique de l'homme.

Les sons *musicaux* peuvent être combinés entre eux de plusieurs manières. Les systèmes de musique qui ont régné et qui règnent encore dans le monde musical, celui des Grecs, celui du plain-chant, le nôtre, sont quelques-unes de ces combinaisons possibles.

Toute manière de combiner les sons musicaux et d'en former un système de musique, se nomme une *tonalité*.

En combinant les sons musicaux d'une manière qui lui est propre, en les groupant les uns à côté des autres d'une certaine façon particulière, la *tonalité moderne* crée naturellement entre eux certaines relations mutuelles qui lui appartiennent en propre, qui la caractérisent, qui la distinguent des autres tonalités et qui forment les éléments constitutifs les plus intimes. Elle est donc l'*ensemble des rapports qui existent entre les notes de la gamme moderne ;* car la gamme est la formule qui représente et résume une tonalité. (Voyez le mot Harmonie.)

Tone. Espèce de composition musicale des anciens Grecs, dans laquelle on exécutait plusieurs syllabes successives sur le même ton.

Tonique. Base ou première note de la gamme du ton. Tous les airs finissent communément par cette note surtout à la basse.

Tons relatifs. Ceux dont la gamme présente de l'affinité avec le ton principal.

Tons de l'église. Manière de moduler le plain-chant sur telle ou telle finale posée dans le nombre présent. Ils sont au nombre de huit. Ils se divisent en *tons authentiques*, qui sont ceux où la tonique occupe à peu près le plus bas degré du chant. On nomme *tons plagaux* ceux où le chant descend trois degrés plus bas que la tonique.

Tons ouverts. Se dit des sons que l'on obtient sur le cor sans mettre la main dans le pavillon, les autres se nomment *tons bouchés*.

Toph ou Tof. Ancien instrument des Hébreux, qui, selon quelques auteurs, ressemblait au tambourin.

Torropit. Nom de la guimbarde dans l'Estonie.

Touche. La touche des instruments à archet est la partie supérieure de leur manche, recouverte en ébène, et sur laquelle les doigts appuient les cordes pour varier leurs intonations. Les touches de la guitare sont les petits filets d'ivoire ou de cuivre, incrustés dans le manche, et qui marquent les positions où il faut mettre les doigts pour former les intonations. Les touches du clavier, du piano ou de l'orgue, sont les leviers sur lesquels les doigts agissent pour faire parler les notes.

Toucher. Jadis on disait toucher de certains instruments aujourd'hui on dit *jouer* de tous les instruments, cependant on dit encore d'un artiste qu'il a un *toucher* délicat, un *toucher* brillant. Néanmoins il vaut mieux dire un *jeu* brillant, un *jeu* délicat.

Tournebout. Instrument ancien en forme de crosse composé d'un tuyau de bois muni d'une anche renfermé dans une boîte, foré au milieu comme celle de quelques chalumeaux.

Tourne-feuille. Petit instrument dont on se sert pour tourner commodement les feuilles d'un cahier de musique.

Tractus. Nom ancien d'un certain air triste qu'on chantait autrefois dans l'Eglise catholique après l'épître, à la place de l'alleluia, en prolongeant la voix en signe de plainte.

Traité. On donne ce nom, en musique, aux divers ouvrages classiques qui traitent avec méthode de la théorie et de la pratique de la musique en général ou de quelques-unes de ses parties, telles que l'harmonie, le contrepoint ou la fugue.

Traits. Suite de notes rapides qu'on exécute sur les instruments ou avec la voix. Se dit aussi des phrases mélodiques ou de successions brillantes d'harmonie.

Transition. Passage d'un ton à un autre. L'art de faire succéder agréablement une modulation à celle qui la précède est une des parties essentielles de l'étude de la composition.

Transition enharmonique. C'est celle où une ou plusieurs des parties font un intervalle enharmonique, comme *ut* dièse et *ré* bémol. Les transitions enharmoniques produisent beaucoup d'effet à la scène, surtout lorsque les personnages éprouvent une grande surprise, ou qu'un événement imprévu change tout à coup leur situation.

Transitus. Sons et accords qui tombent sur le temps faible.

Transitus irregularis. Mauvaise succession de sons ou d'accords.

Transitus regularis. Notes d'agrément.

Transmetteur du son. Espèce de tambour acoustique, imaginé à Boston, en 1834, par *Sawyer*.

Transposer. C'est noter ou exécuter un morceau de musique dans un autre ton que celui où il a été écrit par le compositeur.

Les tons et les demi-tons n'étant pas régulièrement répartis dans la gamme, l'intercalation d'un même nombre d'intervalles entre deux notes successives suffisantes à la vue ne le sont pas pour l'oreille et l'on est obligé d'augmenter l'un ou de diminuer l'autre, on y parvient à l'aide des dièses et des bémols.

TRANSPOSITEURS (Instruments). On appelle ainsi les instruments de musique dont le son est différent de la note écrite. Les principaux sont : la contrebasse, toutes les flûtes autres que la flûte ordinaire, le cor anglais, toutes les clarinettes autre que la clarinette en *ut*, le basson quinte, le contre-basson, tous les cors autres que le cor en *ut* aigu, certains cornets à piston, toutes les trompettes autres que la trompette en *ut*, en *si*, et en *la*. les cornets simples, tous les ophicléides autres que l'ophicléide en *ut*, le serpent, la guitare, les ténors et les basses quand on les écrit sur la clef de *sol*.

TREIZIÈME. Intervalle de treize degrés, ou l'octave de la sixte.

TREMBLANT. Modification des jeux de l'orgue, qui semble les faire trembler à volonté. Il y a deux espèces de *tremblant*, l'un à vent ouvert et autre à vent clos.

TREMBLER. Remuer avec art les doigts sur les trous d'un instrument à vent.

TREMOLO. Le tremolo est un effet que l'on produit sur les instruments à archet, en faisant aller et venir sur les cordes l'archet avec tant de rapidité que les sons se succèdent les uns aux autres, sans laisser remarquer aucune solution de continuité.

Les effets du tremolo se rendent parfaitement sur le piano, en frappant au moins deux touches alternativement et avec un mode d'exécution très-rapide.

TRIANGLE. Instrument de percussion qui consiste en une petite tringle de fer pliée en forme du triangle, sur laquelle on frappe avec une baguette de même métal pour en tirer du son ; — pour que les vibrations du triangle ne soient pas interrompues, on a soin de le tenir suspendu à un cordon.

On fait aujourd'hui un grand abus de cet instrument, comme de tout ce qui perce, mugit, éclate, tonne, grince et siffle. Son timbre métallique ne convient qu'aux morceaux très-brillants dans le forte, et d'une bizarrerie sauvage dans le piano. Weber en a fait un usage heureux dans ses chœurs de Bohémiens de *Préciosa*, et Gluck, bien mieux encore, dans le majeur de son effrayant ballet des Scythes.

Cependant, on entend avec plaisir le timbre cristallin et un peu mordant du triangle au milieu des airs de danses. Il s'allie on ne peut mieux, ce nous semble, avec les allures piquantes, les poses voluptueuses et les cambrures hardies des prêtresses de Terpsychore.

TRICBALAC. Instrument de percussion, composé de deux marteaux qui frappent sur une planchette. On en fait usage à Naples pour accompagner les chants de *Pulcinella*.

TRICINIUM. Nom de petits morceaux de musique pour trois cors ou pour trois trompettes.

TRIGONON. Instrument à cordes en forme triangulaire d'origine égyptienne, dont se servaient les Grecs.

TRILLE. Mouvement alternatif et accéléré sur deux notes voisines, qu'on indique par les deux lettres *tr*. Les plus belles qualités du trille sont la rapidité, la souplesse et la parfaite égalité. Le trille vocal est très-difficile ; il demande une étude longue et persévérante ; un trille prolongé et bien nuancé manque rarement son effet sur le public. Les instrumentistes aussi cultivent le trille, qui donne beaucoup de brillant à l'exécution. On peut, sur le piano et sur le violon, faire des trilles doubles, en tierces ou en sixtes. Le trille se nomme aussi quelquefois *cadence*, parce que le trille arrive naturellement sur l'accord de dominante qui fait chute, *cadence*, sur la tonique.

TRIMELES. Les anciens Grecs entendaient par ce mot un morceau de musique vocale accompagné de la flûte et formé de trois strophes, dont la première était écrite dans le mode dorien, la seconde dans le mode phrygien, et la troisième dans le mode lydien.

TRINOLON. Instrument à cordes des anciens Grecs, il avait la forme triangulaire, et a donné naissance à la harpe.

TRIO. Composition musicale à trois parties, dont chacune revêt le caractère de voix principale, ou composition à deux voix concertantes accompagnées d'une troisième qui leur sert de voix fondamentale. Le trio vocal est presque toujours accompagné par l'orchestre, ou par un instrument tel que le piano, la harpe, etc. Le trio instrumental n'est composé que de trois parties récitantes.

Le trio est regardé comme la plus parfaite de toutes les compositions, parce que c'est celle qui produit le plus d'effet proportionnellement aux moyens employés. — On cite parmi les *trios* célèbres, le charmant trio du *Matrimonio Segreto*, de Cimarosa, pour trois voix de femmes; le magnifique trio de *Guillaume Tell*, pour trois voix d'hommes; le trio bouffe de l'*Hotellërie portugaise*, de Chérubini; le trio des *Papatacci*, de l'*Italiana in Algeri*. Ces exemples suffisent pour montrer quel effet peuvent produire *trois voix* entre les mains d'hommes de génie, à qui toutes les ressources de l'art sont familières, et qui trouvent facilement, ou pour mieux dire sans les chercher, et par une sorte d'intuition, des idées qui se prêtent à toutes les combinaisons vocales; mais il faut en outre beaucoup d'études et une grande expérience.

On nomme aussi *trio*, une partie du *menuet* symphonique ou instrumental qui occupe le milieu du morceau, et après laquelle on reprend le premier motif.

Triolet. Groupe composé de trois notes pour deux, et sur lequel on place souvent un 3. Ainsi, par exemple, dans la mesure de deux noires, marqué 2/4, une mesure peut être composée de cinq et même de six croches, si l'on y introduit un ou deux triolets. Les trois croches n'ont pas plus de durée que les deux croches qu'elles remplacent, et il faut par conséquent les passer plus vite.

Triphon. Instrument de musique qui a la forme d'un clavecin droit. Le son que cet instrument produit est agréable et ressemble à celui de la flûte.

Triphonie. On nommait ainsi dans l'ancienne musique, celle écrite à trois voix, ou à trois portées.

Trite, dans la musique ancienne, était le nom de la troisième corde du tétracorde, en allant de l'aigu au grave; mais ce mot n'était usité que lorsque l'on parlait des trois tétracordes supérieurs.

Triton. Intervalle dissonant, composé de trois tons entiers.

Tritonicon. Espèce de basson, construit en Bohême en 1853, par *Perveny's*.

Tro. Instrument de musique, espèce de violon en usage dans le royaume de Siam.

Trochléon. Nom donné par Dietz, en 1812, à un instrument de forme ronde, garni de touches métalliques, mises en vibration par un archet circulaire ou continu agissant au moyen d'une pédale.

TROMBONE. Cet instrument à vent en cuivre, non percé de trous, avec une large embouchure, a aujourd'hui encore presque la même forme qu'il avait il y a trois siècles. Ses tuyaux, introduits dans une pompe à deux branches qui se recouvre sur une longueur de vingt-cinq pouces environ, s'allongent et se raccourcissent à volonté, et donnent le moyen d'attaquer les tons aigus et les tons graves de son diapason. Il y a quatre espèces de trombones, qui portent le nom de quatre voix humaines : le trombone soprano, le trombone alto, le trombone ténor et le trombone basse. Le trombone soprano et et le vrai trombone basse sont à peu près inconnus en France, et le trombone alto y est peu employé ; cependant on emploie toujours dans nos orchestres trois trombones, dont deux trombones *ténors* et un trombone dit *basse*. On peut compléter ce qui manque dans le grave du dernier trombone, par l'emploi de l'ophicléide, que dans les partitions modernes on unit souvent aux trombones.

Les trombones sont propres à l'expression la plus solennelle, et produisent un très-bel effet dans les chœurs guerriers et religieux, dans les marches triomphales, etc. On trouve dans les œuvres des maîtres, de magnifiques exemples de l'emploi des trombones. Telle est la foudroyante gamme en *ré* mineur sur laquelle Gluck a dessiné le chœur des furies au second acte d'*Iphigénie en Tauride*. Tel est, plus sublime encore, le cri immense des trois trombones unis, répondant comme la voix courroucée et formidable des dieux infernaux à l'invocation d'Orphée : *Spectres! Larves! Ombres terribles!*

TROMBOTONAR. Espèce de contre-basse d'harmonie imaginée et construite en 1855 par Besson.

TROMPE. Instrument employé dans la musique de chasse. La trompe est aujourd'hui un instrument très-perfectionné. Il n'est pas étonnant que des sons, habilement dirigés, produisent une agréable harmonie. Cependant nos aïeux, qui se servaient du hochet, voire même de la corne de bœuf ou de bélier, avaient tout autant de plaisir que nous. Les anciens livres de chasse sont remplis d'exclamations sur le bonheur d'entendre la musique en pleine forêt.

Sous Louis XIII, on ne savait pas tirer un grand parti de la trompe. Salnove, dans sa *Vénerie royale,* fait un grand éloge de ce roi, parce qu'il inventa une méthode nouvelle de sonner pour le renard. Elle consistait en trois tons grêles terminés par un gros ton.

La trompe, trop petite sous Charles IX, devint trop grande au temps de Louis XIV; on passa d'un excès à un autre. Ces grandes trompes étaient fort incommodes, surtout pour les valets à pied obligés de traverser des fourrés garnis d'épines. Il les bosselaient, et quelquefois cet instruent monstre les empêchait de suivre en droite ligne les chiens et la bête. L'expérience fit arriver à un juste milieu; on revint un peu sur ses pas, et l'on trouva la trompe dont nous nous servons aujourd'hui.

La tablature de la trompe se compose des harmoniques du ton dans lequel on joue. Ce ton est celui de *ré* pour la trompe; il est invariable, puisque l'instrument n'a pas de corps de rechange. On a choisi celui de *ré*, parce qu'il est assez éclatant sans être aigu. Les harmoniques sont *ré*, celui que l'on prend sur le violoncelle, en mettant le premier doigt sur la quatrième corde, *la* qui suit ce *ré* à l'aigu, *ré, fa, la, ré, mi, fa, sol, la,* et le *si* par extension. La musique est notée toujours en *ut*, et par conséquent le *fa* que l'œil voit sur le papier, représente le *sol* que l'oreille entend. A cette tablature, il faut ajouter le *si bémol*, qui représente à l'oreille un *ut* naturel.

C'est une fort belle chose à entendre que vingt trompes se répondant au milieu des bois, et signalant toutes les péripéties du drame dont un pauvre cerf est le héros. Sa mort étant nécessaire au dénouement du cinquième acte, tous les chasseurs qui ne veulent pas faire *fiasco* ou revenir bredouille, concourent au succès de la pièce à grand renfort de poumons. Ces trompes, disséminées tant que le drame se joue, font connaître chaque circonstance aux chasseurs et aux chiens éloignés. On sonne la *vue*, le *retour*, le *volcelet*, le *débuché*, etc. Tout le monde comprend ce que chacun veut dire, et les chasseurs, galopant à travers les bois, manœuvrent, quoique séparés, aussi bien qu'un régiment sous les yeux de son colonel.

Ces trompes, dont les sons vous charment en détail, produiront un plus bel effet encore, lorsque réunies pour le hallali, pour la curée, elles feront entendre leur chant de victoire.

TROMPETTE. Instrument à vent, sans trous, composé d'un tube en cuivre d'une égale grosseur à partir de l'embouchure jusqu'au pavillon, et deux fois replié, afin de pouvoir, en jouant, le tenir plus commodément. La trompette a les mêmes sons harmoniques que le cor, mais une octave plus haut dans la plupart des trous.

La trompette a un son héroïque, guerrier et joyeux. Elle donne plus d'éclat aux magnificences d'une fête. Elle ajoute à la vivacité de la musique et se joint assez bien au jeu solennel des timbales. La trompette est employée dans l'opéra, surtout dans les passages brillants, dans les morceaux à fortes passions, dans les chœurs, dans les finales, etc. — On emploie aujourd'hui aussi la trompette à pistons ou à cylindres, qui fait toutes les notes de la gamme chromatique, ce qu'on nomme pour cette raison, *trompettes chromatiques*, en Allemagne et en Italie. (Voyez TROMPETTE A PISTON.)

TROMPETTE. Jeu d'orgue de la classe des jeux d'anches, qui sert d'unisson au principal.

TROMPETTE CHINOISE. François Gemelli, dans le troisième volume de ses voyages, dit que les Chinois ont un instrument en bois qu'ils estiment beaucoup, dont la forme est celle d'une cloche de trois pieds de longueur et entourée de cercles en or.

TROMPETTE MARINE. Instrument monté d'une seule corde très-grosse, qu'on joue avec un archet, en appuyant sur cette corde avec le pouce de la main gauche. La forme de cet instrument est fort allongée, et son dos est terminé en poire. La trompette marine est surtout célèbre par la prédilection du *Bourgeois gentilhomme*.

TROMPETTE A PISTONS. Le mécanisme de la trompette à pistons ressemble à celui des instruments à vent qui forment leurs sons par le secours de trous ou de clefs, puisque les pistons sont disposés de manière qu'en les faisant agir on modifie à volonté le degré d'élévation du son. Par ce mécanisme la trompette se trouve enrichie d'une grande quantité de notes qu'il lui était impossible de produire auparavant.

TROMPETTE ROMAINE. Cet ancien instrument des Romains, d'une forme droite, se terminait en une ouverture évasée et un peu recourbée, ainsi qu'on le voit sur la gravure de plusieurs médailles et sur quelques sculptures de marbres anciens.

TROMPETTE PAPHLAGONIQUE. Ancien instrument grec d'un son grave et dont le pavillon ressemblait à une tête de bœuf.

Trompettine. Petit cornet de poste construit en 1854 à Ingolstadt par Stegmaïer.

Trompettiste. Artiste, qui, dans un orchestre, exécute la partie de trompette.

Troubadours. Poëtes provençaux des XIe, XIIe et XIIIe siècles, ainsi appelés du mot *troubar*, trouver, inventer : ils nommaient leur art *la gaie science*. Les plus célèbres d'entre eux furent P. Vidal, Arnaud Daniel, Janfred Rudel, Bertrand de Born, Anselme Fayditt, Raimond Béranger, comte de Provence, Richard Cœur-de-Lion, Thibaut, comte de Champagne et Guillaume IX, comte de Poitiers. Leurs poésies, qui, pour la plupart appartiennent au genre lyrique et sont très-courtes, se composaient de *sirventes*, *plaints*, *tensons*, *ballades*, *novas* (ou nouvelles). Ils chantaient surtout la chevalerie et l'amour.

Le troubadour de profession allait de château en château réciter ou chanter ses vers, en s'accompagnant d'un instrument, ordinairement d'une espèce de guitare : souvent aussi il se faisait accompagner d'un jongleur (*Comir*), par lequel il faisait chanter ses vers. Les troubadours étaient répandus dans le Midi de la France : Ils florissaient surtout à Toulouse, à Narbonne, à Aix en Provence. Ils parlaient la langue d'Oc, ou le languedocien.

Trouvères. Poëtes du nord de la France, qui du XIe au XVe siècle ont composé en roman-wallon ou langue d'Oïl (le vieux français) ; ils existaient en même temps que les troubadours, et leur nom a le même sens (*trouver*, *troubar*). Mais, tandis que les troubadours ont surtout brillé dans le genre lyrique, c'est à la poésie épique que les trouvères se sont livrés de préférence. Ils ont admirablement réussi dans la grande épopée, qui a pris par excellence le nom de *roman*, et dans les *fabliaux*, qui sont souvent chez eux des chefs-d'œuvre d'originalité, de naïveté, de gaieté. Les trouvères ont aussi fait quelques poésies lyriques, tels que *lais*, *virelais* et *ballades*; enfin on leur doit les romans de chevalerie en prose. Les plus célèbres trouvères sont Wistace ou Wace, Lambert, Alexandre de Bernay, Renaud, Gauder, Gilbert de Montreuil, Jehan de Flagy, Guillaume de Lorris et Jean de Meung, dit *Clopinel*.

Tuba. Espèce de trompe romaine, dont le son était

très-borné, mais qui donnait des sons très-forts et très-éclatants.

Turquie (De la musique en). Il est certain que les Turcs aiment beaucoup la musique, sans lui donner cependant une valeur d'art comme en France, en Allemagne, en Italie, etc., etc. Aujourd'hui, il est de bon ton à Constantinople de trouver un plaisir à la musique, et de savoir jouer de quelque instrument. Les Turcs bien élevés chantent peu, et les hommes du peuple beaucoup. Mais si aux yeux des premiers c'est chose déshonorante que de chanter en public pour de l'argent, ils aiment néanmoins à se faire entendre dans les cercles intimes et dans leur harem. C'est à tort que quelques écrivains ont prétendu que les Turcs n'ont aucune théorie musicale. Il est vrai que la plupart apprennent à chanter et à jouer par le seul secours de l'oreille. Mais ils n'en ont pas moins des signes réguliers pour noter les sons, un rhythme particulier dans leur mélodie. Leur chant a une juste intonation et leur exécution une mesure convenable. Pour noter leurs sons, ils se servent de nombres, comme les anciens, et leurs chansons populaires les plus répandues sont notées de cette façon.

La musique turque, comme celle de toutes les nations qui ignorent l'art véritable, ne sort pas des deux extrêmes. Elle est très-douce ou bien excessivement heurtée et bruyante. L'amour et la guerre, voilà les éternels textes des chansons turques, et leurs harmonies dépassent rarement l'accord de la dominante, ou celui du mode relatif en mineur, et *vice versâ*. Les chants d'amour et les chants militaires sont toujours dans le mineur, caractère propre des nations qui ne connaissent pas l'art musical.

Tutti. Mot italien qui signifie tous et qui sur les partitions indique que toutes les parties doivent se faire entendre ensemble.

Tuyaux d'orgue. Tubes de bois, d'étain ou d'autre mélange métallique appelé *étoffe*, qui rendent des sons, lorsque le vent des soufflets y est introduit.

Tympanischo. Ancien instrument en usage chez les français ; selon le dire de *Pretorius*, il se composait de trois petites planches très-minces, jointes grossièrement sous la forme de pyramide très-allongée. Sur la planchette supérieure était tendue, une longue corde de boyau que l'on faisait vibrer par le moyen d'un archet de crin enduit de colophane. On ajoutait quelquefois une seconde corde plus courte, accordée à l'octave aigu.

TYMPANUM. Ancien instrument dont les cordes étaient mises en vibration par de petits batons garnis à leurs extrémités de boules d'étoupe dont on frappait les cordes avec les mains.

TYPOTONE. Nouveau diapason inventé par M. Pinsonnat, à Amiens. Ce diapason est formé d'une petite plaque en nacre, percée d'une ouverture en biseau, sur laquelle est appliquée une petite lame métallique. Cette plaque se met entre les dents, en tournant le côté de la lame vers l'intérieur de la bouche ; et le moindre souffle suffit pour en tirer un *la* assez semblable à celui que produirait un hautbois.

TYROLIENNE. Espèce de valse ou mélodie notée en triolets, en mesure à trois temps et d'un mouvement modéré. Les chansons tyroliennes ont à peu près toutes la même allure et s'exécutent ordinairement avec une voix de tête assez particulière, et que les nationaux appellent *dudeln*. La tyrolienne de *Guillaume Tell* est célèbre.

U

UGAB. C'était, chez les Hébreux, le nom général des instruments à vent.

UKRAINE (Chants populaires de l'). Les airs de l'Ukraine respirent la douceur, le calme et la tristesse. Le peuple vaincu et persécuté pleure dans ses chants la perte de sa liberté. Ses *dumki* sont comme les derniers rayons de son bonheur passé que la tyrannie n'a pu briser. On n'y retrouve point, comme dans les chants Kosacks ou Serbes, cette soif de la vie active et aventureuse qui leur est commune avec les Klephtes et les Monténégrins ; chez les paysans d'Ukraine, la passion des armes cède au goût paisible de la vie agricole : le foyer domestique est préféré à tous les prestiges de la gloire ; les femmes et les hommes du peuple sont poëtes et musiciens. Partout le travail du jour finit par une chanson, et souvent les sentiments de la vie simple, sans accidents ni périls, se transforment en affections pures, qui s'exhalent en élégies plaintives, remplies de tendresse et d'amour.

Ce qui ajoute encore à la douce tristesse de ses airs nationaux, c'est que l'Ukraine est couverte de nombreux tertres tumulaires (mogily) sous lesquels reposent les guerriers morts pour la patrie.

La langue du peuple d'Ukraine est favorable à la musique ; elle tient le milieu entre la langue polonaise et la langue russe. Quant aux airs avec lesquels on berce les enfants, ils se sont perpétués de génération en génération, sans avoir été notés.

Les femmes de l'Ukraine ont un goût prononcé pour leurs *dumki*. Elles bercent leurs enfants avec ces mélodies douces et mélancoliques, et c'est ainsi qu'elles restent à jamais gravées dans la mémoire et dans le cœur. *Les Adieux du Kosack*, la dumka si touchante de *Hyrcio*, *les Plaintes du Voisin*, *les Regrets d'une jeune Mariée*, etc., tous ces chants, souvenirs précieux de l'enfance, ne s'oublient jamais.

Plusieurs autres chants sont cités également, comme venant de la patrie des Kosacks : *Le bal et l'Orage*, *le Kosack et la Dziuba*, que l'on chante en s'accompagnant sur la *bandura*, espèce de théorbe russe. Ces chants sont plus gais et ont, par cela même, moins de caractère que les dumki.

L'instrument favori du peuple d'Ukraine est la *sensla*, qui est d'origine slave. Cet instrument n'avait d'abord que trois cordes métalliques sur lesquelles on jouait avec des bâtons. Le nom de *guslarz* qui veut dire devin, ou diseur de bonne aventure, dérive de cet instrument, qui s'appelait, en langue slave, *guzle* ou *huszle*.

Ultima conjunctarum. Quatrième corde du tétracorde synnemenon.

Ultima divisarum. Quatrième corde du tétracorde diézeugmenon.

Ultima excellentium. Nom latin de la quatrième corde du tétracorde *hyperboléon* du système des anciens Grecs.

Unca. Nom ancien de la croche.

Unda maris. C'est le nom d'un jeu d'orgue de tuyaux à anches de huit pieds, accordé un peu plus haut que les autres jeux, et, à cause de cela, formant avec eux une sorte de battement qui a quelque analogie avec le mouvement des flots.

UNICHORDUM. Nom de la trompette marine.

UNION DES REGISTRES. L'union des registres de la voix humaine doit être en général le résultat de l'étude et de l'art. Elle consiste à s'exercer continuellement à retenir la voix de poitrine, et à forcer peu à peu la voix de tête, pour établir, entre la première et la seconde, l'égalité la plus parfaite possible. Cependant, dans le cas où la voix de poitrine, serait plus faible que celle de tête, il faut renforcer l'intonation des dernières cordes de poitrine, et dans une juste proportion leur joindre les premières de fausset. Cette réunion des registres est une qualité rare chez les chanteurs, et lorsqu'elle n'est pas un don naturel, il faut beaucoup de temps ou d'études persévérantes pour l'acquérir.

UNISSON. Rapport de deux sons sur le même degré, c'est-à-dire d'égale élévation ou gravité. L'unisson est produit par un égal nombre d'oscillations de deux corps égaux vibrant dans un égal espace de temps. Si donc une corde faisant cent vibrations dans une seconde, rend un *do*, une autre corde de la même longueur et grosseur, ayant la même tension, fera dans le même temps le même nombre d'oscillations et rendra le même *do*. Ainsi, deux ou plusieurs voix ou instruments faisant entendre le même son, font des unissons.

Le mot *unisson*, et son abréviation *unis*, s'écrivent dans la partie d'orgue pour indiquer que les notes doivent être jouées sans accompagnement, et que les octaves seulement doivent être redoublées. Le même mot, écrit dans une partition, indique que l'on doit jouer les mêmes notes qui sont écrites dans la ligne supérieure, ou inférieure, ou dans une partie que l'on indique.

UNITÉ. L'unité est le premier des deux grands principes sur lesquels repose l'harmonie, non-seulement dans la musique, mais encore dans tous les arts. Sans unité, tout est pour ainsi dire décousu ; l'enchaînement heureux des phrases, dont l'une semble découler de l'autre, produit chez l'auditeur le sentiment de l'unité. Avec l'unité et la variété, tout marche dans les arts et dans chacune de leurs parties. Ce sont les deux balances dont l'homme de génie doit faire un continuel usage.

Cette règle, qui prescrit que l'action doit être une, et

que l'intérêt se porte toujours sur le même objet, est parfaitement applicable aux compositions musicales. Un thème musical peut servir à produire une symphonie entière, et si les modulations sont préparées avec art, si d'heureux changements dans l'harmonie lui donnent de la variété dans les retours, si la gradation des demi-teintes amène de grands effets, il n'y a point à craindre que les répétitions du thème fatiguent les auditeurs. On les entendra toujours, au contraire, avec un nouveau plaisir. Dans les œuvres des grands maîtres, on trouve une infinité de morceaux composés sur un seul motif. Quelle unité dans la marche de ces compositions ! Tout se rattache au sujet ; c'est une chaîne dont on ne pourrait enlever un anneau sans la détruire. Il n'y a que l'homme de génie, le grand compositeur, qui puisse accomplir une semblable tâche, aussi admirable que difficile.

Univoques (consonnances) sont celles qui portent le même nom, comme l'octave et ses répliques.

Uomo (primo). Nom par lequel on désigne parfois un sopraniste castrat.

Uranion. Instrument inventé, en 1810, par M. Buschmann, en Saxe, long de quatre pieds, large de deux, et haut d'un pied et demi. Il a une étendue de cinq octaves et demie, en commençant par le *fa*, clef de basse, au-dessous de la portée. — Il a un cylindre couvert de drap et mis en mouvement par une roue et une pédale. Les sons de *l'uranion* sont fort doux et s'obstiennent par le frottement du bois.

Ut. Première note de la gamme de ce nom. On a adopté aujourd'hui généralement pour solfier, la syllabe *do* plus favorable à l'émission de la voix que la syllabe *ut*.

V

V. Cette lettre est une abréviation des mots *violino, volti ;* W indique *violini ;* V uni à S *(vs)* indique *volti subito*.

VALEUR DES NOTES. Durée du son déterminée par la figure différente des notes. Les silences ont aussi leurs valeurs, et chaque figure de note a un silence qui lui correspond. La pause a la valeur d'une ronde, la demi-pause a la valeur d'une blanche, le soupir de la noire, etc.

VARIATION. C'est une composition musicale dans laquelle une cantilène appelée thême est successivement ornée de différentes manières.

Rien de plus facile que de composer des variations d'une façon commune et vulgaire. Il suffit de s'emparer d'un thême inventé par un autre, et de lui faire subir toutes les transformations d'usage, tantôt sous la figure de croches, doubles croches, tantôt sous la figure de triolets, de sextolets, tantôt avec quelque basse figurée, des arpéges, des octaves, sans oublier l'adagio dans le mode relatif, et le temps à la polonaise. On pourrait dire qu'il n'y a rien de moins varié que de semblables variations. Mais, quelque stérile qu'il soit de sa nature, un thême cesse de l'être entre les mains d'un habile compositeur, d'un savant contrepointiste. Les trente variations de Jean Sébastien Bach seraient des titres suffisants pour rendre son nom célèbre. C'est ainsi que Haydn, Vogler, Beethoven, Mozart, et après eux, Cramer, H. Herz, Kalkbrenner, Moschelès, S. Thalberg, Doehler Gottschalk, Liszt, Prudent, Paganini, de Bériot, Vieuxtemps, Alard, Tulou, etc., etc., ont donné des variations qui, suivant les instruments auxquels ils les ont adaptées, offrent un vif intérêt.

VARIER. Ajouter à un chant simple des ornements, soit en divisant les notes d'une plus grande valeur en notes d'une valeur moindre, soit en changeant quelque chose dans l'accent, dans la force, etc. On emploie particulièrement cette méthode, quand une cantilène revient plus d'une fois, ou qu'on répète un morceau de musique. Ce sont surtout les points d'orgue qu'il faut savoir varier. Il faut pour cela beaucoup de goût et une grande exécution. Les compositeurs aussi doivent savoir varier l'harmonie, les rentrées, le système d'accompagnement, quand le même motif se reproduit plusieurs fois.

VAUDEVILLE. Il existe une foule de dictons populaires, qui en France ont presque force de loi, et dont l'autorité repose sur de lourdes erreurs. Combien de gens ont répété depuis Boileau que le Français né malin avait créé le vaudeville, et ne savent pas que ce vaudeville dont parlait le poëte n'a aucun rapport avec le genre de composition dramatique auquel ce nom a été donné par induction..

La rhétorique définit le mot vaudeville ou *val de vire*: couplet qui court les rues. Le mot lui-même, pour ceux qui connaissent un peu l'ancien langage, indique suffisamment sa signification par ses racines. Il est dérivé du vieux terme vau ou val, dont on a fait le terme nautique aval, courant. Ainsi le vaudeville fut tout simplement un couplet, et non une réunion de couplets reliés par une action scénique. Entre les ponts-neufs dont parle Boileau et les pièces désignées de nos jours sous le nom de vaudeville, il y a tout un abîme.

Le vaudeville donc que les Français croient avoir inventé, le vaudeville tel que nous le comprenons enfin, est d'origine italienne. Il est le frère aîné de l'opéra comique.

Considéré sous le rapport musical, le vaudeville est un petit poëme, le plus souvent d'un caractère plaisant et satirique, auquel on adapte des mélodies connues, soit analogues à la situation, soit en opposition avec elle. Le sujet du vaudeville est la parodie d'une pièce jouée avec succès ou tombée; un événement remarquable du temps, qui donne prise à la satire. Peu de jours après l'exécution de la *Création*, d'Haydn, il parut un vaudeville intitulé la *Récréation*. La première représentation de la *Vestale* de Spontini fut suivie d'une parodie, la *Marchande de modes*. Le nom de l'auteur demeura inconnu quelque temps, et ce ne fut pas sans une grande surprise qu'on apprit que M. de Jouy, l'auteur des paroles de la *Vestale*, était aussi l'auteur de la parodie.

Velches (Musique des). Les Velches, ou habitants du pays de Galles, passent pour être les descendants de ces Celtes qui ont tant occupé les savants des dix-septième et dix-huitième siècles, et dont on a cru retrouver les traces chez les Bas-Bretons de France. On ne peut nier un fait fort singulier, c'est que le langage des Bas-Bretons et celui du pays de Galles ont de tels rapports, que les habitants des deux pays s'entendent sans aucune difficulté, tandis qu'il n'y a pas la plus légère analogie entre le langage des habitants du pays de Galles et celui des autres provinces anglaises. Un autre fait non moins digne de remarque, c'est que la langue velche ou galloise s'est conservée jusqu'à ce jour dans sa pureté, et que le pays de Galles possède encore des poëtes qui écrivent avec facilité dans cette langue.

La musique du pays de Galles a la même originalité que la poésie, soit sous le rapport des formes de son chant, soit sous celui du rhythme et du mode d'exécution, soit enfin sous celui de la forme des instruments et des modulations. La plupart des pièces de chant des Gallois sont des stances qu'ils apppellent *penillons*. On ne connaît rien dans la musique d'aucun peuple moderne qui puisse donner l'idée du chant de ces penillons. Il faut l'avoir entendu pour s'en faire une idée ; car il dépend autant de la manière dont il est exécuté que de la composition.

Deux instruments sont particuliers au pays de Galles. L'un est la harpe à triple rang de cordes, l'autre est une espèce de viole d'une forme très-bizarre qu'on appelle *cruth*. Le *cruth* est un instrument à archet, qu'on croit avoir donné naissance aux différentes violes et aux violons. Il a la forme d'un carré long, dont la partie inférieure forme le corps de l'instrument ; deux montants placés aux côtés de la partie supérieure se rattachent dans le haut avec un manche isolé dans le milieu. Cet instrument est monté de quatre cordes et se joue comme le violon, mais avec plus de difficulté, parce qu'il n'a point d'échancrure pour laisser passer l'archet.

Ventilabro. Nom italien de soupapes au moyen desquelles s'ouvrent et se ferment les canaux du sommier, dans l'orgue, pour donner passage à l'air.

Venturine. Petite guitare imaginée et construite en 1851 par Ventura à Londres.

Vêpres. Une des sept heures canoniales. Ce nom vient de l'étoile *vesper*, parce que c'est vers le coucher du soleil qu'on est dans l'usage de chanter ces prières.

Vérité d'art. Ce n'est pas la vérité absolue, mais une ressemblance embellie que nous demandons aux arts. C'est à nous donner mieux que la nature que l'art s'engage en l'imitant. La poésie affectionne le langage des vers, elle répand les images et se soutient à un ton plus élevé que la nature. La peinture élève également le ton de la couleur et corrige ses modèles. La musique, elle aussi, se permet de pareilles licences. Elle soutient la voix par des accompagnements, fait des cadences, toutes choses qui ne sont pas dans la nature. Assurément la vérité de l'imitation en est altérée, mais sa beauté y gagne, et de là résulte dans la copie un charme que la nature refuse à l'original. Au reste, le but que se propose la musique, n'est pas l'imitation de la nature, mais l'expression vraie des sentiments.

VERMILLON. Ancien instrument composé de huit à dix verres choisis d'après l'échelle diatonique, ou bien accordés d'après cette même échelle, en les remplissant d'eau. On pose cet instrument sur une planche recouverte de drap, et on en joue avec un petit bâton également enveloppé de drap. C'est ce qu'on nomme aussi *harmonica*. On a fait plusieurs combinaisons d'instruments dans lesquels le son est produit par le verre mis en vibration. Le son ainsi produit, ne manque pas de charme, et on pourrait employer plus fréquemment, quoique avec modération, ces sortes d'instruments, qui donnent quelquefois un cachet particulier à la mélodie.

VERSET. Ordinairement on divise le *Gloria*, les psaumes, etc., en divers morceaux d'ensemble, et en solos, duos, etc. Ce sont ces derniers que l'on appelle *versets*,

A la messe, aux vêpres et dans les autres cérémonies, on morcelle le *Kyrie*, le *Dixit*, etc., de manière qu'alternativement une partie est chantée par le chœur, et que pour l'autre c'est l'orgue qui répond. Ces réponses se nomment versets; et ce ne sont que de petites périodes musicales, de petites figures improvisées ou composées et imprimées sous ce nom.

VIBRATION. (Voyez *Son*.)

VIDE, CORDE A VIDE. C'est sur les instruments à manche, tels que le violon, la viole, la guitare, le son qu'on tire de la corde dans toute sa longueur, depuis le sillet jusqu'au chevalet sans y placer aucun doigt.

VIELLE (La) est un instrument fort ancien; cependant nous ne croyons pas que ce fut aux sons de la vielle que tombèrent les murs de Jéricho; nous doutons également que la vielle fut l'instrument dont se servait Amphion; nous nous permettons de chicaner Jean de Meung, quand il dit dans son *Roman de la Rose*, en parlant d'Orphée, qu'*il faisait après soi aller les bois par son beau* VIELLER. Nous suspectons même *Alexandre de Bernai*, dit *de Paris*, qui vivait sous Philippe-Auguste, et, qui, dans son roman d'*Alexandre le Grand*, faisant la description d'un palais occupé par son héros, parle de deux statues, dont une représentait un joueur de vielle :

« L'un tient une *vielle*, l'arcon fu de saphir ;
« Li autre une harpe ; moult fut bonne à oïr. »

La vielle est un instrument trop compliqué pour qu'il n'ait pas subi bien des perfectionnements ; enlevons-lui ses différentes parties, et nous la réduisons à un corps concave armé d'un manche, sur lequel des cordes sont tendues. Retrouvons-nous chez les anciens quelque chose de semblable? Oui, le *canon* ou le *chelys*, monocorde que l'on voit figurer sur une foule de monuments de la plus haute antiquité ; le chelys antique est donc la souche de la cythare ou la guitare, de la rubeblée, de la vielle, et l'on voit que le *chelys* est le père de tous les instruments de musique à corps concave et à manche, soit qu'on mette leurs cordes en vibration en les frappant en les pinçant ou en les frottant.

De quelque manière que la vielle se soit formée par degrés, il paraîtrait, selon M. Burette, membre de l'Académie des belles-lettres, dans le tome 8 du recueil des Mémoires, que les anciens ont connu la vielle; car il dit que « les anciens avoient sur quelques instruments une espèce de bourdon qui soutenoit le chant en faisant sonner *l'octave quinte*, bourdon où se trouvoit aussi la *quarte*, par la situation de la corde du milieu. » Puis il ajoute : « Les anciens, à la vérité, ne nous ont rien laissé par écrit, touchant ces sortes de bourdons ; mais nos vielles et nos musettes, qui, vraisemblablement nous viennent d'eux, suffisent pour appuyer une telle conjecture. » Si nous consultons le Dictionnaire de Furetière, à l'article *Vielle*, il est dit que les anciens la nommaient par excellence *symphonie*. La vielle était encore nommée, au treizième siècle, *syphonie*, *cifonie* et *cyfoine*, par corruption du nom primitif. Cet instrument s'appelait aussi *sambuque*.

L'exécution de la vielle était lente, d'où est venu le proverbe, *long comme une vielle*, long dans tout ce que l'on fait. On disait également pour désigner un homme dont l'humeur est aisée, accommodante, faisant tout ce que l'on désire : *Il est du bois dont on fait les vielles*, comme aujourd'hui, on dit : *Il est du bois dont on fait des flûtes*.

VIELLEUR, VIELLEUSE. Celui ou celle qui joue de la vielle.

VILANELLE. Ancienne danse champêtre accompagnée de chant.

VILLANCICO. Espèce d'ode sacrée que les Espagnols chantent dans les églises pour les fêtes de Noël.

VIMERCATI (Pietro). Luthier de l'école de Venise, travaillait en 1660. Ses violons sont extrêmement voutés, à l'instar de ceux de Brescia.

VIOLA DI SPALLA. On faisait usage de cet instrument dans les premières années du siècle dernier avec les instruments à vent les plus grands. Il servait dans la musique instrumentale à l'exécution de la partie principale. Il tient le milieu entre la viole et le violoncelle. Ceux qui en jouaient se l'attachaient avec une lanière passant sur la poitrine, et la rejetaient sur l'épaule.

VIOLA POMPOSA. Instrument à archet en usage vers le milieu du siècle dernier, inventé par Jean-Sébastien Bach. Elle était plus grande que la viole ordinaire, et avait des cordes plus élevées, et cinq cordes accordées en *do*, clef de basse au-dessous des lignes, et *sol*, *ré*, *la*, *mi*.

VIOLA TENORE. Anciennement on employait dans la musique vocale deux espèces de violes, celle en clef d'alto qui marchait à l'unisson avec la voix d'alto et celle écrite en clef de ténor à l'unisson avec la voix de ténor.

VIOLE. Cet instrument, dont l'usage est si étendu, et qui dans la musique à grand orchestre forme une des quatre parties principales, ne diffère pas du violon quant à son doigté. Il en diffère cependant par sa dimension, qui est plus grande, et par l'accord de ses quatre cordes dont les deux dernières sont recouvertes de fil de métal. Ces cordes sont accordées en *do*, clef de basse second espace, puis par quinte *sol ré la*. Mais c'est surtout la qualité du son qui est différente, précisément à cause de sa grandeur et de ses cordes moins tendues. Cette manière d'accorder fait que l'on écrit la partie de la viole en clef d'alto, et de là lui vient encore le nom d'*alto*, d'*alto-viola*.

La viole fut longtemps négligée par les compositeurs de l'ancienne école. Haydn et Mozart lui donnèrent enfin le rang qui lui appartenait et qu'elle occupe aujourd'hui dans les ouvrages des compositeurs distingués. Ses sons tendres et mélancoliques produisent un excellent effet dans la marche des parties intermédiaires, et s'accordent bien avec la clarinette, le cor, le basson.

Viole. Jeu d'orgue de tuyau à bouche, ouvert de quatre pieds, qui sert d'unisson à l'octave.

Viole (Basse de). Cet instrument extrêmement rare diffère du violoncelle par son accord de six et quelquefois sept cordes en *ré* clef de basse au-dessous des lignes *sol mi la ré*, et par ses sons criards et nasillards.

Viole batarde. Très-ancienne espèce de viole. Elle avait six cordes accordées en *do*, clef de basse au-dessous des lignes *fa do mi la ré*. Elle avait le corps plus long et plus étroit que la viole.

Viole d'amour. Cet instrument est plus grand que la viole ordinaire, et a un manche plus long. Il en diffère encore dans l'accord de ses sept cordes en *sol*, clef de basse première ligne ; *do sol do mi sol do* ou *sol do mi la ré sol do*.

Violet anglais. Etait de la même famille que la viole d'amour, mais il ne portait que six cordes au lieu de sept.

Violicembalo. Instrument inventé en 1609 par Jean Haydn, à Nuremberg. Il voulut faire participer le piano à l'avantage qu'ont les instruments à archet ou à vent de soutenir plus longtemps le son et de le modifier dans sa faiblesse ou dans sa force. Il inventa donc le violicembalo, qui a la forme du piano. L'abbé Trentin, à Venise, attira de nouveau l'attention sur cet instrument par les réformes qu'il y fît il y a quelques années.

Violo-clave. Instrument à anches libres, imaginé en 1847, par Morin de la Guerinière.

Violon. Le violon est le roi de l'orchestre, il occupe la première place dans toute symphonie. Nous croyons devoir chercher à établir son origine.

Les instruments à cordes à manches et à archet composent aujourd'hui une famille spéciale ; leur auteur nous vient de l'occident, disent les uns, de l'orient disent les autres. Les manuscrits, écrits ou figures qui nous restent des peuples qui ont habité l'Orient n'ont pu fournir jusqu'à présent aux savants, aux archéologues, la moindre trace authentique de l'usage de l'archet parmi les Egyptiens, les Grecs et les Latins. D'autres monuments établissent au contraire que cet usage remonte en Europe à une haute antiquité. Tout porte à croire que l'archet est originaire de l'Inde, et que, s'étant répandu en Asie, il a ensuite passé en Europe. Dans l'Inde, il n'y a pas de doute possible, car les instruments existent, ils y conservent encore les caractères de leur originalité native. Si l'on veut trouver l'instrument à archet dans son origine, il faut le prendre dans sa forme la plus simple et dans ce qui n'a pas exigé le secours d'un art perfectionné.

On le retrouve, dit à ce sujet M. Fétis, dans le *Ravanastron* composé d'un cylindre de bois de sycomore creusé de part en part. Sur un des côtés de ce cylindre est tendue une peau de boa à écailles larges, qui sert de table d'harmonie. Le cylindre est traversé de part en part, au tiers de sa longueur vers la table, par une tige qui sert de manche, arrondie dans sa partie inférieure; plate dans le haut, et légèrement renversée la tête de ce manche est percée de deux trous pour les chevilles, non sur le côté, mais le plan de table. Deux grandes chevilles servent à tendre deux cordes de boyau, lesquelles sont fixées à une lanière de peau de serpent attachée au bout inférieur de la tige. Un petit chevalet taillé en biseau, plat dans la partie qui pose sur la table, supporte les cordes. L'archet est formé d'un bambou mince, légèrement courbé en arc dans la partie supérieure, et droit à l'inférieure. Un creux taillé dans la tête sert à fixer une mèche de crins qui est tendue et fixée à l'autre extrémité par vingt tours d'une tresse de jonc très-flexible. Voilà sans doute le type du violon.

A une époque postérieure au *Ravanastron*, arriva l'*omerti* autre instrument à archet monté de deux cordes. Le corps est formé d'une noix de coco, dont on a enlevé le tiers, dont on a aminci les parois, et qu'on a polie intérieurement et extérieurement. Quatre ouvertures elliptiques, et une autre dans la forme d'un losange sont pratiquées à la partie antérieure du corps pour servir d'ouies. La table d'harmonie se compose soit d'une peau de gazelle, soit d'une planchette de bois satiné à maille très-fine. Comme dans le *Ravanastron*, le manche est formé d'une tige en *sapan* qui traverse le corps de l'instrument, et supporte deux cordes; le chevalet sur lequel elles passent est exactement semblable à celui du *Ravanastron*. L'archet plus long que celui de ce dernier instrument est fait de bambou. Nous retrouvons l'*omerti* dans le

Kemângeh à gouz des arabes, c'est le même instrument avec sa noix de coco et ses ouvertures, la seule différence est que ces ouvertures sont petites et en très-grand nombre. Le manche est une tige cylindrique, dont la tête est creusée comme celle de l'*omerti* pour y placer deux chevilles. La tige du manche forée longitudinalement reçoit un cylindre de fer qui traverse le corps de l'instrument, se prolonge extérieurement pour former un pied sur lequel repose l'instrument. Les cordes sont formées chacune d'une mèche de crins noirs fortement tendue. L'archet est composé d'une baguette de figuier-sycomore, façonnée au tour et courbée en arc. Voilà les instruments primitifs. Vient ensuite le *Rebab*. (Voir ce mot).

Voyons maintenant en Europe, consultons les anciens manuscrits, et les premiers renseignements recueillis sur les instruments à archet. Il est très-probable que le violon y fut introduit par les arabes en 710 ; il resta longtemps dans un état presque sauvage. Ce ne fut qu'après avoir franchi plusieurs siècles qu'il parvint, non sans peine, à la forme qu'il possède aujourd'hui. Les uns prétendent que cette forme dérive de la *viola* diminuée de volume. D'autre ne veulent pas remonter au delà du ve siècle. Cependant son origine arabe est constatée par son nom. Les arabes apportèrent en Europe leur *rebab*, dont les Espagnols firent leur *rabel*, et les Français *rebec*. Cet instrument fut d'abord monté de trois cordes seulement. Quand l'art se perfectionna, on y ajouta une quatrième corde ; mais il ne fut permis qu'aux *maîtres*, reçus tels dans la corporation de joueurs d'instruments, d'en faire usage. Le rebec à trois cordes resta l'instrument des ménétriers et des aveugles. Jusqu'au xvie siècle les violonistes ne se servaient que de la gamme qui se trouve dans la voix de soprano ; ce n'est que plus tard que l'on parvint à surmonter les difficultés de position et de faire usage de la seconde. Voilà sans doute la cause qui retarda le perfectionnement du violon. Ce n'était pas défaut de luthiers habiles, mais d'artistes qui pussent tirer parti des instruments.

De tous les instruments, le plus beau, le plus harmonieux, le plus flexible, le plus riche en modulations, tour à tour énergiques, tendres et passionnées, c'est sans contredit la voix humaine. Parmi les organes de la mélodie, même les plus perfectionnés, en est-il un seul qui, pour la puissance, la vigueur, l'éclat, le charme, la grâce, la variété, le prestige des ornements, puisse rivaliser avec la voix d'un chanteur éminent, quand cette voix a été exercée, assouplie, fortifiée par un travail persévérant? S'il est un instrument qui pour l'abondance et la variété des richesses mélodiques, puisse être jusqu'à un certain point comparé à la voix humaine, c'est assurément le violon. Entre tous les autres il est le plus harmonieux, le plus richement doté, et telles sont la supériorité de son organisation et la fécondité de ses ressources, qu'il peut remplir d'une manière brillante le rôle assigné à chacun des autres organes de la mélodie. Passant par une série d'étonnantes métamorphoses, il peut, comme la trompette, éclater en sons belliqueux, jeter comme la harpe des myriades de notes tendres et passionnées, ou soupirer comme la flûte les naïves amours des villageois. Et non-seulement le violon est le plus varié de tous les instruments, sous le rapport de l'expression, il est encore le plus répandu, le plus populaire. Il brille dans les concerts, fait le charme de toutes les réunions particulières; mais c'est surtout dans les grandes solennités musicales, c'est sur nos scènes lyriques que sa puissance se déploie, au milieu de l'orchestration la plus riche et la plus puissante.

Le violon est monté sur quatre cordes de boyau, dont la plus grave sonne le *sol*. Les trois autres portent *ré, la, mi,* par quinte du grave à l'aigu. La corde *sol* est filée en laiton. Le diapason du violon est de trois octaves et une sixte. Il commence au troisième *sol* du piano. Ses quatre cordes suffisent pour donner plus de quatre octaves, plus de trente-deux notes du grave à l'aigu. Elles se prêtent à toutes les exigences du chant, à toutes les variétés de la modulation. Au moyen de l'archet qui met les cordes en vibration, et peut en faire parler plusieurs à la fois, il unit aux séductions de la mélodie le charme des accords, et l'avantage si grand de prolonger le son, d'en doubler la puissance et l'énergie, la grâce et la suavité.

Quelques artistes célèbres n'ont pas accordé le violon *par quinte*, ainsi qu'on le fait ordinairement. Pour en obtenir une sonorité plus éclatante, Paganini haussait toutes les cordes d'un demi-ton et jouait en *ré naturel*, par exemple, quand l'orchestre était en *mi bémol;* en *la naturel* quand l'orchestre était en *si bémol*. Par ce facile artifice, il conservait la plupart de ses cordes *à vide;* et l'on sait que la sonorité de ces cordes est bien plus éclatante que celle des cordes où les doigts sont appuyés. De Beriot haussait souvent le *sol* d'un ton, dans ses concertos. Baillot, au contraire, baissait quelquefois le *sol* d'un demi-ton, quand il voulait obtenir des effets doux et graves, Winter a même employé, dans le même but, le *fa* naturel au lieu du *sol*.

Les trilles sont praticables sur tous les degrés de la vaste échelle du violon. Mais ils deviennent très-dificiles sur les notes les plus aiguës : on les redoute, et il est prudent de ne jamais les employer à l'orchestre.

Les accords de deux, trois ou plusieurs notes qu'on peut *frapper* ou *arpéger* sur le violon sont très-nombreux et produisent des effets très-différents. Les accords de deux notes, qui résultent de ce qu'on appelle *la double-corde*, conviennent aux dessins mélodiques, aux phrases soutenues, aux accompagnements et au trémolo. Les accords de trois ou plusieurs notes produisent un assez mauvais effet dans le *piano*, mais ils ont de la richesse dans le *forte* : l'archet peut les faire vibrer alors d'une manière simultanée. Les accords que l'on désirerait obtenir entre le *sol* et le *ré* graves, sont impossibles à chaque instrument isolé, puisqu'il n'y a qu'une corde : en ce cas, on divise les violons. A partir du *ré* grave, tous les intervalles de seconde, de tierce, de quarte, de quinte, de sixte, de septième et d'octave sont praticables : ils deviennent seulement plus difficiles à mesure qu'on s'élève dans l'échelle des sons.

L'unisson n'est vraiment facile et vraiment très-sonore que sur les trois notes *ré, la, mi*, parce qu'alors une des deux cordes au moins est *à vide*. Les autres unissons n'ayant pas de cordes *à vide*, sont difficiles et rarement très-justes.

Le *trémolo* des violons produit plusieurs excellents effets, dans l'orchestre surtout. Il exprime le trouble, l'agitation, l'épouvante, quand on l'écrit sur une ou deux des trois cordes *sol, ré, la*, qu'on ne s'élève pas au-dessus du *si bémol* du médium, et qu'on l'exécute *piano, mezzo-forte* ou *fortissimo*. Il y a quelque chose de violent, d'orageux, dans le *fortissimo*, sur le médium de la chanterelle et de la 2e corde. Il devient aérien, au contraire, si on l'emploie à plusieurs parties et *pianissimo* sur les notes aiguës de la chanterelle.

Le trémolo du bas et du médium de la troisième et la quatrième cordes, dit un critique célèbre, est bien plus caractérisé dans le *fortissimo*, si l'archet attaque les cordes près du chevalet. Dans les grands orchestres et lorsque les exécutants veulent se donner la peine de le bien rendre, il produit un bruit assez semblable à celui d'une rapide et puissante cascade. Il faut indiquer le mode d'exécution par ces mots : *près du chevalet*.

Une magnifique application de cette espèce de trémolo a été faite dans la scène de l'oracle, au premier acte de l'*Alceste* de *Glück*. L'effet du tremblement des seconds violons et des altos est encore redoublé, dans ce passage, par la progression grandiose et menaçante des basses, le coup frappé de temps en temps par les premiers violons, les entrées successives des instruments à vent, et enfin par le sublime récitatif que ce bouillonnement d'orchestre accompagne. Nous ne connaissons rien en ce genre de plus dramatique ni de plus terrible. Seulement l'idée du trémolo *près du chevalet* n'ayant pas été exprimée par Glück dans sa partition, l'honneur en revient à M. Habeneck, qui, en dirigeant au Conservatoire l'étude de cette scène magnifique, exigea des violons ce mode énergique d'exécution.

On fait quelquefois usage du *trémolo brisé*, sur une ou sur deux cordes, dans certains accompagnements dramatiques d'un caractère très-agité.

Enfin il existe une dernière espèce de *trémolo* dont Glück a tiré un parti admirable dans ses récitatifs et qui est aujourd'hui tombée en désuétude. Elle consiste dans l'émission peu rapide de notes liées entre elles sur le même son et sans que l'archet abandonne la corde. Les exécutants ne peuvent pas se rencontrer dans le nombre des notes qu'ils font entendre à chaque mesure, puisque l'accompagnement est un vrai trémolo non-mesuré, et il résulte de ces différences une espèce de fluctuation et d'indécision, parfaitement propres à peindre l'inquiétude et l'anxiété.

Les coups d'archet sont d'une grande importance dans la musique de violon. Ils influent énormément sur la sonorité et l'expression des traits et des mélodies : il faut donc les indiquer avec le plus grand soin. Les principaux sont : le *détaché*, le *lié* de deux en deux notes, le *grand lié* qui réunit un certain nombre de notes; le *staccato* ou *détaché léger* qui s'exécute pendant la durée d'une seule longueur d'archet, au moyen de petits coups successifs; le *grand détaché porté* qui donne à la corde la plus grande sonorité possible, en lui permettant de vibrer après que l'archet l'a fortement attaquée; les mêmes *notes répercutées* deux, trois ou plusieurs fois, et quelques autres moyens d'exécution qu'il serait trop long d'expliquer, tel que *à la pointe de l'archet, avec le talon de l'archet, avec toute la longueur de l'archet, sur la touche, etc.*

On a quelquefois employé le bois des archets pour frapper les cordes et en obtenir une sonorité moitié horrible et moitié grotesque. Ce moyen bizarre est employé très-rarement.

On appelle *sons harmoniques* ceux que l'on fait naître en effleurant les cordes avec les doigts de la main gauche, sans les mettre en contact avec la touche.

Les sons harmoniques ont presque tous un caractère singulier de sonorité aérienne et de mystérieuse douceur. Nous renvoyons leur étude, qui est intéressante mais assez longue, aux traités spéciaux sur le violon.

Les *sourdines* sont de petites machines en bois que l'on place sur le chevalet des instruments à corde pour affaiblir leur sonorité. Elle leur donne un accent triste et doux qui est d'une application fréquente et souvent heureuse dans tous les genres de musique.

Le *pizzicato*, dont le nom indique la nature, est également d'un usage fréquent. Les chanteurs aiment beaucoup cette espèce d'accompagnement : elle ne couvre point leur voix et l'environne d'une sonorité cristalline et presque toujours gracieuse. Il faut cependant éviter le pizzicato à l'extrême aigu et à l'extrême grave : ici, l'effet en est sourd, là, grêle, sec et cassant.

Les violonistes qui ont laissé ou laisseront un nom sont assez nombreux; citons entr'autres : Giovan-Baptista surnommé *del violino;* Constantin, le roi des violonistes français; P. Castrovillari, religieux de Padoue; Walter, que ses ouvrages font mettre au rang des artistes les plus habiles du xviie siècle, Jean-Baptiste Bassani, qui se distingua par le beau style de sa musique instrumentale et qui eut la gloire d'initier Corelli aux secrets de son art; Leclerc (1697), Locatelli (1693), et dans ce siècle fécond : Viotti, Rode, Kreutzer, Lafont, Baillot,

Spohr, Paganini, Habeneck, de Bériot, Vieux-Temps, Sivori, Alard, Joachim.

« Archangelo Corelli, dit M. Fétis, grand artiste, qui, par l'élévation de ses idées et la perfection de son jeu, s'est placé à la tête de l'école du violon, et a marqué le temps de ses plus rapides progrès. Archangelo Corelli! nom justement célèbre dans les fastes de la musique, et qui traversera les siècles sans rien perdre de son illustration, quelles que soient les révolutions auxquelles cet art sera soumis! le grand artiste qui le porta, non moins admirable compositeur que violoniste prodigieux pour son temps, naquit au mois de février 1653, à Fusignano, petite ville des Etats de l'Eglise, et mourut à Rome le 18 janvier 1713. Ses contemporains ne furent pas ingrats pour sa gloire, car l'Europe entière salua son talent par d'unanimes acclamations, et ses compatriotes placèrent ses restes au Panthéon, et lui élevèrent un tombeau près de celui de Raphaël. Après un siècle et demi, Corelli est encore considéré comme le type primitif des bonnes écoles de violon; aujourd'hui même, bien que l'art se soit enrichi de beaucoup d'effets inconnus de son temps et que le mécanisme se soit perfectionné, l'étude de ses ouvrages est encore une des meilleures qu'on puisse faire pour acquérir un style large et majestueux. Son œuvre cinquième, composé de douze sonates pour violon seul, avec accompagnement de basse continue pour le clavecin, qui parut à Rome en 1700, est un chef-d'œuvre en son genre.

« L'art de jouer du violon, et la composition de la musique pour cet instrument, continuèrent, pendant toute la durée du xviiie siècle, d'être dans une progression ascendante. Au commencement de ce siècle, il y avait en Italie peu de villes où l'on ne trouvât quelque violoniste distingué. Le génie de Corelli avait animé celui de tous ces artistes : à Pise, c'était Constantin Clari, non moins remarquable comme compositeur que comme exécutant; à Florence, François Varacini; à Bologne, Jérôme Laurenti; à Modène, Antoine Vitali; à Massa di Carrara, Cosme Perelli et François Ciampi; à Lucques, Lombardi; à Crémone, Visconti, dont les conseils furent, dit-on, fort utiles au célèbre luthier Stradivari pour la fabrication de ses instruments; à Pistoie, Giacopino; à Naples, Michel Mascitti. D'autres, tels que Mathieu Alberti, Thomas Albinoni, Charles Tessarini et Antoine Vivaldi, tous élèves de Corelli, furent à la fois des virtuoses de premier ordre pour leur temps et de grands compositeurs de musique instrumentale. Vivaldi, dont on vient de lire le nom, fut un de ces artistes prédestinés qui impriment à l'art de leur époque une direction nouvelle. Le concerto lui dut ses premiers perfectionnements ; car le *Concerto grosso* de Corelli est une œuvre où toutes les parties concertent entre elles et s'emparent tour à tour de l'intérêt. L'*Estro armonico* de Vivaldi, composé de douze concertos pour quatre violons, deux violes, violoncelle, et basse continue pour l'orgue, est dans les mêmes conditions ; mais dans ses œuvres 6e, 7e, 8e, 9e, 10e, 11e et 12e, le génie de l'auteur prend un autre essor et trouve des formes nouvelles. La partie principale attire à elle l'intérêt du morceau, et bien qu'il n'y ait point encore de division en *solos* et *tutti*, le rôle de cette partie principale domine tous les autres. Les mélodies de Vivaldi ont aussi un caractère modernisé que Somis et Geminiani imitèrent.

« Au milieu de tous les artistes distingués qui viennent d'être nommés, le violoniste modèle de la première moitié du XVIIIe siècle fut Joseph Tartini. Né à Pirano en Istrie, le 12 avril 1692, il eut une jeunesse agitée ; mais ayant eu l'occasion d'entendre le célèbre violoniste Varacini, qui se trouvait à Venise en même temps que lui, sa vocation se révéla ; il se retira à Ancône pour y travailler en liberté, et dans sa solitude il fit de constantes observations qui le conduisirent aux principes fondamentaux du maniement de l'archet ; principes qui, depuis lors, ont servi de base à toutes les écoles de violonistes d'Italie et de France. Fixé à Padoue, en 1721, comme violon solo et chef d'orchestre de la chapelle de la célèbre église du *Saint*, il y passa paisiblement quarante-neuf années, uniquement occupé des travaux de son art, et y mourut le 16 février 1770. En 1728 il avait établi dans cette ville une école de violon qui devint célèbre dans toute l'Europe, et d'où sortirent une multitude de violonistes distingués, parmi lesquels on cite Nardini, Pasqualino Bini, Alberghi, Dominique Ferrari, qui passe pour avoir été l'inventeur des *sons harmoniques*, Carminati, Capuzzi, Mme de Sirmen, et les violonistes français Pagin et La Houssaye. Tartini

n'a pas moins contribué au perfectionnement de l'art de jouer du violon par ses compositions pour cet instrument que par les élèves qu'il a formés. Son style est en général élevé, ses idées ont de la variété, et son harmonie a de la pureté sans sécheresse. Le nombre de ses concertos publiés ou manuscrits s'élève à près de cent cinquante. Il y a aussi de lui environ cinquante sonates au nombre desquelles est la fameuse *Sonate du Diable* dont l'anecdote n'est peut-être pas étrangère à certains bruits ridicules qui ont couru sur Paganini ; il la racontait lui-même en ces termes : « Une nuit, en 1713, je
» rêvais que j'avais fait un pacte, et que le diable était
» à mon service. Tout me réussissait à souhait ; mes
» volontés étaient toujours prévenues, et mes désirs
» étaient surpassés par les services de mon nouveau
» domestique. J'imaginai de lui donner mon violon pour
» voir s'il parviendrait à me jouer de belles choses ;
» mais quel fut mon étonnement lorsque j'entendis une
» sonate si singulière et si belle, exécutée avec tant de
» supériorité et d'intelligence, que je n'avais même rien
» conçu qui pût entrer en parallèle ! J'éprouvais tant de
» surprise, de ravissement, de plaisir, que j'en perdais
» la respiration : je fus réveillé par cette violente sensa-
» tion ; je pris à l'instant mon violon, espérant de
» retrouver une partie de ce que je venais d'entendre ;
» mais ce fut en vain. La pièce que je composai alors
» est à la vérité, la meilleure que j'aie jamais faite, et je
» l'appelle encore la *Sonate du Diable ;* mais elle est si
» fort au-dessous de ce qui m'avait frappé, que j'eusse
» brisé mon violon et abandonné la musique si j'eusse
» été en état de m'en passer. »

« Parmi les élèves de Corelli, un des plus habiles fut Geminiani, né à Lucques, vers 1680. Après avoir terminé ses études de violon, sous le célèbre maître, il passa en Angleterre en 1714, y forma quelques bons élèves, et mourut à Dublin, le 17 septembre 1762, à l'âge de quatre-vingt-trois ans. Son talent d'exécution était à la fois brillant et solide ; mais il manquait d'imagination dans ses ouvrages, qui ne sont qu'une imitation assez faible du style de Vivaldi. Somis, autre élève de Corelli, était né dans le Piémont vers la fin du xviie siècle, et avait visité dans sa jeunesse Rome et Venise, pour entendre les virtuoses de cette époque. Corelli lui fit étudier ses sonates, et d'abord Somis s'attacha à son style ; mais lorsqu'il entendit Vivaldi, il se modifia d'après sa manière et l'imita dans ses compositions. Somis fut le fondateur de l'école piémontaise du violon qui, après la mort de Tartini, exerça une très-grande influence sur l'art de jouer de cet instrument. Baptiste Anet, plus connu simplement sous le nom de *Baptiste*, qui avait aussi reçu des leçons de Corelli, arriva à Paris vers 1700, et y passa pour un prodige, ce qui n'était pas étonnant à une époque ou suivant l'opinion de Lulli, *les meilleurs violons de l'Opéra et de la musique du roi n'étaient pas capables de jouer leur partie sans l'avoir étudiée.* Assez médiocre musicien, Baptiste ne forma pas d'autre élève que Senaillé, en sorte qu'il ne fit que peu de chose pour la formation d'une école française de violonistes. D'ailleurs il ne vécut pas à Paris plus de cinq ans. Une position qui lui fut offerte en Pologne, le décida à se fixer dans ce pays.

« La gloire de poser les bases d'une école de violon en France était réservée à Jean-Marie Lecler, élève de Somis, et violoniste de grand talent, qui naquit à Lyon, en 1697. Le violon ne lui avait servi d'abord que pour la danse ; car dans sa jeunesse il avait débuté comme danseur au théâtre de Rouen ; mais ayant été appelé à Turin, en qualité de maître de ballets, Somis le prit en affection après avoir entendu quelques airs de danse de sa façon, et lui donna des leçons de violon qui lui firent faire de rapides progrès. Après deux années d'études, le maître déclara à l'élève qu'il n'avait plus rien à lui apprendre ; mais Lecler continua son travail de mécanisme avec persévérance, et parvint à la possession d'un beau talent. Arrivé à Paris en 1729, Lecler fut attaché à l'orchestre de l'Opéra, puis à la musique du roi. Les élèves qu'il forma, et la publication de ses sonates, de ses duos et de ses trios, sont le point de départ de l'école des violonistes français. Jean-Baptiste Senaillé eut aussi de l'influence sur les premiers développements de cette école. Né à Paris, le 23 novembre 1687, il eut d'abord des leçons de Queversin, un des vingt-quatre violons de la grande bande du roi, puis devint élève de Baptiste Anet. Le grand renom des violonistes italiens de cette époque le décida ensuite à se rendre à Modène pour y prendre des leçons d'Antoine Vitali. Son talent fit une vive sensation dans cette ville, et la grande-duchesse l'attacha au service de la cour. De retour à Paris en 1719, il y fit quelques bons élèves au nombre desquels fut Guignon, et peut-être Guillemain, qui eut de la célébrité par d'excellentes sonates pour son instrument.

« De tous les élèves de Corelli, celui qui s'éloigna le plus de sa manière, et qui, par son audace, arriva aux résultats les plus extraordinaires, fut Pierre Locatelli, violoniste justement célèbre, né à Bergame, en 1693. Au surplus, il n'a pu recevoir qu'un petit nombre de leçons de son illustre maître, car il n'était âgé que de seize ans lorsque Corelli descendit au tombeau. Plein de hardiesse et d'originalité, il inventa de nouvelles combinaisons pour l'accord du violon, la double corde, les arpéges et les sons harmoniques. L'ouvrage le plus important où il déposa le résultat de ses découvertes dans ces choses diverses a pour titre : *Arte di nuova modulazione*. Les éditions françaises qu'on a faites de cet ouvrage ont pour titre : *Caprices énigmatiques*. Si Locatelli, mort en Hollande en 1764, ne forma pas beaucoup d'élèves, à cause des grands difficultés de sa musique, il eut pour imitateurs, en quelques parties, Lolli, Fiorillo, en surtout Paganini, dont le talent a été le développement le plus complet des tendances du modèle.

« L'école piémontaise, fondée par Somis, était destinée à devenir la plus productive en talents de premier ordre. Outre Lecler, ce professeur avait formé son neveu Schabran ou Chabran, qui brilla à Paris en 1751, Giardini, modèle de grâce, et surtout Pugnani, doué d'une organisation grande et forte qui n'eut pas moins d'influence dans l'art, par la grandeur de son style d'exécution et par la variété de son archet, que par les perfectionnements qu'il introduisit dans la forme du concerto sous le rapport de l'effet des solos. Devenu chef de cette école du Piémont, Pugnani porta sa gloire à son apogée en formant le talent si beau, si pur, si tendre, et si brillant à la fois de ce Viotti qui devint ensuite le modèle et le désespoir des violonistes de tous les pays.

« Contemporain de Pugnani, Gaviniès faisait pour l'école française à Paris ce que le violoniste piémontais faisait à Turin pour l'école italienne. Mécanisme d'archet qui lui permettait de se jouer des plus grandes difficultés; justesse parfaite, style imposant, enfin expression pleine de charme et de sensibilité, telles furent les qualités qui frappèrent Viotti lorsqu'il eut entendu Gaviniès, et qui le lui firent appeler *le Tartini français*. Le talent de cet artiste se fit particulièrement apprécier à sa juste valeur dans diverses occasions où il se fit entendre au concert spirituel, après d'autres violonistes d'un mérite incontestable. C'est ainsi que la palme lui fut donnée après ses luttes avec Pugnani, Dominique Ferrari et Jean Stamitz.

« L'arrivée de Viotti à Paris y produisit une impression difficile à décrire. Jamais on n'avait entendu de talent qui approchât de cette perfection; jamais artiste n'avait possédé un son plus beau, une élégance aussi soutenue, une verve, une variété semblable. L'imagination qui brillait dans ses concertos ajoutait encore au plaisir qu'il procurait à son auditoire; car ses compositions pour son instrument était aussi supérieures à ce qu'on connaissait auparavant, que son exécution était au-dessus de celle de ses rivaux. Dès qu'on connut cette belle musique, la vogue des concertos de Jarnowick disparut, et l'école française de violon s'engagea dans une voie plus large. Les élèves de cet artiste sont en petit nombre; mais il en est un qui seul valut toute une école : je veux parler de Rode, talent fin, délicat, brillant, qui rappelait souvent celui du maître sous lequel il s'était formé. Il existe aujourd'hui bien peu de personnes qui aient entendu cet admirable talent dans toute sa beauté, lorsqu'il se produisit dans les concerts de la rue Feydeau et de l'Opéra; mais les artistes qui ont joui de ce plaisir n'oublieront jamais le modèle de perfection dont ils furent alors émerveillés. Il y a une remarque intéressante qui me paraît devoir être faite, c'est que depuis Corelli jusqu'à Rode il n'y a pas de lacune dans l'école; car Corelli fut le maître de Somis, Somis de Pugnani, Pugnani de Viotti, et Viotti de Rode.

« A l'époque où brillait Rode, deux autres violonistes de la plus haute valeur illustraient l'école française. Le premier en date était Rodolphe Kreutzer, fils d'un musicien de la chapelle du roi, et qui était né à Versailles en 1766. Elève d'Antoine Stamitz, violoniste allemand qui a fondé une école, Kreutzer prit d'abord le style un peu étroit de son maître; mais lorsqu'il eut reçu des conseils de Gaviniès et entendu Viotti, il élargit sa manière, devint brillant, hardi et presque chevaleresque.

Sa qualité de son était nourrie plutôt que moelleuse, et sa manière de chanter était moins remarquable que sa hardiesse dans les difficultés. Ses grandes qualités étaient d'être original, de n'avoir suivi aucune école et de n'obéir qu'à l'impulsion de son sentiment énergique. Kreutzer a fait école et a produit beaucoup de bons élèves qui se sont assimilé ses qualités, et qui, en général, ont du brillant dans l'exécution.

« Baillot, dont il me reste à parler, ne fut pas seulement un grand violoniste par le mécanisme le plus riche et le plus varié qu'on puisse imaginer, mais en même temps il fut poëte par le sentiment le plus exquis des beautés de la musique, et par la conception prompte du style d'exécution le mieux en rapport avec le caractère de chaque composition. Pollani, élève de Nardini, fut un de ses maîtres de violon; mais il est vrai de dire que les grandes qualités du talent de Baillot furent celles qu'il puisa en lui-même. Grand violoniste solo, il ne put jamais s'élever à toute sa hauteur lorsque la valeur de l'œuvre qu'il exécutait ne l'émouvait pas. A l'Opéra, par exemple, où il devait jouer des solos pour la danse, il perdait une grande partie de son talent et n'était que l'ombre de lui-même; mais dans ses séances annuelles de quatuors et de quintetti, lorsque le génie de Boccherini, de Haydn, de Mozart et de Beethoven faisait battre son cœur, il devenait sublime et sans égal par la variété d'accents, les nuances de sentiment et la poésie des idées. Son archet était magique, et les sons devenaient sous ses doigts d'éloquentes inspirations. Baillot ne fut pas seulement un grand artiste : ce fut un grand professeur. Le nombre d'excellents violonistes qu'il a formés est très-considérable. De sa première école sortirent Habeneck et Mazas, qui furent aussi de grands artistes. Devenu lui-même professeur au Conservatoire de Paris, et successeur de son maître, Habeneck a formé de bons élèves, à la tête desquels se place Alard, aujourd'hui chef de l'école française.

« Et vous aussi, Lafont, vous fûtes une des plus belles gloires de l'école des violonistes français! D'abord élève de Kreutzer, Lafont ne trouva pas dans le sentiment de ce maître les qualités qui pouvaient sympathiser avec le sien; il ne tarda pas à passer de cette école dans celle de Rode, qui semblait faite pour développer ses qualités naturelles de grâce, de pureté, d'élégance et de charme;

qualités qui parvinrent, par la suite de ses études, au développement le plus complet, et conduisirent l'artiste à un rare ensemble de perfection. La justesse de ses intonations était si sûre; la douceur de son archet avait tant de séduction; il y avait tant de goût dans les ornements de son jeu, que si le sentiment de la grandeur laissait quelque chose à désirer, on s'en apercevait à peine, ravi qu'on était par la grâce et par la délicatesse.

« Une école nouvelle s'est formée : nous voulons parler de l'école belge du violon, qui compte un peuple de héros à la tête duquel se placent De Beriot et Vieuxtemps, l'honneur de leur patrie.

« L'Allemagne a produit plusieurs écoles de violonistes, dont les qualités principales ont été la justesse et la netteté du jeu, mais qui, dans le xviiie siècle surtout, ont laissé à désirer un son plus puissant, et plus d'ampleur dans le style d'exécution. Les prodiges inventés par Wagner au xviie siècle ne paraissent pas avoir laissé de traces chez ses successeurs. L'Italie et la Bohême furent les berceaux des deux écoles de violonistes allemands d'où sont sortis les autres.

« Corelli, qui a laissé partout des preuves de sa grande influence, était premier violon de la chapelle du margrave d'Anspach en 1699, lorsque Pisendel, qui y était enfant de chœur, devint son élève, et fit de si rapides progrès sous sa direction, qu'il put être engagé en 1702 comme premier violon de la chapelle. Ce même Pisendel, devenu très-habile violoniste, fut attaché au service de la cour de Saxe en qualité de maître de concerts, et ouvrit à Dresde une école de violon. Il y transmit la tradition de son maître, mais en la modifiant par le style un peu maniéré qui avait alors beaucoup de vogue à la cour de Dresde. C'est dans cette école que se forma le talent de Jean-Théophile Graun, frère du célèbre compositeur de ce nom, et maître de concerts de Frédéric-le-Grand, roi de Prusse. Graun avait un talent solide, dont il a donné des preuves, et par les élèves qu'il a formés, et par vingt-neuf concertos de violons restés en manuscrit, mais dont j'ai vu quelques-uns qui donnent une haute opinion de son habileté. Dans sa jeunesse, au sortir de l'école de Pisendel, il était allé en Italie, et il y avait reçu des leçons de Tartini, dont il avait adopté la manière. (1). »

---

(1) F. J. Fétis.

C'est au talent du plus habile facteur de la renaissance Stradivarius, et aux efforts réunis des Amati, des Guarnerius, des Bergunzi, des Steiner, des Cappa, des Saluces, que le violon doit sa constitution définitive. Sous les mains intelligentes de ces artistes fameux, le violon s'anima d'un souffle puissant, et son invention, son mécanisme ingénieux ne sont pas une des conquêtes les moins précieuses du seizième siècle, cette époque brillante de mouvement intellectuel et de rénovation artistique.

De nos jours en France, M. Vuillaume ajoutant la science de l'acoustique aux grandes traditions des facteurs célèbres qui l'on précédé, a fait entrer la facture du violon dans une voie nouvelle où il s'est signalé par des résultats dont l'avenir, nous n'en doutons pas, consacrera le véritable mérite !

Violon. Jeu d'orgue de tuyaux à bouche, ouvert de deux pieds, qui sert d'unisson au principal.

Violoncelle. Cet instrument doit son origine à quelques changements faits à la basse de viole. Il fut inventé par le P. Tardieu, de Tarascon, au commencement du dernier siècle. Il avait alors cinq cordes, *do, sol, ré, la, ré*. Aujourd'hui, il n'en a plus que quatre, dont les deux dernières sont revêtues de fil de métal. Elles sont accordées en *do*, clef de basse au-dessous de la portée : *sol, ré, la*.

Le violoncelle a un caractère grave et sensible. Son chant, touchant et majestueux, charme et élève l'âme.

Il se prête à tous les jeux de l'harmonie, de la double corde et de l'arpége. Dans les accompagnements, il sert de base pour déterminer l'effet de l'harmonie où il occupe une place particulière. Le violoncelle figure encore tour à tour dans le solo, la sonate, le concerto, l'air varié, le quatuor et le quintette.

Violon-cymbalo. Instrument à corde à clavier avec archet continu mu par une manivelle, imaginé à Venise, par l'abbé Trentin.

Violone. Etait un instrument semblable à l'*acordo*, qui servait dans les orchestres, à exécuter la basse d'harmonie.

Violone. Instrument de grande dimension, qui servait autrefois de contre-basse aux différentes espèces de violes.

VIOLON-ÉOLIEN. Instrument dont les cordes étaient mises en vibration par un courant d'air, imaginé et construit en 1835, par Isouard.

VIOLON PICCOLO. Accordé en *do*, au-dessous des lignes *sol, ré, la*. Il n'est plus en usage.

VIOLON-TROMPETTE. Instrument à cordes et à vent réunies. Dans le corps du violon se trouvaient renfermés les tubes d'une trompette, l'une des extrémités suivait le manche et sortait par la tête, cette originalité est due à *Hell*, de Vienne, qui la produisit en 1854.

VIRTUOSE. Ce nom s'applique en musique à ceux qui possèdent un talent remarquable d'exécution dans le chant comme dans le jeu des instruments.

VIRTUOSE DE CHAMBRE. C'est ainsi qu'on désigne ordinairement, dans les cours ultramontaines, les chanteurs et les exécutants de concerts attachés à leur service.

VITALIENS. Nom du chœur de musiciens romains, institué par Vitalien pour l'usage de la musique sacrée.

VIVACE, VIVEMENT. Epithète souvent jointe au mot allegro, et qui indique une exécution pleine d'entraînement, analogue au sentiment dominant du morceau de musique.

VOCALISATION. Espèce de solfége qui ne se chante que sur la voyelle *a*.

VOCALISER. Chanter sur une voyelle en ne se servant que de l'*a*. Cet exercice est nécessaire au perfectionnement du chant après l'étude du solfége. Pour cela, il faut : 1° savoir bien attaquer le son ; 2° passer d'un registre à l'autre d'une manière insensible ; 3° porter la voix ; 4° exécuter tous les agréments avec grâce, légèreté et précision ; 5° phraser le chant musical.

VOIX. La voix humaine prend naissance dans la glotte moyennant une expiration un peu forcée. L'air, chassé des poumons, s'achemine d'abord par un canal assez large, mais qui bientôt se resserre et doit enfin traverser une étroite fente. Les bords de cette ouverture sont deux lames vibrantes qui, semblables à celles des anches, permettent ou interceptent de temps en temps le passage de l'air ; et ainsi, par ces alternatives, elles doivent déterminer des ondulations sonores dans le courant d'air qui les frappe. Outre le palais, la langue, les dents, les lèvres, tous organes utiles au mécanisme de la voix, la trachée-artère, les poumons, le larynx, les sinus frontaux et maxillaires, les fosses nasales, concourent aussi à sa formation.

L'acuité, la force, l'agrément, et le caractère individuel de la voix dépendent de l'organisation et de l'altération de l'organe principal de la voix, qui est le larynx.

La voix se divise : 1° relativement aux quatre principales voix de l'homme, en voix de *soprano*, d'*alto*, de *ténor* et de *basse* ; 2° relativement au registre, en voix de poitrine, de tête, et même de *medium* ; 3° relativement à sa qualité, en voix bonne, c'est-à-dire, claire, sonore ou argentine, pleine, juste, agile, flexible, vigoureuse, forte, agréable, douce, riche, étendue, etc. ; et en voix mauvaise, c'est-à-dire, faible, mince, criarde, trop forte, nasillarde, gutturale, lourde, voilée, etc. ; 4° relativement à son acuité et à sa gravité, en voix grave, moyenne, aiguë.

La voix humaine est le plus beau moyen d'exécution que possède la musique. Les instruments ne servent qu'à l'imiter ou à l'accompagner. Semblables, pour ainsi dire, aux esclaves qui précèdent ou suivent leurs maîtres, les instruments ne font entendre leurs accents sur le théâtre que pour annoncer le chanteur et lui servir de cortége.

Chaque espèce de voix ayant une qualité propre, elles fournissent au compositeur les moyens de varier les effets. La chose essentielle est de ne pas les forcer en les jetant hors de leur étendue naturelle. A la richesse des moyens, aux ressources de la science et du travail se joint encore, chez certains individus, la magie d'une remarquable sonorité dans la voix. Ceux qui ont entendu les grands chanteurs italiens ne perdront jamais le souvenir des vives jouissances que leur ont fait éprouver leurs suaves accents.

On a beaucoup disserté sur les moyens les plus propres à assurer la conservation de la voix.

C'est là une question d'hygiène trop importante pour que nous ne la traitions pas au moins sommairement dans ce livre à la fois historique, théorique et didactique.

Le docteur Second, qui a fait des études spéciales sur la constitution de la voix humaine, nous fournit des renseignements dont nous profitons d'autant plus volontiers, qu'ils ont été élaborées sous les yeux d'un maître justement estimé. M. Manuel Garcia ; les chanteurs y puiseront d'utiles préceptes.

La vie de l'homme se maintient par deux fonctions principales qui mettent incessamment son organisme en rapport avec le monde extérieur. Le poumon, d'une part, donne accès à une matière gazeuse, l'oxygène de l'air qui passe, par endosmose, des vésicules pulmonaires dans le torrent de la circulation ; l'estomac, d'autre part, reçoit les matières solides et liquides qui doivent servir à la nutrition.

Puisque, chez le chanteur, l'une de ces deux fonctions s'exécute avec exagération, il est très-important d'examiner quelles seront les modifications que cette suraction fera subir à l'organisme.

Pendant bien des siècles, une grande incertitude a régné dans l'explication physiologique de ces phénomènes ; aujourd'hui, plus de vague, plus de vains raisonnements ; la lumière nous est venue, et c'est aux chimistes modernes que nous la devons en grande partie.

Il résulte des expériences de Lavoisier et de Séguin, qu'un homme adulte absorde neuf cent quatre-vingt-quatorze grammes d'oxygène par jour. Malgré l'absorption de cette énorme quantité de gaz, on peut s'assurer qu'au bout de vingt-quatre heures, le même homme n'a pas sensiblement augmenté de poids, et cependant il a, en outre, introduit dans son estomac une certaine quantité d'aliments.

— Qu'est devenu l'oxygène ?

— Que sont devenues les matières nutritives introduites dans l'estomac ?

L'oxygène, transporté dans tous les organes, se fixe sur le carbone et l'hydrogène, et le poumon le restitue à l'air sous forme d'une combinaison carbonée ou hydrogénée, acide carbonique et eau.

Comment l'homme pourvoit-il à la consommation continuelle de ces deux éléments constitutifs ? Par l'alimentation. Manger, c'est faire provision de carbone et d'hydrogène ; respirer, c'est consumer ce même carbone et ce même hydrogène.

Si vous respirez beaucoup, il faudra que vous mangiez en proportion ; car, si vous ne restituez pas à l'organisme tout le carbone et l'hydrogène que l'oxygène aura dévoré, celui-ci, ne devant sortir du corps que combiné avec ces deux éléments, attaquera votre propre substance.

Ces principes une fois établis, nous avons l'explication d'un grand nombre de faits que tout le monde a bien souvent constatés, mais que personne n'avait convenablement étudiés avant les savantes recherches des chimistes de notre siècle et du siècle dernier.

L'enfant, dont les organes respiratoires sont si actifs, mange proportionnellement beaucoup plus qu'un adulte. L'oiseau, dont le poumon fonctionne si bien, ne peut souffrir longtemps la faim ; privé de nourriture, il meurt le troisième jour. Le reptile, au contraire avec sa respiration lente et paresseuse, supporte impunément la faim pendant un temps très-long.

L'on peut concevoir, dès à présent, l'importance de ces faits dans l'hygiène du chanteur ; car il nous sera facile de prouver qu'il respire, au point de vue de l'absorption de l'oxygène, d'une manière vraiment exceptionnelle.

L'étude des phénomènes chimiques de la respiration amène invinciblement à reconnaître une relation parfaite entre cette fonction et l'alimentation ; et, d'après ce que nous avons exposé, l'on comprend que tout désaccord entre ces deux fonctions doit invariablement produire une perturbation de la santé. Un homme, par exemple, qui respirerait de manière à consommer quatre cent cinquante grammes de carbone par jour, et qui n'en remplacerait que quatre cent quarante par l'alimentation, mourrait lentement de faim.

La quantité d'oxygène absorbée dépend surtout du nombre et de l'amplitude des inspirations. Celui dont le poumon fonctionnera de manière à introduire dans la circulation deux kilogrammes d'oxygène, devra restituer au corps deux fois plus de carbone que celui qui n'en aura absorbé qu'un kilogramme.

Si nous étudions la respiration du chanteur, nous voyons que son poumon, pendant qu'il exerce méthodiquement sa voix, est traversé par des masses d'air considérables.

La quantité du mouvement respiratoire ne peut être évaluée qu'approximativement, attendu qu'elle varie pour chaque individu, suivant les particularités de son organisation. Aussi, les physiologistes qui ont étudié cette question ne sont-ils pas arrivés à des résultats semblables. Séguin évalue le nombre des inspirations de quinze à vingt par minute, Laënnec de onze à quinze, Menziers à quatorze, Magendie à quinze; Allen et Papys à dix-neuf, Dalton à vingt, Davy à vingt-six. En nous arrêtant à dix-huit, nous avons le terme moyen du nombre des inspirations.

Si nous examinons la question au point de vue de la quantité d'air qui pénètre le poumon, nous voyons, d'après les expériences d'Abilgaard, de Wurzer, de Herbst, de Bostock, etc., qu'elle s'élève, terme moyen, à 18 pouces cubes par respiration.

Le poumon, dans les conditions les plus générales, est donc traversé en une minute par plus de 300 pouces cubes d'air, c'est-à-dire plus de 466,000 pouces cubes en vingt-quatre heures. Ces chiffres, déjà énormes, sont bien inférieurs à ceux que fournit la respiration du chanteur. Celui-ci ne pouvant bien dire de longues phrases de chant qu'à la condition d'avoir une grande étendue de respiration, habitue ses poumons à contenir la plus grande quantité d'air possible. Cet exercice, augmentant l'activité des organes de la respiration, détermine bientôt leur accroissement, et la plupart des chanteurs présentent un grand développement de la cavité thoracique. Mais, sans même tenir compte de cette différence de capacité, si nous recherchons quelle est la quantité d'air que le poumon peut contenir, nous apprenons qu'elle dépasse de beaucoup la moyenne que nous avons posée plus haut en étudiant la respiration normale. Ainsi, nous savons que Herbst, ayant fait expirer six jeunes gens avec toute la force possible, après une inspiration des plus profondes, trouva que le minimum de l'air expiré était de 120 pouces cubes, et le maximum de 244, ce qui donne 167 pour terme moyen.

Un bon chanteur, qui fait des exercices ou qui phrase une cavatine, ne respire pas autrement. Il introduit à chaque respiration, dans son poumon, 167 pouces cubes d'air; mais admettons qu'il n'en prend que 100, et qu'il ne fait que dix inspirations de ce genre par minute; malgré cette déduction, on trouve qu'il a respiré plus d'air en vingt minutes, qu'une personne qui ne chante pas et qui respire normalement n'en peut respirer en une heure.

Qui pourra nier devant ces chiffres, les conditions spéciales dans lesquelles se trouve placé le chanteur? Évidemment, il n'est peut-être pas d'état physiologique dans lequel la respiration soit aussi exagérée; dès-lors, on comprend tout le soin que le chanteur devra apporter à son alimentation ; car, que résulte-t-il de l'ignorance de ces principes? c'est que beaucoup de jeunes artistes et de dilettantes, se livrant avec ardeur à l'étude du chant, pensent ménager leur larynx en ménageant leur estomac. Au bout de quelque temps l'épuisement arrive, la voix s'éteint; ils s'imaginent que le travail ou une méthode vicieuse la leur a brisée, tandis que la véritable cause de cet affaiblissement est une alimentation insuffisante.

Il n'y aurait que demi-mal s'ils en étaient quittes pour une extinction de voix ; mais ne sait-on pas que les maladies les plus graves peuvent résulter de ce défaut d'harmonie entre les fonctions les plus essentielles au maintien de la vie ? Nous ne voulons pas effrayer le chanteur par la triste énumération des affections qui se développent, avec une déplorable promptitude, au milieu de l'épuisement général de l'organisme ; mais nous devons le prémunir contre elles et lui donner les moyens de conserver l'intégrité à son corps, et, par suite, la vigueur aux organes de la voix.

Si l'on a bien saisi la liaison intime que nous avons essayé d'établir entre la respiration et la nutrition, on sera naturellement conduit à penser que le chanteur doit consommer une quantité d'aliments considérable, et nous entendons beaucoup de personnes se récrier et nous accuser de vouloir faire des Apicius ou des Héliogabales de tous nos poétiques chanteurs. Loin de nous la pensée de transformer ainsi ces belles organisations, qui semblent n'exister que pour ressentir les plus douces sensations, et pour les exprimer de la manière la plus suave ! Ils voudraient ne manger que pour vivre, mais ils doivent aussi manger pour chanter.

Voici quelles sont les substances dans lesquelles le chanteur trouvera les éléments d'une complète réparation. Les chimistes les ont divisées en deux classes : les aliments azotés et les aliments non azotés. Les premiers, appelés aussi *plastiques*, constituent l'aliment proprement dit : introduits dans l'organisme, ils ont seuls la propriété de se convertir en sang et de donner naissance aux principes des organes. Les aliments de la seconde classe ont été appelés *respiratoires*, à cause de la grande proportion de carbone qu'ils contiennent.

Les aliments proprements dits sont :

La fibrine (chair et sang des animaux),

L'albumine (blanc d'œuf),

Le gluten (céréales),

La matière caséeuse (lait).

Les substances alimentaires de second ordre sont :

La graisse,

La gomme,

Les sucres,

La bière,

Le vin, etc.

Avec cette seconde classe d'aliments, le chanteur fera facilement provision de carbone et d'hydrogène.

Beaucoup de personnes racontent avec étonnement que tel chanteur ou telle cantatrice prend du vin de Bordeaux et du vin de Madère en grande proportion ; qu'on fasse chanter ces mêmes personnes pendant trois heures, et nous verrons si elles ne trouvent pas que le bon vin est un excellent réparateur des forces dépensées pendant la suraction de l'appareil respiratoire. Hippocrate, ce grand médecin de toutes les époques écrivait, il y plus de vingt siècles, que le vin appaise la faim. *Famen thorexis solvit.* (Secte II, aph. 21).

Les vins, en effet, ceux du Midi surtout, offrent à l'organisme, sous une forme extrêmement favorable, une quantité notable de carbone.

Est-il besoin d'observer que les liqueurs qui contiennent une trop grande proportion d'alcool, agissent d'une manière funeste sur les cordes vocales ? Chacun connaît l'expression triviale par laquelle on désigne une voix cassée par les spiritueux.

La gomme et les sucres seront également très-propres à la réparation. Mais, c'est dans la chair des animaux que le chanteur trouvera son véritable aliment. Il la préférera toujours aux substances végétales, et il choisira surtout les viandes noires, parce qu'elles portent avec elles un principe d'excitation très-favorable au développement des forces. Celles-ci, comme l'a parfaitement démontré M. Edwards, sont en rapport avec la quantité des aliments. Ce savant a constaté avec le dynamomètre, qu'après une forte nourriture, un bon consommé, par exemple, la force est plus considérable, les mouvements plus sûrs, plus faciles, plus énergiques qu'après l'ingestion d'aliments légers.

Ce que nous venons d'exposer pour le chanteur, s'adresse, jusqu'à un certain point à l'artiste dramatique qui, cherchant à exprimer un passage de Racine, par exemple, fouille dans les trésors de son cœur pour en tirer l'expression la plus vraie, l'accent le plus sympathique, et répète ce passage de mille manières. Il respire alors beaucoup plus que dans les conditions ordinaires. Les avocats, les orateurs de tribune, les professeurs, les prédicateurs pourront également profiter de ces considérations.

Nous pourrions donner un grand développement à toutes ces questions ; mais ce que nous en avons dit suffira pour persuader le chanteur que c'est par une nourriture suffisante qu'il conservera sa santé et sa voix. L'alimentation imparfaite a pour premier effet d'amoindrir les muscles, de les priver de leur contractilité et de les rendre rigides et impropres à tout acte de vigueur et de souplesse. Quand le corps est affaibli, la voix devient pauvre et languissante, l'expression dramatique pâle et uniforme ; l'âme de l'artiste, secouant vainement les organes, ne peut se traduire que par des vibrations flasques et chancelantes, et l'auditeur, impassible, frappé seulement par l'impuissance, ne subit aucun charme, aucun entraînement.

Ces réflexions, biens graves pour un chanteur, sont moins sérieuses que celles qu'on peut faire sur l'épuisement général. Il s'agit surtout ici de la santé du chanteur. Veiller à l'équilibre de ses fonctions, c'est aussi veiller à la conservation et au développement de sa voix.

Voix angélique. Jeu d'orgue qui sonne l'octave du jeu de *voix humaine.*

Voix blanche. Expression métaphorique qui indique l'intensité et le caractère de certaines voix et de certains instruments. Les voix de soprano et d'alto sont des voix blanches. L'octavin, la flûte, le hautbois, la clarinette, la trompette, le violon, sont des instruments à voix blanches.

Voix de poitrine. C'est dans la voix humaine l'étendue des sons produits par la situation naturelle des organes de la voix, avec la poitrine pleine et la bouche ouverte, à la différence de ces sons plus aigus formés par un effort de ces mêmes organes, et que l'on appelle voix de tête ou fausset.

Voix extérieures. C'est le nom des voix principales les plus aiguës ou les plus graves d'une composition musicale, comme dans les chœurs, le soprano et la basse.

Voix humaine. Jeu d'orgue, ainsi nommé parce qu'il imite assez bien la voix de l'homme. Dans les siècles passés, on donnait également ce nom, en Italie, au *violon de concerto*, pour le distinguer du violon d'orchestre qu'on appelait *voix argentine*. En Italie, on donne aussi le nom de *voce umana* au cor anglais.

Voix intermédiaires. Ce sont celles qui se trouvent entre la voix la plus aiguë et la plus grave, comme dans les chœurs, la voix d'alto et de ténor.

Voix principale. Ce mot indique : 1° la partie d'une composition musicale qui exprime plus particulièrement son caractère propre ; toutes les autres lui servent d'appui, d'expression et d'accompagnement harmonique; 2° toute voix qui, dans un morceau de musique, se distingue des autres par une mélodie qui lui est propre.

Voix solo. Voix principale d'un morceau de musique, exécuté par une seule personne.

Volate, Volatine. Exécution rapide de plusieurs sons successifs sur une même syllabe, au moyen de la simple vocalisation.

Volte. Ancienne danse hors d'usage, du genre de la gaillarde, et dont l'air était écrit en mesure à trois quatre.

Volti presto. Le volti presto est un pupitre propre à soutenir le cahier de musique auquel le mécanisme moteur est attaché dans la partie inférieure. Ce pupitre porte un nombre quelconque de tringles mobiles. Chaque tringle, portée à droite, se recouvre d'un feuillet jusqu'au commencement du morceau. Lorsque cette disposition première est faite, il ne s'agit plus que de presser le levier avec le pied, le genou ou la main à volonté pendant l'exécution, et le mouvement de feuillets de droite à gauche s'opère à l'instant. Lorsqu'il s'agit de recommencer le morceau, un autre levier produit l'effet contraire

Volume. C'est la masse de son que donne une voix ou un instrument sur chacun des degrés de son diapason.

Voyelles prohibées. Dans le solfége italien les voyelles défendues sont *i, u*.

W

W. Double majuscule, qui sert quelquefois à indiquer les parties des violons dans une partition.

Walnica. Chalumeau en usage parmi les paysans de la Russie, qui consiste en une vessie de bœuf, où l'on place deux ou trois roseaux.

Walzer valse. Air de danse à trois temps, d'un caractère gai, avec deux reprises de huit mesures chacune, et d'un mouvement modéré. La valse est originaire d'Allemagne. Il paraît qu'elle n'a été introduite en France que vers 1790. — Il y a aussi la valse à deux temps, c'est la moins gracieuse, et dans le sens de la mesure c'est une monstruosité, par la raison fort simple qu'elle est un défi jeté à la musique. — La *coda* d'une valse est le rappel de ses diverses fractions mélodiques. — La valse est à deux. La polka doit être rangée parmi les valses. (Voyez Polka).

Webeb. C'est un violon monté de deux cordes, dont on joue sur les côtes de Barbarie, comme de notre violoncelle.

Withalm. Luthier imitateur de Stainer, travaillait à Nuremberg, en 1720. Il copiait Stainer d'une manière si habile que ses instruments sont souvent vendus comme provenant de son maître.

X

Xacara. C'est le nom d'un air espagnol qu'on chante et danse en même temps.

Xelus. Nom ancien donné à la lyre parce que sa base ressemblait à l'écaille d'une tortue, animal dont la figure dit-on, avait donné la première idée de cet instrument.

Xenorphica. Nom d'un clavecin à archet, inventé par M. Rœllig, en 1801, à Vienne, vers la fin du siècle dernier.

Xilomelodicor. Espèce d'harmonica, imaginé en 1848, en Prusse, par *Nâter*.

Xitarganon. (Voir Xylorganon).

Xylharmonicon. Instrument inventé par M. Uthe, il y a quelques années, et qui ressemble à l'euphone du docteur Chladni.

Xylorganon. Espèce de claquebois avec une touche. Il est aussi appelé *xitarganon*.

Xyloustron. Instrument qui avait la forme d'un grand piano, construit par *Uthe*, en 1808.

Z

Za. Syllabe dont on se servait autrefois pour désigner le *si bémol*.

Zampogne. Espèce de cornemuse qui ne diffère de cette dernière que par quelques détails de construction.

Zistre. Guitare allemande en usage en 1800, montée de sept cordes accordées *sol, mi, ut, sol, fa, ut, fa*.

Zither. Mandoline allemande ayant cinq cordes métalliques.

Zither plan. Espèce de *Cystre* sans manche construit à Vienne, en 1851, par *Huther*.

Zurna. Instrument turc, qui par sa forme, et la qualité de ses sons, ressemble à nos hautbois.

FIN.

Chez DENTU, Éditeur, 17 et 19, Palais-Royal

Sont en vente :

MES SOUVENIRS

PAR

Léon Escudier

Deux volumes in-18.
Le premier volume est consacré aux compositeurs ;
Le deuxième volume, aux virtuoses.

Prix, chaque volume. . . . . **3 fr.**

LES CANTATRICES CÉLÈBRES

SUIVIES DE

LA VIE ANECDOTIQUE DE PAGANINI

ET PRÉCÉDÉE

DES MUSICIENS DE L'EMPIRE

Par Escudier frères

Un volume in-18. — Prix : **3 francs.**

SOUS PRESSE :

F. CHOPIN

Par F. Liszt

Un volume. — Prix : **2 fr.**

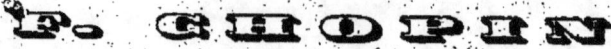

Meaux. — Imprimerie J. CARRO.

www.ingramcontent.com/pod-product-compliance
Lightning Source LLC
Chambersburg PA
CBHW071411230426
43669CB00010B/1517